教育部哲學社會科學研究重大課題攻關項目

「十一五」國家重點圖書出版規劃項目·重大工程出版規劃

國家社會科學基金重大項目

北京大學「九八五工程」重點項目

精華編一九九册

子部雜學類

精華編

北京大學《儒藏》編纂中心

《儒藏》精華編第一九九册

首席總編纂　季羡林

項目首席專家　湯一介

總　編　纂　湯一介　龐　樸　孫欽善　安平秋（按年齡排序）

本册主編　鄧球柏

《儒藏》精華編凡例

一、中國傳統文化以儒家思想爲中心。《儒藏》爲儒家經典和反映儒家思想、體現儒家經世做人原則的典籍的叢編。收書時限自先秦至清代結束。

二、《儒藏》精華編爲《儒藏》的一部分，選收《儒藏》中的精要書籍。

三、《儒藏》精華編所收書籍，包括傳世文獻和出土文獻。傳世文獻按《四庫全書總目》經史子集四部分類法分類，大類、小類基本參照《中國叢書綜録》和《中國古籍善本書目》，於個別處略作調整。凡單書已收入入選的個人叢書或全集者，僅存目録，並注明互見。出土文獻單列爲一個部類，原件以古文字書寫者一律收其釋文文本。韓國、日本、越南儒學者用漢文寫作的儒學著作，編爲海外文獻部類。

四、所收書籍的篇目卷次，一仍底本原貌，不選編，不改編，保持原書的完整性和獨立性。

五、對入選書籍進行簡要校勘。以對校爲主，確定內容完足、精確率高的版本爲底本，精選有校勘價值的版本爲校本。出校堅持少而精，以校正誤爲主，酌校異同。校記力求規範、精煉。

六、根據現行標點符號用法，結合古籍標點通例，進行規範化標點。專名號除書名號用角號（《》）外，其他一律省略。

七、對較長的篇章，根據文字內容，適當劃分段落。正文原已分段者，不作改動。千字以内的短文一般不分段。

八、各書卷端由整理者撰寫《校點説明》，簡要介紹作者生平、該書成書背景、主要内容及影響，以及整理時所確定的底本、校本（舉全稱後括注簡稱）及其他有關情況。重複出現的作者，其生平事蹟按出現順序前詳後略。

九、本書用繁體漢字竪排，小注一律排爲單行。

《儒藏》精華編第一九九册

子部　雜學類

雜考之屬

困學紀聞〔南宋〕王應麟 …… 1
十駕齋養新録〔清〕錢大昕 …… 455

困學紀聞

〔南宋〕王應麟　撰
孫通海　校點

目録

校點説明……一
題辭……一
困學紀聞卷之一……一
易……一
困學紀聞卷之二……二八
書……二八
困學紀聞卷之三……六四
詩……六四
困學紀聞卷之四……九三
周禮……九三
困學紀聞卷之五……一一五
儀禮……一一五
禮記……一一九
大戴禮記……一三七
樂……一四〇
困學紀聞卷之六……一四六
春秋……一四六
左氏……一五八
困學紀聞卷之七……一八二
公羊……一八二
穀梁……一八五
論語……一八七
孝經……一九九
困學紀聞卷之八……二〇二
孟子……二〇二
小學……二一一
經説……二一九
困學紀聞卷之九……二二五
天道……二二五
曆數……二三三
困學紀聞卷之十……二三九
地理……二三九
諸子……二四六

莊子逸篇……二五八
困學紀聞卷之十一……二七三
攷史……二七三
史記正誤……二七七
困學紀聞卷之十二……二九六
攷史……二九六
困學紀聞卷之十三……三一〇
攷史……三一〇
困學紀聞卷之十四……三二七
攷史……三二七
困學紀聞卷之十五……三四二
攷史……三四二
困學紀聞卷之十六……三五六
攷史……三五六
漢河渠攷……三五六
歷代田制攷……三六二
歷代漕運攷……三六七
兩漢崇儒攷……三七三
困學紀聞卷之十七……三七七
評文……三七七
困學紀聞卷之十八……三八八
評詩……三八八
困學紀聞卷之十九……四一〇
評文……四一〇
困學紀聞卷之二十……四二二
雜識……四二二

校點說明

宋代三大筆記書，即沈括《夢溪筆談》、洪邁《容齋隨筆》、王應麟《困學紀聞》，各以其卓越成就，名重於後世。然就其學術成果而言，王氏《困學紀聞》尤爲突出。

王應麟（一二二三—一二九六），字伯厚，號厚齋，一號深寧居士。慶元鄞縣（今浙江寧波）人。淳祐元年（一二四一）進士，寶祐四年（一二五六）中博學宏詞科。在理宗、度宗、恭宗三朝，曾任著作佐郎、禮部郎官、中書舍人等朝官，累遷至禮部尚書兼給事中。

王應麟居官期間，敢於針砭時弊，建言直諫，有直聲之美名。後見權臣阻斥，無可建樹，遂辭官回鄉，潛心於學術。入元後，足不出户，幾三十年，把滿懷對故朝故國的誠愛、對理想政治的憧憬，融化於傳統學術的考證與評論中。《困學紀聞》等著作，就是在這個時期完成的。王應麟的著述很多，還有《深寧集》、《通鑑地理考》、《小學紺珠》、《玉海》、《周易鄭康成注》、《尚書鄭注》、《古文論語》等二十多種。

《困學紀聞》採用筆記形式，分類編排，針對文獻典籍、學術淵源、文化現象諸方面，進行了整理、考辨、鑑定與評介。凡說經八卷，天文、地理、諸子二卷，考史六卷，評詩文三卷，雜識一卷，共二十卷。內容廣博，「九經旨趣，歷代史傳之事要，制度名物之原委，以至宗工巨儒之詩文議論」（牟應龍序），凡屬學人當知當明的方方面面，均有所發明，有所創见。其文辭簡約而道理融通，探奥窮源而真知洞見，成爲研討文史者必讀之書，是學子極爲珍貴的案頭資料。

王應麟治學不主一說，不名一家，於漢、唐取其事覈，於兩宋取其理勝，採衆家之長成一家之言，其著述有較高的理論價值。又因其博學洽聞，當時所讀之書，今多有失傳者；當時所稱述之人，今無其他文字留存，故頗具文獻史料價值。歷代治學者，特別是清末民初以來從事古籍整理的專家學者，每每利用該書的原始資料與考證成果，進行研究與考據工作。當然，對於今人研究傳統文化，也是一部當知當讀的書。

《困學紀聞》在元代嘗有刻本，現知有牟應龍至治二年（一三二二）序本、袁桷泰定二年（一三二五）序本，以及傅增湘所藏無序跋元刻本。明代亦有刊刻，如正統間刊本、萬曆三十一年（一六〇三）刊本等。到了清代，由於樸學中興，諸儒對該書十分重視，多有箋注，屢有刊印，流布甚廣。其中影響較大者有：閻若璩箋本；何焯增補閻注並加評語，世稱二箋本；乾隆七年（一七四二）全祖望對閻、何二氏的注評，重加考訂箋釋，世稱三箋本。嘉慶十二年（一八〇七）萬希槐既鈔撮三箋本，復輯入錢大昕手評校本内容，並援經傳著明其義，編爲《集證合注》。因《集證合注》包括了閻若璩、何焯、全祖望、錢大昕四家及三箋本原採録的程瑶田、屠繼緒二家，再加上萬希槐，共有七家箋釋，世稱七箋本。道光五年（一八二五），翁元圻採輯以上諸家之説，復爲詳析案斷，使王氏著作的校釋整理更加詳備。

本書的校點整理，採用商務印書館《四部叢刊》本《困學紀聞》爲底本，該本係上海涵芬樓影印傅氏雙鑑樓藏元刊本，校以清嘉慶二十四年（一八一九）萬希槐《困學紀聞集證合注》（簡稱嘉慶本）及清道光五年（一八二五）翁元圻《困學紀聞注》（簡稱道光本）。

本書在具體校點工作中，有二點需加以説明。其一，引號的使用，根據原作行文特色予以處理，即雖均屬引録文字，凡綴以「曰」、「云」的，一律加引號；對於不加「曰」、「云」的，則視其在行文中的語勢和作用，決定加否。其二，對於以箋釋注疏等方式形成的加工整理著作，當略稱時，如「注」、「傳」、「疏」等，往往難以判定，則根據稱引的詞性和前人的習慣予以处理，即當作名詞使用，且前人習慣上略稱某書的，加書名號；反之，則不加。

校點者　孫通海

幼承義方，晚遇艱屯。炳燭之明，用志不分。困而學之，庶自别于下民。開卷有得，述爲《紀聞》。深寧叟識。❶

❶ 此載原目録之首，今移録於此。

困學紀聞卷之一

浚儀　王應麟　伯厚甫

易

危者使平，易者使傾，《易》之道也。處憂患而求安平者，其惟危懼乎！故乾以惕无咎，震以恐致福。

「修辭立其誠」，修其内則爲誠，修其外則爲巧言。《易》以辭爲重。《上繫》終於默而成之，養其誠也。《下繫》終於六辭，驗其誠不誠也。辭非止言語，今之「文」古所謂「辭」也。

「履霜」戒於未然，「月幾望」戒於將然。《易》貴未然之防，至於幾則危矣。

「潛龍」以不見成德，管寧所以箴邴原也。全身以待時，杜襲所以戒繁欽也。《易》曰：「括囊，无咎无譽。」

貞者元之本。周公曰：「冬日之閉凍也不固，則春夏之長草木也不茂。」見《韓非·解老》。可以發明「貞固」之説。

乾初九，復也，「潛龍勿用」，即閉關之義。坤初六，姤也，「履霜堅冰至」，即女壯之戒。

《淮南·人間訓》云：「《易》曰『潛龍勿用』者，言時之不可以行也，故『君子終日乾乾，夕惕若厲，无咎』。『終日乾乾』，以陽動也。『夕惕若厲』，以陰息也。因日以動，因夜以息，唯有道者能行之。」以陰陽言日夕，《易》説所未及。

蔡澤謂：「《易》曰『亢龍有悔』，此言

上而不能下，信而不能詘，往而不能自反者也。」亦善言《易》矣。澤相秦數月而歸相印，非苟知之。賈誼《書》云：「亢龍往而不能反，故《易》曰『有悔』。潛龍入而不能出，故《易》曰『勿用』。龍之神也，其惟蜚龍乎！」

《越絶》引《易》進退存亡之言曰：「進有退之義，存有亡之幾，得有喪之理。」陸宣公云：「喪者，得之理。得者，喪之端。」其語本此。

坤之六五，程子以爲羿、莽、媧、武，非常之變。干寶之説曰：「柔居尊位，若成、昭之主，周、霍之臣也。百官總己，專斷萬機，雖情體信順而貌近僭疑。言必忠信，行必篤敬，然後可以取信於神明，无尤於四海。」愚謂此説爲長。

乾、坤之次屯曰：「建侯。」封建與天地並立。一旅復夏，共和存周，封建之效也；疋夫亡秦，五胡覆晋，郡縣之失也。

古者君臣之際，分嚴而情通。上天下澤履，其分嚴也。山上有澤咸，其情通也。不嚴則爲未濟之三陽失位，不通則爲否之天下無邦。

《陰符經》云：「天地之道浸，故陰陽勝。」愚嘗讀《易》之《臨》曰：「剛浸而長。」《遯》曰：「浸而長也。」自臨而長爲泰，自遯而長爲否，浸者漸也，聖人之戒深矣。

「繫于苞桑」，三柔在下而戒之也。「繫于金柅」，一柔方進而止之也。

蒙之剛中，二也，占而求之曰「初筮」。比之剛中，五也，占而從之曰「原筮」。

「童蒙」應於二之剛則吉，養之早也。「童觀」遠於五之剛則吝，見之小也。

信君子者，治之原，《隨》之九五曰：

「孚于嘉，吉。」信小人者，亂之機，《兑》之九五曰：「孚于剥，有厲。」

鳴謙則吉，鳴豫則凶。鳴者，心聲之發也。「未知獲戾于上下」，鳴謙者歟？「二三子亦姑謀樂」，鳴豫者歟？

柔而剛則能遷善，剛而柔則能順理。復之六三，柔而不中，勉爲初之剛而屢失，故頻復。巽之九三，剛而不中，勉爲初之柔而屢失，故頻巽。

小畜上九，月幾望則凶，陰亢陽也。歸妹六五，月幾望則吉，陰應陽也。中孚六四，月幾望則无咎，陰從陽也。曰「幾」者，戒其將盈，陰盈則陽消矣。

《同人》之初曰「出門」，《隨》之初曰「出門」。謹於出門之初，則不苟同，不詭隨。

冥於豫而勉其有渝，開遷善之門也。冥於升而勉其不息，回進善之機也。

「大蹇朋來」，進君子之真朋也。「涣其群」，退小人之僞朋也。泰言朋，否言群。

君子進而衆賢聚，故《復》「朋來无咎」。衆賢盛而君子安，故《解》「朋至斯孚」。君子之志行而小人之心服，故《豫》「勿疑朋盍簪」。

《易》言「密雲不雨」者二：《小畜》終於「既雨」者，陽之極爲陰也；《小過》終於「已亢」者，陰之極爲陽也。畜極則通，過極則亢。

「謹乃儉德，❶惟懷永圖」，故「甘節，吉」。「盜言孔甘，亂是用餤」，故「甘臨，无攸利」。

「不義而富且貴，於我如浮雲」，故曰：「舍車而徒，義弗乘也。」「萬鍾則不辨禮義而受之，萬鍾於我何加焉」，故曰：「自求

❶ 「謹」，避宋孝宗諱，《尚書·大禹謨》原文作「慎」。

口實，觀其自養也。」

召平、董公、四皓、魯兩生之流，士不以秦而賤也。伏生、浮丘伯之徒，經不以秦而亡也。萬石君之家，俗不以秦而壞也。《剥》之終曰：「碩果不食。」陽非陰之所能剥。

下陽舉而虢亡，虎牢城而鄭懼，西河失而魏蹙，大峴度而燕危，故曰：「設險以守其國。」狄患攘而民怨結，宗藩弱而戚黨顓，柄臣揃而官寺恣，寇叛平而方鎮彊，故曰：「思患而豫防之。」

《復》曰「朋來」，所以致泰；《泰》曰「朋亡」，所以保泰。

陽大陰小而言陰陽，闔而闢也；朔先晦後而言晦朔，終而始也。

《爾雅》「小罍謂之坎」、「大琴謂之離」，萬物之象無非《易》也。

《易》之終始皆陽也，始于乾之初九，終于未濟之上九。

《易》於蠱，終則有始；於剥，消息盈虚；於復，反復其道：皆曰「天行也」。然則無與於人事歟？曰：「聖人以天自處，扶陽抑陰，盡人事以回天運，而天在我矣。」

言行可以欺於人，而不可以欺於家，故《家人》之《象》曰：「君子以言有物，而行有恒。」

復之初，即乾之元，碩果不食則生矣，復之所謂仁也。乾爲木果，在春爲仁，發生也；在冬爲幹，歸根也，終而復始。

張子曰：「《易》爲君子謀，不爲小人謀。」朱子謂：聖人作《易》示人以吉凶，言利貞，不言利不貞；言貞吉，不言不貞吉；言利禦寇，不言利爲寇也。

聞之前修曰：「中庸誠敬，自有乾坤，即具此理。乾九二言龍德正中，庸言之信，庸行之謹，閑邪存其誠。坤六二言敬以直内。」

「復以自知」，必自知，然後見天地之心。有不善未嘗不知，自知之明也。

致命遂志，命可致而志不可奪。行法俟命，命可制而法不可變。❶

「下學而上達」，故《大畜》上九：「何天之衢，亨。」

魏相以《易》相漢，能上陰陽之奏，而不能防戚官之萌，不知「繫于金柅」之戒也。匡衡以《詩》相漢，能陳《關雎》之義，而不能止奄寺之惡，不知「昏椓靡共」之戒也。經術雖明，奚益焉？

五陽之盛而一陰生，是以聖人謹於微。齊桓公七年始霸，十四年陳完奔齊，亡齊者已至矣。漢宣帝甘露三年，匈奴來朝，而王政君已在太子宫。唐太宗以武德丙戌即位，而武氏已生於前二年。我藝祖受命之二年，女真來貢，而宣和之禍乃作於女真。張芸叟曰：「《易》者極深而研幾。當潛而勿用之時，必知有亢；當履霜之時，必知有戰。」

《易》言「積善」曰家，《大學》言「興仁興讓」曰家，家可以不正乎？

世之治也，君子以直勝小人之邪。《易》曰：「田獲三狐，得黄矢。」世之亂也，小人以狡勝君子之介。《詩》曰：「有兔爰爰，雉離于羅。」

《易》者，象也。木上有水爲井，以木巽火爲鼎，上止下動爲頤，頤中有物爲噬嗑，

❶「制」，嘉慶本、道光本作「俟」。

小過有飛鳥之象焉。餘卦可以類求。王輔嗣忘象之説，蒙莊緒餘爾。

《左傳》疏引《易》云：「伏羲作十言之教，曰：『乾、坤、震、巽、坎、離、艮、兑、消、息。』」朱子發以爲鄭康成之語。愚謂「正其本而萬物理，失之毫釐，差以千里」見於《易緯通卦驗》，漢儒皆謂之《易》，則此所謂《易》云者，蓋緯書也。

鄭康成《詩》箋多改字，其注《易》亦然。如「包蒙」，謂「包」當作「彪」，文也；《泰》「包荒」，謂「荒」讀爲「康」，虚也；《大畜》「豶豕之牙」，謂「牙」讀爲「互」；《大過》「枯楊生荑」，謂「枯」音「姑」，无姑，山榆；《晉》「錫馬蕃庶」，讀爲「藩遮」，謂蕃遮，禽也；《解》「百果草木皆甲宅」，「皆」讀如「解」，「解」謂「坼」，呼皮曰甲，根曰宅；《困》「劓刖」，當爲「倪仉」；《萃》「一握爲笑」，「握」讀爲「夫三爲屋」之「屋」；《繫辭》「道濟天下」，「道」當作「導」；「言天下之至賾」，「賾」當爲「動」；《説卦》「爲乾卦」，「乾」當爲「幹」。其説多鑿。鄭學今亡傳，《釋文》及正義間見之。

《書序》：「八卦之説，謂之八索，求其義也。」而賈逵以爲八王之法，張平子以爲《周禮》八議之刑。索，空也，空設之。唯馬融以爲八卦，杜預但云「古書名」，蓋孔安國《書序》猶未行也。愚按：《國語》史伯曰：「平八索以成人。」韋昭注：「謂八體以應八卦也。謂乾爲首，坤爲腹，震爲足，巽爲股，離爲目，兑爲口，坎爲耳，艮爲手。」此足以證孔、馬之説。

《易》正義云：「伏犧制卦，文王繫辭，孔子作十翼。」朱子謂：《繫辭》本文王、周公所作之辭，繫于卦爻之下者。《上繫》、

《下繫》乃孔子所述《繫辭》之傳也。《彖》即文王所繫之辭。《象》者，卦之上下兩象，及兩象之六爻，周公所繫之辭也。《彖》、《象》上下傳者，孔子釋經之辭也。愚按：《釋文》云：「王肅本作《繫辭上傳》，訖於《雜卦》，皆有傳字。」《本義》從之。《漢·儒林傳》云：「孔子晚而好《易》，讀之，韋編三絶，而爲之傳。」王肅本是也。

阮逸云：「《易》著人事，皆舉商、周。帝乙歸妹、高宗伐鬼方、箕子之明夷，商事也。密雲不雨，自我西郊、王用亨于岐山，周事也。」朱子發云：「革存乎湯、武，明夷存乎文王、箕子，復存乎顔氏之子，故曰『存乎其人』。」朱文公謂：疑皆帝乙、高宗、箕子占得此爻。

《明夷》之《彖》曰「文王」、「箕子」者，《易》、《洪範》道統在焉，用晦所以明道也。象數相爲經緯，皆演於商之季世。

桓譚《新論》云：「《連山》八萬言，《歸藏》四千三百言。」《夏易》詳而《殷易》簡，未詳所據。

孔子卜得賁，孔子曰：「不吉。」子貢曰：「夫賁亦好矣，何謂不吉乎？」孔子曰：「夫白而白，黑而黑，夫賁又何好乎？」《吕氏春秋》：賁色不純也。

苕谿劉氏云：「夬以五君子決一小人，不曰小人道消，而曰道憂。蓋上下交而志同，如泰之時，然後小人之道不行。若以五君子臨一小人，徒能使之憂而已。惟其有憂，則將圖之，無不至矣。」愚謂：小人道消，嘉祐是也；小人道憂，元祐是也。

井之九三，荆公解云：「求王明，孔子所謂異乎人之求也。君子之於君也，以不求求之；其於民也，以不取取之；其於天也，以不禱禱之；其於命也，以不知知之。井之道無求也，以不求求之而已。」文意精妙，諸儒所不及。

王輔嗣以「寂然至无」爲「復」。又云：「冬至陰之復，夏至陽之復。」蘇子美辨其非。愚謂：先儒云：「至静之中，有動之端，所以見天地之心。」與「寂然至无」之説異矣。「冬至陰之復」，蓋如周子「利貞誠之復」，就歸處言之。荆公曰：「陽以進爲復，初九是也；陰以退爲復，六二、六三、六四是也。」

薛氏曰：「《易》以初爻爲七日者，舉前卦而云也。《復》之『七日來復』，《震》、《既濟》之『七日得』，皆舉初爻。」

葉少藴謂：凡《易》見於有爲者，皆言用。用之者何，體也，而《易》不以體對用，故別而論之曰：「《易》無體。」晁景迂曰：「體用本乎釋氏。」

利貞者，性情也。王輔嗣注：「不性其情，何能久行其正？」程子《顔子好學》論性其情之語，本此。

君子道盛，小人自化，故舜、湯舉皋、伊而不仁者遠。玉泉喻氏云：「《泰》『小人道消』，非消小人也，化小人爲君子也。」

《泰》初九「拔茅茹以其彙，征吉」，《本義》云：「郭璞《洞林》讀至『彙』字絶句，下卦放此。」愚按：正義曰：「以其彙者，彙，類也，以類相從。征吉者，征，行也。上坤而順，下應於乾，已去則納，故征行則吉。」亦以「彙」字絶句。泰之征吉，引其類以有爲；否之貞吉，絜其身以有待。

儉德辟難，朱子謂：收歛其德，不形於外。申屠蟠以之。

《泰》之三「无往不復」，陽之極也，而否

將萌。《否》之四「有命无咎」，陽之復也，而泰將至。

一許敬宗在文館，唐爲武氏矣。一楊畏居言路，元祐爲紹聖矣。嬴豕之孚，左腹之入，可不戒哉！

家聲之隤，隴西以爲愧；城角之缺，新平以爲恥。清議所以維持風俗也。清議廢，風俗壞，則有毀宗澤而譽張邦昌者，有貶張浚而褒秦檜者。觀民風設教，居賢德善俗，可不謹哉！

齊德衰於召陵，晉志怠於蕭魚；淮平而异、鏄用，潞定而歸真惑。

《易》曰：「日中則昃。」《玄》曰：「月闕其摶，不如開明于西。」

制官刑，則具訓蒙士；無彝酒，則誥教小子。《易》曰：「童牛之牿。」《記》曰：「禁於未發之謂豫。」

龜靈而焦，雉文而翳，是以衣錦尚絅。蘭薰而摧，玉剛而折，是以危行言孫。此白賁素履，所以无咎。

「知止而后有定」，故觀身於艮。「惻隱之心，仁之端也」，故觀心於復。

惟進賢可以正君，故公仲進牛畜、欣、越，而歌者之田止；孔明進攸之、禕、允，而宮府之體一。惟正己可以格君，故管仲有三歸不能諫六嬖之惑；魏相因許伯不能遏弘石之惡。《泰》曰「拔茅」，《漸》曰「進以正」。

《乾·文言》曰：「寬以居之。」朱子謂：心廣而道積。程子《易·小畜》傳曰：「止則聚矣。」吕成公謂：心散則道不積。充拓收斂，當兩進其功。

丹書「敬義」之訓，夫子於坤六二《文言》發之。孟子以「集義」爲本，程子以「居敬」爲先，張宣公謂「工夫並進，相須而相成」也。

「艮者，限也，限立而内外不越。天命，限之内也，不可出。人欲，限之外也，不可入。」郭沖晦云。

「小畜下體乾，❶復上體坤，乾、坤相應，故《小畜》初九『復自道』，九二『牽復吉』，與《復》六四『中行獨復』，六五『敦復無悔』，義甚相類。『牽復』中不自失，『敦復』中以自考，二、五皆得中故也。」澹庵云。

「同人于野」，公之大也；「艮其背」，止之至也。皆見於《彖》，明一卦之義也。

里克之中立，鄧析之兩可，終於邪而已。故《隨》之六二曰：「弗兼與也。」

虚美熏心，秦亂之萌；浮文妨要，晋衰之兆。故賁受之以剥。

廉恥，國之脈也，廉恥泯則國從之。是以楚瓦好賄，郢城危；晋盈求貨，霸業衰；秦賂讒牧，遷爲虜；漢金間增，垓敗羽。利之覆邦可畏哉！《大學》之末，七篇之始，所以正人心，塞亂原也。在《益》之《屯》曰：「莫益之，或擊之。」

「翰音登于天」，無實之名也，殷浩、房琯以之。

君子無斯須不學也，黄霸之受《尚書》，趙岐之注《孟子》，皆在患難顛沛中，况優游暇豫之時乎！《易》曰：「困而不失其所，亨。」

《連山》首艮，艮萬物之所終始也。八風始於不周，卦氣始於中孚。冬至爲歷元，黄鍾爲律本。北方終陰而始陽，故謂之朔方。《太玄》紀日於牛宿，紀氣於中首，而以

❶「下」，原作「上」，據《周易・小畜》卦體改。

罔冥爲元，艮之終始萬物也。虞仲翔云：「萬物成始乾甲，成終坤癸。艮東北是甲、癸之間。」沙隨程氏云：「醫家《難經》爲《百刻圖》，一歲陰陽升降會於立春，一日陰陽昏曉會於艮時。」此説與《易》合。又云：「北方之氣，至陰而陽生焉。《彖》曰：『習坎，重險也。』於物爲龜、爲蛇，於方爲朔、爲北，於《太玄》配罔與冥，所以八純卦中獨冠以『習』。」

日月爲易，一奇一耦，陰陽之象也。王介甫《詩説》云：「彼曰『七月』、『九月』，此曰『一之日』、『二之日』，何也？陽生矣則言日，陰生矣則言月，與《易·臨》『至于八月有凶』，《復》『七日來復』同意。四月，正陽也，秀葽言月，何也？以言陰生也。陰始於四月，生於五月，而於四月言陰生者，氣之先至者也。」李子思云：「復剛長，以日云者，幸其至之速；臨陽消，以月云者，幸其消之遲。」沙隨程氏云：「陽極於九而少陰生於八，陰之義配月；陰極於六而少陽復於七，陽之義配日。」

一卦變六十四，六十四卦變四千九十有六。六爻不變與六爻皆變者，其別各六十有四。一爻變與五爻變者，其別各三百八十有四。二爻變與四爻變者，其別各九百有六十。三爻變者，其別一千二百有八十。朱子發謂：《需》「利用恒」者，需之恒也；《蒙》六五「順以巽」者，蒙之觀也；《乾》九四「乾道乃革」者，乾之小畜也。《小畜》之中又有離、兑，故曰「革」，是謂天下之至變。張真父謂：《易》無所不變，《蒙》曰「困蒙」，《小畜》曰「復自道」，又曰「牽復」，《履》曰「夬履」，《離》曰「履錯然」，《歸妹》曰「跛能履」，《泰》曰「帝乙歸妹」，《臨》曰「咸臨」，《咸》曰「執其隨」，《艮》曰「不拯其隨」，《噬嗑》曰「頤中有物」，《睽》曰「厥宗噬膚」，《損》曰「弗損益之」，又曰「或益之」，《夬》曰「壯于前趾」，又曰「壯于頄」，《遯》曰「執之用黄牛之革」，《鼎》曰「鼎耳革」，《兑》曰「孚于剥」，《未濟》曰「震用伐鬼方」，皆有卦變之象。小畜以一陽爲復，兑以一陰爲剥，變之變者也。六十有四，相錯而不相亂。張文饒謂：《臨》之初二，皆曰「咸臨」，有咸象也，咸之用在兑之説也。履之九五曰「夬履」，有夬象也，夬與履，乾、兑相易之卦也。

臨所謂八月，其説有三：一云自丑至申爲否；一云自子至未爲遯；一云自寅至酉爲觀。《本義》兼取遯、觀二説。復所謂七日，其説有三：一謂卦氣起中孚，六日七分之後爲復；一謂過坤六位，至復爲七日；一謂自五月姤一陰生，至十一月一陽生。《本義》取自姤至復之説。

《易》正義云：「四月純陽，陰在其中，而靡草死；十月純陰，陽在其中，而薺麥生。」《漢·和帝紀》「有司奏以爲夏至則微陰起，靡草死，可以決小事」，與《月令》不同。張文饒曰：「陽雖生於子，實兆於亥，故十月薺麥生。陰雖生於午，實兆於巳，故四月靡草死。」《參同契》：二月榆死，八月麥生。

「初六履霜，陰始凝也。」見於《魏·文帝紀》注，太史丞許芝引《易》傳之言。沙隨程氏、朱文公皆從之。郭京本無「初六」字。

龜山曰：「子見南子，包承者也。此大人處否而亨之道。」朱文公謂：非所以爲訓，若使大人處否而包承小人以得亨利，則亦不足以爲大人矣。

頤初九，王輔嗣注云：「安身莫若不競，修己莫若自保。守道則福至，求禄則辱來。」至哉斯言！可書諸紳。

「病從口入，禍從口出」，傅玄《口銘》也。《頤》「慎言語，節飲食」，正義用其語。

「聖人教人，用『蒙』而不用『復』。蓋『復』者，去其不善而復於善之謂也；若『蒙』則無不善亦未有所失也。」周南仲云。

趾所以行，輔所以言。「艮其趾」，雖行猶不行也；「艮其輔」，雖言猶不言也。故能時行時止，動靜不失其時，其道光明。馮當可云。《艮》六四「艮其身」，《象》以「躬」解之。傴背爲躬，見背而不見面。朱文公詩云：「反躬艮其背，止於所不見。」止於至善也。

「帝乙歸妹」，《子夏傳》謂湯之歸妹也。京房載湯嫁妹之辭曰：「無以天子之尊而乘諸侯，無以天子之富而驕諸侯。陰之從陽，女之順夫，本天地之義也。往事爾夫，必以禮義。」荀爽《對策》引「帝乙歸妹」，言湯以娶禮歸其妹於諸侯也。張説《鄎國公主銘》亦云：「帝唐降女，天乙歸妹。」若《左傳》筮遇《泰》之《需》曰：「微子啓，帝乙之元子也。」虞翻亦云：「紂父。」二説不同，正義皆略之。

「《離》言『明兩作』，《坎》言『水洊至』。起而上者作也，趨而下者至也。」此陸農師之説，朱文公取之。

范諤昌《證墜簡》：《震·象辭》脱「不喪匕鬯」四字，程子取之。漸上六，疑「陸」字誤，胡安定取之。

《釋文》引《子夏傳》云：「地得水而柔，水得地而流，故曰『比』。」《周禮》疏謂：坤爲土，坎爲水。水得土而流，土得水而柔。是水土和合，故象先王建萬國，親諸侯。

《釋文》引鄭注異字，然《內則》注《明

夷》「睇于左股」，猶有所遺。

「朋盍簪」，簪，疾也。至侯果始有「冠簪」之訓。晁景迂云：「古者禮冠，未有簪名。」

《説苑》：周公戒伯禽曰：「《易》曰：『有一道，大足以守天下，中足以守國家，小足以守其身，謙之謂也。』」孔子曰：「《易》曰：『不損而益之，故損；自損而終，故益。』」今《易》無此言。又泄冶曰：「《易》曰：『夫君子居其室云云，君子之所以動天地，可不慎乎？天地動而萬物變化。』」今《易》無末一句。然泄冶在夫子之前，而引《易大傳》之言，殆非也。

《鹽鐵論》文學引《易》曰：「小人處盛位，雖高必崩。不盈其道，不恒其德，而能以善終身，未之有也。是以初登于天，後入于地。」《説文》引《易》曰：「地可觀者，莫可觀於木。」今《易》無之，疑《易傳》及《易緯》。

後漢魯恭引《易》曰：「『潛龍勿用』，言十一月、十二月陽氣潛藏，未得用事，雖煦嘘萬物，養其根荄，而猶盛陰在上，地凍水冰，陽氣否隔，閉而成冬。故曰：『履霜堅冰，陰始凝也；馴致其道，至堅冰也。』言五月微陰始起，至十一月堅冰至也。」又云：「《易》十一月，『君子以議獄緩死。』」又云：「案《易》五月，《姤》用事，經曰：『后以施令，誥四方。』言君以夏至之日，施命令，止四方行者，所以助微陰也。」又引《易》曰：「『有孚盈缶，終來有它，吉。』言甘雨滿我之缶，誠來有我而吉已。」趙温曰：「於《易》，一爲過，再爲涉，三而弗改，滅其頂，凶。」漢儒説《易》，可以參攷。

王肅注《易》十卷，今不傳。其注「噬乾

胏，得金矢」，曰：「四體離陰卦，骨之象。骨在乾肉，脯之象。金矢所以獲野禽，故食之反得金矢。君子於味必思其毒，於利必備其難。」見《太平御覽》。

《漢・郊祀志》引「西隣之禴祭」，顔師古注：「瀹，煮新菜以祭。」蓋以「禴」爲「瀹」。王輔嗣云：「禴，祭之薄者也。沼沚之毛，蘋蘩之菜，可羞於鬼神。」亦與顔注同。鄭康成謂：禴，夏祭之名。

離九三，蔡伯静解云：「鼓缶而歌，當衰而樂也。大耋之嗟，當衰而哀也。盛衰之道，天之常也。君子之心，順其常而已。不樂則哀，皆爲其動心而失其常者，故凶。」此説長於古注。

《京氏易》「剥牀以簠」，謂祭器。濬庵云：「《易》於剥、坎，取象簠簋，以精意寓焉。」

「上天下澤，履」，此《易》之言禮。「雷出地奮，豫」，此《易》之言樂。吕成公之説，本於《漢書》「上天下澤，春雷奮作。先王觀象，爰制禮樂」。

「涣其群」，蘇明允云：「群者，聖人所欲涣以一天下者也。」《本義》取之，謂程傳有所不及。

充善端於「蒙泉」之始，絶惡念於「履霜」之萌。

《坊記》曰：「不耕穫，不菑畬，凶。」《荀子》曰：「括囊无咎无譽，腐儒之謂也。」《左氏傳》穆姜以「元、亨、利、貞」爲隨之四德，爲是説者，其未見《彖》、《象》、《文言》歟？

《易緯坤鑿度》注云：「虞世南曰：『不讀《易》，不可爲宰相。』」注者未詳其人，亦天下名言也。

「乾乾」、「夬夬」皆九三重剛也，「謙謙」初六居下卦之下也，「坎坎」六三居重險之間也，「蹇蹇」六二陰居陰也。

諸卦之爻，皆及卦名。坤、小畜、泰、大畜、既濟六爻悉無之。

八卦之象，又有六焉：巽曰木，坎曰雲、曰泉、曰雨，離曰明、曰電。

曾子《天圓篇》：「火日外景，金水内景。」薛士龍詩云：「嘗聞曾子書，金火中外明。圓方遞含施，二景參黄庭。」愚謂《周髀》云：「日猶火，月猶水。火則外光，水則含景。」其説本於《易》之坎、離。坎内陽外陰，故爲水、爲月；離内陰外陽，故爲火、爲日。

《繫辭》正義云：「韓氏親受業於王弼，承王弼之旨，故引弼云以證成其義。」愚攷王弼終於魏正始十年。韓康伯，東晉簡文帝引爲談客。二人不同時，相去甚遠，謂之親受業，誤矣。

程子言《易》，謂得其義則象數在其中。朱子以爲先見象數，方説得理，不然事無實證，則虚理易差。愚嘗觀顔延之《庭誥》云：「馬、陸得其象數，取之於物；荀、王舉其正宗，得之於心。」其説以荀、王爲長。李泰發亦謂：一行明數而不知其義，管輅明象而不通其理，蓋自輔嗣之學行，而象數之説隱。然義理、象數一以貫之，乃爲盡善。故李鼎祚獨宗康成之學，朱子發兼取程、邵之説。

馮當可謂：王輔嗣蔽於虚無而《易》與人事疏，伊川專於治亂而《易》與天道遠。又謂：近有伊川，然後《易》與世故通，而王氏之説爲可廢。然伊川往往捨畫求《易》，故時有不合。又不會通一卦之體，以觀其全，每求之爻辭離散之間，故其誤十猶五六。晁子止爲《易廣傳》，當可答書曰：「判渾全之體，使後學無以致其思，非傳遠之道。」

吕元鈞云：「求於八卦之先而牽於數，故謂坎、離先天地；得於六爻之後而惑乎氣，故謂卦氣起中孚。」

伏犧之《易》，當以圖觀，文王以後始有書。艾軒云：「《易》不畫，《詩》不歌，無悟入處。」誠齋云：「卦者其名，畫者非卦也。此伏犧氏初製之字也。」愚按：《易緯乾鑿度》以八卦之畫爲古文「天、地、風、山、坎、火、雷、澤」字。

《上繫》七爻起於《中孚》「鳴鶴在陰」，《下繫》十一爻起於《咸》「憧憧往來」。《卦氣圖》自復至咸八十八陽、九十二陰，自姤至中孚八十八陰、九十二陽。咸至姤凡六日七分，中孚至復亦六日七分，陰陽自然之數也。

龜山曰：「乾、坤兩卦，聖人釋其義於後，是解《易》之法。」沙隨曰：「乾、坤，《易》之門。《文言》於乾，四致意焉，坤則一而已。舉乾、坤之義，則它卦可知。《上繫》解七爻，《下繫》解十一爻，大略類《文言》。學者可以三隅反。」

「何以守位曰人」，《釋文》云：「桓玄、明僧紹作『仁』。」今本乃從桓玄，誤矣。《本義》作「人」，云：「吕氏從古，蓋所謂非衆罔與守邦。」

筮法，依七、八、九、六之爻而記之。古用木畫地。《少牢》云：「卦者在左坐，卦以木。」《特牲》云：「卒筮寫卦，筮者執以示主人。」卦者，主畫地識爻。六爻備，乃以方版寫之。今則用錢，以三少爲重錢，九也；三多爲交錢，六也；兩多一少爲單錢，七也；兩少一多爲坼錢，八也。見《儀禮疏》。

《易》者，數之原也。《屯》「十年乃字」，《需》「三人」，《訟》「三百户」、「三褫」，《師》「三錫」，《比》「三驅」，《同人》「三歲」，《蠱》「先甲、後甲三日」，《臨》「八月」，《復》「七日」、「十年」，《頤》「十年」，《坎》「簋貳」、「三歲」，《晋》「三接」，《明夷》「三日不食」，《睽》「二女」、「一車」，《解》「三狐」，《損》「二簋」、「三人」、「一人」，「十朋」，《益》「十朋」，《夬》「五剛」，《萃》「一握」，《困》「三歲」，《革》「三就」，《震》「七日」，《漸》「三歲」，《豐》「三歲」，《旅》「一矢」，《巽》「先庚、後庚三日」、「三品」，《既濟》「七日」、「三年」，《未濟》「三年」。其數例總釋于《乾鑿度》。如「月幾望」、「已日乃孚」，皆陰陽氣數之變。

卦具四德者七：乾、坤、屯、隨、臨、无妄、革也。唯乾不言所利。

遏惡揚善所以順天休命，内君子外小人所以財成天地之道。

乾、坤既位，人居其中。屯以建侯作之君，蒙以養正作之師。

大畜爲學，賁爲文。能止健而後可以爲學，文明以止而後可以爲文。止者，篤實而已。不以篤實爲本，則學不足以成德，文不足以明理。

《易》立乎其中，體也；《易》行乎其中，用也。朱子謂：行以造化言，立以卦位言。

《旅》初六「斯其所，取灾」，王輔嗣注云：「爲斯賤之役。」唐郭京謂：「斯」合作「㒋」。愚按：《後漢·左雄傳》「職斯禄薄」，注云：「斯，賤也。」不必改「㒋」字。

「城復于隍，其命亂也」，湯伯紀云：

「亂，如『疾病則亂』之『亂』。」愚謂：唐玄宗極熾而豐，泰之極也。以李林甫、楊國忠爲周、召，以安禄山、哥舒翰爲方、虎，非命亂而何？

《漢・郊祀志》劉向引《易大傳》曰：「誣神者殃及三世。」愚按：《大戴禮・本命篇》「誣鬼神者罪及二世」，《易大傳》豈即此篇歟？

《説卦釋文》引荀爽《九家集解》，得八卦逸象三十有一。隋、唐《志》十卷，唯《釋文序録》列九家名氏，云：「不知何人所集，稱荀爽者，以爲主故也。」其序有荀爽、京房、馬融、鄭玄、宋衷、虞翻、陸績、姚信、翟子玄爲《易》義，注内又有張氏、朱氏，並不詳何人。荀悦《漢紀》云：「馬融著《易解》，頗生異説。爽著《易傳》，據爻象承應、陰陽變化之義，以十篇之文解説經意。由是兖、豫言《易》者，咸傳荀氏學。」今其説見於李鼎祚《集解》。若「乾升於坤曰雲行，坤降於乾曰雨施；乾起坎而終於離，坤起離而終於坎。離坎者，乾坤之家而陰陽之府，故曰大明終始」，皆諸儒所未發。

王昭素謂：《序卦》云「離者，麗也」，「麗必有所感，故受之以咸。咸者，感也」，凡十四字，晁以道《古易》取此三句增入正文，謂後人妄有上下經之辯。吴仁傑亦從王、晁之論。沙隨程氏按《繫辭》曰：「二篇之策，從韓康伯本。」張文饒云：「《序卦》上經不言乾、坤，下經不言咸者，天地人物之本，必藏諸用也。」朱新仲謂：一行《易纂》引孟喜《序卦》曰：「陰陽養萬物，必訟而成之。君臣養萬民，亦訟而成之。」然則《序卦》亦雜以經師之言歟？

劉夢得《辯易九六論》曰：「董生言本

畢中和，中和本其師，師之學本一行。」朱文公曰：「畢氏揲法，視疏義爲詳。柳子厚詆夢得膚末於學，誤矣。」

《古易》五家：呂微仲、晁以道、睢陽王氏、東萊呂氏、九江周燔。又有程迥、吴仁傑二家。而洪興祖以一行所纂《古子夏傳》爲正，以諸書附著其下，爲《考異釋疑》。

經説多依託，《易》爲甚。《子夏傳》，張弧作也；《關子明傳》，阮逸作也；《麻衣正易》，戴師愈作也。

《越絶外傳》范子曰：「道生氣，氣生陰，陰生陽。」愚謂：先陰後陽即《歸藏》先坤之義，闔而闢，静而動也。

《鄭志》張逸問：「《贊》云，我先師棘下生，何時人？」答云：「齊田氏時善學者所會處也，齊人號之棘下生，無常人也。」愚按：康成有《易贊》，所謂《贊》云者，《易贊》也。棘下，即稷下也。劉向《别録》：「談説之士，會於稷門下。」

《京氏易》「積算法」引夫子曰：「八卦因伏犧，暨于神農，重乎八純。聖理玄微，《易》道難究。迄乎西伯父子，研理窮通，上下囊括。推爻考象，配卦世應，加乎星宿，局於六十四所，二十四氣。分天地之數，定人倫之理，驗日月之行，尋五行之端，灾祥進退，莫不因兹而兆矣。故考天地、日月、星辰、山川、草木、蟲魚、鳥獸之情狀，運氣、生死、休咎，不可執一隅。故曰：《易》含萬象。」又引孔子云：「《易》有四易：一世、二世爲地易，三世、四世爲人易，五世、六世爲天易。游魂、歸魂爲鬼易。」此占候之學，決非孔子之言也。張文饒言「四易」，又異於是：《易》有四：體一，用三：《伏羲》先天，體也；《連山》天易，《歸藏》地易，《周易》人易，用也。

京氏謂：二至四爲互體，三至五爲約象。《儀禮》疏云：「二至四、三至五，兩體交互，各成一卦，先儒謂之互體。」

《説卦》，虞翻曰：「乾、坤五貴三賤，故定位。艮、兑同氣相求，故通氣。震、巽同聲相應，故相薄。坎戊離己，月三十日一會於壬，故不相射。坤消從午至亥，故順。乾息從子至巳，故逆。」蓋用納甲卦氣之説。

「初九，潛龍」，辭也。有「九」則有「六」，變也。「潛龍」，象也。「勿用」，占也。輔漢卿謂：《易》須識辭、變、象、占四字。項氏曰：「不稱乾馬而稱震龍，震，動也，乾之動自震始。」

陽爲大，陰爲小，「大畜」、「小畜」、「大過」、「小過」，取陰陽爲義。

六爻有得有失，唯謙三吉三利，家人一爻悔亡，五爻皆吉。

《漢書・叙傳》「六世眈眈，其欲浟浟」，音滌。注：頤六四爻辭。浟浟，欲利之貌。今《易》作「逐逐」，《子夏傳》作「攸攸」。顔注以「浟浟」爲欲利，輔嗣以「逐逐」爲尚實，其義不同。

上蔡謝子《爲晁以道傳易堂記後序》，言安樂邵先生《皇極經世》之學，師承頗異。安樂之父，昔於廬山解后文恭胡公，從隱者老浮圖遊。隱者曰：「胡子世福甚厚，當秉國政。邵子仕雖不耦，學業必傳。」因同授《易》、《書》。上蔡之文今不傳，僅載於張栻《書文恭集後》。康節之父伊川丈人，名古，字天叟。

邵子《觀物外篇》曰：「天地之氣運，北而南則治，南而北則亂，亂久則復北而南矣。」張文饒謂：《先天圖》自泰歷蠱而至否，自否歷隨而至泰，即南北之運數也。《聞見録》載邵子之言，曰：「天下將治，地氣自北而南；將亂，自南而北。」蓋爲聞杜鵑發也。❶陳忠肅謂：重南輕北，分裂有萌，則以人事知之。

歐陽公以《河圖》、《洛書》爲怪妄，東坡云：「著於《易》，見於《論語》，不可誣也。」南豐云：「以非所習見，則果於以爲不然，是以天地萬物之變爲可盡於耳目之所及，亦可謂過矣。」蘇、曾皆歐陽公門人，而論議不苟同如此。

「迂齋講《易》，謂伏犧未作《易》之前，天下之人心無非《易》。伏犧既作《易》之後，天下之萬事無非《易》。又《策問》謂：种明逸以《易》學名，而其後世衡至師道，累葉爲名將。郭逵以將帥顯，而其後兼山、白雲皆明《易》。蓋《易》之爲書，兵法盡備，其理一也。」愚聞之先君云。

知識欲高明，故效天。操履貴篤實，故法地。

晁景迂述郭敏修之言曰：「所以生生者，智水不可不崇，而禮火則卑之。此卦之所以『既濟』也。」養生之説，陰升陽降。

《史記》春申君説秦昭王，引《易》曰：「狐涉水，濡其尾。」此言始之易，終之難也。今《易·未濟》曰：「小狐汔濟，濡其尾。」

「高宗伐鬼方」，《後漢·西羌傳》：「武丁征西羌鬼方，三年乃克。」《竹書紀年》：「武丁三十五年，周王季伐西落鬼戎。」然則鬼方即鬼戎與？《詩·殷武》「奮伐荆楚」，朱子《集傳》云：「《易》曰：『高宗伐鬼方，三年克之。』蓋謂此。」愚按：

❶「發」，嘉慶本、道光本作「聲」。

《大戴禮・帝繫篇》「陸終氏娶于鬼方氏」，《楚世家》「陸終生子六人，六曰季連，芈姓，楚其後也」。可以證《集傳》之説。

《未濟》「三陽失位」，程子得之成都隱者，朱子謂《火珠林》已有。蓋伊川未曾看雜書。

虞翻夢呑三爻而通《易》，陸希聲夢三聖人而捨象數作傳。然翻未知「言有序」之戒，希聲未知「比之匪人」之訓，踐履與《易》相違。

張緒云：「何平叔不解《易》中七事。」伏曼容云：「何晏疑《易》中九事。」愚謂：晏以老、莊談《易》，係小子觀朶頤，所不解者，豈止七事哉！以義理解《易》，自王弼始，何晏非弼比也。清談亡晉，衍也，非弼也。范甯以王弼、何晏並言，過矣。

上坎爲雲，下坎爲雨，虞翻之説也，郭子和從之。坎在上爲雲，故雲雷屯。坎在下爲雨，故雷雨作解。「女子貞不字」，謂許嫁笄而字，耿氏之説也，朱文公從之。

咸之感无心，感以虚也。兑之説无言，説以誠也。堯之「於變時雍」，孔子之「綏來動和」，其感至矣。文王「靈臺」之樂，宣王「雲漢」之喜，❶其説深矣。

德非日新，不足以言盛；義非入神，不足以言精。

《館閣書目》：《周易元包》十卷，唐衛元嵩撰。今按：楊楫序云：「元嵩，益州成都人，明陰陽曆算。獻策後周，賜爵持節蜀郡公，武帝尊禮，不敢臣之。」《北史・藝術傳》：「蜀郡衛元嵩，好言將來事，不信釋教，嘗上疏極論之。」《書目》以爲唐人，誤矣。

揚雄《覈靈賦》曰：「《大易》之始，河

❶「喜」，嘉慶本、道光本作「憂」。

序龍馬，雒貢龜書。」劉牧謂：《河圖》、《洛書》，同出于伏犧之世。

曾子固爲《徐復傳》云：「康定中，仁宗命講《易》乾、坤、既濟、未濟。又問：『今歲直何卦？西兵欲出如何？』復對：『歲直小過而太一守中宮，兵宜内不宜外。』仁宗嘉其言。與林瑀同脩《周易會元紀》。」今攷侍講林瑀上《會元紀》，推帝王即位必遇辟卦，而真宗乃得卿卦。每開説皆諂諛之辭，緣飾以陰陽。賈昌朝奏瑀所學不經，不宜備顧問，遂絀之。復與瑀同脩不經之書，未可謂知《易》也。《荀子》曰：「善爲《易》者，不占。」

「介于石」，古文作「砎」，晉孔坦書曰：「砎石之易悟。」

《坤》曰「早辯」，《解》曰「夙吉」。治之於未亂，爲之於未有，在周子謂之「幾」，在張子謂之「豫」。

程子《易》傳，晚始授門人。止齋《春秋後傳》亦曰：「此身後之書。」劉道原謂：柳芳《唐曆》本皆不同，由芳書未成而傳之故也。

《易緯辨終備》曰：「煌煌之燿，乾爲之岡。❶合凝之類，坤握其方。雄雌呿吟，六節摇通。萬物孳甲，日營始東。」六節，蓋謂六子。日營始東，震也。

東坡曰：「左氏論《易》，唯南蒯、穆姜之事爲近正。」知莊子曰：「師出以律，有律以如己也。」杜預注：法行則人從法，法敗則法從人。❷亦格言也。

天地未嘗一日無陽，亦未嘗一日無君

❶「岡」，嘉慶本、道光本作「綱」。

❷「敗」，道光本作「微」。

子，故十月爲陽，純坤稱龍。朱子曰：「復之一陽，是坤卦積來。一日生一分，至十一月一陽始成。」

《困》九五曰：「利用祭祀。」李公晦謂：明雖困於人，而幽可感於神。豈不以人不能知而鬼神獨知之乎！愚謂孔子云：「知我者，其天乎！」韓子云：「惟乖於時，乃與天通。」不求人知而求天知，處困之道也。

《坎》之六四曰：「樽酒，簋貳，用缶。」在險之時，用禮之薄。它爻之言酒者三：《需》九五「需于酒食」，《困》九二「困于酒食」，《未濟》上九「有孚于飲酒」，卦皆有「坎」。文王、周公以《酒誥》戒，其象見於《易》，其言詳於《書》。三爻皆陽，剛制之意也。

「莧陸夬夬」，項氏《玩辭》曰：「莧，音丸，山羊也。陸，其所行之路也，猶『鴻漸于陸』之陸。兑爲羊，在上卦有山羊之象。」愚按《説文》：「莧，山羊細角也。從兔足，苜聲，讀若丸。『寬』字從此。」徐鍇按：《本草》注：「莧羊，似麢羊，角有文，俗作羱。」

聖人不以位爲樂也，在《易》謂之「虎尾」，在《書》謂之「朽索深淵」。

「先甲、先庚」，吴祕注《法言》云：「《周禮》治象，挾日而斂之。鄭司農云：『從甲至癸，謂之挾日。』是以《易》稱『先甲三日』、『先庚三日』，皆爲申命令之義。獨取甲、庚者，以甲木主仁，示其寬令也；庚金主義，示其嚴令也。」

程子謂學《易》先看王弼，余謂輔嗣之注，學者不可忽也。於乾九三曰：「乾三以處下卦之上，故免亢龍之悔。坤三以處下卦之上，故免龍戰之灾。」上九曰：「夫以剛健而居人之首，則物之所不與也。以柔順而爲不正，則佞邪之道也。故『乾吉』在无首，『坤利』在永貞。」於《文言》曰：「進物之速者，義不若利；存物之終者，利不及義。」又曰：「文王明夷，則主可知矣；仲尼旅人，則國可知矣。」又曰：「不性其情，何能久行其正？」於坤曰：「方而又剛，柔而又圓，求安難矣。」初六曰：「陰之爲道，本於卑弱而後積著者也，故取『履霜』以明其始。陽之爲物，非基於始以至於著者也，故以『出處』明之，則以初爲潛。」於小畜上九曰：「大畜者，畜之極也。畜而不已，畜極則通，是以其畜之盛在於四五，至于上九道乃大行。小畜積極而後乃能畜，是以四五可以進，而上九説征之輻。」於大有六五曰：「不私於物，物亦公焉；不疑於物，物亦誠焉。」於豫初六曰：「樂過則淫，志窮則凶，豫何可鳴？」於觀上九曰：「觀我生，自觀其道者也。觀其生，爲民所觀者也。」於賁六五曰：「賁于束帛，丘園乃落。賁于丘園，帛乃戔戔。用莫過儉，泰而能約，故必吝焉，乃得終吉也。」於復曰：「凡動息則靜，靜非對動者也。語息則默，默非對語者也。」於頤初九曰：「安身莫若不競，脩己莫若自保。守道則福至，求禄則辱來。」於家人初九曰：「凡教在初，而法在始。家瀆而後嚴之，志變而後治之，則悔矣。」九三曰：「行與其慢，寧過乎恭。家與其瀆，寧過乎嚴。」上九曰：「凡物以猛爲本者，則患在寡恩；以愛爲本者，則患在寡威。故家人之道，尚威嚴也。」於睽上九曰：「見豕負塗，甚可穢也。見鬼盈車，吁可怪也。先張之弧，將攻害也。後説之弧，睽怪通也。往不失時，睽疑亡也。貴於遇雨，和陰陽也。陰陽既和，群疑亡也。」於蹇初六曰：「處難之始，居止之初，獨見前識。覩險而止，以待其時，知矣哉！」於萃之象曰：「聚而無防，則衆生心。」於漸上九曰：「進處高絜，不累於位，无物可以屈其心而亂其志。峨峨清遠，儀可貴也。」於中孚上九曰：「飛音者，音飛而實不從之謂也。」於小過六五曰：「小畜尚往而亨，則不雨也。小過陽不上交，亦不雨也。」

乾稱父，純陽。坤稱母，純陰。震長男，陽在初。巽長女，陰在初。坎中男，陽在中。離中女，陰在中。艮少男，陽在末。兑少女。陰在末。

知之崇，必欲其效天。義之精，必欲其入神。

蒙之養正察乎微，頤之養正先乎近。

《家人》卦辭曰：「利女貞。」男正易，女正難。二《南》之詩，以化行閨門爲極致。上九之《象》曰：「反身之謂也。」身正則家正矣。

《蒙》之初曰「發」，《家人》之初曰「閑」，《顏氏家訓》謂：教兒嬰孩，教婦初來。

困學紀聞卷之一

困學紀聞卷之二

浚儀　王應麟　伯厚甫

書

《周官·外史》「掌三皇五帝之書」，《春秋傳》所謂《三墳》、《五典》是也。前賢謂：皋、夔、稷、契有何書可讀？理實未然。黄帝、顓頊之道在丹書，武王所以端絻東面而受于師尚父也。少皞氏之紀官，夫子所以見郯子而學焉也。孰謂無書可讀哉？

《吕氏春秋·序意》曰：「嘗得學黄帝之所以誨顓頊矣：爰有大圜在上，大矩在下，汝能法之，爲民父母。」不韋《十二紀》成於秦八年，歲在涒灘。上古之書猶存，前聖傳道之淵原猶可攷也。

《書大傳·虞傳》有《九共篇》，引《書》曰：「予辯下土，使民平平，使民無傲。」《殷傳》有《帝告篇》，引《書》曰：「施章乃服，明上下。」豈伏生亦見古文逸篇邪？《大傳》之序有《嘉禾》、《揜誥》，今本闕焉。《隋志》有逸篇二卷，出齊、梁之間，似孔壁中書殘缺者。唐有三卷，徐邈注。鄭漁仲謂：《書》逸篇，仲尼之時已無矣。恐未然。

漢初去聖未遠，帝王遺書猶有存者。《賈誼書·脩政語》引黄帝曰：「道若川谷之水，其出無已，其行無止。」顓頊曰：「至道不可過也，至義不可易也。功莫美於去惡而爲善，❶罪莫大於去善而爲惡。故非吾

❶「美」，道光本作「大」。

善善而已也，善緣善也；非惡惡而已也，惡緣惡也。吾日慎一日。」帝嚳曰：「緣巧者之事而學爲巧，行仁者之操而與爲仁也。故節仁之器以脩其財，❶而身專其美矣。德莫高於博愛人，而政莫高於博利人，故政莫大於信，治莫大於仁。吾慎此而已矣。」帝堯曰：「吾存心於先古，加志於窮民，痛萬姓之罹罪，憂衆生之不遂也。故一民或飢，曰此我飢之也；一民或寒，曰此我寒之也；一民有罪，曰此我陷之也。」帝舜曰：「吾盡吾敬而以事吾上，故見謂忠焉；吾盡吾敬以接吾敵，故見謂信焉；吾盡吾敬以使吾下，故見謂仁焉。吾取之以敬也，吾得之以敬也。」大禹諸侯會，則問於諸侯曰：「諸侯以寡人爲驕乎？」朔日朝，則問於士曰：「諸大夫以寡人爲汰乎？」又曰：「民無食也，則我弗能使也。功成而不利於民，我弗能勸也。」湯曰：「學聖王之道者，譬其如日；靜思而獨居，譬其若火。舍學聖之道而靜居獨思，譬其若去日之明於庭而就火之光於室也，可以小見而不可以大知。得賢而舉之，❷得賢而與之，譬其若登山乎！得不肖而舉之，得不肖而與之，譬其若下淵乎！是以明君慎其舉，而君子慎與。」又曰：「藥食嘗於卑，然後至於貴；藥言獻於貴，然後聞於卑。求道者不以目而以心，取道不以手而以耳。致道者以言，入道者以忠，積道者以信，樹道者以人。」又引周文王、武王、成王問粥子，武王問王子旦、師尚父。《淮南·人間訓》引《堯戒》曰：「戰戰慄慄，日慎一日。人莫蹪於山

❶「財」，道光本按：「財」，今本《賈誼書》作「躬」。

❷「舉」，原作「學」，據嘉慶本、道光本改。

而蹪於垤。」此帝王大訓之存于漢者。若高帝能除挾書之律，蕭相國能收秦博士官之書，則倚相所讀者必不墜矣。幸而緒言尚在，知者鮮焉，好古之士盍玩繹於斯。

墨子南使衛，載書甚多，弦唐子見而怪之。❶墨子曰：「昔周公旦朝讀書百篇，夕見七十二士，相天下猶如此，吾安敢廢此也？」今本闕。《墨子》七十一篇，今止十三篇。外史掌三皇五帝之書，大訓在西序，讀書百篇，謂此類也。

《釋文序録》云：「《尚書》之字本爲隸古。既是隸寫古文，則不全爲古字。今宋、齊舊本，及徐、李等音所有古字，蓋亦無幾。穿鑿之徒，務欲立異，依傍字部，改變經文。」然則今所傳《古文尚書》，未必皆孔安國之本。宋景文《筆記》云：「楊備得《古文尚書釋文》，讀之大喜，書訊刺字皆用古文。」按《國史藝文志》唐孝明寫以今字，藏其舊本。開寶五年，別定《今文音義》。咸平二年，孫奭請摹印《古文音義》，與新定《釋文》並行。今亦不傳。然漢至唐所謂古文者，孔安國以隸存古，非科斗書也。今有《古文尚書》，吕微仲得本於宋次道、王仲至家。郭忠恕定《古文尚書》并《釋文》，今本豈忠恕所定歟？宣和六年，詔《洪範》復從舊文，以「陂」爲「頗」，然監本未嘗復舊也。

吴才老《書裨傳・考異》云：「伏氏口傳與經傳所引，有文異而有益於經，有文異而無益於經，有文異而音同，有文異而義同。」才老所述者，今不復著。「以閏月定四時成歲」，古文「定」作「正」，開元誤作「定」。晁景迂云。「舜讓于德，弗嗣」，班固《典引》作

❶「弦」，原作「强」，據嘉慶本、道光本改。

「不台」。《史記·自序》：唐堯遜位，虞舜不台。「在治忽」，今文作「采政忽」，《史記》作「來始滑」，《漢書》作「七始詠」。「忽」又或作「曶」。鄭康成曰：「笏也。」《大傳·大誥》曰：「民儀有十夫。」王莽作《大誥》曰：「民獻儀九萬夫。」蓋本於此。又《康誥》曰：「惟乃丕顯考文王，克明俊德。」今無「俊」字。《伊訓》「惟元祀十有二月乙丑」，《漢·曆志》作「惟太甲元年十有二月乙丑朔」。是朔旦冬至之歲。「高宗亮陰」，《禮記》作「諒闇」，注讀爲「梁鷂」。《漢·五行志》作「涼陰」，《大傳》作「梁闇」。「予若觀火」，《周禮》注謂今燕俗，名湯熱爲觀。《微子》「我其發出狂」，《史記·宋世家》「狂」作「往」，注引鄭康成曰：「我其起作出往也。」《君奭》「天難諶」，《王莽傳》作「天應棐諶」。「欽明文思安安」，《考靈耀》作「晏晏」。鄭氏注：寬容覆載謂之晏。馮衍《顯志賦》：「思唐虞之晏晏。」第五倫上疏：「體晏晏之姿。」《無逸》「肆高宗之享國五十有九年」，《石經》曰：「肆高宗之饗國百年。」漢杜欽亦曰：「高宗享百年之壽。」「費誓」，《説文》作「粊誓」，《史記》作「肹」，《大傳》作「鮮」。「度作刑以詰四方」，《周禮》注云：「度作詳刑。」「哀矜折獄」，《漢·于定國傳》作「哀鰥哲獄」。《大傳》：哀矜哲獄。「折民惟刑」，《漢·刑法志》作「悊民」。「天齊于民，俾我一日」，楊賜封事作「假我一日」。賜通《桓君章句》，即《歐陽尚書》。劉愷引「上刑挾輕，下刑挾重」。《説文》「顧畏于民嵒」：「多言也。」尼輒切。❶

《書》始二《典》，猶《詩》之首二《南》；取費、秦之《誓》，猶《詩》之有《魯頌》。

❶「説文」至「尼輒切」，與上文意不接，疑有錯簡或訛脱。

《大傳》説《堯典》謂之《唐傳》，則伏生不以是爲《虞書》。

《夏小正》、《月令》、《時訓》詳矣，而《堯典》命羲和以數十言盡之；《天官書》、《天文志》詳矣，而《舜典》璣衡以一言盡之。叙事當以《書》爲法。《堯典》以日中、宵中爲春秋之別，《月令》兩言日夜分，無春秋之異。

《堯典》「日月星辰」，孔注謂：星，四方中星；辰，日月所會。《益稷》「日月星辰」，謂日、月、星爲三辰。五禮一也，孔注於《舜典》，以爲吉、凶、賓、軍、嘉；於《皋陶謨》，則曰公、侯、伯、子、男五等之禮。

《史記》索隱云：「春言東作，夏言南爲，皆是耕作營爲勸農之事。孔安國强讀爲『訛』字，雖訓『化』，解釋紆回。」今《史記》作「南譌」。

《周禮》注引《書》曰：「分命和仲，度西曰柳穀。」虞翻云：「鄭玄所注《尚書》，古篆『卯』字，反以爲『昧』。古大篆『卯』字，讀當爲『柳』，古『柳』、『卯』同字，而以爲『昧』。」裴松之謂翻言爲然。

「宅嵎夷」，《釋文》云：「《尚書考靈耀》及《史記》作『禺銕』。」今按《史記·堯本紀》「居郁夷」，正義「郁」音「隅」。《夏本紀》「嵎夷既略」，索隱云：「《今文尚書》及《帝命驗》並作『禺鐵』。」古「夷」字。薛氏曰：「今登州之地。」

「四岳」，孔注云：「即上羲和四子，分掌四岳之諸侯。」按《周語》太子晋曰：「共之從孫四岳，佐禹胙國，命爲侯伯，賜姓曰姜，氏曰有吕。」《左傳》「許，大岳之胤也」，杜氏注謂大岳，神農之後，堯四岳也。當從《周語》之説。迂齋云：「申、吕、齊、許皆四岳之後。堯讓許由，亦其一也。」

「五典克從」，孔安國傳本於《左氏》，程子《解》本於《孟子》。《左氏》言五教，不及君臣、夫婦、朋友，天叙有典而遺其三焉，唯《孟子》得之。

程子謂：共、兜之徒，及舜登庸之始，側陋之人，顧居其上，此凶亂之人所不能堪，故其惡顯而舜誅之。韓非曰：「堯欲傳天下於舜，鯀諫，共工又諫曰：『孰以天下而傳之於匹夫乎？』堯不聽。」此可以證程子之説。韓非謂堯誅共、鯀，非也。

范蜀公《正書》曰：「舜之五刑：流也，官也，教也，贖也，賊也。流宥五刑者，舜制五流，以宥三苗之劓、刵、剕、宫、大辟也。」《皇王大紀》之説本諸此，而以墨、劓、剕、宫、大辟爲賊刑之科目。

《書序》「帝釐下土方，設居方」，《釋文》云：「一讀至『方』字絶句。」《商頌》「禹敷下土方，外大國是疆」，朱文公亦以「方」字絶句，云《楚辭·天問》「禹降省下土方」，蓋用此語。然《書序》已有此讀矣。

鄭康成讀《舜典》云：「舜生三十，謂生三十年；登庸二十，謂歷試二十年。」

《大禹謨》言「念哉」者二，《益稷》言「念哉」者一，皆禹告舜之辭。心者治之本，心斯須不存，治忽分焉。「共惟千載心，❶秋月照寒水」，於此見之。

皋陶曰：「彰厥有常，吉哉！」周公曰：「庶常吉士。」召公曰：「吉士吉人。」帝王用人之法，一言以蔽之曰「吉」。舜所舉曰「元」，曰「愷」，吉德之實也；所去曰「凶」，吉德之反也。議論相傳，氣脈相續。在春秋時謂之善人，在西漢時謂之長者。

❶「共」，道光本作「恭」。

惟吉則仁，所謂元者善之長，爲天地立心者也。

「儆戒無虞」，絜齋解云：「治安之時，危亂之萌已兆。漢宣帝渭上之朝，是年元后生成帝，新都篡漢已兆於極盛之日矣。『無虞』豈可不儆戒？」愚謂匈奴衰而女戎興，倚伏果可畏哉！又解「七旬有苗格」，云：「舜耕歷山之時，祇見厥父，惟知己之有罪而不見父之爲頑，所以底豫。及其征苗也，自省未嘗有過而惟見苗民之作慝，所以逆命。至班師之後，誕敷文德，無異負罪引慝之心而遂格焉。滿損謙益，捷於影響，人心豈可以自滿哉？」愚謂仲虺之誥成湯，召公之訓武王，戒其滿而自矜也。齊桓服楚，魏武得荆州，唐莊宗取汴，皆以滿失之。

九德，知人之法；三俊，用人之法。

禹之告舜曰「安汝止」，盡天理而無人欲，得至善而止也；尹之告太甲曰「欽厥止」，去人欲而復天理，求至善而止也。

《虞書》「作服」，天子自日月而下十二章，鄭康成注《周禮》，謂周以日月星辰畫於旂旗，而冕服九章。注《禮記·郊特牲》「祭之日，王被衮以象天」，謂有日月星辰之章，此魯禮也。二禮之説自相背馳，魯秉周禮，周、魯之禮其有異乎？

《古文尚書》及《説文》璪火黺𪓐黼黻，艾軒曰：「黺𪓐黼黻，當各爲一物。『璪』當爲『玉璪』之『璪』。璪，圜物也，意其爲璪之狀，而以火旁飾之，火因物而後見耳。《考工記》謂火以圜，得非指璪火爲一物乎？鄭司農謂爲圜形似火，此爲近之。希冕，謂黺𪓐黼黻皆從『黹』，同謂之『希冕』。陸德明『希』與『黹』同，蓋有由來也。」

「鳥獸蹌蹌」，馬融以爲筍虡，《七經小

傳》用其說。《書裨傳》以「鳳凰來儀」爲簫聲之和，艾軒亦曰「制器尚象」。

古文「箾磬」，今文作「簫」，《左氏》曰：「《韶箾》，舜樂名也。」諸儒誤以簫管解之。

《說文》：「㚖，嫚也」，引《虞書》「若丹朱㚖」、《論語》「㚖盪舟」。按：《書》有「罔水行舟」之語，則「㚖盪舟」者，恐即謂丹朱。

古文「天明畏，自我民明畏」，今文下「畏」字作「威」，蓋衛包所改，當從古。

「若稽古」，稱堯、舜、禹三聖而皋陶與焉。舜以天下遜禹，禹獨推皋陶。孟子論道之正傳，亦曰：「若禹、皋陶，則見而知之。」又曰：「舜以不得禹、皋陶爲己憂。」子夏亦云：「舜舉皋陶，觀於謨而見皋陶之學之粹也。」

「蠻夷猾夏」，明刑治之而有餘；「四夷交侵」，征伐制之而不足。虞、周之德天淵矣。

《淮南子》曰：「皋陶瘖而爲大理。」此猶夔一足之說也。皋陶陳謨賡歌，謂之瘖可乎？司馬公詩云：「法官由來少和泰，皋陶之面如削瓜。」然《荀子·非相》之言，亦未必然。

《史記·秦本紀》：「大費佐舜，調馴鳥獸，是爲柏翳。」索隱云：「《尚書》謂之『伯益』。」而《陳杞世家》謂：「伯翳之後，封爲秦。垂、益、夔、龍，其後不知所封，不見也。」則「伯翳」非「伯益」矣。《水經注》偃師九山有《百蟲將軍顯靈碑》云：「將軍姓伊氏，諱益，字隤敳，帝高陽之第二子伯益者也。」黄度文叔《書說》「益」即「隤敳」，本於此。

《鄭語》史伯曰：「姜，伯夷之後也。伯夷能禮於神，以佐堯者也。」注謂四岳之族。《大戴禮·誥志篇》虞史伯夷曰：

「明，孟也。幽，幼也。」《史記・曆書》引之而其文小異，「虞夏之曆」爲「昔在古曆」，「百草權輿，瑞雉無釋」爲「百草奮興，秭規先滜」。❶

《吕氏春秋》云：「舜欲以樂傳教於天下，乃令重黎舉夔於草莽之中而進之，舜以爲樂正。」《吕刑》乃命重黎，即羲和也。《楚語》堯育重黎之後，「重黎舉夔」見於此。

漢董賢册文，言「允執其中」，蕭咸謂：此堯禪舜之文，非三公故事，班固筆之於史矣。而固紀竇憲之功曰：「納于大麓，惟清緝熙。」其諛甚於董賢之册。當憲氣燄方張，有議欲拜之伏稱萬歲者，微韓棱正色，則無君之惡肆矣。此固所以文姦言而無忌憚也。倪正父駁「昆命元龜」之制，有以也夫。

五行，《大禹謨》以相克爲次，《洪範》以生數爲次。五德，鄒衍以相勝爲義，劉向以相生爲義。

「柔而立」，無立爲懦。「柔惠且直」，不直爲諂。「柔嘉維則」，失其則非嘉也。

《賈誼書・君道篇》引《書》曰：「大道亶亶，其去身不遠。人皆有之，舜獨以之。」此逸《書》也。

《禹貢釋文》：《周公職録》云：「黄帝受命，風后受圖，割地布九州。」隋、唐《志》無此書，《太平御覽》引《太一式占》，《周公城名録》有此三句。夾漈《通志・藝文略》：《周公城名録》一卷。「城」、「職」字相似，恐傳寫之誤。《世説》注云：「推《周公城録》，冶城宜是金陵本里。」《抱朴子・内篇・登涉》引《周公城名録》。

《大傳》曰：「歌大化、大訓、六府、九

❶「規」，嘉慶本、道光本作「鳺」。

原而夏道興。」注謂四章皆歌禹之功。所謂「九叙惟歌」、「九德之歌」，於此猶可攷。

《説文》引《虞書》曰：「仁閔覆下，❶則稱旻天。」蓋《虞書》説也。

「豫州，滎波既豬」，古文云：「滎嶓既都。」《職方氏》「豫州，其浸波溠」，鄭注云：「『波』讀爲『播』，《禹貢》曰：『滎播既都。』」賈公彦疏云：「《禹貢》有播水無波。」然則漢、唐《書》本皆作「滎播」也。《史記·夏本紀》作「播」，音「波」。

《史記》引《禹貢》二百里任國，《書》「男邦」，孔注：男，任也，任王者事。音壬。王莽封王氏女皆爲任。注：任，充也，男服之義，男亦任也。「男」、「任」二字蓋通用。

「揚州，沿于江海，達于淮泗」，東坡《書傳》云：「吴王夫差闕溝通水，而江始有入淮之道，禹時則無之。」愚按：吴之通水有二焉：《左氏傳》哀九年「吴城邗溝通江淮」，注云：「今廣陵韓江。」此自江入淮之道也。《吴語》「夫差起師北征，闕爲深溝於商、魯之間，北屬之沂，西屬之濟，以會晉公午於黄池」，《左氏傳》哀十三年「會黄池」，注云：「陳留封丘縣南，有黄亭，近濟水。」此自淮入汴之道也。

百川東注，弱水獨西，故《洪範》弱爲六極。弱與柔異，柔如漢文帝，弱如元帝。

「過九江至于東陵」，曾彦和謂：東陵，今之巴陵。余按：《史記》正義岳州有巴陵，蓋是東陵。曾説本此。

「朔南暨」爲句，下云「聲教訖于四海」。《史記》注本如此。❷

❶ 「閔覆」，今本《説文》同，嘉慶本、道光本互乙。

❷ 「史記注本如此」，此條小注道光本爲正文。

《説苑》子貢曰：「禹與有扈氏戰，三陳而不服。禹於是脩教一年，而有扈氏請服。」《莊子》謂「禹攻有扈，國爲虚厲」，皆與《書》異。《楚辭·天問》云：「該秉季德，厥父是臧。胡終斃于有扈，牧夫牛羊？」又云：「有扈牧豎，云何而逢？擊牀先出，其命何從？」古事茫昧不可攷矣。《吕氏春秋》曰：「夏后相與有扈戰於甘澤而不勝，六卿請復之，夏后相曰：『不可。吾地不淺，吾民不寡，戰而不勝，是吾德薄而不教不善也。』於是乎處不重席，食不貳味，琴瑟不張，鐘鼓不脩，子女不飭，親親長長，尊賢使能，期年而有扈氏服。」愚謂：伐扈戰甘者，夏后啓也，誤以爲相。然其事可以補《夏書》之闕。

《甘誓》「予則孥戮汝」，孔傳謂辱及汝子；《王莽傳》作「奴」，顔注謂戮之以爲奴也。《泰誓》云：「囚奴正士。」豈及子之謂乎？

蔡邕《銘論》：「殷湯有《甘誓》之勒。」

《五子之歌》其二章皆述禹之訓。蔡氏自「予視天下」以後，謂「予」，五子自稱也。然「予臨兆民」之語，恐非五子自稱。

《周語》單穆公引《夏書》曰：「關石龢均，王府則有。」韋昭注云：「逸《書》也。關，門關之征也。石，今之斛也。言征賦調均，則王之府藏常有也。一曰：關，衡也。」時未見古文，故云逸《書》。左思《魏都賦》「關石之所和鈞，財賦之所底慎」，蓋亦用韋説。李善引賈逵《國語》注曰：「關，通也。」孔安國謂金鐵曰石，未詳。

《左氏傳》：「夏有觀、扈。」《漢》：「東郡有畔觀縣。」今開德府觀城。《楚語》士亹曰：「堯有丹朱，舜有商均，啓有五觀，湯有太甲，文王有管、蔡，是五王者皆元德也，而有姦子。」韋昭注謂：五觀，啓子，太康昆弟也。觀，洛汭之地。《書序》曰：「太康失國，昆弟五人，須于洛汭。」《水經注》亦云：「太康弟曰五觀。」愚謂：五子述大禹之戒作歌，仁義之人，其言藹如也，豈朱、均、管、蔡之比？韋氏説非也。

《史記》：「湯始居亳，從先王居，作《帝誥》。」索隱云：「一作俈。從先王居，故作《帝俈》。」

《史記》：「湯征諸侯，葛伯不祀，湯始伐之。湯曰：『予有言：人視水見形，視民知治不。』伊尹曰：『明哉！言能聽，道乃進。君國子民，爲善者皆在王官。勉哉，勉哉！』湯曰：『汝不能敬命，予大罰殛之，無有攸赦！』作《湯征》。」豈孔壁逸篇太史公亦見之乎！後有補《湯征》者，蓋未之攷。

「辰弗集于房」，《大衍曆議》云：「《新曆》仲康五年癸巳歲，九月庚戌朔，日蝕在房二度。」按《皇極經世》：「仲康元年壬戌；征羲和，五年丙寅。」與《曆》不同。

君子之去留，國之存亡繫焉，故《夏書》終於「汝鳩、汝方」，《商書》終於《微子》。

《湯誓》：「予則孥戮汝，罔有攸赦。」孔安國以爲古之用刑，父子兄弟罪不相及，今云者，權以脅之，使勿犯。《酒誥》「予其殺」，安國以爲「擇罪重者而殺之」。吕居仁謂：安國能明聖人未盡之意，實有大功於聖人者。

鄭康成注《禹貢》九河云：「齊桓公塞之，同爲一。」《詩》正義云：「不知所出何書。」愚按：《書》正義引《春秋緯寶乾圖》云：「移河爲界，在齊吕，填閼八流以自廣。」鄭蓋據此文。九峰蔡氏曰：「曲防，齊之所禁，塞河非桓公所爲也。」

鄭康成《書》注，間見於疏義，如作服十二章、州十二師，孔注皆所不及。

《吕氏春秋》引《夏書》曰：「天子之德廣運，乃聖乃神，乃武乃文。」《商書》曰：「五世之廟可以觀怪，萬夫之長可以生謀。」又曰：「仲虺有言曰：『諸侯之德，能自爲取師者王，能自爲取友者存。其所擇而莫如己者亡。』」又曰：「刑三百，罪莫重於不孝。」《周書》曰：「若臨深淵，若履薄冰。」其舛異如此。

《仲虺之誥》言仁之始也，《湯誥》言性之始也，《太甲》言誠之始也，《説命》言學之始也。皆見於《商書》。「自古在昔，先民有作，温恭朝夕，執事有恪」，先聖王之傳恭也。亦見於《商頌》，孔子之傳有自來矣。

孟子云：「伊尹、萊朱。」注：「萊朱，亦湯賢臣，一曰仲虺是也。」《春秋傳》曰：「仲虺居薛，爲湯左相。」是則伊尹爲右相。《唐宰相世系表》：仲虺爲湯左相，臣扈、祖己皆其冑裔也。未詳所據。

孔安國謂：湯始改正朔。鄭康成謂：自古改正朔。葉少藴云：「《甘誓》已言三正，則子丑寅迭以爲正者，尚矣。」「爰革夏正」，林少潁謂：革正之事，古未嘗有，蓋始於湯，而武王因之。

《漢・律歷志》引《伊訓》「伊尹祀于先王，誕資有牧方明」。説者謂祀先王于方明。朱文公曰：「『方』當作『乃』，即所謂『乃明言烈祖之成德』。」

鄭康成云：「祖乙居耿後，奢侈踰禮，土地迫近，山川嘗圮焉。至陽甲立，盤庚爲之臣，乃謀徙居湯舊都。上篇是盤庚爲臣時事，中篇、下篇是盤庚爲君時事。」正義以爲謬妄，《書禆傳》云：「鄭，大儒，必有所據而言。」

《書序》「祖乙圯于耿」，孔氏注云：「圯於相，遷於耿。」《殷本紀》謂祖乙遷于邢。《皇極經世》「祖乙踐位，圯于耿，徙居邢」，蓋從《史記》。以《書序》攷之，孔氏以「圯于耿」爲「圯於相」，恐未通。蘇氏《書傳》云：「祖乙圯于耿，盤庚不得不遷。」以《經世紀年》攷之，祖乙以乙未踐位，後有祖辛、沃甲、祖丁、南庚、陽甲，而後盤庚立。祖乙曾孫。盤庚之立，以己亥，自祖乙踐位至此一百二十五年。若謂民蕩析離居，因耿之圯，不應如是之久也。當闕所疑。

盤庚之遷也，曰：「天其永我命于兹新邑。」消息盈虚之運，哲王其知之矣。唐朱朴議遷都以觀天地興衰爲言，謂：關中文物，奢侈皆極焉，已盛而衰，難可興矣，而以襄、鄧爲建都極選。陳同父上書孝廟，亦謂：錢塘山川之氣，發泄無餘，而以荆、襄爲進取之機。其言與朴略同。朴不足道也，豈亦有聞於氣運之説乎？

《大傳》引《盤庚》「若德明哉」、「湯任父言卑應言」，皆古文所無。

《論語》「予小子履，敢用玄牡，敢昭告于皇皇后帝」，孔安國注云：「《墨子》引《湯誓》，其辭若此。」疏云：「《尚書·湯誓》無此文，而《湯誥》有之，又與此小異。唯《墨子》引《湯誓》，其辭與此正同。」

「爾惟德罔小，萬邦惟慶；爾惟不德罔大，墜厥宗。」漢昭烈曰：「勿以惡小而爲之，勿以善小而不爲。」蓋得此意。

桑穀之祥，大戊問伊陟，《韓詩外傳》以爲「穀生湯之廷，三日而大拱，湯問伊尹」，誤也。《漢・五行志》劉向以爲「殷道既衰，高宗承敝而起，怠於政事，故桑穀之異見」，又誤也。《書大傳》謂：「武丁之時，先王道虧，刑罰犯，桑穀俱生于朝，武丁問諸祖己。」劉向蓋襲《大傳》之誤。

「説築傅巖之野」，吴氏《裨傳》、蔡氏《集傳》以築爲居。愚按：《孟子》曰：「傅説舉於版築之間。」當從古注。傅巖在陝州平陸縣北。

《魯語》展禽曰：「上甲微能帥契者也，商人報焉。」《孔叢子》引《書》曰：「維高宗報上甲微。」蓋逸《書》也。

學立志而後成，遜志而後得。立志，剛也；遜志，柔也。

「西伯戡黎」，孔注云：「文王貌雖事紂，内秉王心。」豈知文王之心哉？文王之德之純，心與貌異乎？

「西伯既戡黎，祖伊恐」，商都朝歌，黎在上黨壺關，乃河朔險要之地，朝歌之西境，密邇王畿，黎亡則商震矣。故武王渡孟津，莫之或禦。周以商墟封衛，狄人迫逐黎侯，衛爲方伯連率，不能救，而《式微》、《旄丘》之詩作。脣亡齒寒，衛終爲狄所滅。衛之亡，猶商之亡也。秦拔上黨而韓、趙危，唐平澤、潞而三鎮服，形勢其可忽哉！

《泰誓》，古文作《大誓》，孔氏注：「大會以誓衆。」晁氏曰：「開元間，衛包定今文，始作『泰』。或以交泰爲説，真燕書哉！」或説謂新經以「泰」爲「否泰」之「泰」，紂時上下不交，天下無邦，武王大會諸侯往伐，以傾紂之否。非經意也。《大誓》與《大誥》同。音「泰」者，非。

「雖有周親，不如仁人」，孔安國注《論語》，言「雖有管、蔡爲周親，不如箕子、微子之仁人」，與注《尚書》異。《書》傳云：「紂至親雖多，不如周家之少仁人。」朱文公《集注》從《書》傳。

《論語釋文》：「予有亂十人。」《左傳》叔孫穆子亦曰：「武王有亂十人。」劉原父謂：子無臣母之理，婦人蓋邑姜。然本無「臣」字，舊説不必改。

《左氏傳》云：「太伯不從。」《楚辭·天問》云：「叔旦不嘉。」與夷、齊之心一也。此武所以未盡善。

《武成》「式商容閭」，正義引《帝王世紀》云：「商容及殷民觀周軍之入，見畢公至，殷民曰：『是吾新君也。』容曰：『非也。』視其爲人，嚴乎將有急色。故君子臨事而懼。見太公至，民曰：『是吾新君也。』容曰：『非也。』視其爲人，虎據而鷹趾；當敵將衆，威怒自倍；見利即前，不顧其後。故君子臨衆，果於進退。見周公至，民曰：『是吾新君也。』容曰：『非也。』視其爲人，忻忻休休，志在除賊，是非天子，則周之相國也。故聖人臨衆知之。見武王至，民曰：『是吾新君也。』容曰：『然。』聖人爲海内討惡，見惡不怒，見善不喜，顔色相副，是以知之。」愚按：《韓詩外傳》云：「商容嘗執羽籥，馮於馬徒，欲以伐紂而不能。遂去，伏於太行。及武王尅殷，立爲天子，欲以爲三公。商容辭曰：『吾嘗馮於馬徒，欲以伐紂而不能，愚也；不争而隱，無勇也。愚且無勇，不足以備乎三公。』固辭不受命。君子聞之曰：『商容可謂内省而不誣能矣。君子哉！去素餐遠矣。』」《史記》燕王遺樂間書曰：「紂之時，商容不達，身祇辱焉，以冀其變。」《樂記》「釋箕子之囚，使之行商容而復其位」，鄭注乃謂：使箕子視商禮樂之官，賢者所處，皆令反其居。蓋康成不見古文《武成》，故以容爲禮樂。張良云：「武王入殷，表商容閭。」《史記·周紀》云：「表商容之閭。」皆與《書》合。

顔師古《刊謬正俗》云：「《武成序》往伐歸獸，當依『嘼』字。《費誓序》東郊不闢，案《説文》及《古今字詁》闢，古『闢』字，闢訓開，故孔氏釋云『東郊不開』，不得徑讀『闢』爲『開』。」愚按《古文尚書》，師古之説是也。

《大傳·洪範》曰：「不叶于極，不麗于咎，毋侮矜寡，而畏高明。」《史記·宋世家》亦云：「毋侮鰥寡。」

虞翻謂「分北三苗」，「北」古「別」字。

《周禮·大卜》注引《洪範》「曰雨，曰濟，曰圛，曰蟊，曰剋」。《詩》「齊子豈弟」箋：《古文尚書》以「弟」爲「圛」。正義云：「《洪範稽疑》論卜兆有五，『曰圛』注云：『圛者，色澤光明。』蓋古文作『悌』，今文作『圛』。賈逵以今文校之，定以爲『圛』。鄭依賈氏所奏。」《説文》引《書》「圛圛升雲，半有半無」，今按「圛」即《洪範》「曰驛」，其下乃注文。《古文尚書》「曰㳒，曰圛」，與《周禮》注同。

《詩》「或聖或否，或哲或謀，或肅或艾」，《莊子》「天有六極五常，帝王順之則治，逆之則凶。九洛之事，治成德備」，皆爲《洪範》之學。

曾子固奏疏曰：「《洪範》所以和同天人之際，使之無間，而要其所以爲始者，思也。《大學》所以誠意正心脩身治其國家天下，而要其所以爲始者，致其知也。正其本者，在得之於心而已。得之於心者，其術非他，學焉而已矣。古之人自可欲之善而充之，至於不可知之神。自十五之學而積之，至於從心不踰矩，豈他道哉？由是而已矣。」二程子以前，告君未有及此者。

韓非謂先王之法曰：「臣毋或作威，毋或作利，從王之指。無或作惡，從王之路。」蓋述《洪範》之言而失之也。「天命有德，天討有罪」，故無作好惡。「惟天聰明，惟聖時憲」，故無作聰明。以天之德，行天之權，故「惟辟作福威」。

司馬彪注《莊子》云：「箕子名胥餘。」《史記》正義：《尸子》云。

「巢伯來朝」，注云：「南方之遠國。」正義謂「南巢」，李杞解曰：「成湯放桀于南巢，巢人納之。意者終商之世，義不朝商乎？誠如是，亦足以見巢之忠，商之盛德矣。商亡而周興，於是巢始來朝。」其說美矣，然無所據。

金縢之書，其異說有二焉：《魯世家》云：「周公卒後，秋未穫。暴風雷雨，禾盡偃，大木盡拔。周國大恐，成王與大夫朝服以開金縢書。」《梅福傳》云：「昔成王以諸侯禮葬周公，而皇天動威，雷風著災。」此皆《尚書大傳》之說，蓋伏生不見古文故也。《蒙恬傳》云：「成王有病，甚殆，公旦自揃其爪，以沈於河，乃書而藏之記府。及王能治國，有賊臣言周公欲爲亂，周公走而奔於楚。成王觀於記府，得周公沈書，乃流涕曰：『孰謂周公旦欲爲亂乎？』」此又以武王有疾爲成王。索隱曰：「不知出何書。」《魯世家》亦與《恬傳》同。譙周云：「秦既燔書，時人欲言金縢之事，失其本末。」南軒曰：「至誠可以回造化，若金縢策祝之辭，則不無妄傳者。」

「我之弗辟」，朱文公謂：當從鄭氏，以「辟」爲「避」。

《武成》「惟九年大統未集」，《通鑑外紀》引《尚書大傳》「文王受命一年，斷虞芮之質」。《帝王世紀》：「文王即位四十二年，歲在鶉火，更爲受命之元年。」《周書·文傳》：「文王受命九年，時惟莫春，在鎬召太子發。」按《史記》秦惠王十四年，更爲元年；《汲冢紀年》魏惠成王三十六年，改元稱一年，或有因於古也。

文公賞雍季以義而不以謀，襄子賞高共以禮而不以功，故曰「崇德報功」。

「若爾三王，是有負子之責於天」，❶《史記》以「丕」爲「負」，索隱引鄭玄曰：「『丕』讀曰『負』。」隗囂《移檄》曰：「庶無負子之責。」蓋本此。晁以道解「丕子之責」，如《史傳》中「責其侍子」之「責」，蓋云「上帝責三王之侍子」，指武王也。

唐叔得禾，成王命唐叔以餽周公於東土，作《餽禾》。《史記》以「歸」爲「餽」。二字通用，見《論語》。

三監，孔氏謂管、蔡、商。《漢·地理志》：殷畿内爲三國，邶、鄘、衛是也。邶，封武庚；鄘，管叔尹之；衛，蔡叔尹之，以監殷民。唯鄭康成以三監爲管、蔡、霍。蘇氏從孔説，林氏、蔡氏從鄭説。三亳，孔氏謂亳人之歸文王者三所，爲之立監。康成云：「湯舊都之民，服文王者分爲三邑：其長居險，故言阪尹，蓋東成皋，南轘轅，西降谷也。」皇甫謐以蒙爲北亳，穀熟爲南亳，偃師爲西亳。林氏從鄭説，吕氏從皇甫説。《詩譜》以三叔爲三監。孫毓云：「三監當有霍叔，鄭義爲長。」

「民獻有十夫，予翼」，「亦惟十人，迪知上帝命」，周公以賢人卜天意。史失其名，不獨魯兩生也。

❶「負」，嘉慶本、道光本作「丕」。

《周書・作雒》曰：「俾康叔宇于殷，俾中旄父宇于東。」注云：「東謂衛、殷、邶、鄘。」《詩譜》自紂城而北謂之邶，南謂之鄘，東謂之衛。康叔宇于殷，即衛也。注以殷爲邶、鄘，非是。殷地在周之東，故曰東征。邶、鄘、衛皆東也。《康誥》曰：「在茲東土。」中旄父其邶、鄘之一歟？《顧命》有南宫毛。

《法言》謂：「《酒誥》之篇俄空焉。」愚按：《酒誥》古今文皆有之，豈揚子未之見歟？《藝文志》云：「劉向以中古文校歐陽、大小夏侯三家經文，《酒誥》脱簡一。」而《大傳》引《酒誥》曰：「王曰：封，唯曰若圭璧。」今無此句，豈即脱簡歟？

「矧惟若疇圻父薄違，農父若保，宏父定辟」，荆公以「違」、「保」、「辟」絶句，朱文公以爲夐出諸儒之表。《洛誥》「復子明辟」，荆公謂：周公得卜，復命於成王也。漢儒「居攝還政」之説，於是一洗矣。山谷云：「荆公六藝學，妙處端不朽。」信夫！

「厥或告曰：『群飲。』汝勿佚，盡執拘以歸于周，予其殺。」無隱張氏以爲此告者之詞云爾。勸汝執而盡殺之也，汝當思之，曰：「是商之諸臣，化紂爲淫湎者，而可遽殺乎？亦姑惟教之而已。若不教而使陷于罪，是亦我殺之也。周公戒康叔，皆止殺之詞，奈何以爲勸哉！」愚謂此説得忠厚之意。

《梓材》曰：「以厥庶民暨厥臣，達大家。」周封建諸侯與大家巨室共守之，以爲社稷之鎮，「九兩」所謂「宗以族得民」，《公劉》之《雅》所謂「君之宗之」。此封建之根本也。魯之封有六族焉，衛之封有七族焉，唐之封有九宗、五正焉，皆所以係人心，維國勢。不特諸侯爲然，周公作《皇門》之書曰：「維其有大門宗子，茂揚肅德，勤王國王家，乃方求論擇元聖。武夫羞于王所，咸獻言助王恭明祀，敷明刑，用能承天嘏命。先人神祇報職用休，俾嗣在王家，❶萬子孫用末被先王之靈光。」然則王室之不壞，繄大門宗子是賴。自封建之法廢，國如木之無根，其亡也忽焉。然古者，世臣必有家學，内有師保氏之教，外有外庶子之訓。國子之賢者，命之導訓諸侯，若魯孝公是也。使惇惠者教之，文敏者道之，果敢者諗之，鎮靖者脩之，若晉公族大夫是也。教行而俗美，然後托以安危存亡之寄，而國有與立矣。

商之澤深矣，周既翦商，歷三紀而民思商不衰。攷之《周書》，《梓材》謂之「迷民」，《召誥》謂之「讎民」，不敢有忿疾之心焉，蓋皆商之忠臣義士也。至《畢命》始謂之「頑民」，然猶曰：「邦之安危，惟兹殷士。」兢兢不敢忽也。孔子删《詩》，存邶、鄘於《風》，繫商於《頌》。吁，商之澤深矣。

《召誥》正義引《周書·月令》云：「三日粤朏。」《漢·律曆志》引古文《月采篇》曰：「三日曰朏。」顔注謂説月之光采。愚以《書》正義攷之，「采」字疑當作「令」。

婁敬曰：「成王即位，周公營成周，以爲此天下中，有德則易以王，無德則易以亡。」《吕氏春秋》南宫括曰：「成王定成周，其辭曰：『惟余一人，營居于成周。惟余一人，有善易得而見也，有不善易得而誅也。』」《説苑》南宫邊子曰：「昔周成王之卜居成周也，其命龜曰：『予一人兼有天下，辟就百姓，敢無中土乎！使予有罪，則

❶「王」，嘉慶本、道光本作「厥」。

四方伐之，無難得也。』」三説大意略同。

周公爲師，召公爲保。鄭康成不見《周官》之篇，以師、保爲《周禮》師氏、保氏大夫之職。《師氏、保氏》注亦引《書叙》云：「聖賢兼此官。」《禮記・文王世子》注謂大司成、司徒之屬師氏也。兩注自不同。

「有若散宜生」，《孔氏》傳云：「散，氏。宜生，名。」愚按：《漢書・古今人表》：「女皇堯妃，散宜氏女。」當以「散宜」爲氏。

《多方》「越惟有胥伯小大多正」，《大傳》云：「古者十税一，多于十税一謂之大桀小桀，少于十税一謂之大貊小貊。王者十一而税，而頌聲作矣。故《書》曰：『越維有胥賦小大多政。』」古今文之異如此。

《無逸》，《大傳》作「毋逸」。毋者，禁止之辭，其義尤切。

《無逸》中宗、高宗、祖甲、文王之享國，以壽數言。《吕刑》穆王享國百年，以在位言。

祖甲，孔安國、王肅云：「湯孫太甲也。」馬融、鄭玄云：「武丁子帝甲也。」《書》正義以鄭爲妄。《史記》正義按帝王年代曆，帝甲十六年，太甲三十三年，明王、孔説是。王肅云：「先中宗，後祖甲，先盛德，後有過。」蔡氏《書傳》從鄭説，謂非太甲。按邵子《經世書》高宗五十九年，祖庚七年，祖甲三十三年，世次曆年皆與《書》合，亦不以太甲爲祖甲。

《無逸》多言「不敢」，《孝經》亦多言「不敢」。堯、舜之兢業，曾子之戰兢，皆所以存此心也。

「天命自度」，天與我一；「自作元命」，我與天一。

民之疾苦常在目，故曰：「顧畏于民碞。」天之監臨常在目，故曰：「顧諟天之明命。」

「文王罔攸兼于庶言庶獄庶慎」，司馬公曰：「人君急於知人，緩於知事。」愚謂：漢宣帝綜覈名實，非不明也，而不能知弘、石之姦；唐宣宗抉擿細微，非不察也，而不能知令狐綯之佞，明於小而闇於大也。故堯、舜之知，不徧物而急先務。

觀蔡仲之命，知周所以興；觀中山靖王之對，知漢所以亡。周公弔二叔之不咸，方且封建親戚，以蕃屏周；漢懲七國之難，抑損諸侯，以成外戚之簒。心有公私之殊，而國之興亡決焉。

君陳，蓋周公之子，伯禽弟，見《坊記》注，它無所攷。《傳》有「凡、蔣、邢、茅、胙、祭」，豈君陳其一人歟？凡伯、祭公謀父，皆周公之裔，世有人焉，家學之傳遠矣。

「命君陳分正東郊、成周」，鄭注：「周之近郊五十里，今河南、洛陽相去則然。」鄭以目驗知之。《儀禮》疏。

「爾乃順之于外，曰：『斯謀斯猷，惟我后之德。』」先儒謂：成王失言。蓋將順其美，善則稱君，固事君之法，然君不可以是告其臣。「順」之一字，其弊爲諛。有善歸主，李斯所以亡秦也，曾是以爲良顯乎？闇愎之君，誦斯言則歸過，求名之疑不可解矣。承弼昭事，稱文、武而不及成王，其有以夫。

推誠以待士，則欒氏之勇，亦子之勇；用賢以及民，則田單之善，亦王之善。故曰：「有容，德乃大。」

史伯論周之敝曰：「去和而取同。」與晏子之論齊，子思之論衛，一也。西漢之亡，亦以群臣同聲，故曰：「庶言同則繹。」《周官》「諸侯各朝于方岳，大明黜陟」，黜陟明而後封建定。柳子謂天子不得變其君，殆未攷周制也。

康王釋喪服而被衮冕，且受黄朱圭幣之獻，諸儒以爲禮之變，蘇氏以爲失禮。朱文公謂：「天子諸侯之禮與士庶人不同，故孟子有『吾未之學』之語。如《伊訓》元祀十二月朔，奉嗣王祗見厥祖，固不可用凶服矣。漢、唐即位行册禮，君臣亦皆吉服，追述先帝之命，以告嗣君。蓋易世傳授，國之大事，當嚴其禮也。」蔡氏《書傳》取蘇氏而不用文公之説。愚觀孝宗初上太上帝后尊號，有欲俟欽宗服除奉册者，林黄中議：「唐憲宗上順宗册，在德宗服中，謂行禮無害，第備樂而不作可也。」劉韶美議曰：「唐自武德以來，皆用易月之制，既葬之後，謂之無服。群臣上尊號，亦多在即位之年。與本朝事體大相遠也。」觀韶美之言，則文公《語録》所云「漢、唐册禮」，乃一時答問，未爲定説也。

《史記·周紀》「康王命作策畢公，分居里，成周郊」，《書序》缺「公」字。

《畢命》一篇，以風俗爲本。殷民既化，其效見於東遷之後，盟向之民不肯歸鄭，陽樊之民不肯從晋。及其末也，周民東亡而不肯事秦，王化之入人深矣。唐賈至議取士，以安史之亂爲鑒，謂：「先王之道消，則小人之道長；小人之道長，則亂臣賊子生焉。」蓋國之存亡在風俗，四維不張而秦曆促，恥尚失所而晋祚覆。至其知本之言哉！

周之興也，商民後革，百年化之而不足；周之衰也，衛風先變，一日移之而有餘。

「雖收放心，閑之惟艱」，孟子求放心之說也。「繩愆糾謬，格其非心」，孟子格君心之說也。

衛石碏以義厲一國，而甯、蘧之類萃焉；晉趙衰以遜化一國，而知、范之賢繼焉。故曰：「樹之風聲。」

齊大史之守官，尚父之德遠矣；魯宗人之守禮，周、孔之澤深矣。故曰：「惟德惟義，時乃大訓。」

皇帝，始見于《吕刑》。趙岐注《孟子》引《甫刑》曰：「帝清問下民。」無「皇」字。然岐以「帝」爲「天」，則非。

兵以恭行天罰，謂之天吏。刑以具嚴天威，謂之天牧。

《中說》薛收曰：「古人作元命，其能至乎？」阮逸注云：「《元命包》，《易書》也。」愚按：《春秋緯》有《元命包》，《易書》有《元包》。薛收蓋謂「自作元命」，其言見於《吕刑》，阮注誤矣。

張子韶《書說》於《君牙》、《冏命》、《文侯之命》，其言峻厲激發，讀之使人憤慨，其有感於靖康之變乎？胡文定《春秋傳》於夫椒之事，亦致意焉。朱子《詩傳》，其說《王風・揚之水》，亦然。

子夏問金革之事無辟，孔子曰：「吾聞諸老聃曰：『昔者，魯公伯禽有爲爲之也。』」鄭注云：「有徐戎作難，喪，卒哭，而征之，急王事也。征之作《粊誓》。」後世起復者，皆以伯禽藉口。嘗攷《書・多方》「王來自奄」，孔注云：「周公歸政之明年，淮夷奄又叛。魯征淮夷，作《費誓》。」《魯世家》：「伯禽即位之後，有管、蔡等反，淮夷、徐戎並興，於是伯禽率師伐之於肸，作

《肹誓》。」據此則伯禽征淮、徐，在周公未没之時，非居喪即戎也。《左傳》「殽之役，晋始墨」，若伯禽行之，則晋不言「始」矣。記《禮》之言，❶恐非謂《費誓》也。

魏觴諸侯於范臺，魯共公舉觴擇言，以酒、味、色、臺池爲戒。漢高帝圍魯，諸儒尚講誦習《禮》、《樂》，弦歌之音不絶。周公、伯禽之化，歷戰國、秦、楚，猶一日也。

周益公謂：《文苑英華》賦多用「員來」，非讀《秦誓》正義，安知今之「云」字乃「員」之省文？愚按：《漢書》韋孟諫詩，顔師古注引《秦誓》「雖則員然」。古文作「員」。

《文心雕龍》云：「《書》標七觀。」孔子曰：「《六誓》可以觀義，《五誥》可以觀仁，《甫刑》可以觀誡，《洪範》可以觀度，《禹貢》可以觀事，《皋陶謨》可以觀治，《堯典》可以觀美。」見《大傳》。《孔叢子》云：《帝典》觀美，《大禹謨》、《禹貢》觀事，《皋陶謨》、《益稷》觀政，《泰誓》觀義。此其略略異者。

春秋時，郤缺之言「九功《九歌》」，穆姜之言「元亨利貞」，子服惠伯之言「黄裳元吉」，叔向之言「《昊天有成命》」，單穆公之言「《旱麓》」，叔孫穆子之言「《鹿鳴》之三」，成鱄之言「《皇矣》之《雅》」，閔馬父之言「商《那》之《頌》」，左史倚相之言「《懿戒》」，觀射父之言「重、黎」，白公子張之言「《説命》」，其有功於經學，在漢儒訓故之先。蓋自遲任、史佚以來，統緒相承，氣脉未嘗絶也。

《顔氏家訓》云「《王粲集》中難鄭玄《尚書》事」，今僅見於唐元行沖《釋疑》。王粲曰：「世稱伊、雒以東，淮、漢以北，康成一人而已。咸言

❶ 「記禮」，道光本互乙。

先儒多闕，鄭氏道備，粲竊嗟怪，因求所學，得《尚書》注。退思其意，意皆盡矣，所疑猶未諭焉，凡有二篇。」《館閣書目》：粲集八卷，詩賦論議垂六十篇。

「官師相規」，注謂官衆。《左傳》「官師從單靖公」，注：「天子官師，非卿也。」《漢·賈誼傳》「官師小吏」，注云：「一官之長。」愚謂《漢》注得之，周官皆有師。

王景文謂：「文章根本在《六經》。」張安國欲記《考古圖》，曰：「宜用《顧命》。」游廬山序所歷，曰：「當用《禹貢》。」

伊尹之始終，《書序》備矣。陸士衡《豪士賦序》「伊生抱明，允以嬰戮」，蓋惑於《汲冢紀年》之妄説也。皇甫謐云：「伊尹百有餘歲。」應劭云：「周公年九十九。」王充《論衡》云：「召公百八十。」故趙岐注《孟子》云：「壽若召公。」

《呂氏春秋·孝行覽》云：「《商書》曰：『刑三百，罪莫重於不孝。』」注：商湯所制法也。三百，商之刑。三千，周之刑。其繁簡可見。

《周禮·大司馬》注引《書》曰：「前師乃鼓鼖譟。」疏謂：《書》傳説武王伐紂時事。二《禮》疏引《書傳略説》，皆《書大傳》也。

《洪範》「五者來備」，《史記》云：「五是來備。」荀爽謂之「五韙」，李雲謂之「五氏」，傳習之差如此，近於郢書燕説矣。

「土氣爲風，水氣爲雨。箕屬東方木，克土，土爲妃，故好風。畢屬西方金，克木，木爲妃，故好雨。」此鄭康成説也。吴仁傑謂：《易》以坎爲水，北方之卦。又曰「雨以潤之」，則雨屬水。《漢志》：軫星亦好雨。

五福不言貴而言富，先王之制。貴者始富，賤者不富也。

趙岐注《孟子》，不見古文，以「其助上帝寵之」斷句。又「我武惟揚」，注云：「古《尚書》百二十篇之時《太誓》也。」又「帝使其子九男二女」，注云：「《堯典》曰『釐降二女』，不見九男，孟子時《尚書》凡百二十篇。逸《書》有《舜典》之叙，亡失其文。孟子諸所言舜事，皆《堯典》及逸《書》所載。」又「不及貢，以政接于有庳」，謂皆逸篇之辭。又引《書》：禹拜讜言。

「葛伯仇餉」，非《孟子》詳述其事，則異説不勝其繁矣。孟子之時，古書猶可攷，今有不可強通者。

《易乾鑿度》曰：「《易》之帝乙爲湯，《書》之帝乙六世王，名同不害以明功。」帝乙，湯玄孫之孫也。按《史記》湯至帝乙二十九王，謂六世王，未詳。唐陳正節曰：「殷自成湯至帝乙十二君，其父子世六。」《易》謂十二君，亦未詳。

林少穎《書説》至《洛誥》而終，呂成公《書説》自《洛誥》而始。朱文公曰：「蘇氏傷於簡，林氏傷於繁，王氏傷於鑿，呂氏傷於巧，然其間儘有好處。」

制治于未亂，保邦于未危。《泰》之極，則「城復于隍」；《既濟》之極，則「濡其首」。不于其未，而于其極，則無及矣。

伊尹以辯言亂政戒其君，盤庚以度乃口告其民。商俗利口，其敝久矣。邵子曰：「天下將治，則人必尚行；天下將亂，則人必尚言。」周公訓成王「勿以憸人」，所以反商之敝也。張釋之諫文帝「超遷嗇夫」，所以監秦之失也。《周官》曰：「無以利口。」《冏命》曰：「無以巧言。」此周之家法。將相功臣，少文多質；安静之吏，悃愊無華。此漢之家法。

「恭在貌，敬在心」，《書》正義之説也。

「中心爲忠，如心爲恕」，《詩》、《春秋》正義之說也。

堯、舜之世，名臣止任一事；仲尼之門，高第皆爲一科。故曰：「無求備于一夫。」

彊恕而行，忍也；原憲之「克伐怨欲不行焉」也。一視同仁，容也；顏子之「克己復禮，天下歸仁」也。忍言事，容言德。習忍則至於容。

式和民則，順帝之則，有物有則，動作、禮義、威儀之則，皆天理之自然，有一定之成法。聖賢傳心之學，唯一「則」字。

「若農服田力穡，乃亦有秋」，故民生在勤則不匱。「先知稼穡之艱難，乃逸」，故君子能勞則有繼。

「乃命三后」，先儒曰：「人心不正，則入於夷狄禽獸，雖有土不得而居，雖有穀不得而食，故先伯夷而後及禹、稷。」此說得孔子「去食」、孟子「正人心」之意。《小雅》盡廢，其禍烈於洚水。四維不張，其害憯於阻飢。

《周禮·司刑》五刑之屬二千五百，穆王雖多五百章，而輕刑增，重刑減。班固以《周禮》爲中典，《甫刑》爲重典，非也。

舜、皋陶曰「欽」、曰「中」，蘇公曰「敬」、曰「中」，此心法之要也。《呂刑》言「敬」者七，言「中」者十，所謂「惟克天德」，在此二字。

禹有典則貽厥子孫，而有盤遊無度者；湯以義禮垂裕後昆，而有顛覆典刑者。是以知嗣德之難也。宋武帝留葛燈籠、麻蠅拂於陰室，唐太宗留柞木梳、黑角篦於寢宮。作法於儉，其敝猶侈，況以侈示後乎！

因岱柴而封禪，因時巡而逸遊，因《洛書》而崇飾符瑞，因建極而雜糅正邪，因亨多儀而立享上之説。塞忠諫，謂之浮言；錮君子，謂之朋比。慘礉少恩，曰威克厥愛；違衆妄動，曰惟克果斷。其甚焉者，丕之奪漢，託之舜、禹；衍之篡齊，託之湯、武。邵陵海西之廢，託之伊尹；新都之攝，臨湖之變，託之周公。侮聖言以文姦慝，豈《經》之過哉！

蘇綽《大誥》近于莽矣，《太玄》所謂童牛角馬，不今不古者歟？蘇威五教，綽之遺風也。

《史記·秦紀》：繆公三十三年，敗於殽。三十六年，自茅津渡河，乃誓於軍。申思不用蹇叔、百里傒之謀，令後世以記余過。君子聞之，皆爲垂涕，曰：「嗟乎！秦繆公之與人周也，卒得孟明之慶。」《書序》云：「敗崤歸，作《誓》。」與《史》不同。邵子謂：修夫聖者，秦穆之謂也。穆公是霸者第一，悔過自誓之言，幾於王道。此聖人所以録於《書》末。

《大傳》：「太子年十八曰『孟侯』，於四方諸侯來朝，迎於郊者，問其所不知。」唐《册太子文》云：「盡謙恭於齒胄，審方俗於迎郊。」愚謂：「孟侯」見《康誥》，謂諸侯之長，蓋方伯也。《大傳》説非。

《漢·藝文志》：《周書》七十一篇。劉向云：「周時誥誓號令，蓋孔子所論百篇之餘。」隋、唐《志》繫之汲冢，然汲冢得竹簡書在晋咸寧五年，而兩漢已有《周書》矣，太史公引「克殷度邑」。鄭康成注《周禮》云：「《周書·王會》備焉。」注《儀禮》云：「《周書》北唐以閭。」許叔重《説文》引《逸周書》「大翰若翬雉」，又引「豲有爪而不敢以擫」，馬融注《論語》引《周書・月令》，皆在漢世。杜元凱解《左傳》時，汲冢書未出也，「千里百縣」、「轡之柔矣」，皆以《周書》爲據，則此書非始出於汲冢也。按《晋・束皙傳》太康二年，汲郡得竹書七十五篇。其目不言《周書》。紀云：咸寧五年，《左傳後序》云：太康元年。當攷。《左傳》正義引王隱《晋書》云：「竹書七十五卷，六十八卷有名題，七卷不可名題。」其目録亦無《周書》。然則繫《周書》於汲冢，其誤明矣。

《書大傳》載四海、河江、五湖、鉅野、鉅定、濟中、孟諸、隆谷、大都之貢物，此禹時也。《周書》載伊尹爲四方獻令，此湯時也。《王會》載八方會同，各以其職來獻。自稷慎以下，其贄物二十一；自義渠以下，其贄物二十；自高夷以下，其贄物十四；自權扶以下，其贄物九。此成王時也。愚謂：《旅獒》之訓曰「畢獻方物，惟服食器用」，珍異之貢，恐非三代之制。

《王會》曰：「堂下之右，唐公、虞公南面立焉。堂下之左，殷公、夏公立焉。」唐公、虞公，《樂記》所謂祝陳也。殷公、夏公，《樂記》所謂杞宋也。然則《郊特牲》云：「尊賢不過二代。」❶其説非矣。

《周書・史記篇》穆王召左史戎夫，取遂事之要戒，言皮氏、華氏、夏后、殷商、有虞氏、平林、質沙、三苗、扈氏、義渠、平州、林氏、曲集、有巢、有鄶、共工、上衡氏、南氏、有果氏、畢程氏、陽氏、穀平、阪泉、縣宗、玄都、西夏、績陽、有洛之亡。國名多傳記所未見。

《周書・大聚篇》「若冬日之陽，夏日之陰，不召而民自來」，亦見《文子》。張文潛

❶「過」，道光本作「及」。

《祭司馬公文》「冬暘夏冰，赴者争先」，蓋本於此。

《周書・謚法》「惟三月既生魄，周公旦、太師望相嗣王發既賦憲，受臚于牧之野。將葬，乃制作謚」。今所傳《周書》云：「維周公旦、太公望開嗣王業，建功于牧之野。終葬，乃制謚。」與《六家謚法》所載不同。蓋今本缺誤，《文心雕龍》云「賦憲之謚」，出於此。呂成公《策問》旦以文名，奭以康名，閎夭以尊顯。閎夭謚當攷。

《文心雕龍》「夏、商二《箴》」，餘句頗存」。《夏箴》見《周書・文傳篇》，《商箴》見《呂氏春秋・名類篇》。

《周書・小武開篇》周公曰：「在我文考，順道九紀：一辰以紀日，二宿以紀月，三日以紀德，四月以紀刑，五春以紀生，六夏以紀長，七秋以紀殺，八冬以紀藏，九歲以紀終。」「九紀」與《洪範》「五紀」相表裏。

《文選》任彥升曰：「不改參辰，而九星仰止。」注引《周書》王曰：「余不知九星之光。」周公曰：「星、辰、日、月、四時、歲，是謂九星。」九星即九紀也。

任章引《周書》曰：「將欲敗之，必姑輔之；將欲取之，必姑與之。」《戰國策》。蕭何引《周書》曰：「天予不取，反受其咎。」此豈蘇秦所讀《周書・陰符》者歟！老氏之言，范蠡、張良之謀，皆出於此。朱子云：老子爲柱下史，故見此書。

《三墳》書無傳，宓犧唯《易》存，而商高所云「周天曆度」，《周髀》。《管子》所云「造六峜以迎陰陽」者，不復見。《管子・輕重戊》篇：❶「虙戲作造六峜以迎陰陽，❷作九九之數以合天道，而天下

❶「篇」，原作「日」，據嘉慶本、道光本改。

❷「作」，嘉慶本、道光本無此字。

化之。」「周人之王，循六尝，行陰陽。」「尝」字，未詳。許行爲神農之言，鼂錯述神農之教，列子稱黄帝之書。陰陽五行，兵法醫方，皆託之農、黄，而大道隱矣。今有山氣形之書，謂之《連山》、《歸藏》、《坤乾》。元豐中，毛漸得之西京。或云：「張天覺得之比陽民家，非古也。」《列子》引黄帝書，即《老子》谷神不死章。

「有言遜于汝志」，《艮》之不拯其隨也；「惟學遜志」，《謙》之卑以自牧也。遜一也，而善惡異。君體剛而用柔，臣體柔而用剛。君不遜志，則爲唐德宗之彊明；臣而遜言，則爲梁丘據之苟同。

「周人乘黎，祖伊恐」，商受能如《震》上六之「畏隣戒」，則无咎矣。蜀漢之亡也，吴華覈詣宫門上表曰：「成都不守，社稷傾覆。臣以草芥，竊懷不寧。陛下至仁，必垂哀悼。臣不勝忡悵之情，謹拜表以聞。」吁，華覈亦吴之祖伊歟！

學古入官然後能議事以制，伯夷以《禮》折民，漢儒以《春秋》決獄。子産曰：「學而後入政，未聞以政學者也。」荀卿始爲法後王之説，李斯師之，謂諸生不師今而學古。太史公亦惑於流俗之見，《六國表》云：「傳曰『法後王』何也？以其近己而俗變相類，議卑而易行也。」文帝謂卑之毋甚高論，宣帝謂俗儒好是古非今，秦既亡而李斯之言猶行也。《孟子》曰：「爲政不因先王之道，可謂智乎？」

舜之克艱，文王之無逸，心也。後之勤政者，事爲而已。

勿以憸人，立政之戒也。爻辭，周公所作，《師》之上六、《既濟》之九三，皆曰：「小人勿用。」

《左氏傳》引《商書》曰：「沈漸剛克，❶高明柔克。」《洪範》言「惟十有三祀」，箕子不忘商也，故謂之《商書》。陶淵明於義熙後，但書甲子，亦箕子之志也。陳咸用漢臘亦然。

既獲仁人，武所以克商也。養民以致賢人，興漢在於一言。延攬英雄，務悦民心，復漢在於一言。

張文饒曰：「堯之曆象，蓋天法也。舜之璣衡，渾天法也。」

李仁父《宰相年表序》曰：「孔子序三代之書，其稱相者，獨伊尹、伊陟、傅説、周公、召公、畢公六人耳。」

「爾尚蓋前人之愆，惟忠惟孝」。若沈勁之於充，張嵊之於稷，李湛之於義府，可謂能蓋愆矣。

刑止於五，而《秋官·條狼氏》「誓馭曰車轘」，此春秋時嘗有之。至秦用之，豈成周之法哉！

烹魚煩則碎，治民煩則亂，故以叢脞爲戒。器久不用則蠹，政不常脩則壞，故以屢省爲戒。多事非也，不事事亦非也。

「皋陶曰殺之三，堯曰宥之三。」蘇氏雖以意言之。攷之《書》，明于「五刑以弼五教」，皋陶所執之法也；「與其殺不辜，寧失不經」，舜所操之權也。皋陶執法于下，而舜以其權濟于上，劉頌所謂君臣之分，各有所司。《王制》曰：「王三又，然後制刑。」「又」與「宥」同。則蘇氏之言亦有所本。

「格于皇天」，「格其非心」，皆誠意感通而極其至。事君如事天。

「玩物喪志」，志爲物所役也。李文饒《通犀帶賦》曰：「美服珍玩，近於禍機。

❶「漸」，《書·洪範》作「潛」，嘉慶本、道光本同。

虞公滅而垂棘返，壯武殘而龍劍飛。先哲所以聞義則服，防患則微。經侯委珮而去，❶宣子辭環以歸。」此可爲玩物之戒。

「好問則裕」，謂聞見廣而德有餘也。《中庸》曰：「舜好問。」博學之，必審問之；學以聚之，必問以辨之；敏而好學，必不恥下問。《老子》亦云：「知而好問者聖，勇而好問者勝。」

舜咨十二牧，終於「難任人」；命九官，終於「塈讒説」；孔子答爲邦之問，終於「遠佞人」，一也。

南豐序《南齊書》曰：「唐、虞爲二《典》者，所記豈獨其迹邪？并與其深微之意而傳之。」又曰：「方是時，豈特任政者皆天下之士哉，蓋執簡操筆而隨者，亦皆聖人之徒也。」後山《黄樓銘序》云：「昔之詩人，歌其政事，則并其道德而傳之。」朱文公《詩・破斧》傳云：「當是之時，雖披堅執鋭之人，亦皆能以周公之心爲心，而不自爲一身一家之計，蓋亦莫非聖人之徒也。」皆用南豐文法。

虞之《賡歌》，夏《五子之歌》，此《三百篇》之權輿也。《洪範》「無偏無陂」，至「歸其有極」，蔡氏謂：此章蓋《詩》之體，使人吟咏而得其性情，與《周禮・大師》教以六詩，同一機。《伊訓》以三風十愆訓《太甲》，自「聖謨洋洋」而下，亦叶其音，蓋欲日誦是訓，如衛武公之《抑》戒也。故曰：「《詩》可以興。」

「擊石拊石，百獸率舞。」凡兩言之，或謂脱簡重出。《東觀漢記》「王阜爲重泉令，鸞鳥集學宫，阜擊磬而舞」，況舜樂所感乎！

湯之《誥》曰：「惟皇上帝，降衷于下民。」武之《誓》曰：「惟人萬物之靈。」劉子

❶「經」，嘉慶本、道光本作「昭」。

所謂「天地之中」，子思所謂「天命之謂性」，孟子所謂「性善」，淵源遠矣。

《文侯之命》「其歸視爾師，寧爾邦」，此《覲禮》所謂「伯父無事，歸寧乃邦」。古者待諸侯之禮如此。平王能存西周禮文之舊，而不能雪君父之讎恥，豈知禮之本乎？

「洪舒于民」，古文作「洪荼」，薛氏曰：「大爲民荼毒也。」

宅西曰「昧谷」，虞翻謂當爲「柳谷」。《周禮》注：度西曰「柳穀」。魏明帝時，張掖柳谷口水溢涌，寶石負圖，即其地也。

周之盛也，內諸侯爲伯，爲周、召、畢公之任。周之衰也，外諸侯爲伯，爲齊、晉之霸。三公行二伯之職，以統諸侯，則霸者安得而竊王命？

「我生不有命在天」，「得之不得曰有命」，一爲獨夫之言，一爲聖人之言。真文忠公曰：「命，一也，恃焉而弗脩，賊乎天者也；安焉而弗求，樂乎天者也。」此聖、狂所以異。

聖王畏天畏民。人有畏心，然後敬心生。謂天不足畏，民不足畏，爲桀、紂、秦、隋。

詹元善云：「『惟皇上帝，降衷于下民。若有恒性，克綏厥猷惟后』，此即『天命之謂性，率性之謂道，脩道之謂教』也。人能知此，則知觀《書》之要，而無穿鑿之患矣。」吕成公已有此說。

「治梁及岐」，若從古注，則雍州山距冀州甚遠，壺口、大原不相涉。晁以道用《水經注》，以爲吕梁、狐岐。

困學紀聞卷之二

困學紀聞卷之三

浚儀　王應麟　伯厚甫

詩

《經典序録》：河間人大毛公爲《詩故訓傳》，一云魯人。失其名。《初學記》：「荀卿授魯國毛亨，作《詁訓傳》以授趙國毛萇。時人謂亨爲大毛公，萇爲小毛公。」大毛公之名，唯見于此。正義云：「《儒林傳》毛公，趙人。」不言其名。《後漢書》「趙人毛萇」，《序録》亦云「名長」，今《後漢書》作「萇」，此小毛公也。程子曰：「毛萇最得聖賢之意。」

徐整云：「子夏授高行子。」即《詩序》及《孟子》所謂高子也。以《緜衣》繹賓尸爲靈星之尸，以《小弁》爲小人之詩，則已失其義矣。趙岐云：「高子，齊人。」謂禹之聲尚文王之聲，亦高子也。

《序録》：「子夏傳曾申，申傳李克。」《讀詩記》引陸璣《草木疏》，以曾申爲申公，以克爲尅，皆誤。

《詩》六義，三經三緯。鄭氏注《周禮》「六詩」及孔氏正義，其説尚矣，朱子《集傳》從之。而程子謂：《詩》之六體隨篇求之，有兼備者，有偏得一二者。《讀詩記》謂：風非無雅，雅非無頌。蓋因《鄭》箋「豳雅」、「豳頌」之説。然朱子疑《楚茨》至《大田》四篇爲「豳雅」，《思文》、《臣工》、《噫嘻》、《豐年》、《載芟》、《良耜》等篇爲「豳頌」，亦未知是否也。吕成公云：豳雅、頌恐逸。

逸《詩》篇名，若《貍首》、《射義》。《驪駒》、《大戴禮》、《漢書》注。《祈招》、《左傳》。《轡之柔矣》，《左傳》、《周書》。皆有其辭，唯《采薺》、《周禮》。《河水》、《新宮》、《茅鴟》、《左傳》。《鳩飛》，《國語》。無辭。或謂《河水》，《沔水》也；《新宮》，《斯干》也；《鳩飛》，《小宛》也。周子醇《樂府拾遺》曰：「孔子删《詩》，有全篇删者，《驪駒》是也。有删兩句者，『月離于畢，俾滂沱矣。月離于箕，風揚沙矣』是也。有删一句者，『素以爲絢兮』是也。」愚攷之《周禮》疏引《春秋緯》云：「月離於箕，風揚沙」，非詩也。「素以爲絢兮」，朱文公謂：《碩人》詩四章，而章皆七句，不應此章獨多一句，蓋不可知其何詩，然則非删一句也。若全篇之删，亦不止《驪駒》。《論語》「唐棣之華」之類。

近世説《詩》者，以《關雎》爲畢公作，謂得之張超，或謂得之蔡邕。未詳所出。

鶴林吴氏《論詩》曰：「興之體足以感發人之善心。毛氏自《關雎》而下，總百十六篇，首繫之興：《風》七十，《小雅》四十，《大雅》四，《頌》二。注曰：『興也。』而比、賦不稱焉，蓋謂賦直而興微，比顯而興隱也。朱氏又於其間增補十九篇，而摘其不合於興者四十八條，且曰：『《關雎》，興詩也，而兼於比；《緑衣》，比詩也，而兼於興；《頍弁》一詩，而興、比、賦兼之。』則析義愈精矣。」李仲蒙曰：「叙物以言情謂之賦，情物盡也。❶索物以託情謂之比，情附物也。觸物以起情謂之興，物動情也。」《文心雕龍》曰：「毛公述傳，獨標興體，以比顯而興隱。」鶴林之言，本於此。

太史公云：「周道缺而《關雎》作。」艾

❶「物盡」，道光本互乙。

軒謂：三家説《詩》，各有師承。今齊、韓之《詩》，字與義多不同。毛公爲趙人，未必不出於《韓詩》。太史公所引，乃一家之説。《古文尚書》與子長並出，今所引非古文，如「祖飢」、「惟刑之謐」，當有來處，非口傳之失也。晁景迂曰：「齊、魯、韓三家，以《關雎》、《葛覃》、《卷耳》、《鵲巢》、《采蘩》、《采蘋》、《騶虞》、《鹿鳴》、《四牡》、《皇皇者華》之類，皆爲康王詩，《王風》爲魯詩。」薛士龍曰：「《關雎》作刺之説，是賦其詩者。」

艾軒謂：《詩》之萌芽，自楚人發之，故云：「江、漢之域，《詩》一變而爲《楚辭》，屈原爲之唱。」是文章鼓吹，多出於楚也。

《周南》之詩，曰「公侯干城」，曰「王室如燬」，當文王與紂之事，於君臣之分嚴矣。此周之所以爲至德。

朱子《詩傳》云：「舊説扶風雍縣南有召亭。今雍縣析爲岐山、天興兩縣，未知召亭的在何縣。」愚按：《史記》正義引《括地志》，召亭在岐山縣西南。

横渠《策問》云：「湖州學興，竊意遺聲寓之塤籥，因擇取二《南》、《小雅》數十篇，使學者朝夕詠歌。今其聲無傳焉。」朱子《儀禮通解》有《風雅十二詩譜》，乃趙彦肅所傳，云即開元遺聲也。

《詩》正義曰：「《儀禮》歌《召南》三篇，越《草蟲》而取《采蘋》，蓋《采蘋》舊在《草蟲》之前。」曹氏《詩説》謂：《齊詩》先《采蘋》而後《草蟲》。

馬永卿問劉元城曰：「《王·黍離》在《邶》、《鄘》、《衛》之後，且天子可在諸侯後乎？」曰：「非諸侯也。周既滅商，分畿内爲三國，邶、鄘、衛是也。序《詩》者，以其地本商之畿内，故在《王·黍離》上。」

《新序》云：「衛宣公子壽，閔其兄伋之見害，作憂思之詩，《黍離》是也。」《魯詩》出於浮丘伯，以授楚元王交。劉向乃交之孫，其説蓋本《魯詩》。然《黍離》，《王風》之首，恐不可以爲《衛詩》也。《韓詩》云：「《黍離》，伯封作。」陳思王植《令禽惡鳥論》曰：❶「昔尹吉甫信後妻之讒而殺孝子伯奇，其弟伯封求而不得，作《黍離》之詩。」其《韓詩》之説歟？伯封事，唯見于此。

南豐謂：《列女傳》稱《詩》《芣苢》、《柏舟》、《大車》之類，與今序《詩》者之説，尤乖異。《式微》一篇，又謂二人之作。

韓文公爲《施士丐銘》曰：「先生明毛、鄭《詩》，通《春秋左氏傳》，善講説，朝之賢士大夫從而執經，考疑者繼于門。」《唐語林》云：「劉禹錫與韓、柳詣士丐聽説《詩》，曰：『《甘棠》「勿拜」，如人身之拜，小低屈也。勿拜則不止勿翦，言召伯漸遠，人思不可及。』」《讀詩記》董氏引士丐説。

周有《房中》之樂，《燕禮》注謂：弦歌《周南》、《召南》之詩。漢《安世房中樂》，唐山夫人所作。魏繆襲謂《安世》歌「神來燕享，永受厥福」，無有二《南》后妃風化天下之言。謂《房中》爲后妃之歌，恐失其意。《通典》：「平調、清調、瑟調，皆周《房中》之遺聲。」

《白虎通·諫諍篇》：「妻得諫夫者，夫婦榮恥共之。《詩》云：『相鼠有體，人而無禮。人而無禮，胡不遄死？』此妻諫夫之詩也。」亦齊、魯、韓之説歟。

《韓詩外傳》高子問於孟子曰：「夫嫁娶者，非己所自親也，衛女何以得編於《詩》》

❶「令禽」，原作「貪」，據嘉慶本、道光本改。

也？」孟子曰：「有衛女之志則可，無衛女之志則怠。若伊尹於太甲，有伊尹之志則可，無伊尹之志則篡。」

晁景迂《詩序論》云：「序《騶虞》：『王道成也』，風其爲雅歟！序《魚麗》：『可以告神明』，雅其爲頌歟！」《解頤新語》云：「文王之風終於《騶虞》，《序》以爲王道成則近於雅矣。文、武之雅終於《魚麗》，《序》以爲可告神明則近於頌矣。」滈水李氏曰：「《小雅》雖言政，猶有風之體。《大雅》之正，幾於頌矣。」

歐陽公曰：「霸者興，變風息焉。」然《詩》止於陳靈，在桓、文之後。

八能之士，見《易緯通卦驗》：「或調黄鍾，或調六律，或調五音，或調五聲，或調五行，或調律曆，或調陰陽，或調正德所行。」大夫九能，見《毛詩・定之方中》傳：「建邦能命龜，田能施命，作器能銘，使能造命，升高能賦，師旅能誓，山川能説，喪紀能誄，祭祀能語。君子能此九者，可謂有德音，可以爲大夫。」

《定之方中》傳引仲梁子曰：「初立楚宫也。」《鄭志》張逸問：「仲梁子何時人？」答曰：「仲梁子，先師魯人，當六國時，在毛公前。」正義：春秋時，魯有仲梁懷，故言魯人。《韓非子》八儒，有仲良氏之儒。陶淵明《群輔録》云：「仲梁氏傳樂爲道，以和陰陽，爲移風易俗之儒。」史失其名。

劉孝孫爲《毛詩正論》，演毛之簡，破鄭之怪。李邦直亦謂毛之説簡而深，此河間獻王所以高其學也。鄭之釋繁塞而多失。鄭學長於《禮》，以《禮》訓《詩》，是案迹而議性情也。「緑衣」，以爲褖；「不諫亦入」，以爲入宗廟；「庭燎」，以爲不設雞人之官。此類不可悉舉。

艾軒云：「讀《風》詩不解《芣苢》，讀《雅》詩不解《鶴鳴》，此爲無得於《詩》者。傅至樂讀《詩》至《鴛鴦》之二章，因悟比興之體。」

江漢之女，不可犯以非禮，可以見周俗之美；范滂之母，勉其子以名節，可以見漢俗之美。

《大雅》之變，作於大臣，召穆公、衛武公之類是也。《小雅》之變，作於群臣，家父、孟子之類是也。《風》之變也，匹夫匹婦皆得以風刺。清議在下，而世道益降矣。

騶虞、騶吾、騶牙，一物也，聲相近而字異。《解頤新語》既以「虞」爲「虞人」，又謂「文王以騶牙名囿」，蓋惑於異説。《魯詩》傳曰：「梁鄒，天子之田。」見《後漢》注，與《賈誼書》同，不必以「騶牙」爲證。

《射義》天子以《騶虞》爲節，樂官備也。鄭康成注云：「于嗟乎騶虞！歎仁人也。」《周禮》疏引《韓》、《魯》説：騶虞，天子掌鳥獸官。其説與《射義》合。《文選》注引《琴操》曰：「《鄒虞》，邵國之女所作也。古者役不踰時，不失嘉會。」《墨子》曰：「成王因先王之樂，命曰《騶吾》。」豈即《詩·騶虞》歟？

《大戴禮·投壺》云：「凡雅二十六篇，其八篇可歌，歌《鹿鳴》、《貍首》、《鵲巢》、《采蘩》、《采蘋》、《伐檀》、《白駒》、《騶虞》；八篇廢，不可歌；七篇《商》、《齊》可歌也；三篇閒歌。」《上林賦》「揜群雅」，張揖注云：「《詩·小雅》之材七十四人，《大雅》之材三十一人。」愚謂：八篇可歌者，唯《鹿鳴》、《白駒》在《小雅》，《貍首》今亡。鄭氏以爲《射義》所引曾孫侯氏之詩，餘皆風也，而亦謂之雅，豈風亦有雅歟？

劉氏《小傳》或曰：「《貍首》，《鵲巢》也，篆文似之。」此有《貍首》，又有《鵲巢》，則或説非矣。張揖言「二雅之材」，未知所出。

《無衣》非美晉，蓋閔周也。自僖王命曲沃伯爲晉侯，而篡臣無所忌。威烈王之命，晉大夫襲僖之迹也。有曲沃之命，則有三大夫之命，出爾反爾也。

「《詩》亡然後《春秋》作」，胡文定謂自《黍離》降爲《國風》，天下不復有《雅》。《春秋》作於隱公，適當《雅》亡之後。《孟子集注》同。吕成公謂蓋指筆削《春秋》之時，非謂《春秋》之所始也。《詩》既亡，則人情不止於禮義，天下無復公好惡，《春秋》所以不得不作歟。艾軒曰：「《文中子》以爲詩者民之情性，人之情性不應亡。使孟子復出，必從斯言。」

《泉水》云：「出宿于干，飲餞于言。」説《詩》者未詳其地。《隋志》邢州内丘縣，有干言山。李公緒《記》云：柏人縣有干山、言山。柏人，邢州堯山縣。《魯頌》「徂來之松」，《後漢》注：兖州博城縣有徂來山。一名尤來。「新甫之柏」，傳注不言山之所在，唯《後魏·地形志》魯郡汶陽縣有新甫山。《通典》：漢汶陽故城在兖州泗水縣東南。太史公聞之董生曰：「《詩》記山川谿谷，禽獸草木。」則山川不可不攷也。

《檜》有疾恣之詩，《周語》富辰曰：「鄶之亡，由叔妘。」

《豳風》於十月，云「曰爲改歲」，言農事之畢也。《祭義》於三月，云「歲既單矣」，言蠶事之畢也。農桑一歲之大務，故皆以歲言之。

《七月》箋、傳言豳土晚寒者三。孫毓云：「寒鄉率早寒，北方是也。熱鄉乃晚寒，南方是也。」《毛》傳言晚寒者，豳土寒多，雖晚猶寒，非謂寒來晚也。

《鄭志》十一卷，魏侍中鄭小同撰。《詩·七月》正義：《吴志》孫皓問：《月令》季夏火星中？答曰：「日永星火，舉中而言，非心星也。」是鄭以日永星火，與心星別。今按：康成答問，蓋《鄭志》所載，孫皓乃康成弟子，後人因孫皓名氏，遂改《鄭志》爲《吴志》。康成不與吴孫皓同時，《吴志》亦無此語。

「熠燿宵行」，傳云：「熠燿，燐也。」朱子謂：「熠燿，明不定貌。宵行，蟲名，如蠶夜行，有光如螢。」其説本董氏。《説文》引《詩》「熠燿宵行」，熠，盛光也。末章云：「倉庚于飛，熠燿其羽。」其義一也。

《七月》，見王業之難，亦見王道之易。孟子以農桑言王道，周公之心也。

《風》終于周公，《雅》終于《召旻》。有周、召之臣，則變者可以復于正。

子擊好《晨風》、《黍離》，❶而慈父感悟；周磬誦《汝墳》卒章，而爲親從仕；王裒讀《蓼莪》，而三復流涕；裴安祖講《鹿鳴》，而兄弟同食：可謂興於詩矣。李柟和伯亦自言：「吾於《詩·甫田》悟進學，《衡門》識處世。」和伯弟樗迂仲，吕成公所謂二李伯仲也。此可爲學《詩》之法。

太史公謂仁義陵遲，《鹿鳴》刺焉。蔡邕《琴操》：「《鹿鳴》，周大臣所作也。王道衰，大臣知賢者幽隱，彈絃風諫。」漢太樂食舉十三曲：一曰《鹿鳴》。《杜夔傳》舊雅樂四曲：一曰《鹿鳴》，二曰《騶虞》，三曰《伐檀》，四曰《文王》，皆古聲辭。《琴操》

❶「擊」，原作「繫」，據嘉慶本、道光本改。

曰：「古琴有詩歌五曲，曰《鹿鳴》、《伐檀》、《騶虞》、《鵲巢》、《白駒》。」蔡邕《琴賦》云：「《鹿鳴》三章。」《鹿鳴》在《宵雅》之首。馬、蔡以爲風刺，蓋齊、魯、韓三家之説，猶《關雎》刺時作諷也。呂元鈞謂：陳古以諷，非謂三詩作於衰周。

「宵雅肄三」，《麗澤論説》以爲夜誦，此門人記録之失。《讀詩記》取鄭、董二子，以「宵」爲「小」，則夜誦之説非矣。

劉原父曰：「《南陔》以下六篇，有聲無詩，故云笙，不云歌。『有其義亡其辭』，非亡失之亡，乃無也。」朱子謂：「古經篇題之下，必有譜焉。如《投壺》魯、薛鼓之節，而亡之。」《儀禮》疏曰：「堂上歌者不亡，堂下笙者即亡。」

《詩》芑有三：「薄言采芑」，菜也；「豐水有芑」，草也；「維穈維芑」，白粱粟也。《禮記》引「豐水有芑」，鄭氏注：「芑，枸檵也。」杞有三：「無折我樹杞」，柳屬也；「南山有杞」、「在彼杞棘」，梓杞也；「集于苞杞」、「言采其杞」、「隰有杞桋」，枸檵也。荼有三：「誰謂荼苦」，苦菜也；「有女如荼」，茅秀也；「以薅荼蓼」，陸草也。

「薄伐玁狁，至于太原」，《後漢・西羌傳》：「穆王西征犬戎，遷戎于太原。夷王衰弱，荒服不朝。乃命虢公率六師伐太原，而戎至于俞泉。宣王遣兵伐太原戎，不克。」蓋自穆王遷戎于太原，而太原爲戎狄之居，宣王僅能驅之出竟而已。其後料民太原，而戎患益深。酈山之禍，已兆於此，其端自穆王遷戎始。西周之亡，猶西晉也。籍談曰：「晉居深山，戎狄之與鄰，而遠於王室。王靈不及，拜戎不暇。」太原，晉地。書此以補《詩説》之遺。

《史記·周紀》：「懿王之時，王室遂衰，詩人作刺。」《漢·匈奴傳》：「懿王時，王室遂衰，戎狄交侵，暴虐中國，中國被其苦。詩人始作，疾而歌之曰：『靡室靡家，玁允之故。豈不日戒，玁允孔棘。』」注云：「《小雅·采薇》之詩也。」《古今人表》懿王堅詩作，注：「政道既衰，怨刺之詩始作。」然則《采薇》爲懿王之詩矣。《史記·匈奴傳》不云懿王。《詩譜序》：「懿王始受譖烹齊哀公，夷王失禮之後，邶不尊賢。」正義謂：「變風之作，齊、衛爲先，齊哀公當懿王，衛頃公當夷王，故先言此也。」愚謂：《采薇》正雅，當從毛氏，若變風則始於懿王。

《史記·匈奴傳》：周襄王與戎狄伐鄭，戎狄逐襄王，「於是戎狄或居于陸渾，東至於衛，侵盜暴虐中國，中國疾之。故詩人歌之曰：『戎狄是膺』、❶『薄伐玁狁，至於太原』、『出輿彭彭，城彼朔方。』」《漢·匈奴傳》則曰：「宣王興師命將，以征伐之。詩人美大其功曰：『薄伐玁允，至于太原』、『出車彭彭，城彼朔方。』」以《六月》爲宣王詩是也。以《魯頌》、《六月》、《出車》爲襄王詩，以《出車》爲宣王詩，而《史》、《漢》又不同，皆未詳。

《文王》之詩曰：「文王孫子，本支百世。凡周之士，不顯亦世。」此周所以興也。宣王之後爲幽王，《斯干》之祥，《黍離》之萌也。太師皇父之後爲皇父卿士，尹吉甫之後爲尹氏太師，蹶父之後爲蹶維趣馬，申伯之後爲申侯，則與犬戎滅宗周矣。君臣皆弗克紹，周焉得不替乎？

❶「膺」，原作「應」，據《詩·閟宮》及嘉慶本、道光本改。

「吉甫作誦」，美詩以名著者也。「家父作誦，以究王訩」，「寺人孟子，作爲此詩」，刺詩以名著者也。爲吉甫易，爲家父、孟子難。

「皇父孔聖」，自謂聖也。「具曰予聖」，君臣俱自謂聖也。自聖者，亂亡之原。光武詔：「上書者不得言聖。」大哉言乎！

「既克有定，靡人弗勝」，言天之勝人也。「藐藐昊天，無不克鞏」，言天之終定也。申包胥曰：「人衆者勝天。」人曷嘗能勝天哉？天定有遲速耳。《詩》所以明天理也，故不云「人勝天」。

「凡百君子，各敬爾身。胡不相畏？不畏于天？」荊公謂世雖昏亂，君子不可以爲惡，自敬故也，畏人故也，畏天故也。愚謂：《詩》云「周宗既滅」，哀痛深矣，猶以敬畏相戒。聖賢心學，守而勿失。中夏雖亡，而義理未嘗亡；世道雖壞。而本心未嘗壞。君子脩身以俟命而已。

「豈不欲往，畏我友朋」，畏人也。「胡不相畏？不畏于天？」畏天也。不畏人則「亦云可使，怨及朋友」。畏天則「神之聽之，介爾景福」。

「鄭用三良未可間」，「衛多君子未有患」，「季梁忠謀彊敵畏」，「汲直守節亂萌弭」，《詩》曰：「無競維人，四方其訓之。」「正先諫誅嬴運促」，「李雲忠隕漢宗覆」，「章華羅僇陳業隳」，「昭圖嬰禍唐鼎移」，《詩》曰：「曾是莫聽，大命以傾。」

君子在下位，猶足以美風俗，漢之清議是也。小人在下位，猶足以壞風俗，晉之放曠是也。《詩》云：「君子是則是傚。」❶

❶「傚」，原作「倣」，據引《詩》原文改。

「巧言如簧」，顔之厚矣，羞惡之心未亡也。「不愧于人，不畏于天」，無羞惡之心矣。天人一也，不愧則不畏。

《車攻》「東有甫草」，鄭《箋》云：「鄭有甫田。」謂圃田，鄭藪也。止齋《周禮説》云：「《詩》不以圃田繫鄭。」愚謂：宣王封弟友于鄭，在畿内咸林。今華州鄭縣。圃田澤，《左氏》謂之原圃。在今開封之中牟。宣王時非鄭地，《小雅》安得繫於鄭乎？《爾雅》「鄭有圃田」，蓋指東遷後之鄭言之。

《詩小傳》云：「《詩》有夏正，無周正。《七月》陳王業，《六月》北伐，《十月之交》刺純陰用事而日食。『四月維夏』，『六月徂暑』，言暑之極其至，皆夏正也，而獨謂《十月之交》爲周正可乎？漢曆幽王無八月朔食，而唐曆則有之。識者疑其傅會而爲此也。」愚按：正義謂校之無術，而《大衍曆·日蝕議》云：「虞劆以曆推之，在幽王六年。」虞劆造《梁大同曆》，非始於唐也。鄭箋謂周之十月，夏之八月，故曆家因之。孫莘老解《春秋》用鄭説，謂八月秋之分，日食秋分，而詩人醜之，安得曰「分至不爲災也」？蘇子由、陳少南皆以十月爲陽月，朱文公從之。《宋書·禮志》載魏史官之言曰：「黄帝、顓頊、夏、殷、周、魯六曆，皆無推日蝕法，但有考課疏密而已。」《大衍曆議》云：黄初已来，治曆者始課日蝕疏密，及張子信而益詳。嘗攷《通鑑》、《皇極經世》，秦始皇八年，歲在壬戌。《吕氏春秋》云：「維秦八年，歲在涒灘。」申。曆有二年之差，後之算曆者，於夏之「辰弗集房」，周之《十月之交》，皆欲以術推之，亦已踈矣。沈存中云：「日食正陽之月，先儒止謂四月，非也。正謂四月，陽謂十月。」子由《詩説》與存中同。

元城謂：「《韓詩》有《雨無極篇》，序云：『《雨無極》，正大夫刺幽王也。』篇首多『雨無其極，傷我稼穡』八字。」朱子曰：「第一、二章皆十句，增之則長短不齊。又此詩正大夫離居之後，暬御之臣所作。其曰『正大夫刺幽王者』，非是。」《解頤新語》亦云：「《韓詩》世罕有其書，或出於好事者之傅會。」

《鹽鐵論》引《詩》曰：「『方叔元老，克壯其猶』，故商師若烏，周師爲荼。」蓋謂商用少而周用老也。

《小弁》，趙岐謂伯奇之詩。伯奇仁人而父虐之，故作《小弁》之詩曰：「何辜于天？」親親而悲怨之辭也。又謂《鴟鴞》之篇刺邠君。蓋漢儒言詩多異說。《論衡》亦云：「伯奇放流，首髮早白。《詩》云：『惟憂用老。』」

《韓詩》「菿彼甫田」，菿，卓也。《爾雅·釋詁》：「菿，大也。」郭璞注云：「菿義未聞。」豈未見《韓詩》故邪？疏引《韓詩》。

《大東》「維北有斗」，或以爲南斗，或以爲北斗。朱子《集傳》兼取二說。

《吕氏春秋》謂舜自爲詩曰：「普天之下，莫非王土。率土之濱，莫非王臣。」疑與咸丘蒙同一說，而託之於舜。

袁孝政釋《劉子》曰：「魏武公信讒，《詩》刺之曰：『營營青蠅，止于藩。豈弟君子，無信讒言。』」此《小雅》也，謂之魏詩可乎？

朱子《詩傳》：「《采菽》，天子所以答《魚藻》也。《黍苗》，宣王時美召穆公之詩，皆非刺詩。」愚按：《國語》注：《采菽》，王賜諸侯命服之樂也。《黍苗》，道召伯述職，勞來諸侯也。韋昭已有是說。

鄭康成先通《韓詩》，故注二《禮》，與箋《詩》異。如「先君之思，以畜寡人」，❶爲定姜之詩。「生甫及申」，爲仲山甫、申伯。又「不濡其翼」、「惟禹𤁋之」、「上天之載」、「匪革其猶」、「汭阮之即」、「至于湯齊」是也。注《禮記》與注《易》異，如「東鄰西鄰」是也。

「亂離瘼矣，爰其適歸」，《新經義》云：「亂出乎上，而受患常在下。及其極也，乃適歸乎其所出矣。」噫，宣、靖之際，其言驗矣。而兆亂者誰歟？「言與行違，心與迹異」，荆舒之謂也。

單穆公曰：「旱鹿之榛楛殖，故君子得以易樂干禄焉。若夫山林匱竭，林鹿散亡，藪澤肆既，君子將險哀之不暇，而何易樂之有焉？」誦「險哀」二字，此《文中子》所以有「帝省其山」之歎也。天地變化，草木蕃，況賢者而不樂其生乎！天地閉，賢人隱，況草木而得遂其性乎！

《旱麓》，毛氏云：「旱，山名也。」曹氏按：「《漢・地理志》：『漢中南鄭縣有旱山，沱水所出，東北入漢。』旱山在梁州之境，與漢廣相近，故取以興焉。」

「鼉鳴如鼓」，《新經》之説也。《解頤新語》取之，鑿矣。

《賈誼書・容經篇》：「諺曰：『君子重襲，小人無由入。正人十倍，邪辟無由來。』古之人，其謹於所近乎！《詩》曰：『芃芃棫樸，薪之槱之。濟濟辟王，左右趨之。』此言左右日以善趨也。」此即選左右之説。爰延亦云：「善人同處，則日聞嘉訓；惡人從游，則日生邪情。」

「維申及甫，維周之翰。」申、甫之地，爲

❶「畜」，道光本作「勗」。

形勢控扼之要。「甫」即「呂」也,《呂刑》一曰《甫刑》。史伯曰:「當成周者,南有申、呂。」《左氏傳》:楚子重請申、呂以爲賞田,申公巫臣曰:「不可。此申、呂所以邑也,是以爲賦,以御北方。」蓋楚得申、呂而始彊,茲所以爲周室之屏翰歟?《漢·地理志》:南陽宛縣,申伯國。《詩》、《書》及《左氏》注不言呂國所在。《史記》正義引《括地志》云:「故呂城在鄧州南陽縣西。」徐廣云:「呂在宛縣。」《水經注》亦謂:「宛西呂城,四嶽受封。」然則申、呂,漢之宛縣也。高帝入關,光武起兵,皆先取宛,其形勢可見。李忠定曰:「天下形勢,關中爲上,襄、鄧次之。」《輿地廣記》云:蔡州新蔡,古呂國。今按新蔡之地,屬蔡,未嘗屬楚。子重不當請爲賞田,則呂國在宛明矣。

《禮記·孔子閒居》:「《詩》曰:『惟嶽降神,生甫及申。』」鄭康成注:「言周道將興,五嶽爲之生賢輔佐。仲山甫及申伯,爲周之幹臣。」正義云:「案《鄭志》注《禮》在先,未得毛傳。」愚謂:仲山甫,猶《儀禮》所謂伯某甫也。《周語》云「樊仲山父」,蓋「甫」與「父」同。若以仲山甫爲「甫」,則尹吉甫、蹶父、皇父、程伯休父,亦可以言「甫」矣。近世説《詩》者,乃取此而舍箋、傳,愛奇之過也。《權德輿集》云:魯獻公仲子曰山甫,入輔於周,食采于樊。

《左氏傳》曰:「諸侯釋位,以間王政。」宣王有志而後效官。」《雲漢》之序曰:「內有撥亂之志。」非立志何以成中興之功?宣王晏起,姜后請愆,則《庭燎》之箴,始勤終怠可見矣。殺其臣杜伯而非其罪,則《沔水》之規,讒言其興可見矣。《祈父》傳謂:「宣王之末,司馬職廢,羌戎爲敗。」按《通鑑外紀》： 三十三年，王伐太原戎，不克。三十八年，王伐條戎、奔戎，王師敗績。三十九年，戰于千畝，王師敗績于姜氏之戎。四十一年，王征申戎，破之，轉予于恤。蓋謂此四役也。

尹氏不平，此幽王所以亡。《春秋》於平王之末，書尹氏卒，見權臣之繼世也。於景王之後，書尹氏立王子朝，見權臣之危國也。《詩》之所刺，《春秋》之所譏，以此坊民，猶有五侯擅漢、三馬食曹之禍。

「召彼故老，訊之占夢，」於是「即我御事，罔或耆壽，俊在厥服」矣。「好讒慝暗昧」，「近頑童窮固」矣。商之咈其耇長，吴之播棄黎老，與亂同事也。

宣三十年，有兔舞于鎬京，而赫赫宗周，有寖微之象矣。幽二年，三川竭，岐山崩，而陵谷易處，有將亡之形矣。「匪降自天，職競由人」，致此者人也，豈天所爲哉？

《裳裳者華》，興賢者功臣之子孫，世臣與國升降者也。王朝則周、召二公夾輔王室。家父仍叔，二《雅》舊人，歷汾王之亂，平王之遷，猶在也。侯國則翼之九宗，遂之四氏，與封建之法相維持。彼漢之彧、群，魏之荀、何，江左之淵、儉，唐季之崔、柳，豈世臣之謂乎？

「執我仇仇，亦不我力」，周所以替也。「雖不能用，吾慭寘之於耳」，楚所以亂也。「君且休矣，吾將思之」，漢所以微也。

「擇三有事，亶侯多藏」，貪墨之臣爲蟊賊；「小東大東，杼柚其空」，聚斂之臣爲斧斤，《文侯之命》所謂「殄資澤于下民」也。是時虢石父好利用事，而皇父以卿士爲群邪之宗。

「神之聽之，終和且平」，朋友之信，可

質於神明。「神之聽之，式穀以女」，正直之道，無愧於幽隱。

楊泉《物理論》曰：「稻粱菽各二十種爲六十，疏果之實助穀各二十，凡爲百穀。故《詩》曰：『播厥百穀。』」

《詩譜》引傳曰：「文王基之，武王鑿之，周公内之。」疏云：「未知此傳在何書。」

三代之禮有損益，而所因者未之有改也。以《公劉》之詩攷之：「君之宗之」，宗法始於此；「其軍三單」，軍制始於此；「徹田爲糧」，徹法始於此。《周禮》有自來矣。

「咨女殷商」，猶賈山之借秦爲諭也。周公戒成王「無若殷王受」，又曰：「宜監于殷，駿命不易。」人君常聞危亡之言，則可保其安存矣。

「靡哲不愚」，司空圖之耐辱也。「善人載尸」，裴度之晚節也。

孔子於《烝民》，加四字而意自明；於《緡蠻》曰：「於止知其所止，可以人而不如鳥乎？」此説《詩》之法。韓子於「菁菁者莪」，屑屑訓釋，蓋少作也。晚歲引《詩》，言「老成人重於典刑」，簡而當矣。

攷之《周語》，立魯公子戲，則仲山甫諫；料民太原，則仲山甫又諫。然聽之藐藐也。當時公卿，唯虢文公諫「不籍千畝」，而他無聞焉。此詩人所以有愛莫助之之歎。

「溥彼韓城，燕師所完」，鄭箋以「燕」爲「燕安」；王肅云：「今涿郡方城縣有韓侯城。見《水經注》。燕，北燕國。」愚謂：《詩》云：「奄受北國。」肅説爲長。

「韓侯出祖，出宿于屠」，毛氏曰：

「屠，地名。」不言所在。潏水李氏以爲同州鄜谷。今按：《説文》有左馮翊鄜陽亭，同都切。馮翊即同州也。潏水之言信矣。

《漢・恩澤侯表》曰：「帝舅緣《大雅》申伯之意。」後之寵外戚者，率以是藉口。自宣王褒申伯，而申侯終以召戎禍，猶可以爲萬世法乎？外戚秉政，未或不亡。漢亡於王莽、何進，晋亡於賈謐，唐幾亡於楊國忠，石晋亡於馮玉。

「盜言孔甘，寇攘式内」，皆孟子所謂民賊也。有民賊，則賊民興。漢傳燮曰：「天下之禍，不由於外，皆興於内。」唐裴度曰：「欲平賊，當先清朝廷。」真文忠公曰：「内有衣冠之盜，而後外有干戈之盜。」

「大師維垣」，鄭《箋》以爲三公，王介甫以爲大衆。朱子《集傳》從王説。

「維天之命」傳引孟仲子曰：「大哉！天命之無極，而美周之禮也。」《詩譜》云：「子思論《詩》『於穆不已』，孟仲子曰：『於穆不似。』」仲子，子思之弟子。《閟宫》傳引孟仲子曰：「是禖宫也。」《序録》云：「子夏傳曾申，申傳魏人李克，克傳魯人孟仲子。」《孟子》注：「孟仲子，孟子之從昆弟，學於孟子者。」豈名氏之同歟？

《筆談》云：「彼徂矣岐，有夷之行，《朱浮傳》作『彼岨者岐，有夷之行』。」今按《後漢・朱浮傳》無此語。《西南夷傳》朱輔上疏曰：「《詩》云：彼徂者岐，有夷之行。」注引《韓詩・薛君傳》曰：「徂，往也。」蓋誤以「朱輔」爲「朱浮」，亦無「岨」字。

歐陽公《時世論》曰：「《昊天有成命》『二后受之，成王不敢康』，所謂二后者，文、武也。則成王者，成王也。當是康王已後之詩。《執競》『不顯成、康』，所謂成、康者，成王、康王也。當是昭王已後之詩。《噫嘻》曰『噫嘻成王』者，亦成王也。」范蜀公《正書》曰：「《昊天有成命》言文、武受天命以有天下，而成王不敢以逸豫爲也。此揚雄所謂『康王之時，頌聲作於下』。『自彼成康，奄有四方』，祀武王而述成、康，見子孫之善繼也。班孟堅曰：『成、康没而頌聲寢。』言自成、康之後，不復有見於頌也。」朱子《集傳》與歐、范之説合。

《昊天有成命》「二后受之，成王不敢康」，朱子引《國語》叔向曰：「是道成王之德也。成王能明文昭，定武烈者也。其爲祀成王之詩無疑。」愚觀《賈誼書·禮容語》引叔向曰：「二后，文王、武王。成王者，武王之子，文王之孫也。文王有大德而功未就，武王有大功而治未成，及成王承嗣，仁以臨民，故稱昊天焉。」其義尤明。

歐陽公《詩論》：「古今諸儒謂『來牟爲麥』者，更無他書所見，直用二《頌》毛、鄭之説。『來牟爲麥』，始出於毛、鄭，而二家所據，乃臆度僞《大誓》不可知之言。」愚按：劉向《封事》引「飴我釐麰」，釐麰，[1]麥也，始自天降。《文選》注引《韓詩》「貽我嘉䵄」，薛君曰：「䵄，大麥也。」毛、鄭之説，未可以爲非。毛氏傳：牟，麥也。鄭箋：赤烏以牟麥俱來。《廣雅》：始以爲來，小麥。牟，大麥。以劉向説參攷，當從古注。

陳少南不取《魯頌》，然「思無邪」一言，亦在所去乎？

《晉姜鼎銘》曰：「保其孫子，三壽是利。」《魯頌》「三壽作朋」，蓋古語也。先儒

[1]「釐麰」，原脱，據嘉慶本、道光本補。

以爲「三卿」，恐非。

商、周之《頌》，皆以告神明。太史公曰：「成王作《頌》，推己懲艾，悲彼家難。」至《魯頌》始爲溢美之言，所謂善頌、善禱者，非商、周之體也。後世作頌，傚魯而近諛，又下矣。

或謂文之繁簡，視世之文質。然商質而周文，《商頌》繁而《周頌》簡，文不可以一體觀也。

《法言》曰：「正考甫常晞尹吉甫矣，公子奚斯常晞正考甫矣。」司馬公注《揚子》，謂正考甫作《商頌》，奚斯作《閟宫》之詩，故云然。愚按：《史記·宋世家》：「襄公之時，脩仁行義，欲與盟主。其大夫正考甫美之，故追道契、湯、高宗，殷所以興，作《商頌》。」注云：「《韓詩章句》美襄公。」《樂記》：「温良而能斷者，宜歌《商》。」鄭康成注：「謂商宋詩。」蓋用《韓詩》説也。攷之《左傳》，正考甫佐戴武、宣。《世本》：「正考甫生孔父嘉，爲宋司馬，華督殺之而絶其世。」皆在襄公之前，安得作《頌》於襄公之時乎？《後漢·曹褒傳》「奚斯頌魯，考甫詠殷」，注引《韓詩》「新廟奕奕，奚斯所作。」《薛君傳》云：「是詩，公子奚斯所作。正考甫，孔子之先也，作《商頌》十二篇。」《詩》正義云：「奚斯作新廟，而漢世文人班固、王延壽謂《魯頌》奚斯作，謬矣。」然揚子之言，皆本《韓詩》，時《毛詩》未行也。薛漢世習《韓詩》，父子以章句著名。《馮衍傳》注引薛夫子《韓詩章句》，即漢也。

《長發》「大禘」，箋云：「郊，祭天也。」《雝》「禘大祖」，箋云：「大祭也，大於四時而小於祫。」鄭康成以祭天爲禘，與宗廟大祭同名。《春秋纂例》趙子已辯其失矣。王肅以禘、祫爲一祭，亦非也。禘與祫異，祫則太祖東嚮，毀廟及群廟之主，昭南穆北，合食於太祖。禘則祖之所自出者東嚮，惟以祖配之。今混禘於祫，宗廟有祫無禘。

范甯《穀梁序》：「孔子就太師正《雅》、《頌》，因魯史脩《春秋》，列《黍離》於《國風》，齊王德於邦君，明其不能復《雅》，政化不足以被群后也。」然《左傳》襄二十九年，季札觀樂於魯，已爲之歌《王》矣。孔子至哀十一年，始自衛反魯，樂正，《雅》、《頌》得所，則降《王》於《國風》，非孔子也。

《隰有萇楚》箋云：「人少而端慤，則長大無情慾。」胡邦衡解《學記》取之。

《呂氏春秋》：「甯戚飯牛，居車下，望桓公而悲，擊牛角疾歌。」高誘注以爲歌《碩鼠》，不知何所據。《三齊記》載甯戚歌，所謂「南山矸，白石爛」者，是也。

「四月秀葽」，諸儒不詳其名，唯《説文》引劉向説，以爲苦葽。曹氏以《爾雅》、《本草》證之，知其爲遠志。

董氏舉侯包言衛武公作《抑》詩，使人日誦於其側。朱子謂不知此出在何處。愚攷侯包之説，見於《詩》正義。《隋經籍志》：「《韓詩翼要》十卷，侯苞撰。」然則包學《韓詩》者也。

《秦詩》「在其板屋」，西戎地寒，故以板爲屋。張宣公《南嶽唱酬序》云：「方廣寺皆板屋，問老宿，云：『用瓦輒爲冰雪凍裂。』自此如高臺上封皆然。」《漢・地理志》：「天水隴西民以板爲屋。」以南嶽觀之，非獨西陲也。

「唐棣之華」、「維常之華」協「車」字；「黍稷方華」協「塗」字；「隰有荷華」協「且」字。曹氏謂：「華」當作「雩」，音「敷」。蓋古「車」本音「居」。《易》曰：「睽孤，見豕負塗，載鬼一車。」「來徐徐，困于金車。」其音皆然。至《説文》有尺遮之音，乃自漢而轉其聲。愚按：《何彼穠矣》，《釋文》或云「古讀『華』爲『敷』」，與『居』爲韻。後倣此。朱文公《集傳》並著二音，而以音「敷」爲先。

「野有蔓草，零露漙兮。有美一人，清揚婉兮」，漙，音「團」，《集傳》叶上兖反。顔氏《正俗》云：「按吕氏《字林》作『⿱雨專』，上兖反。訓云：露貌。音與『婉』類。」

「蓺麻如之何？衡從其畝」，顔氏云：「《禮》今也衡縫。衡，即『横』也，不勞借音。徐氏音『横』，失之矣。」

《干旄》四馬，至於五之、六之，猶《緇衣》之「改爲」也。《權輿》四簋，至於每食不飽，猶《醴酒》之「不設」也。君子之去就，于其心，不于其禮。

營謝、戍申，其篤於母家一也，一美焉，一刺焉。宣王親親，平王忘讎也。

《孝經》言卿大夫之孝曰：「非先王之法服不敢服，非先王之法言不敢道，非先王之德行不敢行。」孟子謂曹交曰：「服堯之服，誦堯之言，行堯之行。」聖賢之訓，皆以服在言行之先，蓋服之不衷，則言必不忠信，行必不篤敬。《中庸》脩身，亦先以齊明盛服，《都人士》之「狐裘黄黄」，所以「出言有章」，「行歸于周」也。

「召公是似」、「南仲大祖」，世濟其美也。逵有充，超叛鑒，蘇文忠慨焉。或附曹，群忘漢，朱文公悕焉。

「敬之，群臣進戒嗣王」，《荀子》云：「天子即位，上卿進曰：『能除患則爲福。』中卿進曰：『先事慮事，先患慮患。』下卿進曰：『敬戒無怠。』」群臣進戒始以敬，三卿授策終以敬，此心學之原也。伊尹訓太甲曰：「祇厥身。」召、畢告康王曰：「今王敬之哉！」皆以此爲告君第一義。

葉氏云：「漢世文章，未有引《詩序》者。魏黄初四年詔云：『《曹詩》刺遠君子，近小人。』蓋《詩序》至此始行。」

朱子《詩序辯説》多取鄭漁仲《詩辯妄》。艾軒謂歐陽公《詩本義》不當謂之「本義」，古人旨意精粹，何嘗如此費辭？

《唐志》：「《毛詩草木蟲魚圖》二十卷。開成中，文宗命集賢院脩撰，并繪物象。學士楊嗣復、張次宗上之。」按《名賢畫録》：「太和中，文宗好古重道，以晋明帝朝，衛協畫《毛詩圖》，草木鳥獸、古賢君臣之像，不得其真，召程脩己圖之。皆據經定名，任意採掇。由是冠冕之製，生植之姿，遠無不詳，幽無不顯。」然則所圖非止草木蟲魚也。《隋志》：梁有《毛詩古賢聖圖》二卷。

格物之學，莫近於《詩》。「關關」之雎，摯有別也；「呦呦」之鹿，食相呼也。「德如鳲鳩」，言均壹也；「德如羔羊」，取純絜也；「仁如騶虞」，不嗜殺也。「鴛鴦在梁」，得所止也；「桑扈啄粟」，失其性也。「倉庚」，陽之候也；「鳴鵙」，陰之兆也。「蒹葭露霜」，變也；「桃蟲拚飛」，化也。「鶴鳴于九皋，聲聞于野」，誠不可揜也；「鳶飛戾天，魚躍于淵」，道無不在也。「南有喬木」，貞女之操也；「隰有荷華」，君子之德也。「匪鱣匪鮪」，避危難也；「匪兕匪虎」，慨勞役也。「蓼莪、常棣」，知孝友也；「蘩蘋、行葦」，見忠信也。「葛屨」褊，而「羔裘」怠也；「蟋蟀」儉，而「蜉蝣」奢也。「爰有樹檀，其下維穀」，美必有惡也；「周原膴膴，堇荼如飴」，惡可爲美也。「黍以爲稷」，心眩於視也；「蠅以爲雞」，心惑於聽也。「緑竹猗猗」，文章著也；「皎皎白駒」，賢人隱也。「贈以勺藥，貽我握椒」，芳馨之辱也；「焉得諼草，言采其蝱」，憂思之深也。「柞棫斯拔，侯薪侯蒸」，盛衰之象也；「鳳皇于飛，雉離于羅」，治亂之符也。「相鼠、碩鼠」，疾惡也；「采葛、采苓」，傷讒也。引而伸之，觸類而長之，有多識之益也。

「誦《詩》三百，不能專對」、「不足以一獻」，皆誦言而忘味者也。自賜、商之後，言《詩》莫若孟子，其述孔子之言，以爲知道者二：《鴟鴞》、《烝民》是也。如《靈臺》、《皇矣》、《北山》、《雲漢》、《小弁》、《凱風》，深得詩人之心，以意逆志，一言而盡説《詩》之要。學《詩》必自孟子始。

申、毛之《詩》，皆出於荀卿子，而《韓詩外傳》多述《荀書》。今攷其言「采采卷耳」，「鳲鳩在桑」、「不敢暴虎，不敢馮河」，得《風》、《雅》之旨。而引逸《詩》尤多，其孔筆所删歟？

《法言》曰：「守儒，轅固、申公。」二子無愧於言《詩》矣。王式以《三百五篇》諫，亦其次也。彼語《詩》解頤者，能無愧乎？

《草木鳥獸蟲魚疏》，陸璣字元恪所撰，非陸機也。

鄭氏《詩譜》，徐整暢，太叔裘隱。見《釋文序録》。《隋志》：「太叔求及劉炫注。」《古今書録》云：「徐正陽注。」《館閣書目》謂注者爲太叔求，而不攷《序録》。徐正陽，疑即徐整，誤以「整」爲「正」，「暢」爲「陽」也。整，字文操，吴太常卿。

《詩緯含神霧》曰：「集微揆著，上統元皇，下序四始，羅列五際。」又曰：「《詩》

者，天地之心，君德之祖，百福之宗，萬物之户也。」《推度災》曰：「建四始五際，而八節通。」《汎歷樞》曰：「午亥之際爲革命，卯酉之際爲改正。辰在天門，出入候聽。卯，《天保》也。酉，《祈父》也。午，《采芑》也。亥，《大明》也。《大明》在亥，水始也。《四牡》在寅，木始也。《嘉魚》在巳，火始也。《鴻雁》在申，金始也。」翼奉學《齊詩》，聞五際之要，《十月之交篇》。郎顗曰：「四始之缺，五際之厄。」五際本於《齊詩》，四始與《毛詩序》異。蓋習聞其説，而失之也。

曹氏《論詩》云：「詩之作本於人情，自生民以來則然。太始天皇之策，包羲罔罟之章，葛天之八闋，康衢之民謡。」愚按：《素問·天元紀大論》鬼臾區曰：「積考太始，天元册文曰：『太虚寥廓，肇基化元。萬物資始，五運終天。布氣真靈，總統坤元。九星懸朗，七曜周旋。曰陰曰陽，曰柔曰剛。幽顯既位，寒暑弛張。生生化化，品物咸章。』」蓋古詩之體始於此，然伊川謂《素問》出於戰國之末。

《文粹》李行脩云：「劉迅《説詩》三千言，言《詩》者尚之。」今攷迅作《六説》以繼《六經》，自孔氏至考亂，凡八十九章。取漢史、詔書及群臣奏議以擬《尚書》。又取《房中歌》至《後庭鬬百草》、《臨春樂》、《小年子》之類，❶凡一百四十二篇，以擬《雅》章。又取《巴俞歌》、❷《白頭吟》、《折楊柳》至《談容娘》，以比《國風》之流。然文中子嘗續經矣。朱子謂：高、文、武、宣之制，豈有精

❶「小」，道光本作「少」。

❷「俞」，嘉慶本、道光本作「渝」。

一執中之傳？曹、劉、顔、謝之詩，豈有物則秉彝之訓？況迅乎！

艾軒曰：「《九德》、《九夏》，《雅》、《頌》之流也。《貍首》，風也。豳之《雅》、《頌》，猶《魯頌》也。」薛士龍曰：「《詩》之音律，猶《易》之象數。」

説《詩》者謂，宋襄公作《䪫鐘》之樂。案《博古圖》有宋公成䪫鐘。《大晟樂書》：「應天得六鐘，篆其帶曰『莖鐘』。詔謂：獲英莖之器於受命之邦。」此姦諛傅會之言。宋公成亦非襄公，用以説《詩》，陋矣。

《大學》「止於至善」引《詩》者五，「齊家」引《詩》者三。朱子謂：「咏歎淫液，其味深長，最宜潛玩。」《中庸》末章凡八引《詩》，朱子謂：「『衣錦尚絅』至『不顯維德』，始學成德之序也。『不大聲以色』至『無聲無臭』，贊不顯之德也。」反復示人，至深切矣。《孝經》引《詩》十，引《書》一，張子韶云：「多與《詩》、《書》意不相類，直取聖人之意而用之。是《六經》與聖人合，非聖人合《六經》也。或引或否，卷舒自然，非先攷《詩》、《書》而後立意也。《六經》即聖人之心，隨其所用，皆切事理。此用經之法。」

束晳《補亡詩》「循彼南陔」，釋曰：「陔，隴也。」《群經音辯》云：「序曰：『孝子相戒，以養。』『陔』當訓『戒』。鄉飲酒、《燕禮》賓醉而出，奏《陔夏》。鄭氏注：『陔之言戒也，以《陔》爲節，明無失禮。』與《詩序》義協。」愚按：《春官·樂師》鄭司農注：「今時行禮於大學，罷出，以鼓《陔》爲節。」

荀子曰：「善爲《詩》者不説。」程子之

優游玩味，吟哦上下也。董子曰：「《詩》無達詁。」孟子之「不以文害辭，不以辭害志」也。

曹子建《表》：「忍垢苟全，則犯詩人胡顔之譏。」《詩》無此句。李善引《毛詩》曰：「何顔而不速死也。」今《相鼠》注無之。

《説文叙》云：「其稱《詩毛氏》者，皆古文也。」以今《詩》攷之，其文多異。「得此䵼鼀」，爲「蟾蠩」；「碩大且嬐」，爲「重頤」，皆《韓詩》之説也。

蔡邕《正交論》云：「周德始衰，頌聲既寢，《伐木》有鳥鳴之刺。」是以《正雅》爲刺也。

春秋時，諸侯急攻戰而緩教化，其留意學校者，唯魯僖公能脩泮宮，衛文公敬教勸學，它無聞焉。鄭有《子衿》城闕之刺，子産僅能不毁鄉校而已。

吴才老《詩叶韻補音序》曰：「《詩》音舊有九家，唐陸德明定爲一家之學。開元中，脩《五經文字》，『我心慘慘』爲『懆』，七到反。『伐鼓淵淵』爲『鼘』。於巾反。皆與《釋文》異。乃知德明之學，當時亦未必盡用。」

「取蕭祭脂」，曰「其香始升」；「爲酒爲醴」，曰「有飶其香」。古所謂香者如此。韋彤《五禮精義》云：「祭祀用香，今古之禮並無其文。《隋志》曰：『梁天監初，何佟之議鬱鬯蕭光，所以達神。與其用香，其義一也。』攷之殊無依據，開元、開寶禮不用。」

「誕后稷之穡，有相之道」，疏云：「種之必好，似有神助。」《呂氏春秋》后稷曰：「子能使子之野，盡爲泠風乎？六尺之耜，所以成畝也。其博八寸，所以成甽也。耨柄尺，此其度也。其耨六寸，所以間稼也。」漢趙過曰：「后稷始甽田。」

「興雨祁祁」，雨欲徐，徐則入土。《鹽鐵論》云：「周公太平之時，雨不破塊，旬而一雨，雨必以夜。」

「以按徂旅」，《孟子》作「以遏徂莒」，韓非云：「文王克莒。」

「夏屋渠渠」，箋云：「設禮食大具，其意勤勤。」正義王肅云：「大屋。」崔駰《七依》説宮室之美云：「夏屋渠渠。」《文選·靈光殿賦》注引《七依》作「蘧蘧」。《檀弓》「見若覆夏屋者矣」，注：「夏屋，今之門廡。其形旁廣而卑。」正義：「殷人以來，始屋四阿。夏家之屋，唯兩下而已，無四阿，如漢之門廡。」鄭康成於《詩》、《禮》注異如此。

文王之治，由身及家。《風》始于《關雎》，《雅》始于《大明》，而《思齊》又《關雎》之始也。《家人》之九五曰：「王假有家。」「不顯亦臨」，謹獨者，齊家之本。故《家人》之吉，在於反身。

衛武公自警曰：「慎爾出話，敬爾威儀，無不柔嘉。」古之君子，剛中而柔外：「仲山甫之德，柔嘉維則」；隨會「柔而不犯」。韓文公爲王仲舒銘曰：「氣鋭而堅，又剛以嚴。哲人之常，與其友處。順若婦女，何德之光！」

「爾土宇昄章」，必曰：「俾爾彌爾性。」務廣地而不務廣德者，人君之深戒也。不務德而勤遠略，齊之霸所以衰。狄之廣莫於晉爲都，晉之亂所以萌。

風俗，世道之元氣也。觀《葛生》之詩，堯之遺風變爲北方之彊矣。觀《駟驖》、《小戎》之詩，文、武好善之民變爲山西之勇猛矣。晉、秦以是彊於諸侯，然晉之分爲三，秦之二世而亡，風俗使然也。

是以先王之爲治，威彊不足而德義有餘。商之季也，有故家遺俗焉。周之衰也，懷其舊俗焉。

「皇皇后帝，皇祖后稷」，魯以稷配天，周之東遷，始僭禮矣。夫子以爲周公之衰，而史克何美焉？齊百庭燎，晋請王章，習以爲常，禮樂安得不自大夫出乎？

朱子發曰：「《詩》全篇削去者二千六百九十四篇，如《貍首》、《曾孫》之類是也。篇中刪章者，如『唐棣之華，偏其反而。豈不爾思？室是遠而』之類是也。章中刪句者，如『巧笑倩兮，美目盼兮，素以爲絢兮』是也。句中刪字者，如『誰能秉國成，不自爲政，卒勞百姓』是也。」

止齋曰：「《國風》作而二《南》之正變矣。邶、鄘、曹、鄶，特微國也，而《國風》以之終始。蓋邶、鄘自別於衛，而諸侯侵無統紀，[1]及其厭亂思治，追懷先王先公之世，有如曹、鄶然，君子以爲是二《南》之可復。世無周公，誰能正之？是故以豳終。」

困學紀聞卷之三

[1]「侵」，嘉慶本、道光本作「浸」。

困學紀聞卷之四

浚儀　王應麟　伯厚甫

周禮

漢河間獻王得《周官》，而武帝謂末世瀆亂不驗之書。唯唐太宗夜讀之，以爲真聖作，曰：「不井田，不封建，而欲行周公之道，不可得也。」人君知此經者，太宗而已。劉歆始用之，蘇綽再用之，王安石三用之，經之蠹也。唯文中子曰：「如有用我，執此以往。」程伯子曰：「必有《關雎》、《麟趾》之意，然後可以行《周官》之法度。」儒者知此經者，王、程二子而已。

《漢志》謂之《周官經》，《序録》云：「劉歆始建立《周官經》，以爲《周禮》。」意者，《周禮》之名昉此乎？然《後漢書》云：「鄭衆傳《周官經》，後馬融作《周官》傳，授鄭玄，玄作《周官》注。」猶未以《周禮》名也。《隋志》自馬融注已下，始曰《周官禮》。《隋志》：「《三禮目録》一卷，鄭玄撰。」今見于《釋文》。

五峰胡氏云：「《周官》：司徒掌邦教，敷五典。司空掌邦土，居四民。世傳《周禮》闕《冬官》，未嘗闕也，乃《冬官》事屬之《地官》。」程泰之云：「五官各有羨數，《天官》六十三，《地官》七十八，《春官》七十，《夏官》六十九，《秋官》六十六，蓋斷簡失次，取羨數。凡百工之事，歸之《冬官》，其數乃周。」俞庭椿爲《復古編》，亦云：「《司空》之篇，雜出於五官之屬。」九峰蔡氏云：「周公方條治事之官，而未及師保之職。

《冬官》亦闕，首末未備，周公未成之書也。」

《考工記》，或以爲先秦書，而《禮記》正義云：「孝文時，求得《周官》，不見《冬官》一篇，乃使博士作《考工記》補之。」馬融云：「孝武開獻書之路，《周官》出於山巖屋壁。」《漢書》謂河間獻王得之，非孝文時也。《序録》云：「李氏上五篇，失事官一篇，取《考工記》補之。」《六藝論》云「壁中得六篇」，誤矣。齊文惠太子鎮雍州，有盜發楚王冢，獲竹簡書，青絲編簡，廣數分，長二尺。有得十餘簡以示王僧虔。僧虔曰：「是科斗書《考工記》，《周官》所闕文也。」漢時科斗書已廢，則《記》非博士所作也。易氏云：「《考工記》非周書也。言周人上輿，而有梓匠之制；言周人明堂，而有世室重屋之制；言溝洫澮川，非遂人之制；言斿旗旟旐，非大司馬、司常、巾車之制。

眡周典大不類。」

《禮器》「《經禮》三百」，鄭氏注謂即《周禮》三百六十官。《漢志》「《禮經》三百」，臣瓚注云：「《周禮》三百，是官名也。《禮經》謂冠昏吉凶。」蓋以《儀禮》爲《禮經》也。朱子從瓚説，謂《周禮》乃設官分職之書，禮典在其中而非專爲禮設也。

鄭康成釋經，以緯書亂之，以臆説汩之，而聖人之微指晦焉。徐氏《微言》謂鄭注誤有三：《王制》，漢儒之書，今以釋《周禮》，其誤一；《司馬法》，兵制也，今以證田制，其誤二；漢官制皆襲秦，今引漢官以比周官。小宰乃漢御史大夫之職，謂小宰如今御史中丞，如此之類，其誤三。鶴山謂以末世弊法，釋三代令典，如以漢算擬邦賦，以莽制擬國服。止齋謂以《周禮》爲非聖人之書者，以説之者之過也。

張禹以《論語》文其諛，劉歆以《周官》文其姦，猶以《詩》、《禮》發冢也。禹不足以玷《論語》，而以歆訾《周官》可乎？西山曰：「歆之王田，安石之泉府，直竊其一二以自蓋爾。」

易氏《總義》云：「府史胥徒，《通典》總言其爲六萬三千六百七十五人。」愚攷之《通典》，周六萬三千六百七十五員，内二千六百四十三人，外諸侯國官六萬一千三十二人。此乃官數，非謂府史胥徒也。

嬪御、奄寺、飲食、酒漿、衣服、次舍、器用、貨賄，皆領於冢宰。冕弁、車旗、宗祝、巫史、卜筮、瞽侑，皆領於宗伯。此周公相成王，格心輔德之法。周之興也，滕侯爲卜正，吕伋爲虎賁氏。侍御僕從，罔匪正人。左右攜僕，庶常吉士。及其衰也，昏椓靡共，婦寺階亂。膳夫内史，趣馬師氏，締交於嬖寵。瑣瑣姻亞，私人之子，竊位於王朝。至秦而大臣不得議近臣矣，至漢而中朝得以詘外朝矣，至唐而北司是信，南司無用矣，由周公之典廢也。間有詰責幸臣，如申屠嘉；奏劾常侍，如楊秉；宮中府中爲一體，如諸葛武侯：可謂知宰相之職者。唐太宗責房玄齡以北門營繕，何預君事？豈善讀《周禮》者哉！我朝趙普於一薰籠之造，亦制以有司之法；李沆於後宫之立，奏以臣沆不可；趙鼎於内苑移竹，責宦者罷其役：庶幾古大臣之風矣。五峰乃謂周公不當治成王燕私之事，殆未之思也。

李泰伯曰：「内宰用大夫、士、世婦，每宫卿二人，皆分命賢臣，以參檢内事。」漢世皇后詹事，以二千石爲之，猶有成周遺意。

《漢·食貨志》：「太公爲周立九府圜法」，顔師古注：「《周官》太府、玉府、内府、外府、泉府、天府、職內、職金、職幣皆掌財幣之官，故曰九府。」愚按：《爾雅》醫無閭之珣玗琪，會稽之竹箭，梁山之犀象，華山之金石，霍山之珠玉，崑崙之璆琳琅玕，幽都之筋角，斥山之文皮，岱岳之五穀魚鹽，是謂九府。五峰胡氏《皇王大紀》所述與《爾雅》同，而繼之曰：「尚父立圜法，輕重以銖，通九府之貨。」又按：《史記·列傳》「吾讀管氏《輕重》、《九府》」，劉向《別録》曰：「《九府》書，民間無有。」索隱謂其書「論鑄錢之輕重」。《鹽鐵論》文學曰：「管仲設九府，徼山海。」《通典》亦云：「太公立九府之貨。」然則九府，太公立之，管仲設之，其名列于《爾雅》。蓋即管氏書也。《大紀》之說得之，顔注恐非。《曲禮》天子之六府，亦與《大禹謨》之六府異。

「九嬪」注引孔子曰：「日者天之明，月者地之理。」《孝經援神契》之言也。何休《公羊傳序》引孔子有云：「吾志在《春秋》，行在《孝經》。」《孝經鉤命決》之言也。漢儒以緯書孔子所作。康成注《中庸》，亦引孔子曰：「吾志在《春秋》，行在《孝經》。」

「宮伯掌王宮之士庶子」，漢諸侯子入宿衛，齊王之弟章是也。入京師受業，楚王之子郢客是也。其制猶古。

奄止於上士，抑其權也。唐太宗詔內侍省不立三品官，不任以事。然內侍並列于六省，開奄尹與政之階，與周典統於冢宰異矣。

八則，禮俗以馭其民。呂微仲謂：庶民可參之以俗，士以上專用禮。此說非也。《大傳》「百志成，故禮俗刑」，呂成公謂：禮俗不可分爲兩事。制而用之謂之禮，習而安之謂之俗。若禮自禮，俗自俗，不可謂之禮俗。

王之膳服雖不會，而九式有羞服之式，冢宰所均節也。待王之膳服，不過以關市之賦，則其用簡矣。

司徒掌教不言財，司馬掌政不言兵。鄉遂九畿，兵財在其中。井田封建，足食足兵之本也。《周官》之法不行，無善教善政，於是憂財用，畏夷狄矣。

鄉有軍制，無田制。遂有田制，無軍制。疏云：鄭注互見其義。

大司徒建邦國，以土圭土其地。匠人建國，晝參諸日中之景，夜考之極星。《詩·定之方中》傳云：「度日出日入，以知東西。南視定，北準極，以正南北。」愚按：《晏子春秋》：「景公新成柏寢之室，使師開鼓琴。師開左撫宮，右彈商，曰：『室夕，東方之聲薄，西方之聲揚。』公召大匠曰：『室何爲夕？』大匠曰：『立室以宮矩爲之。』於是召司空曰：『立宮以城矩爲之。』明日，晏子朝。公曰：『先君太公立宮，何爲夕？』對曰：『古之立國，南望南斗，北戴樞星，彼安有朝夕哉！而以今之夕者，周之建國，國之西方，以尊周也。』公曰：『古之臣乎。』」樞星，即極星也。公劉居豳「既景迺岡」，然則尚矣。

蔡邕《明堂論》曰：「王居明堂之禮，南門稱門，西門稱闈，故《周官》有門闈之學。師氏教以三德，守王門。保氏教以六藝，守王闈。然則師氏居東門、南門，保氏居西門、北門也。」朱子《大學章句序》「王宮有學」，蓋謂此。魯孝公之爲公子，嘗入京師爲國子，人稱其孝。宣王命之導訓諸侯。他書言國子者，唯《周語》焉。

「師氏三德」，朱子曰：「至德以爲道

本，明道先生以之。敏德以爲行本，司馬温公以之。孝德以知逆惡，趙無愧、徐仲車之徒以之。」

《牧誓》、《顧命》皆言師氏，《雲漢》之傳曰：「年穀不登，則師氏弛其兵。」《文王世子》「大司成」，注以爲師氏。而「楀維師氏」，以刺匪其人。九兩「師以賢得民」，注謂諸侯師氏，言賢者以身教也。后妃亦有之，《葛覃》云：「言告師氏。」

《保氏》「九數」，鄭司農云：「今有重差、夕桀、句股。」《釋文》：「夕，音的。此二字非鄭注。」愚按：《少儀》正義引鄭司農云：「今有重差、句股。」馬融、干寶等更云：「今有夕桀，各爲二篇，未知所出。」則「夕桀」二字，後人附益，非鄭注信矣。劉徽《九章算經序》云：「包犧氏始畫八卦，作九九之術，以合六爻之變。黄帝建《曆紀》，協律吕。隸首作數。周公制禮，有九數。九數之流，則《九章》是矣。漢張蒼、耿壽昌皆善算，因舊文删補，故校其目。與古或異，而所論多近語。」

「里宰以歲時合耦于耡」，注云：「耡者，里宰治處也，若今街彈之室。於此合耦，使相佐助。」疏謂：漢時在街置室，檢彈一里之民。《金石録》有中平二年正月《都鄉正街彈碑》，在昆陽城中。趙明誠失於攷《禮》注，而酈氏注《水經》、洪氏《隸釋》，皆以「街」爲「衛」，又誤矣。《漢·食貨志》言古制云：「春將出民，里胥平旦坐於右塾，鄰長坐於左塾，畢出，然後歸。夕亦如之。」里胥之塾，其即《里宰》所謂「耡」者歟？

《庖人》注：「青州之蟹胥。」《釋文》：胥，息徐反。劉音「素」。《字林》先於反，蟹醬也。《集韻》：「蝑，蟹醢，四夜切。」當從《集韻》。《箋人》注：「鱅者，析乾之，出東海。」陸廣微《吴地記》云：「闔閭思海魚，而難於生致。治生魚，鹽漬而日乾之，故名爲鮝。」讀如「想」。

《管子・地員篇》：「九州之土，爲九十物。每土有常，而物有次。群土之長，是唯五粟，次曰五沃，次曰五位，次曰五蘟，次曰五壤，次曰五浮，凡上土三十物，種十二物。中土曰五忞，次曰五纑，次曰五壏，次曰五剽，次曰五沙，次曰五塥，凡中土三十物，種十二物。下土曰五猶，次曰五弘，次曰五殖，次曰五觳，次曰五鳧，次曰五桀，凡下土三十物，種十二物。凡土物九十，其種三十六。」按：《大司徒》「以土會之法，辨五地之物生；以土宜之法，辨十二壤之物，而知其種」。此篇亦古制之存者。《河圖》謂東南神州曰晨土，正南邛州曰深土，西南戎州曰滔土，正西弇州曰开土，正中冀州曰白土，西北柱州曰肥土，北方玄州曰成土，東北咸州曰隱土，正東揚州曰信土。

《地員篇》：「凡草土之道，各有穀造。或高或下，各有草土。葉下於虋，虋下於莧，莧下於蒲，蒲下於葦，葦下於雚，雚下於蔞，蔞下於苹，苹下於蕭，蕭下於薜，薜下於萑，萑下於茅，凡彼草物有十二衰。」注：虋即鬱也。衰，謂草上下相重次也。按：《周官》有《草人》，此豈其遺制歟？

土圭度地之法，景一寸，地差千里。一分，地差百里。王畿千里，以寸爲法，五等諸侯之地，以分爲法。尺有五寸者，一萬五千里之景也。天地相去三萬里。嘗攷隋、唐《志》宋元嘉十九年，測於交州，何承天謂六百里差一寸。後魏永平元年，測於洛陽，信都芳謂二百五十里差一寸。然宋之於陽城，魏之於金陵，皆隃度未可據也。唐開元十二年，植表浚儀，大率五百二十六里二百七十步差二寸餘，遂以舊説千里一寸爲妄。王朴曰：「陽城乃在洛之東偏，開元得浚儀之岳臺，應南北弦居地之中。」司馬公《日景圖》云：「日行黄道，每歲有差。地中當隨而轉移。故周在洛邑，漢在潁川陽城，唐在汴州浚儀。」潏水李氏云：「周於陽城測景，説者謂地形西北高，東南下。極星在北，斗亦在北。極星乃天之中也，天之中則地之中。」

「諸公之地，方五百里」，與《武成》、《孟子》之言不合。子産曰：「列國一同。」《孟子》亦曰：「魯方百里。」《明堂位》乃云：「魯方七百里。」或謂《周官》、《明堂位》兼附庸而言。《職方氏》疏云：「無功，縱是公爵，惟守百里地。謂若虞公、虢公，舊是殷之公，至周仍守百里國，以無功故也。」愚按：《左氏傳》：「虞仲，大王之昭也。虢仲、虢叔，王季之穆也。」皆周所封，謂舊是殷之公，誤矣。

「歲終正治而致事」，注：「上其計簿。」疏云：「漢時考吏，謂之計吏。」今按：《説苑》：「晏子治東阿三年，景公召而數之；明年上計，景公迎而賀之。」《韓子·外儲説》：「西門豹爲鄴令，居期年，上計，君收其璽。」《新序》：「魏文侯東陽上計，錢布十倍。」《史記》：「秦昭王召王稽，拜爲河東守，三歲不上計。」然則春秋戰國時，已有上計，非始于漢。

朱文公曰：「讀曹公、杜牧《孫子》，見其所論車乘人數，諸儒皆所未言。唯蔡季通每論此事，以考《周禮》軍制皆合。」愚按：《孫子·作戰篇》「凡用兵之法，馳車千駟，革車千乘，帶甲十萬」，曹公注：「馳車，輕車也。」杜牧注：「輕車，戰車也。」古者車戰，革車、輜車，重車也，載器械財貨衣裝。《司馬法》曰：「一車甲士三人，步卒七十二人，炊家子十人，固守衣裝五人，廄養五人，樵汲五人。輕車七十五人，重車二十五人，故二乘兼一百人爲一隊。舉十萬之衆，革車千乘，校其費用支計，則百萬之衆皆可知也。」《左氏傳》「乙卯，楚師軍於邲」，丙辰，楚重至於邲，吕成公謂：「凡戰，兵車在前，輜重常在兵車之後。楚重次日乃至，後一日，故無鈔擊之患。」唐説齋云：「儒者謂甸出七十五人，不知實出百人。其七十五人，戰車也。其二十五人，重車也。」

古者步百爲畝。古之百畝，爲今四十一畝一百六十步。古之一井，爲今三百七十五畝。竇儼曰：「小畝步百，周之制也。中畝二百四十，漢之制也。大畝三百六十，齊之制也。今所用者，漢之中畝。」《鹽鐵論》御史曰：「古者制田，百步爲畝。先帝哀憐百姓，制田二百四十步而一畝。」《通典》謂：商鞅佐秦，以爲地利不盡，更以二百四十步爲畝。二説不同。

《禹貢》之田九等，蔿掩別楚地亦九等，《孟子》、《王制》爲五等，而《周官》止三等。解者謂：《大司徒》不易、一易、再易三等，都鄙之制也。《小司徒》上、中、下地三等，六鄉之制也。《遂人》上、中、下地三等，有萊者，六遂之制也。《大司馬》上、中、下地三等，諸侯之制也。

《遂人》治野，乃鄉遂公邑之制。《匠人》溝洫，乃采地之制。鄭康成云：「周制畿内用夏之貢法，税夫無公田。邦國用殷之助法，制公田不税夫。」朱文公亦云：

「溝洫以十爲數，井田以九爲數。井田、溝洫決不可合，而永嘉諸儒欲混爲一。康成注分爲二，是也。」愚按：李泰伯《平土書》云：「周畿内及諸侯一用貢法。」蓋泰伯已與康成異矣，非始於永嘉諸儒也。劉氏《中義》以《匠人》溝洫，求合乎《遂人》治野之制，謂《遂人》言積數，《匠人》言方法，然《周禮》、《考工》各爲一書。易氏謂《匠人》前代之制。

禹盡力乎溝洫，「濬畎澮，距川」。《遂人》五溝五涂之制，因于古也。以水佐耕者豐，稻人掌之。以水佐守者固，司險掌之。自鄉遂之法弛，子駟爲田洫而喪田者以爲怨，子産作封洫而伍田疇以爲謗。晉欲使齊盡東其畝，而戎車是利。甚而兩周争東西之流，至商鞅決裂阡陌，吕政決通川防，古制蕩然矣。古者内爲田廬，外爲溝洫。在《易》之《師》：寓兵於農，伏險於順，取下《坎》上《坤》之象。溝洫之成，自禹至周，非一人之力。溝洫之壞，自周衰至秦，非一日之積。先儒謂井田壞而戎馬入中國，如入無人之境。悲夫！

人耦、牛耦，鄭氏注：「合耦並言之。」疏謂：「周時未有牛耦耕，至漢趙過始教民牛耕。」今攷《山海經》后稷之孫叔均，始作牛耕。周益公云：「孔子有犂牛之言。冉耕，亦字伯牛。《賈誼書》、《新序》載鄒穆公曰：『百姓飽牛而耕。』《月令》季冬出土牛，示農耕早晚。何待趙過？過特教人耦犂，費省而功倍爾。」

盬鹽，引池而化，《山海經》「鹽販之澤」，《穆天子傳》「至于鹽」，晉郇瑕氏之地，而猗頓用是起者也。散鹽，煮水而成，《夏書》青州之貢，《職方》幽州之利，齊之渠展，燕之遼東，而宿沙初作者也。形鹽，物地以出之，❶周公閱所云「鹽虎形也」。飴鹽，於戎以取之，伊尹所云「和之美」者，大夏之鹽也。後周四鹽之政倣此。古者川澤之饒，與民共之。自海王之篇，祈望之守，作俑于齊，至漢二十倍於古。攷之《漢志》，鹽官三十有五，唐有鹽之縣一百五。本朝鹽所出者十二路，爲池二，爲監七，爲場二十二，爲井六百有九，法益詳而利無遺矣。

「玩物喪志」，召公以爲戒。凡式貢之餘財，以共玩好之用，恐非周公之典。《無逸》曰：「惟正之供。」

《外府》注：「泉始蓋一品，周景王鑄大泉而有二品。」韋昭注《周語》曰：「單穆公云：『古者有母平子、❷子權母而行。』」然則二品之來，古而然矣。

古者以射御爲藝。孔子曰：「執射乎？執御乎？」《詩》曰：「叔善射忌，又良御忌。」「四黄既駕，兩驂不猗」，御之善也。「不失其馳，舍矢如破」，射之善也。學射者多矣。造父之師泰豆氏，尹需之習秋駕，皆學御者也。《説苑》謂：御者使人恭，射者使人端。亦正心脩身之法。

「貨賄用璽節」，注：「今之印章也。」《司市》注云：「如今斗檢封。」《職金》云：「楬而璽之。」《左傳》：「季武子使公冶問璽書，追而與之。」《戰國策》：「欲璽者段干子也。」蔡邕《獨斷》云：「古者尊卑共用之。」衛宏云：「秦以來天子爲璽，又獨以玉爲之，臣下莫敢用。」唐又改璽爲寶。《五代史》臣曰：「國以玉璽爲傳授神器，遂古無聞。」《運斗樞》

❶ 「物」，嘉慶本、道光本作「掘」。

❷ 「平」，當作「權」。

曰：「舜爲天子，黄龍負璽。」《世本》曰：「魯昭公始作璽。」

《司門》「正其貨賄」，正者，禁其淫侈而歸于正也。注讀爲「征」，非是。

《迹人》，春秋末，宋猶有是官。《左氏·哀十四年傳》迹人來告曰：「逢澤有介麇焉。」❶

《司禄》，闕。《孟子》云：「諸侯惡其害己也，而皆去其籍。」趙氏注：「今《周禮》司禄之官無其職。是諸侯皆去之，故不復存。」

《槁人》注：「今司徒府中有百官朝會之殿。」後漢《蔡邕集》所載「百官會府公殿下」者也。古天子之堂，未名曰殿。《説苑》：「魏文侯御廪災，素服辟正殿五日。」《莊子·説劍》云：「入殿門不趨。」蓋戰國始有是名。《燕禮》注：「當東霤者，人君爲殿屋也。」疏謂：漢時殿屋四向流水，舉漢以況周。然《漢·黄霸傳》「先上殿」，注謂：「丞相所坐屋。古者屋之高嚴，通呼爲殿，不必宫中也。」

《大宗伯》疏：《星備》云：「五星初起牽牛，歲星一日行十二分度之一，十二歲而周天。熒惑日行三十三分度之一，三十三歲而周天。鎮星日行二十八分度之一，二十八歲而周天。太白日行八分度之一，八歲而周天。辰星日行一度，一歲而周天。」《馮相氏》疏：《星備》云：「明王在上，則日月五星皆乘黄道。」《保章氏》疏：《星備》云：「五星更王相休廢，其色不同。王則光芒，相則内實；休則光芒無角，不動摇；廢則少光。色順四時。其國皆當

❶「麇」，嘉慶本、道光本作「麇」。

也。」《星備》之書，僅見於此，隋、唐《志》皆不著録。

周五禮之別，三十有六。唐五禮之儀，一百五十有二。《唐志》云：「自梁以來，始以當時所行，傅於《周官》五禮之名，各立一家之學。」

「九磬之舞」，注云：「當爲大磬。」愚謂：「九磬」之名尚矣，不必改字。《説苑》：「孔子至齊郭門之外，遇一嬰兒，挈一壺，相與俱行。其視精，其心正，其行端。孔子謂御曰：『趣驅之，趣驅之！韶樂方作。』孔子至彼，聞韶，三月不知肉味。」齊景公作《徵招》、《角招》，蓋舜樂之存者。劉原父云：「《九招》者，九名。予識其三焉，祈、徵、角之謂也。」《山海經》：「夏后開得《九辯》、《九歌》以下，始歌《九招》於大穆之野。」《帝王世紀》：「啓升后十年，舞《九韶》。」《竹書》曰：「夏后開儛《九招》。」《史記》「禹乃興《九招》之樂」，索隱曰：「即舜樂《簫韶》九成。」艾軒謂「勸之以《九歌》」，即《九招》之樂。《吕氏春秋》：「帝嚳命咸黑作爲舞聲，歌《九招》、《六列》、《六英》。帝舜令質脩《九招》、《六列》、《六英》，以明帝德。」然則《九招》作於帝嚳之時，舜修而用之。秦唯《韶》、《武》二樂存。

班固《律曆志》述劉歆之言，以律爲下生，吕爲上生。鄭康成以黄鍾三律爲下生，以蕤賓三律爲上生。梁武帝《鐘律緯》謂：「班固夾鍾中吕，過於無調。鄭康成有升陽而無降陽。」陳用之《禮書》謂：「自子午以左皆上生，子午以右皆下生。」以鄭説爲是。張文饒《翼元》曰：「十二月之律以候月，六十日之律以候日。月律當一下一上，依次而生。日律當用蕤賓重上生。司馬遷、劉歆之法，月律也。呂不韋、淮南、京房之法，日律也。《晉志》取司馬而非淮南，梁武是京房而非班固，皆非通論。」

《大卜》三兆，其頌皆千有二百。夏后鑄鼎繇曰：「逢逢白雲，一南一北，一西一東。九鼎既成，遷于三國。」懿氏占曰：「鳳皇于飛，和鳴鏘鏘。有媯之後，將育于姜。」成季卜曰：「間于兩社，爲公室輔。」驪姬繇曰：「專之渝，攘公之羭，一薰一蕕，十年尚猶有臭。」衛侯繇曰：「如魚竀尾，衡流而方羊裔焉。」漢文兆曰：「大橫庚庚，余爲天王，夏啓以光。」皆龜繇也。

《卜師》四兆，鄭氏鍔以理推之，謂：方兆，占四方之事也，漢武帝發《易》占，知神馬從西北來。功兆，占立功之事也，楚司馬子魚卜戰令龜。義兆，占行義之事也，惠伯曰：「忠信之事則可。」弓兆，有射意，後世有覆射之法。

《龜人》六龜，《易》「十朋之龜」。《爾雅》十龜。《唐六典》「辨龜九類五色，依四時用之」。

《列子》夢有六候，與《占夢》同。「噩」作「蘁」。東坡曰：「高宗言夢，文王、武王言夢，孔子亦言夢。其情性治，其夢不亂。」西山曰：「正夢不緣感而得，餘皆感也。」

《大祝》九祭，九曰「共祭」。注云：「共，猶授也。王祭食，宰夫授祭。《孝經説》曰：『共綏執授。』」疏云：「《孝經説》，《孝經緯》文。共綏執授，謂將綏祭之時，共此綏祭以授尸。」愚謂：疏謂綏祭，非也。《後漢·禮儀志》注《孝經援神契》曰：「尊三老者，父象也。謁者奉几，安車輭輪，供綏執授。」宋均曰：「供綏，三老就車，天子親執綏授之。」永平二年《養老詔》，亦有「安車輭輪，供綏執授」之語，蓋取《孝經緯》。

鄭司農注「肅拜」：「但俯下手，今時揖是也。」項氏云：「古之拜，如今之揖，折腰而已。介胄之士不拜，故以肅爲禮，以其不可折腰也。其儀特斂手向身，微作曲勢。此正今時婦人揖禮也。漢時婦人之拜，不過如此。或謂自唐武氏始尊婦人，不令拜伏，誤矣。周天元令婦人拜天臺，作男子拜，則雖虜俗，婦人亦不作男子拜也。《內則》尚右手者，言斂手右向，非若今用手按膝作跪也。男之尚左亦然。」今攷太祖問趙普拜禮，何以男子跪而婦人不跪？普問王貽孫，對曰：「古詩『長跪問故夫』，婦人亦跪也。唐武后時，婦人始拜而不跪。」普問所出，對曰：「唐張建章《渤海記》備言之。」

《眡祲》「掌十煇之法」，占日旁之氣也。二鄭解，其同者六，其異者四。《大卜》「掌三夢之法，其經運十，其別九十」，謂占夢之正法有十也，一運而九變，十運而九十變。注以「經運」爲「十煇」，先儒謂日之煇光。夢之變通，其占不同，不當改「運」爲「煇」。

《大史》「正歲年以序事」，注：中數曰歲，朔數曰年。中數三百六十五日四分日之一，朔數三百五十四日。《漢·曆志》曰：「閏所以正中朔也。」或謂周以建子爲正，而四時之事，有用夏正建寅者。用建寅則謂之歲，用建子則謂之年。《洪範》正義：「從冬至及明年冬至，爲一歲。」

《馮相氏》「致日致月」，注：「冬至日在牽牛，景丈三尺。夏至日在東井，景尺五寸。此長短之極。春分日在婁，秋分日在角，而月弦於牽牛、東井。」《左氏傳》：「日月之行，分同道也，至相過也。」正義云：「春分朔則日在婁，望則月在角。秋分朔在角，望在婁。婁、角天之中道，故晝夜等。

冬至朔則日在斗，望則月在井。夏至朔在井，望在斗。斗、井南北，故晝夜長短極。」冬至古日在牽牛，今在斗。鄭注與孔疏異，曆法歲差也。

《保章氏》「星土」，按「乙巳占」論十二次云：「北方之宿，主吴、越；火午之辰，在周邦。天度均列，而分野殊别。一次所主，或亘萬里，跨數州，或於寰内不布一郡。《國語》歲在鶉火，有周之分野。今豐鄗當秦宿，而周分隸豫州，理實難詳。至如熒惑守心，宋景禳其咎；實沈爲祟，晉侯受其殃。事驗時有相應。」賈公彦謂：吴、越在南，齊、魯在東，今歲星或北或西，不依國地所在。此受封之日，歲星所在之辰，國屬焉故也。或云：「十二次可言者一，其惟析木乎？」尾箕艮維燕，可以言東北。

「十有二歲」，注：「歲星爲陽，右行於天，太歲爲陰，左行於地，十二歲而小周。」潏水云：「歲星在天，歲陰在地。《天官書》曰：『歲陰在攝提格，歲星在星紀。歲陰在單閼，歲星在玄枵。』自嘉祐丁酉，驗之多差，近年尤甚。歲星常先月餘，近年以來，常先一百二十餘日。」愚攷《大衍曆議》曰：「歲星自商、周迄春秋之季，率百二十餘年而超一次。戰國後，其行寖急，至漢尚微差，及哀、平間餘勢乃盡，更八十四年而超一次。」三山陳氏謂：「如《左氏》之説，則寅而在卯，午而在亥；如《史記》之説，則寅而在丑，辰而在亥。以次推之，皆不同。」《汲冢·師春》謂：「歲星每歲而成一分，積百四十四年而滿本數，則爲超辰之限。」

《外史》「達書名」，鄭康成謂：「古曰名，今曰字。」字者，滋也。《聘禮》記云：「百名以上書於策，不及百名書於方。」王文公云：「文者，奇偶剛柔，雜比以相承，如天地之文，故謂之文。字者，始於一而生於無窮，如母之字子，故謂之字。」夾漈謂：「獨體爲文，合體爲字。主類爲母，從類爲子。六書象形、指事，文也；會意、諧聲、轉注，字也；假借者，文與字也。諧聲與五書同出，五書尚義，諧聲尚聲。《説文》形也，以母統子；《廣韻》聲也，以子該母。字書，眼學；韻書，耳學。」《中庸或問》曰：「司徒教民，書居其一。外史達書名於四方，大行人又九歲一諭焉。其制度之詳如此。秦以小篆、隸書爲法，而周制始改。」

《鎛師》注引《春秋傳》「賓將趨」，今《左傳》作「掫」。《環人》注引「御下捓馬」，今作「兩」。《職方氏》注引《國語》「閩芊蠻矣」，今作「蠻芊」。

《司爟》，鄭司農引《鄹子》，與《論語》馬融引《周書·月令》同。春取榆柳之火，夏取棗杏，季夏取桑柘，秋取柞楢，冬取槐檀。王劭曰：「《周官》四時變火以救時疾，火不數變，疾必興。聖人作法，豈徒然也。晋時有以洛陽火度江者，代代事之，相續不滅，火色變青。」《東漢·禮儀志》：「日夏至，浚井改水。日冬至，鑽燧改火。」改水，唯見于此。

水有疏導，火有出納，山林金錫之地，皆爲之厲禁。時而用之，先王財成輔相之妙也。《鹽鐵論》大夫曰：「五行，東方木而丹章有金銅之山，南方火而交趾有大海之川，西方金而蜀隴有名材之林，北方水而幽都有積沙之地。此天地所以均有無，通萬物也。」《管子》：「出銅之山四百六十七，出鐵之山三千六百九。」《唐六典》：「天下水泉三億三萬三千五百五十有九。」

漏刻之法，晝夜百刻。易氏云：「十二時，每時八刻二十分，每刻六十分。」王昭禹云：「寅、申、巳、亥、子、午、卯、酉八時，各八刻。辰、戌、丑、未四時，各九刻。」愚謂易氏之説與古法合。《司寤氏》「掌夜時」，注謂夜晚早，若今甲、乙至戊。疏云：「甲、乙則早時，戌、亥則晚時。」愚按：衛宏《漢舊儀》「中黄門持五夜，甲、乙、丙、丁、戊夜，今謂之五更」。疏以「戊」爲「戌」，誤矣。馬融以昏明爲限，鄭康成以日出入爲限，有五刻之差。蔡邕以星見爲夜，日入後三刻，日出前三刻，皆屬晝。鄭與蔡校一刻。王伯照云：「晝夜長短，以岳臺爲定。九服之地，與岳臺不同，則易箭之日，亦皆少差。」

「職方氏」，漢樊毅《修西嶽廟記》作「識方氏」。《史通》云：「《周書·職方》之言與《周官》無異。」

兖州，「其浸盧維」，注云：「當爲『雷雍』，字誤也。」顔師古曰：「盧水在濟北盧縣。」《説文》：「濰水出琅邪箕屋山，東入海，徐州浸。《夏書》：濰、淄其道。」鄭讀非也。

王有三朝：一曰治朝，在路門之外，宰夫、司士掌之。二曰燕朝，在路門之内，大僕掌之。三曰外朝，在皋門之内，庫門之外，朝士掌之。内朝二，外朝一。《唐六典》：「承天門，古之外朝。太極殿，古之中朝。兩儀殿，古之内朝。」

鄭康成因《左氏》「三辰旂旗」之文，謂王與公同服九章之衮。攷之經，無所見。《司服》云：「公自衮冕而下如王之服。」則衮冕而上之章，日月星辰也。冕十二旒，取法天數，豈同服九章無君臣之别哉！《郊特牲》「王被衮以象天」，注：「謂有日月星辰之章。此魯禮也。」豈有周服九章而魯乃服十二章者乎？漢明帝采《周官》、《禮記》、《尚書·臯陶篇》乘輿服，從歐陽氏説，備十二章，得古制矣。

五刑之法，疏謂宫刑至隋乃赦。崔浩《漢律序》：「文帝除肉刑而宫不易。」《書》正義：「隋開皇之初，始除宫刑。」按《通鑑》：「西魏大統十三年三月，除宫刑。」非隋也。

孫君孚《談圃》謂：「《周官》『犢牛耳』，荆公言取其順聽，不知牛有耳而無竅，本以鼻聽。有人引一牛與荆公辯。」今按《周禮義》云：「牛耳，尸盟者所執。」無順聽之説，蓋荆公聞而改之。

《萍氏》「幾酒」，猶妹土之誥也。禹惡旨酒，《易·未濟》之終，以濡首爲戒，曷嘗導民以飲而罔其利哉！「初榷酒酤」，書於《漢武紀》，其流害萬世，甚於魯之初税畝。

《大戴記·朝事篇》取《周官·典命、大行人》，朱子《儀禮經傳》以爲朝事義。

《考工記》「貉踰汶則死」，先儒以汶爲魯之汶水。《列子釋文》云：「案《史記》『汶』與『嶓』同，謂汶江也。今江邊人云：『狐不渡江。』」《説文》貉，狐類也。踰越大水，則傷本性。」

「有虞氏上陶」，舜陶河濱，器不苦窳。周陶正猶以虞閼父爲之。

「周人上輿」，《中庸或問》：軌者，車之轍迹，輿之廣六尺六寸。其轍迹在地者，相距之間，廣狹如一，無有遠邇，莫不齊同。至秦然後車以六尺爲度。

《輪人》注：「掣，讀爲『紛容掣參』之『掣』。」疏云：「今檢未得。」愚謂即《上林賦》「紛溶蓢蔘」。

《治氏》注：「鋌，讀如『麥秀鋌』之

『鋌』。」《表記》注：「移，讀如『禾氾移』之『移』。」六字未知出何書，疏不釋其義。或者農書所載歟？移，昌氏反。

潏水云：「『㮚氏爲量』，鄭玄以方尺積千寸，此乃《九章》米粟法。某家舊有一古銅敦，乃周成王時物。甘人侵扈，命正人出師復扈邦，賜有功師氏，而數亦皆備。」

《嘉量》之銘，《祭侯》之辭，皆極文章之妙。而《梓人》筍虡之制，文法奇古，有飛動之狀。蓋精於道者，兼物物而後能制器。《莊子》謂：「梓慶削木爲鐻，鐻成，見者驚猶鬼神。」以天合天，道與藝俱化，豈物物刻雕之哉！

《大戴記·投壺篇》云：「嗟爾不寧侯，爲爾不朝于王所。故亢而射，女强食。食爾曾孫侯氏百福。」此祭侯之辭也，與《梓人》同而略異。萇弘設射不來，不來者諸侯之不來朝者也。侯者，射垜也，因祭寓意，以爲諸侯之戒。

《司儀》「問君」，「君問大夫」，「君勞客」，注云：「問君曰：『君不恙乎？』對曰：『使臣之來，寡君命臣于庭。』問大夫曰：『二三子不恙乎？』對曰：『寡君命使臣于庭，二三子皆在。』勞客曰：『道路悠遠，客甚勞。』勞介則曰：『二三子甚勞。』」疏云：「未知所出何文，或云是孔子聘問之辭，亦未得其實。」愚按《説苑》：魏太子擊封中山，遣倉唐使於文侯。文侯召倉唐見之，曰：「擊無恙乎？」倉唐曰：「唯唯。」如是者三，乃曰：「君出太子而封之國，君名之，非禮也。」文侯怵然變容，問曰：「子之君無恙乎？」倉唐曰：「臣來時拜送書於庭。」鄭氏所述，蓋古禮也。《大行人》注亦云：「問不恙。」

《周禮》，劉向未校之前，有古文，校後

爲今文。古今不同。鄭據今文注，故云「故書」。朱子曰：「八法、八則、三易、三兆之類，各有書。屬民讀法，其法不可知，如戰之陳，其陳法不可見矣。」

《冥氏》注：鄭司農云：「讀爲『冥氏《春秋》』之『冥』。」按《儒林傳》「冥都傳顔氏《春秋》之學」，疏謂若《晏子》、《吕氏》之類，非也。

王肅《聖證論》譏短鄭康成，謂：天體無二，郊、丘爲一，禘是五年大祭先祖，非圜丘及郊。祖功宗德，是不毁之名，非配食明堂。皆有功於禮學，先儒韙之。《聖證論》今不傳，正義僅見一二。《唐·禮志》曰：「讖緯亂經，鄭玄主其説。『以禋祀祀昊天上帝』，此天也，玄以爲天皇大帝者，北辰耀魄寶也。『兆五帝於四郊』，此五行精氣之神也，玄以爲靈威仰、赤熛怒、含樞紐、白招拒、汁光紀者五天也。由是有六天之説，顯慶二年，禮官議六天出緯書。南郊、圓丘一也，玄以爲二。郊及明堂祭天，而玄以爲祭太微五帝。啓蟄而郊，郊而後耕，而玄謂周祭感帝靈威仰，配以后稷，因而祈穀。皆繆論也。」

古未有筆，以書刀刻字於方策，謂之削。魯爲《詩》、《書》之國，故《考工記》以魯之削爲良。

沙隨程氏曰：「《禹貢》冀州之北，不可畫五服之地。《周官》雍州之西，不可畫九畿之地。」

《師氏》「使其屬帥四夷之隸，各以其兵服守王之門外」，《司隸》「帥四翟之隸，使皆服其邦服，執其邦兵，守王宫」。唐太宗擒頡利，其酋長帶刀宿衛，亦古制也。然結社率之變，幾至危殆。蓋先王德化之盛，非太宗所能及。慕冠帶百蠻之名，而不虞後患。《孟子》曰：「以力服人者，非心服也。」

《遂師》「抱磿」，音「歷」。《史記・樂毅書》「故鼎反乎磿室」，徐廣注：磿，歷也。《戰國策》、《新序》作「歷室」，蓋古字通用。

《大史》「大師抱天時」，注云：「大出師，則大史主抱式，以知天時。」《史記・日者傳》：「旋式正棊。」《唐六典》太卜令三式曰：「雷公、太一、六壬。其局以楓木爲天，棗心爲地。」六壬之説，許叔重曰：「水者，準也。生數一，成數五，以水數配之爲六壬也。遁甲者，推六甲之陰而隱遁也。本黄帝、風后之術。孤虚者，一畫爲孤，無畫爲虚，二畫爲實。以六十甲子定四方，占其孤虚實而向背之。」《吳越春秋》計硯曰：「孤虚，謂天門地户也。」

鄭剛忠《解義》，如「冕服九章」、「授田三等」、「治兵大閲，旗物之互建」、「六鄉六遂，師都之異名」、「陰陽之祀，有用牲之疑」、「九畿之國，有朝貢之惑」、「豆區鍾釜，有多少之差」、「世室重屋，非明堂之制」，皆辯明使有條理。

古者，國有閒田，田有餘夫，夫有閒民，民有羡卒，不盡其財力也。至秦而自實田，至漢而覈墾田，至隋而閲丁口，至唐而括逃户隱田，於是財殫力盡，民無樂生之心矣。

取士之制，其涂有三：諸侯三年一貢士，侯國之士也；鄉大夫興賢能，王畿之士也；大司樂教國子，國之貴游子弟也。

漆林之征二十而五。漆以飾器用而已。舜造漆器，群臣咸諫，防奢靡之原也。種漆成林，重其征，所以抑末而返樸也。

困學紀聞卷之四

困學紀聞卷之五

浚儀　王應麟　伯厚甫

儀禮

《三禮義宗》云：「《儀禮》十七篇，吉禮三，凶禮四，賓禮三，嘉禮七，軍禮皆亡。」《禮器》注：「《曲禮》謂今《禮》也。」即指《儀禮》。而《儀禮》疏云：「亦名《曲禮》。」晉荀崧亦云。朱文公從《漢書》臣瓚注，謂《儀禮》乃《經禮》也。《曲禮》皆微文小節，如今《曲禮》、《少儀》、《内則》、《玉藻》、《弟子職》，所謂「威儀三千」也。逸《禮·中霤》在《月令》注疏。《奔喪》、《投壺》，《釋文》引鄭氏云：「實《曲禮》之正篇。」又《遷廟》、《釁廟》，見《大戴記》，可補《經禮》之闕。

韓文公讀《儀禮》，謂攷于今無所用。愚謂：天秩有禮，小大由之。冠昏喪祭，必於是稽焉。文公大儒，猶以爲無所用，毋怪乎冠禮之行，不非鄭尹，而快孫子也。

《藝文志》謂之《禮》，古經未有《儀禮》之名。張淳云：「疑後漢學者見十七篇中有『儀』有『禮』，遂合而名之。」孔壁古文多三十九篇，康成不注，遂無傳焉。注謂古文作某者，即十七篇古文也。《論衡》以爲宣帝時，河内女子壞老屋，得佚《禮》，恐非。天子巡狩禮、朝貢禮、王居明堂禮、烝嘗禮、朝事儀，見于三《禮》注。學禮，見于《賈誼書》。古大明堂之禮，見于蔡邕《論》。雖寂寥片言，如斷圭碎璧，猶可寶也。

《六藝論》五傳弟子，謂高堂生之學，蕭奮、孟卿、后蒼、戴德、戴聖也。

《士冠禮》注：今之未冠笄者，著卷幘頍，象之所生。滕、薛名「蔮」爲「頍」。蔮，古内反。《續漢·輿服志》：蔮簪珥。《集韻》有「簂」、「幗」，無「蔮」字。疏云：卷幘之類。《隸釋·武榮碑》云：「闕幘。」

「兄弟畢袗玄」，注：「袗，同也。古文『袗』爲『均』。」疏云：「當讀如《左傳》『均服振振』。」按《後漢·輿服志》：「秦郊祀之服，皆以袀玄。」蓋「袀」字誤爲「袗」。《釋文》之忍反，亦誤。

《士冠禮》有「醮用酒」，注以爲用舊俗。《士喪禮》云「商祝」、「夏祝」，則禮之兼夏、殷者。

「二十爲字，未呼伯仲，至五十乃加而呼之」，此《儀禮》賈疏也。「二十已有伯某甫、仲叔季，雖云伯仲，皆配某甫而言，至五十直呼伯仲」，此《禮記》孔疏也。朱文公曰：「疑孔疏是。」石林謂五十爲大夫，去某甫，言伯仲而冠以氏，如南仲、榮叔、南季之類。然仲山甫、尹吉甫皆卿士，亦以字爲重。

冠辭「令月吉日」、「吉月令辰」，互見其言。《論語》「迅雷風烈」、《九歌》「吉日兮辰良」，相錯成文。

《士昏禮》、《目録》「日入三商爲昏」，疏云：「商，謂商量，是漏刻之名。故《三光靈曜》亦日入三刻爲昏，不盡爲明。案馬氏云：『日未出，日没後，皆二刻半。前後共五刻。』今云三商者，據整數而言，其實二刻半也。」《詩》正義云：「《尚書緯》謂刻爲商。」夏文莊《蓮華漏銘》「五夜持宵，三商定夕」，蓋取此。蘇子美亦云：三商而眠，高春而起。

《鄉飲酒》疏曰：「鄉大夫飲酒，尚德也；黨正飲酒，尚齒也。」公是劉氏曰：「謀賓介於先生，尚德也；旅酬以齒，老者異秩，尚年也；大夫爲僎，坐于賓東，尚爵也。」

《鄉射禮》「設豐」，《燕禮》「有豐」，注：豐形似豆而卑。《三禮圖》云：「罰爵，作人形。豐，國名也。坐酒亡國，戴盂戒酒。」崔駰《酒箴》：「豐侯沉酒，荷罌負缶。自戮於世，圖形戒後。」李尤《豐侯銘》：「豐侯醉亂，乃象其形。」

《燕禮》疏「四向流水曰東霤」，《考工記》之四阿，《上林賦》之四注也。「兩下屋曰東榮」，《檀弓》之夏屋也。《士冠禮》注：「周制自卿大夫以下，其室爲夏屋。」

夏侯勝善説禮服，謂《禮》之喪服也。蕭望之以禮服授皇太子，則漢世不以喪服爲諱也。唐之姦臣以凶事非臣子所宜言，去《國卹》一篇，而凶禮居五禮之末。五服，如父在爲母、叔、嫂之類，率意輕改，皆不達《禮》意者。五服制度附于令，自後唐始。見《五代史·馬縞傳》。

《宋·何承天傳》云：「先是《禮論》有八百卷，承天刪減并合爲三百卷。」又王儉別鈔《條目》爲十三卷，梁孔子袪續一百五十卷，隋《江都集禮》，亦撮《禮論》爲之。朱文公謂：「六朝人多精於《禮》，當時專門名家有此學。朝廷有禮事，用此等人議之。」唐時猶有此意。潘徽《江都集禮序》曰：「《明堂》、《曲臺》之記，南宮、東觀之説，鄭、王、徐、賀之答，崔、譙、何、庾之論，簡牒雖盈，菁華蓋鮮。」杜之松借王無功《家禮》，問喪禮新義，無功條答之。又借王儉《禮論》，則謂往於處士程融處，曾見此本。觀其制作，動多自我周、孔規模，十不存一。今諸儒所著，皆不傳，蓋禮學之廢久矣。

《禮》特牲，不言牢。《楚語》「天子舉以大宰」，注：「牛、羊、豕也。」「卿舉以少牢」，注：「羊、豕。」《漢・昭紀》「祠以中牢」，注：「中牢即少牢，謂羊、豕也。」唐《牛羊日曆》：「牛僧孺、楊虞卿有『太牢筆、少牢口』之語，然太牢非止於牛，少牢非止於羊也。」

歐陽公自云：「平生何嘗讀《儀禮》？」而《濮議》爲言者所詆。高抑崇於「鄉飲」，攷《儀禮》不詳，而朱文公譏之。禮學不可不講也。

「布八十縷爲一升」，鄭謂「升」當作「登」，登，成也。吳仁傑曰：「今織具曰筬，以成之多少，爲布之精粗。大率四十齒爲一成，而兩縷共一齒。」正合康成之說。衰三升，其粗者。緦布冠三十升，其細者。

《聘禮》注：「君行一，臣行二。」疏謂出《齊語》。今按：此晏子之言，見《韓詩外傳》：「衛孫文子聘魯，公登亦登。叔孫穆子曰：『子不後寡君一等。』」

「皮樹」，注云：「獸名。」張鎰《三禮圖》云：「皮樹，人面獸形。」它書未見。

《詩》、《禮》相爲表裏。《賓之初筵》、《行葦》可以見《大射儀》；《楚茨》可以見《少牢饋食禮》。

《燕禮》公與客燕，曰：「寡君有不腆之酒，以請吾子之與寡君須臾焉。使某也以請。」對曰：「寡君，君之私也。君無所辱賜于使臣，臣敢辭？」《春秋》辭命之美，有自來矣。❶

❶「春秋辭命之美有自來矣」，此條小注嘉慶本、道光本入正文。

《覲禮》：「諸侯覲于天子，爲宮方三百步，四門，壇十二尋，深四尺，加方明于其上。」陳宣帝大建十年，立方明壇於婁湖，以始興王叔陵爲王官伯，臨盟百官。此與蘇綽之「六官」、蘇威之「五教」何以異？《傳》曰「不協而盟」，無故而盟百官，不幾於戲乎！

《士相見義》曰：「古者，非其君不仕，非其師不學，非其人不友，非其大夫不見。」

鄉先生，謂父師、少師，教于閭塾也。古者仕焉而已者，歸教於閭里，《書大傳》謂之父師、少師，《白虎通》謂之右師、左師。

庠爲鄉學，有堂有室。序爲州學，有堂無室。有室則四分其堂，去一以爲室，故淺。無室則全得其四分以爲堂，故深。

禮記

《魏徵傳》曰：「以《小戴禮》綜彙不倫，更作《類禮》二十篇，數年而成。太宗美其書，録寘内府。」《藝文志》云：「《次禮記》二十卷。」《舊史》謂採先儒訓注，擇善從之。《諫録》載詔曰：「以類相從，別爲篇第。并更注解，文義粲然。」《會要》云：「爲五十篇，合二十卷。」《傳》以卷爲篇。《元行沖傳》：「開元中，魏光乘《集賢注記》：魏哲。請用《類禮》列于經，命行沖與諸儒集義作疏，將立之學，乃采獲刊綴爲五十篇。張説言：『戴聖所録，向已千載，與經並立，不可罷。魏孫炎始因舊書，擿類相比，有如鈔撮，諸儒共非之。至徵更加整次，乃爲訓注，恐不可用。』帝然之，書留中不出。」行沖著《釋疑》曰：「鄭學有孫炎，雖扶鄭義，乃易前編。條例支分，箴石間起。馬伷增革，向踰百篇；葉遵刪修，僅全十二。」「魏氏采衆説之精簡，刊正芟礱。」《集賢注記》張説曰：「孫炎始改舊本以類相比。徵因炎舊書，整比爲注。」朱文公惜徵書之不復見，此張説文人不通經之過也。行沖謂「章句之士，疑於知新，果於仍故」；「比及百年，當有明哲君子，恨不與吾同世者」。觀文公之書，則行沖之論信矣。《隋志》：《禮記》三十卷，魏孫炎注。

道德仁義，非禮不成。至是以君子恭敬撙節退讓以明禮。見賈誼《新書·禮篇》。劉原父謂：「『若夫坐如尸，立如齊』，乃《大戴記·曾子事父母》篇之辭，『若夫』二字，失於刪去。」然則《曲禮》之所采摭，非一書也。

「恒言不稱老」，漢胡廣年已八十，繼母在堂，言不稱老。

「賜果於君前」，《説苑》晏子曰：「賜人主前者，瓜桃不削，橘柚不剖。」漢桓榮詔賜奇果，舉手捧之以拜。

「儗人必於其倫」，《説苑》：魏文侯封子擊中山，倉唐奉使。文侯顧指左右曰：「子之君長，孰與是？」倉唐曰：「擬人必於其倫。諸侯無偶，無所擬之。」曰：「長大，孰與寡人？」倉唐曰：「君賜之外府之裘，則能勝之；賜之斥帶，則不更其造。」

《列女傳》孟母曰：「《禮》，將入門，問孰存；將上堂，聲必揚；將入户，視必下。」今《曲禮》闕二句。《孟子》曰：「放飯流歠，而問無齒決。」亦本於《曲禮》。

「在醜夷不争」，唐沈季詮事母孝，未嘗與人争，皆以爲怯。季詮曰：「吾怯乎？爲人子者，可遺憂於親乎哉？」

古者，王司敬民，豈有獻民虜？田以井授，豈有獻田宅？無總于貨寶，豈有受珠玉？記《禮》者，周之末造也。

「張拱」，出《曲禮》注。「室中不翔」，注：「行而張拱，曰翔。」「葉拱」，出《書大傳》。「子夏葉拱而進」。又《家語》「師襄子避席葉拱而對」，注：「兩手薄其心。」

「君子欠伸」一章，余在經筵進講，謂：君以自彊不息爲剛，臣以陳善閉邪爲敬。講經理，討古今，有夜分日昃而不倦者。上無厭斁之心，下無顧望之意。是故學以聚之而德益進，問以辯之而理益明。蓋因以規諷云。

古以車戰。春秋時，鄭、晋有徒兵，而騎兵蓋始於戰國之初。《曲禮》「前有車騎」，《六韜》言「騎戰」，其書當出於周末。然《左氏傳》「左師展將以昭公乘馬而歸」，《公羊傳》「齊、魯相遇，以鞌爲几」，已有騎之漸。

《曲禮》、《禮器》、《内則》疏引《隱義》云：「按《隋志》：《禮記音義隱》一卷，射氏撰。」又《音義隱》七卷。

《檀弓》載申生辭於狐突曰：「伯氏不出而圖吾君。」澹庵胡氏謂：狐突事晋未嘗去，此云不出，記《禮》者誤。愚攷《晋語》，申生敗翟於稷桑而反，讒言益起。狐突杜門不出，申生使猛足言於狐突曰：「伯氏不出，奈吾君何？」胡氏蓋未攷此，非記之誤也。

檀弓筆力，左氏不逮也，於申生、杜蕢《傳》作屠蒯。二事見之。致堂胡氏曰：「檀弓，曾子門人。其文與《中庸》之文有似《論語》。子思、檀弓皆纂修《論語》之人也。」

《家語・終記》云：「泰山其頹，則吾將安仰？梁木其壞，吾將安杖？哲人其萎，吾將安放？」《檀弓》無「吾將安杖」四字。或謂：廬陵劉美中家古本《禮記》「梁木其壞」之下，有「則吾將安杖」五字，蓋與《家語》同。

九嶷山在零陵，而云「舜葬蒼梧」者。文穎曰：「九嶷半在蒼梧，半在零陵。」

曾子之子元、申，子張之子申祥，子游之子言思，皆見《檀弓》。

《春秋繁露》言爵五等，其分土與《王制》、《孟子》同。又云：「附庸字者方三十里，名者方二十里，人氏者方十五里。」蓋《公羊》家之説。

《王制》注：小城曰附庸。庸，古墉字。王莽曰：「附城。」蓋以庸爲城也。❶

馬融云：「東西爲廣，南北爲輪。」《王制》：「南北兩近一遥，東西兩遥一近。」是南北長，東西短。

范蜀公曰：「周兼用十寸、八寸爲尺，漢專用十寸爲尺。」

《夏小正》曰：「正月啓蟄。」《月令》：「孟春，蟄蟲始振；仲春，始雨水。」注云：「漢始以驚蟄爲正月中，雨水爲二月節。」《左傳》「啓蟄而郊」，建寅之月。正義云：「太初以後，更改氣名，以雨水爲正月中，驚蟄爲二月節，迄今不改。」改「啓」爲「驚」，蓋避景帝諱。《周書·時訓》：「雨水之日，獺祭魚。驚蟄之日，桃始華。」《易通卦驗》：「先雨水，次驚蟄。」此漢《太初後曆》也。《月令》正義云：「劉歆作《三統曆》改之。」又按《三統曆》：「穀雨三月節，清明中。」而《時訓》、《通卦驗》，清明在穀雨之前，與今曆同。然則二書皆作於劉歆之後，《時訓》非周公書明矣。是以朱子集《儀禮》，取

❶「王莽」至「城也」，此條小注嘉慶本、道光本入正文。

《夏小正》而不取《時訓》。馬融注《論語》，謂《周書·月令》有更火之文，其篇今亡。

《周書序》：「周公辯二十四氣之應，以明天時，作《時訓》。」《唐大衍曆議》：「七十二候，原于周公《時訓》。《月令》雖頗有增益，然先後之次則同。自後魏始載于曆，乃依《易軌》所傳，不合經義。今改從古。」李業興以來，迄《麟德曆》，凡七家，皆以「雞始乳」爲立春初候，「東風解凍」爲次候，與《周書》相校二十餘日。一行改從古義。《漢上易圖》云：「《夏小正》具十二月而無中氣，有候應而無日數。《時訓》乃五日爲候，三候爲氣，六十日爲節。二書詳略雖異，大要則同。《易通卦驗》所記氣候，比之《時訓》，晚者二十有四，早者三。當以《時訓》爲定。故揚子雲《太玄》二十四氣、關子明《論七十二候》，皆以《時訓》。」

《時訓》、《月令》七十二候，鴈凡四見：「孟春，鴻鴈來」，《夏小正》曰「鴈北鄉」，《呂氏春秋》、《淮南·時則訓》曰「候鴈北」；《月令》注：今《月令》「鴻」皆爲「候」，而不言「北」，蓋「來」字本「北」字。康成時猶未誤，故曰：「鴈自南方來，將北反其居。」其後，傳寫者因「仲秋鴻鴈來」，誤以「北」爲「來」。「仲秋，鴻鴈來」，《呂氏》、《淮南》曰「候鴈來」；「季秋，鴻鴈來賓，爵入大水爲蛤」，《小正》曰「九月，遰鴻鴈」，《呂氏》、《淮南》曰「候鴈來」，高誘、許叔重注以「候鴈來」爲句；賓爵，老爵也。棲宿人堂宇之間，有似賓客，故曰賓爵。「季冬，鴈北鄉」，《小正》在正月，《易說》在二月。正義謂：節氣有早晚。

「魚上冰」，《夏小正》曰：「魚陟負冰。」陟，升也。負冰云者，言解蟄也。《淮南》曰：「魚上負冰。」注：鯉魚應陽而動，上負冰也。《鹽石新論》謂《小戴》去一「負」字，於文爲闕。

然《時訓》與《月令》同，《吕氏春秋》亦無「負」字。

「仲冬，虎始交」，《易通卦驗》云：「小寒季冬，鵲始巢。」《詩推度災》云：「復之日，雉雊雞乳。」《通卦驗》云：「立春。」皆以節氣有早晚也。

《月令》正義：「穹天，虞氏所説，不知其名。」按《天文録》云：「虞昺作《穹天論》。」《晉·天文志》云：「虞聳立《穹天論》。」聳、昺，皆虞翻子也。虞喜《安天論》云：「族祖河間立《穹天》。」聳爲河間相，然則非昺也。

「宿離不貸」，蔡邕曰：「宿日所在，離月所歷。」

「地氣上騰」，注：「農書曰：『土上冒橛，陳根可拔，耕者急發。』」正義云：「《氾勝之書》也。」唐中和節進農書，按《會要》，乃武后所撰《兆人本業記》三卷。吕温進表云：「書凡十二篇。」《館閣書目》云：「載農俗四時種蒔之法，凡八十事。」

《月令》：「冬祀行。」《淮南·時則訓》：「冬祀井。」《太玄數》云：「冬爲井。」《唐月令》冬祀井，而不祀行。

鷹化爲鳩，陰爲陽所化；爵化爲蛤，陽爲陰所化。堇荼如飴，惡變而美；莖蕙爲茅，美變而惡。

《曲禮》，隋王劭勘晉、宋古本，皆無「稷曰明粢」一句，立八疑十二證，以爲無此一句。

公孫弘云：「好問近乎知。」今《中庸》作「好學」。❶

《王制》：「太史典禮，執簡記，奉諱

❶ 此條正文原接上條連寫，據嘉慶本、道光本另起。

惡。」《保傅》傳謂不知日月之時節，不知先王之諱與大國之忌，不知風雨雷電之眚，太史之任也。愚謂：人君所諱言者，災異之變；所惡聞者，危亡之事。太史奉書以告君，召穆公所謂「史獻書」也。

《曾子問》於變禮無不講，《天圓篇》言天地萬物之理。曾子之學，博而約者也。

《禮運》，致堂胡氏云：「子游作。」呂成公謂：「蜡賓之歎，前輩疑之，以爲非孔子語。不獨『親其親』、『子其子』，而以堯、舜、禹、湯爲『小康』，是老聃、墨氏之論。」朱文公謂：「程子論堯、舜事業，非聖人不能。三王之事，大賢可爲。恐亦微有此意。但《記》中分裂太甚，幾以帝王爲有二道，則有病。」

《夏時》、《坤乾》，何以見夏、殷之禮？《易象》、《魯春秋》，何以見周禮？此三代損益大綱領也，學者宜切磋究之。

《白虎通》云：「《禮運》記曰：『六情，所以扶成五性也』，今《禮運》無此語。五性：仁、義、禮、智、信。」《韓子·原性》與此合。

人者，天地之心也。仁，人心也。人而不仁，則天地之心不立矣。爲天地立心，仁也。

《内則》：「桑弧、蓬矢六，射天地四方。」賈誼《新書·胎教篇》：「懸弧之禮，東方之弧以梧，南方之弧以柳，中央之弧以桑，西方之弧以棘，北方之弧以棗。五弧五分矢，東、南、中央、西、北皆三射。其四弧餘二分矢，懸諸國四通門之左。中央之弧餘二分矢，懸諸社稷門之左。」《内則》，國君世子之禮；《新書》，王太子之禮也。

上帝降衷于民，后王命冢宰降德于民。

降德，所以全所降之衷也。元后作民父母，而作之師；冢宰建六典，而教典屬焉。故曰：「周公師保萬民。」此君相之職也。二《南》之化以身教，《内則》之篇以言教。

養老，在《家語》則孔子之對哀公，在《書大傳》則春子之對宣王。記《禮》者兼取之。宣王問於春子曰：「寡人欲行孝弟之義，爲之有道乎？」春子曰：「昔者，衛聞之樂正子曰：『文王之治岐也。』」云云。《呂氏春秋》春居問於齊宣王曰：「今王爲太室，群臣莫敢諫。敢問王爲有臣乎？」王曰：「爲無。」春居曰：「臣請辟矣。」趨而出。王曰：「春子，春子，反，何諫寡人之晚也？」此即《大傳》所謂春子，但其名不同。《大傳》名衛，《呂氏春秋》名居。

「蒙以養正」，罔不在厥初生。古者能食能言而教之，自天子至庶人，一也。《慎子》曰：「昔者，天子手能衣而宰夫設服，足能行而相者導進，口能言而行人稱辭，故無失言失禮也。」《淮南·主術訓》、魏文帝《成王論》、袁宏《後漢紀論》，皆用其語。《通鑑》裴子野論「古者人君養子，能言而師授之辭，能行而傅相之禮」，亦本於此。《淮南》云：「心知規而師傅諭導，耳能聽而執正進諫。」魏文帝云：「相者導儀。」袁宏云：「身能衣。」今《慎子》存者五篇，其三十七篇亡，此在亡篇。

「六年，教數與方名」，數者，一至十也。方名，《漢志》所謂五方也。「九年，教數日」，《漢志》所謂六甲也。「十年，學書計」。六書，九數也。計者，數之詳，百千萬億也。《漢志》六甲、五方、書計，皆以八歲學之。與此不同。

「四十始仕，道合則服從，不可則去」，古之人自其始仕，去就已輕。「色斯舉矣」，去之速也。「翔而後集」，就之遲也。故曰：「以道事君，不可則止。」

孟母曰：「婦人之禮，精五飯，羃酒漿，養舅姑，縫衣裳而已。」程子之母誦古詩曰：「女人不夜出，夜出秉明燭。」唐時有不識廳屏，而言笑不聞于鄰者。其習聞《内則》之訓歟。

張彦遠云：「鄭玄未辯樝梨。」按《内則》注「柤梨之不臧者」，謂之未辯可乎？

《玉藻》注：士以下皆禪，不合而繂積，如今作幧頭爲之也。幧，七消反。《後漢》「向栩著絳綃頭」，注：「字當作『幧』，古詩云：『少年見羅敷，脱巾著幧頭。』」《儀禮》注：「如今著幓頭，自項中而前交額上，却繞髻也。」

紫，間色也，孔子惡其奪朱。周衰，諸侯服紫。《玉藻》云：「玄冠紫緌，自魯桓公始。」《管子》云：「齊桓公好服紫衣，齊人尚之，五素易一紫。」鄭康成以紫緌爲宋王者之後服，賈逵、杜預以紫衣爲君服，皆周衰之制也。

「皮弁以日視朝」，沙隨程氏云：「皮弁視朝，明目達聰。若黈纊塞耳，前旒蔽明，乃祀天大裘而冕，專誠絜也。」

《明堂位》「成王命魯公祀周公以天子之禮樂」，《春秋意林》曰：「魯之有天子禮樂，殆周之末王賜之，非成王也。魯惠公使宰讓請郊廟之禮於天子，天子使史角往，惠公止之，其後在魯，實始爲墨翟之學。使成王之世魯已郊矣，則惠公奚請？惠公之請也，殆由平王以下乎？」惠公事，見《吕氏春秋·仲春紀》。公是始發此論，博而篤矣。石林、止齋皆因之。

「魯公之廟，文世室也。武公之廟，武

世室也。」按《春秋》成公六年，立武宮。武公非始封之君，毁已久而復立，蓋僭用天子文、武二祧之禮。《春秋》之所譏，而《記》以爲禮乎？

《魯世家》「伯禽之孫濆，弑幽公而自立」，周昭王之十四年也。諸侯篡弑之禍自此始。《記》謂君臣未嘗相弑，不亦誣乎！太史公曰：「揖讓之禮則從矣，行事何其戾也。」

孔子曰：「魯之郊禘，非禮也。周公其衰矣。」《春秋》屢書以譏其僭，又書「新作南門」、「新作雉門」及「兩觀」，皆僭王制也。若以王，禮爲當用，則如泮宮、閟宮，《春秋》不書矣。

《少儀》「朝廷曰退」，進不可貪也。「燕遊曰歸」，樂不可極也。

《學記》以「發慮憲」爲第一義，謂所發之志慮，合於法式也。「一年視離經辨志」，一年者，學之始；辨云者，分别其心所趨嚮也。慮之所發必謹，志之所趨必辨。爲善不爲利，爲己不爲人，爲君子儒不爲小人儒，此學之本也。能辨志，然後能繼志，故曰：「士先志。」

「畿内爲學二，爲序十有二，爲庠三百，諸侯之國半之。」王無咎之言也，陸務觀取焉。天子諸侯有君師之職，公卿有師保之義，里居有父師、少師之教。

《列子》云：「古詩言：良弓之子，必先爲箕；良冶之子，必先爲裘。」張湛注云：「學者必先攻其所易，然後能成其所難。」

《文子》曰：「人生而静，天之性也。感物而動，性之害也。物至而應，智之動也。智與物接，而好憎生焉。好憎成形，而智怵於外，不能反己，而天理滅矣。」與《樂記》相出入，古之遺言歟。致堂云：「《樂記》，子貢作。」

大學之教也，時教必有正業。朱子曰：「古者唯習《詩》、《書》、《禮》、《樂》，如《易》則掌於太卜，《春秋》則掌於史官，學者兼通之，不是正業。」子思曰：「夫子之教，必始於《詩》、《書》，而終於《禮》、《樂》，雜説不與焉。」

「天理」二字，始見于《樂記》，如孟子「性善」、「養氣」，前聖所未發也。

《史記·樂書》引《樂記》而注兼存王肅説，《通典》引《大傳》亦取肅注。肅字子雍，《魏志》有傳。《集説》以肅爲元魏人，誤也。有兩王肅，在元魏者，字恭懿，不以經學名。

「禮主其減」，《史記·樂書》作「禮主其謙。」王肅曰：「自謙損也。」禮有報而樂有反，鄭注：「報」讀爲「褒」。孫炎曰：「報，謂禮尚往來，以勸進之。」「石聲磬」，鄭注：「『磬』當爲『罄』。」《樂書》作「石聲硜口鼎反。硜以立別。」《史記》正義：《樂記》，公孫尼子次撰。

《南風》之詩出《尸子》及《家語》，鄭氏注《樂記》云：「其辭未聞。」

艾軒曰：「五音十二律，古也。舜彈五弦之琴以歌《南風》，是琴之全體具五音也。琴之有少宮、少商，則不復有琴；樂之有少宮、少徵，則不復有樂。以繁脆噍殺之調，皆生於二變也。」

「三老、五更」，按《列子》云：「禾生子伯宿於田更商丘開之舍。」更，亦老之稱也。

《雜記》「里尹主之」，注：「《王度記》曰：『百户爲里，里一尹，其禄如庶人在官者。』」正義：「按《别録》，《王度記》似齊宣王時淳于髠等所説也。」

孔子曰：「少連、大連善居喪。東夷之子也。」唐扶餘璋之子義慈，號海東曾子；頡利之子疊羅支，其母後至，不敢嘗品肉。孰謂夷無人哉？

《祭法》注：「司命主督察三命。」《孝經援神契》謂：「命有三科，有受命以保慶，有遭命以謫暴，有隨命以督行。」《孟子》注云「命有三名，行善得善，曰受命；行善得惡，曰遭命；行惡得惡，曰隨命」，孫子荆詩「三命皆有極」，皆本《援神契》。

《祭義》曰：「術省之。」賈山《至言》：「術追厥功。」「術」與「述」同。

《孔悝鼎銘》：「六月丁亥，公假于大廟。」注謂以夏之孟夏禘祭。正義：「哀十五年冬，蒯聵得國。十六年六月，衛侯飲孔悝酒而逐之。此云『六月』命之者，蓋命後即逐之也。」愚按《通鑑外紀目録》，是年六月丁未朔，則無「丁亥」，當闕疑。裴松之曰：「孔悝之銘，行是人非。」

《經解》以《詩》爲首；《七略》、《藝文志》、阮孝緒《七録》用《易》居前；王儉《七志》，《孝經》爲初。

《坊記》引《論語》曰：「三年無改於父之道。」《論語》成於夫子之門人，則《記》所謂「子云」者，非夫子之言也。

《坊記》注引《孟子》曰：「舜年五十而不失其孺子之心。」今本云：「五十而慕。」康成注《禮》，必有所據。

孔子曰：「國家有道，其言足以治；國家無道，其默足以容。」蓋銅鞮伯華之行也。《大戴禮》、《家語》。曾子曰：「孝子之事親也，居易以俟命，不興險行以僥倖。」《中庸》之言本此。

「仁者人也」，注：「人也，讀如『相人

偶』之『人』，以人意相存問之言。」朱文公問吕成公：「『相人偶』此句，不知出於何書，疏中亦不説破。」吕答未見，當攷。《禮記集説》削此二句。《周禮》注：「璂，讀如『薄借綦』之『綦』。」「轐，讀如『旃僕』之『僕』。」疏皆以爲未聞。

「期之喪，達乎大夫」，吕與叔之説詳矣。朱文公謂古人貴貴之義，然亦是周公制《禮》以後方如此，故《檀弓》又云：「古者不降，上下各以其親。」

「大經」、「大本」，注：「大經，《春秋》也。大本，《孝經》也。」蓋泥於緯書「志在《春秋》，行在《孝經》」之言，其説疏矣。

「衣錦尚絅」，《書大傳》作「尚蘏」，注：「蘏，讀爲『絅』，或爲『絺』。」

朱文公《答項平父書》云：「子思以來，教人之法，惟以尊德性、道問學兩事，爲用力之要。子静所説，專是尊德性事。而某平日所論，問學上多，所以爲彼學者，多持守可觀，而看義理不細。而某自覺於爲己爲人，多不得力，今當反身用力，去短集長，庶幾不墮一邊。」即此書觀之，文公未嘗不取陸氏之所長也。《太極》之書，豈好辯哉！

徐彦伯《樞機論》曰：「中庸鏤其心，左階銘其背。」「中庸鏤心」，未詳所出，但有服膺之語。

《樂記》：「倒載干戈，包之以虎皮，名曰建櫜。」字或作「建皋」。服虔引以解《左傳》「蒙皋比」。

《緇衣》葉公之顧命曰：「毋以小謀敗大作，毋以嬖御人疾莊后，毋以嬖御士疾莊士、大夫、卿、士。」《周書·祭公篇》公曰：「汝無以嬖御固莊后，汝無以小謀敗大作，汝無以嬖御士疾大夫、卿、士，汝無以家相亂王室而莫恤其外。」葉公，當作「祭公」，疑記《禮》者之誤。

「深衣方領」，朱文公謂：「衣領之交，自有如矩之象。續衽鉤邊者，連續裳旁，無前後幅之縫。左右交鉤，即爲鉤邊，非有別布一幅裁之，如鉤而綴于裳旁也。」康成注：「鉤邊，若今曲裾。」文公晚歲去曲裾之制而不用。愚以《漢史》攷之，朱勃之衣方領，謂之古制可也。江充之衣曲裾，謂之古制可乎？此文公所以改司馬公之説。

《大戴記・投壺篇》末云：「弓既平張，四侯且良。決拾有常，既順乃讓。乃揖乃讓，乃隮其堂。乃節其行，既志乃張。射夫命射，射者之聲。御車之旌，既獲卒莫。」射此命射之辭也。

哀公之問，非切問也，故孔子於問舜冠則不對，於問儒服則不知。

《儒行》言自立者二，言特立者一，言特立獨行者一。人所以參天地者，其要在此。「如有所立卓爾」，顔子言之。「立天下之正位」，「先立乎其大者」，孟子言之。

《大學》之「親民」，當爲「新」，猶《金縢》之「新逆」，當爲「親」也，皆傳寫之誤。

古之人，文以達意，非有意於傳也。《湯盤銘》以《大學》傳，《虞人箴》、《祈招詩》、《讒鼎銘》以《左氏》傳，《楚狂滄浪之歌》以孔、孟氏之書傳。

「知止而后有定」，《章句》云：「志有定向。」《或問》云：「事事物物，皆有定理。」其説似不同，當以《章句》爲正。

子罕却玉，韓起辭環，有無窮之名；季氏之璵璠，向魋之夏璜，有無窮之惡。故曰：「惟善以爲寶。」

《鄉飲酒義》「立三賓以象三光」，注：

「三光，三大辰也。」天之政教，出於大辰焉。《公羊傳》大火、心。伐、參。北辰北極。爲大辰。漢文帝詔：「上以累三光之明。」顔注謂日、月、星。

《春秋》正義引《辨名記》云：「倍人曰『茂』，十人曰『選』，倍選曰『儁』，千人曰『英』，倍英曰『賢』，萬人曰『桀』，倍桀曰『聖』。」《禮記》正義引之，以爲蔡氏。《白虎通》引《禮別名記》曰：「五人曰『茂』，十人曰『選』，百人曰『俊』，千人曰『英』，倍英曰『賢』，萬人曰『傑』，萬傑曰『聖』。」蓋《禮記》逸篇也。

《後漢》崔琦對梁冀曰：「將使玄黄改色，馬鹿易形乎？」注言馬鹿而不言玄黄。按《禮器》「或素或青，夏造殷因」，注云：「變白黑言素青者，秦二世時，趙高欲作亂，或以青爲黑，黑爲黄，民言從之。至今語猶存也。」琦所謂「玄黄改色」，即此事也。

《荀子》引《聘禮志》曰：「『幣厚則傷德，財侈則殄禮。』禮云，禮云，玉帛云乎哉？」此即《聘義》所謂「輕財重禮」也。

《後漢・東夷傳》：「徐夷率九夷以伐宗周，西至河上。穆王畏其方熾，乃分東方諸侯，命徐偃王主之。」《檀弓》載徐容居之對曰：「昔我先君駒王西討，濟於河。」然則駒王即偃王歟？濟河即所謂西至河上也。

《易乾鑿度》：「水爲信，土爲知。」《中庸》注：「水神則信，土神則知。」服氏注《左傳》：「土爲信。」朱文公謂信猶五行之土，服説是也。

《儒行》云：「其過失可微辨，而不可面數也。」子路喜聞過，善人能受盡言，如諱人之面數，則面諛之人至，而曾子不當三數子夏矣。以是爲剛毅，焉得剛？故程子謂游説之士所爲誇大之説。

方愨解《王制》云：「爵欲正其名，故官必特置；禄欲省其費，故職或兼掌。」愚嘗聞淳熙中，或言秦檜當國時，遴於除授，一人或兼數職，未嘗廢事，又可省縣官用度，於是要官多不補。御史中丞蔣繼周論之曰：「往者權臣用事，專進私黨，廣斥異己，故朝列多闕。今獨何取此？朝臣俸禄有限，其省幾何？而遺才乏事，上下交病。且一官治數司而收其稟，裴延齡用以欺唐德宗也。」以是觀之，則兼職省費，豈王者之制乎？

《周官》「上公九命」，《王制》有加則賜，不過九命。伏生《大傳》謂：「諸侯三年一貢士，一適謂之好德，再適謂之賢賢，三適謂之有功。有功者，天子一賜以車服弓矢，再賜以秬鬯，三賜以虎賁百人，號曰命諸侯。」此言三賜而已。《漢·武紀》元朔元年，有司奏議曰：「古者諸侯貢士，壹適謂之好德，再適謂之賢賢，三適謂之有功，迺加九錫。」九錫始見于此。遂爲篡臣竊國之資，自王莽始。《禮緯含文嘉》有九錫之説，亦起哀、平間。飾經文姦以覆邦家，漢儒之罪大矣。

《表記》「殷人先罰而後賞」，漢武帝謂殷人執五刑以督姦，皆言殷政之嚴也。《書》曰：「代虐以寬。」《詩》曰：「敷政優優。」豈尚嚴哉？

仁右道左，仁對道而言。張宣公以爲言周流運用處。右爲陽，而用之所行也；左爲陰，而體之所存也。

國君沐粱，大夫沐稷，士沐粱。司馬公曰：「禮别嫌明微。大夫貴，近於君，故推而遠之，以防僭偪之端。士賤，遠於君，雖與之同物，無所嫌也。」

善教者，使人繼其志。弟子累其師，李斯、韓非之於荀卿也。弟子賢於師，盧植、鄭玄之於馬融也。

《曲禮》：「刑不上大夫。」《家語》：「冉有問『不上於大夫』，孔子曰：『凡治君子，以禮御其心，所以屬之以廉耻之節也。』」其言與《賈誼書》同，而加詳焉。誼蓋述夫子之言也。《秋官·條狼氏》「誓大夫曰鞭」，恐非周公之法。

《文子》曰：「聖人不慙於影，君子慎其獨也。」《劉子》曰：「獨立不慚影，獨寢不愧衾。」高彦先《謹獨銘》曰：「其出户如見賓，其入虚如有人。其行無愧於影，其寢無愧於衾。」四句並見《劉子》。

《大學章句》「咏歎淫液」，刊本誤爲「淫泆」。

《月令》言「來歲」者二：季秋爲來歲受朔日，秦正建亥也；季冬待來歲之宜，夏正建寅也。《月令》作於秦，雖用夏時，猶存秦制。《淮南·時則訓》與《月令》同。漢太初以前，猶以十月爲歲首。

《理道要訣》云：「周人尚以手摶食，故記云：『共飯不澤手。』蓋弊俗漸改未盡。今夷狄及海南諸國、五嶺外人，皆手摶食，豈若用匕筯乎？三代之制祭立尸，自秦則廢，後魏文成時，高允獻書云：『祭尸久廢，今俗父母亡，取狀貌類者爲尸，敗化黷禮，請釐革。』又周、隋《蠻夷傳》：巴、梁間爲尸以祭。今郴、道州人祭祀，迎同姓伴神以享，則立尸之遺法，乃本夷狄風俗，至周末改耳。以人殉葬，至周方革，猶未能絶。秦穆公、魏顆之父陳乾昔。今戎狄尚有之，中華久絶矣。」

《少儀》「熲」，警枕也。謂之熲者，熲然警悟也。司馬文正公以圓木爲警枕，少睡則枕轉而覺，乃起讀書。

「舜葬蒼梧之野」，薛氏曰：「《孟子》以爲卒於鳴條。《吕氏春秋》：舜葬於紀。蒼梧山，在海州界，近莒之紀城。鳴條亭，在陳留之平丘。」今攷《九域志》，海州東海縣，有蒼梧山。

《儒行》言儒之異十有七條，程子以爲非孔子之言。胡氏謂游、夏門人所爲，其文章殆與荀卿相類。

古者，無一民不學也。二十五家爲閭，閭同一巷。巷有門，門有兩塾。上老坐於右塾，爲右師；庶老坐於左塾，爲左師。出入則里胥坐右塾，鄰長坐左塾，察其長幼揖遜之序。新穀已入，餘子皆入學。距冬至四十五日，始出學。所謂家有塾也。聞之先儒曰：「先王之時，其人則四民也，其居則六鄉、三采、五比、四閭也，其田則一井、二牧、三屋、九夫也，其官則三吏、六聯、五侯、九伯也，其教則五典、十義、六德、六行也，其學則五禮、六樂、五射、六馭、六書、九數也。少而習焉，其心安焉。正歲孟月之吉，黨正社禜之會，讀法飲射，無非教也。弟子之職，攝衣、沃盥、執帚、播灑、饌饋、陳膳、執燭、奉席，無非學也。漢猶有三老，掌教化，父兄之教，子弟之率，餘論未泯。清議在鄉黨，而廉恥興焉；經學有師法，而義理明焉。」吁，古道何時而復乎！

絜矩，學者之事也。從心所欲而不踰矩，聖人之事也。

「孔子射於矍相之圃」，吕與叔曰：「孔子温良恭讓，其於鄉黨，似不能言，未聞拒人如是之甚，疑不出於聖人，特門人弟子逆料聖人之意而爲此説。將以推尊聖人，而不知非聖人之所當言。」此言可以厲浮薄之俗，故表而出之。

大戴禮記

《大戴禮》《哀公問》、《投壺》二篇，與小戴無甚異。《禮察篇》首與《經解》同，《曾子大孝篇》與《祭義》相似，而《曾子》書十篇皆在焉。《勸學》、《禮三本》見于《荀子》。《保傅篇》則《賈誼書》之《保傅》、《傅職》、《胎教》、《容經》四篇也，《漢書》謂之《保傅傳》。

《大戴禮》盧辯注，非鄭氏。朱文公引《明堂篇》鄭氏注云「法龜文」，未攷《北史》也。

《易本命篇》與《家語》同，但《家語》謂：子夏問於孔子，孔子曰：「然。吾昔聞老聃，亦如汝之言。」子夏曰：「商聞《山書》曰。」云云。大戴以「子曰」冠其首，疑此篇子夏所著，而大戴取以爲《記》。

《踐阼篇》載武王十七銘，《後漢·朱穆傳》注引《太公陰謀》，武王衣之銘曰：「桑蠶苦，女工難，得新捐故後必寒。」鏡銘曰：「以鏡自照見形容，以人自照見吉凶。」觴銘曰：「樂極則悲，沈湎致非，社稷爲危。」《崔駰傳》注引《太公金匱》，武王曰：「吾欲造起居之誡，隨之以身。」几之書曰：「安無忘危，存無忘亡。孰惟二者，必後無凶。」杖之書曰：「輔人無苟，扶人無咎。」《太平御覽》諸書引《太公陰謀》：筆之書曰：「毫毛茂茂，陷水可脱，陷文不活。」箠之書曰：「馬不可極，民不可劇。馬極則蹶，民劇則敗。」又引《金匱》，其冠銘曰：

「寵以著首，將身不正，遺爲德咎。」書履曰：「行必慮正，無懷僥倖。」書劍曰：「常以服兵，而行道德。行則福，廢則覆。」書車曰：「自致者急，載人者緩。取欲無度，自致而反。」書鏡曰：「以鏡自照，則知吉凶。」門之書曰：「敬遇賓客，貴賤無二。」户之書曰：「出畏之，入懼之。」牖之書曰：「闚望審，且念所得，可思所忘。」鑰之書曰：「昏謹守，深察訛。」硯之書曰：「石墨相著而黑，邪心讒言無得汙白。」書鋒曰：「忍之須臾，乃全汝軀。」書刀曰：「刀利磑磑，無爲汝開。」書井曰：「原泉滑滑，連旱則絶。取事有常，賦斂有節。」蔡邕《銘論》謂武王踐阼，咨于太師，作席几、楹杖、器械之銘十有八章。參攷《金匱》、《陰謀》之書，則不止於十八章矣。書于篇後，俾好古者有攷。

武王東面而立，師尚父西面道丹書之言。皇氏曰：「王在賓位，師尚父在主位，此王廷之位。若尋常師徒之教，則師東面，弟子西面，與此異。」

山谷以太公所誦丹書及武王銘，書於坐之左右，以爲息黥補劓之方。朱文公亦求程可久，寫《武王踐阼》一篇，以爲左右觀省之戒。《儀禮》經傳删「且臣聞之」至「必及其世」，《大學或問》因《湯盤銘》及武王之銘。

《大戴記》之《夏小正》、《管子》之《弟子職》、《孔叢子》之《小爾雅》，古書之存者，三子之力也。

《誥志篇》孔子曰：「古之治天下者必聖人。聖人有國，則日月不食，星辰不孛。」慈湖謂：「堯、舜、禹之時，歷年多無日食。至太康失邦，始日食。曆家謂日月薄食，可以術推者，衰世之術也，而亦不能一一皆中。一行歸之君德，頗與孔子之言合。一行之術精矣而有此論，則誠不可委之數。」

《說苑》引子思曰：「學所以益才也，礪所以致刃也。吾嘗幽處而深思，不若學之速；吾嘗跂而望，不若登高之博見。故順風而呼，聲不加疾，而聞者衆；登丘而招，臂不加長，而見者遠。故魚乘於水，鳥乘於風，草木乘於時。」與《大戴禮》、《荀子·勸學篇》略同。隋、唐《志》又有蔡邕《勸學篇》一卷，《易》正義引之云：「鼫鼠五能，不成一伎術。」晉蔡謨讀《爾雅》不熟，幾爲《勸學》死。謂《勸學篇》也。《荀子》「梧鼠」，大戴云「鼫鼠」。「蟹六跪二螯」，大戴云「二螯八足」。

《曾子》曰：「與君子游，如長日加益而不自知也。」董仲舒之言本於此。「行其所聞，則廣大矣。」仲舒云：「行其所知，則光大矣。」

《曾子制言》曰：「良賈深藏如虛，君子有盛教如無。」與《史記》、《老子》之言略同。

《公符篇》載孝昭冠辭，其后氏曲臺所記歟？《後漢·禮儀志》注引《博物記》云。迎日辭，亦見《尚書大傳》。三句與《洛誥》同。

《哀公問五義》云：「穆穆純純，其莫之能循。」《荀子》云：「繆繆肫肫，其事不可循。」蓋古字通用。楊倞注：「『繆』當爲『膠』，『肫』與『訰』同。」非也。

賈誼「審取舍」之言，見《禮察篇》。

《四代篇》引《詩》云：「『東有開明』，避景帝諱也。於時雞三號，以興庶虞，庶虞動，蜚征作。嗇民執功，百草咸淳。」庶虞，蓋山虞、澤虞之屬。馬融《廣成頌》用「飛征」。

《虞戴德篇》：昔商老彭及仲傀，政之教大夫，官之教士，技之教庶人。仲傀當攷。

《小辨篇》子曰：「綴學之徒，安知忠信？」劉歆書「綴學之士」，本此。

傳言以象，反舌皆至。象者，象胥，舌人之官也。「爾雅以觀於古，足以辨言矣」，注謂依於《雅》、《頌》。張揖云：「即《爾雅》也。」《爾雅》之名，始見於此。

《保傅篇》：「靈公殺泄冶，而鄧元去陳，以族從。」鄧元事唯見於此，當考。

《文王官人篇》：「其少不諷誦，其壯不論議，其老不教誨，亦可謂無業之人矣。」此言可以儆學者。

傅氏《夏小正序》：「鄭注《月令》引《小正》者八。」今按《月令》「孟冬講武」，注引《夏小正》「十一月王狩」，凡引《小正》者九。《詩·七月》箋引《小正》者一。朱子發曰：「《夏小正》具十二月而無中氣，有候應而無日數。至《時訓》乃五日爲候，三候爲氣，六十日爲節。豈《時訓》因《小正》而加詳歟？」

《孔子三朝》七篇，《藝文志》注：「孔子對魯哀公語也。三朝見公，故曰三朝。」《大戴禮記·千乘》《四代》《虞戴德》《誥志》《小辨》《用兵》《少間》，凡七篇。

樂

《樂緯動聲儀》：「顓頊之樂曰《五莖》，帝嚳之樂曰《六英》。」《漢志》、《白虎通》云：「《六莖》、《五英》。」《帝王世紀》：「高陽作《五英》，高辛作《六莖》」。《列子》注以《六瑩》爲帝嚳樂，《淮南子》注以《六瑩》爲顓頊樂。《通鑑外紀》云：「《漢志》、《世紀》倣六樂撰其名，故多異。」

徐景安《樂章文譜》曰：「五音合數，

而樂未成文。案旋宮以明均律，迭生二變，方協七音。乃以變徵之聲，循環正徵；復以變宮之律，迴演清宮。其變徵以變字爲文，其變宮以均字爲譜。唯清之一字，生自正宮，倍應聲同，終歸一律。」陳晉之《樂書》謂：二變四清，樂之蠹也。四清之名，起於鐘磬二八之文；二變之名，起於六十律旋宮之言，非古制也。朱文公曰：「半律，《通典》謂之子聲，此是古法。但後人失之，而唯存黄鍾、大吕、太簇、夾鍾四律，有四清聲，即半聲是也。變宮、變徵，始見於《國語》注。《後漢志》乃十二律之本聲，自宮而下，六變七變而得之者，非清聲也。凡十二律皆有二變，一律之内通五聲，合爲七均。祖孝孫、王朴之樂皆同。所以有八十四調者，每律各添二聲而得之也。」正聲是全律之聲，如黄鍾九寸是也。子聲是半律之聲，如黄鍾四寸半是也。宮與羽，角與徵，相去獨遠，故於其間製變宮、變徵二聲。

《仁宗實録·叙皇祐新樂》云：「古者黄鍾爲萬事根本，故尺量權衡，皆起於黄鍾。至晉、隋間，累黍爲尺而以制律，容受卒不能合。及平陳得古樂，遂用之。唐興，因其聲以制樂，其器雖無法，而其聲猶不失於古。王朴始用尺定律，而聲與器皆失之。太祖患其聲高，特減一律，至是又減半律。然太常樂比唐之聲猶高五律，比今燕樂高三律，失之於以尺而生律也。」其言皆見于范蜀公《樂書實録》，蓋蜀公之筆也。房庶言以律生尺，蜀公謂黄帝之法也。司馬公謂：胡、李之律生於尺，房庶之律生於量，皆難以定是非。蔡季通謂：律度量衡言蓋有叙，若以尺寸求之，是律生於度；若以累黍爲之，是律生於量，皆非也。故自爲律吹之而得其聲。蜀公父名度，故以度量爲尺量。然《實録》不宜避私諱。

《淮南子・天文訓》云：「律以當辰，音以當日。一律而生五音，十二律而爲六十音。因而六之，故三百六十音，以當一歲之日。」京房六十律，錢樂之三百六十律，本於此。

《考工記・磬氏》疏：案《樂》云：「磬前長三律二尺七寸，後長二律尺八寸。」朱文公問蔡季通，不知所謂「樂云」者是何書？今攷《三禮圖》，以爲《樂經》。《書大傳》亦引《樂》曰：「舟張辟雍，鶬鶬相從。」漢元始四年，立《樂經》。《續漢志》鮑鄴引《樂經》。今其書無傳。

晉戴逵上表曰：「上之所好，下必有過之者焉。是故雙劍之節崇，而飛白之俗成；挾琴之容飾，而赴曲之和作。」蓋用阮籍《樂論》之語。《樂論》云：「吴有雙劍之節，趙有挾琴之容。」

樂名，周以「夏」，宋以「永」，梁以「雅」，周、隋以「夏」，唐以「和」，本朝以「安」。

傅玄《琴賦》：齊桓曰「號鐘」，楚莊曰「繞梁」，相如曰「燋尾」，伯喈曰「緑綺」。《宋書・樂志》曰：「世云燋尾，伯喈琴。以傅氏言之，非伯喈也。」今按《蔡邕傳》注引《琴賦序》「相如『緑綺』，蔡邕『焦尾』」，《宋志》恐誤。

嵇叔夜《琴賦》：「曲引所宜，則《廣陵》、《止息》」，李善注：「應璩《與劉孔才書》曰：『聽《廣陵》之清散。』傅玄《琴賦》曰：『馬融譚思於《止息》。』」明古有此曲。韓皋謂：「嵇康爲是曲，當晉、魏之際，以魏文武大臣敗散於廣陵始；晉雖暴興，終止息於此。今以《選》注攷之，《廣陵散》、《止息》，皆古曲，非叔夜始撰也。」魏揚州刺史治壽春，亦非廣陵。顧況《廣陵散記》云：「曲有《日宮散》、《月宮散》、《歸雲引》、《華嶽引》。」然則「散」猶「引」也，敗散之説非矣。

「銅山西崩，靈鐘東應」，《世説》注引東方朔、樊英事。《樂纂》又謂：「晋人有銅澡盤自鳴，張茂先曰：『此器與洛陽鐘聲諧，宫中撞鐘，故鳴。』」

《朱子語録》云：「《漢·禮樂志》劉歆説樂處亦好。」《漢志》無劉歆説樂，此記録之誤。《近思續録》亦誤取之。隋牛弘引劉歆《鐘律書》，出《風俗通》。

周無射之鐘，至隋乃毁。唐顯慶之輅，至本朝猶存。物之壽亦有數邪！

徐氏之禮，善盤辟之容，而不能明其本；制氏之樂，紀鏗鎗之聲，而不能言其義。漢世所謂禮樂者，叔孫通之儀，李延年之律爾。禮缺而樂遂亡，徐氏之容，制氏之聲，亦不復傳矣。

夏侯太初《辯樂論》：「伏羲有《網罟》之歌，神農有《豐年》之詠，黄帝有《龍衮》之頌。」元次山《補樂歌》有《網罟》、《豐年》二篇。《文心雕龍》云：「二言肇於黄世，《竹彈》之謡是也。」《竹彈歌》見《吴越春秋》。

韓文公《琴操》十首，琴有十二操，不取《水僊》、《壞陵》二操。

范蜀公《議樂》曰：「秬一稃二米，今秬黍皆一米。」楊次公非之曰：「《爾雅》秬，黑黍。秠，一稃二米。其種異。以爲必得秠然後制律，未之前聞也。」晁子止曰：「縱黍爲之則尺長，律管容黍爲有餘，王朴是也。横黍爲之則尺短，律管容黍爲不足，胡瑗是也。」

《新唐書·樂志》多取劉貺《太樂令壁記》。

《吕才傳》云：「製尺八，凡十二枚，長

短不同，與律諧契。」尺八，樂器之名。見《摭言》、《逸史》。《仙隱傳》：房介然善吹竹笛，名曰「尺八」。

《文子》曰：「聽其音則知其風，觀其樂即知其俗，見其俗即知其化。」與《樂記》意同。❶

《吕氏春秋》「齊之衰也，作爲大吕」，即《樂毅書》所云「大吕陳於元英」者。

孔子鼓瑟，有鼠出游，狸微行造焉，獲而不得，而曾子以爲有貪狼之志。客有彈琴，見螳蜋方向鳴蟬，惟恐螳蜋之失也，而蔡邕以爲有殺心。二事相類。

《琴操》曰：「聶政父爲韓王治劍不成，王殺之。時，政未生。及長，入太山，遇仙人，學鼓琴。七年，琴成入韓。」豈韓有兩聶政與？

范蜀公曰：「清聲不見於經，唯《小胥》注云：『鐘磬者編次之二八十六枚，而在一簴，謂之堵。』至唐又有十二清聲，其聲愈高。國朝舊有四清聲，置而弗用。至劉几用之，與鄭、衛無異。」今攷皇祐二年，王堯臣等言：「凖正聲之半，以爲十二子聲之鐘，故有正聲、子聲各十二。子聲即清聲也。唐制以十六爲小架，二十四爲大架，今太常鐘垂十六。舊傳正聲之外，有黄鐘至夾鐘四清聲。又樂工所陳，自磬、簫、琴、籥、巢笙五器，本有清聲。塤、篪、竽、筑、瑟五器，本無清聲。」劉几用四清聲，未可以爲非。

西山先生曰：「禮中有樂，樂中有禮。朱文公謂：『嚴而泰，和而節。』禮勝則離，以其太嚴，須用有樂；樂勝則流，以其太和，須用有禮。」

❶「與樂記意同」，此條小注嘉慶本、道光本入正文。

致堂胡氏曰：「禮、樂之書，其不知者，指《周官》、《戴記》爲《禮經》，指《樂記》爲《樂經》。其知者曰：『禮、樂無全書。』此攷之未深者。孔子曰：『吾自衛反魯，然後樂正，雅、頌各得其所。』是《詩》與《樂》相須，不可謂樂無書。《樂記》則子夏所述也。至於禮，夫子欲爲一書而不果成，夏杞、殷宋之歎是也。」

魯雖賜以天子之禮樂，其實與天子固有隆殺也。樂有夷蠻而無戎狄也，門有雉、庫而無皋、應也。尊用四代之尊，而爵無虞氏之爵也；俎用四代之俎，而豆無虞氏之豆也。其後魯公僭天子之制，三家僭魯公之制，陪臣僭三家之制。然魯有郊廟之禮，始於惠公之請，在平王東遷之後。說見前。

《鄉飲酒》：「升歌三終，《鹿鳴》、《四牡》、《皇皇者華》。笙入三終，《南陔》、《白華》、《華黍》。間歌三終，歌《魚麗》，笙《由庚》。歌《南有嘉魚》，笙《崇丘》。歌《南山有臺》，笙《由儀》。合樂三終。」《周南》：《關雎》、《葛覃》、《卷耳》。《召南》：《鵲巢》、《采蘩》、《采蘋》。《周南》、《召南》、《燕禮》謂之鄉樂，亦曰「房中之樂」。《大射》：「歌《鹿鳴》三終，《鹿鳴》、《四牡》、《皇皇者華》。管《新宮》三終。」其篇亡。笙詩無辭，則管詩亦無辭。《左傳》：宋公享昭子，賦《新宮》。則《新宮》有辭。

困學紀聞卷之五

困學紀聞卷之六

浚儀　王應麟　伯厚甫

春　秋

《春秋》之法，韓文公「謹嚴」二字盡之。學《春秋》之法，吕成公「切近」二字盡之。

「《詩》亡然後《春秋》作。」《詩》、《春秋》相表裏，《詩》之所刺，《春秋》之所貶也。《小雅》盡廢，有宣王焉，《春秋》可以無作也。《王風》不復《雅》，君子絶望於平王矣。然《雅》亡而《風》未亡，清議蓋凜凜焉。《擊鼓》之詩，以從孫子仲爲怨，則亂賊之黨猶未盛也。《無衣》之詩，待天子之命然後安，則篡奪之惡猶有懼也。更齊、宋、晉、秦之伯，未嘗無《詩》，禮義之維持人心如此。魯有《頌》而周益衰，變風終于陳靈而《詩》遂亡。夏南之亂，諸侯不討而楚討之，中國爲無人矣。《春秋》所爲作與。

「春王正月」，程氏傳曰：「周正月，非春也，假天時以立義耳。」胡氏傳曰：「以夏時冠月，垂法後世。以周正紀事，示無其位，不敢自專。」朱文公謂：「以《書》考之，凡書月皆不著時，疑古史記事例如此。至孔子作《春秋》，然後以天時加王月，以明上奉天時，下正王朔之義。而加春於建子之月，則行夏時之意亦在其中。以程子『假天時以立義』考之，則是夫子作《春秋》時，特加此四字以繫年，見行夏時之意。如胡氏之説，則周亦未嘗改月，而夫子特以夏正建寅之月爲歲首，月下所書之事，是周正建子月事。自是之後，月與事常差兩月，恐聖人制作，不如是錯亂無章也。」劉質夫説，似亦以「春」字爲夫子所加，但《魯史》謂之《春秋》，似元有此字。石林葉氏考《左傳》「祭足取麥，穀、鄧來朝」，以爲《經》、《傳》所記，有例差兩月者，是《經》用周正，而《傳》取國史。有自用夏正者，失于更改也。陳氏《後傳》曰：「以夏時冠周月，則《魯史》也。夫子修《春秋》，每孟月書時，以見《魯史》每正月書王以存周正，蓋尊周而罪魯也。」張氏《集傳》曰：「周官布治，言正月之吉，此周正也，而以夏正爲正歲。《詩·七月》言月，皆夏時，而以周正爲一之日。可見兼存之法。」沙隨程氏曰：「周正之春，包子、丑、寅月。呂成公《講義》，於春字略焉，蓋闕疑之意。」

胡文定《春秋傳》曰：「元，即仁也。仁，人心也。」龜山謂：其説似太支離，恐改元初無此意。東萊《集解》亦不取。

隱元年有正月，後十年皆無正月。陸淳曰：「元年有正，言隱當立而不行即位之禮。十年無正，譏隱合居其位而不正以貽禍。」

《春秋》書「侵」者才五十八，而書「伐」者至於二百一十三。蘇氏謂：三《傳》侵伐之例，非正也。有隙曰「侵」，有辭曰「伐」。愚謂：《孟子》曰：「春秋無義戰。」非皆有辭而伐也。

《金石録》：「《鼎銘》有云：『王格大室即立。』按：古器物銘，凡言『即立』，或言『立中庭』，皆當讀爲『位』，蓋古字假借。其説見鄭氏注《儀禮》。秦泰山刻石猶如此。」愚按：《周禮·小宗伯》「掌建國之神位」，故書「位」作「立」，鄭司農云：「立讀爲位。古者立、位同字。古文《春秋經》『公即位』爲『公即立』。」蓋古字通用。《詛楚文》「變輸盟刺」，即「渝」字，朱文公引以證《公》、《穀》「鄭人來輸平」，即《左氏》「渝平」也。胡文定謂以物求平，恐不然。

《史記·孔子世家》：「文辭有可與人共者，至於爲《春秋》，筆則筆，削則削，子夏之徒不能贊一辭。」曹子建《與楊德祖書》：「昔尼父之文辭，與人通流。至於制《春秋》，游、夏之徒乃不能措一辭。」李善注引《史記》曰：「子游、子夏之徒，不能贊一辭。」今本無「子游」二字。

《公羊》疏：「案閔因叙云：『昔孔子制《春秋》之義，使子夏等十四人，求《周史記》，得百二十國寶書。』」今《經》止有五十餘國。通戎夷宿潞之屬，僅有六十。莊七年《傳》云：「不脩《春秋》，曰『雨星不及地尺而復』；君子脩之，曰『星霣如雨』。」何氏曰：「不脩《春秋》，謂『史記』也。古者謂『史記』爲『春秋』。」劉原父謂何休以不脩「春秋百二十國寶書」、「三禮春秋」。朱文公謂二書不傳，不得深探聖人筆削之意。

王介甫《答韓求仁問〈春秋〉》曰：「此《經》比他《經》尤難，蓋三《傳》不足信也。」尹和靜云：「介甫不解《春秋》，以其難之也。廢《春秋》，非其意。」朱文公亦曰：「《春秋》義例，時亦窺其一二大者，而終不能自信於心，故未嘗敢措一辭。」

鶴山曰：「《春秋》由懼而作，書成而亂賊懼。亂賊蓋陷溺之深者，而猶懼焉，則人性固不相遠也。」其説本於呂成公《講義》。

書「尹氏卒」，此尹氏立王子朝之始也。書「齊崔氏出奔衛」，此崔杼弑其君之始也。

比事觀之，履霜堅冰之戒明矣。聖人絶惡於未萌，必謹其微。

薛士龍《春秋旨要序》謂：先王之制，諸侯無史，天子有外史，掌四方之志，而職於周之太史。隱之時，始更《魯曆》而爲《魯史》。諸侯之有史，其周之衰乎！《費誓》、《秦誓》列於《周書》，《甘棠》、《韓奕》編之《南》、《雅》，烏在諸侯之有史也。晉乘始於殤叔，秦史作於文公。王室之微，諸侯之力政焉爾。止齋《後傳》因之。朱文公以爲：「諸侯若無史，外史何所稽考而爲史？古人生子，則閭史書之。閭尚有史，況一國乎！」愚謂：《酒誥》曰「矧太史友、内史友」，則諸侯有史矣。

《春秋》日食三十六，有甲乙者三十四，曆家推驗精者，不過二十六，有日朔者二十六，以《周曆》考之，朔日失二十五，《魯曆》校之，又失十三。唐一行得二十七。朔差者半。本朝衛朴得三十五，獨莊十八年三月，古今算不入食法。

漢日食五十三，後漢七十二，唐九十三。曆法，一百七十三日有餘一交會，然《春秋》隱元年至哀二十七年，凡三千一百五十四月，唯三十七食，是雖交而不食也。襄二十一年九月、十月，二十四年七月、八月，頻食，是頻交而食也。漢高帝三年十月、十一月，亦頻食。

西疇崔氏曰：「《春秋》桓四年、七年無秋冬，定十四年無冬，桓十七年書夏五而闕其月，莊二十二年書夏五月而闕其事，僖二十八年書壬申而不繫之月，桓十年書五月而不繫之夏，昭十二年書十二月而不繫之冬。郭公、仲孫忌與凡日食而不繫朔與日者，皆闕也。」

《孟子題辭》仲尼有云：「我欲託之空

言，不如載之行事之深切著明也。」《太史公自序》：聞之董生曰：「子曰：『我欲載之空言，不如見之行事之深切著明也。』」正義云：「此《春秋緯》文。」愚謂：緯書起哀、平間，董生時未有之，蓋爲緯書者述此語耳。

「公矢魚于棠」，朱文公曰：「據《傳》曰『則君不射』，是以弓矢射之，如漢武親射蛟江中之類。」按《淮南·時則訓》「季冬，命漁師始漁，天子親往射魚」，則《左氏》陳魚之說非矣。

《春秋》，正月書王者九十二，二月書王者二十有三，三月書王者一十九。元年，不以有事無事，皆書王。何休謂：「二月、三月，皆有王者，以存二王之後。」二月，殷之正月。三月，夏之正月。先儒以爲妄。

「紀侯大去其國」，陳齊之謂：「聖人蓋生名之。大，名也。若漢欒大是也。」愚按：以「大」爲紀侯之名，本劉質夫說。

魯哀公問仲尼曰：「《春秋》之記曰：『冬十二月，霣霜不殺菽。』何爲記此？」仲尼對曰：「此言可以殺而不殺也。夫宜殺而不殺，桃李冬實。天失道，草木猶犯干之，而況於人君乎！」此《韓非書》所載也。以《魯論》「焉用殺」之言觀之，恐非夫子之言也。法家者流，託聖言以文其峭刻耳。胡文定公《春秋傳》取之，未詳其意。

沙隨《春秋例目》云：「『有蜮』，或考隸古《春秋》作『有蟘』。《爾雅》：『食葉，蟘。』音特。」《爾雅》：「蜚，蠦肥。」郭璞注：「蜰，即負盤臭蟲。」劉歆曰「負蠜」，誤矣。江休復《雜志》：「唐彥猷有舊本《山海經》，說『蜚處淵則涸，行木則枯』，疑《春秋》所書即此物。若是『負蠜』，不當云『有』，謂之『多』可也。」

郎顗謂魯僖遭旱，修政自敕，時雨自降。然《春秋》於僖公初書雨，已而書雩，已而書大旱，公之德衰矣。

名不可不謹也。《春秋》或名以勸善，或名以懲惡，袞鉞一時，薰蕕千載。東漢豪傑恥不得豫黨錮，慕其流芳也。我朝鐫工之微，不肯附名黨碑，懼其播惡也。名教立而榮辱公，其轉移風俗之機乎！

「公如京師」，非禮也。晉、楚可以言如，京師不可以言如，於是朝覲之禮廢矣。

仲子之賵，宰書其名；成風之賵，王不書天。正三綱也。《公羊氏》乃有「母以子貴」之説，謂之知《春秋》之義可乎？漢章帝不以尊號加於賈貴人，晉明帝不以尊號加於荀豫章君，猶近古也。

「齊侯、衛侯胥命于蒲」，《荀子》曰：「《春秋》善胥命。」程子、胡文定皆善之。劉原父以爲自相命，非正也。止齋亦以爲相推長也。於是齊僖稱小伯，黎之臣子亦以方伯責衛宣。愚謂：齊、衛胥命，此霸者之始。其末也，齊、魏會于徐州以相王。霜凝冰堅，其來漸矣。

書「郊」九，皆卜不吉。失時、牛災則書之。書「大雩」二十一，皆在午、未、申之月。建巳之雩，常事不書。

三書「蒐」於昭公之時，兵權在大夫。再書「蒐」於定公之時，兵權在陪臣。

定公六月即位，而於春夏書元年。正義謂：「漢、魏以來，雖於秋冬改元，史於春夏即以元年冠之，因於古也。」《通鑑》漢建安二十五年之初，漢尚未亡，即以爲魏黄初元年。朱文公謂：「奪漢太速，與魏太遽，非《春秋》存陳之意。」

《春秋》三書「孛」，而昭十七年有星孛

于大辰，申須曰：「彗，所以除舊布新也。」《史記・天官書》劉更生封事云：「《春秋》彗星三見。」則彗、孛一也。《晏子春秋》：齊景公睹彗星，使伯常騫禳之，晏子曰：「孛又將出，彗星之出，庸何懼乎？」則孛之爲變，甚於彗矣。齊有彗星，見於《傳》，而《經》不書。

星孛東方，在於越入吴之後；彗見西方，在衛鞅入秦之前。天之示人著矣。

齊桓之將興也，恒星不見，星隕如雨；晉文之將興也，沙鹿崩。自是諸侯無王矣。晉三大夫之命爲侯也，九鼎震。自是大夫無君矣。人事之感，天地爲之變動，故董子曰：「天人相與之際，甚可畏也。」

晉自武、獻以來，以詐力彊其國，故《傳》曰：「晉人虎狼也。」「晉人無信。」「晉所以霸，師武臣力也。」《春秋》書「晉人納捷菑于邾，弗克納」，「晉士匄帥師侵齊，至穀，聞齊侯卒乃還」，此《孟子》所謂彼善於此者，君子與之。義理之在人心，不可泯也。剥之上九，一陽尚存。《春秋》之作，見人心之猶可正也。

列國之變，極于吴、越。通吴以疲楚者，晉也；通越以撓吴者，楚也。《春秋》於是終焉。唐以南詔攻吐蕃，而唐之亡以南詔。本朝以女真滅契丹，而中原之亡以女真。女真之將亡也，吾國又不監宣和，而用夾攻之策。不知《春秋》之義也。

「邢有狄難，已遷於夷儀，三國之師城邢，俾反其國都。故列三國稱師，以著其功。淮夷病杞，方伯不能斥逐蠻夷，使杞人安其都邑，乃城緣陵使遷。故書諸侯而不列序。狄入衛，踰年，齊侯方城楚丘以處文公。故但書城楚丘而不著其城之者。書愈略者，功愈降也。」沙隨程氏云。

齊桓之霸，自盟于幽，至會于淮，凡十有二會，而孔子稱九合諸侯。劉氏《意林》曰：「始于幽，終于淮，合者九。」崔氏曰：「道其不以兵車而已。莊十六年，九國盟于幽。二十七年，五國又盟于幽。僖元年，六國會于檉。二年，四國盟于貫。五年，八國會王世子于首止。七年，五國盟于甯母。八年，王人與七國會于洮。九年，宰周公與七國會于葵丘。十三年，七國會于鹹。凡九合諸侯也。牡丘之盟，陽穀之會，淮之會，蓋有兵車矣。」胡氏《通旨》曰：「桓公霸四十二年，會盟凡二十有一，獨稱九合，舉衣裳之會爾。」《穀梁傳》「衣裳之會十有一」，《論語》疏謂不取北杏及陽穀爲九。《史記》「兵車之會三，乘車之會六」。其説不同。朱文公謂：「九，《春秋傳》作『糾』，展喜犒師之詞云爾。」李氏韶《世紀》云：「桓公會不遍三川，盟不加王人；文公會畿内，盟子虎矣。桓公寧不得鄭，不納子華，懼其奬臣抑君；文公則爲元咺執衛侯矣。此夫子所以有正譎之辨。」

《春秋繁露》曰：「《春秋》甚幽而明，無傳而著。」又曰：「《易》無達吉，《詩》無達詁，《春秋》無達例。」陸農師稱之。又曰：「不由其道而勝，不如由其道而敗。」攻媿謂真得夫子心法。

董仲舒《春秋決獄》，其書今不傳，《太平御覽》載二事。其一引《春秋》許止進藥，其一引夫人歸于齊。《通典》載一事，引《春秋》之義，父爲子隱。應劭謂仲舒作《春秋決獄》二百三十二事，隋、唐《志》：十卷。今僅見三事而已。御史中丞衆議薛況之罪，孔季彦斷梁人之獄，皆以《春秋》合於《經》誼。終軍之詰徐偃，則論正而心刻矣。呂步舒使治淮南獄，窮驗其事，蓋仲舒弟子不知其師書者也。公孫弘以《春秋》之義繩臣下，張湯請博士弟子治《尚書》、《春秋》，補廷尉史。是以《春秋》爲司空城旦書也。胡文定公曰：「《春秋》立法謹嚴，而宅心忠恕。」斯言足以正漢儒之失。《鹽鐵論》文學曰：「吕步舒弄口而見戮。」

劉原父深於《春秋》，然議郭后祔廟，引《春秋》「禘于太廟，用致夫人」，致者不宜致也。且古者不二嫡，當許其號而不許其禮。張洞非之曰：「按《左氏》，哀姜之惡，所不忍道，而二《傳》有非嫡之辭。敞議非是。」然則稽經議禮，難矣哉！

桓以許田賂鄭，宣以濟西田賂齊，身爲不義而以賂免。取宋郜鼎，納莒僕寶玉，人欲横流，天理滅矣。末流之敝，貨范鞅而昭公不入矣。竊寶弓而盜臣肆行矣。受女樂而孔子遂去矣。三叛人以邑來，知利而不知義矣。《孟子》是以有「不奪不饜」之戒。

公如京師者一，朝王所者二，卿大夫如京師者五，其簡如是。而朝聘於大國，史不絶書。尊卑之分不明，彊弱之力是視。記《禮》者以魯爲有道之國，道焉在哉？

衛人立晋，不稱公子者，宣公淫亂，此狄入衛之兆也。居中國，去人倫，變華而狄，以滅其國。東徙渡河，終不復還舊封。《詩》以《鶉之奔奔》在《定之方中》之前，其戒深矣。故於晋始立名之。

書「狄入衛」，書「楚子入陳」，不忍諸夏見滅于夷狄，故稱「入」焉。書「吴入郢」，楚昭出奔，猶有君也；申包胥求救，猶有臣也，故不言楚。書「於越入吴」，國無人焉，如升虚邑，故言吴。

禮樂自天子出，而獻六羽焉；非天子

不制度，而税畝焉，故皆書曰「初」。《史記・表》於秦書「初立西時」、「初租禾」、「初爲賦」，取法乎《春秋》。

陳同甫《春秋屬辭》：「公會戎于潛」，「公及戎盟于唐」，曰：「聖人不與戎狄共中國，故中國不與戎狄共禮文。」「齊侯使其弟年來聘」，「鄭伯使其弟語來盟」，曰：「諸侯以國事爲家事，聖人以國事爲王事。」「鄭世子忽復歸于鄭」，「許叔入于許」，曰：「不能大復國於諸侯，則力不足以君國；不能公復國於諸侯，則義不足以有國。」「公如齊納幣」，「大夫宗婦覿用幣」，曰：「父子之大義，不以夫婦而遂廢；夫婦之常禮，不以彊弱而有加。」「鄭伯逃歸不盟」，「鄭伯乞盟」，曰：「去就不裁於大義，則舉動無異於匹夫。」「宋公會于盂」，「戰于泓」，曰：「與夷狄共中國者，必不能與夷狄争中國。」「盟于翟泉，晋人、秦人圍鄭」，曰：「鋭於合諸侯者，必有時而惰；工於假大義者，必有時而拙。」「狄圍衛，衛遷于帝丘」，「衛人侵狄」，「衛人及狄盟」，曰「避夷狄之兵，以見小國之無策；要夷狄之好，以見中國之無霸。」「遂城虎牢」，「戍鄭虎牢」，曰：「公其險於天下，所以大霸者制敵之策；歸其險於一國，所以成霸者服叛之功。」「城杞」，「城成周」，曰：「大夫之於諸侯不自嫌，則列國之於王室何以辨？」其發明《經》旨，簡而當。

《晋語》司馬侯曰：「羊舌肸習於《春秋》。」《楚語》申叔時曰：「教之《春秋》。」皆在孔子前，所謂《乘》、《檮杌》也。魯之《春秋》，韓起所見，《公羊傳》所云：「不修《春秋》也。」

康節邵子學於李挺之，先視以陸淳《春

秋》，欲以表儀《五經》。既可語《五經》大旨，則授《易》終焉。此學自《春秋》而始也。横渠張子謂非理明義精，殆未可學。朱子謂《春秋》乃學者最後事。此學至《春秋》而終也。

孫明復《春秋總論》曰：「《周禮》九命作伯，得專征諸侯。孟子所謂五霸者伯也。」李泰伯《常語》、司馬公《迂書》，皆用此説。《通鑑》謂王霸無異道，先儒非之。愚按：五伯，見《左傳》成二年，杜氏注云：「夏伯昆吾、商伯大彭、豕韋、周伯齊桓、晋文。」以霸爲伯可也，而非孟子則過矣。邵子於五霸，取秦穆、晋文、齊桓、楚莊。

錫桓公命，葬成風，王不書天，桓四年、七年去秋冬二時，此天法也。不書即位，名天子之宰，貶諸侯，討大夫，此王法也。孟子謂天子之事，邵子謂盡性之書，胡文定謂傳心之要典也。

明天理，正人倫，莫深切於《春秋》。三忠臣書及，而爲義者勸焉；三叛人書名，而不義者懼焉。書克段、許止而孝悌行矣，書仲子、成風而綱常立矣，書郜鼎、衛寶而義利辨矣，書遇于清、會于稷而亂賊之黨沮矣。

宣之於仲遂，定之於意如，以私勞忘大誼，不若叔孫昭子遠矣。晋文公以定襄王而請隧，王弗許曰：「班先王之大物，以賞私德。」又曰：「余敢以私勞變前之大章？」真文忠《文章正宗》以此篇爲首，其有感于寶慶之臣乎？懔懔焉《春秋》之法也。

「晋陽以叛」書，聖筆嚴矣，《公羊氏》乃謂逐君側之惡，《穀梁》亦云：「以地正國。」漢之亂賊，晋之彊臣，唐之悍將，假此名以稱亂，甚於《詩》、《禮》發冢者也。

平王之遷，戎爲之也；　襄王之出，狄爲之也。《春秋》之筆，戎爲先，狄次之。其末也，淮夷列諸侯之會，天下之變極矣。

《春秋》以道名分，其特書皆三綱之大者：　曰「成宋亂」，以宋督弗討，而貨賂是取也；　曰「宋災故」，以蔡般弗討，而細故是卹也；　曰「用致夫人」，以嫡妾無辨，而宗廟之禮亂也；　曰「大夫盟」，以君弱臣彊，而福威之柄移也。吁，其嚴乎！

沈既濟書中宗曰：「帝在房陵。」孫之翰、范淳夫用其例，《春秋》「公在乾侯」之比也。沙隨程氏謂：「三子不以敬王之例書居，而引諸侯之在他國者，其考《春秋》而未熟者歟？」朱文公詩，以爲范太史受説伊川，然既濟之議，乃其始也。

大雩，大閲，大蒐，肆大眚，凡以「大」言者，天子之禮也。書魯之僭，《月令》曰：「大雩帝。」天子雩上帝，諸侯雩山川。《經》書「大雩」二十有一，非禮也。賈逵云：「言大，别山川之雩。」諸侯雩上帝，於是季氏旅泰山矣。

溴梁之盟，大夫無君；　申之會，諸侯皆狄。春秋之大變也。有雞澤之盟，而後有溴梁之盟；　有宋之盟，而後有申之會。君臣、夷夏之分，謹其微而已。

諸侯之主盟，自齊桓始也。北杏、鄄之會，魯不至，及幽之盟而始會焉，則魯不亟於從霸也。夷狄之主盟，自楚靈始也。申之會，魯不至，及蘧啓彊之召，而後如楚焉，則魯不亟於從狄也。故曰：「魯一變，至於道。」

幽王之尹氏，不能世吉甫之賢，而秉國不平，西周所以夷於列國也。景王之尹氏，又世太師之惡，而私立子朝，❶東周所以降於戰國也。

魯，秉禮之國也。大夫不止僭諸侯，而旅泰山、以雍徹，僭天子矣。陪臣不止僭大夫，而竊寶弓、祀先公，僭諸侯矣。

左氏

「三《傳》皆有得於《經》而有失焉。《左氏》善於《禮》，《公羊》善於讖，《穀梁》善於《經》。」鄭康成之言也。「《左氏》豔而富，其失也巫；《穀梁》清而婉，其失也短；《公羊》辯而裁，其失也俗。」范武子之言也。「《左氏》之義有三長，二《傳》之義有五短。」劉知幾之言也。「《左氏》拘於赴告，《公羊》牽於讖緯，《穀梁》窘於日月。」劉原父之言也。「《左氏》失之淺，《公羊》失之險，《穀梁》失之迂。」崔伯直之言也。「《左氏》之失專而縱，《公羊》之失雜而拘，《穀梁》不縱不拘而失之隨。」黽以道之言也。「事莫備於《左氏》，例莫明於《公羊》，義莫精於《穀梁》；或失之誣，或失之亂，或失之鑿。」胡文定之言也。「《左氏》傳事不傳義，是以詳於史而事未必實，《公羊》、《穀梁》傳義不傳事，是以詳於《經》而義未必當。」葉少蘊之言也。「《左氏》史學，事詳而理差；《公》、《穀》經學，理精而事誤。」朱文公之言也。學者取其長，舍其短，庶乎得聖人之心矣！啖趙以後，憑私臆決，甚而閣東三《傳》，是猶入室而不由户也。

吕成公謂：《左氏》有三病：周、鄭交質，不明君臣之義，一也；以人事傅會

❶ 「子」上，道光本有「王」字。

災祥，二也；記管、晏之事則善，説聖人之事則陋，三也。王介甫疑《左氏》爲六國時人者十一事。介甫《左氏解》一卷。其序謂：爲《春秋》學餘二十年。《館閣書目》以爲依託。

漢武帝好《公羊》，宣帝善《穀梁》，皆立學官。《左氏》嘗立而復廢。賈逵以爲明劉氏之爲堯後，始得立。不以學之是非，而以時之好惡，末哉！漢儒之言《經》也。

「八世之後，莫之與京」，其田氏篡齊之後之言乎？「公侯子孫，必復其始」，其三卿分晋之後之言乎？「其處者爲劉氏」，其漢儒欲立《左氏》者所附益乎？皆非《左氏》之舊也。新都之篡，以沙麓崩爲祥；❶ 釋氏之熾，以恒星不見爲證。蓋有作俑者矣。

正義云：「和帝元興十一年，鄭興父子奏上《左氏》，始得立學，遂行於世。至章帝時，賈逵上《春秋大義》四十條。」愚嘗攷和帝元興止一年，安得有十一年？一誤也。鄭興子衆終於章帝建初八年，不及和帝時，二誤也。章帝之子爲和帝，先後失序，三誤也。《釋文序録》亦云「元興十一年」，皆非也。

「優而柔之，使自求之」，《大戴禮》孔子之言也。東方曼倩、杜元凱皆用之。

老泉《謚論》云：「婦人有謚，自周景王穆后始。」愚按：魯惠公聲子，已有謚，在春秋之初。

衆仲對羽數，服、杜之説不同。服虔云：「天子八八，至士二八。」則每佾八人。杜預云：「天子六十四人，至士四人。」則人數如其佾數。宋太常傅隆以杜注爲非，

❶「崩」，原脱，據嘉慶本、道光本補。

謂：「八音克諧，然後成樂，故必以八人爲列。降殺以兩，減其二列爾。預以爲一列又減二人，至士止餘四人，豈復成樂？」劉原父謂：「士無舞，特牲、少牢皆士禮，無用樂舞之儀。」

石碏曰：「陳桓公方有寵於王。」《公羊傳》公子翬曰：「吾爲子口隱矣。」《荀子》周公曰：「成王之爲叔父。」《穆天子傳》亦云：「穆滿。」皆生而稱謚，紀事之失也。

富辰言：「周公封建親戚，凡二十六國。」成鱄言：「武王兄弟之國十有五人，姬姓之國四十人。」《史記》云：文、武、成、康所封數百，而同姓五十五。與此同。《荀子》謂：「周公立七十一國，姬姓獨居五十三人。」《漢表》謂：「周封國八百，同姓五十有餘。」後漢章和元年詔謂：周之爵封千有八百，姬姓居半。當以成鱄之言爲正。皇甫謐亦云：「武王伐紂之年，夏四月乙卯，祀於周廟，將率之士皆封，諸侯國四百人，兄弟之國十五人，同姓之國四十人。」

「宋人請猛獲于衛，衛人欲勿與，石祁子曰：『天下之惡一也。』」名臣之言，可訓萬世。蓋祁子之學識，見於不沐浴佩玉之時。衛多君子，淵原有自來矣。

原繁曰：「臣無二心，天之制也。」此天下名言，萬世爲臣之大法。《西山讀書記》取之，《博議》貶繁，恐未爲篤論。

鄭伯謂燭之武曰：「若鄭亡，子亦有不利焉。」觀《魏受禪碑》、唐六臣傳，利蓄而樂亡者有矣。

君之於民亦曰忠，季梁云：「上思利民，忠也。」子之於親亦曰慈，《內則》云：「慈以旨甘。」聖賢言忠，不顓於事君，爲人謀必忠，於朋友必忠，告事親必忠養。以善教人，以利及民，無適非忠也。

《素問》：「立端於始，表正於中，推餘於終，而天度畢矣」，注：「謂立首氣於初節之日，示斗建於月半之辰，退餘閏於相望之後。」此可以發明《左氏》正時之義。

《通鑑外紀目録》云：「杜預《長曆》既違五歲再閏，又非歸餘於終。但據《春秋》經傳，考日辰朔晦。前後甲子不合，則置一閏，非曆也。」《春秋分記》云：「《長曆》於隱元年正月朔則辛巳，二年則乙亥。諸曆之正皆建子，而預之正獨建丑焉。日有不在其月，則改易閏餘，彊以求合。故閏月相距，近則十餘月，遠或七十餘月。」劉羲叟起漢元以來爲《長曆》，《通鑑目録》用之。

「王貳于虢」，「王叛王孫蘇」，曰「貳」，曰「叛」，於君臣之義失矣，不可以訓。《通鑑》書「燕叛齊」，而《大事記》非之；書「蜀漢寇魏」，而《綱目》非之；書「晉寇梁」，而《讀史管見》非之。況天子之於臣乎！

晉假道於虞，曰：「冀爲不道，入自顛軨，伐鄍三門。」杜氏以冀亭爲冀國。嘗攷之《東漢·西羌傳》「渭首有冀戎」，《史記》云：「秦武公伐而縣之。」漢天水郡之冀縣也。入顛軨者，蓋冀戎。前此虢公敗犬戎于渭汭，蓋亦渭首之戎。但秦之縣冀，在晉假道於虞之前，蓋其餘種也。晉自有冀邑。冀缺爲卿，復與之冀。

子犯曰：「民未知禮，未生其共。」「生」之一字，與《樂記》「易直子諒之心，油然生矣」、《孟子》「樂則生矣」之「生」同。温公省試《民受天地之中以生論》，以「生」爲「活」，其説以爲民受天地之中，則能活也。朱文公謂此説好。

楚箴曰：「民生在勤。」生，如「生於憂

患」之「生」，蓋心生生不窮。勤則生矣，生則烏可已也；怠焉則放，放則死矣。故公父文伯之母曰：「民勞則思，思則善心生。」

古者以德爲才，十六才子是也。如狄之酆舒，晋之知伯，齊之盆成括，以才稱者，古所謂不才子也。

禹，鯀之子也。史克於鯀曰：「世濟其凶。」而於禹曰：「世濟其美。」論其世，則鯀非美也。於此見立言之難。

貴而能貧，張文節、司馬公有焉。能賤而有耻，劉道原、陳無己有焉。

楚有夏州，以夏變夷。衛有戎州，以夷變夏。

《管子·大匡篇》管仲曰：❶「君會其君臣父子，則可以加政矣。」公曰：「會之道奈何？」曰：「諸侯無專立妾以爲妻，毋專殺大臣，無國勞，毋專予禄士庶人，毋專棄妻，毋曲隄，毋貯粟，無禁材。❷行此卒歲，則始可以罰矣。君乃布之於諸侯，諸侯許諾，受而行之。」《孟子》所謂「五禁」，略見于此。吕成公曰：「如内政之類，桓公於五命之戒，亦未免有所犯，故《左氏》隱而不書，使後世不知桓公躬言之而躬自蹈之也。」《説苑》晋文公合諸侯而盟曰：「無以美妾疑妻，無以聲樂妨政，無以姦情害公，無以貨利示下。」亦五禁之意，傳記不載。

趙衰以壺飧從徑，餒而弗食，故使處原。《韓非子》曰：「晋文公出亡，箕鄭挈壺餐而從。迷而失道，與公相失，餓而不敢

❶「匡」，原避宋太祖諱，作「正」，今回改。下同，不再一一出校。

❷「材」，嘉慶本、道光本作「林」。

食。及文公反國，曰：『輕忍飢餒之患，而必全壺餐，是將不以原叛。』乃舉以爲原令。」此即趙衰事也。

杜預解《傳》云：「諸侯諒闇，國事皆用吉禮。」議太子服云：「高宗無服喪之文，唯稱不言而已。」飾經舞禮，不可以訓。

伯宗伐潞，曰：「後之人，或者將敬奉德義，以事神人，而申固其命，若之何待之？」樂毅伐齊曰：「待彼悔前之非，改過恤下而撫其民，則難慮也。」羊祜伐吳曰：「若更立令主，雖有百萬之衆，長江未可窺也。」此皆兵家權謀，惟恐人之遷善，豈所謂以善養人者哉！

「西陸朝覿」，其説有三：服氏謂春分奎晨見東方，杜氏謂三月奎朝見，鄭氏謂四月昴朝見。《爾雅》：「西陸，昴也。」劉炫云：「鄭爲近之。」《詩》「三星在天」，其説有二：毛氏以爲參，十月始見；鄭氏以爲心，三月見東方。朱文公從鄭説。

季氏有嘉樹，韓宣子譽之。服虔云：「譽，游也。宣子游其樹下。夏諺曰：『一游一譽，爲諸侯度。』」《孟子》注引范宣子豫焉。范字誤。

宋伯姬，先儒謂婦人之伯夷。《左氏》謂女而不婦，非也。陸淳又以爲非可繼可傳之道。胡文定譏之，謂以此卜其貪生惜死，不知命矣。愚謂：淳黨叔文而不羞，由其不知命也。

衛侯賜北宮喜謚曰「貞子」，賜析朱鉏謚曰「成子」，是人臣生而謚也。魏明帝有司奏：「帝制作興治，爲魏烈祖」，是人君生而謚也。

蔡墨曰：「國有豢龍氏，有御龍氏。」後漢有侍御史擾龍宗，豈其苗裔歟？

甯殖愧諸侯之策，賈充憂謚傳，其惡不可揜也，是以知可欲之謂善。

《左氏》曰：「先二子鳴。」《莊子》曰：「子以堅白鳴。」昌黎《送東野序》言「鳴」字，本於此。

人生求富，而子文逃之；富，人之所欲，而晏子弗受。庶幾乎無欲矣！

僑不以防怨爲善，而怨自弭，故僑與鄭俱昌；斯以分過爲忠，而過益彰，故斯與秦俱亡。

韓非曰：「宋君失刑，而子罕用之，故宋君見刼。」李斯曰：「司城子罕相宋，身行刑罰，以威行之，朞年遂刼其君。」愚按：襄九年，宋樂喜爲司城以爲政，即子罕也。《左氏》載其言行，《檀弓》亦稱之賢大夫也。《宋世家》無子罕刼君之事，非、斯乃與田常並言，不亦誣乎！《戰國策》謂：忠臣令誹在己，譽在上。宋君奪民時以爲臺而民非之。子罕釋相爲司空，民非子罕而善其君。此即《左氏》分謗之事。司城，宋之司空也。宋無兩子罕，則非、斯之言妄矣。《史記》鄒陽曰：「宋信子罕之計而囚墨翟。」《漢書》作「子冉」，文穎注以「子冉」爲「子罕」，皆所未詳。

臧文仲廢六關，《家語》云：「置六關。」注謂：「文仲置關以稅行者，故爲不仁。」

氣、志有交勝之理，治、亂有可易之道，故君相不可以言命。多福自我求，哲命自我貽，故聖賢可以言天。天者，理而已。以萇叔爲違天，是人臣不當扶顛持危也；以楚克有陳爲天道，是夷狄可以猾夏亂華也。

趙氏震揆曰：「《左氏》之害義，未有甚於記女寬之論萇弘也。自昔聖賢，未嘗以天廢人。殷既錯天命，王子則曰：『自靖自獻。』周天命不又，大夫則曰：『黽勉從事。』治亂安危，天之天也；危持顛扶，人之天也。以忠臣孝子爲違天，則亂臣賊子爲順天矣，而可哉？」

「劉文公合諸侯于召陵，及皋鼬，將長蔡於衛。衛侯使祝佗私於萇弘，乃長衛侯於盟。」攷之《春秋》，是年三月會于召陵，蔡侯已在衛侯之上矣。五月盟于皋鼬，不序諸侯。《經》無長衛之文，《傳》未足信也。

《韓詩外傳》：「受命者必以其祖命之。孔子爲魯司寇，命之曰：『宋公之子，弗甫何孫，魯孔丘，命爾爲司寇。』」古重世族，故命必以祖。

《文選·補亡詩》：「蕩蕩夷庚。」李善注：「夷，常也。」《辯亡論》：「旋皇輿於夷庚。」注引繁欽《辨惑》：「吳人以舡檝爲輿馬，以巨海爲夷庚。庚者，藏車之所。」愚按：《左傳》成十八年「披其地以塞夷庚」，正義謂：「平道也。」二字出於此，《選》注誤。

齊伐晉，入孟門。孟門山在慈州文城。林成己《春秋論》謂孟門即孟津，誤矣。晉裴秀客京相璠撰《春秋土地名》，其說多見于《水經注》。

匠慶謂季文子曰：「子爲正卿，而小君之喪不成，不終君也。君長，誰受其咎？」呂文靖於李宸妃之喪，其意本於此。

衛公叔發，注謂公叔文子，《論語》孔注作「公孫拔」。《集注》云：「公孫枝。」蓋傳寫之誤。

《史記》仲尼弟子顏高，字子驕。《定八年傳》：「公侵齊，門于陽州。士皆坐列，曰：『顏高之弓六鈞。』皆取而傳觀之。陽州人出，顏高奪人弱弓，籍丘子鉏擊之，與一人俱斃。」豈即斯人歟？《家語》作「顏刻」。《孔子世家》云：「過匡，顏刻爲僕。」

古者文武同方，冉有用矛，樊遲爲右；有若與微虎之宵攻，則顔高以挽彊名，無足怪也。

攻媿跋語用「飛矢在上，行人在下」，迂齋引熙寧八年，舊弼「韓、富、文三公」之對。愚攷《春秋釋例》曰：「使以行言，言以接事，信令之要，於是乎在。舉不以怒，則刑不濫。刑不濫，則兩國之情得通。兵有不交而解者，皆行人之勳也。是以雖飛矢在上，走驛在下。」見正義。攻媿之言本此。嘉熙庚子，愚試冑闈，王圖南發策，亦用此二語。

《釋例》終篇云：「稱凡者五十，其别四十有九。蓋以『母弟』二凡，其義不異故也。」《隋志》有《春秋五十凡義疏》二卷。

魏絳曰：「靡自有鬲氏，收二國之燼，以滅浞而立少康。」杜氏謂：「靡，夏遺臣，事羿者。」真文忠辯之曰：「靡忠於王室如此，考其本末，乃事相，非羿也。豈有夏之忠臣而肯事羿者哉？」張宣公曰：「若靡可謂忠之盛者矣！」

「師曠驟歌北風，又歌南風」，服氏注：「北風，無射、夾鍾以北。南風，姑洗、南吕以南。律是候氣之管，氣則風也。」

「讒鼎之銘」，服氏注：「疾讒之鼎，《明堂位》所云『崇鼎』是也。」一云：「讒，地名。禹鑄九鼎於甘讒之地，故曰讒鼎。」正義謂二説無據。愚攷《韓子·説林》曰：「齊伐魯，索讒鼎，魯以其贋往。齊人曰：『贋也。』魯人曰：『真也。』齊曰：『使樂正子春來，吾將聽子。』」《新序》、《吕氏春秋》皆曰「岑鼎」，二字，音相近。然則讒鼎，魯鼎也。《明堂位》魯有崇鼎，服注不爲無據。

「謂之鄭志」，以明兄弟之倫；「謂之

宋志」，以正君臣之分。

「宋人取長葛」，《經》以爲冬，《傳》以爲秋。劉原父謂《左氏》雜取諸侯史策，有用夏正者，有用周正者。

《公羊》疏：「《左氏》先著竹帛，故漢時謂之古學。《公羊》漢世乃興，故謂之今學。是以《五經異義》云：『古者《春秋》左氏説，今者《春秋》公羊説。』鄭衆作《長義》十九條十七事，論《公羊》之短，《左氏》之長。賈逵作《長義》四十條，云《公羊》理短，《左氏》理長。」魏鍾繇謂《左氏》爲太官，《公羊》爲賣餅家。

權載之問《左氏》云「夏五之闕」、「艮八之占」，名對也。

史趙曰：「自幕至于瞽瞍，無違命，舜重之以明德，寘德於遂。」《魯語》「幕，能帥顓頊者也，有虞氏報焉」，韋昭注云：「幕，舜之後，虞思也，爲夏諸侯。」《鄭語》「虞幕能聽協風，以成樂物生者也」，注亦以爲舜後虞思。按《左氏》，則幕在瞽瞍之先，非虞思也。

「穆有塗山之會」，注：在壽春東北。《説文》：「嵞，會稽山。一曰九江當嵞也。民以辛壬癸甲嫁娶。」按《漢·地理志》九江郡當塗，應劭注：禹所娶塗山，侯國。有禹虛。蘇鶚《演義》謂宣州當塗，誤也。東晉以淮南當塗流民，寓居于湖，僑立當塗縣以治之，唐屬宣州。漢之當塗，乃今濠州鍾離也。

「季平子卒，陽虎將以璵璠斂，仲梁懷弗與。」《吕氏春秋》云：「孔子徑庭而趨，歷級而上，曰：『以寶玉收，譬之猶暴骸中原也。』」《説文》云：「孔子曰：『美哉璵璠！遠而望之，奐若也；近而視之，瑟若也。一則理勝，二則孚勝。』」《初學記》引逸《論語》曰：「璠璵，魯之寶玉也」。下與《説文》同。其即季孫之事歟。

范武子之德，本於家事治。宣子不能守家法，乃縱女祁之惡，信子鞅之讒，錮逐欒盈，幾危晉國，忝厥祖矣。再傳而吉射亡，宜哉！

「子，周公之孫也，多饗大利，猶思不義」，子贛之責公孫成也。劉歆亦少愧哉！

「猶秉周禮」，「齊猶有禮」，觀「猶」之一字，則禮廢久矣。

吕向注《雪賦》曰：「隱公之時，大雪平地一尺。是歲大熟爲豐年。桓公之時，平地廣一丈，以爲陽傷陰盛之證。」按《左氏》於隱公云「平地尺爲大雪」，不言是歲大熟。桓公事無所據，其説妄矣。桓八年冬十月，雨雪。建酉之月而雪，未聞其廣一丈也。

柳子《晉問》：「魏絳之言：『近寶則公室乃貧。』」按《左傳》成六年，此乃韓獻子之言。

劉勰《辨騷》：「班固以爲羿、澆、二姚，與《左氏》不合。」洪慶善曰：「《離騷》用羿、澆等事，正與《左氏》合。」孟堅所云，謂劉安説耳。

《列子》載「隨會知政，群盗奔秦」、「趙襄子勝翟，有憂色」，皆格言也。而謂隨會時有趙文子，又謂孔子聞襄子之言，其先後差繆。凡諸子紀事，若此者衆。《説苑》載祁奚救叔向，以欒盈爲欒達，范宣子爲范桓子，皆誤。

《考古編》謂：「歐陽公論二帝三王世次差舛，發端於杜佑《通典》。」按《釋例》，《世族譜》已有此疑，則發端乃杜預也。

雍熙中，校九經，史館有宋臧榮緒、梁岑之敬所校《左傳》，諸儒引以爲證。孔維謂不可。按據杜鎬引《貞觀勅》，❶以經籍訛舛，由五胡之亂，學士多南遷，中國經術浸微。今並以六朝舊本爲證，持以詰維，維不能對。見《談苑》。太平興國中，校《漢書》，安德裕取《西域傳》山川名號字之古者，改附近人集語。錢熙謂人曰：「予於此書，特經師授，皆有訓説，豈可胸臆塗竄，以合詞章？」見晏元獻公書。觀鎬、熙之言，則經史校讎，不可以臆見定也。

前輩學識，日新日進。東坡《詠三良》，其和淵明者，與在鳳翔時所作，議論夐殊。呂成公《博議》論公孫敖二子，及續説則謂「宗子有君道」。趙宣子使臾駢送賈季帑，則謂「古人風俗尚厚」，《博議》非是。可以見進德脩業之功。

齊、晉、楚之霸，皆先服鄭。范雎、李斯之謀，皆先攻韓。蓋虎牢之險，天下之樞也。在虢曰制，在鄭曰虎牢，在韓曰成皋。虢叔恃險而鄭取之，鄭不能守而韓滅之，韓又不監而秦并之，秦之亡也，漢、楚争之。在德不在險，佳兵者好還，信夫！

欲治國者先齊家，家之不齊莫甚於魯、衛，觀《詩》可見已。衛不足言也。魯自括戲之争，而桓、宣皆篡兄矣。自文姜之亂，而哀姜襲其跡矣。自成風事季友，而敬嬴事襄仲矣。家法不脩，故曰：「魯、衛之政，兄弟也。」然衛多君子。魯無君子者，斯焉取斯，風化猶嫩也。畏清議者，亦曰：「何以見魯、衛之士？」政治雖濁，風俗不

❶「貞」，原避宋仁宗諱作「正」，今回改。下同，不再一一出校。

衰，與漢之東都同。

周人以諱事神，名終將諱之。《曲禮》注云：「生者不相辟名，衛侯名惡，大夫有石惡。君臣同名，《春秋》不非。」《理道要訣》云：「自古至商，子孫不諱祖父之名，周制方諱。」夷狄皆無諱。漢宣帝詔曰：「古天子之名，難知而易諱也。其更諱詢。」則生而稱諱矣。《博議》謂名子者當爲孫地。出《顔氏家訓》。

《河圖》曰：「崑山出五色流水，其白水入中國，名爲河。」故晉文公投璧于河，曰：「有如白水。」

狐偃曰：「求諸侯莫如勤王。」荀彧以此勸曹操迎獻帝。彧之言曰：「晉文公納周襄王，而諸侯景從。」豈誠於爲義者？故曰：「譎而不正。」《淮南》之書，謂晉文得之乎閨內，失之乎境外。非也。辰嬴之事，閨內之法安在哉？《詩》於《衛風·木瓜》猶美齊桓，而《唐風》不録晉文，亦以是夫。

介之推曰：「身將隱，焉用文之？」君子之潛也，名不可得聞。先儒謂召平高於四皓，申屠蟠賢於郭泰。

邵子曰：「修夫聖者，秦穆之謂也。」蓋取其悔過自誓。胡文定謂：「文四年，見伐不報，始能踐自誓之言矣。」《尸子》稱穆公明於聽獄，斷刑之日，揖士大夫曰：「寡人不敏，使民入於刑，寡人與有戾焉。二三子各據爾官，無使民困于刑。」此雖大禹之泣辜無以過。以此坊民，猶有立威於棄灰者。

楚之興也，篳路藍縷；其衰也，翠被豹舄。國家之興衰，視其儉侈而已。

「欒王鮒毁叔向，以平公不好賢也。梁丘據不毁晏子，以景公好賢也。二臣皆從君者，易地則皆然。」劉貢父詩云。顧子曰：

「昔梁丘據之諫景公也，於房；晏嬰之諫景公也，於朝。然晏嬰之忠，著於竹素；梁丘之佞，于今不絶。」顧夷《義訓》、《唐志》在儒家。梁丘據豈能諫景公哉，斯言繆矣！

或求名而不得，如向戌欲以弭兵爲名，而宋之盟，其名不列焉。或欲蓋而名章，如趙盾僞出奔，崔杼殺太史，將以蓋弑君之惡，而其惡益著焉。推此類言之，可見謹嚴之法。求名非謂齊豹，名章不止三叛也。

孫郃論春秋無賢臣，蓋諸侯不知有王，其臣不能正君以尊王室。此孟子所以卑管、晏也。

周之替也，自原伯魯之不説學；秦之亡也，自子楚之不習誦。

史墨對趙簡子曰：「天生季氏以貳魯侯。」又曰：「君臣無常位，自古以然。」簡子在晋，猶季氏在魯也。史墨之對，其何悖哉！張睢陽責尹子奇曰：「未識人倫，焉知天道？」

「今天或者大警晋也」，畏而能自脩者也。「雖晋之彊，能違天乎？」怠而不自彊者也。

叔向曰：「楚辟我衷，若何效辟？」王魏公之於寇萊公，曰：「不可學他不是。」

公山不狃曰：「君子違，不適讎國。所託也則隱。」斯言也，蓋有聞於君子矣。背君父以覆宗國者，不狃之罪人也。

齊人歌曰：「唯其儒書，以爲二國憂。」春秋之季，已輕儒矣，至戰國而淳于髡有賢者无益之譏，秦昭王有儒无益之問，末流極於李斯。

申包胥似張子房，天下士也。楚破矣，請秦師以却吴；韓亡矣，借漢兵以滅秦。其相似一也。入郢之仇未報，則使越，爲之謀以滅吴；見《吴語》。韓王成之仇未報，則從漢，爲之謀以滅項。其相似二也。楚君既入而逃賞，漢業既成而謝事。其相似三也。自夏靡之後，忠之盛者，二子而已。然楚國復興，而韓祀不續，天也，子房之志則伸矣。我思古人，唯漢諸葛武侯可以繼之，鞠躬盡力，死而後已。其志一也。若梁之王琳、唐之張承業，功雖不就，抑可以爲次矣，不當以功之成否論。吁，春秋亡國五十二，未見其人也。遂之四氏，僅能殲齊戍。其亡而復存者，唯一包胥，豈不難哉？太史公傳伍員而不傳包胥，非所以勸忠也。《戰國策》楚莫敖子華曰：「昔吴與楚戰於柏舉，三戰入郢。棼冒勃蘇贏糧潛行，上峥山，踰深谿，蹠穿膝暴，七日而薄秦朝。鶴立不轉，晝吟宵哭。七日不得告。水漿無入口。秦遂出革車千乘，卒萬人，屬之子滿《左氏》作「蒲」。與子虎，下塞以東，與吴人戰於濁水，大敗之。」棼冒勃蘇即申包胥也，豈蚡冒之裔，楚之同姓歟？《淮南·脩務訓》云：「申包胥贏糧跣走，跋涉谷行，上峭山，赴深谿，游川水，犯津關，獵蒙籠，躔沙石，蹠達膝曾繭重胝，七日七夜，至於秦庭。鶴跱而不食，晝吟宵哭，面若死灰，顔色黴黑，涕液交集，❶以見秦王。」亦與子華之言同。所謂「莫敖大心深入吴軍而死」，以《左氏》考之，即左司馬戌也。戌者，葉公諸梁之父也。諸梁定白公之亂，不有其功而老於葉。其聞包胥之風而師法之歟？

邾文公之知命，楚昭王之知大道，惠王之知志，其所知有在於卜祝史巫之外者。禆竈言鄭之將火，或中或否，子產謂：「焉

❶「交」，原作「來」，據嘉慶本、道光本改。

知天道？」梓慎言魯之將水，昭子曰：「旱也。」秋大旱，如昭子之言。亦非知天者也。故聖人以人占天。

鉏麑之於趙宣子，沐謙之於司馬楚之，誠敬之感人至矣。商君載甲操戟，李林甫重關複壁，不亦愚乎！

《春秋》書災異，不書祥瑞，所以訓寅畏，防怠忽也。災異，古史官之職。隕石六鷁，宋襄以問周內史。有雲夾日，楚昭以問周大史。在漢則太史公掌天官，張衡爲日官。我朝舊制，太史局隸祕書，凡天文失度，三館皆知之。淳熙中，熒惑入斗，同脩國史李燾，類次漢元鼎至宣和四十五事以進。熒惑犯氐，祕書丞蔣繼周言：「氐者邸也，驛傳宜備非常。」不淹旬，都進奏院災。蓋每有星變，館吏以片紙録報，故得因事獻言。自景定後，枋臣欲末殺災異，三館遂不復知。甲子，彗星宮中見之，乃下求言之詔，則蒙蔽可見。壬申，地生毛，明年失襄陽。災異其可忽哉？爲人臣不知《春秋》之義，其禍天下極矣，叔輒所以哭日食也。

宋襄求諸侯而敗於泓，楚靈卜得天下而辱於乾谿。《淮南子》曰：「侯而求霸者，必失其侯；霸而求王者，必喪其霸。」

臧孫於魯，曰：「國有人焉。」師慧於宋，曰：「必無人焉。」襄仲於秦，曰：「不有君子，其能國乎？」有士五人，晉文所以霸也；有大叔儀，有母弟鱄，衛獻所以入也；有趙孟，有伯瑕，有史趙、師曠，有叔向、女齊，晉所以未可媮也。曰：「子無謂秦無人。」曰：「無善人，則國從之。」國之存亡輕重，視其人之有無而已。舜有臣五人，武王有亂臣十人，殷有三仁，周有八士。

之人也，始可謂之有。虞有宮之奇，項有范增，不能有其有矣。魏之窺吳，則曰：「彼有人焉。」賈生言天下倒縣，則曰：「猶爲國有人乎？」此皆以人爲盛衰也。

隱公之大夫多不氏，猶可言未命也。宋昭公之大夫多不名，則説者不一矣。

《春秋》誅亂臣賊子，《左氏》謂「稱君，君無道也」，《穀梁》謂「稱國以弑其君，君惡甚矣」。安定先生曰：「是啓亂臣賊子之言也。其爲害教大矣。」

宗人釁夏之守禮，聖人遺化也。後世犯葵丘之禁者多矣。漢之劉輔、魏之棧潛、我朝之鄒浩，守經據古，其有魯宗人之風乎！

夫差之報越，其志壯矣。燕昭報齊似之，取其大節而略其成敗可也。慕容盛之討蘭汗，其言曰：「免不同天之責。凡在臣民，皆得明目當世。」君子猶有取焉，況吳乎！

周之大寶鎮河圖大訓列焉。《易象》在魯，《三墳》、《五典》在楚，周不能有其寶矣。然而老聃之禮，萇弘之樂，文獻猶存。及王子朝以典籍奔楚，於是觀射父、倚相，皆誦古訓以華其國，以得典籍故也。區區一鼎，與懷璧同，其能國乎？

古之謀國者，知彼知己，如良醫察脈，如善弈觀棋，德、刑、政、事、典、禮不易。「楚自克庸以來」，此晉臣之知楚也。「晉君類能而使之」，此楚臣之知晉也。皆以紀綱風俗知之。楚自郄之後，晉自蕭魚之後，精神景象非昔矣。

請討陳恒之年，《春秋》終焉。夫子之請討也，將以見之行事。請討不從，然後託之空言。

杜氏注云：「仲尼之徒，皆忠於魯國。」《史記》載夫子之言曰：「夫魯，父母之國。國危如此，二三子何爲莫出？」此夫子之訓也。

仲子有文在手，曰「爲魯夫人」。成季、唐叔有文在手，曰「友」，曰「虞」。正義云：「《石經》古文『虞』作『㕚』，『魯』作『𣥄』，手文容或似之。『友』及『夫人』當有似之者。」

《藝文志》：「《春秋虞氏微傳》二篇。」按劉向《別録》云：「虞卿作《抄撮》九卷，授荀卿，卿授張蒼。」然則張蒼師荀卿者也。《左氏傳》漢初出，蒼家亦有功於斯文矣。浮丘伯亦荀卿門人，申公事之受《詩》，是爲《魯詩》。《經典序録》：「根牟子傳趙人荀卿子，荀卿子傳魯人大毛公，是爲《毛詩》。」荀卿之門有三人焉，李斯、韓非不能玷其學也。《毛詩》傳以平平爲辯治，又以五十矢爲束，皆與《荀子》同。

御孫曰：「儉，德之共也。侈，惡之大也。」古之格君心者，必以儉。董仲舒《對策》，乃謂儉非聖人之中制。公孫弘亦云：「人主病不廣大舒弘。」正邪雖殊，而啓武帝之侈心則一。

伯宗好直言，而不容于晉；國武子好盡言，而不容于齊。小人衆而君子獨也。漢士習於諂諛，而以汲長孺爲戇，朱游爲狂；晉士習於曠達，而以卞望之爲鄙。君子之所守，不以習俗移也。

列國大夫之無君，晉爲之也。會于戚而不討孫林父，會于夷儀而不討崔杼，會于適歷而不討季孫意如，君臣之義不明，而大夫篡奪之禍，晉自及矣。《晉語》趙宣子曰：「大者天地，其次君臣。」然宣子能言之，而躬自犯之。

寺人披之斬袪，芋尹無宇之斷旌，其讎一也。披請見而晉文讓之，無宇執人於宮而楚靈赦之。楚靈之量，優於晉文矣。漢高帝之赦季布，魏武帝之免梁鵠，吴景帝之遺李衡，皆有君人之量。

楚伍參曰：「晉之從政者新。」謂荀林父也。士彌牟曰：「晉之從政者新。」謂范鞅也。一以喪師，一以失諸侯。《書》曰：「人惟求舊。」

以近事爲鑒，則其言易入，申叔豫以子南戒薳子馮是也。告君亦然。樊噲諫高帝曰：「獨不見趙高之事乎？」爰盎諫文帝曰：「獨不見人彘乎？」

劉炫謂《國語》非丘明作。《傳》言鄢陵之敗，苗賁皇之爲。《楚語》云：「雍子之爲。」與《傳》不同。傅玄云：「《國語》非丘明作，有一事而二文不同。」葉少蘊云：「古有左氏、左丘氏。太史公稱『左丘失明，厥有《國語》。』今《春秋傳》作左氏，而《國語》爲左丘氏，則不得爲一家。文體亦自不同，其非一家書明甚。左氏王荆公以爲六國時人。蓋左史之後，以官氏者。」朱文公謂：「左氏乃左史倚相之後，故其書説楚事爲詳。」鄭漁仲云：「左氏世爲楚史。」司馬氏謂「左氏欲傳《春秋》，先作《國語》。《國語》之文，不及《傳》之精也。」

「臧文仲以玉磬告糴于齊」，見《魯語》。《容齋三筆·書博古圖》謂《左傳》無玉磬之説，非也。

《晉語》「伯宗索士庇州犂，得畢陽。及欒弗忌之難，諸大夫害伯宗，畢陽實送州犂于荆。」畢陽之孫豫讓，見《戰國策》。祖孫皆以義烈著，所謂「是以似之」者。太史公不書於《傳》，故表而出之。

《晉語》：「知宣子將以瑶爲後，知果

曰：『不如宵也。』弗聽。知果别族于太史，爲輔氏。」《通鑑》取此。《戰國策》：「張孟談因朝智伯而出，遇智過轅門之外。智過入見智伯曰：『二主殆將有變。』智過言之不聽，出，更其姓爲輔氏。」《韓非子》同云「更其族」。智過即智果也。二説之先後不同。

《楚語》伍舉曰：「德義不行，則邇者騷離，而遠者距違。」注：騷，愁也。離，畔也。伍舉所謂「騷離」，屈平所謂「離騷」，皆楚言也。揚雄爲《畔牢愁》，與《楚語》注合。

《皇王大紀》：「景王二年，襄三十年。楚公子圍至晋，晋趙武子鞅鳴玉以相。」按《楚語》：「王孫圉聘於晋，定公饗之，趙簡子鳴玉以相。」蓋楚昭王時，鞅者武之孫也。今以王孫圉爲公子圍，以鞅爲武之子，皆誤。

古者，孫以王父字爲氏。子産、子國之子，《國語》謂公孫成子，《左傳》謂公孫僑。子産之子，始爲國氏。致堂作《子産傳》，曰「國僑」，非也。

《鄭語》依、⿰日柔、歷、莘，《史記·鄭世家》注：「『莘』作『華』。」《水經注》：「黄水經華城西。史伯曰：『華君之土也。』韋昭曰：『華，國名。秦白起攻魏，拔華陽。』司馬彪曰：『華陽在密縣。』」《括地志》：「華陽城在鄭州管城縣南。」可以證今本之誤。按下文「前華後河」，❶則上文當作「華」。

《晋語》竇犫對趙簡子曰：「君子哀無人，不哀無賄；哀無德，不哀無寵；哀名之不令，不哀年之不登。」味其言，見其賢矣。《史記》：「孔子將西見趙簡子，聞竇鳴犢之死，臨河而歎。」索隱云：「鳴犢，犫字。」《通

❶「華」，原作「莘」，據嘉慶本、道光本改。

鑑外紀》於周敬王二十八年書「簡子殺鳴犢」，三十年，書「竇犨對簡子」，誤也。

江端禮嘗病柳子厚作《非國語》，乃作《非非國語》。東坡見之曰：「久有意爲此書，不謂君先之也。」然子厚《非國語》，而其文多以《國語》爲法。

古以一句爲一言。《左氏傳》「子大叔九言」，《論語》「一言蔽之曰：思無邪」。秦、漢以來，乃有句稱。今以一字爲一言，如五言、六言、七言詩之類，非也。

史墨曰：「越得歲而吴伐之，必受其凶。」杜牧注《孫子》曰：「歲爲善星，不福無道；火爲罰星，不罰有德。」嘉定中，日官言五福太一臨吴分。真文忠公奏：「漢之肇造，以寬仁得民，而不在五星之聚井；晋之卻敵，以將相有人，而不在歲星之臨吴。」

子産鑄《刑書》，趙鞅、荀寅鑄《刑鼎》，至鄧析《竹刑》，則書於竹簡矣。然《甫刑》云：「明啓《刑書》。」其來已久。《漢・杜周傳》「不循三尺法」，注謂「以三尺竹簡書法律也」。朱博亦云：「奉三尺律令以從事。」《鹽鐵論》乃云：「二尺四寸之律，古今一也。」蓋律書以二尺四寸簡，舉其大數，謂之三尺。曹褒《新禮》，寫以二尺四寸簡。漢禮與律令同録，其制一也。

趙襄子曰：「以能忍耻，庶無害趙宗乎？」《説苑・談叢》云：「能忍耻者安，能忍辱者存。」吕居仁謂「忍詬」二字，古之格言，學者可以詳思而致力。

内有疑妻之妾，此宫亂也；庶有疑室之子，此家亂也；朝有疑相之臣，此國亂也。管子之言，即辛伯之諗周桓公也。然管子能言之，而不能格齊桓之心。

朱子曰：「《左氏》之失，在以成敗論人。」愚嘗觀蔡邕《獨斷》引王仲任曰：「君子無幸而有不幸，小人有幸而無不幸。」韓文公謂：「君子得禍爲不幸，而小人得禍爲常；君子得福爲常，而小人得福爲不幸。」亦仲任之意。斯言可以正《左氏》之失。

「宋人享趙文子，叔向爲介。司馬置折俎，禮也。仲尼使舉是禮也，以爲多文辭。」服虔云：「以其多文辭，故特舉而用之。後世謂之『孔氏聘辭』。以孔氏有其辭，故《傳》不復載也。」正義謂「孔氏聘辭」，不知事何所出。

「是謂一終」，一星終也。今俗語云：「一匝。」《淮南子》：「以數雜之壽，憂天下之亂，猶憂河水之少，泣而益之也。」《文子》作「數集」。注：「雜，匝也。人生子，從子至亥爲一匝。」俗語出於此。

或以益爲皋陶之子。《列女傳》「睪子生五歲而贊禹」，曹大家注：皋陶之子伯益也。李邕爲《李思訓碑》云：睪子贊禹，甘生相秦。「睪」與「皋」同。林少穎謂：「伯益即伯翳，其後爲秦。臧文仲聞六蓼滅，曰：『皋陶、庭堅不祀忽諸。』使皋陶猶有後於秦，則文仲之言，不若此之甚也。」《列子》：「夷堅聞而志之。」服虔注：「即庭堅也。」

「嫠不恤緯」，齊女有禮。「漆室女憂君」，況委質爲臣者乎？《列女傳》「魯漆室女」，《韓詩外傳》云：「魯監門之女嬰。」莒婦投紡，復其夫之讎而不知有君，與不恤緯者異矣。

漢世祖罷郡國都尉，晋武帝去州郡武備，其害皆見于後。唐穆宗之銷兵，則不崇朝而變生焉。故曰：「誰能去兵？」

劉知幾曰：「能言吾祖，郯子見師；

不識其先，籍談取誚。」鄧名世曰：「春秋時善論姓氏者，魯有衆仲，晋有胥臣，見《晋語》。鄭有行人子羽，皆能探討本源，自炎、黄而下，如指諸掌。」鄭漁仲曰：「《世本》、《公子譜》二書，皆本《左傳》。」

子皮曰：「君子務知大者遠者，小人務知小者近者。」程子謂：「君子之志，所慮者豈止一身，直慮及天下千萬世；小人之慮，一朝之忿，不遑恤其身。」

「莊公寤生」，《風俗通》云：「俗説兒墮地，未能開目視者，謂之寤生。」

黄池之會，王孫雄曰：❶「必會而先之。」吴、晋争先，雄之謀也，然不能救吴之亡。故《吕氏春秋》曰：「吴王夫差染於王孫雄、太宰嚭。」然則雄亦嚭之流耳。

晋有四姬，鄭子産有男女辨姓之言。攷之《穆天子傳》，穆王有盛姬。蓋周禮之壞自王朝始，諸侯何誅焉？

叔向習《春秋》，爲平公之傅，而不能諫四姬之惑，何也？曰：「正己則可以格君心之非。叔向娶於申公巫臣氏，違母之訓而從君之命。無諸己而後非諸人，自反而不縮，其能正君乎？先儒有言：『寡欲之臣，然後可以言王佐。』」

季武子曰：「有叔向、女齊以師保其君。」公室之卑，私言於晏嬰；杞田之治，僅及於侵小。師保固如是乎？

魯用田賦，仲尼曰：「有周公之典在。」晋鑄刑鼎，仲尼曰：「晋國將守唐叔之所受法度。」周公之典，唐叔之法度，魯、晋所以立國也。是以漢循高祖之法則治，唐變太宗之制則亂。夏有「典則」，商云「成憲」，周

❶「雄」，嘉慶本、道光本作「雒」。

云「舊章」。

古也有志：「克己復禮，仁也。」或謂：克己復禮，古人所傳，非出於仲尼。致堂曰：「夫子以克己復禮爲仁，非指克己復禮即仁也。」胥臣曰：「出門如賓，承事如祭，仁之則也。」蓋《左氏》粗聞闕里緒言，每每引用，而輒有更易。穆姜於隨舉文言，亦此類。

《晋語》欒氏之臣辛俞曰：「三世仕家，君之；再世以下，主之。」注：大夫稱主。優施謂里克妻曰：「主孟啗我。」注：大夫之妻稱主。《左傳》醫和謂趙孟曰：「主是謂矣。」魏戊曰：「主以不賄聞於諸侯。」此大夫稱主也。齊侯使高張來唁公，稱主君。子家子曰：「齊卑君矣。」主君，大夫之稱也。《史記·甘茂傳》樂羊拔中山，魏文侯示之謗書。樂羊曰：「此非臣之功也，主君之力也。」《戰國策》梁王魏嬰觴諸侯於范臺，魯君曰：「主君之尊，儀狄之酒也；主君之味，易牙之調也。」魏以大夫爲諸侯，故猶稱主君。

困學紀聞卷之六

困學紀聞卷之七

浚儀　王應麟　伯厚甫

公　羊

漢武尊《公羊》家，而董仲舒爲儒者宗。「正誼不謀利，明道不計功」二言，得夫子心法。太史公聞之董生者，又深得綱領之正。嘗攷公羊氏之《傳》，所謂讖緯之文，與黜周王魯之説，非《公羊》之言也。蘇氏謂：何休，《公羊》之罪人。晁氏謂：休負《公羊》之學。五始、三科、❶九旨、七等、六輔、二類、七缺，皆出於何氏，其《墨守》不攻而破矣。

《筆談》曰：「《史記·年表》：平王東遷三年，魯惠公即位。《纂例》隱公下，注云：『惠公三年，平王東遷。』不知啖趙得於何書。」《鹽石新論》以爲啖趙所云，出何休《公羊音訓》，當作「平王東遷三年，惠公立」，此休一時記録之誤。安定謂：平王東遷，孝公之三十七年也。明年，惠公立。《春秋》不始於孝公、惠公者，不忍遽絶之，猶有所待焉。歷孝踰惠，莫能中興，於是絶之。所以始于隱公也。

漢以《春秋》決事，如雋不疑引「蒯聵違命出奔，輒距而不納。《春秋》是之」；蕭望之引「士匄侵齊，聞齊侯卒，引師而還。君子大其不伐喪」；丞相、御史議封馮奉世，引「大夫出疆，有可以安國家，顓之可

❶「三」，原字漫漶爲「二」，據嘉慶本、道光本正。

也」。皆本《公羊》，雖於經旨有得有失，然不失制事之宜。至於嚴助以《春秋》對，乃引「天王出居于鄭，不能事母，故絶之」。其謬甚矣。

《左氏》載曹劌問戰、諫觀社，藹然儒者之言。《公羊》乃有盟柯之事，太史公遂以曹沬列刺客之首。此戰國之風，春秋初未有此習也。《穀梁》柯盟曹劌，《公羊》作「曹子」。然則「沬」即「劌」也。此游士之虚語，而燕丹之用荆軻，欲以齊桓待秦政，不亦愚乎！

「九世猶可以復讎乎？雖百世可也」，漢武用此義伐匈奴，儒者多以《公羊》之説爲非。然朱子序《戊午讜議》曰：「有天下者，承萬世無疆之統，則亦有萬世必報之讎。」吁，何止百世哉！

「臣不討賊，非臣也」、「子不復讎，非子也」、「讎者無時焉可與通」，此三言者，君臣父子、天典民彝係焉。公羊子大有功於聖《經》。

以祭仲廢君爲行權，范甯已譏其失矣。《孟子》曰：「有伊尹之志則可。」若祭仲者，董卓、司馬師、孫綝、桓温之徒也，其可褒乎？

「葵丘之會，桓公震而矜之」，安定謂前則致王世子于首止，今又致宰周公于葵丘，其心盈亦甚矣。《穀梁》以爲美，非美也；《孟子》以爲盛，有激而云。

以衛石惡爲惡人，劉原父非之曰：「董賢可謂賢乎！」又以仲孫何忌爲「譏二名」，新莽之制，其出于此歟？東漢之士，猶無二名者。

「用致夫人」，《公羊》以爲姜氏，譏以妾爲妻也。董仲舒謂成風，先儒取之。仲舒説《經》，蓋不泥於《公羊》也。晉江彪曰：

「厭屈私情,所以上嚴祖考。」曾謂:《周禮》在魯,其臣無一江彪乎?

「晉人執宋仲幾于京師。仲幾之罪何?不蓑城也」,注云:「若今以草衣城是也。」《漢·五行志》:「董仲舒以爲宋中幾亡尊天子之心,而不衰城。」顔注云:「衰城,謂以差次受功賦也。」按《左氏傳》:「遲速衰序,於是焉在。」又云:「宋仲幾不受功。」「蓑」字當從《漢志》作「衰」,音初爲反。衰,差也。與《左氏》合。

公羊子,齊人。其傳《春秋》多齊言,登來、化我、樵之、漱浣、筍將、踊爲、詐戰、往黨、往殆、于諸、累、怴、如、昉、掊、脰之類是也。鄭康成,北海人。其注三《禮》多齊言,麴麩曰媒、疾爲戚、麇爲獐、漚曰涹、椎爲終葵、手足掔爲骹、全菹爲芋、祭爲墮、題肩謂擊征、滑曰瀡、相絞訐爲掉磬、無髮爲禿楬、穅爲相、殷聲如衣、祈之言是之類是也。方言之異如此,則《書》之誥誓其可彊通哉?

「文公二年,公子遂如齊納幣。譏喪娶也。娶在三年之外則何譏乎喪娶?三年之内不圖婚娶者,大吉也,非常吉也。其爲吉者主於己,以爲有人心焉者,則宜於此焉變矣。」公羊子之言,天理民彝之正也。《左氏》以爲禮,以爲孝,其害教最甚。杜氏謂:「諒闇既終,嘉好之事,通于外内。」其悖理又甚焉。《中庸》曰:「三年之喪,達乎天子。」《孟子》曰:「三年之喪,自天子達於庶人。」左、杜而忘諸乎?杜預在晉,議太子之服,謂:「周公不言高宗服喪三年,而云諒闇,此服心喪之文也。叔向不譏景王除喪,而譏其宴樂已早,明既葬應除,而違諒闇之節也。」司馬公以爲巧飾《經》、《傳》,以附人情。預但知《春秋》衰世之禮,而未知先王制禮之本也。《公羊》長於《左氏》，此其一端也。

穀　梁

《穀梁傳序》：「凡《傳》以通《經》爲主，《經》以必當爲理。夫至當無二，而三《傳》殊説，庸得不棄其所滯，擇善而從乎？」《孝經序》襲其語。

桓五年《傳》「鄭，同姓之國也，在乎冀州」，注：「冀州則近京師。」按鄭之始封，在今京兆，其地屬雍州。東遷之後，徙新鄭，在今河南，其地屬豫州。謂近京師則可，謂在冀州則非。或曰：「冀州，中州也。」《淮南子》：「正中冀州，曰中土。」

秦自殽之敗即楚，見吕相絶秦，故《穀梁》曰：「秦之爲狄，自殽之戰始。」止齋曰：「楚之伯，秦之力也。自滅庸以後，秦爲楚役。」

伯宗攘輦者之善，穀梁子非之。董公遮説漢王，趙涉遮説條侯，繫天下興亡安危之大幾，用其言而不用其人，何哉？

隱九年「俠卒」。「俠者，所俠也。」所氏見于史者，漢有所忠，《食貨、郊祀志》、《石慶、司馬相如傳》。後漢有所輔。《獨行·劉茂傳》。《風俗通》：「所姓，宋大夫華所事之後。」魯有所氏，非但出於宋也。然無駭、翬、挾、柔、溺、宛，先儒謂大夫未爵命於天子，不氏。則俠之氏爲所，非也。

《公羊傳》於襄二十一年云：「十有一月庚子，孔子生。」《穀梁傳》於二十年十月云：「庚子，孔子生。」二十一年，賈逵注《經》云：「此年仲尼生。」昭二十四年，服虔載賈逵語云：「仲尼時年三十五。」定以孔子爲襄二十一年生也。《孔子世家》云：「魯襄公二十二年生。」杜注從《史記》。臧榮緒以宣尼生庚子日，陳《五經》拜之。然以年則《公》、《穀》、《史記》有一年之差，以月則《公》、《穀》有一月之差。今不可攷。

侯國不守典禮，而使宰咺歸賵；侯國不共貢職，而使石尚歸脤。《經》書天王以是始終，蓋傷周而歎魯也。《穀梁》謂石尚欲書《春秋》，曾是以爲禮乎？

《文中子》謂：「范甯有志於《春秋》，徵聖《經》而詰衆《傳》。」蓋杜預屈《經》以申《傳》，何休引緯以汩《經》，唯甯之學最善。

《穀梁》言大侵之禮，與《毛詩·雲漢》傳略同；言蒐狩之禮，與《毛詩·車攻》傳相合。此古禮之存者。

《左傳》正義云：「漢代古學不行，明帝集諸學士作《白虎通義》。因《穀梁》之文，爲之説曰：『王者諸侯所以田獵何？爲苗除害，上以共宗廟，下以簡集士衆也。春謂之田何？春，歲之本，舉本名而言之也。夏謂之苗何？擇其懷任者也。秋謂之蒐何？蒐索肥者也。冬謂之狩何？守地而取之也。四時之田總名爲田何？爲田除害也。』」今《白虎通義》十卷，無此語，豈亦有逸篇歟？然章帝會諸儒於白虎觀，正義謂明帝，亦誤。

某，或作「厶」，出《穀梁》注：「鄧，厶地。」

穀梁子，或以爲名赤，或以爲名俶，秦孝公時人。今按：《傳》載《尸子》之語。尸佼與商鞅同時，故以穀梁子爲秦孝公時人，然不可攷。《漢書》但云魯學。

論語

或問：「《論語》首篇之次章，即述有子之言。而有子、曾子獨以子稱，何也？」曰：「程子謂此書成於有子、曾子之門人也。」曰：「柳子謂孔子之没，諸弟子以有子爲似夫子，立而師之。其後不能對諸子之問，乃叱避而退，則固有常師之號，❶是以稱子。其説非與？」曰：「非也。此太史公采雜説之謬，宋子京、蘇子由辨之矣。《孟子》謂：『子夏、子張、子游，以有若似聖人，欲以所事孔子事之。』朱子云：『蓋其言行氣象有似之者，如《檀弓》所記子游謂有若之言似夫子之類是也。』豈謂貌之似哉？」曰：「有子不列于四科，其人品何如？」曰：「宰我、子貢、有若智足以知聖人。此《孟子》之言也。蓋在言語之科，宰我、子貢之流亞也。」曰：「有子之言，可得聞與？」曰：「盍徹之對，出類拔萃之語，見於《論》、《孟》。而《論語》首篇所載，凡三章，曰『孝弟』，曰『禮』，曰『信恭』，尤其精要之言也。其論『晏子焉知禮』，則《檀弓》述之矣。《荀子》云：『有子惡卧而焠掌，可以見其苦學。』」曰：「朱子謂有子重厚和易，其然與？」曰：「吴伐魯，微虎欲宵攻王舍，有若與焉，可謂勇於爲義矣，非但重厚和易而已也。」曰：「有子、曾子並稱，然斯道之傳，唯曾子得之。子思、孟子之學，曾子之學也，而有子之學無傳焉，何歟？」曰：「曾子守約而力行，有子知之而已。智足以知聖人，而未能力行也。《家語》稱

❶ 「有常」，嘉慶本、道光本互乙。

其『彊識好古道』，其視以魯得之者，有間矣。」曰：「學者學有子可乎？」曰：「孝弟務本，此入道之門、積德之基，學聖人之學莫先焉。未能服行斯言，而欲凌高厲空，造一貫忠恕之域，吾見其自大而無得也。學曾子者，當自有子孝弟之言始。」曰：「《檀弓》記有子之言，皆可信乎？」曰：「王無咎嘗辨之矣。若語子游欲去喪之踊，孺子䵣之喪，哀公欲設撥以問若，若對以爲可。皆非也。唯《論語》所載爲是。」

《春秋》正義云：「哀公問主於宰我，案古《論語》及孔、鄭皆以爲社主，張、包、周等並爲廟主。」今本作「問社」，《集解》用孔氏說，凡建邦立社，各以其土所宜之木。亦不言社主，然正義必有據。

張衡《思玄賦》「匪仁里其焉宅兮，匪義迹其焉追」，注引《論語》「里仁爲美。宅不處仁，焉得知？」里、宅，皆居也。石林云：「以擇爲宅，則里猶宅也。蓋古文云然。今以宅爲擇，而謂里爲所居，乃鄭氏訓解，而何晏從之。當以古文爲正。」致堂云：「里，居也。居仁如里，安仁者也。」

「商爲起予」，理明辭達也。「回非助我」，默識心通也。

《說苑》：「管仲築三歸之臺，以自傷於民。」《集注》取之。

「舉直錯諸枉，舉枉錯諸直」，孫季和謂：「舉直而加之枉之上，則民服，枉固服於直也。舉枉而加之直之上，則民不服，直固非枉之所能服也。」若諸家解，何用加二「諸」字。

王景文曰：「孔子見起證而知其末，

故曰：『其或繼周者，雖百世可知也。』孟子見進證而知其極，故曰：『千歲之日，❶可坐而致也。』邵氏見困證而知其窮，故曰：『苟有命世之人，雖民如夷狄，三變而帝道可舉。惜時無百年之世，世無百年之人，時難人難，不其然乎？』」邵子之言，見《觀物篇》。

「默而識之」，朱子謂不言而存諸心。「屢空」，不取虛中之說，恐學者流於異端也。

「申棖」，鄭康成云：「蓋孔子弟子申續。《史記》云：『申棠，字周。』《家語》云：『申續，字周。』」今《史記》以「棠」爲「黨」，《家語》以「續」爲「績」，傳寫之訛也。後漢《王政碑》云：「有羔羊之絜，無申棠之欲。」亦以「棖」爲「棠」，則申棠、申棖一人爾。唐開元封申黨召陵伯，又封申棖魯伯。本朝祥符封棖文登侯，又封黨淄川侯，俱列從祀。「黨」即「棠」也，一人而爲二人，失於詳攷《論語釋文》也。《史記》索隱謂：《文翁圖》有申棖、申堂，今所傳《禮殿圖》有申黨，無申棖。

甘羅曰：「項橐七歲爲孔子師。」董仲舒《對策》：「此亡異於達巷黨人，不學而自知。」孟康注：「人，項橐也。」《隸釋》載《逢盛碑》，以爲后橐。孟康之説未知所出，《論語》注疏無之。

「師摯之始」，鄭康成謂「魯太師之名」。「大師摯適齊」，孔安國以爲魯哀公時人，康成以爲周平王時人。班固《禮樂志》謂：「殷紂作淫聲，樂官師瞽抱其器而犇散，或適諸侯，或入河海。」《古今人表》列大師摯

❶「日」下，嘉慶本、道光本有「至」字。

以下八人於紂時。吴斗南云:「按《商本紀》紂世抱樂器而犇者,大師疵、少師彊也。《人表》亦列此二人於師摯八人之後,誤合兩事爲一。」石林云:「司馬遷論周厲王事曰:『師摯見之矣。』則師摯,厲王時人也。」諸説不同,横渠從孔安國注。

「考其所爲,觀其所由,察其所安」,亦見《大戴禮·文王官人篇》。

「老彭」,鄭注云:「老聃、彭祖。」龜山曰:「老氏以自然爲宗,謂之不作可也。」朱文公曰:「以《曾子問》言禮證之,述而不作,信而好古,皆可見。蓋聃,周之史官,掌國之典籍、三皇五帝之書,故能述古事而信好之。如五千言,或古有是語而傳之。《列子》引黄帝書,即『谷神不死』章也。聃雖知禮,謂行之反以多事,故欲滅絶之。《禮運》:『謀用是作,兵由此起』,亦有此意。」致堂曰:「仲尼問禮,或以證舊聞,或以絶滅禮學之故,振而作之,使於問答之際有啓發,非以爲師也。」

王無咎云:「鹿邑之外有互鄉城,邑人相傳,謂互鄉童子見孔子者,此處也。前代因立互鄉縣。其城猶存。」鹿邑屬亳州。

「不舍晝夜」,《釋文》:「舍,音捨。」《集注》亦云「上聲」。而《楚辭辨證》云:「洪引顏師古曰:『舍,止息也。屋舍、次舍,皆此義。』《論語》不舍晝夜,謂曉夕不息耳。今人或音捨者,非是。」《辨證》乃朱子晚歲之書,當從之。

龐涓、孫臏同學兵法,蘇秦、張儀同學從衡,李斯、韓非同學刑名,始也朋而終也仇。故曰:「小人同而不和,比而不周。」

思欲近,近則精;慮欲遠,遠則周。

四教以文爲先,自博而約;四科以文

爲後，自本而末。

互鄉童子則進之，開其善也；闕黨童子則抑之，勉其學也。

草廬一言而定三分之業，「一言之興邦」也；夕陽亭一言而召五胡之禍，「一言之喪邦」也。

唐太宗文學館學士，許敬宗與焉；裴晉公淮西賓佐，李宗閔與焉。以是知佞人之難遠。

尹和靜云：「君臣以義合者也，故君使臣以禮，則臣事君以忠。」東澗謂如言「父慈子孝」，加一「則」字，失本義矣。

「以能問於不能，以多問於寡，有若無，實若虛，犯而不校」，顔子和風慶雲之氣象也。「富貴不能淫，貧賤不能移，威武不能屈」，孟子泰山巖巖之氣象也。

「麻冕，禮也；今也純，儉」，鄭注：「純，黑繒也，側基反。」而《釋文》以鄭爲下音。今讀者從上音如字，非也。按《儀禮》疏，古「緇」、「紂」二字並行，「緇布」之「緇」，本字不誤。「紂帛」之「紂」，多誤爲「純」。《周禮》「純帛」，注：「純，實『緇』字。古『緇』以『才』爲聲。」《釋文》：「純，側其反，依字從糸、才。」《詩·行露》箋「紂帛」，《釋文》云：「紂，音緇。依字糸旁才。後人以才爲屯，因作純。」又《丰》詩箋云：「士妻紂衣。」《儀禮》「純衣」，《釋文》無音，亦非也。《集解》：「純，絲也。」取《説文》。

「君子不以紺緅飾」，孔氏注：「一入曰緅。」石林云：「《考工記》三入爲纁，五入爲緅，七入爲緇。緅在纁、緇之間。《爾雅》：『一入爲縓』。《禮》『練衣黃裏縓緣』，『練冠、麻衣縓緣』。蓋孔氏誤以『緅』爲『縓』，則『緅』不可爲近喪服。」《集注》謂：「緅，絳色。以飾練服。」亦用孔注。正義曰：「一入爲緅，未知出何書。」又云：「三年練以緅飾衣，似讀緅爲縓。」當以石林之説爲正。

馬融注《論語》云：「所因，謂三綱五常。」《大學衍義》謂三綱之説，始見於《白虎通》。愚按：《谷永傳》云：「勤三綱之嚴。」《太玄·永》次五云：「三綱得于中極，天永厥福。」其説尚矣。《禮記》正義引《禮緯含文嘉》，有三綱之言，然緯書亦起於西漢之末。

《太平御覽》引《莊子》曰：「孔子病，子貢出卜。孔子曰：『子待也。吾坐席不敢先，居處若齊，食飲若祭，吾卜之久矣。』」子路請禱，可以參觀。

「仁者静」，孔安國云：「無欲故静。」與《太極圖説》同。

石林解「執禮」云：「猶執射、執御之執。《記》曰：『秋學禮，執禮者詔之。』蓋古者謂持禮書以治人者，皆曰『執』。《周官·大史》：『大祭祀，宿之日，讀禮書；祭之日，執書以次位常。』凡射事執其禮事，此禮之見於書者也。」解「《雅》、《頌》各得其所」，云：「季札觀魯樂，以《小雅》爲周德之衰，《大雅》爲文王之德。《小雅》皆變雅，《大雅》皆正雅。楚莊王言武王克商，作《頌》，以《時邁》爲首，而《武》次之，《賚》爲第三，《桓》爲第六，以所作爲先後。以此攷之，《雅》以正變爲大小，《頌》以所作爲先後者，《詩》未删之序也。論政事之廢興，而以所陳者爲大小；推功德之形容，而以可告者爲先後者，删詩之序也。」其説可以補注義之遺。

《吕氏春秋》：楚有直躬者，其父竊羊而謁之上。上執而將誅之，直躬者請代之。將誅矣，告吏曰：「父竊羊而謁之，不亦信乎！父誅而代之，不亦孝乎！信且孝而誅之，國將有不誅者乎？」荆王聞之，乃不誅也。孔子聞之曰：「異哉，直躬之爲信也。一父而載取名焉，故直躬之信，不若無信。」此即葉公所云也。致堂曰：「直躬，猶曰正己，而《吕氏春秋》以爲人姓名，妄也。」

周生烈子云：「舜嘗駕五龍以騰唐衢，武嘗服九駮以馳文塗。此上御也。」謂五臣、九臣。

文子曰：「人皆以無用害有用，故知不博而日不足。以博弈之日問道，聞見深矣。」可以發明無所用心之戒。言無所用心之害，非以博弈爲賢也。讀此章者，當以韋昭之論，陶侃之言參觀。

曹操《祭橋玄文》曰：「仲尼稱不如顏淵。」注引《論語》：孔子謂子貢：「吾與汝俱不如也。」按包氏解云：「吾與女俱不如。」

「周有八士」，包氏注云：「四乳生八子。」其説本董仲舒《春秋繁露》。謂四産得八男，皆君子雄俊，此天所以興周國。《周書·武寤篇》「尹氏八士」，注云：「武王賢臣。」《晋語》「文王詢八虞」，賈逵云：「周八士，皆在虞官。」以仲舒「興周」之言攷之，當在文、武時。

東坡解「孟莊子之孝」爲獻子，石林謂以獻子爲穆伯之子，以惠叔爲惠伯，讀《左氏》不精，二者皆誤。致堂取蘇説，而不辨其誤。

《吕氏春秋·不苟論》云：「孔丘、墨翟，晝日諷誦習業。夜親見文王、周公旦而問焉。」注引《論語》「夢見周公」。孔、墨並稱，始於戰國之士。其流及於漢儒，雖韓退之亦不免。

逸民各論其行，而不及朱張。或曰：「其行與孔子同，故不復論也。」《釋文》引王弼注：「朱張，字子弓，荀卿以比孔子。」「虞仲夷逸，隱居放言」，包氏注：「放，置也，不復言世務。」介之推曰：「言，身之文也。身將隱，焉用文之。」《中庸》曰：「其默足以容。」古注亦有味。

《論語》疏：「案《春秋少陽篇》伯夷姓墨，名允，字公信。伯，長也。夷，謚。叔齊名智，字公達，伯夷之弟。齊，亦謚也。」《少陽篇》，未詳何書。真宗問陳彭年：「墨允、墨智何人？」彭年曰：「伯夷、叔齊也。」上問：「見何書？」曰：「《春秋少陽》。」夷、齊之父，名初，字子朝。胡明仲曰：「《少陽篇》以夷、齊爲伯、叔之謚，彼已去國，隱居終身，尚誰爲之節惠哉？蓋如伯達、仲忽，亦名而已矣。」

沮溺荷蓧之行，雖未能合乎中；陳仲子之操，雖未能充其類，然唯孔、孟可以議之。斯人清風遠韻，如鸞鵠之高翔，玉雪之不汙，眎世俗殉利亡耻、饕榮苟得者，猶腐鼠糞壤也。小人無忌憚，自以爲中庸，而逸民清士，乃在譏評之列，學者其審諸！

《吕氏春秋》云：「子路揜雉，得而復釋之。」蓋因「子路共之」而爲此説。朱文公《集注》引晁、劉兩説，「共」字當爲「拱執」之義。

上蔡云：「聖人語常而不語怪，語德而不語力，語治而不語亂，語人而不語神。」本王無咎之説。

陸務觀云：「『一言可以終身行之者，其恕乎！』此聖門一字銘也。『《詩》三百，一言以蔽之，曰思無邪』，此聖門三字銘也。」

「爲力不同科」，馬融解云：「力役有上、中、下三科。」五峰謂此説是。

「譬諸草木，區以別矣」，五峰曰：「草

木生於粟粒之萌，及其長大，根莖華實，雖凌雲蔽日，據山蟠地，從初具乎一萌之内，而未嘗自外增益之也。」用《樂記》區萌字，音勾。朱文公曰：「林少穎亦説與黄祖舜如此。」

《漢·藝文志》「小道可觀」，《蔡邕傳》「致遠則泥」，以子夏之言爲孔子。《唐·孔穎達傳》「以能問於不能」，以曾子之言爲孔子。

卞莊子之勇，《或問》云：「事見《新序》。」愚按：《荀子·大略篇》：「齊人欲伐魯，忌卞莊子，不敢過卞。」此可見其有勇也。

《史記》正義：「首陽山有五。」顔師古注《漢書》云：「伯夷歌登彼西山，當以隴西爲是。」石曼卿詩曰：「恥生湯武干戈日，寧死唐虞揖遜區。」謂首陽在河東蒲坂，乃舜都也。余嘗攷之《曾子書》，以爲夷、齊死於濟、澮之間，其仁成名於天下。又云：「二子居河、濟之間。」則曼卿謂首陽在蒲，爲得其實。澮，水名，《左氏》所謂汾澮。

水一也，孔子觀之而明道體之無息；孟子觀之而明爲學之有本。荀子亦云：「水至平，端不傾，心術如此象聖人。」其觀於水也，亦亞於孔、孟矣。於此見格物之學。

吕成公讀《論語》「躬自厚而薄責於人」，遂終身無暴怒。絜齋見象山讀《康誥》，有感悟，反己切責，若無所容。前輩切己省察如此。

孔庭之教曰《詩》、《禮》。子思曰：「夫子之教，必始於《詩》、《書》而終於《禮》、《樂》，雜説不與焉。」《荀子·勸學》亦曰：「其數則始乎誦《經》，終乎讀《禮》；其義則始乎爲士，終乎爲聖人。」《經》，謂《詩》、《書》。

四勿九思，皆以視爲先。見弓以爲蛇，見寢石以爲伏虎，視汩其心也。閔周者，黍稷不分；念親者，莪蒿莫辨，心惑其視也。吳筠《心目論》：「以動神者心，亂心者目。」《陰符經》：「心生於物，死於物，機在目。」蔡季通釋其義曰：「《老子》曰：『不見可欲，使心不亂。』西方論六根六識，必先曰眼曰色，均是意也。」

古者士傳言諫，其言責與公卿大夫等。及世之衰，公卿大夫不言而士言之，於是有欲毀鄉校者，有謂處士橫議者，不知三代之盛，士亦有言責也。夫子曰：「天下有道，庶人不議。」而不及士，其指微矣。乙酉二月，夢前宰輔以太學所上書，求余跋語。夢中作此，寤而識之。

「非帷裳，必殺之」，鄭康成云：「帷裳，謂朝祭之服，其制正幅如帷。非帷裳者，謂深衣，削其幅縫，齊倍要。」見《春秋》正義。《集解》不取《集注》，用鄭說。

孔門弟子，唯言偃「吳人」，而澹臺滅明「南游至江」。《史記》正義：「蘇州南五里，有澹臺湖。」《儒林傳》：「澹臺子羽居楚。」

《韓非》曰：「季孫相魯，子路爲郈令。魯以五月起衆爲長溝，子路以其私秩粟爲漿飯，要作溝者於五父之衢而飡之。孔子聞之，使子貢往覆其飯，擊毀其器，曰：『魯君有民，子奚爲乃飡之？』言未卒，而季孫使者至，讓曰：『肥也起民而使之，先生使弟子令徒役而飡之，將奪肥之民耶？』孔子駕而去魯。」此雖與《論語》、《史記》不同，然亦夫子去魯之一事也。攷《左氏傳》郈，叔孫之邑也。

申屠嘉不受私謁，則可以折幸臣；董

仲舒正身率下，則可以事驕王。魏相以廉正，霍氏不能誣；袁安、任隗以素行，竇氏无以害。故曰：「其身正，不令而行。」苟正其身矣，於從政乎何有？

君子不因小人而求福，孔子之於彌子也；不因小人而避禍，叔向之於樂王鮒也。朱博之黨丁傅，福可求乎？賈捐之之諂石顯，禍可避乎？故曰：「不知命，無以爲君子。」

朱子以無垢爲雜學，《論語集注》獨取「審富貴，安貧賤」一語。

陳仲猷曰：「『逝者如斯夫』，道體無窮，借水以明之；『鳶飛戾天，魚躍于淵』，道體無不在，借鳶魚以明之。」葉仲圭曰：「『出入無時，莫知其鄉』，常人之心也。『寂然不動，感而遂通』，聖人之心也。聖人之心，豈常人之所無哉？昏與明異而已矣。」仲猷、仲圭，皆余同年。

王充云：「浴乎沂，涉沂水也。風乎舞雩，風，歌也。」仲長統云：「諷於舞雩之下。」愚謂以「風」爲「諷」，則與「詠而歸」一意矣，當從舊說。

上蔡《論語解》引元澤云：王元澤。「教之化民也深於命，民之效上也捷於令。」本《史記》趙良之言。《商君傳》。

《集注》蘧伯玉於孫林父、甯殖放弒之謀，不對而出。按《左氏傳》甯殖當爲甯喜。

《史記·循吏傳》「孫叔敖三得相而不喜，三去相而不悔」。與令尹子文之事相類，恐是一事。

范伯崇曰：「温故而不知新，雖能讀《墳》、《典》、《索》、《丘》，足以爲史，而不足以爲師。」

劉子《謹獨篇》曰：「顏回不以夜浴改

容。」《顔氏家訓》曰：「曾子七十乃學，名聞天下。」皆未詳所出。《家語》「曾參少孔子四十六歲」，非老而學者。

蘧伯玉，《史記》謂孔子所嚴事，不當在弟子列。《禮殿圖》有之，而唐、宋皆錫封從享。公伯寮非孔子弟子，乃季氏之黨，致堂、胡氏之説當矣。《家語》不列其名氏，蓋自《史記》失之。《家語》有縣亶，字子象，《史記》索隱以爲縣豐，唐、宋封爵，皆不及焉。《禮記・檀弓》有縣子，豈其人與？

柳子厚《與太學諸生書》曰：「仲尼吾黨狂狷，南郭獻譏。」按《荀子・法行篇》：南郭惠子問於子貢曰：「夫子之門，何其雜也。」非以狂狷爲譏。

「無可無不可」，致堂謂以五字成文。聖人從容中道，無所偏倚。世之通儻不泥者，纔足謂之無不可爾。馬援以此稱高帝，亦稔於常談。

夫子之割之席，曾子之簀，一於正而已。論學則曰正心，論政則曰正身。

「善人吾不得而見之矣，得見有恒者，斯可矣。」善人，周公所謂吉士也。有恒，周公所謂常人也。

微生高，《漢・古今人表》作「尾生高」。蓋即《莊子》所謂尾生。東方朔曰：「信若尾生。」然尾生之信，非信也。

鄭校周之本，以齊古讀正，凡五十事。《釋文》。

陳自明以「子見南子」爲「南蒯」。以《傳》攷之，昭公十二年，南蒯叛，孔子年方二十有二，子路少孔子九歲，年方十三。其説鑿而不通矣。

聖人毋必，而鄉黨言「必」者十有五，記必爲之事也。其傳《易》曰：「積善之家，必有餘慶；積不善之家，必有餘殃。」「陰疑於陽必戰。」「小人勿用，必亂邦也。」著必然之理也。

孔門受道，唯顔、曾、子貢。太史公稱，子貢一出，存魯，亂齊，破吴，彊晉，伯越，是以戰國説客視子貢也。又列于《貨殖傳》，以《論語》一言，而斷其終身可乎？子貢聞「一以貫之」之傳，與曾子同。《貨殖》何足以疵之？

「過則勿憚改」；「非禮勿視，非禮勿聽，非禮勿言，非禮勿動」；「己所不欲，勿施於人」；「勿欺也」。皆斷以「勿」，蓋去惡不力，則爲善不勇。

孔門獨顔子爲好學，所問曰「爲仁」、曰「爲邦」，成己成物，體用本末備矣。

「唐棣」與「常棣」不同。致堂謂「偏其反而」即《詩・常棣篇》，孔子删而不取，恐誤。

闞黨之童，游聖門者也，夫子抑其躁，是以知心之易放。互鄉之童，難與言者也，夫子與其進，是以知習之可移。

孝經

《孝經序》六家異同，今攷《經典序録》有孔、鄭、王、劉、韋五家，而無虞翻注。有虞槃佑，東晉處士也。

致堂謂：「《孝經》非曾子所自爲也。曾子問孝於仲尼，退而與門弟子言之，門弟子類而成書。」晁子止謂：「何休稱子曰『吾志在《春秋》，行在《孝經》』，則孔子自著也。今首章云『仲尼居』，則非孔子所著矣，當是曾子弟子所爲書。」馮氏曰：「子思作《中庸》，追述其祖之語，乃稱字。是書當成於子思之手。」

《古文孝經》，《漢志》、《書序》謂出孔壁，而許沖上其父《説文》曰：「孝昭帝時，魯國三老所獻。」其説不同。

當不義，則子不可不争於父。《孟子》云：「父子之間，不責善。」荆公謂：當不義則争之，非責善也。晁子止《讀書志》，乃謂介甫阿其所好。蓋子止守景迂之學，以《孟子》爲疑，非篤論也。朱文公於《孟子集注》，取荆公之説。

「是何言與」，司馬公解云：「言之不通也。」范太史《説》誤以「言之不通也」五字爲經文，古今文皆無，《朱文公集》所載《刊誤》亦無之。近世所傳《刊誤》，以五字入經文，非也。

《孝經》鄭氏注，陸德明云：「與康成注《五經》不同。」今按：康成有六天之説，而《孝經》注云：「上帝，天之别名。」故陸澄謂不與注書相類。

《荀子》述孔子之言曰：「昔萬乘之國，有争臣四人，則封疆不削；千乘之國，有争臣三人，則社稷不危；百乘之國，有争臣二人，則宗廟不輟。父有争子，不行無禮；士有争友，不爲不義。」與《孝經》稍異。

彭忠肅公以致敬、致樂、致憂、致哀、致嚴，裒集格言爲《五致録》。司馬公《家範》亦以五致類事，忠肅之書本於此。

《國史志》云：「《孝經》孔安國傳，古二十二章，有《閨門篇》，爲世所疑。鄭氏注，今十八章。相承言康成作，《鄭志目録》不載。通儒皆驗其非。開元中，孝明纂諸説，自注以奪二家。然尚不知鄭氏之爲小同。」

王去非云：「學者學乎孝，教者教乎孝，故皆從孝字。」慈湖、蒙齋謂古「孝」字，只是學字。愚按：《古文韻》「學」字，古《老子》作「𡥈」。「教」字，郭昭卿《字指》作「𡥈」。

「不敢毁傷」至「不敢失於臣妾」，言「不敢」者九。《管子》曰：「賢者行於不敢而立於不能。」《詩》於文王、仲山甫，皆曰：「小心翼翼。」

「求忠臣必於孝子之門」，《孝經緯》之言也。見東漢《韋彪傳》注。

劉盛不好讀書，唯讀《孝經》、《論語》，曰：「誦此能行足矣，安用多誦而不行乎？」蘇綽戒子威云：「讀《孝經》一卷，足以立身治國，何用多爲？」愚謂：梁元帝之萬卷，不如盛、綽之一言。學不知要，猶不學也。

范太史《孝經説》曰：「能事親則能事神。」真文忠公《勸孝文》曰：「侍郎王公蓋梅溪也。見人禮塔，呼而告之曰：『汝有在家佛，何不供養？』」蓋謂人能奉親，即是奉佛。

「嚴父莫大於配天」。神宗聖訓云：「周公宗祀乃在成王之世。成王以文王爲祖，則明堂非以考配明矣。」自唐代宗用杜鴻漸等議，明堂以考肅宗配上帝，一時誤禮，非「祀無豐昵」之義。

「孝子之事親終矣。」此言喪祭之終，而孝子之心，昊天罔極，未爲孝之終也。曾子戰兢知免，而易簀得正，猶在其後，信乎終之之難也。

困學紀聞卷之七

困學紀聞卷之八

浚儀　王應麟　伯厚甫

孟　子

《孟子集註序説》引《史記・列傳》以爲《孟子》之書，孟子自作。韓子曰：「軻之書，非自著。」謂《史記》近是。而《滕文公》首章「道性善」，注則曰：「門人不能盡記其詞。」又第四章「決汝漢」，注曰：「記者之誤。」吴伯豐以問朱文公，文公答曰：「前説是，後兩處失之。熟讀七篇，觀其筆勢，如鎔鑄而成，非綴緝所就也。」

趙氏《孟子章指》引《論語》曰：「力行近仁。」誤以《中庸》爲《論語》。無垢《孝經解》誤以「臨深履薄」爲衛武公之詩。致堂《無逸傳》誤以「不解于位」爲《泂酌》。吴才老《書裨傳・臣辯》誤以晋侯重耳爲申生。誠齋《易傳後序》誤以韓宣子爲季札。

《文選》陳孔璋《爲曹洪書》云：「有子勝斐然之志。」注引《墨子》曰：「二三子復於子墨子曰：『告子勝仁。』子墨子曰：『未必然也。告子爲仁，猶跂以爲長，偃以爲廣，不可久也。』」勝蓋告子之名，豈即《孟子》所謂告子歟？

《文選》注引《孟子》曰：「墨子兼愛，摩頂致於踵。」趙岐曰：「致，至也。」今本作「放踵」。注無「致，至也」三字。

《元和郡縣志》：「齊雪宫故趾，在青州臨淄縣東北六里。《晏子春秋》所謂『齊侯見晏子于雪宫』。」

《孟子》：「以齊王，由反手也。」趙岐注謂譏管、晏不勉其君以王業。「文王望道而未之見。」注謂殷録未盡，尚有賢臣，道未得至。王無咎非之曰：「岐名通《孟子》，而實汩之。」

琴張，注謂子張善鼓琴，蓋未知《左傳》有琴張。

「周公思兼三王，以施四事」，注云：「四事，禹、湯、文、武所行事也。」而伏生《大傳》云：「周公兼思三王之道，以施於春秋冬夏。」其説陋矣。

滕定公、文公，按趙氏注：《古紀世本》滕國有考公麇、元公弘，即定公、文公也。《世本》今無傳，此可備參攷。

「《志》曰：『喪祭從先祖。』」注引《周禮》「小史掌邦國之志」。愚謂：邦國之志，若「周志」、「史佚之志」、「鄭書」、「楚書」、「秦記」之類。

《孟子》疏謂：齊王悦南郭先生吹竽，喜鄒忌鼓琴，安知與衆樂樂？愚攷之《史記》，騶忌以鼓琴見齊威王，非宣王也。唯南郭處士吹竽，乃宣王時。見《韓非·内儲説》。

《説苑》：「景差相鄭，鄭人有冬涉水者，出而脛寒。後景差過之，下陪乘而載之，覆以上衽。叔向聞之曰：『景子爲人國相，豈不固哉？吾聞良吏居之三月而溝渠脩，十月而津梁成。六畜且不濡足，而況人乎？』」此即《孟子》所言子産以乘輿濟人之事也。叔向之時，鄭無景差，當以《孟子》爲正。

曾西，注以爲曾子之孫，《集注》因之。《經典序録》：曾申，字子西，曾參之子。子夏以《詩》傳曾申，左丘明作《傳》以授曾申。曾西之學，於此可攷。楚鬬宜申、公子申，皆字子西，則曾西之爲曾申無疑。

鄧惲曰：「孟軻以彊其君之所不能爲忠，量其君之所不能爲賊。」與今《孟子》語小異。

「謹庠序之教，申之以孝悌之義，頒白者不負戴於道路矣。」愚按：《書大傳》云：「歲事既畢，餘子皆入學。十五入小學，十八入大學。距冬至四十五日，始出學，傅農事。上老平明坐於右塾，庶老坐於左塾，餘子畢出，然後歸。夕亦如之。餘子皆入，父之齒隨行，兄之齒鴈行。朋友不相踰。輕任并重任分，頒白不提挈。出入皆如之。此之謂造士。」《漢書·食貨志》云：「春將出民，里胥平旦坐於右塾，鄰長坐於左塾。云云。入者必持薪樵，輕重相分，班白不提挈。」孝悌之義，當以是觀之。

棄禮捐恥，秦所以敗；恥尚失所，晋所以替。恥之於人大矣。

陳蕃諫校獵曰：「齊景公欲觀於海，放乎琅邪。晏子爲陳百姓惡聞旌旗輿馬之音，舉首嚬眉之感，景公爲之不行。」此以《孟子》二章爲一事。

梁惠王「西喪地於秦七百里」，潏水李氏曰：「初北地郡屬魏，後盡爲秦并。喪於秦，不止七百里也。」

《法言·脩身篇》引《孟子》曰：「夫有意而不至者有矣，未有無意而至者也。」今《孟子》無此語，其在《外書》歟？

周子静端朝。爲學官。小司成襲蓋卿以「守氣不如守約」命題，子静曰：「『氣』不與『約』字對，兩『守』字著略點，晦翁注甚明，豈可破句讀《孟子》？」

《尸子》引孔子曰：「誦《詩》讀《書》，

與古人居。」《金樓子》曰：「曾生謂：誦《詩》讀《書》，與古人居；讀《書》誦《詩》，與古人期。」《孟子》：「頌其詩，讀其書，不知其人可乎？」斯言亦有所本。

命不可委，故孟子言立命；心不可委，故南軒以陶淵明委心之言爲非。

仁曰仁術，儒曰儒術，術即道也。申不害以術治韓，鼂錯言術數，公孫弘謂智者術之原，君子始惡乎術矣。故學者當擇術。

致堂曰：「楊朱與老聃同時，墨翟又在前，宗師大禹，而晏嬰學之。以爲楊、墨出於師商，考之不詳甚矣。」朱文公曰：「莊周之學出於老氏。韓子始謂子夏之後有田子方，子方之後流而爲莊周。以其書之稱子方者考之，則子方之學子夏，周之學子方者，皆不可見。」愚謂：觀此二説，則異端之學，非孔門弟子傳流之差也。

莊子曰：「爲善無近名，爲惡無近刑，緣督以爲經。」又曰：「將處夫材與不材之間。」此子莫之執中也。

楊之學似老，墨之學似佛。楊朱書，唯見于《列子》。

董仲舒云：「以仁治人，以義治我。」劉原父云：「仁字從人，義字從我，豈造文之意邪？」愚謂：告子仁内義外之説，孟子非之。若以人我分仁義，是仁外義内，其流爲兼愛、爲我矣。

《孟子》引費惠公之言，謂小國之君也。春秋時，費爲魯季氏之邑。《史記・楚世家》有鄒、費、郯、邳，蓋戰國時以邑爲國，意者魯季氏之僭歟？

仁，人心也。求其放心，此孟子直指本心處。但禪學有體無用。

曹交，注謂曹君之弟。按《左傳》哀公

八年，宋滅曹。至孟子時，曹亡久矣。曹交，蓋以國爲氏者。

老泉《三子知聖人汙論》，誤以「汙」字爲句。趙岐謂孟子知其言大過，故貶謂之汙下，亦非孟子之意。

《史記·六國表》注：皇甫謐曰：「《孟子》稱禹生石紐，西夷人也。」今無此語。

孟子字未聞。《孔叢子》云「子車」。注：「一作子居。居貧坎軻，故名軻，字子居，亦稱字子輿」。疑皆傅會。《聖證論》云：「子思書《孔叢子》，有孟子居，即是軻也。」《傅子》云「孟子輿」。

《孟子》正義云：「唐林謹思《續孟子》書二卷，謂《孟子》七篇非軻自著，乃弟子共記其言。」與韓文公之説同。

《正義》，序云孫奭，《崇文總目》、《館閣書目》、《讀書志》皆無之。朱文公謂邵武士人作，不解名物制度，其書不似疏。

《吕氏春秋》：「舜行德三年，而三苗服。孔子聞之曰：『通乎德之情，則孟門、太行不爲險矣。』故曰：『德之速，疾乎以郵傳命。』」此可以證《孟子》引孔子之言。

「墨之治喪以薄」，《宋書·禮志》引《尸子》：禹治水，爲喪法曰：「桐棺三寸，制喪三日。」蓋墨家託於禹也。

好樂，好勇，好貨、色，齊宣王所以不能用孟子也；文帝好清静，故不能用賈誼；武帝好紛更，故不能用汲黯。

「上有好者，下必甚焉」，光武封一卓茂，而節義之俗成；太宗誅一德儒，而諫爭之門闢。信乎，如風之偃草也。

「不仁而得天下，未之有也」，秦皇以不仁得之矣，二世而失，猶不得也。

「惟尹躬暨湯，咸有一德，克享天心」，故湯曰「天吏」，尹曰「天民」。

孟子學伊尹者也。「當今之世，舍我其誰也？」是亦聖之任。

「仁在乎熟之而已矣」，子路，未熟之五穀；管仲，已熟之荑稗；楊、墨，五穀之螟螣。

照乘之珠，和氏之璧，戰國之君以爲寶，故曰：「諸侯之寶三。」

爲天吏則可以伐燕，於漢、楚見之。董公未説漢王之前，以强弱角勝負，所謂「以燕伐燕」也。三軍縞素之後，則爲天吏矣。仁義之言，齊、梁以爲迂闊者，董公一言而漢、楚之興亡決焉，可謂豪傑之士。

弱而不可輕者民也，古先哲王曰「敬民」，曰「畏民」。石守道謂：「湯以七十里亡夏，文王以百里亡商，陳勝以匹夫亡秦，民可不畏乎？故曰：『民爲貴。』」太史公以陳涉與湯、武並言，涉豈能爲湯、武哉？蓋楚、漢間豪傑之餘論也。

「善推其所爲」，此心之充拓也；「求其放心」，此心之收斂也。致堂曰：「心無理不該，去而不能推，❶則視之不見，聽之不聞，痒痾疾痛之不知；存而善推，則潛天地，撫四海，致千歲之日至，知百世之損益。」此言充拓之功也。西山曰：「心一而已。由義理而發，無以害之，可使與天地參；由形氣而發，無以檢之，至於違禽獸不遠。」此言收斂之功也。不闔則無闢，不涵養則不能推廣。

守孰爲大？守身爲大。有猷有爲矣，必曰有守；不虧其義矣，必曰不更其守。

❶「去」，嘉慶本、道光本作「亡」。

何德將《歎習》曰：「入時愈深，則趨正愈遠。」以守身爲法，以入時爲戒，可謂士矣。

「行一不義，殺一不辜而得天下，皆不爲也」，諸葛武侯謂漢賊不兩立，其義正矣，然取劉璋之事，可謂義乎？

「君子可欺以其方，難罔以非其道」，日無再中之理，而新垣平言之；日無漸長之理，而袁充言之。漢文、隋文皆以是改元。漢文悟平之詐，而隋文終受充之欺，此存亡之判與！

「夫道一而已矣」，爲善而雜於利者，非善也；爲儒而雜於異端者，非儒也。

堯使契爲司徒，教以人倫，學所以明人倫。舜察於人倫，居中國。去人倫，無君子，如之何其可也。孟子道性善，稱堯、舜，莫大於人倫。此正人心之本原也。

《晏子春秋》曰：「有賢而不知，一不祥；知而不用，二不祥；用而不任，三不祥。」《孟子》謂：「言無實不祥，不祥之實，蔽賢者當之。」蓋古有此言也。

孺子《滄浪之歌》，亦見於《楚辭·漁父》。攷之《禹貢》「漢水東爲滄浪之水」，則此歌楚聲也。《文子》亦云：「混混之水濁，可以濯吾足乎！泠泠之水清，可以濯吾纓乎！」

「無恒産而有恒心者，惟士爲能」，古之士所以異於民也。蘇秦無二頃田，而奔走游説，豈所謂士哉？水心葉氏云：「周衰不復取士，孔、孟不以其不取而不教也，孔、孟之徒不以其不取而不學也，道在焉故也。」

「不得志，脩身見於世」，上蔡謝子曰：「天下皆亂而己獨治，不害爲太平。」蜀士楊肩吾曰：「天下雖不治平，而吾國未嘗不治且平者，岐周是也。一國雖不治平，而吾家未嘗不治且平者，曾、閔是也。一家雖不治平，而吾身吾心未嘗不治且平者，舜與周公是也。」《文子》亦云：「不憂天下之亂，而樂其身治者，可與言道矣。」

《鹽鐵論》引《孟子》曰：「居今之朝，不易其俗，而成千乘之勢，不能一朝居也。」又云：「今之士，今之大夫，皆罪人也。」又云：「王者與人同，而如彼者，居使然也。」與今本不同。

民心之得失，此興亡之大幾也。林少穎云：「民之思漢，則王莽不能脅之使忘；民之忘漢，則先主不能彊之使思。」唐與政云：「民心思漢，王郎假之而有餘；民心去漢，孔明扶之而不足。」

《論語》終於《堯曰篇》，《孟子》終於堯、舜、湯、文、孔子，而《荀子》亦終於《堯問》，其意一也。

利與善之間，君子必審擇而明辨焉，此天理人欲之幾，善惡正邪之分界也，孟子之言公；「不夷不惠，可否之間」，「材與不材之間」，揚、莊之言私。

「若將終身焉」，「窮不失義」；「若固有之」，「達不離道」。能處窮，斯能處達。

「養心莫善於寡欲」，注云：「欲，利也。」雖非本指，「廉者招福，濁者速禍」，亦名言也。道家者流，謂丹經萬卷，不如守一，愚謂不如《孟子》之七字。不養其心而言養生，所謂「舍爾靈龜，觀我朶頤」也。

《吕氏春秋·開春論》云：「神農之教曰：『士有當年而不耕者，則天下或受其飢矣；女有當年而不績者，則天下或受其寒矣。』故身親耕，妻親績，所以見致民利也。」《管子》引神農之數，《文子》亦引神農之法，此即許行所爲「神農之言」歟？《漢・藝文志》農家有《神農》二十篇，劉向《别録》云：「疑李悝、商君所説。」

孔子、孟子皆不之秦。荀子嘗入秦而譏其無儒。孔子順曰：「秦爲不義，義所不入。」其志如魯仲連。

「句容有盜，改置社稷而盜止。下邳多盜，遷社稷於南山之上，盜亦衰息。」見陳後山《談叢》。「岳州田鼠害稼，雍明遠曰：『迎貓之祭不修也。』命祭之，鼠隨以斃。」見《范蜀公集》。《孟子》有變置社稷，《禮記》有八蜡，孰謂古制不可行于今乎？

「求在我者」，盡性於己；「求在外者」，聽命於天。李成季曰：「與其有求於人，曷若無欲於己？與其使人可賤，不若以賤自安？」呂居仁亦以見人有求爲非。

「宿於晝」，❶《水經注》云：「澅水出時水東，去臨淄城十八里，所謂澅中也。俗以澅水爲宿留水，以孟子三宿出澅。」或云當作「畫」，後漢耿弇進軍畫中。《史記》畫邑人王蠋，《通鑑》作晝邑。

「以刃與政，有以異乎」，邵子之論秦曰：「殺人之多，不必以刃。謂天下之人，無生路可趨也。」

商鞅富强之術，誘三晉之民力耕於內，而使秦民應敵於外。使梁王用孟子之言，施仁政於民，秦焉得誘之？仁勝不仁，如春融冰泮，故曰：「仁者無敵。」

蓋大夫王驩，漢泰山郡蓋縣故城，在沂州沂水縣西北。

趙氏《春秋論》曰：「五伯者，三王之罪人，謂其三代而春秋之也，齊桓其作俑

❶「晝」，原作「畫」，今據嘉慶本、道光本改。

也。今之諸侯，五伯之罪人，謂其春秋而戰國之也，晋定其作俑也。今之大夫，今之諸侯之罪人，謂其戰國而七國之也，晋之韓、趙、魏其作俑也。」

止齋曰：「人多言常平出漢耿中丞，顔師古以壽昌爲權道，豈知常平蓋古法？孟氏言『狗彘食人食而不知檢，塗有餓莩而不知發』，今文作『檢』，班氏《食貨志》作『斂』是也。夫豐歲不斂，飢歲不發，豈所謂無常平乎？」

陳烈讀「求其放心」，而悟曰：「我心不曾收，如何記書？」遂閉門静坐，不讀書百餘日，以收放心。然後讀書，遂一覽無遺。前賢之讀書如此。

「若民則無恒産，因無恒心」，孟子言戰國之民也。周之盛時，以井牧授田，以鄉遂設教，攸介攸止，烝我髦士，士亦田野之秀民也。不惟士有常心，民亦有常心矣。故曰：「文、武興，而民好善。」

小學

《爾雅》注：漢武帝時，得豹文鼮鼠，孝廉郎終軍知之，賜絹百匹。《文選》注引《竇氏家傳》，以爲竇攸，世祖詔諸侯子弟從攸受《爾雅》。二説不同。

《爾雅》：「西至於邠國，謂之四極。」朱文公曰：「邠國近在秦隴，非絶遠之地。」愚按：《説文》引《爾雅》曰：「西至汃國，謂四極。汃，西極之水也。」府巾切。

《爾雅》疏：案《尸子・廣澤篇》云：「墨子貴兼，孔子貴公，皇子貴衷，田子貴均，列子貴虚，料子貴别囿。其學之相非也，數世矣而已，皆弇於私也。天、帝、后、皇、辟、公、弘、廓、閎、博、介、忳、夏、幠、蒙、贖、昄，❶皆大也，十有餘名而實一也。若使兼、公、虛、均、衷、平易、别囿一實也，則無相非也。」《仁意篇》述太平之事云：「燭於玉燭，飲於醴泉，暢於永風。春爲青陽，夏爲朱明，秋爲白藏，冬爲玄英。四氣和爲正光，❷此之謂玉燭。其雨時降，❸萬物以嘉，高者不少，下者不多，此之謂醴泉。其風，春爲發生，夏爲長嬴，秋爲方盛，冬爲安靜。四氣和爲通正，此之謂永風。」

《爾雅》疏引舍人云：「按《經典序録》：《爾雅》有犍爲文學注二卷。」一云：「犍爲郡文學，卒史臣舍人，漢武帝時待詔。」

《白虎通》引《親屬記》，即《爾雅·釋親》也。《通典》：顏延之曰：「伯叔有父名，則兄弟之子不得稱姪。從母有母名，則姊妹之子不可言甥。且甥姪唯施於姑舅耳。」雷次宗曰：「姪字有女，明不及伯叔。甥字有男，見不及從母。」劉共父刊《二程先生集》改「姪」爲「猶子」，朱文公謂：古人固不謂兄弟之子爲姪，亦無云「猶子」者，記《禮》者言猶己之子。但云兄之子、弟之子。然從俗稱姪，亦無害於義理也。

「傅，負版」郭璞注：未詳。即柳子所爲作《蝜蝂傳》者也。《西京賦》戎葵懷羊，《爾雅》瘣懷羊，璞亦曰未詳。

陸璣爲《詩草木疏》，劉杳爲《離騷草木疏》，王方慶有《園庭草木疏》，李文饒有《山居草木記》，君子所以貴乎多識也。然《爾

---

❶「博」，原作「傅」，據《爾雅》疏原文改。嘉慶本、道光本作「溥」。

❷「爲正光」，嘉慶本、道光本作「正光照」。

❸「其」，嘉慶本、道光本作「甘」。

雅》不釋蘇薂，《字書》不見枏榿，學者恥一物之不知，其可忽諸！

「檟，苦荼」，注：「今呼早采者爲荼，晚取者爲茗，一名荈。」《説文》：「茗，荼芽也。」東坡詩：「周詩記苦荼，茗飲出近世。」

《急就篇》注：「牡蒙，一名黄昏。」後山詩「黄昏湯」，疑即此也。

終軍之對「鼮鼠」，盧若虚之辯「鼫鼠」，江南進士之問「天雞」，劉原父之識「六駮」，可謂善讀《爾雅》矣。蔡謨不識「彭蜞」，人謂讀《爾雅》不熟。田敏不知「日及」，學之陋也。

唐玄度《十體書》曰：「周宣王太史籀，始變古文，著大篆十五篇。秦焚《詩》、《書》，唯《易》與史篇得全。逮王莽亂，此篇亡失，建武中獲九篇。章帝時王育爲作解説，所不通者十有二三。」按《説文》多引王育説，如「天屈西北爲无」，「蒼頡出見禿人伏禾中，因以制字」。

《説文叙》：「尉律試八體，大篆、小篆、刻符、蟲書、摹印、署書、殳書、隸書。亡新使甄豐等改定古文，時有六書。」古文、奇字、篆書、佐書、繆篆、鳥蟲書。佐即隸也。《書》正義亦云：「秦有八體，亡新六書。」去大篆、刻符、殳書、署書，加古文、奇字。《藝文志》謂漢興，蕭何《草律》著其法，曰：「太史試學童，以六體試之。」古文、奇字、篆書、隸書、繆篆、蟲書。律即尉律也。六體非漢興之法，當從《説文叙》，改六爲八。

《急就篇》「長樂無極老復丁」，顔氏解爲「蠲其子孫之役」，非也，即《參同契》所謂「老翁復丁壯」。朱文公詩：「自慶樽前老復丁。」《黄庭經》亦有此三字。

董彦遠《除正字謝啓》，叙字學，涉獵該

洽，其略云：「殘經不悟於郭亡，闕文徒存於夏有。馬不足一者，既失其全；虎多於六者，自乖其數。書殘武殪，頌亂湯齊；烏舄混淆，魚魯雜糅。增河南之邑爲雒，減漢東之國爲隋；避上則罪不從辛，絶下則對因去口。棗合而棘氏微，足省而踈姓絶。定文於六穗之禾，訓同於導；分序於八寸之策，執異爲宗。丁尾亂真，鉤須失實。書立書肖，而既謬國名；爲卷爲端，而遂乖服制。篆形誤僞，誰正雲興之祁祁；隸體散亡，共守鸞聲之鉞鉞。鎖定銀鐺之名，車改金根之目；知一束二縫之爲來，指二首六身之爲亥。郡章立信，救時惟正於四羊；國史傳疑，考義共惑於三豕。傅會作九禾之秀，離析爲三刀之州。合樂之奏，妄加文武之爲斌；定經之名，誤合日月之爲易。字失部居，改白水真人之兆；書忘形象，作非衣小兒之謠。四十八安取於桑？三十七未足語世。梁父七十二家，名雖具在；尉律四十九類，書蓋已亡。誤存舟二間之爲航，安識門五日之爲閏？」學者偏觀異書，而求其事之所出，亦多識之一也。彦遠有《古文集類叙》云：「孔安國以隸古易科斗，故漢人不識古字。開元又廢漢隸，易以今文，故唐人不識隸古。」今按《書序》爲隸古定，正義謂：就古文體而從隸以定之，雖隸而猶古。蓋存古則可慕，爲隸則可識，非謂隸書爲隸古也。

宋景文公云：「蕭何自題蒼龍、白虎二闕，後世署書由何始。」《說文》：「扁，署也，从户册。户册者，署門户之文也。」

夾漈《金石略》云：「祀巫咸《大湫文》，李斯篆。」愚按：方氏跋《詛楚文》，以爲秦惠文王二十六年。石湖亦謂：「當惠文王之世，後百餘年，東巡泰山刻石。」則小篆非出於李斯。

古器銘云「十有三月」、「十有四月」、「十有九月」，云「正月乙子」，或云「丁子」。呂與叔《考古圖》謂「嗣王踰年未改元，故以月數」。乙子即甲子，丁子即丙子。世質人淳，取其同類，不然，殆不可考。曾子固謂古字皆重出，此文作三者，特二字耳。

《毛伯敦》「祝」下一字，劉原父以爲「鄭」，曰：「文、武時，毛叔鄭也。」而呂與叔以爲「郱」。《簠銘》「中」上一字，歐陽公以爲「張」，曰：「宣王時，張仲也。」而與叔以爲「弡」。《周姜敦》「伯」下一字，歐陽公以爲「囧」，曰：「穆王時，伯囧也。」而與叔以爲「百」。古文難攷，幾於郢書燕説。

《博古圖》《晉姜鼎銘》「用蘄綽綰眉壽」，《伯碩父鼎銘》「用祈丐百禄眉壽綰綽」，《孟姜敦銘》「綰綽眉壽」，石湖云：「似是古人祝延常語。」愚謂：《漢書·安世房中歌》云「克綽永福」，顔氏注：綽，緩也。亦謂延長。

張燕公《謝碑額表》云：「孔篆吴札之墳，秦存展季之壠。」言孔子篆者，始見於此。

《金石録·汲縣太公碑》云：「晉太康二年，得竹策之書。其紀年曰：『康王六年，齊太公望卒。』參考年數，蓋壽一百一十餘歲。今按《書·顧命》云『齊侯呂伋』，則成王之末，伋已嗣太公爲齊侯矣。」

濡水李氏云：「古印有文曰『祭尊』，非姓名，乃古之鄉官也。《説苑》載鄉官，又有祭正，亦猶祭酒也。」

秦《詛楚文》作於惠文王之時，所詛者楚懷王也。懷王遠屈平，邇靳尚，而受商於之欺，致武關之執，非不幸也。然入秦不反，國人憐之，如悲親戚。積怨深怒，發于陳、項，而秦亡也忽焉。六國之滅，楚最無罪。反爾好還，天人之理也。南公曰：「楚雖三户，亡秦必楚。」吁，秦詛楚邪？楚詛秦邪？

徐楚金《説文繫傳》有《通釋》、《部叙》、《通論》、《袪妄》、《類聚》、《錯綜》、《疑義》、《系述》等篇。吕太史謂：「元本斷爛，每行滅去數字，故尤難讀。若得精小學者，以許氏《説文》參繹，恐猶可補也。」今浙東所刊，得於石林葉氏、蘇魏公本也。

《説文》：「飲器象爵者，取其鳴節節足足也。」《宋·符瑞志》：「鳳凰其鳴，雄曰節節，雌曰足足。」然則爵即鳳凰歟？

宣和中，「陜」右人發地，得木簡于甕，字皆章草，檄云：「永初二年，六月丁未朔，廿日丙寅。」朱文公《答吴斗南書》謂東漢討羌檄，日辰與《通鑑長曆》不同，蓋指此也。今攷《通鑑目録》，漢安帝永初二年，六月乙未朔。《後漢紀》五月有丙寅，七月有戊辰，恐當以《長曆》爲正。

《漢·西域傳》「安息國書革，旁行爲書記」，顔氏注：「今西方胡國及南方林邑書，皆横行不直下。」《法苑珠林》云：「造書凡有三人，長名曰梵，其書右行；次曰佉盧，其書左行；少者蒼頡，其書下行。」夾漈《六書略》云：「梵書左旋，其勢向右；華書右旋，其勢向左。」

韓文公曰：「凡爲文辭，宜略識字。」杜子美曰：「讀書難字過。」字豈易識哉？李衡《識字説》曰：「讀書須是識字，固有讀書而不識字者。如孔光、張禹、許敬宗、柳宗元，非不讀書，但不識字。孔光不識『進退』字，張禹不識『剛正』字，許敬宗不識

『忠孝』字，柳宗元不識『節義』字。」此可爲學者之戒。

周越《書苑》云：「郭忠恕以爲小篆散而八分生，八分破而隸書出，隸書悖而行書作，行書狂而草書聖。」以此知隸書乃今真書。趙明誠謂誤以八分爲隸，自歐陽公始。庾肩吾云：隸書，今之正書。張懷瓘云：隸書者，程邈造。字皆真正，亦曰真書。《千文》云：杜藁鍾隸。《王羲之傳》：尤善隸書。

康節邵子之父古，字天叟，定律呂聲音，以正天下音及古今文。謂天有陰陽，地有剛柔；律有闢翕，呂有唱和。一陰一陽交，而日月星辰備焉；一剛一柔交，而金木水火備焉。一闢一翕，而平上去入備焉；一唱一和，而開發收閉備焉。律感呂，而聲生焉；呂應律，而音生焉。《觀物》之書本于此。謂闢翕者律天，清濁者呂地。先閉後開者春也，純開者夏也，先開後閉者秋也，冬則閉而無聲。東爲春聲，陽爲夏聲，此見作韻者，亦有所至也。銜、凡，冬聲也。橫渠張子曰：「商、角、徵、羽，皆有主出於唇齒喉舌，獨宮聲全出於口，以兼五聲也。」夾漈鄭氏曰：「聲爲經，音爲緯。平、上、去、入四聲也，其體縱，故爲經。宮、商、角、徵、羽、半徵、半商七音也，其體橫，故爲緯。」

七音三十六字母，出於西域，豈所謂學在四夷者歟？司馬公以三十六字母，總三百八十四聲，爲二十圖。夾漈謂：「梵人長於音，所得從聞入；華人長於文，所得從見入。華則一音該一字，梵則一字或貫數音。」鳩摩羅什曰：「天竺國俗，甚重文制。其宮商體韻，以入管弦爲善。凡覲國王，必有贊德。《佛經》中偈頌，皆其式也。」

諧聲，六書之一也，聲韻之學尚矣。夾漈謂：「五書有窮，諧聲無窮。五書尚義，諧聲尚聲。」《釋文序録》云：「古人音書，止爲譬況之説，孫炎始爲反語。」《攷古編》謂周顒始有翻切，非也。

隋陸法言爲《切韻》五卷，後有郭知玄等九人增加。唐孫愐有《唐韻》，今之《廣韻》則本朝景德、祥符重修。今人以三書爲一，或謂《廣韻》爲《唐韻》，非也。鶴山魏氏云：「《唐韻》於二十八刪、二十九山之後，繼以三十先、三十一仙。今平聲分上下，以一先二仙爲下平之首，不知『先』字蓋自『真』字而來。」愚攷徐景安樂書，凡宫爲上平、商爲下平、角爲入、徵爲上、羽爲去，則唐時平聲已分上下矣。米元章云：「五聲之音，出於五行自然之理。沈隱侯只知四聲，求其宫聲不得，乃分平聲爲二。」然後魏江式曰：「晋吕静倣李登《聲類》之法，作《韻集》五卷，宫、商、龣、徵、羽各爲一篇。」則韻分爲五，始於吕静，非自沈約始也。約《答陸厥》曰：「宫商之聲有五，文字之别累萬。以累萬之繁，配五聲之約，高下低昂，非思力所學。」沈存中云：「梵學入中國，其術漸密。」

《潛虚》以「⿱艹电」爲「天」，古文也。見《廣韻》，而《集韻》不載。《古文韻》⿱艹电字，《碧落》文。

《廣韻》言姓氏甚詳，然充字有充虞，見《孟子》。歸字有齊歸，見《左傳》。其遺闕多矣。

賁、育，謂孟賁、夏育也，《廣韻》以「賁」爲姓，古有勇士賁育，謬矣。

顔魯公在湖州，集文士，摭古今文字，爲《韻海鏡源》三百六十卷，以包荒萬彙。其廣如海，自末尋源，照之如鏡。《崇文總目》僅存十六卷，今不傳。

《韓非・五蠹》曰：「蒼頡之作書也，自環者謂之私，背私謂之公。」《説文》云：「自營爲厶，背厶爲公。」

宋元憲寶甑《佩觿》三篇，蘇文忠每出必取聲韻音訓文字置篋中，晁以道晚年日課識十五字。

夾漈謂《説文》定五百四十類爲字之母，然母能生而子不能生，誤以子爲母者，二百十類。

吴孫休自制名字以命其子，武曌、劉龑因之，皆字書所無。《梁四公記》亦然。

《隋志》以《蒼頡》、《訓纂》、《滂喜》爲《三蒼》，《説文繫傳》以《蒼頡》、《爰歷》、《博學》爲《三蒼》，并《訓纂》爲四篇。

《急就篇》「沐浴揃搣寡合同」，《莊子・外物篇》「眥搣可以休老」，亦作「揃搣」。

「不」字本方久反，凡書之「不」字，皆點入聲。「其」字本音箕，夜如何其。凡書之「其」字，皆點平聲。《攻媿集》。

李瀚《蒙求》，以平聲與上去入相間。近世續《蒙求》者，不知此。攻媿云。

經説

「六經」，始見于《莊子・天運篇》。孔子曰：「治《詩》、《書》、《禮》、《樂》、《易》、《春秋》六經。」以《禮》、《樂》、《詩》、《書》、《易》、《春秋》爲「六藝」，始見于太史公《滑稽列傳》。孔子曰：「六藝於治，一也。」或云「七經」。後漢趙典學孔子七經。蜀秦宓謂：文翁遣相如東受七經。或以六經、六緯爲「十二經」。《莊子・天道篇》。或以五經、五緯爲「十經」。《南史・周續之》。或云「九經」。《釋文序録》：《易》、《書》、《詩》、《周禮》、《儀禮》、《禮記》、《春秋》、《孝經》、《論語》。《唐・谷那律傳》九經庫，始有九經之名。《樂經》既亡，而有「五經」，自漢武立博士始也。邵子定以《易》、《書》、《詩》、《春秋》爲「四經」，猶春夏秋冬、皇帝王伯。

《漢·藝文志》云：「六藝之文，《樂》以和神，仁之表也；《詩》以正言，義之用也；《禮》以明體，故無訓；《書》以廣聽，知之術也；《春秋》以斷事，信之符也。五者蓋五常之道，相須而備，而《易》爲之原。」《白虎通》云：「有五常之道，故曰『五經』：《樂》仁，《書》義，《禮》禮，《易》智，《詩》信也。」二説不同，然「五經」兼五常之道，不可分也。

後漢翟酺曰：「文帝始置一經博士。」攷之漢史，文帝時，申公、韓嬰皆以《詩》爲博士。所謂《魯詩》、《韓詩》。《五經》列于學官者，唯《詩》而已。景帝以轅固爲博士，❶所謂《齊詩》。而餘經未立。武帝建元五年春，初置《五經》博士。《儒林傳贊》曰：「武帝立《五經》博士，《書》唯有歐陽，《禮》后，《易》楊，《春秋》公羊而已。」立《五經》而獨舉其四，蓋《詩》已立於文帝時，今并《詩》爲五也。

石經有七，漢熹平則蔡邕，魏正始則邯鄲淳，晉裴頠，唐開成中唐玄度，後蜀孫逢吉等，本朝嘉祐中楊南仲等，中興高廟御書。後蜀石經，於高祖、太宗諱皆缺畫，唐之澤深矣。

《唐·儒學傳序》：「文宗定《五經》，鑱之石，張參等是正訛文。」按《文粹》劉禹錫《國學新修五經壁記》云：「初大曆中，名儒張參爲司業，始詳定《五經》，書于論堂東西廂之壁。」《序》以參爲文宗時，誤矣。

❶「固」下，嘉慶本、道光本有「生」字。

參所定乃書于壁，非鑱石也。《舊史紀》云：「開成二年十月癸卯，宰臣判祭酒鄭覃進石壁《九經》一百六十卷。」《會要》載是年八月，「覆定石經字體官唐玄度狀，今所詳覆，多因司業張參《五經字》爲準」。《藝文志》參有《五經文字》三卷，玄度有《九經字樣》一卷。文宗時是正訛文，乃玄度，非參也。

《皇覽·冢墓記》曰：「漢明帝時，公卿大夫諸儒八十餘人，論《五經》誤失。符節令宋元上言：『秦昭王與呂不韋好書，皆以書葬。王至尊，不韋久貴，冢皆以黄腸題湊，處地高燥未壞。臣願發昭王、不韋冢，視未燒《詩》、《書》。』」愚謂：「儒以《詩》、《禮》發冢」，莊子譏假經以文姦者爾。乃欲發冢以求《詩》、《書》，漢儒之陋至此。

歐陽文忠公《筆説》云：「安昌侯張禹曰：『書必博見，然後識其真僞。』」當攷所出。

艾軒云：「日用是根株，文字是注脚。」此即象山「《六經》注我」之意。蓋欲學者，於踐履實地用工，不但尋行數墨也。

虞溥《厲學》曰：「聖人之道，淡而寡味，故學者不好也。及至期月，所觀彌博，所習彌多，日聞所不聞，日見所不知，然後心開意朗，敬業樂群，忽然不覺大化之陶己，至道之入神也。學者不患才不及，而患志不立。」任子曰：「學所以治己，教所以治人。不勤學無以爲智，不勤教無以爲仁。」愚謂：此皆天下名言，學者宜書以自儆。

《文中子》言聖人述史三焉，《書》、《詩》、《春秋》三者，同出於一。陸魯望謂六籍之中，有經有史，《禮》、《詩》、《易》爲經，

《書》、《春秋》實史耳。舜、皋陶之《賡歌》、《五子之歌》，皆載於《書》，則《詩》與《書》一也。《文中子》之言當矣。

王微之云：「觀書每得一義，如得一真珠船。」見陸農師詩注。

古未有板本，好學者患無書。桓譚《新論》謂梁子初、楊子林所寫萬卷，至於白首。南齊沈驎士年過八十，手寫細書，滿數十篋。梁袁峻自寫書課，日五十紙。《抱朴子》所寫，反覆有字。《金樓子》謂細書經、史、《莊》、《老》、《離騷》等，六百三十四卷，在巾箱中。後魏裴漢借異書，躬自録本。其勤與編蒲緝柳一也。《國史·藝文志》：「唐末，益州始有墨板，多術數、字學小書。後唐詔儒臣田敏，校《九經》，鏤本于國子監。國初廣諸義疏音釋，令孔維、邢昺讎定頒布。」

《春秋》正義云：「傅咸爲《七經詩》，王羲之寫。」今按《藝文類聚》、《初學記》載傅咸《周易》、《毛詩》、《周官》、《左傳》、《孝經》、《論語》詩，皆四言，而闕其一。

鄭康成注二《禮》，引《易説》、《書説》、《樂説》、《春秋説》、《禮家説》、《孝經説》，皆緯候也。《河》、《洛》七緯，合爲八十一篇：《河圖》九篇，《洛書》六篇，又別有三十篇；《七經》緯三十六篇。《易》緯：《稽覽圖》、《乾鑿度》、《坤靈圖》、《通卦驗》、《是類謀》、《辨終備》。《書》緯：《琁璣鈐》、《考靈曜》、《刑德放》、《帝命驗》、《運期授》。《詩》緯：《推度災》、《氾歷樞》、《含神務》。《禮》緯：《含文嘉》、《稽命徵》、《斗威儀》。《樂》緯：《動聲儀》、《稽耀嘉》、《汁圖徵》。《孝經》緯：《援神契》、《鉤命決》。《春秋》緯：《演孔圖》、《元命包》、《文耀鉤》、《運斗樞》、《感精符》、《合誠圖》、《考異郵》、《保乾圖》、《漢含孳》、《佑助期》、《握誠圖》、《潛潭巴》、《説題辭》。又有《尚書中候》、《論語讖》在七緯之外。按李尋有「五經六緯」之言，蓋起於哀、平，至光武篤信之，諸儒習爲内學。隋焚其書，今唯《易》緯存焉。正義多引讖緯，歐陽公欲取《九經》之疏，刪去讖緯之文，使學者不爲怪異之言惑亂，然後經義純一。其言不果行。

朱文公謂五經疏，《周禮》最好，《詩》、《禮記》次之，《書》、《易》爲下。愚攷之《隋志》，王弼《易》、孔安國《書》至齊、梁始列國學，故諸儒之説不若《詩》、《禮》之詳實。

司馬文正公曰：「新進後生，口傳耳剽，讀《易》未識卦爻，已謂《十翼》非孔子之言；讀《禮》未知篇數，已謂《周官》爲戰國之書；讀《詩》未盡《周南》、《召南》，已謂毛、鄭爲章句之學；讀《春秋》未知十二公，已謂三《傳》可束之高閣。」朱文公曰：「近日學者，病在好高，《論語》未問『學而時習』，便説一貫；《孟子》未言梁惠王問利，便説盡心；《易》未看六十四卦，便讀《繫辭》，此皆躐等之病。」

《宋·符瑞志》云：「孔子齋戒，向北辰而拜，告備于天曰：『《孝經》四卷，《春秋》、《河》、《洛》凡八十一卷，謹已備矣。』」見《援神契》。是以聖人爲巫史也。緯書謬妄，而沈約取之，無識甚矣。

《家語》：齊太史子餘歎美孔子云：「天其素王之乎！」素，空也，言無位而空王之也。董仲舒《對策》云：「見素王之文。」賈逵《春秋序》云：「立素王之法。」鄭玄《六藝論》云：「自號素王。」盧欽《公羊序》

云：「制素王之道。」皆因《家語》之言而失其義，所謂郢書燕説也。《莊子》云：「玄聖素王之道。」祥符中，謚孔子爲玄聖。後避聖祖名，改至聖。

自漢儒至於慶曆間，談經者守訓故而不鑿。《七經小傳》出，而稍尚新奇矣。至《三經義》行，視漢儒之學若土梗。古之講經者，執卷而口説，未嘗有講義也。元豐間，陸農師在經筵，始進講義。自時厥後，上而經筵，下而學校，皆爲支離曼衍之詞。説者徒以資口耳，聽者不復相問難，道愈散而習愈薄矣。陸務觀曰：「唐及國初，學者不敢議孔安國、鄭康成，況聖人乎？自慶曆後，諸儒發明經旨，非前人所及，然排《繫辭》，毁《周禮》，疑《孟子》，譏《書》之《胤征》、《顧命》，黜《詩》之《序》，不難於議經，況傳注乎？」斯言可以箴談經者之膏肓。

西山先生《大學衍義後序》謂：「有進姦言於經幄者，嘗以問西山之子仁甫，答云：『講《易·乾》之《文言》，知進退存亡，爲姦言以罔上。』」

秦有《誓》而《書》亡，魯有《頌》而《詩》亡。魯郊禘，秦僭時，而《禮》亡；大夫《肆夏》，三家《雍》徹，而樂亡。

《法言》曰：「古之學者，耕且養，三年通一經。」《藝文志》曰：「古之學者，耕且養，三年而通一藝。」蓋劉歆《七略》取《法言》之語。

困學紀聞卷之八

困學紀聞卷之九

浚儀　王應麟　伯厚甫

天道

《三五曆紀》「天去地九萬里」，《淮南子》以爲五億萬里。《春秋元命包》：「陽極於九，周天八十一萬里。」《洛書甄曜度》：「一度千九百三十二里，天地相去十七萬八千五百里。」《孝經援神契》：「周天七衡六間，相去萬九千里八百三十三里三分里之一，合十一萬九千里。從内衡以至中衡，中衡以至外衡，各五萬九千五里。」《關令内傳》：「天地南午北子，相去九千萬里；東卯西酉，亦九千萬里；四隅空相去九千萬里。天去地四十千萬里。天有五億五萬五千五百五十里，地亦如之。各以四海爲脉。」《論衡》：「天行三百六十五度，積凡七十三萬里，天去地六萬餘里。」《靈憲》：「自地至天一億萬六千二百五十里。垂天之晷，薄地之儀，皆千里而差一寸。」《周髀》：「天離地八萬里。冬至之日，雖在外衡，常出極下地上二萬里。」《周禮》疏：「案《考靈耀》從上臨下八萬里。天以圓覆，地以方載。」《河圖括地象》：「西北爲天門，東南爲地户。天門無上，地户無下，極廣長，南北二億三萬一千五百里，東西二億三萬三千里。」《廣雅》：「天圜南北二億三萬三千五百里七十五步，東西短減四步，周六億十萬七百里二十五步。從地至天億一萬六千七百八十七里半。下度地之厚，與天高等。」《天度》云：「東方七宿七十五度，南方七宿百一十二度，西方七宿八十度，北方七宿九十八度四分度之一，四方三百六十五度四分度之一，度二千九百三十二里。二十八宿間相距，積百七萬九百一十三里，徑三十五萬六千九百七十里。」《月令》正義：《考靈耀》云：「一度二千九百三十二里，千四百六十一分里之三百四十八。周天百七萬一千里，是天圓周之里數也。以圍三徑一言之，直徑三十五萬七千里，此二十八宿周迴直徑之數也。然二十八宿之外，上下東西，各有萬五千里，是爲四遊之極，謂之四表。據四表之内，并星宿内總三十八萬七千里。天之中央上下正半之處，一十九萬三千五百里。地在於中，是地去天之數也。」安定胡先生云：「南樞入地下三十六度，❶北樞出地上三十六度，狀如倚杵，此天形也。一晝一夜之間，凡行九十餘萬里。人一呼一吸謂之一息，一息之間，天行八十餘里。人之一晝一夜，有一萬三千六百餘息，是故一晝一夜而天行九十餘萬里。」致堂胡氏謂天雖對地而名，未易以智識窺，非地有方所可議之比也。

《河圖括地象》云：「天左動起於牽牛，地右動起於畢。」《尸子》云：「天左舒而起牽牛，地右闢而起畢、昴。」《爾雅》注：牽牛斗者，日月五星之所終始，故謂之星紀。

楊倞注《荀子》云：「天無實形，地之上空虛者，盡皆天也。」其說本於張湛《列子》注，謂自地而上則皆天矣，故俯仰喘息，未始離天也。

❶「樞」，道光本作「極」。下「樞」字同。

《黃帝書》曰：「天在地外，水在天外，水浮天而載地。」又曰：「地在太虛之中，大氣舉之。」道書謂風澤洞虛，金剛乘天。佛書謂地輪依水輪，水輪依風輪，風輪依虛空，虛空無所依。風澤洞虛者，風爲風輪，所謂大氣舉之也。澤爲水輪，所謂浮天載地也。金剛乘天者，道家謂之剛風，岐伯謂之大氣。葛稚川云：「自地而上，四千里之外，其氣剛勁者是也。」張湛解《列子・湯問》曰：「太虛無窮，天地有限。」朱文公曰：「天之形雖包於地之外，而其氣常行乎地之中，則風輪依虛空可見矣。」

《三禮義宗》：「天有四和。崑崙之四方，其氣和暖，謂之和。天道左轉，一日一夜轉過一度。日月左行於天而轉，一日一夜帀於四和。」愚按：《周髀》云：「天地四極四和。」注謂四和者，謂之極。子午卯酉，得東西南北之中。《義宗》之說本此。

《白虎通》曰：「日月徑千里。」徐整《長曆》曰：「大星徑百里，中星五十，小星三十。」晉魯勝《正天論》，謂以冬至之後，立晷測影，準度日月星。案日月裁徑百里，無千里。星十里，不百里。未詳其說。

《月令》正義引《前漢・律曆志》：「二十八宿之度，不載四分度之一。」愚謂：天度列爲二十八宿，唯斗有餘分。《續漢志》斗二十六，四分退二。《晉志》斗二十六，分四百五十五。皆有餘分。唐一行謂《太初曆》今赤道星度，其遺法也。《續漢志》黃道度與前志不同。賈逵論云：「五紀論日月循黃道，南至牽牛，北至東井。率日，日行一度，月行十三度十九分度七。今史官一以赤道爲度，不與日月行同。」而沈存中謂二十八宿度數，皆以赤道爲法，唯黃道度有不全度者，蓋黄道有斜有直，故度數與赤道不等。❶蔡伯静亦謂曆家欲求日月交會，故以赤道爲起算之法。《月令》正義引赤道度，其以是歟？《淮南子·天文訓》箕十一四分一，與漢、晋《志》不同。

「日右轉，星左轉，約八十年差一度。漢文帝三年甲子，冬至，日在斗二十二度；唐興元元年甲子，冬至，日在斗九度。九百六十一年差十三度。」見李肇《國史補》。裴冑問董生云：「貞觀三年己丑，冬至，日在斗十二度，每六十年餘差一度。此李淳風之説也。漢太初元年丁丑，冬至，日在斗二十度，至慶曆甲申，《崇天曆》冬至，日在斗五度八十四分，每八十五年退一度。」每年不及者一分差。見《武經總要》。歲差之説不同。賈逵云：「古曆冬至日在建星，即今斗星。《太初曆》冬至日在牽牛初。」何承天云：「堯冬至，日在須女十度。《太初曆》冬至，在牽牛初四分。《景初曆》在斗二十一。」祖沖之云：「漢初用秦曆，冬至日在牛六度，《太初曆》日在牛初，《四分法》日在斗二十二。晋姜岌以月蝕，知冬至在斗十七。今參以中星，課以蝕望，冬至日在斗十一。通而計之，未盈百載，所差二度。」沈存中云：「顓帝曆冬至，日宿斗初，今宿斗六度。《堯典》日短星昴，今日短星東壁。」

信都芳曰：「渾天覆觀，以《靈憲》爲文；蓋天仰觀，以《周髀》爲法。」劉智謂：黄帝爲蓋天，顓頊造渾儀。《春秋文曜鉤》謂：帝堯時，羲和立渾儀。而本朝韓顯符《渾儀法要序》以爲伏羲立渾儀。❷

❶「等」，嘉慶本、道光本作「同」。
❷「本」，原作「前」，據嘉慶本、道光本改。

未詳所出。

《後漢・天文志》：「黄帝始受《河圖》，鬬苞授規日月星辰之象。故星官之書，自黄帝始。」鬬苞，似是人名氏，當攷。

刻之長短，由日出之蚤晚。景之長短，由日行之南北。此語蓋出於方氏《禮記解》。

《觀象賦》，後魏張淵撰。見《後魏書》。《初學記》云「宋張鏡」，非也。

《大象賦》，《唐志》謂黄冠子李播撰，李台《集解》。播，淳風之父也。今本題楊炯撰，畢懷亮注。《館閣書目》題張衡撰，李淳風注。薛士龍書其後曰：「專本巫咸星贊，旁覽不及《隋書》。時君能致之蘭臺，坐臥渾儀之下，其所論著，何止此耶？」愚觀賦之末曰：「有少微之養寂，無進賢之見譽。恥附耳以求達，方卷舌以幽居。」則爲李播撰無疑矣。播仕隋，高祖時棄官爲道士。時未有《隋志》，非旁覽不及也。張衡著《靈憲》，楊炯作《渾天賦》，後人因以此賦附之，非也。

《步天歌》，《唐志》謂王希明丹元子。今本司天右拾遺内供奉王希明撰，喬令來注。《二十八舍歌》、《三垣頌》、《五行吟》，總爲一卷。鄭漁仲曰：「隋有丹元子，隱者之流也，不知名氏，作《步天歌》，句中有圖，言下見象。王希明纂《漢晋志》釋之。」然則王希明、丹元子，蓋二人也。

沈約《宋志》：「五星聚者有三：周將伐殷，聚房；齊桓將霸，聚箕；漢高入秦，聚東井。周、漢以王，齊以霸。」襄陵許氏謂：「恒星不見，星隕如雨，齊桓之祥也。沙鹿崩，晋文之祥也。桓將興而天文隳，文欲作而地理決，王道之革也。」

後漢永建初，李郃上書曰：「趙有尹

史，見月生齒齕畢大星，占，有兵變。趙君曰：『天下共一畢，知爲何國也？』下史於獄。其後公子牙謀殺君，如史所言。」《天文志》注：《李氏家書》。按太史公《天官書》：「昔之傳天數者，趙尹臯。」又謂：「臯、唐、甘、石因時務論其書傳。」尹史，即尹臯也。其占驗，僅見於此。《趙世家》不載。❶

星家有甘、石、巫咸三家，太史公謂殷商巫咸。攷之《書》：「伊陟贊于巫咸，作《咸乂》四篇。」又曰：「在太戊，巫咸乂王家。」孔安國云：「巫氏也。」馬融謂殷之巫也，鄭康成謂巫官。孔穎達云：「咸、賢父子並爲大臣，必不世作巫官，言巫氏是也。」《後漢·天文志》乃云：「湯則巫咸。」當以《書》爲正。《史記》正義：巫咸，吴人。今蘇州常熟縣西海隅山上有巫咸、巫賢冢，併識之以廣異聞。郭璞《巫咸山賦序》：「巫咸以鴻術爲帝堯之醫。」此又一巫咸也。

《莊子》言傳説乘東維，騎箕尾，而比於列星。古賦有云：「傳説奉中闈之祠。」注云：「傳説一星，在尾北後河中，蓋後宮女巫也。」説爲商良相，豈爲後宮女巫祈子而禱祠哉！此天官之難明者也。

《春秋繁露》云：「天不剛，則列星亂其行；君不堅，則邪臣亂其官。故爲天者務剛其氣，爲君者務堅其政。」丁鴻《日食封事》：「天不可以不剛，不剛則三光不明；王不可以不彊，不彊則宰牧縱横。」其言出於此。

元祐末，日食不盡如鉤。元符末，日食正陽之朔。此皆有陰慝見于祲象，志壹之動氣也。

❶「觀象賦」至「不載」，原闕，據黄岡萬氏刊《集證》本補。

元祐七年三月望，月食既。王巖叟言：「《漢·曆志》月食之既者，率二十三食而復既。按元豐八年八月望，食之既，今未及二十三食而復既，則是不當既而既也。」愚謂月食之既，猶儆戒如此，況日食乎！

醫書《素問》之中，亦嘗有九星之言。❶王冰注云：「上古世質人淳，九星垂明。中古道德稍衰，標星藏曜，故星之見者七焉。九星謂天蓬、天内、天衝、天輔、天禽、天心、天任、天柱、天英。此蓋從標而爲始，所謂九星者此是也。」❷《楚辭》劉向《九歎》云：「訊九魁音祈。與六神。」注：「九魁，謂北斗九星也。」《補注》謂：「北斗七星，輔一星在第六星旁，又招摇一星在北斗杓端。」《北斗經》疏云：「不止於七而全於九，加輔、弼二星故也。」與《素問》注不同。《曲禮》「招摇在上」，注：「招摇星在北斗杓端，主指者。」正義引《春秋運斗樞》云：「北斗七星：第一天樞，第二旋，第三機，第四權，第五衡，第六開陽，第七摇光。摇光則招摇也。」《淮南·時則訓》注：「招摇，斗建也。」《楚辭補注》以招摇在七星之外，恐誤。徐整《長曆》曰：「北斗七星間，相去九千里，皆在日月下。其二陰星不見者，相去八千里。」

王介甫云：「雲，陰中之陽。風，陽中之陰。」朱文公云：「緯星，陰中之陽。經星，陽中之陰。」按《素問·天元紀大論》：「天有陰陽，地亦有陰陽」，「故陽中有陰，陰中有陽。」

顔之推《歸心篇》、孔毅父《星説》，皆倣

❶ 「醫書素問之中亦嘗有九星之言」，嘉慶本、道光本作「素問太始天元册文有九星之言」。

❷ 「所謂九星者此是也」，嘉慶本、道光本作「遁甲式法今猶用焉」。

屈子《天問》之意。然《天問》不若《莊子·天運》之簡妙。巫咸招之言，不對之對，過柳子《天對》矣。傅玄《擬天問》，見《太平御覽》。

古詩「黄姑織女時相見」之句，此所云「黄姑」，即「河鼓」也，吴音訛而然。

《黄帝風經》曰：「調長祥和，天之善風也。折揚奔厲，天之怒風也。」見《御覽》。《周官·小祝》「寧風旱」，漢代田之法「能風與旱」，此昌黎所以訟風伯也。

《太平御覽》以五色雲列于咎徵。宋景平元年，有雲五色如錦，而徐羨之廢帝。韓魏公五色雲見之事，不見于國史，疑家傳之增飾也。❶

《龍城録》「月落参横」之語，《容齋隨筆》辨其誤，然古樂府《善哉行》云：「月没参横，北斗闌干。親友在門，忘寢與飡。」《龍城録》語本此，而未嘗考参星見之時也。

《天經》，紹興三十年王及甫上。朱文公謂：類集古今言天者，極爲該備。

星始則見於辰，終則伏於戌。自辰至戌正於午，中於未。《堯典》舉四時之正，以午爲中；《月令》舉十二時之中，以未爲中。以火星論之，以午爲正，故《堯典》言「日永星火」，以正仲夏。以未爲中，故《月令》言「季夏昏火中」。至申爲流，故《詩》曰：「七月流火。」以辰爲見，以戌爲伏，故《傳》曰：「火見於辰，火伏而蟄者畢。」諸星亦然。《詩·定之方中》亦以十月中於未也。朱子曰：「堯時昏旦星中於午。《月令》差於未，漢、晋以來又差。今比堯時似差及四分之一。」

《後魏·天象志》曰：「班史以日暈五星之屬，列《天文志》；薄蝕彗孛之比，入《五行説》。七曜一也，而分爲二《志》，故陸機云：『學者所疑。』」

❶「太平御覽」至「增飾也」，原闕，據嘉慶本、道光本補。

凡星皆出辰没戌，故五星爲五辰。十二舍亦爲十二辰。

弧與建星，非二十八宿，而昏明舉之者，由弧星近井，建星近斗。《月令》正義。二十八宿連四方爲名者，唯箕、斗、井、壁四星。《詩》正義。

《唐·天文志》：「咸通中，熒惑鎮太白，晨星聚于畢、昴，在趙、魏之分。詔鎮州王景崇被衮冕，軍府稱臣以厭之。」衰世之政，其怪如此。是謂人妖，何以弭變？❶

《月令》凡二儺：一以季春，一以仲秋。鄭康成謂：「陰氣右行，季春之中，日行歷昴；陽氣左行，仲秋之月，宿直昴、畢。昴有大陵積尸之氣，氣佚則厲鬼隨而出行，於是索室驅疫以逐之。《王居明堂禮》曰：『季春出疫于郊，以攘春氣。仲秋九門磔攘，以發陳氣，禦止疾疫。』」然則民之疾，係乎日星之行度。古者，聖君範圍於上，賢相燮理於下，是爲天地之良醫。皇建有極，五福錫民，莫不壽考且寧。儺所以存愛民之意而已。

《唐志》：❷「測景在浚儀岳臺。」按宋次道《東京記》：「宣德門前天街西第一岳臺坊，今祥符縣西九里有岳臺。」《圖經》云：「昔魏主遥事霍山神，築此臺禱於其上，因以爲名。」

曆數

《太初曆》以前，曆上元泰初四千六百

❶ 「唐天文志」至「何以弭變」，原闕，據嘉慶本、道光本補。

❷ 「唐志」，嘉慶本、道光本作「唐天文志」。

一十七歲，至於元封七年，復得閼逢攝提格之歲。孟康注：此爲甲寅之歲。《大事記解題》：按《通鑑目録》、《皇極經世》，太初元年，歲次丁丑，當考。愚按：《大衍曆議》云：「《洪範傳》曰：『曆記始於顓頊，上元太始，閼蒙攝提格之歲，畢陬之月，朔日，己巳立春，七曜俱在營室五度。』秦顓頊曆元起乙卯，漢《太初曆》元起丁丑，推而上之，皆不值甲寅。猶以日月五緯，復得上元本星度，故命曰閼蒙攝提格之歲，而實非甲寅。」其説可以補《解題》之遺。

《大衍曆議》曰：「《考靈曜》、《命曆序》皆有甲寅元，其所起在《四分曆》。庚申元後百十四歲，緯所載壬子冬至，則其遺術也。」按《漢志》魯釐公五年正月辛亥朔旦冬至，殷曆以爲壬子。《隋志》：《春秋緯命曆序》云：「僖公五年正月壬子朔旦冬至。」然則緯與殷曆同，故劉洪曰：「《甲寅曆》於孔子時效。」即《命曆序》所謂孔子脩《春秋》用殷曆也。《晉志》姜岌曰：「考其交會，不與殷曆相應。」《春秋分記》曰：「周正皆建子也，今推之曆法，積之氣候，驗之日食，則春秋隱、桓之正，皆建丑。莊、閔、僖、文、宣之正，建子及丑者相半。至成、襄、昭、定、哀之正，而後建子，間亦有建亥者，非一代正朔自異尚也，曆亂而不之正也。」

曆有小曆，有大曆。唐曹士蔿《七曜符天曆》，一云《合元萬分曆》，本天竺曆法，以顯慶五年庚申爲曆元，雨水爲歲首，世謂之小曆，行于民間。石晉《調元曆》用之。後周王朴校定大曆，削去符天之學，爲《欽天曆》。

劉焸曰：「曆動而右移，律動而左

轉。」

劉洪曰：「曆不差不改，不驗不用。未差無以知其失，未驗無以知其是。失然後改之，是然後用之。」李文簡以爲至論。

蓂莢謂之歷草，田俅子曰：「堯爲天子，蓂莢生於庭，爲帝成歷。」而《大戴·明堂篇》謂：「朱草日生一葉，至十五日生十五葉，十六日一葉落，終而復始。」唐《律賦》有「朱草合朔」。古有云：「梧桐不生，則九州異。」注謂一葉爲一月，有閏十三葉。平園《閏月表》：用梧桐之葉十三。

納甲之法，朱文公謂：「今所傳京房占法，見於《火珠林》者，是其遺説。」《參同契》借以寓行持進退之候。虞翻云：「日月垂天，成八卦象：三日暮震象；月出庚八日兑象；月見丁十五日乾象；月盈甲壬十六日旦巽象；月退辛二十三日艮象；月消丙三十日坤象；月滅乙晦夕朔旦坎象；水流戊日中離象，火就巳。」虞與魏伯陽皆會稽人，其傳蓋有所自。漢上朱氏云：「乾納甲、壬，坤納乙、癸，震納庚，巽納辛，坎納戊，離納己，艮納丙，兑納丁。庚、戊、丙三者，得於乾。辛、己、丁三者，得於坤。始於甲、乙，終於壬、癸，而天地五十五數具焉。又有九天九地之數，乾納甲、壬，坤納乙、癸，自甲至壬，其數九，故曰九天。自乙至癸，其數九，故曰九地。九天九地之説者，❶九天之上，六甲子也；九地之下，六癸酉也。」

五運六氣，一歲五行主運各七十二日。少陰君火，太陰濕土，少陽相火，陽明燥金，太陽寒水，厥陰風木。而火獨有二。天以

❶「九天九地之説」，原闕，據嘉慶本、道光本補。

六爲節，故氣以六期爲一備。地以五爲制，故運以五歲爲一周。《左氏》載醫和之言曰：「天有六氣，降生五味。」即《素問》五六之數。《易》、《洪範》、《月令》其致一也。楊退修謂五運六氣，通之者唯王冰，然遷變行度，莫知其始終次序。程子曰：「氣運之説，堯、舜時十日一雨，五日一風，始用得。」

朱文公嘗問蔡季通，十二相屬起於何時？首見何書？又謂以二十八宿之象言之，唯龍與牛爲合，而他皆不類。至於虎當在西，而反居寅；鷄爲鳥屬，而反居西，又舛之甚者。《韓文考異》《毛穎傳》封卯地謂十二物，未見所從來。愚按：「吉日庚午，既差我馬」，午爲馬之證也。「季冬出土牛」，丑爲牛之證也。蔡邕《月令論》云：「十二辰之會，五時所食者，必家人所畜，丑牛、未羊、戌犬、酉鷄、亥豕而已。其餘虎以下非食也。」《月令》正義云：「鷄爲木，羊爲火，牛爲土，犬爲金，豕爲水。但陰陽取象多塗，故午爲馬，酉爲鷄，不可一定也。」十二物，見《論衡·物勢篇》。《説文》亦謂巳爲蛇，象形。

自帝堯元年甲辰至宋德祐丙子，凡三千六百三十三年。帝堯而上，六閼逢無紀。致堂云：「有書契以來，凡幾鴻荒，幾至德矣。《廣雅》自開闢至獲麟，二百七十六萬歲，分爲十紀，蓋茫誕之説。」劉道原《疑年譜》謂大庭至無懷氏，無年而有總數。堯、舜之年，衆説不同。《三統曆》次夏、商、西周，與《汲冢紀年》及商曆差異，況開闢之初乎？王質景文云：「渾淪以前，其略見於釋氏之《長含經》。開闢以後，其詳見於邵氏之《皇極經世》。」

以十一星行曆，推人命貴賤，始於唐貞元初，都利術士李彌乾。《聿斯經》本梵書。程子謂三命是律，五星是曆。晁氏謂泠州鳩曰：「武王伐殷，歲在鶉火，月在天駟，日在析木之津，辰在斗柄，星在天黿。」五星之術，其來尚矣。

《定之方中》、《公劉》之詩，擇地之法也。「我辰安在」，論命之説也。《傳》云「不利子商」，則見姓之有五音。《詩·吉日》「維戊」、「庚午」，則見支干之有吉凶。

《五代史·馬重績傳》：「漏刻之法，以中星考晝夜爲一百刻，六十分刻之二十爲一時，時以四刻十分爲正，此自古所用也。」今攷《五代會要》：晉天福三年，司天臺奏《漏刻經》云：「晝夜一百刻，分爲十二時，每時有八刻三分之一。六十分爲一刻，一時有八刻二十分。四刻十分爲正前，十分四刻爲正後，二十分中心爲時正。」上古以來，皆依此法。歐陽公作史，於「六十分」之上，闕「八刻」二字，不若《會要》之明白。

《數術記遺》云：「世人言『三不能比兩』，乃云『捐悶』與『四維』。」甄鸞注《藝經》曰：「『捐悶』者，周公作。先布本位，以十二時相從。徐援稱『捐悶』是奇兩之術。」《御覽》引《藝經》作「悁悶」。「三不能比兩」者，孔子所造，布十干於其方，戊己在西南。「四維」，東萊子所造，布十二時四維。

桓譚《新論》曰：「老子謂之玄，揚子謂之太玄。」石林謂《太玄》皆《老子》緒餘。老氏道生一，一生二，二生三。三之爲九，故九而九之爲八十一章。《太玄》以一玄爲三方，自是爲九，而積之爲八十一首。《金樓子》云：「揚雄有《太玄經》，楊泉有《太元經》。」

《潛虚》，心學也，以元爲首，心法也。人心其神乎，潛天而天，潛地而地。温公之學，子雲之學也。《先天圖》皆自中起，萬化萬事生乎心，豈惟先天哉！《連山》始艮，終而始也。《歸藏》先坤，闔而闢也。《易》之《乾》，太極之動也，《玄》之中，一陽之初也。皆心之體，一心正而萬事正，謹始之義在其中矣。邵子曰：「《玄》其見天地之心乎？」愚於《虚》亦云：「《虚》之元，即《乾》、《坤》之元，即《春秋》之元，一心法之妙也。」張文饒《衍義》以養氣釋元，似未盡本旨。

《管子·幼官篇》：「冬十二始寒盡刑，十二小榆賜予，十二中寒收聚，十二中榆大收，十二寒至静，十二大寒之陰。」注云：「陰陽之數，日辰之名。」盤洲於閏十一月，用中榆立閏，蓋出於此。

《國史志》云：「曆爲算本。治曆之善，積算遠，其驗難而差遲；治曆之不善，積算近，其驗易而差亦速。」

曆元始於冬至，卦氣起於《中孚》。《豳詩》於十月，「曰爲改歲」。周以十一月爲正，蓋本此。「曰爲改歲」，用周正。「何以卒歲」，乃夏正。

困學紀聞卷之九

困學紀聞卷之十

浚儀　王應麟　伯厚甫

地　理

《三禮義宗》引《禹受地記》，王逸注《離騷》引《禹大傳》，豈即太史公所謂《禹本紀》者歟？

《鹽鐵論》大夫曰：「鄒子推終始之運，謂中國，天下八十分之一，名赤縣神州，而分爲九州。絶陵陸不通，乃爲一州，有大瀛海圜其外。所謂八極，而天下際焉。故秦欲達九州，方瀛海，朝萬國。」文學曰：「鄒衍怪説，熒惑諸侯。秦欲達瀛海，而失其州縣。」愚謂：秦皇窮兵胡粤，流毒天下。鄒衍迂誕之説，實啓之。異端之害如此。

《管子》曰：「齊之水道躁而復，故其民貪麤而好勇；楚之水淖弱而清，故其民輕果而賊；越之水濁重而洎，故其民愚疾而垢；秦之水泔最而稽，淤滯而雜，故其民貪戾罔而好事；齊、晉之水枯旱而運，淤滯而雜，故其民諂諛而葆詐，巧佞而好利；燕之水萃下而弱，沉滯而雜，故其民愚戇而好貞，輕疾而易死；宋之水輕勁而清，故其民閒易而好正。是以聖人之化世也，其解在水。故水一則人心正，水清則民心易。」此即《漢志》所謂繫水土之風氣也。杜牧亦云：「山東之地，程其水土與河南等，常重十三，故其人沈鷙多材力，重許可，能辛苦。」

太史公、班孟堅謂：禹釃二渠以引其河，一貝丘，一漯川。李垂《導河書》曰：「東爲漯川者，乃今泉源赤河。北出貝丘者，乃今王莽故瀆。而漢塞宣房所行二渠，蓋獨漯川，其一則漢決之，起觀城，入蒲臺，所謂武河者也。」鼂補之《河議》曰：「二渠於《禹貢》無見。禹時河入海，蓋在碣石。」《地理志》碣石在北平驪城縣西南。計勃海北距碣石五百餘里，而河入勃海，蓋漢元光三年，河徙東郡所更注也。而言禹時河入勃海，何哉？

蔡氏《禹貢傳》曰：「鳥鼠，《地志》在隴西郡首陽縣西南，今渭州渭源縣西也。」此以唐之州縣言，若本朝輿地，當云「今熙州渭源堡」。又曰：「朱圉，《地志》在天水郡冀縣南，今秦州大潭縣也。」按《九域志》建隆三年，秦州置大潭縣。熙寧七年，以大潭隸岷州，今爲西和州，當云「今西和州大潭縣」。朱文公《詩傳》曰：「秦德公徙雍，今京兆府興平縣。」按《輿地廣記》：「鳳翔府天興縣，故雍縣，秦德公所都也。」興平，乃章邯爲雍王所都之廢丘也，當云：雍，今鳳翔府天興縣。

《呂氏春秋》：「禹南至九陽之山，羽人裸民之處，不死之鄉。」此屈子《遠遊》所謂「仍羽人於丹丘兮，留不死之舊鄉。朝濯髮於湯谷兮，夕晞余身於九陽」。

朱文公謂漢之潯陽縣，在江北，今之江州，非古九江地。其説明矣。然漢柴桑縣屬豫章郡，而莽以豫章郡爲九江，柴桑縣爲九江亭，則九江之名其誤久矣。以九江爲洞庭，本於《水經》，而胡、晁、曾氏因之。

《國語》注「姑蔑，今太湖」，當作「大

末」。「甬句東，今句章東，海口外洲」，當作「浹口」。蓋傳寫之誤。唐盧潘引《地理志》：浙江出黟縣南率山，東入海。今《漢志》云：「蠻夷中。」

《戰國策》：「田單爲棧道木閣，迎齊王與后於城陽山中。」非但蜀有棧閣也。

楚北有甘魚之口，鮑氏注：「疑爲濟陰高魚。」非也。《左氏·昭十三年傳》「次于魚陂」，注云：「竟陵縣城西北有甘魚陂。」

《大事記·解題》：「沈黎郡、汶山郡，《地理志》不載。按《輿地廣記》漢武帝置郡，既而罷之。」愚按：《黃霸傳》入穀沈黎郡，《後漢·莋都夷傳》：「武帝所開，以爲莋都縣。元鼎六年，以爲沈黎郡。至天漢四年，并蜀爲西部，置兩都尉。一居旄牛，主徼外夷；一居青衣，主漢人。」《冉駹夷傳》：「武帝所開。元鼎六年，以爲汶山郡。至地節三年，省并蜀郡爲北部都尉。靈帝時復分蜀郡北部爲汶山郡。」《宣帝紀》：地節三年十二月，省文山郡并蜀。

荀卿爲蘭陵令，縣在漢屬東海郡，今沂州承縣。誠齋《延陵懷古》有《蘭陵令》一章，蓋誤以南蘭陵爲楚之蘭陵也。古靈詩亦誤。❶

文中子父曰「銅川府君」。隆爲銅川令。阮氏注：「上黨有銅鞮縣。」龔氏注：「隋初置銅川縣，今忻州秀容是。」❷愚攷《隋·地理志》定襄郡秀容縣，「開皇初，置新興郡銅川縣。十八年，置忻州。」龔注是也。

《中説》同州府君，龔氏本作「司州」，注云：「宋武置司州於虎牢，西魏始改華州

❶「詩」，原作「字」，據嘉慶本、道光本改。

❷「今」，原作「令」，據嘉慶本、道光本改。

爲同。」

子夏居西河，在汾州。文中子之教，興於河汾。

《漢・地理志》言風俗，多取太史公《貨殖傳》，然太史公語尤奇峻，可以參觀。

《地理志》：「《禹貢》桐柏大復山，在平氏東南，淮水所出，東南至淮陵入海。」《禹貢集解》云：「淮陵，晋猶存，不知何代廢省，今其地當在楚州界。」愚攷《宋・州郡志》，淮陵郡本淮陵縣。漢屬臨淮，後漢屬下邳，晋永寧元年爲淮陵國。《輿地廣記》：「泗州招信縣，本淮陵縣，漢屬臨淮郡，宋曰睢陵，置濟陰郡。」今按：漢、晋有淮陵、睢陵二縣，宋濟陰郡有睢陵縣，而淮陵郡無淮陵縣，蓋宋之睢陵即漢之淮陵也。《廣記》：漢睢陵故城，在淮陽軍下邳縣。《寰宇記》：「古淮陵城，在招信縣西北二十五里。」然則《禹貢解》以淮陵在楚州，非也。

《志》謂齊俗彌侈，織作冰紈綺繡純麗之物，號爲冠帶衣履天下。臨淄有服官。《説苑》：墨子曰：「錦繡絺紵，亂君之所造，其本皆興於齊景公喜奢而忘儉。幸有晏子以儉鐫之，然猶幾不能勝。」齊俗之侈，蓋自景公始。

琅邪郡靈門縣壺山，浯水所出。音吾。元次山名浯溪，亦有所本，非自造此字也。

《溝洫志》「史起引漳水溉鄴」，出《吕氏春秋・先識覽》，以「賢令」爲「聖令」，「舄鹵」爲「斥鹵」。

《史記・貨殖傳》「南陽西通武關、鄖關」，正義云：「《地理志》宛西通武關，而無鄖關。『鄖』當爲『洵』。洵水上有關，在金州洵陽縣。」愚按：《漢志》漢中郡長利縣有鄖關。長利，今商州上津縣。武關在商洛縣。正義失之。

古公事獯鬻，而商不與；晋拜戎不暇，而周不知，封建之效也。唐以幽鎮扞契丹，及幽鎮亡而契丹之患始熾，方鎮之效也。郡縣削弱，則夷狄之禍烈矣。

《九域志》：「滄州有漢武臺。」《唐·太宗紀》：貞觀十九年，伐高麗，「班師，次漢武臺，刻石紀功。」臺餘基三成。燕、齊之士，爲漢武求仙之處。

李太白《蜀道難》云：「蠶叢及魚鳧，開國何茫然？爾來四萬八千歲，不與秦塞通人煙。」其説本揚雄《蜀記》。愚謂：岷、嶓載于《禹貢》，庸、蜀見于《牧誓》，非至秦始通也。

《水經》引天下之水百三十七，江河在焉。酈氏注引枝流一千二百五十二。《通典》謂晋郭璞注，三卷。後魏酈道元注，四十卷。皆不詳撰者名氏，不知何代之書。云「濟水過壽張」，則前漢壽良縣，光武更名。「又東北過臨濟」，則狄縣，安帝更名。「荷水過湖陸」，則湖陵縣，章帝更名。「汾水過永安」，則彘縣，順帝更名。故知順帝以後纂序也。愚按：《經》云：「武侯壘。」又云：「魏興安陽縣。」注謂：「諸葛武侯所居。魏分漢中，立魏興郡。」又「改信都從長樂」，則晋太康五年也。然則非後漢人所撰。《隋志》云「郭璞注」，而不著撰人。《舊唐志》云：「郭璞撰。」愚謂：所載及魏、晋，疑出於璞也。《新唐志》始以爲桑欽，而又云：「一作郭璞撰。」蓋疑之也。《經》云：「河水又北薄骨律鎮城。」注云：「赫連果城也。」乃後魏所置，其酈氏附益歟？按《前漢·儒林傳》：「《古文尚書》，塗惲授河南桑欽君長。」晁氏《讀書志》謂欽，成帝時人。意者欽爲此書而後人附益：如《山海經》禹、益所記，有長沙、零陵、桂陽、諸暨之名；《本草》神農所述，有豫章、朱崖、趙國、常山、奉高、真定、臨淄、馮翊之稱；《爾雅》作於周公，而云張仲孝友；《蒼頡篇》造於李斯，而云漢兼天下。皆非本文，顔之推嘗論之矣。《通典》又謂景純注解踈略，多迂怪。今郭注不傳。

《三輔黄圖》所載靈金内府及天禄閣青藜杖，皆王嘉《拾遺記》譎誕之説。程泰之謂《黄圖》蓋唐人增續成之。《水經注》引《黄圖》，今本所無。

殷芸《小説》云：「諸葛武侯躬耕於南陽。」南陽是襄陽墟名，非南陽郡也。

《素問》：「天不足西北，左寒而右涼；地不滿東南，右熱而左温。」

《漢袁良碑》云：「帝御九龍殿，引對飲宴。」《集古録跋》謂九龍殿名惟見於此。愚按：張平子《東京賦》曰：「九龍之内，寔曰嘉德。」注：「九龍，本周時殿名。門上有三銅柱，柱有三龍相糾繞，故曰九龍。」嘉德殿在九龍門内，非但見於此碑也。

「武后在洛陽，不歸長安。」此《通鑑》所載也。張柬之等舉兵，至后所寢長生殿，又遷后於上陽宫，皆在洛陽。程泰之《雍録》乃謂長安宫殿，誤矣。

馮衍賦云：「皋陶釣於靁澤兮，賴虞舜而後親。」未詳所出。《水經注》引《墨子》曰：「舜漁濩澤。」今《墨子·尚賢篇》曰：「舜漁雷澤，堯得之服澤之陽。」「服」字，疑即「濩」字。

《漢·王嘉傳》「爲南陵丞」，顔注：「南陵，縣名，屬宣城。」按：漢無宣城郡南陵縣。宣城縣屬丹陽郡。南陵屬京兆，文帝七年置。顏注不攷《地理志》何邪？

《禹貢》「冀州治梁及岐」，先儒皆以爲雍州之山。晁氏謂冀州之呂梁狐岐山也。蔡氏《集傳》從之。朱文公曰：「梁山證據不甚明白。」

《賈誼書》曰：「所爲建武關、函谷、臨晉關者，大抵爲備山東諸侯也。」武關在商州商洛，以限南諸侯。函谷在陝州靈寶，以限北諸侯。臨晉在同州朝邑，以限東諸侯。

鮑明遠《登大雷岸與妹書》云：「棧石星飯，結荷水宿。旅客貧辛，波路壯闊。」其詞奇麗超絶，翰墨畦逕，可以諷誦。明遠妹令暉，有文才，能詩，見鍾嶸《詩品》。大雷在舒州望江縣，《水經注》所謂大雷口也。晉有大雷戍，陳置大雷郡。庾亮《報温嶠書》：「無過雷池一步。」積雨爲池，謂之雷池，東入于江，爲大雷口。《元和郡縣志》云。

余仕于吴郡，嘗見長洲宰，其圃扁曰「茂苑」。蓋取諸《吴都賦》。余曰：「長洲非此地也。」問其故。余曰：「吴王濞都廣陵。《漢·郡國志》：『廣陵郡東陽縣有長洲澤，吴王濞太倉在此。』東陽，今盱眙縣。故枚乘説吴王云『長洲之苑』，服虔以爲『吴苑』，韋昭以爲長洲在吴東，蓋謂廣陵之吴也。」曰：「它有所據乎？」曰：「隋虞綽撰《長洲玉鏡》，蓋煬帝在江都所作也。長洲之名縣，始於唐武后時。」《元和郡縣志》苑在長洲縣西南七十里，未足據也。當從《郡國志》。

殺胡林，在欒城縣。唐屬趙州，後屬真定府。《紀異録》云：林内射殺一狐，因以名之。《續通典》云：唐天后時，襲突厥，群胡死於此，故以名之。

隋牛弘，封奇章公。僧孺，其後也。奇章，巴州之縣，梁普通六年置，取縣東八里奇章山爲名。隋、唐《志》、《通典》、《九域志》、《輿地廣記》皆云「其章」，誤也。《續通典》作「奇章」。

諸　子

《漢志》：「《曾子》十八篇。」今世所傳，視漢亡八篇矣。十篇見於《大戴禮》。景迂云：「世知讀《曾子》者，殆未見其人也。」朱文公云：「所記雖或甚疎，亦必切於日用躬行之實。」

太史公序《曆書》曰：「律居陰而治陽，曆居陽而治陰，律曆更相治，間不容翲忽。」出《曾子・天圓章》。《曾子》云：「其間不容髮。」

《通鑑》載子思言「苟變於衛侯」，在安王三十五年。《大事記》云：「去孔子没百有三年，子思逮事孔子，未必至是時尚存。」薛常州亦云：「子思之年，毋乃過於壽考乎？」

《家語》、《荀子》謂：孔子觀於魯桓公之廟，有欹器焉。《韓詩外傳》、《説苑》皆云：「觀於周廟，有欹器焉。」《晉・杜預傳》云：「周廟欹器，至漢東京，猶在御坐。」當以周廟爲是。

《皇覽・記陰謀》黄帝《金人器銘》：武王問尚父曰：「五帝之誡，可得聞乎？」尚父曰：「黄帝之戒曰：『吾之居民上也，摇摇恐夕不至朝。』故爲金人，三封其口，曰古之慎言。」按《漢・藝文志》道家，有《黄帝銘》六篇。蔡邕《銘論》：「黄帝有《巾机》之法。」《皇覽》撰集於魏文帝時，漢《七略》之書猶存。《金人銘》，蓋六篇之一也。

胡文定銘龜山楊公曰：「孰能識車中

之狀，意欲施之。」《韓詩外傳》云：「孔子出衛之東門，逆姑布子卿，曰：『二三子引車避。有人將來，必相我者也。』孔子下步，姑布子卿曰：『贏乎若喪家之狗。』子貢以告，孔子曰：『丘何敢乎？』子貢曰：『何足辭也？』子曰：『汝獨不見夫喪家之狗歟？既斂而椁，布器而祭。顧望無人，意欲施之。上無明王，下無賢方伯，王道衰，政教失，强陵弱，衆暴寡，百姓縱心，莫之綱紀。是人固以丘爲欲當之者也，丘何敢乎？』」文定蓋用此，以比二程。

荀卿《非十二子》，《韓詩外傳》引之，止云十子，而無子思、孟子。愚謂：荀卿非子思、孟子，蓋其門人如韓非、李斯之流，託其師説以毁聖賢。當以《韓詩》爲正。

荀卿曰：「盗名不如盗貨。田仲、史鰌不如盗也。」陳仲子猶可議，「直哉史魚」，以爲盗名可乎？《非十二子》，史鰌與子思、孟軻皆在焉，豈有法仲尼而非三子者乎？

《楚辭·漁父》：「吾聞之，新沐者必彈冠，新浴者必振衣，安能以身之察察，受物之汶汶者乎？」《荀子》曰：「新浴者振其衣，新沐者彈其冠，人之情也。其誰能以己之潐潐，受人之掝掝者哉？」荀卿適楚，在屈原後，豈用《楚辭》語歟？抑二子皆述古語也。

《荀子》曰：「非其人而教之，齎盗粮、借賊兵也。」獨不知李斯、韓非乎？

《成相》曰：「禹傳土，平天下，躬親爲民行勞苦，得益、皋陶、横革、直成爲輔。」注云：「横革、直成，❶未聞。」韓侍郎云：

❶「成」，原脱，據嘉慶本、道光本補。

「此論益、皋陶之功，横而不順者革之，直者成之也。」愚嘗攷《吕氏春秋》云：「得陶、化益、真窺、横革、之交五人，佐禹，故功績銘乎金石，著於盤盂。」陶，即皋陶也。化益，即伯益也。真窺，即直成也。「真」與「直」字相類。横革，即横革也。皆禹輔佐之名。之交，未詳。《世本》化益作井，宋衷云：伯益。

《王霸篇》「罣牢天下而制之」，《馬融傳》注作「皋牢」，猶牢籠也。

孟子三見齊王不言事，曰：「我先攻其邪心。」楊倞注云：「以正色攻去邪心，乃可與言也。」此莊子所謂「正容以悟之，使人之意也消」。

《荀子》曰：「千人萬人之情，一人之情是也。」《阿房宫賦》之語本此。

《勸學篇》「青出之藍」，作「青取之於藍」；「聖心循焉」，作「備焉」；「玉在山而木潤」，作「草木潤」；「君子如嚮矣」，作「如響矣」。《賦篇》「請占之五泰」，作「五帝」。監本未必是，建本未必非，餘不勝紀。今監本乃唐與政台州所刊。熙寧舊本亦未爲善，當俟詳攷。五泰，注云：「五泰，五帝也。」監本改爲五帝，而删注文。

河間獻王之言，惟見於《説苑》，謂：「堯存心於天下，加志於窮民，痛萬姓之罹罪，憂衆生之不遂也。有一民飢，則曰：『此我飢之也。』有一人寒，則曰：『此我寒之也。』一民有罪，則曰：『此我陷之也。』仁昭而義立，德博而化廣，故不賞而民勸，不罰而民治。先恕而後教，是堯道也。」又曰：「禹稱民無食，則我不能使也。功成而不利於人，則我不能勸也。故疏河以導之，鑿江通於九派，灑五湖而定東海。民亦勞矣，然而不怨苦者，利歸於民也。」又曰：

「湯稱學聖王之道，譬如日焉；静居獨思，譬如火焉。夫捨學聖王之道，若捨日之光。獨思，若火之明也，可以見小，未可用大知，惟學問可以廣明德慧也。」又曰：「《管子》稱：『倉廩實，知禮節；衣食足，知榮辱。』夫穀者，禮義所以行，而人心所以安也。《尚書》五福，以富爲始。子貢問爲政，孔子曰：『富之。』既富，乃教之，此治國之本也。」司馬公爲獻王贊，謂：「用其德，施其志，帝王之治復還，其必賢於文、景遠矣。」

《法言序》舊在卷後，司馬公《集注》始寘之篇首，《詩》、《書》之《序》亦然。

老泉《太玄論》曰：「疑而問，問而辯，問辯之道也。揚雄之《法言》，辯乎其不足問也，問乎其不足疑也，求聞於後世而不待其有得，君子無取焉。」東坡亦謂：「《太玄》、《法言》，琱蟲而變其音節，謂之經可乎？」

《法言》末篇稱漢公，斯言之玷，過於《美新》矣。司馬公雖曲爲之辯，然不能滌莽大夫之羞也。

「五兩之綸，半通之銅」，注云：「半通，闕。」今按仲長統《昌言》曰：「身無半通青綸之命。」注：《十三州志》曰：「有秩嗇夫，得假半章印。」半通，半章也。

「美靈根」、「閉朋牖」，《太玄》之心學也。

《中説·前述》云：「隋文帝坐太極殿，召見，因奏太平之策十有二焉。」按《唐會要》武德元年五月，改隋大興殿爲太極殿。隋無此名。

「《詩》失於齊、魯」，當從龔氏本云：「《論》失於齊、魯。」謂《論語》也。上文已言「齊、韓、毛、鄭，《詩》之末也」，不當重出。

「封禪，秦、漢之侈心」，此河汾篤論也。房、魏學于河汾，而議封禪之禮，不以爲非，安在其爲守師説乎？「梁有許懋，而唐無人焉」，曾謂房、魏不如懋乎！

龔氏注《中説》，引古語云：「上士閉心，中士閉口，下士閉門。」愚按：《楚辭·橘頌》云：「閉心自謹，終不過失兮。」王逸注：「閉心，捐欲也。」

《中説》於文取陸機，於史取陳壽，自魏、晋而下言之也。

「記註興，而史道誣矣」，註，當作「注」。記注，謂漢、晋以後起居注之類。虛美隱惡，史無直筆，故曰誣。阮逸謂若裴松之注《三國志》。恐非。

「張玄素《問禮》」，注云：「史傳未見。」玄素，蒲州人，《唐書》有傳。注以爲未見，非也。

「戎狄之德，黎民懷之，三才其舍諸」，此叔恬之言也。元魏之君，唯稱孝文，然治家無法，佳兵不已，再傳而遂亂，安在其黎民懷之也？

「文中子遊馬頰之谷，遂至牛首之谿」，龔氏本云：「子遊黄頰之谷，遂至白牛之溪。」注云：「王績嘗題詩黄頰山壁。」愚按：《負苓者傳》：「文中子講道於白牛之溪。」當從龔本。

仲長子光，《中説》稱之，王無功爲《傳》云：「著《獨遊頌》及《河渚先生傳》以自喻。文中子比之虞仲夷逸。」又爲祭文云：「明道若昧，進道若退。鳥飛知還，龍亢靡悔。藏用以密，養正以蒙。不見其始，孰知其終？」

無功《答馮子華書》曰：「吾家三兄生於隋末，傷世擾亂，有道無位，作《汾亭》之操，蓋孔氏《龜山》之流也。吾嘗親受其調，頗謂曲盡。近得裴生琴，更習其操，洋洋乎覺聲品相得。」又曰：「吾往見薛收《白牛溪賦》，韻趣高奇，詞義曠遠，嵯峨蕭瑟，真不可言！壯哉邈乎，揚、班之儔也。高人姚義常謂吾曰：『薛生此文不可多得，登太行，俯滄溟，高深極矣！』」可附《中説》注。

李百藥曰：「分四聲八病。」按《詩苑類格》沈約曰：「詩病有八：平頭、上尾、蜂腰、鶴膝、大韻、小韻、旁紐、正紐。唯上尾、鶴膝最忌，餘病亦通。」

杜淹《文中子世家》：「二子：長福郊，少福時。」龔氏本載《前述》，長子福獎。劉禹錫撰《王質碑》云：「文中子生福祚，福祚生勉，勉生怡，怡生潛，質，潛之季子爲諫議大夫、給事中，終宣歙觀察使，《唐書》有傳。福時之子，見於《文藝傳》者，勔、勮、勃、助、劼、勸。」太原府君召三子而教焉，龔氏注云：「文中子三子：福獎、福祚、福時。」福獎，疑即福郊也。書此以補《世家》之闕。

王無功《遊北山賦序》云：「余周人也。本家于祁，永嘉之際，扈遷江左。地實儒素，人多高烈，穆公銜建元之恥，歸于洛陽。同州悲永安之事，退居河曲。始則晉陽之開國，終乃安康之受田。」其賦云：「白牛溪裏，岡巒四峙，信兹山之奥域，昔吾兄之所止。許由避地，張超成市。察俗刪詩，依經正史。組帶青衿，鏘鏘儗儗。階庭禮樂，生徒杞梓。山似尼丘，泉疑泗浂。」又注云：「此溪之集，門人常以百數。河南董恒、南陽程元、中山賈瓊、河南薛收、太山姚義、太原温彦博、京兆杜淹等十餘人，稱爲俊穎。而姚義慷慨，同儕方之仲由；薛收以理達，方莊周。門人多至公輔，而文中之道未行。」然無功不及房、杜、魏，何哉？

鄭毅夫論《中説》之妄，謂李德林卒於開皇十二年，通時年八九歲，未有門人，而有「德林請見，歸而有憂色，援琴鼓《蕩》之什，門人皆霑襟」；　關子明太和中見魏孝文，如存于開皇間，亦一百二三十歲矣，而有「問禮於子明」。是二者，其妄不疑。晁氏《讀書志》謂薛道衡仁壽二年出襄州，通仁壽四年始到長安，其書有「内史薛公見子於長安」。用此推之，則以房、杜爲門人，抑又可知也。

《世説》其言清以浮，有天下分裂之象；　《中説》其言閎以實，有天下將治之象。

張巨山《讀管子》曰：「讀《心術》、《白心》、《内業》諸篇，知其功業之所本，然後知世之知《管子》者殊淺也。書多古字，如『況』作『兄』，『釋』作『澤』，此類甚衆。召忽曰：『百歲之後，吾君下世，犯吾君命而廢吾所立，奪吾糾也，雖得天下，吾不生也，兄與我齊國之政也。』而注乃謂：『召忽謂管仲爲兄。』『澤命不渝』，而注乃以爲『澤恩之命』。甚陋不可徧舉。」愚謂：《管子》乃尹知章注，今本云房玄齡，非也。

《地員篇》云：「管仲之正天下也，其施七尺，施者，大尺之名。瀆田悉徙，五種無不宜。其立后而手實。」謂立君以主之，手常握此地之實數。手實之名，始見於此。吕惠卿因以行手實之法。蘇文忠論管仲之無後，利不可與民争也。蓋有激云。

傅子謂《管子》書，過半是後之好事者所加，《輕重篇》尤鄙俗。《古史》謂多申、韓之言，以智欺其民，以術傾鄰國，有不貲之寶，石璧菁茅之謀。使管仲信然，何以霸哉？

管仲曰：「決獄折中，臣不如賓胥無，請立爲大理。」《吕氏春秋》云：「臣不若弦章。」按《説苑》，弦章在景公時，當以《管子》爲正。

黄帝六相，一曰蚩尤，《通鑑外紀》改爲風后。

《弟子職》，《漢志》附于《孝經》。朱子謂：「疑是作《内政》時，士之子常爲士，因作此以教之。」

晁景迂云：「王弼注《老子》，知『佳兵者不祥之器』至於『戰勝，以喪禮處之』非老子之言，不知『常善救人，故無棄人；常善救物，故無棄物』獨得諸河上公，而古本無有也。傅奕能辯之。」❶

《老子》曰：「治人事天，莫若嗇。夫唯嗇，是謂早復。早復謂之重積德。」司馬公謂：「不遠而復，不離於德，可以修身。」朱文公謂：「能嗇，則不遠而復。重積德者，先已有所積，復養以嗇，是又加積之也。」王弼注本作「早服」，而注云：「早服，常也。」亦當爲復。

方伯謩，文公高第也。其言曰：「老子之言，蓋有所激者，生於衰周，不得不然。世或黜之，以爲申、韓慘刻，原於《道德》，亦過矣。」又曰：「釋氏固夷也，至於立志堅決，吾亦有取焉。」似與師説背馳。

「生之徒十有三」，《韓非·解老》云：「四肢與九竅。」

首章以「有」、「無」字下斷句，自王介甫始。朱文公謂：名可名，有名無名皆一義。常無欲，是説無欲。

「惟無以天下爲者，可以有天下」，此即

❶「奕」，原作「弈」，據嘉慶本、道光本改。

舜、禹有天下而不與之意。湯、武之征伐，非利天下也。無利天下之心，而與天下同其利，然後可以得天下。

「谷神」一章，養生者宗焉。《春秋繁露》謂：「養生之大者，在愛氣閑欲以平意。平意以静神，静神以養氣。古之道士有言曰：『將欲無陵，固守一德。』此言神無離形，則氣多内充。」董子亦有得於此。

文子者，老子弟子也。序曰：「亦曰計然，姓辛，名研，字文子。」其書稱平王問道，老子與孔子同時。又云范蠡師之，去平王之時遠矣。序謂周平王時人，非也。其言曰「玉在山而草木潤，珠生淵而岸不枯」，荀子取之。「譬若積薪燎，後者處上」，汲黯取之。「再實之木，其根必傷」，明德后取之。「用兵有五：有義兵，有應兵，有忿兵，有貪兵，有驕兵。義兵王，應兵勝，忿兵敗，貪兵死，驕兵滅」，魏相取之。「臨河欲魚，不如歸而織網」，董仲舒取之。「孔子無黔突，墨子無暖席」，班固、杜甫、韓愈取之。「心欲小，志欲大；智欲圓，行欲方」，孫思邈取之。「德均則衆者勝寡，力敵則智者制愚」，陸抗取之。「欲治之主不世出」，王吉取之。「寸而度之，至丈必差；銖而解之，至石必過。石稱丈量，徑而寡失」，枚乘取之。「山有猛獸，林木爲之不斬；園有螯蟲，葵藿爲之不採；國有賢臣，折衝千里」，鄭昌取之。「文之所加者深，則權之所服者大；德之所施者博，則威之所制者廣」，班固《刑法志》取之。「人之將疾，必先厭魚肉之味；國之將亡，必先惡忠臣之語」，《越絶》、《劉子》取之。「乳犬之噬虎，伏雞之搏貍」，何休注《公羊》取之。又曰：「士有一定之論，女有不易之行。」「同言而信，信在言前；同令而行，誠在令外。」「狡兔得而獵犬烹，高鳥盡而良弓藏。」皆見此書。其見於《列》、《莊》、《淮南子》者，不可縷數。

《文子》曰：「虚無因循，常後而不先，譬若積薪燎，後者處上。」汲長孺學黄、老言，故用《文子》之語。顔注云：「積薪之言，出《曾子》。」當攷。

《戰國策》云：「不聞老萊子之教孔子事君乎？示之其齒之堅也，六十而盡相靡也。」《孔叢子》云：「老萊子謂子思曰：『子不見夫齒乎？雖堅剛，卒盡相摩；舌柔順，終以不弊。』」《漢·藝文志》：「老萊子與孔子同時。」當從《國策》。

壺丘子林，列子之師也。《吕氏春秋》云：「子産相鄭，往見壺丘子林，與其弟子坐，必以年。」然則與子産同時。

列子以「仕衛」爲「嫁於衛」，從一而終，之死靡它，是之謂正。

《列子》言西方之聖人，西極之化人，佛已聞於中國矣。

「狐父之盜」，《史記》正義：「《括地志》狐父亭在宋州碭山縣東南三十里。」

東坡欲去《莊子·盜跖》《漁父》篇。而邵子《觀物外篇》謂：「《盜跖》言事之無可奈何者，雖聖人亦莫如之何；《漁父》言事之不可强者，雖聖人亦不可强。」

五峰云：「《莊子》之書，世人狹隘執泥者，取其大略，不爲無益。若篤行君子，句句而求，字字而論，則其中無真實妙義，不可推而行也。」愚謂此讀《莊子》之法。伊川一生不曾看《莊》、《列》。

《韓詩外傳》：「楚成王讀書於殿上，而輪扁在下，作而問曰：『不審主君所讀何書也？』」與《莊子》同而小異。《漢·古今人表》作「輪邊」。

《大宗師》曰：「道可傳而不可受。」屈子《遠遊》曰：「道可受兮不可傳。」敢問其所以異？曰：「莊子所謂傳，傳以心也。屈子所謂受，受以心也。目擊而存，不言而喻。耳受而口傳之，離道遠矣。」

朱文公謂《庚桑楚》一篇，皆是禪。

《天運篇》孔子見老聃歸，三日不談。弟子問曰：「夫子見老聃亦將何規哉？」孔子曰：「吾乃今於是乎見龍，龍合而成體，散而成章，乘乎雲氣，而養乎陰陽。予口張而不能嚕，予又何規老聃哉？」《太平御覽》引《莊子》曰。云云。孔子曰：「吾與汝處於魯之時，人用意如飛鴻者，吾走狗而逐之；用意如井魚者，吾爲鉤繳以投之。吾今見龍，云云。余口張不能嗋，舌出不能縮，又何規哉？」與今本異。

初寮謂：《莊子》之言風，其辭若與風俱鳴於衆竅。掩卷而坐，猶覺翏翏之逼耳。

《齊物論》「女以妄聽之奚」。張文潛銘商瑶曰：「造物則奚。」句法本此。

「飾小説以干縣令」，疏云：「縣，高也。謂求高名令聞。」有進士程文用此，犯聖祖名。

謂惠子曰：「儒、墨、楊、秉四，與夫子爲五。」《列子釋文》：「公孫龍，字子秉。」秉，謂公孫龍也。

「魯雞固能矣」，注云：「大雞也，今蜀雞。」《爾雅》：「雞大者蜀。」韓文公《守戒》曰：「魯雞之不期，蜀雞之不支。」是以蜀雞爲小也。未詳。

荆公曰：「古之善事親者，非事其親之謂也，事其心而已矣。」事其心，出《人間世》。

吕吉甫曰：「『聖人之所以駴天下，神

人未嘗過而問焉』，蓋孔氏與老氏同生於衰周，莊子與孟子俱遊於梁惠，其書之言未嘗相及，以此而已。」

以恬養知者，主静而識益明；以知養恬者，致知而本益固。

向秀注《莊子》，而郭象竊之；郗紹作《晉中興書》，而何法盛竊之。二事相類。

「支離疏鼓筴播精」，《文選》注作「播糈」。

郭象注曰：「聖人之在天下，煖然若陽春之自和，故蒙澤者不謝；淒乎若秋霜之自降，故彫落者不怨。」李太白云：「草不謝榮於春風，木不怨落於秋天。」其語本此注。又曰：「世有假寐而夢經百年者，則無以明今之百年，非假寐之夢者也。」邯鄲枕、南柯守之説，皆原此意。《幽求子》曰：「當其夢時，覩山念木，或志在舟楫，因舟念水，因水念魚。」東坡《夢齋銘》，意出於此。

《莊子》稱「墨翟、禽滑釐聞其風而悦之」，則滑釐，墨者也。《史記·儒林傳》謂：「田子方、段干木、吴起、禽滑釐之屬，皆受業於子夏之倫，爲王者師。」豈滑釐逃儒而入於墨，亦若吴起之言兵歟？《説苑》載「禽滑釐問墨子」。

「庖丁解牛」，行其所無事也。《管子》云：「屠牛坦朝解九牛而刀可以莫鐵，則刃游間也。」賈誼疏云：「解十二牛。」胡子《知言》云：「一目全牛萬隙開。」横渠詩語也。

王坦之著《廢莊論》，而其論多用《莊》語。胡文定《春秋綱領》有取於《莊子》之言，其可廢乎？

豫且事有二：《説苑》：吴王欲從民

飲，伍子胥曰：「昔白龍下清泠之淵，化爲魚，豫且射中目。白龍不化，豫且不射。」張平子《東京賦》所謂「白龍魚服，見困豫且」者也。《史記·龜策傳》褚先生曰：「宋元王二年，江使神龜使於河，至於泉陽，漁者豫且舉網得而囚之，置之籠中。夜半龜來見夢於宋元王。」《莊子》所謂「神龜能見夢於元君，而不能避余且之網」者也。

郭象注云：「喜懼戰於胸中，固已結冰炭於五藏矣。」韓文公《聽潁師琴詩》「無以冰炭置我腸」，本於此。

《齊物論》非欲齊物也，蓋謂物論之難齊也。是非毁譽，一付於物，而我無與焉，則物論齊矣。邵子詩謂「齊物到頭争」，恐誤。張文潛曰：「莊周患夫彼是之無窮，而物論之不齊也，而託之於天籟。其言曰：『吹萬不同，而使其自已也。』此言自以爲至矣，而周固自未離夫萬之一也。曷足以爲是非之定哉？雖然，如周者，亦略税駕矣。」

莊子逸篇

陸德明《序録》曰：「莊生宏才命世，辭趣華深，正言若反，故莫能暢其私致。後人增足，漸失其真。故郭子玄云：『一曲之才，妄竄奇説，若《閼奕》、《意脩》之首，❶《危言》、《游鳧》、《子胥》之篇，凡諸巧雜，十分有二。』《漢書·藝文志》：《莊子》五十二篇，即司馬彪、孟氏所注是也。言多詭誕，或似《山海經》，或類占夢書，故注者以意去取。其内篇衆家並同，自餘或有外而

❶「首」，原作「旨」，據嘉慶本、道光本改。

無雜，唯子玄所注，特會莊生之旨。」北齊杜弼注《莊子·惠施篇》，今無此篇，亦逸篇也。

鬩奕之隸，與殷翼之孫、遏氏之子，三士相與謀，致人於造物，共之元天之上。元天者，其高四見列星。司馬彪曰：「元天，山名。」

游鳧問雄黄曰：「今逐疫出魅，擊鼓呼噪，何也？」雄黄曰：「黔首多疾，黄帝氏立巫咸，使黔首沐浴齊戒以通九竅，鳴鼓振鐸以動其心，勞形趨步以發陰陽之氣，飲酒茹葱以通五藏。夫擊鼓呼噪，逐疫出魅鬼，黔首不知，以爲魅祟也。」

插桃枝於户，連灰其下，童子入不畏，而鬼畏之。是鬼智不如童子也。

童子夜嘯，鬼數若齒。

小巫見大巫，拔茅而弃，此其所以終身弗如。

尹儒學御三年而無所得，夜夢受秋駕。明日往朝師，師曰：「今將教子以秋駕。」司馬彪曰：「秋駕，法駕也。」

空閲一作門。來風，桐乳致巢，此以其能苦其性者。司馬彪曰：「門户孔空，風善從之。桐子似乳，著其葉而生。其葉似箕，鳥喜巢其中也。」

紼謳所生，必於斥苦。司馬彪曰：「斥，疏緩也。苦，用力也。引紼所以有謳歌者，爲人用力不齊，故促急之也。」

庚市子肩之毀王也。❶

孔子病，子貢出卜。孔子曰：「汝待也。吾坐席不敢先，居處若齊，食飲若祭，吾卜之久矣。」

老子見孔子從弟子五人，問曰：「前爲誰？」對曰：「子路，勇且多力。其次，

❶「肩」，道光本作「堅」。

子貢爲智，曾子爲孝，顏回爲仁，子張爲武。」老子歎曰：「吾聞南方有鳥，名爲鳳。鳳之所居也，積石千里，河水出下。鳳鳥居止。❶天爲生食，其樹名瓊枝，高百仞，以璆琳琅玕爲實。天又爲生離珠，一人三頭，遞起以伺琅玕。❷鳳鳥之文，戴聖嬰仁，右智左賢。」

善卷，堯聞其得道之士，乃北面而師事之。蒲衣八歲，而舜師之。

廉者不食不義之食，不噉不義之水。

仲尼讀《春秋》，老聃踞竈觚而聽。觚，竈額也。

羊溝之雞，三歲爲株。相者視之，則非良雞也。然而數以勝人者，以狸膏塗其頭。羊溝，鬭雞處。株，魁帥也。雞畏狸也。

惠子始與莊子相見，而問乎莊子，曰：「今日自以爲見鳳凰而徒遭燕雀耳。」坐者俱笑。

豫樟初生，可抓而絕。

鵲上高城之垝，而巢於高榆之顛。城壞巢折，淩風而起。故君子之居世者，得時則義行，失時則鵲起。

金鐵蒙以大緤，載六驥之上，則致千里。

孔子舍於沙丘，見主人，曰：「辯士也。」子路曰：「夫子何以識之？」曰：「其口窮踦，其鼻空大，其服博，其睫流，其舉足也高，其踐地也深，鹿與而牛舍。」

青鵶愛子忘親。司馬彪曰：「鵶鳥專愛其子，而忘其母也。」

聲氏之牛，夜亡而遇夔，止而問焉：「我有四足，動而不善。子一足而超踊，何

❶「止」，嘉慶本、道光本作「上」。
❷「伺」，嘉慶本、道光本作「飼」。

以然？」夔曰：「以吾一足王於子矣。」

市上之人，有善戴尊者，累十尊而行。人有與之更者，行道未半，而以其尊顛。酒尊也。

亡羊而得牛，斷指而得頭。

羌人死，燔而揚其灰。

子張見魯哀公不禮士也，託僕夫而去，曰：「臣聞君好士，故不遠千里而見。君之禮士也，有似葉公子高之好龍。室彫文盡寫以龍。於是天龍下之，窺頭於牖，拖尾於堂。葉公見之，弃而還走，失其魂魄，五色無主。是葉公非不好龍也，好夫似龍而非龍也。今君非不好士也，好夫似士而非士者也。」

流脈並作，則爲驚怖；陽氣獨上，則爲癲病。

以十鈞射者，見天而不見雲；以七鈞射者，見鵠而不見鶴；以五鈞射者，見鶴而不見雀。

函牛之鼎沸，蟻不得措一足焉。喻聖主之法明，奸至不敢蹈之。

趙簡子出田，鄭龍爲右。有一野人，簡子曰：「龍下射彼，使無驚吾馬。」三命鄭龍，鄭龍不對，簡子怒。鄭龍曰：「昔吾先君伐衛克曹，❶退爲踐土之盟，不戮一人。君今一朝田，❷而曰：『必爲我殺人！』是虎狼殺人，故將救之。」簡子愀焉曰：「不愛其身以活人者，可無從乎？」還車輟田，曰：「人之田也得獸，今吾田也得士。」

梁君出獵，見白雁群集。梁君下車，彀弩一作弓。欲射之。道有行者不止，白雁群

❶ 「克」，原作「免」，據嘉慶本、道光本改。
❷ 「君」，原作「吾」，據嘉慶本、道光本改。

駭。梁君怒，欲射行者。其御公孫龍下車撫其心，梁君忿然作色而怒曰：「龍不與其君，而顧與他人，何也？」公孫龍對曰：「昔者齊景公之時，齊，一作「宋」。天旱三年，卜之，曰：『必以人祠乃雨。』景公下堂頓首曰：『吾所以求雨者，爲民也。今必使吾以人祠乃且雨，寡人將自當之。』言未卒而天大雨。方千里者何，爲有德於天而惠施於民也。今主君以白雁之故，而欲射殺人，無異於虎狼。」梁君援其手，與上車，歸入郭門，呼萬歲曰：「樂哉！今日獵也。人獵皆得禽獸，吾獵獨得善言而歸。」

人而不學，命之曰「視皮」；一作肉。學而不行，命之曰「輒囊」。輒，繫者也。一作撮。

秋禽之肥，易牙和之，非不美也，彭祖以爲傷壽，故不食之。

祝牧謂其妻曰：「天下有道，我戴子佩；天下無道，我負子戴。」

易姓而王，封於泰山，禪於梁父者，七十有二代。其有形兆垠堮，勒石凡千八百餘處。

槐之生也，入季春五日而兔目，十日而鼠耳，更旬而始規，二旬而葉成。鴟爲鸇，鸇爲布穀，布穀爲鴟，此物變也。

盧敖見若士，深目鳶肩。

禮若亢鋸之柄。亢，舉也。禮有所斷割，猶舉鋸之柄以斷物也。

叔文相莒三年歸，其母自績，謂母曰：「文相莒三年，有馬千駟，今母猶績，文之所得事，皆將弃之已。」母曰：「吾聞君子不學《詩》、《書》、射御，必有博塞之心；小人不好田作，必有竊盜之心；婦人不好紡績織紝，必有淫泆之行。好學爲福也，猶飛鳥之有羽翼也。」

漢《七略》所録，若《齊論》之《問王》、《知道》、《孟子》之外書四篇，今皆亡傳。《莊子》逸篇十有九，《淮南鴻烈》多襲其語，唐世司馬彪注猶存，《後漢書》、《文選》、《世説》注、《藝文類聚》、《太平御覽》間見之。斷圭碎璧，亦足爲簉櫝之珍，博識君子或有取焉。

《太平御覽》引蘇子曰：「蘭以芳自燒，膏以明自焫，翠以羽殃身，蚌以珠致破。」蘇秦能爲此言，而不能保其身。《漢書》楚老父之言，本於此。《文子》引《老子》曰：「鳴鐸以聲自毀，膏燭以明自煎。」

《尸子》曰：「孝己事親，一夜而五起，視衣厚薄，枕之高下也。」又曰：「蒲衣生八年，舜讓以天下；周王太子晋生八年，而服師曠。」《漢書》稱孝己，《莊子》稱蒲衣子，其事見此。太子晋事，見《周書》。

鄒陽曰：「里名勝母，曾子不入。」《尸子》謂：「孔子至於勝母，暮矣而不宿；過於盜泉，渴矣而不飲，惡其名也。」《尸子》曰：「舜兼愛百姓，務利天下。其田也，荷彼耒耜，耕彼南畝，與四海俱有其利。雷澤也，旱則爲耕者鑿瀆，儉則爲獵者表虎，❶故有光若日月，天下歸之若父母。」《文心雕龍》：舜之祠田云：「荷此長耜，耕彼南畝，四海俱有。」謂之祠田，豈它有所據乎？

「程子，」見《家語》。「子華子」，見《莊子》。近有《子華子》之書，謂程本字子華，即孔子傾蓋而語者。《後序》謂鬼谷子之師。水心銘鞏仲至，所謂「程子」即此書也。朱文公謂詞艱而理淺，近世巧於模擬者所爲，決非

❶「儉」，嘉慶本、道光本作「狩」。

先秦古書。

《韓子・内儲説》謂叔向讒萇弘。按《左傳》哀三年，周人殺萇弘。叔向之没久矣。

《韓子》曰：「殷之法，刑弃灰於街者。子貢以爲重，問之仲尼。仲尼曰：『知治之道也。』」以商鞅之法爲殷法，又託于仲尼，法家侮聖言至此。

《五蠹》曰：「周去秦爲從，期年而舉；衛離魏爲衡，半歲而亡。是周滅於從，衛亡於衡也。」按《史記》，赧王倍秦，與諸侯約從。衛爲衡之事，未詳。

《説疑》曰：「有扈氏有失度，讙兜氏有孤男，三苗有成駒，桀有侯侈，紂有崇侯虎，晋有優施。此六人者，亡國之臣也。」崇侯、優施事甚著。《古今人表》桀時有雅侈，餘皆闕。《吕氏春秋》云：「夏桀染於羊辛、岐踵戎，殷紂染於崇侯、惡來，周厲王染於虢公長父、榮夷終，幽王染於虢公鼓、祭公敦。此四王者，所染不當。」《古今人表》桀時有干辛。榮夷終，即榮夷公。虢公鼓，即虢石父。《墨子》云：「夏桀染於干辛、推哆。」

《韓子》曰：「商君教秦孝公燔《詩》、《書》而明法令。」愚按：《史記・商君傳》不言燔《詩》、《書》，蓋《詩》、《書》之道廢，與李斯之焚之無異也。

又云：「吴起教楚悼王損不急之枝官。」注謂：「非要急，若樹之枝也。養樹者必披落其枝，爲政者亦損其閑冗。」宋景文詩：「何言漢樸學，正似楚枝官。」「枝官」二字，前未有用者。

又云：「儒服帶劍者衆，而耕戰之士寡。堅白無厚之詞章，而憲令之法息。」愚謂：堅白，公孫龍之言也。無厚，鄧析之言也。

「漁者持鱣，婦人拾蠶，利之所在，皆爲賁、諸。」吕太史《西漢手筆》曰：「利之所激，深宫之女皆儀、秦也。」文法本此。

「叔瞻、宫之奇，亦虞、鄭之扁鵲也。」後魏崔浩謂：「王猛之經國，苻堅之管仲也；慕容恪之輔少主，慕容暐之霍光也；劉裕之平逆亂，司馬德宗之曹操也。」筆墨畦逕，皆有自來。

「必恃自直之箭，百世無矢；恃自圜之木，千世無輪。」劉夢得用此語。「恃」字作「俟」。

「鉅、孱之費金、璧，西門豹之納璽。」戰國之時，官邪賂章，毁譽決於左右之口，於此可見，若阿、即墨之斷者，幾何人哉！趙之郭開，齊之后勝，皆受秦間金。魏信陵之以毁廢，亦以萬金爲間。三國遂墟矣。

「人主以二目視一國，一國以萬目視人主。」此名言也。鄭長者之書，見《漢・藝文志》。

「吏者，民之本綱也。聖人治吏不治民。」斯言不可以韓非廢。

《韓子》謂：「趙襄子賞有功者五人，高赫爲賞首。仲尼聞之曰：『善賞哉，襄子！賞一人而天下爲人臣者莫敢失禮。』」事在孔子後，孔鮒已辨其妄，然傳記若此者衆。《説苑》：「周威公問於甯子曰：『取士有道乎？』甯子曰：『楚平王有士曰楚傒胥丘，負客出亡之晋，晋人用之，是爲城濮之戰。』」城濮在楚成王時，以爲平王，謬矣。甯子，甯越。又曰：「晋平公好樂，多賦斂，治城郭。有咎犯者，見門大夫以樂見，平公内之，對曰：『臣不能爲樂，臣善隱。』」又曰：「石乞侍坐於屈建，屈建曰：

『白公其爲亂乎?』」又曰:「介子推行年十五而相荆,仲尼聞之,使人往視。」又曰:「晉靈公造九層臺,荀息聞之,上書求見,曰:『臣能累十二博棋,加九雞子其上。』」按犯、建、子推、息四人事蹟,皆在前。劉子政博極群書,何述紀之誤也?《新序》楚共王逐申侯,晉文公遇欒武子,葉公諸梁問樂王鮒,皆不同時。

《韓子》云:「趙襄子召延陵生,令將軍車騎先至晉陽。」《戰國策》云「延陵王」,誤也。鮑氏改「王」爲「君」,亦未之攷。

《韓子》云:「吴起欲攻秦小亭,置一石赤黍東門外,令人能徙此於西門外者,賜之上田宅。人争徙之,乃下令曰:『明日攻秦,能先登者,仕之大夫,賜之上田宅。』於是攻之,一朝而拔。」《吕氏春秋》云:「吴起治西河,欲諭其信於民,夜日置表於南門之外,令於邑中曰:『明日有人能債南門之外表者,仕長大夫。』明日日晏矣,莫有債表者。民相謂曰:『此必不信。』有一人曰:『試往債表,不得賞則已,何傷?』往債表,來謁吴起。起自見而出,仕之長大夫。自是之後,民信吴起之賞罰。」愚按:商鞅入秦,在吴起死後二十一年,徙木予金,其祖吴起之遺智歟?

《説文》:「古者宿沙初作煮海鹽。」魯連子曰:「古善漁者宿沙瞿子,使漁于山,則雖十宿沙子,不得一魚焉。」又曰:「宿沙瞿子善煮鹽,使煮漬沙,雖十宿沙不能得也。」

《鶡冠子·博選篇》用《戰國策》郭隗之言,《王鈇篇》用《齊語》管子之言,不但用賈生《服賦》而已。柳子之辯,其知言哉!

《戰國策》鄭璞之説,亦見《尹文子》。

諺云：「不聽不明，不能爲王；不瞽不聾，不能爲公。」見《愼子》。

《吴子》曰：「承桑氏之君，脩德廢武以滅其國。」柳子《佩韋賦》：「桑弘和而却武兮，涣宗覆而國舉。」桑，謂承桑氏也。一本改「桑」字爲「乘」，誤。

程子曰：「韓信多多益辦，是分數明。」按《孫子》：「治衆如治寡，分數是也。」杜牧注謂「韓信多多益辦」。

漢景帝後二年詔曰：「雕文刻鏤，傷農事者也；錦繡纂組，害女紅者也。農事傷，則飢之本也；女紅害，則寒之原也。夫飢寒並至，而能亡爲非者，寡矣。」本李克對魏文侯之言。見《説苑》。《藝文志》儒家，《李克》七篇。

《韓子》謂：「鐘鼎之銘，皆番吾之跡，華山之博也。」蔡邕謂：「唯郭有道無愧，昌黎猶不免諛。」白樂天《立碑詩》曰：「豈獨賢者嗤，仍傳後代疑。」

《鬼谷子·午合篇》：「伊尹五就桀，五就湯，然後合於湯。吕尚三入殷朝，三就文王，然後合於文王。」《孫子·用間篇》當參攷。伊、吕聖人之耦，豈詭遇求獲者。此戰國辯士之誣聖賢也。伊尹三聘而起，太公辟紂海濱，當取信於《孟子》。

尹知章序《鬼谷子》曰：「蘇秦、張儀往事之，受捭闔之術十有二章，復受《轉丸》、《胠篋》三章。然秦、儀用之，裁得温言、酒食、貨財之賜。秦也，儀也，知道未足行，復往見，具言：❶『所受於師，行之，少有口吻之驗耳。未有傾河填海移山之力，豈可更聞至要，使弟子深見其閫奧乎？』先生曰：『爲子陳言至道。』齊戒擇日而往

❶「具」，原作「其」，據嘉慶本、道光本改。

見，先生乃正席而坐，嚴顔而言，告二子以全身之道。」《文心雕龍》云：「《轉丸》騁其巧辭，《飛鉗》伏其精術。」程子曰：「秦、儀學於鬼谷，其術先揣摩，然後捭闔。捭闔既動，然後用鉤鉗。」

蒯通善爲長短説，主父偃學長短從横術，邊通學短長。《史記》索隱云：「《戰國策》亦名《長短書》。」

鬻熊爲周文王師，著書二十二篇，諸子之最先者，今存十四篇。《列子·天瑞篇》引「運轉無已，天地密移」，《力命篇》引「語文王曰：『自長非所增，自短非所損。』」《賈誼書》引文王、武王、成王問，皆今書所無。

《吕氏春秋》曰：「老耽貴柔，孔子貴仁，墨翟貴廉，關尹貴清，子列子貴虚，陳駢貴齊，陽朱貴己，孫臏貴勢，王廖貴先，兒良貴後。」《荀子》曰：「慎子有見於後，無見於先；老子有見於詘，無見於信；墨子有見於齊，無見於畸；宋子有見於少，無見於多。」墨子有見於齊，兼愛也。陽朱貴己，爲我也。《吕氏》以孔子列於老氏之後，秦無儒故也。

迂齋云：「《梓人傳》規模，從《吕氏春秋》來。」愚按：《吕氏·分職篇》云：「使衆能與衆賢功名大立於世，不予佐之者，而予其主，其主使之也。譬之若爲宫室，必任巧匠。奚故？曰：『匠不巧，則宫室不善。』夫國，重物也，其不善也，豈特宫室哉？巧匠爲宫室，爲圓必以規，爲方必以矩，爲平直必以准繩。功已就，不知規矩繩墨而賞匠巧也。巧匠之宫室已成，不知巧匠，而皆曰：『善。此某君某王之宫室也。』」柳子立意本於此。

劉向《論起昌陵疏》：「自古及今，未

有不亡之國也。」本於《吕氏春秋》。

《説苑》：「晋太史屠餘見晋平公之驕，以其國法歸周。周威公見而問焉，曰：『天下之國孰先亡？』對曰：『晋先亡。』居三年，晋果亡。」愚謂：平公後三年，晋未亡也。是時兩周未分，亦無周威公。《吕氏春秋》「晋太史屠黍見晋公之驕」，高誘注以爲晋出公，當從《吕覽》。然晋政在大夫久矣，非以驕亡也，屠黍不可謂知幾。

《孔叢子》「公孫龍臧三耳」，《吕氏春秋》作「藏三牙」。

賈誼疏「壹動而五業附」，《新書》云「五美附」。見《五美篇》。「業」字當作「美」。

《六韜》曰：「冠雖弊，禮加之於首；履雖新，法踐之於地。」賈誼之言本此。《韓非子》亦云：「冠雖穿弊，必戴於頭；履雖五采，必踐之於地。」黄帝曰：「日中必熭，操刀必割。」顔注：「此語見《六韜》。」「主上之操也」，語出《尉繚子》。

《淮南·詮言訓》曰：「禹決江河，因水也；后稷播種樹穀，因地也；湯、武平暴亂，因時也。故天下可得而不可取也，霸王可受而不可求也。」張夫人諫苻堅之言，本於此。

《賈誼書》云：「德渥澤洽，調和大暢，則天清澈，地富熅，物時熟。」吴斗南謂《漢郊祀歌》「后土富媼，昭明三光」，「媼」當作「熅」。

《鹽鐵論》文學曰：「臧文仲治魯，勝盗而自矜。子貢曰：『民將欺，而況民盗乎？』」文仲、子貢不同時，斯言誤矣。

仲長子《昌言》曰：「北方寒，其人壽；南方暑，其人夭。此寒暑之方，驗於人也。約之疊也，寒而餓之，則引日多；

温而飽之，則用日少。此寒温飢飽之爲脩短，驗於物者也。」論養生者，盍於此觀之。韓子蒼《醫説》用此意。《物理論》曰：「道家則尚冷，以草木用冷生。醫家則尚温，以血脉以煗通。」

《淮南子》曰：「春貸秋賦，民皆欣；春賦秋貸，衆皆怨。得失同，喜怒爲别，其時異也。爲魚德者，非挈而入淵；爲猿賜者，非負而緣木，縱之其所而已。」亦見《文子》。此柳子《種樹傳》之意。

《文子》「聾蟲雖愚，不害其所愛」，注云：「䶌聾無耳。」《淮南子》曰：「狂馬不觸木，❶猘狗不自投於河，雖聾蟲而不自陷，又況人乎？」又曰：「馬，聾蟲也。」注云：「喻無知。」孝皇問王季海曰：「聾字何以從龍從耳？」對曰：「《山海經》：龍聽以角，不以耳。」《山海經》檢此語，未見。

《傅子》曰：「人之學者，猶渴而飲河海也，大飲則大盈，小飲則小盈。」伊川謂：「如群飲於河，各充其量。」

《抱朴子·論仙篇》「按董仲舒所撰《李少君家録》」，仲舒，儒者，豈肯爲方士家録？蓋依託也。

「又按《漢禁中起居注》」，即《西京雜記》所謂「葛洪家有《漢武帝禁中起居注》一卷、《漢武故事》二卷」。《通典》云：「漢武帝有《禁中起居注》，馬后撰《明帝起居注》，則漢《起居》似在宫中，爲女史之任。」荀悦《申鑒》曰：「先帝故事，有《起居注》，動静之節必書焉。」

《祛惑篇》有古强者云：「孔子常勸我讀《易》，云：『此良書也，丘竊好之，韋編三絶，鐵擿三折。』今乃大悟。」《史記·世

❶「狂」，原作「任」，據嘉慶本、道光本改。

家》「韋編三絕」、「鐵擿」，見於此。擿，一作「撾」。此方士寓言也。

魏李蕭遠《運命論》：「張良受黃石之符，誦《三略》之說。」言「三略」者，始見于此。漢光武詔引《黃石公記》，未有「三略」之名。《含神霧》云：「風后爲黃帝師，又爲禹師，化爲老子，授張良書。」今有《素書》六篇，謂黃石公圯上授子房，世人多以《三略》爲是。荆公詩云：「素書一卷天與之。」

《太平御覽》引《鄒子》曰：「朱買臣孜孜脩學，不知雨之流粟。」此《鄒子》之書，非戰國之鄒子也。

《慎子》曰：「禮從俗，政從上，使從君。國有貴賤之禮，無賢不肖之禮。」見《初學記》。《曲禮》曰：「禮從宜，使從俗。」言事不可常也，謂「禮從俗」，則非。

《尸子》曰：「鄭簡公謂子產曰：『飲酒之不樂，鐘鼓之不鳴，寡人之任也。國家之不乂，朝廷之不治，與諸侯交之不得志，子之任也。子無入寡人之樂，寡人無入子之朝。』自是已來，子產治鄭，城門不閉，國無盜賊，道無餓人。孔子曰：『若鄭簡公之好樂，雖抱鐘而朝可也。』」愚謂：爲邦必放鄭聲，此孔子之言也。豈有抱鐘而朝之言哉！程子謂未有心蠹而能用管仲者，於鄭簡公亦云。

《論衡》，蓋蔡中郎所祕玩。而劉氏《史通》譏之曰：「充《自紀》述其父祖不肖，爲州閭所鄙，而答以瞽頑舜神，鯀惡禹聖。盛矜於己而厚辱其先，何異證父攘羊，學子名母，名教之罪人也！」葛文康公亦曰：「充刺孟子，猶之可也，至詆訾孔子，以繫而不食之言爲鄙，以從佛肸、公山之召爲濁；又非其脫驂舊館，而惜車於鯉；又謂道不行於中國，豈能行於九夷？若充者，豈足以語聖人之趣哉！」即二説觀之，此書非小疵也。吕南公謂充飾小辯以驚俗，蔡邕欲獨傳之，何其謬哉！

《家語》問舜冠，謂魯哀公問孔子，《尚書大傳》以爲成王問周公。

子思子曰：「東户季子之時，道上鴈行而不拾遺，餘糧宿諸畝首。」餘糧棲畝，本於此。

劉邵《人物志》曰：「《易》以感爲德，以謙爲道。《老子》以『無』爲德，以『虚』爲道。」愚謂：感言「虚」而不言「無」，與《老氏》異。

宋咸注《法言》云：「天地不常泰，亦不常否。聖人不常出，亦不常絶。」

或問賢，曰：「顔淵、黔婁、四皓、韋玄成。」王介甫曰：「出乎顔淵，則聖人矣。出乎韋玄成，則衆人矣。」

「奔車之上無仲尼，覆舟之下無伯夷。」此《韓非》語也，余襄公《謹箴》用之。

杜牧注《孫子序》云：「孫武著書數十萬言，魏武削其繁剩，筆其精切，凡十三篇，因注解之。」攷之《史記》本傳，闔廬曰：「子之十三篇，吾盡觀之矣。」非筆削爲十三篇也。

《莊子》楚狂之歌，所謂「迷陽」，人皆不曉，胡明仲云：「荆楚有草，叢生脩條，四時發穎，春夏之交，花亦繁麗。條之腴者，大如巨擘，剥而食之，其味甘美，野人呼爲迷陽。其膚多刺，故曰：『無傷吾行，無傷吾足。』」

困學紀聞卷之十

困學紀聞卷之十一

浚儀　王應麟　伯厚甫

攷　史

《戰國策》張儀説秦王曰：「世有三亡，而天下得之。」姚氏云：「《韓非子》第一篇《初見秦》文與此同。」鮑氏失於攷證。吕成公《麗澤集》文，取此篇。

鄒忌不如徐公美，《新序》云：「齊有田巴先生，行脩於外。王聞其賢，聘之，將問政焉。田巴改製新衣，拂飭冠帶，顧謂其妾，妾曰：『佼。』將出門，問其從者，從者曰：『佼。』過於淄水，自照視，醜惡甚焉。遂見齊王，齊王問政，對曰：『今者大王召臣，臣問妾，妾愛臣，諛臣曰「佼」；問從者，從者畏臣，諛臣曰「佼」。臣至臨淄水而觀，然後知醜惡也。今王察之，齊國治矣。』」與鄒忌之言略同。洪景盧謂：「《孟子》所書齊景公問晏子，與《管子·内言·戒篇》相似，蓋傳記若是者多矣。」

「齊負郭之民有狐咺者正議，閔王斮之檀衢。」按《吕氏春秋·貴直論》：狐援説齊湣王曰：「殷之鼎陳於周之廷，其社蓋於周之屏，其干戚之音在人之遊。亡國之音不得至於廟，亡國之社不得見於天；亡國之器陳於廷，所以爲戒。王必勉之。其無使齊之大吕陳之廷，無使太公之社蓋之屏，無使齊音充人之遊。」齊王不受。狐援出而哭國五日，其辭曰：「先出也，衣絺紵；後出也，滿囹圄。吾今見民之洋洋然東走，而不知所處。」齊王問吏曰：「哭國之法若何？」吏曰：「斮。」王曰：「行法。」狐援乃言曰：「有人自南方來，鮒入而鯢居，使人之朝爲草而國爲墟。殷有比干，吴有子胥，齊有狐援。已不用若言，又斮之東閭。每斮者以吾參夫二子者乎！」《漢·古今人表》作「狐爰」，注：「即狐咺也。」愚謂殺諍臣者必亡，狐援其洩冶之類乎！

「齊威王封即墨大夫，燕取齊七十餘城，唯莒、即墨不下。田單以即墨破燕。齊王建將入秦，即墨大夫入見，畫臨晋、武關之策，建不聽而亡。」吁，何即墨之多君子也！建能聽即墨大夫之謀，則齊可以勝秦矣。國未嘗無士也。

《太平御覽》引《戰國策》曰：「吴子問孫武曰：『敵人保山據險，擅利而處，粮食又足，挑之則不出，乘間則侵掠，爲之柰何？』武曰：『分兵守要，謹備勿懈。潛探其情，密候其怠。以利誘之，禁其牧採。久無所得，自然變改。待離其故，奪其所愛。』」今本無之。

「樂間入趙，燕王以書謝焉。」《新序》以爲惠王遺樂毅書。

《新序》樂毅書：「君子絶交無惡言，去臣無惡聲。」

戰國有兩公孫弘，一在齊，爲孟嘗君見秦昭王；一在中山，言司馬憙招大國之威求相。與漢平津侯爲三。《韓子》云：「公孫弘斷髮而爲越王騎。」是又一人也。

《禹貢》正義鄭康成云：「《戰國策》：碣石在九門。」姚宏云：「《戰國策》遺逸，如司馬貞引『馬犯謂周君』、徐廣引『韓兵入西周』、李善引『吕不韋言周三十七王』、歐陽詢引『蘇秦謂元戎以鐵爲矢』、《史記》正義引『九門本有宫室而居』，今本所無。」

晏元獻論秦穆公以由余爲賢，用其謀伐戎。夫臣節有死無貳，戎使由余觀秦，終竭謀慮，滅其舊疆，豈鍾儀操南音，樂毅不謀燕國之意哉？秦穆之致由余而闢戎土也，失君君臣臣之訓矣。元獻之論，有補世教，故録之。

唐太宗問褚遂良曰：「舜造漆器，禹彫其俎。」其事見《韓子》。由余對秦穆公曰：「舜作食器，流漆墨其上，國之不服者十三。禹作祭器，墨染其外，朱畫其内，國之不服者三十三。」

薛士龍曰：「齊威之霸，不在阿、即墨之斷，而在毁譽者之刑。」今按：毁譽者，乃佞臣周破胡。見《列女傳》。

《大事記》「魏以田文爲相」，《解題》曰：「田文與孟嘗君姓名適同而在前，《吕氏春秋·審分覽》作商文，所載『吴起問答』，與《史記》略同。」西山《讀書乙記》謂：「田文，游俠之宗主，以主少國疑自任，未知其可也。」誤以爲孟嘗君。

王逸云：「屈原爲三閭大夫。三閭之職，掌王族三姓，曰昭、屈、景。屈原序其譜屬，率其賢良，以厲國士。」漢興，徙楚昭、屈、景於長陵，以强幹弱支，則三姓至漢初猶盛也。《莊子》曰：「昭、景也，著戴也；甲氏也，著封也。非一也。」説云：「昭、景、甲三者，皆楚同宗也。」甲氏，其即屈氏歟？秦欲與楚懷王會武關，昭雎、屈平皆諫王無行。襄王自齊歸，齊求東地五百里，昭常請守之，景鯉請西索救於秦，東地復全。三閭之賢者，忠于宗國，所以長久。

《陳軫傳》卞莊子刺虎，《戰國策》作「管

莊子」，索隱引《戰國策》作「館莊子」。館，謂逆旅舍。其人字莊子。

晉、楚之争霸在鄭，秦之争天下在韓、魏。林少穎謂六國卒并於秦，出於范雎遠交近攻之策，取韓、魏以執天下之樞也。其遠交也，二十年不加兵於楚，四十年不加兵於齊；其近攻也，今年伐韓，明年伐魏，更出迭入無寧歲。韓、魏折而入於秦，四國所以相繼而亡也。秦取六國，謂之蠶食，蓋蠶之食葉，自近及遠。《古史》云：「范雎自爲身謀，未見有益於秦。」愚謂：此策不爲無益，然韓不用韓玘，魏不廢信陵，則國不亡。

周赧王卒于乙巳，明年丙午，秦遷西周公，而東周君猶存也。壬子，秦遷東周君，而周遂不祀。作史者，當自丙午至壬子，繫周統于七國之上，乃得《春秋》存陳之義。《大事記》周赧後即繫秦，朱子以爲未當。《綱目》以七國如楚、漢並書之。

七國，齊、魏、趙、韓皆大夫篡，楚爲黄，秦爲吕，唯燕爲舊國，召公之澤遠矣。惠王不用樂毅，太子丹乃用荆軻，其能國乎？

老泉謂秦之憂在六國，蜀最僻，最小，最先取；楚最彊，最後取，非其憂在蜀也。愚謂：取蜀則楚在掌中矣，白起所以再戰而燒夷陵也。

魯仲連書「富比乎陶、衛」，延篤注《戰國策》云：「陶朱公子荆。」王邵云：「魏冉封陶，商君封衛。」今按：商君封於商，非封衛也。

李文叔《書戰國策》曰：「爲是説者非難，而載是説者爲不易得。使秦、漢而後，復有爲是説者，必無能載之者矣。」愚觀董晉之答回紇語，李懷光、譚忠之説劉總，詞氣雄健，有先秦風，韓、杜二公之筆力，足以發之也。《董晋行狀》、《燕將録》。

秦昭王五十一年滅周，是歲漢高祖生於豐沛。天道之倚伏，可畏哉！《史記》昭王五十一年，赧王卒。皇甫謐曰：「高祖生。」

秦莊襄王元年，滅東周。三年，始皇立，而柏翳之秦亦滅。二世元年，廢衛君，是歲諸侯之起者五國。三年，而秦亡。然則滅人之國，乃所以自滅也。

秦皇欲以一至萬，新莽推三萬六千歲曆紀，宋明帝給三百年期，其愚一也。漢世祖曰：「日復一日，安敢遠期十歲乎？」真帝王之言哉！

魏公子退讓，而口不忍獻五城；尹翁歸不私，而不敢見其邑子。是以君子正容以悟之，使人之意也消。

箝語燔書，秦欲愚其民而不能愚陳涉；指鹿束蒲，高欲愚其君而不能愚子嬰。

韋昭《洞曆記》：「紂無道，比干知極諫必死，作《秣馬金闕歌》。」古歌尚質，必無「秣馬金闕」之語，蓋依託也。

賈生《過秦》曰：「秦孝公據殽、函之固。」春秋時，殽，桃林，晋地，非秦有也。

史記正誤《索隱》、《正義》、《史剡》、《通鑑考異》、《古史》、《大事記解題》所攷正者，皆不著。

《五帝本紀》列黄帝、顓、辛、堯、舜，謂：「孔子所告宰予，儒者或不傳，及《春秋》、《國語》，發明《五德》、《繫姓》章矣。《書》缺有間，乃時見於他説。」五峰胡氏曰：「仲尼繫《易》，歷叙制器致用，兼濟生民者，獨稱犧、農、黄帝、堯、舜氏，蓋以是爲五帝也，而顓、辛無聞焉。太史公所載，特形容之虚語爾。」朱文公曰：「《易大傳》，孔聖之言；八卦，文字之祖，何故遺而不録？」

舜年二十以孝聞，年三十堯舉之，年五十攝行天子事，年六十一代堯踐帝位。踐帝位三十九年。《書》正義曰：「舜年六十二爲天子。《大禹謨》：『朕宅帝位三十有三載，乃求禪禹。』《孟子》云：『舜薦禹於天十七年。』是在位五十年明矣。」《史記》皆謬。」

《夏本紀》：「太康崩，弟仲康立。仲康崩，子相立。相崩，子少康立。」《左傳》正義曰：「太康失邦，及少康紹國，尚有百載，乃滅有窮。」《本紀》不言羿、浞之事，是遷説之疎。

《殷本紀》：「祖乙遷於邢。」《書》正義曰：「鄭玄云：『祖乙去相居耿，而國爲水所毁，於是修德以禦之，不復徙也。』」

「小辛立，殷復衰，百姓思盤庚，乃作《盤庚》三篇。」與《書序》違，非也。

「太甲既立三年，伊尹放之於桐宫。居桐宫三年，悔過反善，伊尹乃迎而授之政。」謂太甲歸亳之歲，已爲即位六年，遷説妄也。

「祖己嘉武丁之以祥雉爲德，立其廟爲高宗，遂作《高宗肜日》及《訓》。」與《書序》相違。

「帝陽甲之時，殷衰，自中丁以來，廢適而更立諸弟子。弟子或争相代立，比九世亂。」《皇王大紀》曰：「以其世攷之，自沃丁至陽甲，立弟者九世。」中丁之名，誤也。

「太戊，爲太甲之孫。」《三代表》云：

「太戊，小甲弟。」則亦是沃丁弟，太甲子。《書》正義謂「《本紀》、《世表》必有一誤」。

《周本紀》：「不窋末年，夏氏政亂，去稷不務，不窋以失其官而奔戎狄之間。」《周語》云：「不窋自竄于戎狄之間。」韋昭云：「不窋去夏而遷於豳。」《詩》正義：「案《公劉》之篇，公劉避亂適豳。公劉者，不窋之孫。」

「古公有長子曰大伯，次曰虞仲。大姜生季歷。」《左傳》正義曰：「如《史記》之文，似王季與大伯別母，遷言疏繆。大伯、虞仲辟季歷適荆蠻，若有適庶，不須相辟。知其皆同母也。」

「詩人道西伯，蓋受命之年稱王，而斷虞、芮之訟。」歐陽公以爲妄説。五峰胡氏曰：「詩人言文王受命，指其至誠動天，得天人之助耳。」李子思曰：「以虞、芮質成之年，爲文王興王業之初則可，而謂文王於是自稱王則不可。」朱文公謂：「《武成》有『惟九年大統未集』之説，若以在位五十年推之，不知九年當從何處數起？亦未見史遷全不是，歐公全是，不若兩存之。」劉道原曰：「遷不見《古文尚書》，以文王受命七年而崩。孔安國見《武成篇》，故《泰誓》傳曰『周自虞、芮質厥成，諸侯並附』，以爲受命之年。至九年文王卒，劉歆《三統曆》以爲九年。」

「武王祭于畢，觀兵盟津。」歐陽公曰：「《伯夷傳》又載父死不葬之説，皆不可爲信。」程子曰：「觀兵必無此理。今日天命絶，則紂是獨夫，豈容更待三年？」林氏曰：「漢儒以觀政轉爲觀兵，而爲周師再舉之説。」

「武王追思先聖，乃褒封神農之後於焦，封黄帝之後於薊，封帝堯之後於祝，封帝舜之後於陳。」《禮記》正義曰：「追思先聖乃封之，與《樂記》『未及下車』義反，當以《記》爲正。」

「襄王母早死，後母曰惠后，生叔帶。」《左傳》曰：「母弟，俱是惠后所生。」正義曰：「《史記》謬也。」

「周、召二相行政，號曰共和。」吕成公曰：「《古史》。案《汲冢紀年》共伯和干王位，故謚共和。」《左傳》王子朝告諸侯曰：「諸侯釋位，以間王政，宣王有志而後效官。」推是而言，則厲、宣之間，諸侯有去其位而代王爲政者。《莊子》曰：「共伯得之於丘首。」

「舜封棄於邰，號曰后稷。」《詩》正義曰：「稷之功成，實在堯世，其封於邰，必是堯之封，故箋、傳皆以爲堯。《本紀》以后稷之號，亦起舜時，其言不可信也。」

「武王伐紂，卜龜兆不吉，群公皆懼，惟太公强之。」《書》正義曰：「《太公《六韜》云：『卜戰，龜兆焦，筮又不吉。太公曰：「枯骨朽蓍，不踰人矣。」』彼言不吉者，《六韜》之書，後人所作。《史記》又採用《六韜》，好事者妄矜太公，非實事也。」

「穆王即位，春秋已五十矣。立五十五年。」《書》正義曰：「《孔傳》云穆王即位過四十矣，不知出何書？遷若在孔後，或當各有所據。」

《秦本紀》：「晉獻公虜虞君與其大夫百里奚，以爲秦穆公夫人媵於秦。百里奚亡秦走宛，楚鄙人執之，穆公以五羖羊皮贖之。」范太史曰：「《商鞅傳》又載趙良之言曰：『五羖大夫，荊之鄙人也。自鬻於秦客，被褐食牛。期年，穆公知之，舉之牛口之下，而加之百姓之上。』《史記》所傳，自相矛盾如此。」朱文公曰：「按《左氏》，媵秦穆姬者，乃井伯，非百里奚也。」

「賜襄公岐以西之地，襄公生文公。於是文公遂收周餘民有之地至岐，岐以東獻之周。」《詩》正義曰：「鄭氏《詩譜》言横有周西都宗周畿内八百里之地，則是全得西畿，與《本紀》異。案終南之山，在岐之東南。大夫之戒襄公，已引終南爲喻，則襄公亦得岐東，非唯自岐以西也。如《本紀》之言，文公獻岐東於周，則秦之東境，終不過岐。而春秋之時，秦境東至於河，明襄公救周，即得之矣。《本紀》之言不可信也。」

《吕后本紀》，夾漈鄭氏曰：「遷遺惠而紀吕，無亦獎盜乎？」

《樂書》：「得神馬渥洼水中，爲《太一之歌》。❶後伐大宛，得千里馬，爲歌。中尉汲黯進曰。云云。丞相公孫弘曰：『黯誹謗聖制。』」説齋唐氏曰：「按《漢書·武帝紀》元鼎四年秋，馬生渥洼水中，作《天馬之歌》。太初四年春，貳師將軍廣利斬大宛王首，獲汗血馬來，作《西極天馬之歌》。而元狩二年春三月，丞相弘薨，則先元鼎四年，已八年矣。《汲黯傳》：渾邪王降之歲，汲黯坐法免官，隱田園者數年，至更立五銖錢，復起爲淮陽太守，居淮陽十歲而卒。按《武紀》昆邪之降在元狩二年，而行五銖錢在五年，又十歲，則元封四年也。其去太初四年，尚六年，則汲黯之卒亦久矣。今《樂書》乃云得大宛馬而作《天馬之歌》，汲黯嘗有言而公孫弘又從而譖之，不亦厚誣古人哉！況黯在武帝時，始爲謁者遷滎陽令，稱疾歸，乃召爲中大夫，又出爲東海太守，

❶「一」，嘉慶本、道光本作「乙」。

又召爲主爵都尉，又公孫弘請徙爲右内史，數歲而免官，又數歲而起爲淮陽太守，則未嘗爲中尉也。假使黯之言，在馬生渥洼之年，則弘之死固已久矣。《漢書·司馬遷傳》言《史記》十篇，有録無書，而注言《樂書》亦亡，則此非遷之作明矣。使遷在當時而乖舛如此，不亦繆乎？」

《天官書》：「東宫蒼龍，南宫朱鳥，西宫咸池，北宫玄武。」吴氏曰：「蒼龍、朱鳥、玄武，各總其方七宿而言。咸池，别一星名，《晋·天文志》所謂天潢南三星，曰咸池、魚囿者是已，豈所以總西方七宿哉？又列參白虎於昴、畢之後，何其類例之駁也？」

《十二諸侯年表》：「敬王四十一年，孔子卒。四十三年，敬王崩。」《周本紀》：「敬王崩，子元王立。八年崩，子定王立。」《六國年表》：「定王元年，《左傳》盡此。」《左傳》正義曰：「《杜世族譜》云：『敬王三十九年，魯哀公十四年，獲麟之歲也。四十二年而敬王崩，敬王子元王十年，《春秋》之傳終矣。』與《史記》不同。《史記》世代年月，事多舛錯，故班固以文多抵牾。案《世本》：敬王崩，貞王介立，貞王崩，元王赤立。宋忠注引《太史公書》云：『元王仁生貞王介，』與《世本》不相應，不知誰是？』則宋忠不能定也。《帝王世紀》：敬王三十九年，《春秋經》終。四十四年，敬王崩，子貞定王立。貞定王崩，子元王立。是《世本》與《史記》參差不同。書籍久遠，事多紕繆，杜違《史記》，亦何怪焉？」

《吴世家》以光爲諸樊之子，僚爲夷昧之子。《左傳》正義曰：「《世本》云：『夷昧及僚，夷昧生光。』服虔云：『夷昧生光而廢之。僚者，夷昧之庶兄。夷昧卒，僚代立，故光曰：「我王嗣也。」是用《公羊》爲説也。杜言「光，吴王諸樊子」，用《史記》爲説也。』班固云：『遷采《世本》爲《史記》，而今之《世本》與遷言不同。《世本》多誤，不足依凴，故杜以《史記》爲正。』」

《傳》言：「大伯端委，仲雍斷髮。」《史記》云：「二人皆文身斷髮，示不可用。」文身斷髮，自辟害耳，遠適荆蠻，則周人不知其處，何以須示不可用也？皆遷之謬。石林葉氏曰：「以《春秋傳》考之，斷髮文身蓋仲雍，大伯無與焉。」

「越王滅吴，誅太宰嚭。」《通鑑外紀》曰：「《左傳》哀二十四年閏月，哀公如越，季孫懼，因太宰嚭而納賂焉。」在吴亡後二年也。嚭入越亦用事，安得吴亡即誅哉？

《宋世家》：「武王克殷，微子肉袒面縛，左牽羊，右把茅。」《書》正義曰：「面縛，縛手於後，故口銜其璧，又安得左牽羊，右把茅也？」

《燕世家》：「成王既幼，周公攝政，當國踐阼，❶召公疑之，作《君奭》。」《書》正義曰：「此篇是致政之後，言留輔成王之意。其文甚明，遷妄爲説爾？」

《衛世家》：「莊公娶齊女爲夫人，而無子。又娶陳女爲夫人，生子早死。陳女女娣生完，完母死，莊公命夫人齊女子之。」《詩》正義曰：「禮，諸侯不再娶，且莊姜仍在。《左傳》唯言『又娶於陳』，不言『爲夫人』；《左傳》言莊姜以爲己子，云『完母死』，亦非也。」

「武公殺兄簒國。」吕成公曰：「武公在位五十五年，《國語》又稱武公年九十有

❶「國」，原作「因」，據嘉慶本、道光本改。

五，猶箴儆于國。計其初即位，其齒蓋已四十餘矣。使果弑共伯而篡立，則共伯見弑之時，其齒又加長於武公，安得謂之蚤死乎？髦者，子事父母之飾，諸侯既小斂，則脱之。《史記》謂釐侯已葬而共伯自殺，則是時共伯已脱髦矣，《詩》安得猶謂之『髧彼兩髦』乎？是共伯未嘗有見弑之事，武公未嘗有篡弑之惡也。」

「初，宣公愛夫人夷姜。」《左傳》正義曰：「烝淫而謂之夫人，謬也。」

《鄭桓公世家》云「宣王庶弟」，《年表》云「宣王母弟」。《詩》正義曰：「《世家》、《年表》自乖異。」

「虢、鄶果獻十邑，桓公竟國之。」《詩》正義曰：「《詩譜》武公卒取十邑，如《世家》，則桓公皆自取十邑。馬遷見《國語》有『史伯爲桓公謀取十邑』之文，不知桓身未得，故傳會爲此説耳。《外傳》云：『皆子男之國，虢、鄶爲大。』則八邑各爲其國，非虢、鄶之地，無由得獻之桓公也。」《左傳》正義曰：「案《鄭語》，桓公始謀，未取之也。武公始國，非桓公也。全滅虢、鄶，非獻邑也。遷之言皆謬。」

《齊世家》：「胡公始徙都薄姑。周夷王之時，獻公因徙薄姑，都治臨淄。」《詩》正義曰：「《詩・烝民》云：『仲山甫徂齊。』傳曰：『古者諸侯逼隘，則王者遷其邑而定其居。蓋去薄姑，遷於臨淄。』以爲宣王之時，始遷臨淄，與《世家》異。毛公在遷之前，其言當有據。

「頃公十一年，晋初置六卿。賞鞌之功，頃公朝晋，欲尊王晋景公，景公不敢當。」《晋世家》：「景公十二年，齊頃公如晋，欲上尊景公爲王。景公讓不敢。」《左傳》正義曰：「此時天子雖微，諸侯並盛，晋文不敢請隧，楚莊不敢問鼎。又齊弱於晋，所較不多，豈爲一戰而勝，便即以王相許？準時度勢，理必不然。『齊侯朝于晉，將授玉』，遷之意所以有此説者，當讀此《傳》『將授玉』，以爲『將授王』，遂飾成爲此謬辭耳。」

《魯世家》：「哀公奔越，國人迎哀公復歸，卒於有山氏。」《左傳》正義曰：「《傳》稱國人施罪於有山氏，不得復歸，而卒於其家也。遷妄耳。」

《齊世家》：「周西伯昌與呂尚陰謀脩德以傾商政，其事多兵權與奇計，故後世之言兵及周之陰權，皆宗太公爲本謀。」石林葉氏曰：「其説蓋出《六韜》。夫太公賢者也，其所用王術也，其所事聖人也，則出處必有義，而致君必有道。自墨翟以太公於文王爲忤合，而孫武謂之用間。且以嘗爲文、武將兵，故尚權詐者，多並緣自見。」説齋唐氏曰：「三分有二而猶事商，在衆人必以爲失時；三后協心而後道洽，在常情必以爲無功。二聖人信之篤，守之固，至誠惻怛之心，寬厚和平之政，浹於斯民，固結而不可解。此豈矯拂而僞爲？亦出於自然而已。彼太史公曾不知此，乃曰：『周西伯昌囚羑里，歸與呂尚陰謀脩德以傾商政。』又曰：『周公聞伯禽報政遲，乃歎曰：「魯後世其北面事齊矣！」』此特戰國變詐之謀，後世苟簡之説，殆非文王之事、周公之言也。遷不能辨其是否，又從而筆之於書，使後人懷欲得之心，務速成之功者，藉此以爲口實，其害豈小哉？」

《晋世家》：鄂侯郤立六年，當魯隱五年，卒。子哀侯光立。《詩》正義曰：「案《左傳》隱五年，曲沃莊伯伐翼，翼侯奔隨。

秋，王命虢公伐曲沃，而立哀侯于翼。六年，翼九宗五正，頃父之子嘉父，逆晋侯于隨，納諸鄂，晋人謂之鄂侯。則哀侯之立，鄂侯未卒，《世家》言卒，非也。」

「獻公使士蔿盡殺諸公子，而城聚都之，命曰絳。」《詩》正義曰：「案《左傳》『士蔿使群公子盡殺游氏之族，乃城聚而處之』，則城聚以處群公子，非晋都也，言『命聚曰絳』，非也。」

「天子使王子虎命晋侯爲伯，周作《晋文侯命》。」夾漈鄭氏曰：「于時去文侯十有五世，而誤以文侯爲重耳。」

「申生母，齊桓女也，同母女弟爲秦穆夫人。夷吾母，重耳母女弟也。」《左傳》正義曰：「案《傳》，申生之母，本是武公之妾。武公末年，齊桓始立，不得爲齊桓女也。虢射，惠公之舅；狐偃，文公之舅，二母不得爲姊妹也。皆遷之妄。」

「夢天謂武王曰：『余命女生子名虞。』」《左傳》正義曰：「邑姜方震而夢，明是邑姜夢矣，安得以爲武王夢也？薄姬之夢龍據其心，燕姞之夢蘭爲己子，彼皆夢發於母，此何以夢發於父？是遷之妄。」

《陳世家》：「桓公鮑卒，弟佗，其母蔡女，故蔡人爲佗殺五父及桓公太子免而立佗，是爲厲公。太子免之三弟，長者名躍，中曰林，少曰杵臼，與蔡人共殺厲公而立躍，是爲利公。」《詩》正義曰：「案《左傳》桓五年，文公子佗殺太子免而代之，則是佗自殺免，非蔡人爲佗殺免也。六年，蔡人殺陳佗。莊二十二年《傳》曰：『陳厲公，蔡出也，故蔡人殺五父而立之。』五父與佗一人，不得云『爲佗殺五父』也。六年，殺佗；十二年，陳侯躍卒，則厲公即是躍。躍既爲厲公，則無復利公矣。既誤以佗爲厲公，又妄稱躍爲利公。《世家》言『佗死而躍立，立五月而卒』，然則躍亦以桓六年卒矣。而《春秋》躍卒在桓十二年，非徒五月。皆《史記》之謬。」《左傳》正義曰：「束晳言『遷分一人以爲兩人，以無爲有』，謂此事也。」

「舜居嬀汭，其後因姓嬀氏。」《左傳》正義曰：「《世本》：舜姓姚氏，虞思猶姓姚也。至胡公，周乃賜姓爲嬀，謂胡公之前已姓嬀，妄也。」

《楚世家》：「高陽生稱，稱生卷章，卷章生重黎。高辛氏之火正，能光融天下，帝嚳命曰祝融。」《詩》正義曰：「《楚語》稱『顓頊命南正重司天以屬神，命火正黎司地以屬民』，則黎爲火正，高陽時也。言高辛者，以重、黎是顓頊命之，歷及高辛，仍爲此職，故二文不同也。黎實祝融，重爲南正，而《楚世家》同以重黎爲祝融，謬也。《世家》又云：『帝嚳誅重黎，而以其弟吴回爲重黎後，復居火正，爲祝融。』《鄭語》以八姓爲黎後者，以吴回繫黎之後，復居黎職，故本之黎也。《左傳》『少皞氏有子曰重，顓頊氏有子曰黎』，《史記》以重、黎爲一人，又言以吴回爲重黎，皆謬。」

「蚡冒卒，弟熊達立，是爲楚武王。」《左傳》正義曰：「杜注：蚡冒，楚武王父。」不從《史記》。劉炫以《世家》規杜云：「蚡冒是兄，不得爲父。」

「莊王即位三年，伍舉入諫曰：『願進隱。』」愚按：莊王時，有嬖人伍參，其子伍舉，在康王時。康王，莊王之孫。《吕氏春秋·審應覽》云：「荆莊王立三年，不聽而好讔。成公賈入諫曰：『願與君王讔。』」《新序》云「士慶」，然則非伍舉也。

《燕世家》：「孟軻謂齊王曰：『今伐燕，此文、武之時，不可失也。』」朱文公曰：「『或問：勸齊伐燕有諸？』《史記》蓋傳聞此説之誤。」

《三代世表》：「稷、契皆爲帝嚳之子，堯亦帝嚳之子。」《左傳》正義曰：「《世族譜》取《史記》之説，又從而譏之。案鯀，則舜之五世從祖父也，而及舜共爲堯臣。堯則舜之三從高祖，而妻其女。此《史記》之可疑者。」

《杞世家》：「其殷後，則初封武庚於殷墟，復以叛而誅之，更命微子爲殷後。」《詩》正義曰：「《書序》、《微子之命》，是宋爲殷後，成王始命之。《樂記》武王投殷之後於宋，其實武王之時，始封於宋，未爲殷後也。成王命爲殷後，當爵爲公，地方百里。《史記》以爲成王之時，始封微子於宋，與《樂記》又乖。」

《管蔡世家》：「武王同母兄弟十人，蔡叔，周公弟也。」《左傳》正義曰：「僖二十四年《傳》，富辰言文之昭十六國，蔡在魯上，明以長幼爲次。賈逵等皆言蔡叔周公兄，故杜從之。」

「聃季載」，杜云：「毛叔聃。」又不數叔振鐸者，杜以振鐸非周公同母，故不數之。或杜别有所見，不以《管蔡世家》爲説。

《魏世家》：「三十六年，惠王卒。」《左傳後序》曰：「《古書紀年篇》：魏惠王三十六年改元，從一年始至十六年而稱惠成王，卒即惠王也。疑《史記》誤分惠成之世以爲後王年也。」朱文公曰：「惠、襄、哀之年，見於《竹書》明甚，《史記》蓋失其實。邵子《皇極》之書乃從《史記》而不取《竹書》。」

太史公曰：「天方令秦平海内，其業未成。魏雖得阿衡之佐，曷益乎？」《史通》曰：「論成敗者，當以人事爲主。必推命而言，則其理悖矣。」

《趙世家》：「趙朔娶晉成公姊爲夫人。」《左傳》正義曰：「案《傳》趙衰適妻，是文公之女。若朔妻成公之姊，則亦文公之女，父之從母不可以爲妻。且文公之卒，距此四十六年，莊姬此時尚少，不得爲成公姊。賈、服先儒皆以爲成公之女，故杜從之。」

「屠岸賈誅趙氏，殺趙朔、趙同、趙括。」又云：「公孫杵臼取他兒代武死，程嬰匿武於山中，居十五年。」《左傳》正義曰：「欒書將下軍，則於時朔已死矣，不得與同、括俱死也。晉君明，諸臣强，無容有屠岸賈輒厠其間，如此專恣。」呂成公曰：「《史記》失於傳聞之差。是時晉室正盛，而云『索莊姬子於宫中』，晉宫中自有紀綱，不容如此。趙朔已亡，❶而云與同、括同時死。以二者攷之，見其誤。」

《孔子世家》，王文公曰：「仲尼之才，帝王可也，何特公侯哉？仲尼之道，世天下可也，何特世其家哉？處之《世家》，仲尼之道不從而大；置之《列傳》，仲尼之道不從而小，而遷也自亂其例。」淇水李氏曰：「欲尊大聖人而反小之，其所以稱夫子者，識會稽之骨，辨墳羊之怪，道楛矢之異，測桓、釐之災。斯以爲聖而已矣，何其陋也！」《皇王大紀》曰：「遷載孔子言行，不得其真者尤多。」

《伯夷傳》，朱文公曰：「孔子謂求仁

❶「朔」，原作「嬰」，據嘉慶本、道光本改。

得仁，又何怨？《傳》但見伯夷滿身是怨。」致堂胡氏曰：「叩馬之諫，孔氏未嘗及也。」程子曰：「《史記》所載諫詞，皆非也。武王伐商，即位已十一年矣，安得父死不葬之語？」

《仲尼弟子傳》：「子貢一出，存魯，亂齊，破吴，强晋，而霸越。」《通鑑外紀》曰：「戰國之時，齊、魯交兵者數矣，一不被伐，安能存哉？田氏弱齊，一當吴兵，安能亂哉？吴不備越而亡，勝齊，安能破哉？四卿擅權，晋以衰弱，脩兵休卒，安能强哉？越從吴伐齊，滅吴乃强，此安能伯哉？十年之中，魯、齊、晋未嘗有變，吴、越不爲是而存亡，遷之言華而少實哉！」

「有若狀似孔子，共立爲師。」宋景文公曰：「此鄒、魯間野人語耳。觀《孟子》書，則始嘗謀之，後弗克舉，安有撤坐之論乎？」

「宰予與田常作亂。」龜山楊氏曰：「田常爲亂於齊，齊君蓋弗勝也。宰予附田常，則誰得而殺之？使其爲齊君而死，則予何罪焉？當是時，有闞止，字子我，死於田常之亂，是必傳之者誤而爲宰我也。」

《孟子列傳》：「梁惠王謀欲攻趙，孟軻稱大王去邠。」葛氏曰：「於《孟子》無所見，但有對滕文公之語。」

《刺客傳》，説齋唐氏曰：「諸侯棄甲兵之讎，爲盟會之禮，乃於登壇之後，奮匕首而劫國君，賊天下之禮者，非沫乎？君臣之義，有死無隕，專諸感公子光之豢養，而親剚刃於王僚，賊天下之義者，非諸乎？父母全而生之，子全而歸之，政纔終母之年，遂殺身以爲仲子，賊天下之仁者，非政乎？樊將軍以困窮歸燕丹，軻説取其首以濟入秦之詐，賊天下之信者，非軻乎？以賊禮賊義賊仁賊信之人，並列於《傳》，又從而嗟歎其志，不亦繆哉！豫子以不忘舊君，殺身而不悔，抗節致忠，行出乎列士，乃引而寘諸四子之間，不亦薰蕕之共器乎？」

《張叔傳》：「未嘗言案人。」呂成公曰：「景帝誅鼂錯，時丞相青翟、中尉嘉、廷尉毆，劾奏錯之大逆無道。錯當要斬，父母妻子同産，無少長，皆棄市。廷尉毆，即張毆也，安得爲不案人哉？則毆固謹於細而略於大也。」

《商君傳》趙良曰：「五羖大夫相秦六七年，而東伐鄭，三置晉君。」呂成公曰：「秦穆納晉惠，在僖九年；納晉文，在僖二十四年。相距十九年。」

《司馬相如傳贊》揚雄以爲勸百而風一，江氏粲。曰：「雄後於遷甚久，遷得引雄辭，何哉？蓋後人以《漢書贊》附益之。」

《滑稽傳》，韓、魏處戰國之時，而云其君陪楚莊王葬馬，《史通》謂以後爲先。

《貨殖傳》：「子贛廢著鬻財。」《史通》曰：「太史公述《儒林》，則不取游、夏之文學；著循吏，則不言冉、季之政事。至於《貨殖》爲傳，獨以子貢居先。成人之美，不其缺如。」

《酷吏周陽由傳》：「與汲黯俱爲忮，司馬安之文惡，俱在二千石列，同車未嘗敢均茵伏。」《漢書》作「馮」。呂成公曰：「吾觀汲黯，廷折公孫弘，質張湯，揖衛青，所謂眼高四海，空無人者也。彼周陽由，孤豚腐鼠，何足以辱同車，而反謂黯不敢均茵馮？班固之陋至此。」愚按：班史實本於《史記》。

《自序》：「桀、紂失其道而湯、武作，周失其道而《春秋》作，秦失其政而陳涉發迹。」夾漈鄭氏曰：「湯、武仗大義，平殘賊，《易》謂順天應人，烏可與陳涉同日而並議哉？」

「獵儒、墨之遺文，明禮義之統紀，絶惠王利端，作《孟子荀卿傳》。」鄭氏曰：「孟子距楊、墨，荀卿亦非墨子，儒、墨固異矣，豈嘗獵其遺文哉？」

「仁者有乎，義者有取焉，作《游俠傳》。」鄭氏曰：「游俠之徒，未足爲煦煦孑孑之萬一，況能當仁義之重名乎？」

太史公論六家之要指，西山真氏曰：「列儒者於陰陽、墨、名、法、道家之間，是謂儒者，特六家之一爾。而不知儒者之道，無所不該。五家之所長，儒者皆有之；其短者，吾道之所棄也。談之學本於黄、老，故其論如此。」

《封禪書》，《皇王大紀》曰：「自史遷載管仲言，上古封禪之君七十有二，後世人主希慕之，以爲太平盛典。然登不徧於四岳，封非十有二山。入懷宴安，不行五載一巡守之制；出崇泰侈，無納言計功行賞之實。鐫文告成，明示得意，而非所以教諸侯德也。泥金檢玉，遂其侈心，而非所以教諸侯禮也。心與天道相反，事與聖人相悖，故太平之典方舉，而天災人禍隨至者多矣。」梁許懋曰：「燧人之前，世質民淳，安得泥金檢玉？結繩而治，安得鐫文告成？是故攷《舜典》，可以知後世封禪之失；稽懋言，可以知史遷著書之謬。」

《魯世家》「開金縢書」，吕子進曰：「考之於《書》，啟金縢之書，在周公未薨前，而無揃蚤事。此蓋一事，傳之者不同耳。」

《張釋之傳》：「事孝文帝，十歲不得調。張廷尉事景帝，歲餘爲淮南王相。」洪氏曰：「《漢百官公卿表》：文帝即位三年，釋之爲廷尉。至十年，書廷尉昌、廷尉嘉又二人。凡歷十三年，景帝乃立，而張歐爲廷尉。則是釋之未嘗十年不調，及未嘗以廷尉事景帝也。」

《匈奴傳》：「夏道衰，公劉變于西戎。其後三百有餘歲，戎狄攻大王亶父。」王氏逨。曰：「自后稷三傳而得公劉，自亶父三傳而武王滅商，則公劉在夏之中衰，而亶父宜在商之季世，不啻五六百年。而曰三百歲，未知何所據？」

「秦穆公得由余，西戎服於秦。後百有餘年，晋悼公使魏絳和戎翟。」以《左氏》考之，魯文公三年，秦始霸西戎。《史記》差一年。襄公四年，晋魏絳和戎，裁五十餘歲。

《田敬仲世家》：「齊人歌之曰：『嫗乎采芑。歸乎！田成子。』」《史通》曰：「田常見存，而遽呼以謚，此之不實，昭然可見。」蘇氏曰：「田常之時，安知其爲成子而稱之？」

《周本紀》：「秦取九鼎寶器，而遷西周君於𢠽狐。」《秦始皇本紀》：「還過彭城，齋戒禱祠，欲出周鼎泗水。使千人没水求之，弗得。」潏水李氏曰：「是時泗水在彭城宋之分，九鼎何緣而至宋？夫取九鼎者，秦昭襄王也。始皇乃莊襄之子也，世數年歲相去不遠。始皇東遊過彭城，於泗水欲出周鼎，竟不得。兩説抵牾如此。」

《宋世家》：「襄公之時，其大夫正考父美之，故追道契、湯、高宗，殷所以興，作《商頌》。」曹氏曰：「自戴公至襄公，凡一百五十有一年，正考甫既佐戴公，而能至于襄公之時作《頌》，何其壽耶？」朱氏曰：

「太史公蓋本《韓詩》之説。《頌》皆天子之事，非宋所有。其辭古奥，亦不類周世之文。」

《殷本紀》曰：「微子數諫紂，不聽，乃與太師、少師謀，遂去。比干强諫而死，箕子佯狂爲奴，而後太師、少師挾其祭樂器，以奔于周。武王乘此東伐。」劉氏度。曰：「以《書》考之，太師即箕子也，少師即比干也。若已殺比干，囚箕子，則所謂太師、少師奔周者，又何人也？」《宋世家》曰：「箕子不忍彰君之惡，乃佯狂爲奴。比干見箕子諫不聽，乃直諫而死。微子曰：『義可以去矣。』於是太師勸微子遂行。及武王伐商，微子遂持其祭器，造于軍門，肉袒面縛，以降于周。」今以《論語》考之，微子則先去，箕子奴次之，比干死又次之。聖人之言固有次第，且微子已行矣，則武王伐商之際，何反歸于國，以自取面縛之辱也？蔡氏沉。曰：「按《左傳》，微子適周，乃在克商之後。所謂去者，特去其位而逃遯於外耳。」

《伯夷傳》：「天道無親，常與善人。若伯夷者，可謂善人非邪？」程子曰：「天道甚大，安可以一人之故，妄意窺測？如曰：『顔何爲而夭？跖何爲而壽？』皆指一人計較天理，非知天也。」

「秦廢太后，逐穰侯。」朱文公曰：「《經世書》只言秦奪太后權，蓋實不曾廢。」

《孔子世家》：「匡人拘孔子益急，孔子使從者爲甯武子臣於衛，然後得去。」致堂胡氏曰：「穆公末，武子之子相已與孫良夫將兵侵齊，武子非老則卒矣。穆公卒，歷定公、獻公，凡三十七年。至靈公三十八年，而孔子來。使有兩武子則可，若猶俞也，其年當百有五六十矣，何子長之疎也？」

「三年不蜚不鳴。」《楚世家》謂伍舉進隱於莊王，《滑稽傳》謂淳于髡説齊威王，此一事而兩見。然莊王時嬖人伍參，見《左氏傳》，舉，其子也。《新序》以爲士慶，《呂氏春秋》以爲成公賈，不言伍舉。

困學紀聞卷之十一

困學紀聞卷之十二

浚儀　王應麟　伯厚甫

攷史

「三皇之書，伏犧有《易》，神農有《本草》，黄帝有《素問》。《易》以卜筮存，《本草》、《素問》以方技存，其天乎！」新安王晦叔云。程子曰：「《素問》必出於戰國之末。」

「三皇象春，五帝象夏，三王象秋，五伯象冬。」見于《王莽傳》，蓋古之遺言也，與邵子《觀物》同。

司馬公詩曰：「虞舜在倦勤，薦禹爲天子。豈有復南巡，迢迢度湘水。」張文潛詩曰：「重瞳陟方時，二妃蓋老人。安肯泣路傍，洒淚留叢筠。」二詩可以祛千載之惑。

《天官書》云：「熟五斗米頃。」李商隱《李賀小傳》「如炊五斗黍許時」，本於此。

「趙使樂乘代廉頗，頗怒，攻樂乘；使趙葱、顔聚代李牧，牧不受命。」此非爲將之法，頗、牧特戰國之將爾。《易》之《師》曰：「行險而順。」

太史公傳周陽由云：「與汲黯俱爲忮。」黯之正直，所謂仁者有勇，剛毅近仁者也，謂之忮可乎？周陽由蝮鷙之靡爾，其可與黯並言乎？汲、鄭同傳猶不可，而以由與黯俱，是鸞梟接翼也。

賈生《弔屈原》曰「謂跖、蹻廉」，注：「楚之大盜，曰莊蹻。」《韓非子》：「楚莊王欲伐越，杜子諫曰：『莊蹻爲盜於境内，而吏不能禁，此政之亂也。』」蹻蓋在莊王時。《漢・西南夷傳》：「莊蹻者，楚莊王苗裔也，以其衆王滇。」此又一莊蹻也，名氏與盜同，何哉？

《淮南・人間訓》曰：「秦皇利越之犀角、象齒、翡翠、珠璣，乃使尉屠睢發卒五十萬，爲五軍。一軍塞鐔城之嶺，一軍守九嶷之塞，一軍處番禺之都，一軍守南野之界，一軍結餘干之水，三年不解甲弛弩。使監禄轉餉，又以卒鑿渠而通糧道，以與越人戰。殺西嘔君譯吁宋，而越人皆入叢薄中，與禽獸處，莫肯爲秦虜。❶置桀駿以爲將，而夜攻秦人，大破之，殺尉屠睢，伏尸流血數十萬。乃發適戍以備之。於是陳勝起於大澤。」秦擊越之事，詳見于此。《大事記》在始皇三十三年，《解題》不引《鴻烈書》，録此以補遺。淮南王諫伐閩越，其言略同。

太史公述《楚漢春秋》，其不載於書者，正義云：「項羽歌，美人和之。《楚漢春秋》云：『歌曰：「漢兵已略地，四方楚歌聲。大王意氣盡，賤妾何聊生？」』」是時已爲五言矣。五言始於《五子之歌》、《行露》。

《楚漢春秋》曰：「高帝初封侯者，皆賜丹書鐵券，曰：『使黄河如帶，太山如礪，漢有宗廟，爾無絶世。』」下二句不同。

又曰：「惠帝崩，吕太后欲爲高墳，使從未央宮而見之。諸將諫不許，東陽侯垂泣曰：『陛下見惠帝冢，悲哀流涕無已，是傷生也。臣竊哀之。』太后乃止。」東陽侯，張相如也。又曰：「下蔡亭長詈淮南王曰：『封汝爵爲千乘，東南盡日所出，尚未足黔徒群盜所邪，而反，何也？』」謂英布，

❶「虜」，原脱，據嘉慶本、道光本補。

《史》、《漢》不載。

漢大啓九國：燕、代、齊、趙、梁、楚、荆吴、淮南、淮陽，皆同姓也。長沙異姓不與焉。《漢表》削淮陽而列長沙，當從《史記》。

斷而敢行，鬼神避之。見末而知本，觀指而覩歸。秋霜降者草花落，水摇動者萬物作。此戰國諸子之言，而趙高誦之爾。高非能爲此言也。

《樂書》作十九章，索隱云：「《安世房中樂》，今攷之《漢志》，《安世房中歌》十七章，《郊祀歌》十九章。」《索隱》誤。

《御覽》載淳于髡《十酒説》曰：「羅襦排門，翠笄窺牖。」蓋好事者因《滑稽傳》而廣之，非戰國時語也。

《鄒陽書》：「齊用越人蒙。」《漢書》云：「越人子臧。」其事未詳。

《李斯傳》注：辯士隱姓名，遺秦將章邯書曰。云云。此書在《善文》中。《隋志》：「《善文》五十卷，杜預撰。」

《滑稽傳》：「齊使淳于髡獻鵠於楚。」《説苑》云：「魏文侯使舍人毋擇獻鵠於齊。」魯連子云：「展無所爲魯君使，遺齊君鴻。」《韓詩外傳》云：「齊使使獻鴻於楚。」其事皆同，而四書所載異。

《項羽紀》説者曰：「人言楚人沐猴而冠耳。」《法言》以爲蔡生，《漢書》以爲韓生。

漢高祖起布衣，滅秦、楚，自後世處之，必夸大功業，以爲軼堯、舜，駕湯、武矣。其赦令曰：「兵不得休八年，萬民與苦甚。今天下事畢，其赦天下殊死以下。」言甚簡而無自矜之意。此所以詒厥子孫，享四百年之祚歟。

「王者莫高於周文，伯者莫高於齊桓，

皆待賢人而成名。」此高帝之詔也。宣帝曰：「漢家自有制度，本以霸、王道雜之。」蓋已見於此詔矣。劉向稱賈誼，雖古之伊、管，未能遠過。伊、管豈可並言哉？林少穎論之曰：「王、霸之無辨，漢世爲尤甚。擬人之非倫，漢儒爲尤甚。尊王絀霸，言道義不言功利，一董仲舒而已。」

班固叙武帝名臣，李延年、桑弘羊亦與焉。若儒雅，則列董仲舒於公孫弘、兒寬之間。汲黯之直，豈卜式之儔哉？史筆之褒貶，萬世之榮辱，而薰蕕渾殽如此，謂之比良遷、董可乎？

「爲吕氏右袒，爲劉氏左袒；軍中皆左袒。」按《儀禮·鄉射》疏云：「凡事無問吉凶，皆袒左。」是以《士喪禮》及《大射》皆袒左，唯有受刑袒右。故《覲禮》乃云：「右肉袒。」注云：「刑宜施於右是也。」以此攷之，周勃誅吕氏之計，已定爲吕氏者有刑，故以右袒令之，非以覘人心之從違也。

「與父老約」爲句，下云「法三章耳」。唐高祖入京師，約法十二條，蓋倣此語而失之。

淮陰侯羞與樊噲伍，然噲亦未易輕；諫留居秦宮，鴻門譙項羽，排闥入見，一狗屠能之，漢廷諸公不及也。

吴斗南爲《漢書刊誤補遺》，朱文公答書曰：「劉氏所斷句，如《項羽傳》『由是始爲諸侯上將軍』，《儒林傳》『出入不悖所聞』，皆與《史記》合。『爲原廟渭北』，見一書『廟』『渭』之間有『於』字。劉氏所疑亦有誤，如《溝洫志》『於楚』字，本文屬下句，下文有『於齊』、『於蜀』字，皆是句首，而劉誤讀屬之上句。」

《通鑑》不書符瑞，高帝赤帝子之事失於删削，《綱目》因之。《文公語録》以此事爲虛。

《文章緣起》有漢惠帝《四皓碑》。今攷《高士傳》：「高車山上有《四皓碑》及祠，漢惠帝所立。」

武帝年十二，而決廷尉獄防年之疑；明帝年十二，而辨陳留吏墾田之牘。其英明略同，而武帝之事史策不著，僅見於《通典·刑法雜議》。

《武帝紀》元朔三年詔曰：「夫刑罰所以防姦也，内長文所以見愛也。」或云：「古寫本無注。《漢書》作『而肆赦所以見愛也』。」

魏丁儀《周成漢昭論》云：「成王秀而獲實，其美在終；昭帝苗而未秀，其得在始。必不得已，與夫始者。」

《食貨志》：「李悝爲魏文侯作盡地力之教。」《貨殖傳》云：「當魏文侯時，李克務盡地力。」以《藝文》攷之，《李克》七篇在儒家，子夏弟子，爲魏文侯相。《李悝》三十二篇在法家。相魏文侯，富國强兵。盡地力者，悝也，非克也，《貨殖傳》誤。《史記》正義云：「劉向《別録》亦云李悝。」

賈誼賦「見細德之險微」，顔注云：「見苛細之人，險阨之證。」則「微」當作「徵」。見險證而去，色斯舉矣，見幾而作。

《史通》述傅玄之言曰：「孟堅《漢書》，實命世奇作。及與陳宗、尹敏、杜撫、馬嚴撰《中興紀傳》，其文曾不足觀，豈拘於時乎？不然，何不類之甚也。」

陸澄注班史多引《史記》，此缺一言，彼摘半句，皆采摘成句，標爲異説，今其書不傳。前輩謂班之於馬，時有遺失，如「彘肩」之不言「生」；「有以，起自布衣」，而去「也夫」二字；垓下之戰，史載甚詳，而孟堅略不及。

《梁書・劉之遴傳》云：「古本《漢書》，《外戚》次《帝紀》下，《諸王》悉次《外戚》下，在《陳、項傳》前。」《新唐書・列傳》蓋倣此。

《匡衡傳》注：「今有《西京雜記》，其書淺俗，出於里巷，多妄説。」段成式云：「庾信作詩，用《西京雜記》事。自追改曰：『此吴均語，恐不足用。』」今按《南史》蕭賁著《西京雜記》六十卷，然則依託爲書，不止吴均也。

《刑法志》：「獄刑號爲平矣。」《酷吏傳序》：「號爲罔漏吞舟之魚。」《王温舒傳》：「廣平聲爲道不拾遺。」曰號，曰聲，謂名然而實否也，書法婉而直。

《平當傳》云：「漢興唯韋、平父子至宰相。」愚謂：周勃、亞夫父子爲相，事業過韋、平遠甚，班孟堅其忘諸乎？

《藝文志》「于長《天下忠臣》九篇」，劉向《別録》云：「傳天下忠臣。」愚謂：《忠臣傳》當在《史記》之録，而列于陰陽家何也？《七略》，劉歆所爲，班固因之。歆漢之賊臣，其抑忠臣也則宜。

董公之名不聞，魯兩生之氏不著。仁義之説，如山川出雲，時雨既降，而不有其功；禮樂之言，如鳳翔千仞，非燕爵之網所能羅。古之逸民也。

陳萬年爲三公，而教其子以諂；范滂、姜叙之母一婦人，而勵其子以義。二漢風俗，以是觀之。

一梁以折七國之鋒，一琅邪以續典午之緒。封建可以支變故。安平之功，以畫邑之王蠋；南陽之興，以東郡之翟義。節行可以回人心。

辛慶忌之救朱雲，張萬福之拜陽城，服

儒衣冠者，亦可媿矣。

《功臣表》：「靡有孑遺，秏矣。」孟康曰：「秏，音毛。」顔師古曰：「今俗語猶謂『無』爲『秏』。」《馮衍傳》「飢者毛食」，注：「案《衍集》『毛』字作『无』，今俗語猶然。或古亦通乎？」

「衛綰以戲車爲郎」，《鹽鐵論》賢良曰：「戲車鼎躍，咸出補吏。累功積日，或至卿相。」鼎躍，東方朔所謂鼎官，鄒陽所謂鼎士也。

《武紀》：「元狩二年秋，匈奴昆邪王降，置五屬國以處之。」注不載五屬國之名。表云三年。攷之《地理志》，屬國都尉，安定治三水，上郡治龜兹，天水治勇士，五原治蒲澤，張掖治日勒。此武帝初置也。若金城、西河、北地屬國，置於宣帝時，不在五屬國之數。

張良，張仲三十代孫，張老十七代孫。《張氏譜》云。仲，見《詩》。老，見《春秋》、《禮記》。

《史通》云：「司馬相如始以自叙爲傳，然其所叙，但記自少及長，立身行事而已。」今攷之本傳，未見其爲自叙。又云：「相如自叙，記其客遊臨邛，以《春秋》所諱，持爲美談。」恐未必然。意者，《相如集》載本傳，如賈誼《新書》末篇，故以爲自叙歟。

桓譚《新論》：「漢百姓賦斂，一歲爲四十餘萬萬。吏俸用其半，餘二十萬萬藏於都内，爲禁錢。少府所領園地作務八十三萬萬，以給宫室供養諸賞賜。」漢財用之數，大略見此。

何武曰：「衛青在位，淮南寢謀。」李尋曰：「淮南王作謀之時，其所難者，獨有汲黯。」今人多以淮南寢謀稱黯，而不及青，才能不若節義也。汲黯在朝，淮南寢謀。其語見吳步騭疏。

西漢末，郭欽、蔣詡、栗融、禽慶、蘇章、曹竟不仕於莽。見《龔鮑傳》。孔休、蔡勳、劉宣與卓茂、龔勝、鮑宣同志，❶不仕莽時。見《卓茂傳》。王皓、王嘉並棄官。見《李業傳》。漢史不能表而揚之爲「清節傳」，而僅附見其名氏。然諸君子清風肅然，立懦夫之志於百世之下，不待傳而彰。

《論衡》：「孝明之世，讀《蘇武傳》，見武官名曰『栘中監』，以問百官，百官莫知。」又云：「司馬長卿爲《封禪書》，文約不具。子長紀黄帝至孝武，揚子雲録宣帝至哀平，陳平仲紀光武，班孟堅頌孝明。漢家功德，頗可觀見。」今子雲書不傳，平仲未詳其人，孟堅頌亦亡。

荀爽《對策》曰：「今臣僭君服，下食上珍，宜略依古禮尊卑之差，及董仲舒制度之别。」注引仲舒《對策》。愚謂：制度之别，必有其書，非但正法度，别上下之對也。《春秋繁露》有《度制篇》。

董仲舒三年不窺園，法真歷年不窺園，趙昱歷年潛思不窺園門，桓榮十五年不窺家園，何休不窺園者十七年。

號萬石者五家：漢石奮及四子皆二千石，號萬石君；馮揚爲弘農太守，八子皆爲二千石，亦號萬石君；嚴延年兄弟五人至大官，母號萬石嚴嫗；秦襲爲潁川太守，群從同時爲二千石者五人，號萬石秦氏；唐張文瓘爲侍中，四子皆至三品，號萬石張家。

漢丞相再入二人，周勃、孔光。御史大

❶「孔休、蔡勳、劉宣與卓茂、龔勝、鮑宣同志」，嘉慶本、道光本作「卓茂與孔休、蔡勳、劉宣、龔勝、鮑宣同志」。

夫再入三人，孔光、何武、王崇。後漢太尉再入二人，劉矩、馬日磾；三入一人，胡廣。司徒再入二人，魯恭、胡廣。司空三入一人，牟融。唐宰相再入五十七人，長孫无忌至裴樞；三入十二人，武承嗣至鄭畋；四入三人，韋巨源、姚元之、韋安石；五入三人，蕭瑀、裴度、崔胤。

《宋·禮志》云：「漢文以人情季薄，國喪革三年之紀；光武以中興崇儉，七廟有共堂之制。魏祖以侈惑宜矯，終斂去襲稱之數；晋武以丘郊不異，二至并南北之祀。豈三代之典不存哉，取其應時之變而已。」愚謂：四事唯喪紀廟制，先儒議其失。

揚雄《河東賦》「羲和司日，顔倫奉輿」，注云：「倫，古善御者。」愚嘗攷《韓詩外傳》：孔子云：「美哉！顔无父之御也。馬知後有輿而輕之，知上有人而愛之。至於顔倫，少衰矣。馬知後有輿而輕之，知上有人而敬之。」此顔倫善御之事也。書此以補《漢》注之闕。

秦亡於嬰，而莽立嬰以嗣平，速漢之亡也。

張竦《答陳遵》曰：「學我者易持，效子者難將。」❶陳無己爲《秦少游字序》云：「行者難工，處者易持。」呂成公《書趙忠定父行實後》云：「處者易持，出者難工。」皆本張竦之意。

楊盈川《隰川令誌》云：「代恭王之子郢客爲侯。」周益公刊《文苑英華校正》，以爲楚元王子郢客爲侯。今云代恭之子，未詳。愚按：《漢書·王子侯表》：土軍侯

❶「將」，嘉慶本、道光本作「工」。

郢客，代共王子。此盈川所用也。

嚴延年劾奏霍光擅廢立，無人臣禮，不道。奏雖寢，朝廷肅焉。吕成公曰：「大哉！延年之奏也。自夷、齊之後，一人而已。」沙隨程氏謂：延年女羅紨，爲昌邑王賀妻，生子女持轡。惟漢人風俗之厚，故不以爲嫌。王元石曰：「宣帝時，有大議論三：延年以不道劾光，夏侯勝言武帝不宜立廟樂，有司謚故太子曰戾。皆後世所不能及。」劉應起時可奏疏，謂當使近習畏輔相，輔相畏臺諫，若申屠嘉能使近習畏之，若嚴延年能使輔相畏之。

鼂錯《對策》首云：「平陽侯臣窋等所舉賢良方正、太子家令臣錯。」自言所舉之人及其官爵無所隱，漢制猶古也。自後史無所紀，唯唐張九齡《對策》首云：「嗣魯王道堅所舉道侔伊吕科、行秘書省校書郎張九齡。」自糊名易書之法密，不復見此矣。道堅，魯王靈夔之孫，本傳稱其方嚴有禮法，是以能舉九齡。而秉史筆者，不書於傳，僅見《九齡集》。

皇甫謐《高士傳》云：「成公者，成帝時自隱姓名，常誦經，不交世利，時人號曰成公。成帝時出遊問之，成公不屈節。上曰：『朕能富貴人，能殺人，子何逆朕哉？』成公曰：『陛下能貴人，臣能不受陛下之官；陛下能富人，臣能不受陛下之禄；陛下能殺人，臣能不犯陛下之法。』上不能折，使郎二人就受《政事》十二篇。」班史逸其事。孟堅譏太史公之退處士，而不爲逸民立傳，是以有目睫之論。

《高帝紀》群臣曰：「帝起細微，撥亂世反之正，平定天下，爲漢太祖，功最高，上尊號曰高皇帝。」此謚議之始也。崔駰《章帝謚議》，見《太平御覽》。

歐陽子曰：「始爲朋黨之論者，甚於作俑。」愚攷漢史，蕭望之、周堪、劉更生同心謀議，弘恭、石顯奏望之、堪、更生朋黨，欲專擅權勢。「朋黨」二字，始見于此，遂爲萬世之禍，可謂一言喪邦。

何武爲沛郡太守，決富家翁之子之訟，奪女財以與子，謂翁之思慮弘遠。乖崖斷杭民子壻之事，其意類此。事見《風俗通》。

《古今人表》許繇、巢父爲二人。譙周《古史考》：「許由夏常居巢，故一號巢父。」則巢、許爲一人，應休璉又謂之山父。

《儒林傳》「毛莫如少路」，宋景文公引蕭該《音義》：「案《風俗通·姓氏篇》混沌氏，太昊之良佐，漢有屯莫如，爲常山太守。」案此莫如姓非毛，應作屯字，音徒本反。愚按：《溝洫志》云：「自塞宣房後，河復北決於館陶，分爲屯氏河。」顔師古注：屯，音大門反。而隋室分析州縣，誤以爲毛氏河，乃置毛州，失之甚矣。以此證之，則毛、屯之相混久矣。屯之爲氏，於此可攷。《廣韻》云：「《後蜀録》有法部尚書屯度。」徒渾切，與蕭該音不同。

王式以《詩》授褚少孫，《褚氏家傳》云：「即續《史記》褚先生。」沛人，爲博士。田何子裝，《釋文序録》作子莊。《高士傳》云：「字莊。」

《樓護傳》云：「論議常依名節。」東萊謂：「居五侯之門而論名節，猶爲盜跖之徒而稱夷、齊也。」陳群爲曹操掾，而《傳》云「雅杖名義」，其能免樓護之譏乎？

《魏志》：「建安二十年，始置名號侯。」裴松之謂：今之虚封，蓋自此始。按《漢·樊噲傳》「賜爵封號賢成君」，顔注云：「楚、漢之際，權設寵榮，假其位號，或得邑地，或空受爵。」則虚封非始於建安也。

《崇文總目》：「《史雋》十卷。」《漢雋》之名本於此。

壺關三老茂，《漢武故事》以爲鄭茂。顔師古曰：「荀悦《漢紀》云：『令狐茂。』」今《漢紀》本脱「令狐茂」三字。《御覽》：《上黨郡記》：「令狐徵君隱城東山中。」

《張敞集》：「朱登爲東海相，遺敞蟹，報書曰：『蘧伯玉受孔氏之賜，必以及鄉人。敞謹分斯貺于三老尊行者，曷敢獨享之？』」其言有儒者風味。

宣帝以刑餘爲周、召，非獨弘、石也。平恩侯亦刑餘，而魏相因以奏事。戚官之禍漢，❶自宣帝始也。

《宣紀》「神爵三年，益吏百石以下奉十五」，《通典》引應劭曰：「張敞、蕭望之言：倉廩實而知禮節，衣食足而知榮辱。今小吏奉率不足，常有憂父母妻子之心，雖欲絜身爲廉，其勢不能。可以什率增天下吏奉。宣帝乃益天下吏奉什二。」與《漢紀》不同。

《黄霸傳》「鶡雀」，顔氏注：當爲「鳻」。徐楚金攷《説文》，當爲「[illegible]」。

《皇極經世書》：「惠帝崩，立無名子爲帝。」王陵争非劉氏而王，而宫中已有非劉氏而帝者矣。

賈捐之上書罷朱崖，杜佑云：「捐之，誼之孫。高見實類其祖。」

漢之劉歆，魏之元韶，賣宗國以徼利，而身亦不免。小人可以戒矣。

張文潛《文帝論》謂：「絳侯之迹，異於韓、彭者無幾，文帝所以裁之者，乃所以

❶「官」，嘉慶本、道光本作「宦」。

深報之也。」其説太過。賈誼「體貌大臣而厲其節」，乃正論也。

揚雄自比孟子，而《校獵賦》乃曰：「群公常伯，楊朱、墨翟之徒。」學孟子而尊楊、墨，與《法言》背馳矣。

樓護之執吕寬，小人之不義者也，不當傳於《游俠》。《法言》獨稱朱家之不德，以爲長者樓護，朱家之罪人也。

讓，美德也，然當審其是非。趙充國不歸功於二將軍，君子以爲是；顔真卿歸功於賀蘭進明，君子以爲非。

劉道原曰：「歷代國史，其流出於《春秋》。劉歆叙《七略》，王儉撰《七志》，《史記》以下，皆附《春秋》。荀勗分四部，史記、舊事入丙部。阮孝緒《七録・記傳録》記史傳，❶由是經與史分。」

《漢名臣奏》丞相薛宣奏：漢興以來，深考古義，惟萬變之備，於是制宫室出入之儀。故司馬殿省門闥，至五六重，周衛擊刁斗，近臣侍側，尚不得著鉤帶入房。《太平御覽》。

匈奴遺漢文帝書曰：「天所立匈奴大單于。」又曰：「天地所生，日月所置，匈奴大單于。」突厥致書隋文帝曰：「從天生大突厥，天下賢聖天子，伊利俱盧設莫何沙鉢略可汗。」

西山先生稱天台劉深父，每舉史傳數百千言。漢許后《上成帝書》，於班史爲隱僻處，學者多不道，一日對客誦「奈何妾薄命，端遇竟寧前」及「設爲屏風張某所」等語，無一字差。前輩讀史精熟如此。

李靖曰：「張良所學，《六韜》、《三略》

❶「七」，原作「士」，據嘉慶本、道光本改。

是也。韓信所學，《穰苴》、《孫武》是也。」光武詔報臧宮、馬武，引《黄石公記》。《隋志》有《三略》三卷。《館閣書目》云：「恐後人依託爲之。」近世有《素書》一卷，六章，曰原始，曰正道，曰本德宗道，曰求人之志，曰遵義，曰安樂。晁公武云：「厖亂無統，蓋采諸書成之。」謂晋有盗發張良冢者，於玉枕中獲此書。亦依託也。《初學記》又引《黄石公陰謀秘法》。

董仲舒在建元初對策，「願興太學，置明師，以養天下之士，數考問以盡其材」。《傳》謂立學校之官，自仲舒發之。攷之《武帝紀》建元五年置五經博士，此所謂學校之官也。元朔五年，始有禮官勸學之詔，於是丞相弘請爲博士置弟子員。《儒林傳》所載，其著功令也，詳於取而略於教，不過開禄利之塗而已。明經而志青紫，教子而擬籯金，孰知古者爲己之學哉？儻以仲舒爲相，使正誼明道之學行於時，則學者興於禮義，庶幾三代之風，豈止彬彬多文學之士乎？

韓信無行，不得推擇爲吏；陳湯無節，不爲州里所稱；主父偃學從横，諸儒排儐不容；李陵降匈奴，隴西士大夫以爲愧。秦、漢之後，鄉黨清議猶嚴也。是以禮官勸學，則曰崇鄉里之化。

困學紀聞卷之十二

困學紀聞卷之十三

浚儀　王應麟　伯厚甫

攷史

翟公巽謂：「范蔚宗書，語近詞冗，事多注見。其自叙云：『比方班氏，非但不愧。』今叢陋乃爾，豈筆削未定，遂傳之耶？」乃删取精要，總合傳注，作《東漢通史》五十卷。其書未見。

致堂論馬援曰：「光武非簡賢者，必以其女爲太子妃，逆防未然，故不授以重任。」按《馬后紀》，入太子宫在援卒之後，防未然之説非也。

吕成公謂：「馬援還書，王昶戒子，舉可法可戒者以教之，其心固善。不知所教者，本不欲其言人之過，言未脱口而已自言人之過，何其反也？」

《東觀漢記》光武詔曰：「明設丹青之信，廣開束手之路。」《公孫述傳》：帝與述書：「陳言禍福，以明丹青之信。」二句見《文選》注。

明帝爲太子，諫光武曰：「有禹、湯之明，而失黄、老養性之福。」夫禹、湯之道，堯、舜之道也。不以聖人之道養性，而取諸黄、老，謂之學通《尚書》，可乎？以無逸之心，明立政之體，君道盡矣！何羡乎黄、老？

謝承父嬰爲尚書侍郎，每讀高祖及光武之後將相名臣策文通訓，條在南宫，祕於省閣，唯臺郎升複道取急，因得開覽。謝承《後漢書》，見《文選》注。漢尚書作詔文。見《周禮》

注。尚書郎，乃今中書舍人。見《通典》。

鍾離意謂：「『成湯遭旱，以六事自責』，本於《荀子》。」黄瓊謂：「『魯僖遇旱，以六事自讓』，本於《春秋攷異郵》。」

郅惲上書王莽云：「取之以天，還之以天。」莽猶能赦之，此祖伊之得全於殷紂之世也。

魯丕《對策》，見袁宏《紀》，而范史不載。

《文苑傳》自東漢始，而文始卑矣。

漢政歸尚書，魏、晋政歸中書，後魏政歸門下，於是三省分矣。

爲杜密之居鄉，猶效陳孟公、杜季良也。爲劉勝之居鄉，猶效張伯松、龍伯高也。制行者宜知所擇。

東漢有佛書，而諸臣論議，無述其言者，唯襄楷云：「浮屠不三宿桑下。」

《班固傳》《西都賦》云：「招白間，下雙鵠。揄文竿，出比目。」二句爲對。白間，猶黄間也。注云：「弓弩之屬。」《御覽》引《風俗通》：白鷴，古弓名。《文選》以「間」爲「鷴」。非禽名也。

《東都賦》「正予樂」，依讖文，改樂爲「大予」。《文選》李善注亦引「大予」，五臣乃解爲「正樂」。今本作「雅樂」，亦誤。蓋五臣本改爲「雅」。

「范氏施御」，注引《括地圖》曰：「夏德盛，二龍降之。禹使范氏御之，以行程南方。」按《左傳》范宣子曰：「昔匄之祖，在夏爲御龍氏。」《括地圖》之説本於此。然蔡墨謂劉累學擾龍於豢龍氏，以事孔甲，賜氏曰御龍，非禹也。

《文選·放歌行》注引崔元始《正論》：「永寧詔曰：『鐘鳴漏盡，洛陽城中不得有行者。』」永寧，漢安帝年號。元始，崔寔字也。《後漢紀》不載此詔。

崔寔《四民月令》，朱文公謂見當時風俗及其治家整齊，即以嚴致平之意。

崔寔《政論》云：「諺曰：『一歲再赦，好兒喑啞。』」唐太宗之言，蓋出於此。「兒」與「人」同，如以「可人」爲「可兒」。

剛者必仁，佞者必不仁。龐萌爲人遜順而光武以託孤期之，不唯失於知人，其惑於佞甚矣。子陵所以鴻飛冥冥也。懷仁輔義之言，豈特規侯霸哉？

東漢三公，無出楊震、李固之右，而始進以鄧、梁，君子以爲疵。故《易》之《漸》曰：「進以正。」

《曲禮》、少儀之教廢，幼不肯事長，不肖不肯事賢。東都之季，風化何其美也。魏昭請於郭泰，願在左右，供給灑掃。荀爽謁李膺，因爲其御。范滂之歸，鄉人殷陶、黄穆侍衛於旁，應對賓客。闕里氣象，不過是矣。

中平二年，昆陽令愍繇役之害，結單言府，收其舊直，臨時募顧，不煩居民。太守、丞爲之立約。見於《都鄉正街彈碑》。此募役之始也。

孔子曰：「故者，毋失其爲故也。」蘇章借故人以立威，其流弊遂爲于禁、源懷，忠厚之俗不復見。若章者，難與並爲仁矣。

「精廬」，見《姜肱傳》，乃講授之地，即劉淑、包咸、檀敷《傳》所謂精舍也。《文選》任彦升《表》用「精廬」，李善注引王阜事，五臣謂寺觀，謬矣。

孔北海《答王脩教》曰：「掾清身潔己，歷試諸難。謀而鮮過，惠訓不倦。余嘉乃勳，應乃懿德，用升爾于王庭，其可辭乎？」文辭温雅，有典誥之風，漢郡國之條教如此。然「歷試諸難」，恐不可用。

孝女叔先雄，《水經注》以爲光終，符縣人。又引《益部耆舊傳》：「符有光洛，疑即「終」字。僰道有張帛。」

劉贛父《東漢刊誤》謂《列傳》第七十九，注最淺陋。章懷注書，分與諸臣。疑其將終篇，故特草草耳。今觀《南匈奴論》「棄蔑天公」，注引《前書》云：「『老秃翁何爲首鼠兩端』，秃翁，即天翁也。」其謬甚矣。

《曹娥碑》云「盱能撫節按歌，婆娑樂神，以五月時迎伍君」，《傳》云：「迎婆娑神」，誤也。

蔡邕文，今存九十篇，而銘墓居其半。曰碑，曰銘，曰神誥，曰哀讚，其實一也。自云爲《郭有道碑》，獨無愧辭，則其它可知矣。其頌胡廣、黄瓊，幾於老、韓同傳，若繼成漢史，豈有南、董之筆？

《周舉傳》：「太原舊俗，以介子推焚骸，有龍忌之禁。一月寒食。」按《淮南·要略》云：「操舍開塞，各有龍忌。」注：「中國以鬼神之亡日忌，北胡、南越皆謂之請龍。」

郭伋爲并州牧，有童兒騎竹馬。《史通》云：「晋陽無竹，事不可信。」

《光武紀》：「建武二十三年，陳留太守王況爲大司徒。」二十七年薨。《虞延傳》注引謝承《書》曰：「況，章和元年爲司徒。」謝承《書》誤也。

漢詔令，人主自親其文。光武詔曰：「司徒，堯也。赤眉，桀也。」明帝詔曰：「方今上無天子，下無方伯。」豈代言者所爲哉？

習鑿齒《漢晋春秋》以蜀漢爲正。朱文公謂「晋史自帝魏，後賢盍更張」，然晋人已有此論。

三國鼎峙，司馬公《通鑑》以魏爲正統，本陳壽。朱子《綱目》以蜀漢爲正統。本習鑿齒。然「稽於天文，則熒惑守心，魏文帝殂而吴、蜀無它」，此黄權對魏明帝之言也，若可以魏爲正矣。月犯心大星，王者惡之，漢昭烈殂而魏、吴無它，權將何辭以對？

邵公濟《謁武侯廟文》云：「公昔高卧，隱然一龍。鬼蜮亂世，其誰可從？惟明將軍，漢氏之宗。相挽以起，意氣所同。欲持尺箠，盡逐姦雄。天未悔禍，世豈能容？惟史臣壽，姦言非公。惟大夫周，誤國非忠。廟食故里，羞此南充。置公左右，不堪僕童。我實鄙之，築公之宮。《春秋》之法，孰敢不恭？俾千萬年，仰其高風。」陳壽、譙周，皆巴郡人，今果州。陸務觀《籌筆驛詩》：「運籌陳迹故依然，想見旌旗駐道邊。一等人間管城子，不堪譙叟作降牋。」公濟之文，蓋果州作。

君子小人之夭壽，可以占世道之否泰。諸葛孔明止五十四，法孝直纔四十五，龐士元僅三十六，而年過七十者，乃奉書乞降之譙周也。天果厭漢德哉？

諸葛武侯曰：「勢利之交，難以經遠。士之相知，温不增華，寒不改葉，貫四時而不衰，歷夷險而益固。」《太平御覽》引《要覽》云。

武侯不用魏延之計，非短於將略也，在《易·師》之上六曰：「小人勿用。」

三國魏有篡弑，吴有廢立，皆受制强臣。蜀漢未亡之前，庸主尸位而國無内憂，昭烈武侯之規摹遠矣。

《水經注》引武侯《與步騭書》曰：「僕前軍在五丈原，原在武功西十里。馬冢在武功東十餘里，有高勢，攻之不便，是以留耳。」武侯《表》云：「臣遣虎步監孟琰據武功水東，司馬懿因水長攻琰營，臣作竹橋，越水射之，橋成馳去。」此可以裨《武侯傳》之闕。晦翁欲《傳》末略載瞻及子尚死節事，以見善善及子孫之義。南軒不以爲然，以爲瞻任兼將相，而不能極諫以去黄皓。諫而不聽，又不能奉身而退，以冀主之一悟，可謂不克肖矣。兵敗身死，雖能不降，僅勝於賣國者耳。以其猶能如此，故書子瞻嗣爵，以微見善善之長；以其智不足稱，故不詳其事，不足法也。此論甚精。

昭烈謂武侯之才，十倍曹丕。以丕之盛，終身不敢議蜀也。司馬懿畏蜀如虎，非武侯之敵。《史通》云：「陸機《晉史》虛張拒葛之鋒。」又云：「蜀老猶存，知葛亮之多枉。」然則武侯事蹟湮没多矣。

《八陣圖》，薛士龍曰：「圖之可見者三：一在沔陽之高平舊壘，一在新都之八陣鄉，一在魚復永安宫南江灘水上。」蔡季通曰：「一在魚復，石磧迄今如故。一在廣都，土壘今殘破不可攷。」

君子其潛如龍，非迅雷烈風不起；其翔如鳳，非醴泉甘露不食。司馬德操、諸葛孔明俱隱於耕稼，而仕止殊；魏玄成、徐鴻客俱隱於黄冠，❶而出處異。如用之，易地則皆然。

鄧艾取蜀，行險以徼幸。閻伯才《陰平橋詩》云：「魚貫羸師堪坐縛，爾時可歎蜀無人。」

張文潛《梁父吟》曰：「永安受詔堪垂涕，手挈庸兒是天意。渭上空張復漢旂，蜀民已哭歸師至。堂堂八陣竟何爲？長安不見漢官儀。鄧艾老翁誇至計，譙周鼠子

❶「鴻」，原作「洪」，據嘉慶本、道光本改。

辨興衰。」其言悲壯感慨，蜀漢始終，盡於此矣。說齋云：「人心思漢，王郎假之而有餘；人心去漢，孔明扶之而不足。」

「舜、禹有天下而不與焉。」魏文喜躍於爲嗣之初，大饗於憂服之中，不但以位爲樂而已。其篡漢也，哆然自以爲舜、禹，可以欺天下乎？曹植拜先君墓，與友人宴於松柏之下，爲詩云：「樂至憂復來。」又云：「可不極娛情。」其末流至於阮籍，禮法之亡，自魏文兄弟始。

晉傅玄曰：「魏武好法術，而天下貴刑名；魏文慕通達，而天下賤守節。」然則放曠之風，魏文實倡之。程子謂：東漢之士，知名節而不知節之以禮，遂至苦節。苦節既極，故魏、晉之士變而爲曠蕩。愚謂：東都之季，或附曹，群忘漢，荃蕙化爲茅矣，苦節之士安在哉？傅玄之言得之。

律章句，馬、鄭諸儒十有餘家，魏明帝詔但用鄭氏章句。范蜀公曰：「律之例有八：以、准、皆、各、其、及、即、若。若《春秋》之凡。」宋莒公曰：「應從而違，堪供而闕，此《六經》之亞文也。」

魏以不仁得國，而司馬氏父子世執其柄。然節義之臣，齮巨姦之鋩，若王凌以壽春欲誅懿而不克，文欽、毌丘儉以淮南欲誅師而不遂，諸葛誕又以壽春欲誅昭而不成，千載猶有生氣，魏爲有臣矣。鄭漁仲謂：「《晉史》黨晉，凡忠於魏者爲叛臣；《齊史》黨齊，凡忠於宋者爲逆黨。」《史通》亦云：「古之書事也，令亂臣賊子懼；今之書事也，使忠臣義士羞。」

「學如牛毛，成如麟角。」出蔣子《萬機論》。

司馬孚自謂魏貞士。孚，上不如魯叔肸，下不如朱全昱，謂之正，可乎？

魏文帝詔曰：「三世長者知被服，五世長者知飲食。」言被服、飲食，難曉也。俗語有所本。

管幼安如郭林宗，天子不得臣，諸侯不得友。蘇文定贊之曰：「少非漢人，老非魏人。何以命之？天之逸民。」

《江表傳》：群臣以孫權未郊祀，奏議曰：「周文、武郊酆、鄗，非必中土。」權曰：「文王未爲天子，立郊于酆，見何經典？」復奏曰：「《漢·郊祀志》匡衡奏言：文王郊於酆。」權曰：「文王德性謙讓，處諸侯之位，明未郊也。俗儒臆説，非典籍正義，不可用。」權之識見，高於群臣矣，漢儒不及也。

孫權破關羽，而昭烈復漢之志不遂。權稱臣於曹操，稱説天命，英雄之氣安在哉？故朱子曰：「權亦漢賊也。」

《諸葛恪傳》注：虞喜《志林》曰：「況長寧以爲君子臨事而懼，好謀而成。」又曰：「往聞長寧之甄文偉。」亦見《通鑑》。文偉，謂費禕也。長寧，未詳其人，蓋蜀人也。《廣韻》引何氏《姓苑》，有況姓，廬江人。

嚴畯之遜呂蒙，有鄭子皮之風；陸遜之薦淳于式，有晋祁奚之風。吴安得不興乎？

孫堅與策，皆以輕敵隕其身。權出合肥之圍，亦幸而免。

孫休之遺李衡，有漢高帝之度；其討孫琳，有叔孫昭子之斷，吴之賢君也。

孫峻薦諸葛恪可付大事，而恪終死於峻之手。《易》曰：「比之无首，无所終也。」漢昭烈託孤於孔明，而權乃託孤於恪，劉、孫之優劣，於此可見。

吴築涂塘，晋兵出涂中。涂，音除，即

六合瓦梁堰水，曰滁河。南唐於滁水上立清流關。或以「涂塘」音「塗」，誤也。《元和郡縣志》：滁州，即涂中。

楚莫敖狃於蒲騷之後，將自用也。諸葛恪東關之勝，亦以此敗，其失在於自用。

《史通》云：「《晉史》所采多小書，若《語林》、《世説》、《搜神記》、《幽明録》是也。曹、干兩《紀》，孫、檀二《陽秋》，皆不之取。其中所載美事，遺略甚多。」曹嘉之、干寶《晉紀》。孫盛、檀道鸞《晉陽秋》。又云：「唐修《晉書》，作者皆詞人，遠棄史、班，近宗徐、庾。」晁子止亦謂《晉史》叢冗最甚。

李華云：「干寶著論，近王化根源。」謂《晉紀》論以民情風教、國家安危之本。

放翁《豐城劍賦》謂吴亡而氣猶見，其應晉室之南遷。愚謂：豐城二劍事，出雷次宗《豫章記》。所謂孔章者，即雷焕也，蓋次宗之族。此劉知幾所云：「莊子鮒魚之對，賈生服鳥之辭，施於寓言則可，求諸實録則否。」而唐史官之撰《晉史》者取之，後人因而信之，誤矣。顔師古注《漢書》，凡撰述、方志新異穿鑿者，皆不録。注史猶不取，況作史乎？《豫章記》見《藝文類聚》。

晉元帝爲牛氏子，其説始于沈約，而魏收《島夷傳》因之，唐貞觀史官修《晉書》亦取焉。王劭謂沈約喜造奇説以誣前代。劉知幾亦以爲非，而致堂乃謂元帝冒姓司馬，過矣。

《演蕃露》云：「晉郭展爲太僕，留心於養生，而廄馬充多。潘尼爲《太僕箴》，叙列其事，皆推養生而致之於馬。」今按：郭展事，見《晉諸公贊》。潘尼爲《乘輿箴》，見《晉書》，非《太僕箴》也，蓋誤以二事爲一。

《后妃傳贊》「持尺威帝」，《庾亮傳論》

「牙尺垂訓，帝深念於負芒」。按殷芸《小説》：晉成帝時，庾后臨朝，諸庾誅南頓王宗。帝問南頓何在？答曰：「黨峻作賊，已誅。」帝知非黨，曰：「言舅作賊，當復云何？」庾后以牙尺打帝頭，云：「兒何以作爾語？」帝無言，惟張目熟視，諸庾甚懼。

阮嗣宗《蘇門歌》曰：「日没不周西，月出丹淵中。陽精蔽不見，陰光代爲雄。亭亭在須臾，厭厭將復隆。富貴俯仰間，貧賤何必終？」其有感於師、昭之際乎？然勸進之作，焉能逭《春秋》之誅？

「反鏡索照」，出夏侯湛《抵疑》。湛贊閔子騫云：「聖既擬天，賢亦希聖。」周子前已有此語矣。❶

東坡謂劉壯輿曰：「陶威公忠義之節，横秋霜而貫白日，《晉史》書折翼事，豈有是乎？」陳忠肅亦曰：「陶公被誣，以晉之刑政不行於庾元規也。元規以筆札啗王隱，折翼化鶴之事，隱與杜延業共爲之也。」

庾翼謂「天公憒憒」，李文饒曰：「昔秦得金策，❷謂之天醉。豈天之常醉哉？」吁，爲天者亦難矣。《詩》云：「民今方殆，視天夢夢。既克有定，靡人不勝。有皇上帝，伊誰云憎？」是之謂知天。天醉，見張衡《西京賦》、庾信《哀江南賦》。

何曾、荀顗之孝，論者比之曾、閔。夫以孝事君則忠，不忠於魏，又不忠於晉，非孝也。顗之罪，浮於曾。曾之驕奢，禍止及家；顗之姦諛，禍及天下。

山濤欲釋吴以爲外懼，又言不宜去州郡武備，其深識遠慮，非清談之流也。顔延

❶「周子」，原脱，據嘉慶本、道光本補。
❷「得」，原作「時」，據嘉慶本、道光本改。

之於七賢，不取山、王，然戎何足以比濤，猶碈之於玉也。

康節邵子《西晋吟》：「有刀難剖公閭腹，無木可梟元海頭。禍在夕陽亭一句，上東門嘯浪悠悠。」攷之《晋史》，賈充納女以壬辰，劉曜陷長安以丙子，相去纔四十五年。姦臣孽女之敗國家，吁可畏哉！近世賈妃之册以壬辰，而宋之禍亦以丙子，悲夫！

江默云：「唐、虞、三代，有疑赦而無大赦。漢、唐有大赦而無郊赦。故大赦始於春秋，而郊赦始於五代。」愚謂：晋王彪之答簡文云：「中興以來，郊祀往往有赦，常謂非宜。」則郊赦東晋有之，非始於五代也。

《通鑑》：「秦兵既盛，謝玄入問計於謝安。安夷然答曰：『已別有旨。』既而寂然。玄不敢復言，乃令張玄重請，安遂命駕出遊山墅，與玄圍棋賭墅。」《綱目》删「玄不敢復言，乃令張玄重請」二句，則圍棋爲張玄乎？謝玄乎？《世説》注引《續晋陽秋》曰：「與兄子玄圍棋。」然二玄當如《漢書》叙臣勝、臣夏侯勝，以姓別之。

王導之孫謐，授璽于桓玄；謝安之孫澹，持册于劉裕。此朱子所以歎嗣守之難也。無忝乃祖，一陶淵明而已。

桓玄簒逆，卞承之謂宗廟祭不及祖，知楚德之不長。亂臣賊子祭及其祖，可以長世乎？斯言不當汙簡牘。

《晋史·忠義傳》可削者三人：韋忠不見裴頠，辭張華之辟，初節亦足稱矣，而仕於劉聰，爲之討羌而死，非爲晋死也，謂之忠義可乎？王育仕於劉淵，劉敏元仕於劉曜。舍順從逆，皆失節者也，忠義安在哉？唐之修《晋史》也，許敬宗、李義府與秉筆焉，是惡知蘭艾鸞梟之辨？

陶淵明《讀史》，述夷齊云：「天人革命，絕景窮居。」述箕子云：「矧伊代謝，觸物皆非。」先儒謂：「食薇飲水」之言，「銜木填海」之喻，至深痛切，讀者不之察爾。顔延年《誄淵明》曰：「有晉徵士。」與《通鑑綱目》所書同一意。《南史》立傳，非也。

「策扶老以流憩」，謂扶老藤也。見《後漢·蔡順傳》注。

淵明《與子儼等疏》，潁川韓元長謂韓融，韶子，《後漢》有傳。濟北氾稚春謂氾毓。《晉書》有傳。《集》云「范稚春」，誤。《南史》氾幼春，蓋避唐諱治字之嫌。

朱文公曰：「陶公栗里，前賢題詠，獨顔魯公一篇，令人感慨。」今攷魯公詩云：「張良思報韓，龔勝恥事新。狙擊苦不就，舍生悲拖紳。嗚呼陶淵明，奕葉爲晉臣。自以公相後，每懷宗國屯。題詩庚子歲，自謂羲皇人。手持《山海經》，頭戴漉酒巾。興與孤雲遠，辯隨還鳥泯。」見《廬山記》，集不載。

「樂廣客蛇影」，與《風俗通》所載杜宣事同。

「蒼蠅傳赦」，《異苑》以爲晉明帝，與苻堅《載記》同。

嵇康，魏人。司馬昭惡其非湯、武而死於非辜，未嘗一日事晉也。《晉史》有傳，康之羞也。後有良史，宜列於《魏書》。

司馬師引二敗以爲己過，司馬昭怒王儀責在元帥之言。昭之惡，甚於師。

劉殷失節於劉聰，而戒子孫曰：「事君當務幾諫。」大節已虧，其言之是非，不足論也。

干寶論晉之創業立本，固異於先代。後之作史者不能爲此言也，可謂直矣。

焚石勒之幣，江左君臣之志壯矣。僭

號之國十六，而晉敗其一，苻堅。滅其三，李勢、慕容超、姚泓。不可以清談議晉。

晉簡文詠庾闡詩云：「志士痛朝危，忠臣憂主辱。」東魏静帝詠謝靈運詩曰：「韓亡子房奮，秦帝魯連耻。本自江海人，忠義動君子。」至今使人流涕。

祖逖曰：「晉室之亂，非上無道而下怨叛也，晉之德澤淺矣。」姚弋仲曰：「亟自歸於晉。」王猛曰：「勿以晉爲圖。」人心知義，非後世所及也。

南豐《記王右軍墨池》云：「愛人之善，雖一能不以廢。」愚謂：右軍所長，不止翰墨。其勸殷浩内外協和，然後國家可安；其止浩北伐，謂力争武功，非所當作；其遺謝萬書，謂隨事行藏，❶與士卒同甘苦；謂謝安虚談廢務，浮文妨要，非當世所宜。言論風旨，可著廊廟，江左第一流也。不可以藝掩其德，謂之「一能」，過矣。

慕容恪尚在，憂方大耳。如得臣猶在，憂未歇也。覘國者以人爲輕重。

《宣帝紀》論竊鐘掩耳，以衆人爲不聞。出《淮南子》。

楊盛不改義熙年號，其志如陶靖節，孰謂夷無人哉？盛，武都王。

袁宏以伏滔比肩爲辱，似知耻矣，而失節於桓温之九錫，耻安在哉？

《謝邈傳》：「孝武多賜侍臣文詔，辭義有不雅者，邈輒焚毁之。」《通鑑》云：「帝好爲手詔詩章，以賜侍臣。或文詞率爾，徐邈應時收斂，還省刊削，皆使可觀，經帝重覽，然後出之。」此一事也，《晉書》以爲謝邈，《通鑑》以爲徐邈，必有一誤。

❶「謂」，原爲空格，據嘉慶本、道光本補。

晉之伐吴，杜預曰：「孫皓或怖而生計，則明年之計，或無所及。」隋之伐陳，文帝投柹於江，曰：「使彼懼而知改，吾又何求？」隋文之識，若優於預矣。以時攷之，吴猶有死守之臣，杜預所以詭形而不敢露；陳不聞力戰之將，隋文所以衡行而無所忌。預之言近乎實，文帝之言非其誠也。

《文心雕龍》謂江左篇製，溺乎玄風。《續晉陽秋》曰：「正始中，王、何好莊、老，至過江，佛理尤盛。郭璞五言，始會合道家之言而韻之，許詢、孫綽轉相祖尚，而詩騷之體盡矣。」愚謂：東晉玄虚之習，詩體一變，觀蘭亭所賦可見矣。❶

梁武帝敕群臣，自太初終齊，撰《通史》六百二十卷。元魏濟陰王暉業起上古終宋，著《科録》二百七十卷。其書亡傳。《高氏小史》自天地未分，至唐文宗，爲百二十卷。今雖存而傳者鮮。自書契以來，未有如《通鑑》者。

宋周朗有「櫝帶寶，笥著衣」之論，司馬文正公有「耳視目食」之説，皆足以儆世迷。

魏之篡漢，晉之篡魏，山陽、陳留猶獲攷終，亂賊之心猶未肆也。宋之篡晉，踰年而弑零陵，不知天道報施，還自及也。齊、梁以後，皆襲其跡，自劉裕始。

徐羡之、傅亮、謝晦之死，猶晉之里克、衛之甯喜也，文帝不失爲叔孫昭子。

宋文帝、魏太武，佳兵者也，皆不克令終。「不祥好還」之戒昭昭矣。

葉少藴云：「齊武帝欲爲裴后立石誌墓中，王儉以爲非古。或以爲宋元嘉中，顔延之爲王球作誌，墓有銘自宋始。唐封演援

❶「愚謂」至「可見矣」，此條小注道光本入正文。

宋得《司馬越女冢銘》，隋得《王戎墓銘》，爲自晉始，亦非是。今世有崔子玉書《張衡墓銘》，則墓有銘自東漢有之。」周益公謂：銘墓三代有之。唐開元四年，偃師耕者得比干墓銅槃。東漢誌墓，初猶用磚，久方刻石。

張融風止詭越，齊高帝曰：「此人不可無一，不可有二。」程致道贊米元章云：「是千載人，不可無一。」

南豐序《齊書》曰：「蕭子顯之文，喜自馳騁，其更改破析，刻雕藻繢之變尤多，而其文益下。」愚謂：子顯以齊宗室仕於梁，而作《齊史》，虚美隱惡，其能直筆乎？

梁武帝曰：「應天從人。」致堂謂：《易》之《革》曰：「順天應人。」未聞「應天」也。爲是言者，不知天之爲天矣。愚按：梁武之父名順之，故不云「順天」，避諱也。後人應天之語，蓋襲其誤。蕭道成之篡奪，順之爲爪距，豈知祚移其子乎。

梁武帝時錢陌減，始有足陌之名。唐末以八十爲陌，漢隱帝時王章又減三錢，始有省陌之名。

後魏葛榮陷冀州，賈景興稱疾不拜，每捫膝曰：「吾不負汝。」僞楚之僭，喻汝礪捫其膝曰：「此豈易屈者哉？」以捫膝自號，蓋本於此。

宇文泰弒君之罪，甚於高歡之逐君，乃以周公自擬，亦一莽也。

北齊魏長賢曰：「王室板蕩，彝倫攸斁。大臣持禄而莫諫，小臣畏罪而不言。虚痛朝危，空哀主辱。匪躬之故，徒聞其語；有犯無隱，未見其人。嫠不恤緯，而憂宗周之亡；女不懷歸，而悲太子之少。況委質有年，安可自同於匹庶？」其言凛然，可以立懦夫之志。作史者，以魏收之族，與之同傳，藺艾混殽甚矣。長賢，徵之父也。

高洋之惡，浮于石虎、苻生，一楊愔安能救生民之溺乎？

執笏，始于宇文周保定四年。紫緋緑袍，始于隋大業六年。

蕭方等，梁元帝子，爲《三十國春秋》，以晉爲主，附列劉淵以下二十九國。《通鑑》晉元興三年，引方等論，《綱目》但云「蕭方」，誤削「等」字。

晉之篡魏以賈充，其亡亦以充；隋之平陳以楊素，其亡亦以素。立太子妃，易太子，亡之兆也。玄感之於素，猶李敬業之於勣也。煬、武之立，素、勣之力也，其子欲撲其燎可乎？

祖君彥檄：「光武不隔於反支。」乃明帝事，見王符《潛夫論》。反支日，用月朔爲正。戌亥朔一日，申酉朔二日，午未朔三日，辰巳朔四日，寅卯朔五日，子丑朔六日。

《北史》：「李繪六歲求入學，家人以偶年俗忌，不許。」偶年之忌，見於此。

梁武帝策錦被事，劉峻以疏十餘事而見忌。又問栗事，沈約以少三事而爲悦。君之於臣，争名記誦之末。燕泥、庭草，於隋煬何議焉？

李仲信垕。爲《南北史世説》，朱文公謂《南北史》，凡《通鑑》所不取者皆小説也。

隋萬寶常聽樂，泣曰：「樂聲淫厲而哀，天下不久將盡。」隋之不久，不待聽樂而知也。師尚父曰：「以不仁得之，以不仁守之，必及其世。」使隋用寶常之言，復三代之樂，其能久乎？寶常之先見，不逮房玄齡。

徐楚金云：「隨文帝惡『隨』字爲走，乃去之，成『隋』字。隋，裂肉也，其不祥大焉。殊不知『隨』從『辵』，辵，安步也。而妄去之，豈非不學之故？」

陳無淮，無荆、襄，無蜀，而立國三十二年，江左猶有人也。

魏節閔帝陽瘖避禍，至于八年，終身爲范粲可也。「天何言哉」之言一出諸口，遂以不免。程子曰：「節或移於晚，守或失於終。」

「寧爲袁粲死，不作褚淵生」，宋石頭城之謡也。「寧爲王凌死，不爲賈充生」，宋沈攸之之言也。「悲君感義死，不作負恩生」，陳魯廣達之留名也。「與其含恥而存，孰若蹈道而死」，秦郭質之移檄也。「與其屈辱而生，不若守節而死」，燕賈堅之固守也。「寧爲南鬼，不爲北臣」，則有齊新野之劉思忌。❶「寧爲趙鬼，不爲賊臣」，則有趙仇池之田崧。「寧爲國家鬼，不爲賊將」，則有魏樊城之龐德。「寧爲國家鬼，不爲羌賊臣」，則有晋河南之辛恭靖。之人也，英風勁氣，如嚴霜烈日，千載如生。其視叛臣要利者，猶犬彘也。

韋孝寬知兵而不知義。尉遲迥之討楊堅，所以存周也。孝寬受周厚恩，乃黨堅而滅迥。堅之篡也，孝寬實成之，難以逭《春秋》之誅矣。

楊堅以后父篡國，亦一莽也。「以不仁得之，以不仁守之，必及其世」，堅之謂矣。莽、堅之女，皆節婦也，爲其父者亦少愧哉！

顔見遠死節於蕭齊，其孫之儀盡忠於宇文周，常山、平原之節義，有自來矣。

困學紀聞卷之十三

❶「忌」，原作「忠」，據嘉慶本、道光本改。

困學紀聞卷之十四

浚儀　王應麟　伯厚甫

攷史

唐府兵之數，《兵志》云：「十道置府六百三十四，而關内二百六十一。」《百官志》凡六百三十三。陸贄云：「府兵八百所，而關中五百。」杜牧云：「折衝果毅府五百七十四。」《舊志》、《六典》云：「天下之府五百九十四。」《會要》云：「關内置府二百六十一，又置折衝府二百八十，通計舊府六百三十二。」《通典》云：「五百七十四。」《理道要訣》云：「五百九十三。」《鄴侯家傳》云：「諸道共六百三十府。」今以《地理志》攷之，十道共有府五百六十六，關内二百七十三，餘九道二百九十三。參以《志》、《傳》，差互不齊。神宗問：「何處言府兵最備？」王文公對曰：「《李鄴侯傳》言之詳備。」然府數與諸書亦不同。

了齋云：「顏回配饗先聖，其初但爲立像，至開元中，始與十哲合爲一座。」按《唐志》開元八年，詔十哲爲坐像。《集古録》李陽冰《縉雲孔子廟記》云：「换夫子之容貌，增侍立者九人。」蓋獨顏回配坐，而閔損等九人爲立像。陽冰修廟，在肅宗上元二年，其不用開元之詔，何也？

《魏徵傳》帝謂群臣曰：「此徵勸我行仁義既效矣。」《新史》潤色之語也。《貞觀政要》云：「太宗謂群臣曰：『貞觀初，人皆異論，云當今必不可行帝道王道，唯魏徵勸我。既從其言，不過數載，遂得華夏安寧，遠戎賓服。突厥自古已來，常爲中國勍敵，今酋長並帶刀宿衛，部落皆襲衣冠。使我遂至於此，皆魏徵之力。』」《新史》於《鬪賓傳》又云：「惟魏徵勸我修文德，安中夏。」以《通鑑》攷之，與《政要》所載同一事。或謂太宗以既效自滿，非也。

鄭毅夫謂：唐太宗功業雄卓，然所爲文章纖靡浮麗，嫣然婦人小兒嘻笑之聲，不與其功業稱。甚矣，淫辭之溺人也。神宗聖訓亦云：「唐太宗英主，乃學庾信爲文。」《温泉銘》、《小山賦》之類可見。

《新史》論張公謹之抵龜，曰：「投機之會，間不容穟。」鄭伯克段于鄢，《春秋》所以紀人倫之大變也，曾是以爲投機乎？晋欒書將弑厲公，召士匄、韓厥二人，皆辭。太宗臨湖之變，問李靖、李勣二人，皆辭。靖、勣賢於公謹遠矣。

唐太宗《贈堯君素蒲州刺史詔》曰：「雖桀犬吠堯，乖倒戈之志；而疾風勁草，表歲寒之心。」我藝祖《贈韓通中書令制》曰：「易姓受命，王者所以徇至公；臨難不苟，人臣所以明大節。」大哉王言！表忠義以厲臣節，英主之識遠矣。歐陽公《五代史》不爲韓通立傳，劉原父譏之曰：「如此，是第二等文字。」通附傳在《建隆實録》。齊武帝使沈約撰《宋書》，疑立《袁粲傳》。審之於帝，帝曰：「袁粲自是宋室忠臣。」惜乎，歐陽子念不及此。

賢臣久於位，則其道行，房喬以之成貞觀之治。姦臣久於位，則其欲肆，林甫以之成天寶之亂。

《唐史發潛》謂：武氏之起，袁天綱言其貴不可言。李淳風云：「當有女主王天下，已在宮中。」此必武氏僭竊之後，姦佞之徒神其事，言天之所啓，非由人事也。愚謂：《左氏》載陳敬仲、畢萬之筮，太史公載趙簡子之夢，皆此類。

佩魚始於唐永徽二年，以李爲鯉也。武后天授元年，改佩龜，以玄武爲龜也。

治平末年，始鬻度牒。攷之《唐史》，肅宗時，裴冕建言度僧道士，收貲濟軍興。此鬻牒之始也。

鍾紹京爲宰相，而稱義男於楊思勗之父。史不載也，而石刻傳于後世，人皆見之，惡之不可揜如是。臧堅以刑人之唁爲辱，此何人哉？林甫、國忠因力士以相，其原見于此。李揆當國，以子姓事輔國，不恥也，紹京何責焉？

《鄭薰傳》云：「宦人用階請蔭子，薰却之不肯叙。」亦庶幾有守矣。《文苑英華》有薰所撰《仇士良神道碑》云：「孰稱全德，其仇公乎？」其叙甘露之事，謂「克殲巨孽，乃建殊庸」，以七松處士而秉此筆，乃得佳傳於《新史》，豈作史者未之攷歟？碑云：「大中五年，念功録舊，詔詞臣撰述，不敢虛美。」以元惡爲忠賢，猶曰不虛美乎？宣宗所褒表者若此，唐之不競，有以哉！宣宗召韋澳，問：「内侍權勢何如？」對曰：「陛下威斷，非前朝比。」上閉目摇手曰：「尚畏之。」在士良之立碑，其亦畏昏椓之黨歟？

席豫未嘗草書，曰：「細猶不謹，而況巨耶？」然豫爲黜陟使，言安禄山公直無私，其迷國之罪大矣，安在其能謹哉？《唐史》立傳褒之，未有著其罪者，何小人之多幸也。席建侯，即豫也。《唐史》避代宗諱稱字。孔光黨王莽，則不言温室樹，不足以爲謹。席豫黨禄山，則未嘗草書，不足以爲謹。

《容齋續筆》辯嚴武無欲殺杜甫之說。愚按：《新史·嚴武傳》多取《雲溪友議》，宜其失實也。

《通鑑》載李德裕對杜悰稱「小子聞御史大夫之命，驚喜泣下」。致堂謂：「德裕豈有是哉？杜悰，李宗閔之黨，故造此語以陋文饒，史掇取之。以文饒爲人大概觀焉，無此事必矣。」愚按：此事出張固所撰《幽閑鼓吹》，雜説不足信也。

《李泌傳》：「加集賢殿崇文館大學士。泌建言學士加『大』，始中宗時。及張説爲之固辭，乃以學士知院事。至崔圓復爲大學士，亦引泌爲辭而止。」愚按：崔圓相肅宗在泌前，《會要》：「貞元四年五月，泌奏張説懇辭『大』字，衆稱達禮。至德二年，崔圓爲相，加集賢大學士，因循成例。望削去『大』字。」此乃泌引圓爲辭，傳誤矣。

「韋濟試理人策第一。」致堂謂濟被識擢，不聞以循良稱，是實不副言矣。愚攷《通鑑》開元二十二年，相州刺史韋濟薦方士張果。蓋逢君之惡者，不但實不副言也。少陵《贈韋左丞詩》，即濟也。

《舊史·敬宗紀》：李翺求知制誥，面數宰相李逢吉過。愚謂：翺爲韓文公之友，此逢吉所深忌也，面數其過，可謂直矣。求知制誥，乃誣善之辭。荆公嘗辯之曰：「世之淺者，以利心量君子。」

《老學菴筆記》云：「舊制，兩省中書在門下之上，元豐易之。」愚觀李文簡《歷代宰相表》云：「中書、門下，班序各因其時。代宗以前，中書在上。憲宗以後，門下在上。大曆十四年，崔祐甫與楊炎皆自門下遷中書，不知何時升改。」放翁所記，蓋未攷此。

《李靖兵法》世無全書，略見於《通典》。今《問對》出阮逸，因杜氏所載附益之。

《唐六典》太子令書畫諾，本朝至道初改爲準。此東宮畫諾也。陸龜蒙《説鳳尾諾》云：「東宮曰令，諸王曰教，其事行則曰諾，猶天子肯臣下之奏曰可也。晉元帝爲琅邪王，批鳳尾諾；南齊江夏王學鳳尾諾，則諸王亦畫諾矣。《後漢書》云：『南陽宗資主畫諾。』梁江州刺史陳伯之目不識書，得文牒辭訟，惟作大諾，則郡守刺史亦畫諾矣。」

《唐六典》開元禮，宣示中外，未有明詔施行。見《呂温集》。南豐謂：「《六典》本原設官因革之詳，上及唐、虞，以至開元。其文不煩，其實甚備，可謂善於述作者。」

《李德裕傳》：「韋弘質建言，宰相不可兼治錢穀。」嘉祐六年《制策》：胡武平撰。「錢穀，大計也，韋賢之言不宜兼於宰相。」蓋「弘」字避諱，誤以「質」爲「賢」。

劉秩爲祭酒，上疏曰：「士不知方，時無賢才，臣之罪也。」元稹守同州，《旱災自咎詩》曰：「上羞朝廷寄，下媿閭里民。」秩、稹可謂知所職矣，其言不可以人廢。

《唐宗室表》宰相十一人：林甫、回、程、石、福、勉、夷簡、宗閔、適之、峴、知柔。《傳》止云九人，蓋不數福、宗閔。宗室爲狀頭有李肱。

唐制舉之名，多至八十有六，凡七十六科，至宰相者七十二人。本朝制科四十人，至宰相者富弼一人而已。中興復制科，止得李垕一人。

唐宏詞之論，其傳于今者，唯韓文公《顏子不貳過》。制舉之策，其書于史者，唯劉蕡一篇。不在乎科目之得失也。

「李泌，父承休，聚書二萬餘卷。誡子孫不許出門，有求讀者，別院供饌。」見《鄴侯家傳》。鄴侯家多書，有自來矣。

《藝文志》：「員俶《太玄幽贊》十卷。開元四年，京兆府童子進書，召試，直弘文館。」《李泌傳》云：「開元十六年，員俶九歲升坐，詞辯注射，帝異之。」年歲皆不同。蓋《泌傳》所載，本《鄴侯家傳》，當以《志》爲正。

韋應物，史逸其傳。沈作喆爲《應物傳》，叙其家世云：「夐之孫待價，仕隋爲左僕射，封扶陽公。」蓋據林寶《姓纂》。《唐書》韋待價，乃挺之子，武后時拜文昌右相。豈二人同名歟？當攷。

劉闢亂于蜀，其嫂庾氏棄絶不爲親。白樂天爲詩《贈樊著作》，與陽城、元稹、孔戡並稱，欲其著書，編爲一家言。而《唐史》於庾氏無述焉，故表而出之。

《唐六典》記南内龍池，程泰之《雍録》謂諂辭皆出李林甫，而非張九齡所得知也。愚按：《九齡集》有《龍池聖德頌》，則夸詡符瑞，雖賢者不免。

鄭餘慶採士庶吉凶書疏之式，雜以當時家人之禮，爲《書儀》兩卷。後唐劉岳等增損其書，司馬公《書儀》本於此。

唐開元之任將，以久任而兆亂，其權顓也。我藝祖之任將，以久任而成功，其權分也。《柳氏家學録》謂貞觀故事，邊將連帥三年一易，收其兵權。然用得其人，御得其道，不在於數易也。

忌日行香，始於唐，崔蠡奏罷之。本朝宋景文公奏云：「求於非福，則是諂祭；懺於無罪，則是誣親。」其言不行。

誠齋《易傳》云：「文宗陷於宦寺之險，而未能出。惟裴度可以出之，然度自陷於程异、元稹浸潤之内。」愚謂：稹在穆宗時，昇在憲宗時，非文宗事也。

顔魯公爲《郭汾陽家廟碑》云：「端一之操，不以險夷概其懷；堅明之姿，不以雪霜易其令。」斯言也，魯公亦允蹈之。

楊綰《贈官制》云：「歷官有素絲之節，庇家無匹帛之餘。」史臣謂當時秉筆者無媿色。

唐時午日，揚州江心鑄鏡供進。又千秋節，進鏡。潏水李氏收其一，乃方鏡，背鼻有篆文「五日」字，面徑八寸，重五十兩。盛露囊，千秋節戚里皆進。《華山記》云：「弘農鄧紹八月曉入華山，見童子執五綵囊，盛柏露食之。」又《荊楚風土記》：以五綵結眼明囊，相傳赤松子以囊盛柏露，飲之而長生。皆八月中事。

《舊史·德宗紀》「貞元六年，岐州無憂王寺，有佛指骨寸餘。先是取來禁中供養，二月乙亥，詔送還本寺。」此迎佛骨之始也。《韓愈傳》云：「鳳翔法門寺有護國真身塔，内有釋迦文佛指骨一節。」寺名與前不同。貞元、元和、咸通迎佛骨者三。

蕭穎士《與韋述書》，欲依《魯史》編年，著《歷代通典》，起漢元十月，終義寧二年，約而刪之，勒成百卷。於《左氏》取其文，《穀梁》師其簡，《公羊》得其覈，綜三《傳》之能事，摽一字以舉凡。然其書今無傳焉，略見於本傳，而不著《通典》之名。

楊文莊公徽之好言唐朝士族，閲《諱行録》，悉能記之。按《館閣書目》，《諱行録》一卷，以四聲編登科進士族系、名字、行第、官秩及父祖諱、主司名氏。起興元元年，盡大中七年。宋敏求續爲《後録》五卷。

《温彦博傳》「我見其不逮再稘矣」，出《説文》引《虞書》「稘三百有六旬」。《李密傳》「敖庾之藏，有時而僞」，出《詩》「王赫斯怒」鄭《箋》：「斯音賜，盡也。」《新史》尚奇類此。

馬總《通曆》所載「公子曰」、「先生曰」者，皆虞世南《帝王略論》。《略論》五卷，起太昊訖隋，假公子答問。

李翺爲史官，請作行狀者，指事説實，直載其詞。然我朝名公秉筆，亦有誤者。歐陽公爲《范文正碑》云：「至日大會前殿，上將率百官爲太后壽。公上疏，其事遂已。」其後老泉編《太常因革禮》，有已行之明驗，質之歐公。公曰：「諫而不從，碑誤也。」東坡爲《張文定銘》云：「神宗問：『元昊初臣，何以待之？』公曰：『臣時爲學士，誓詔封册，皆臣所草。』」李微之攷《國史》，誓詔在慶曆四年十月，封册在十二月。明年二月，文定始爲學士。封册乃宋景文撰。朱文公爲《張忠獻行狀》，其後語門人云：「向只憑欽夫寫來事實，後看《光堯實録》，其中多有不相應處。」以三事觀之，罔羅舊聞，可不審哉？

唐配帝皆一后，唯睿宗二后；昭成明皇之母，開元四年升祔。此失禮之始也。

龍朔改左右散騎常侍曰左右侍極，《職源》誤以左史爲左侍極，而近世制詞多踵其誤。

石林序盧鴻一《草堂圖》云：「《唐舊史》鴻一」，蓋二名，與《中嶽劉真人碑》所書合。《新史》删去『一』字，不知何據？當以《舊史》爲正。」愚按：南齊張融曰：「昔有鴻飛天首，積遠難明，越人以爲鳧，楚人以爲乙。人自楚、越，鴻常一耳。」鴻一之義，取於此。

《攷古編》以《通鑑》貞觀十三年，房玄

齡請解機務，詔斷表，爲今斷來章之祖。愚按：《晉·山濤傳》手詔曰：「便當攝職，令斷章表。」此斷表之始，非昉于唐也。

韓、柳方駕，而其行殊；元、白齊名，而其操異。管、華、嵇、阮亦然。

唐亦有蔡京，咸通三年嶺南節度使，以貪虐誅。京始末，見《雲溪友議》。此姦臣名氏之同者。吴有桓彝，晉亦有桓彝，此忠臣名氏之同者。若兩曾參，兩毛遂，則賢否分矣。兩毛遂，見《西京雜記》。員半千詩用之。

顔魯公爲刑部尚書，有舉家食粥之帖。蓋自元載制禄，厚外官而薄京官。京官不能自給，常從外官乞貸。楊綰既相，奏加京官俸。魯公以綰薦，自湖州召還，意者俸雖加而猶薄歟？

李康《運命論》曰：「以一人治天下，不以天下奉一人。」《大寶箴》用之。

李方玄曰：「沈約年八十，手寫簿書。」本杜牧所作《方玄墓誌》。本朝建隆詔亦云：「沈約爲吏，手寫簿書。」愚按：《理道要訣》云：「宋光禄大夫傅隆，年過七十，手寫籍書。梁尚書令沈約，位已崇高，議請寶重。」蓋誤以傅隆爲沈約也。

孝宗問周益公云：「唐孫樵讀《開元録》，雜報數事，内有宣政門宰相與百僚廷諍，十刻罷。偏檢新舊《唐史》及諸書，並不載。」益公奏：「《太平御覽總目》内，有《開元録》一書。祖宗朝此本尚存，近世偶不傳耳，容臣博加詢訪。」

蕭遘與其子三兒生日詩曰：「吾家九葉相，盡繼明時出。」《唐史》云：「自瑀逮遘，凡八葉宰相。」此云九葉，《宰相世系表》：「梁貞陽侯之後，有鄴，相宣宗。」

姚崇十事，見《開元升平源》，《通鑑》不

取。

王起《廣五位圖》,《舊史》云《五運圖》。

李白上《宣唐鴻猷》一篇,即本傳所謂「召見金鑾殿,奏頌一篇」者也。今《集》中闕。

緋衣小兒之謡,《朝野僉載》謂裴炎也,而張權輿以譏裴度。

韓文公子昶雖有金根車之譏,而昶子綰、衮皆擢第,衮爲狀元。君子之澤遠矣。

孔戣爲華州刺史,奏罷明州歲貢淡菜蛤蚶之屬。見《昌黎集》。元稹爲越州,復奏罷之。見《白樂天集》。蓋嘗罷於元和,而復貢於長慶也。

畢炕,天寶末爲廣平太守,拒安禄山,城陷覆其家。《唐史》附于父《構傳》,蓋取韓文公所撰《畢坰誌》。然炕之名不書於《忠義傳》,故文公謂:「廣平死節,而子不荷其澤。」愚謂:廣平之節如此,河北二十四郡不止一顔平原也,《通鑑》亦不書其事。

廣德元年十一月,太常博士柳伉上疏,請斬程元振。於是削元振官爵,放歸田里。東坡謂:「及其有事且急也,雖代宗之庸,程元振之用事,柳伉之賤且踈,而一言以入之,不終朝而去其腹心之疾。」愚按:《登科記》:「伉,乾元元年進士。」《翰林院故事》載寶應已後,伉自校書郎充學士,出鄠縣尉,改太常博士,兵部員外,諫議大夫,皆充學士。《新唐史·程元振傳》云:「太常博士,翰林待詔。」柳伉上疏,以《翰林故事》攷之,伉是時爲學士,非待詔也。伉以博士在禁林,職近而親,不可謂賤且踈。《唐史》不爲伉立傳,故詳著其事,俾覽者知詞臣之獻替,不獨陸贄、李絳也。

東坡謂「學韓退之不至,爲皇甫湜;

學湜不至，爲孫樵」。朱新仲曰：「樵乃過湜，如《書何易于》、《褒城驛壁》、《何將軍邊事》、《復佛寺奏》，皆謹嚴得史法，有補治道。」

林寶《元和姓纂》十卷，自皇族之外，各依四聲類集，每韻之内，以大姓爲首。鄧名世謂：「稍能是正數十條，而齊、秦之屬，亦所未暇。至鉏丘、茅夷，指爲複姓，又不勝其謬。」鄭樵謂寶不知自姓所由來。

劉允濟曰：「班生受金，陳壽求米。」受金事未詳。

劉知幾領史事，言五不可，曰：「孫盛取嫉權門，王劭見讎貴族。」《文粹》云：「王韶直書，見讎貴族。」「宋王韶之爲《晋史》，序王珣貨殖，王廞作亂。珣子弘、廞子華並貴，韶之懼爲所陷，深附結徐羨之、傅亮等。」當從《文粹》爲王韶。《新史》誤以「韶」爲「劭」。韶之，弑君之賊也。身爲梟獍，而秉史筆，其誰服之？《傳》曰：「無瑕可以戮人。」

李晟每戰，必錦裘繡帽自表，而晟以勝；宋殷孝祖每戰，常以鼓蓋自隨，而孝祖以敗。兵豈有定法哉？

閩俗比中州，化於善也。蔡人過夷貊，化於惡也。

漢黨錮以節義，群而不黨之君子也；唐朋黨以權利，比而不周之小人也。漢之君子，受黨之名，故其俗清。唐之小人，行黨之實，故其俗弊。

姦臣唯恐其君之好學近儒，非獨仇士良也。吴張布之排韋昭、盛沖，李宗閔之排鄭覃、殷侑，亦士良之術。

杜佑《理道要訣》，朱文公謂非古是今之書。

魏鄭公曰：「重君子也，敬而遠之；

輕小人也，狎而近之。」武帝之於汲黯、衛青、公孫弘，明皇之於姚崇、宋璟、李林甫，可見矣。《中庸》之尊賢，必以脩身爲本。

「善言不可離口，善藥不可離手。」孟詵之言也。《觀物外篇》取之。

張文潛云：「節度之强，不起於河北之繼襲，而起於節度之有功。」愚攷方鎮之强，始於僕固懷恩用賊黨田承嗣、李懷仙、李寶臣分帥河北，非有功之將也。

司空圖《房太尉詩》曰：「物望傾心久，匈渠破膽頻。」注謂禄山初見分鎮詔書，拊膺歎曰：「吾不得天下矣！」琯建遣諸王爲都統節度，而賀蘭進明譖於肅宗。以司空表聖之言觀之，則琯建此議，可以破逆胡之膽。《新唐書》采野史稗説，而不載此語，唯程致道著論發揚之。晋以琅邪立江左之業，我宋以康王建中興之基，琯可謂善謀矣。

《通鑑》：「劉蕡不得仕於朝，終於使府御史。」《唐鑑》云：「終於柳州司户。」以《新史》攷之，當從《唐鑑》。宦人深嫉蕡，誣以罪，貶柳州司户。

顔真卿、鄭畋以興復爲己任，倡義討賊，其志壯矣。真卿權移於賀蘭進明，畋見襲於李昌言，功不克就。故才與誠合，斯可以任天下之重。

常衮與禮官議禮，爲君斬衰三年。漢文帝權制三十六日，我太宗遺詔亦三十六日。群臣不忍既葬而除，略盡四月。高宗如漢故事，玄宗以來，始變天子喪爲二十七日。世多以短喪議漢文帝，而不知二十七日之制，自玄宗始也。

韓偓自書《裴郡君祭文》，首書「甲戌歲」，銜書「前翰林學士承旨、銀青光禄大夫、行尚書户部侍郎、知制誥，昌黎縣開國男，食邑三百户，韓某」。是歲朱氏篡唐已八年，爲乾化四年，猶書唐故官，而不用梁年號。慶曆中，詔官其四世孫奕。

僕固懷恩叛唐，李日月爲朱泚將，而其母皆知逆順之理。良心不可泯也。

李光弼與韋陟論戰守曰：「辨朝廷之禮，我不如公；若夫軍旅，則公不如我。」陟無以應。古者治軍，有軍禮焉，楚得臣以無禮敗，晉文公以有禮勝。禮莫大於君臣之分，光弼命召不至，愧恨以没，盖以禮與軍旅爲二物也。

《唐鑑》曰：「人君觀史，宰相監修，欲其直筆，不亦難乎？房、魏爲相，總史事，其父彦謙、長賢，皆得佳傳，況不如房、魏者乎？」

獨孤及《福州新學碑銘》云：「閩中無儒家流，成公至而俗易，成公李椅也。在大曆八年。家有洙、泗，户有鄒、魯。」常衮，建中初爲閩人設鄉校。李椅在其前。

王福時爲博士，執許敬宗之謚不改，無忝河汾之學矣。

許敬宗謚繆，而更曰恭。陳執中謚榮靈，而更曰恭。二事相類。

武德初，以隋張衡死非其罪，謚曰忠，是奬弑君之賊也。高祖相封德彝，宜其以逆爲忠也。漢大綱正，見於戮丁公；唐無三綱，見於贈張衡。

《朝野雜記》曰：「西漢户口至盛之時，率以十户爲四十八口有奇。東漢户口，率以十户爲五十二口，可準周之下農夫。唐人户口至盛之時，率以十户爲五十八口有奇，可準周之中次。」其説本程沙隨。

歐陽子書唐六臣於唐亡之後，貶其惡也；朱子書晉處士於晉亡之後，表其節也。一字之懲勸深矣。

《五代史》：「周世宗嘗夜讀書，見唐元稹《均田圖》，歎曰：『此致治之本也。』詔頒其圖法，使吏民先習知之，期以一歲，大均天下之田。」攷之《會要》，世宗見元稹在同州時所上《均田表》，因製素爲圖，賜諸道。《崔頌傳》云：「世宗讀唐元稹《均田疏》，命頌寫爲圖，賜近臣，遣使均諸道租賦。」史謂元稹圖，誤也。《稹集》有《同州奏均田》。《續通曆》云：「唐同州刺史元稹奏均租賦，帝覽文集而善之，寫其辭爲圖以賜。」❶

歐陽子之論篤矣，而「不以天參人」之説，或議其失；司馬公之學粹矣，而「王霸無異道」之説，或指其疵。信乎，立言之難也。

歐陽子謂：五代禮壞，寒食野祭而焚紙錢。按紙錢，始於開元二十六年，王璵爲祠祭使，祈禱或焚紙錢，類巫覡。非自五代始也。古不墓祭，漢明帝以後，有上陵之禮，蔡邕議以爲禮有煩而不可省者。《舊唐書》：「開元二十年，寒食上墓，編入五禮，永爲常式。」寒食野祭，蓋起於此。朱文公謂漢祭河，用寓龍寓馬，以木爲之，已是紙錢之漸。唐范傳正謂唯顔魯公、張司業家祭不用紙錢。本朝錢鄧州不燒楮鏹，呂南公爲文頌之。

《兎園策府》三十卷，❷唐蔣王惲，令僚佐杜嗣先，倣應科目策，自設問對，引經史爲訓注。惲，太宗子，故用梁王兎園名其書。馮道「兎園策」謂此也。

❶「續通曆」至「以賜」，此條小注嘉慶本、道光本入正文。

❷「策」，嘉慶本、道光本作「册」。下「兎園策」之「策」字同。

天子之廢置，出於士卒，自唐明宗始也。明宗以此得之，而反爾之報，在其後人。

後唐天成元年，吏部侍郎劉岳奏罷告身綾軸錢。本朝復納綾紙錢，淳熙元年始免。

周顯德六年，始去符契，專以印章爲驗。

歐陽子、司馬公之貶馮道，《春秋》之法也。我朝太宗謂范質欠世宗一死，所以立萬世爲臣者之訓。

唐後主不肯和親而亡，石晉父事契丹而興。晉之興也，乃其所以亡也。桑維翰之興晉，即所以亡晉也。

朱温之兄全昱，楊涉之子凝式，人心之公是非，在其家者如此，況天下千萬人之心乎？

梁太祖幸河北，至内黄，顧李珽曰：「何謂内黄？」珽曰：「河南有外黄、下黄，故此名内黄。」曰：「外黄、下黄何在？」珽曰：「秦有外黄都尉，今在雍丘。下黄爲北齊所廢，今在陳留。」按《五代通録》李珽曰：「河南有外黄、小黄。」《漢・地理志》：「陳留有外黄、小黄縣。」《五代史記》改小黄爲下黄，誤也。當從《通録》。❶

困學紀聞卷之十四

❶「録」，原作「鑑」，據嘉慶本、道光本改。

困學紀聞卷之十五

浚儀　王應麟　伯厚甫

攷　史

《孟子》曰：「天下可運於掌。」又曰：「以齊王，由反手也。」豈儒者之空言哉？自唐肅宗之後，紀綱不立，叛兵逐帥，叛將脅君，習以爲常。極于五季，君如逆旅，民墜塗炭。我藝祖受天明命，澡宇宙而新之，一階一級，全歸伏事之儀。發於聖訓，著於令甲，於是上下之分定，朝廷之體尊。數百年陵犯之習，片言而革。至若餓狼餧虎，肉視吾民而咀啖之。藝祖用儒臣爲郡守，以收節度之權；選文臣爲縣令，以去鎮將之貪。一詔令之下，而四海之内改視易聽。運掌反手之言，於是驗矣。

高宗之詔曰：「廷尉，天下之平也。高柔不以明帝喜怒而毀法，游肇不以宣武敕命而曲筆，况可觀望臣庶而容心者乎？曹劌謂小大之獄，雖不能察，必以情。爲忠之屬也，可以一戰。不其然乎？布告中外，爲吾士師者各務仁平，濟以哀矜。天高聽卑，福善禍淫，莫遂爾情，罰及爾身。置此座右，永以爲訓。」大哉，王言！幾於典誥矣。

崔伯易《感山賦》：「以皇祐之版書，較景德之圖録，雖增田三十四萬餘頃，反減賦七十一萬餘斛。」會計有録，非以增賦也。陳君舉奏疏云：「自建隆至景德四十五年，南征北伐，未嘗無事，而金銀錢帛、糧草雜物七千一百四十八萬，計在州郡不會。」藏富於州縣，所以培護本根也。

真文忠公言本朝治體，曰：「立國不以力勝仁，理財不以利傷義，御民不以權易信，用人不以才勝德。恩結乎人心，富藏乎天下。君民相孚而猜忌不作，材智不足而忠信有餘。」

袁機仲言於孝宗曰：「威權在下，則主勢弱，故大臣逐臺諫以蔽人主之聰明；威權在上，則主勢强，故大臣結臺諫以遏天下之公議。」機仲之言未盡也。臺諫爲宰相私人，權在下則助其搏噬，以張其威；權在上，則共爲蔽蒙，以掩其姦。劉時可應起。謂：「臺諫之議論，廟堂之風旨，頗或參同；夾袋之欲汰，白簡之所收，率多暗合。」此猶婉而言之也。開慶初，邊事孔棘，御史有疏云：「虜雖强，而必亡之勢已見。」咸淳初，召洪君疇長臺端，御史自造謗詩，以尼其來。罔上誣善至此，豈但參同、暗合而已哉！是以天子之耳目，勿用憸人，其惟端士。

漢高帝三章之約，我藝祖陳橋之誓，所謂若時雨降，民大悅者也。

周益公云：「《續通鑑長編》多采近世士大夫所著，如曾子宣《日記》之偏，王定國《甲申録》之妄，咸有取焉。」然李微之《舊聞證誤》「執政不坐奏事」，以王定國《聞見録》爲證，與王沂公《筆録》不同。修《長編》時，未見定國書，故專用《筆録》。然則《長編》所采摭，猶有遺也。

晁景迂謂今賦役幾十倍於漢。林勳謂租增唐七倍，又加夏税錢，通計無慮十倍。李微之謂布縷之征三，穀粟之征三，力役之征四，蓋用其十矣。

止齋謂：本朝名節，自范文正公；議論文章，自歐陽子；道學，自周子。三君子皆萃於東南，殆有天意。

《兩朝國史》非寇準而是丁謂，託之神宗聖訓，蓋蒲宗孟之筆也。王允謂不可令佞臣執筆，諒哉！

紹興重修《哲宗實録》，獨元祐八年事，皆無存者，至參取《玉牒》、《日曆》諸書以足之，僅得成書。中興後事，紹興八年至二十五年最爲踈略。鶴山謂：「小人爲不善，於傳世詒後之書，必遏絶之。自唐許、李至近世，莫不然。」

李常寧曰：「天下至大，宗社至重，百年成之而不足，一日壞之而有餘。」元祐中對策。劉行簡曰：「天下之治，衆君子成之而不足，一小人敗之而有餘。」紹興中奏疏。皆至論也。

太祖在位十七年，四行郊禮。太宗二十有三年，五講郊禮。真宗東封西祀，率三年一行。仁宗後，三歲一郊爲定制。

《元城語録》藝祖造薰籠事，周益公謂誤以元豐後官制，爲藝祖時官制。

吕正獻公書坐右曰：「不善加己，直爲受之。」本後漢張霸戒子之語。吕居仁《雜録》曰：「少年毋輕議人，毋輕説事。」本魏李秉《家誡》。

吕氏《童蒙訓》云：「前輩有《編類國朝名臣行狀墓誌》，取其行事之善者，別録出之，以自警戒。亦樂取諸人以爲善之義。」朱文公亦云：「籍溪胡先生教諸生於功課餘暇，以片紙書古人懿行，或詩文銘贊之有補於人者，粘置壁間，俾往來誦之，咸令精熟。」此二事可以爲法。

周元公生于道州，二程子生于明道元、

二間，天所以續斯道之緒也。

元祐之黨，劉元城謂止七十八人，後來附益者非也。慶元之黨，黃勉齋謂本非黨者甚多，群小欲擠之，借此以爲名耳。

歐陽公爲《周君墓表》云：「篤行君子，孝於其親，友於其兄弟。」而《集》缺其名與字。周益公跋之《舂陵志》，乃周堯卿，字子俞。《東都事略》有傳，其行事與墓表合，而字子餘。未知《事略》據何書而立傳也。荆公爲《征君墓表》云：「淮之南有善士三人。」杜嬰、徐仲堅，而征君之名字，《集》亦缺焉。三人皆居真之揚子，當求郡志而補之。二表皆載於《文鑑》。

宗廟樂有舞。建隆初，竇儼定太廟四舞，僖祖曰《大善》，順祖曰《大寧》，翼祖曰《大順》，宣祖曰《大慶》。列聖皆以「大」爲名。中興後，自僖祖基命，至欽宗端慶，以原廟殿名爲舞名，禮官之失也。

《長編》：「宣和五年，求石晉故疆，不思營、平、灤三州，乃劉仁恭遺虜，虜不肯割。」按《五代史》，劉仁恭無割地遺虜之事。《四夷附録》云：「契丹當莊宗、明宗時，攻陷營、平二州。」唐無灤州。《武經總要》：石晉割賂燕薊易定，帥王都驅其民入契丹，因以烏灤河爲名以居之。按賈耽説，西北渡灤河，至盧龍鎮。《唐・賈循傳》：張守珪北伐，次灤河。《薛訥傳》：師至灤河。

仁宗時制科十五人：天聖，何泳、富弼；景祐，蘇紳、吴育、張方平、田況；慶曆，錢明逸、彦遠；皇祐，吴奎；嘉祐，夏噩、陳舜俞、錢藻、蘇軾、轍、王介。東坡詩「先帝親收十五人」，注者多誤。

乾道元年，《郊赦文》云：「前事俱捐，弗念乎薄物細故；烝民咸乂，靡分乎爾界此疆。」洪文惠所草也。朱文公《與陳正獻書》曰：「卑辭厚禮，乞憐於仇讎之戎狄。幸而得之，肆然以令於天下，曰：『凡前日之薄物細故，吾既捐之矣。』孰有大於祖宗陵廟之讎者，而忍以薄物細故捐之哉？」

孝皇獨運萬幾，頗以近習察大臣。《中庸或問》「敬大臣」之説，《大事記》「大臣從臣」之説，皆以寓箴諷之意。《文鑑》所取，如徐鼎臣《君臣論》、文潞公《鼂錯論》、蘇明允《任相論》、秦少游《石慶論》之類，皆諫書也。

真文忠公奏疏曰：「乾道、淳熙間，有位于朝者，以饋遺及門爲耻；受任于外者，以苞苴入都爲羞。」然朱文公封事，言浙中風俗之弊，甚者以金珠爲脯醢，以契券爲詩文，則此習猶未革也。

高宗廟號未定，有議爲光宗、寧宗者，見周益公《思陵録》。其後兩朝用之。高宗陵名，嘗擬永阜，其後孝宗用之。

淳熙，皇太子參決庶務手詔，洪景盧所草也。禮部太常官堂白手詔，用貞觀、天禧事。皆非所宜。

胡文定言：「崇寧以來，奄寺用王承宗故事而建節旄」，「宗」字誤，當云「承休」。《五代史》：「蜀王衍以宦者王承休爲天雄軍節度使。」致堂《原亂賦》「建承宗之旄纛」，亦誤。

李微之問勉齋云：「南軒賜章服，兩爲胡忠簡繳還，而不聞引避；東萊除職，既遭陳叔進行詞醜詆，乃復受之而不辭。皆所未曉。」勉齋答云：「先輩非後學所敢輕議，然辭受合尚嚴，今當嚴者反寬，是以不免爲具眼者勘破，學者所當戒也。」

微之又云：「東萊之學甚正，而優柔細密之中，似有和光同塵之弊；象山之學雖偏，而猛厲粗略之外，却無枉尺直尋之意。」

《演蕃露》：「明道二年，奉安莊獻神御於慈孝寺彰德殿，則莊獻不入景靈。」按景靈宮建于祥符五年，以奉聖祖。其爲原廟，自元豐五年始。前此帝后館御，寓佛、老之祠者多矣，非止莊獻也。

攻媿《跋曹子方書》以爲祐陵時上書論時事，靖康至樞筦。愚謂：有兩曹輔，其一字子方，與蘇、黄游，若論事爲樞筦者，字載德。龜山爲銘，合爲一人，非也。又《淮海樓記》「考《國史傳》秦少游調定海主簿，而《文集》無一語及之。」愚謂：少游爲蔡州教授時，選人七階未改，主簿乃初階，非歷此官也。

《律疏》與《刑統》不同。《疏》依律生文，《刑統》參用後敕，雖引《疏》義，頗有增損。天聖中，孫奭校定《律文》及《疏》爲《音義》。

江休復《雜志》：「駕頭，初即祚所坐。」王原叔曰：「此坐傳四世矣。」按《國史・輿服志》：「駕頭，七寶牀也，覆以緋羅繡帕，内臣馬上捧之。」嘉祐六年，幸睦親宅，内侍墮馬，駕頭壞，遂以閤門祗候、内侍各二員，挾駕頭左右，次扇筤。又以皇城親從兵二十人，從其後。

景祐二年，郊赦，梁適上疏，論朱全忠唐之賊臣，今録其後，不可以爲勸。仁皇是其言，記姓名禁中。石介亦論赦書不當求朱梁、劉漢後，遂罷不召。其言一也，而黜陟異焉，豈遇不遇有命乎？

乾道中，張説、王之奇簽書樞密院事，辭免降詔。直學士院周必大奏：「唐元和間，白居易在翰林，奉宣草嚴綬江陵節度使、孟元陽右羽林統軍制，皆奏請裁量，未敢便撰。元祐中，師臣避免拜之禮，執政辭遷秩之命，蘇軾當撰答詔，言其不可，卒如所請。今除用執政，非節度統軍、免拜遷秩比，二人辭免不允詔書，臣未敢具草。」紹熙中，譙熙載自遥郡觀察使除正任，辭免降詔，倪思封還詞頭，亦引蘇軾論不當撰辭免不允詔者凡三。嘉定中，師睪知臨安府辭免，蔡幼學當草詔，奏曰：「不允必有褒語，臣無詞以草。」淳祐中，別之傑參知政事，尤焴不草答詔。此禁林缴奏故事也。唐末，韋貽範起復，命韓偓草制，偓曰：「腕可斷，麻不可草。」上疏論之。明日，百官至而麻不出。此非盛世事，故前輩不以爲故實。

蔣希魯居姑蘇，延盧仲甫秉。後圃。希魯曰：「亭沼粗適，恨林木未就。」仲甫曰：「亭沼譬爵位，時來則有之。林木譬名節，非素修弗成。」

歐陽公《辨尹師魯誌》曰：「若作古文自師魯始，則前有穆脩、鄭條輩，及有宋先達甚多，❶不敢斷自師魯始也。」條之名不著，《館閣書目》有《鄭條集》一卷。條，蜀人，自號金斗先生，名其文《金斗集》。

祁寬問和静尹先生曰：「伊川謂歐陽永叔如何？」先生曰：「前輩不言人短，每見人論前輩，則曰：『汝輩且取它長處。』」呂成公《與朱文公書》曰：「孟子論孟施舍、北宫黝曰：『二子之勇，未知其孰賢，然而孟施舍守約也。』所以委曲如此者，以其似曾子、子夏而已。若使正言聖門先達，其敢輕剖判乎？」文公答曰：「和静之言，當表而出之。」

劉應起時可，淳祐初爲太學博士，言定大計曰：「謀之而臧，則文子文孫宜君宜

❶「宋」，原脱，據嘉慶本、道光本補。

王；謀之不臧，則生天王家以爲大慼。」此人所難言也。

建炎，李綱去而潛善、伯彦相。紹興，趙鼎、張浚去而檜相。檜死，其黨迭爲相。隆興至淳熙，萬幾獨運而大臣充位。慶元後，政在侂胄。嘉定後，政在彌遠。端平訖景定，更一相則曰更化，然姦臣弄權之日常多。陽淑消而陰慝長，危亡之證，所由來漸矣。陰凝冰堅，極於似道。邵子謂「禍在夕陽亭」一語，遂與西晉同轍，哀哉！

蘇紳、梁適，謂之「草頭木脚」，其害在士大夫。薛極、胡榘，謂之「草頭古，天下苦」，其害在民。

《朝野雜記》載開禧貪濁之事詳矣，繼其後者又甚焉。當時謂侍從之臣，無論思，有獻納，它可知矣。以陰召陰，極於天下無邦。

仁宗閲審刑奏案，有「次公」，而梁適對以黄霸、蓋寬饒字。高宗閲刑部奏案，有「生人婦」，而湯思退對以見《魏志・杜畿傳》。皆簡上知，至輔相。然以記問取人，則許敬宗賢於竇德玄矣。

四瀆，濟水獨絶。朱全忠篡唐，降昭宣帝爲濟陰王。嘉定末，濟王之封，豈權臣亦取濟水之絶乎？又蕭衍篡齊，降和帝爲巴陵王，而濟王亦降封巴陵公，非令典也。爲大臣者，不知則不學，知之則何以示後？

紹興建儲，欲更名暐，周益公謂與唐昭宗同，而亟改之。景定建儲，更名乃與蜀漢後主太子同。咸淳末，命嗣君之名，又與唐中宗同，而當時無言者。

范正獻公曰：「後世人君觀史，而宰相監修，欲其直筆，不亦難乎？」其論正矣。然自唐姦臣爲《時政記》，而史益誣，近世尤甚。余嘗觀《寶慶日曆》，欺誣之言，所謂以一手掩天下之目。所恃人心公議不泯爾。

葛文康勝仲。《與王黼書》曰：「天下無事則宰相安，宰相生事則天下危。」

胡文定公自登第逮休致，凡四十年，實歷不登六載。朱文公五十年間，歷事四朝，仕於外者僅九考，立於朝者四十日。道義重而爵位輕，所以立言不朽。

邵公濟築室犍爲之西山，《告家廟文》曰：「少時得大父平生之言于汝潁大夫士，曰：『世行亂，蜀安，可避居焉。』大父學通天人，足以前知矣。宣和國亂，先人載家使蜀，免焉。」大父，康節先人伯温也。

梁世榮録南軒語云：「温公作相，夫人聞其終夜長吁，問之。曰：『某所奏盜賊，某所又奏某事。吾爲宰相，使天下如此，所以長吁也。』」按《温公集》，張夫人終於元豐五年，此記録之誤也。

乾道壬辰，黄定對策謂：「以大有爲之時，爲改過之日月。」又云：「雖有無我之量，而累於自喜；雖有知人之明，而累於自恃。」又云：「欲比迹太宗，而操其所不用之術，顧眄周行，類不適用，則曰腐儒，曰好名，曰是黨耳。於是始有棄文尚武，親内踈外之心。何不因群情之所共違，而察一己之獨嚮？」其言皆剴切。孝皇擢之第一，有以見容直之盛德，而秉史筆者未之紀焉。

徐景説霖。以《書》義冠南宫，上書言時宰姦深之狀曰：「不與天下之公議争，而與陛下之明德爲仇。每潛沮其發見之端，周防其增益之漸，使陛下之明德，不得滋長廣充，以窺見其姦而或覺之也。其先也，奪陛下之心，其次奪士大夫之心，而其甚也，奪豪傑之心。」景説由是著直聲。

唐及國初，策題甚簡，蓋舉子寫題於試卷故也。慶曆後，不復寫題，寖失之繁。今有數千言者，問乎其不足疑。

《嘉祐制策》曰：「治當先内。」或曰：「何以爲京師？」此晉謝安之言也。「命秩之差，虚實之相養。」此唐陸贄之言也。二蘇公之對，不能無所遺。

龜山誌游執中曰：「常以晝驗之妻子，以觀其行之篤與否也；夜考之夢寐，以卜其志之定與未也。」

紹興、隆興，主和者皆小人；開禧，主戰者皆小人。

吕文靖爲相，非無一疵可議，子爲名相而揚其父之美；史直翁爲相，非無一善可稱，子爲權臣而掩其父之美。《易》曰：「有子考，无咎。」

嘉定癸未，禮闈策士云：「發德音，下明制，寧皇遺詔。」下謂之遺誥，蓋避時宰家諱也。蔣良貴簽判安吉州，時水災後修城，郡守趙希觀屬良貴作《記》，用浩浩字。希觀欲改，良貴不可，曰：「以宗室而避宰相父名，此非藝祖皇帝所望於金支玉葉也。」聞者壯之。

胡文定父子奏疏，以《春秋》之義，扶世道，正人心，可以立懦夫之志。此義不明，人欲横流，始也不知邪正，終也不知逆順。

唐内殿《無逸圖》代以山水，開元、天寶治亂所以分也。仁宗寶元初，圖農家耕織於延春閣，哲宗元符間，亦更以山水，勤怠判焉。徽宗宣取祕書省圖畫進覽，陳師錫奏曰：「《六經》載道，諸子談理，歷代史籍、祖宗圖書，天人之藴，性命之妙，治亂安危之機，善惡邪正之迹在焉。以此爲圖，天地在心，流出萬物；以此爲畫，日月在目，光宅四海。觀心於此，則天地沖氣生焉；注目於此，則日月祥光麗焉。心以道觀則正，目以德視則明。」噫，使徽宗能寘其言於坐右，則必能鑒成敗、别淑慝矣。以規爲瑱，聽之藐藐而畫學設焉。「黍離麥秀」之風景，其可畫乎？

紹興間，李誼言：「《漢·循吏傳》六人，而五人出于宣帝；《酷吏傳》十二人，而八人出于武帝。《唐·循吏傳》十五人，而出于武德、貞觀之時者半；《酷吏傳》十二人，而出于武后之時者亦半。吏治視上之趨嚮。」

富文忠公使虜還，遷翰林學士、樞密副使，皆力辭，願思夷狄輕侮之耻，坐薪嘗膽，不忘修政。嘉定初，講解使還，中書議表賀，又有以和戎爲二府功，欲差次遷秩。倪文節公思曰：「澶淵之役，捷而班師，天子下詔罪己，中書樞密侍罪。今屈己盟戎，奈何君相反以爲慶？」乃止。

延平先生論治道，必以明天理，正人心，崇節義，厲廉耻爲先。

王時雍、徐秉哲等爲賣國牙郎，而不忍以宋宗族交與虜人者，開封捉事使臣竇鑒也。李鄴以越守降虜，而袖石擊虜僞守者，親事官唐琦也。

朱文公謂蔡季通曰：「身勞而心安者爲之，利少而義多者爲之。」出《荀子·脩身篇》。李誠之嘗語真希元曰：「篤信好學，守死善道。此吾輩八字箴。」

元祐中，李常寧《對策》曰：「天下至大，宗社至重，百年成之不足，一日壞之有餘。」擢爲第一。景定中，有擢倫魁者，其破題云：「運一心之乾，開三才之泰，可以觀世道之消長矣。」

先儒論本朝治體云：「文治可觀而武績未振，名勝相望而幹略未優。」然攷之史策，宋與契丹八十一戰，其一勝者，張齊賢太原之役也。非儒乎？一韓一范使西賊骨寒膽破者，儒也。宗汝霖、李伯紀不見沮於耿、汪、黄三姦，則中原可復，讎耻可雪。采石却敵，乃眇然幅巾緩帶，一參贊之功。儒豈無益於國哉？搢紳不知兵，介胄不知義，而天下之禍變極矣。

元祐諸賢不和，是以爲紹聖小人所乘。元符、建中，韓、曾不和，是以爲崇寧小人所陷。紹興趙、張不和，是以爲秦氏所擠。古之建官曰三公，公則無私矣。曰三孤，孤則無朋矣。無私無朋，所以和也。

蔡京之惡極矣，曾布、張商英是以竊君子之名。

止齋曰：「國初以科舉誘致偏方之士，而聚之中都。由是家不尚譜牒，身不重鄉貫。」

《夬》「揚于王庭」，以正小人之罪；「孚號有厲」，以危小人之復。元祐諸賢，似未知「其危乃光」之義。

胡文定公曰：「宰相時來則爲，不可擅爲己有。」余謂宰相非久居之地也。仁以爲己任，死而後已，元祐司馬公是也。夸者死權，紹興之秦、紹定之史是也。

陳恕定茶法，以中等爲可行。張方平論鹽法，以再榷爲不可。

王仲山以撫州降，仲嶷以袁州降，禹玉之子也。綦叔厚行責詞云：「昔唐天寶之亂，河北列郡並陷，獨常山、平原能爲國守者，蓋杲卿、真卿二顔在焉。爾等頃以家聲，屢塵仕版，未聞虧失。浸預使令，爲郡江西，惟兄及弟。力誠不支，死猶有說。臨川先降，宜春繼屈，魯、衛之政，若循一途。雖爾無耻，不媿當時之公議。顧亦何施面目，見爾先人於地下哉！」秦檜，仲山之壻。

虞公以玉失國，楚子常以佩喪邦。近歲襄陽之事，亦起於榷場之玉帶。

淳祐甲辰，宰相起復。太學諸生黄愷伯等上書曰：「彌遠奔喪而後起復，嵩之起復而後奔喪。」徐仁伯元杰。兼說書，對經幄，其言當帝心。臺諫劉晋之、王瓚、胡清獻、龔基先聯章論仁伯，上震怒，夜出御筆，逐四人。遂寢起復之命，而相范、杜。明年，仁伯卒，人以爲毒也。然其事竟不明白。庸齋趙茂實誌之，徐景說銘之。

自荆舒之學行，爲之徒者，請禁讀史書。其後經筵不讀《國風》，而《湯誓》、《泰誓》亦不進講。人君不知危亡之事，其效可覩矣。

小人之毁君子，亦多術矣。唐左拾遺侯昌業上疏，極言時病，而田令孜之黨，僞作諫疏，有明祈五道，暗祝冥官，於殿内立揭諦道場。本朝鄒浩諫立劉后，而章厚之黨，僞作諫疏，有取他人之子之語。其誣善醜正，不謀而同。然不可泯者，千萬世之清議也。

鄧志宏肅。謂：「崇寧以來，蔡京群天下學者，納之糞舍，校其文藝，等爲三品。飲食之給，因而有差。旌別人才，止付於魚肉銖兩間。學者不以爲羞，且逐逐然貪之。部使者以學宫成壞爲州縣殿最。學校之興，雖自崇寧，而學校之廢，政由崇寧。蓋設教之意，專以禄養爲輕重，則率教之士，豈復顧義哉？」崇寧學校之事，概見於此。昔之所謂率教者猶若此，今之所謂率教者又可見矣。

大觀八行，因《周禮》之六行，附以六德之忠、和。姦臣不學如此。

真文忠公《自箴》曰：「學未若臨邛之邃，量未若南海之寬，制行劣於莆田之懿，居貧媿於義烏之安。」臨邛，魏鶴山了翁。南海，崔菊坡與之。莆田，陳宓。義烏，徐僑。

上蔡先生初造程子，程子以客肅之，辭曰：「爲求師而來，願執弟子禮。」程子受之，館于門側。上漏旁穿，天大風雪，宵無燭，晝無炭，市飯不得溫。程子弗問，謝處安焉。如是踰月，豁然有省，然後程子與之語。

吕子約曰：「讀《明道行狀》，可以觀聖賢氣象。」

譙天授定。之學，得於蜀曩氏夷族；袁道潔溉。之學，得於富順監賣香薛翁。故曰：「學無常師。」

困學紀聞卷之十五

困學紀聞卷之十六

浚儀　王應麟　伯厚甫

攷　史

漢河渠攷

美哉禹功！萬世永賴。云何漢世河決爲害？蓋自戰國，壅川壑鄰，決通隄防。重以暴秦，水失其行，故瀆遂改。碣石九河，皆淪于海。微禹其魚，遺黎之思，披圖案諜，用綴軼遺。

孝文十二年，河決酸棗，東潰金隄。

陳留郡酸棗縣，今屬開封府。秦拔魏置縣。地多酸棗，因以爲名。金隄河隄在東郡白馬界。《括地志》：「一名千里隄，在滑州白馬縣東五里。」《郡縣志》：「在酸棗縣南二十三里。」《輿地廣記》：酸棗縣有金隄，漢文時河決金隄即此。王尊爲東郡太守，請以身填金隄。」程子曰：「漢火德，多水災。唐土德，少河患。」

孝武元光三年，河水徙從頓丘，東南流入勃海，復決濮陽瓠子。注：「鉅野通淮泗，鄃居河北。」鄃，音輸，《後漢》注音俞。

東郡頓丘縣。今澶州開德府濮陽、清豐兩縣。漢勃海郡在勃海之濱。今滄、棣、霸、濱諸州之地。《水經注》：「《禹貢》曰：『夾右碣石，入于河。』」《山海經》：『碣石之山，繩水出焉，東流注于河。』河之入海，舊在碣石，今川流所導，非禹瀆也。周定王五年，河徙故瀆。班固曰：『商竭周移。』」瓠子，今開德府濮陽縣西，有瓠子口。瓠子，河名也。濟州鉅野縣東北有大野澤，即鉅野也。《禹貢》：「大野既豬。」清河郡鄃縣，《通典》：「鄃故城在德州平原縣西南。」大名府夏津縣，本鄃縣。程氏曰：「周時河徙砱礫，❶至漢又改向頓丘東南流。」元封二年，自泰山還至瓠子，自臨塞決河，築宣防宮。

《水經》：「瓠子河出東郡濮陽縣北河。」注：縣北十里爲瓠河口，亦謂瓠子堰、宣房堰。《括地志》：「故龍淵宮，俗名瓠子宮，亦名宣房宮，在濮陽縣北十里。決河，在鄄城以南，濮陽以北，廣百步，深五丈。」《通典》：秦始皇二十二年，攻魏，決河灌其都。決處遂大，不可復補。漢王橫云：「《九域志》：濮州雷澤縣有瓠子河，澶州濮陽縣有瓠子口。萬里沙在萊州掖縣。濟州東阿縣有魚山，一名吾山。」《瓠子歌》曰：「吾山平，鉅野溢。」東阿，今屬鄆州。

導河北行二渠，復禹舊迹。

《河渠書》：「禹乃厮二渠以引其河，北載之高地，過降水，至于大陸，播爲九河，同爲逆河，入于勃海。」孟康曰：「二渠，其一出貝丘西南，南折者也。其一則漯川也。」臣瓚曰：「河入海，乃在碣石。元光二年，更注勃海。禹時不注也。」貝丘，貝州清陽縣。熙寧四年，省入清河縣。漯水，出東郡東武陽，省入大名府莘縣、澶州朝城縣。至千乘，青州千乘縣。入海。降水故瀆，在冀州南

❶「砱礫」，閻潛邱校曰：「砱礫者，蔡氏所竄，繆誤甚矣。詳辨見胡朏明《禹貢錐指》。」道光本據此删「砱」字。

宮縣東南六里。《大事記》：「周威烈王十三年，晉河岸傾，壅龍門，至于底柱。春秋後河患見史傳，始於此。」

自塞宣房後，河復北決於館陶，分爲屯氏河。

《地理志》：「魏郡館陶縣，河水別出爲屯氏河，東北至章武入海。」館陶，今屬大名府。《通典》：魏州貴鄉縣有屯氏河。大河故瀆，俗曰王莽河。章武縣、滄州魯城縣，周省入清池縣。《九域志》：大名府館陶縣、夏津縣有屯氏河。南樂縣有大河故瀆。

元帝永光五年，河決清河靈鳴犢口，而屯氏河絕。

清河之靈縣鳴犢河口，《地理志》「清河郡靈縣：河水別出爲鳴犢河，東北至蓨入屯氏河。」靈縣，隋省入博州博平縣。蓨音條。縣屬德州，後屬冀州。

成帝建始四年，河決東郡金隄。河隄成，以五年爲河平元年。三年，河復決平原，流入濟南千乘。

平原，德、棣州。濟南，齊、淄州。千乘，故城在淄州高苑縣北。

鴻嘉四年，勃海、清河、信都河水溢，李尋等言：「議者常欲求九河故迹而穿之，今因其自決，可且勿塞，以觀水勢。」

信都冀州，信都縣，禹導河，北過降水即此。亦曰枯降渠，西南自南宮縣界入。❶《禹貢》「九河既道」。《爾雅》：一曰徒駭，二曰太史，三曰馬頰，四曰覆鬴，五曰胡蘇，六曰簡絜，七曰鉤盤，八曰鬲津，其一河之經流。先儒不知河之經流，遂分簡絜爲二。徒駭，《寰宇記》在滄州清池。許商云：「在

❶「信都縣」至「界入」，此條小注嘉慶本、道光本入正文。

成平。」馬頰，《郡縣志》在德州安德。《寰宇記》在棣州滴河北。《輿地記》：「即篤馬河也。」覆鬴，《通典》在德州安德。胡蘇，《寰宇記》在滄州饒安、臨津、無棣三縣。許商云：「在東光。」簡絜，《輿地記》在臨津。鉤盤，《通典》、《寰宇記》在滄州樂陵東南，從德州平昌來。《輿地記》在樂陵。鬲津，《寰宇記》在樂陵東，西北流入饒安。《通典》在饒安。許商云：「在鬲縣。」《輿地記》在無棣。太史。不知所在。漢世近古，止得其三，唐人遂得其六，歐陽忞《輿地記》又得其一。或新河載以舊名，或一地互爲兩説，皆似是而非，無所依據。鄭氏以爲齊桓塞其八流以自廣。夫曲防，齊之所禁，塞河非桓公所爲也。程氏以爲九河之地，已淪於海，謂今滄州之地，北與平州接境，相去五百餘里，禹之九河當在其地。酈道元亦謂九河碣石，苞淪於海。篤馬河在平原縣今德州。樂史以爲馬頰，誤矣。

平當使領河隄，奏：按經義治水，有「決河深川，無隄防壅塞」之文。

程子曰：「河北見鯀隄，無禹隄。鯀堙洪水，故無功。禹則導之而已。」賈讓言：「禹鑿龍門，辟伊闕，析底柱，破碣石。」

《水經》：「河水南過河東北屈縣唐慈州吉昌。西，注：《呂氏春秋》曰：「龍門未闢，呂梁未發，❶河出孟門，大溢逆流，名曰鴻水。大禹疏通，謂之孟門。」孟門即龍門之上口也。河水又南過皮氏縣河中府龍門。西，又南出龍門口。」注：大禹導河積石，疏決梁山，即《經》所謂龍門也。崩浪萬尋，❷懸流萬丈，迄于下

❶「發」，嘉慶本、道光本作「鑿」。
❷「萬」，嘉慶本、道光本作「千」。

口。《慎子》曰：「下龍門，非駟馬之迅也。」❶潏水李氏曰：「同州韓城北有安國嶺。東臨大河，有禹廟，在山斷河出處。禹鑿龍門，起於唐張仁愿所築東受降城之東，自北而南，至此山盡。兩岸石壁峭立，大河盤束於山峽間。至此山開岸闊，豁然奔放，聲如萬雷。」《通典》：「絳州龍門縣，今屬河中府。有龍門山，即大禹所鑿。」《三秦記》云：「魚鼈上之即爲龍，否則點額而還。」黄河北去縣二十五里，乃龍門口。《輿地記》：「同州韓城縣，有龍門山。」顏氏曰：「龍門山，其東在今龍門縣北，其西在今韓城縣北，而河從其中下流。」《水經注》：「砥柱，山名。禹治洪水，破山以通河，河水分流，包山而過，山見水中，若柱然，故曰砥柱。三穿既決，水流疏分，亦謂之三門山。」伊闕、碣石，見前。

淇口以東。

《通典》：「淇水出共山，東至衛州衛縣界入河，謂之淇水口。」

新莽始建國三年，河決魏郡，泛清河以東數郡。

魏郡，相州大名府。清河，恩州。

明帝永平十三年，王景脩汴渠成。

詔曰：「自汴渠決敗，六十餘歲。平帝時。今既築隄理渠，絶水立門，河、汴分流，復其舊迹。」《郡縣志》：「汴渠在河南府河陰縣漢滎陽縣，唐屬孟州。南二百五十步，亦名蒗蕩渠。❷禹塞滎澤，開渠以通淮、泗。漢命王景脩渠。」《漢書》有滎陽漕渠，如淳曰：「今礫溪口是也。」❸

❶「迅」，嘉慶本、道光本作「追」。
❷「蒗」，原作「莨」，據嘉慶本、道光本改。
❸「今」，原作「矜」，據嘉慶本、道光本改。

《水經注》：王景即滎水故瀆，東注浚儀，謂之浚儀渠。

章帝建初三年，罷虖沱、石臼河。

虖沱，出代州繁畤縣東南，流經五臺山北，東南流過定州入海。鄧訓治虖沱、石臼河，從都慮至羊腸倉。石臼河在定州唐昌縣東北。本漢苦陘縣，今省入安喜縣。《通典》：「嵐州宜芳縣，即漢汾陽縣。積粟所在，謂之羊腸倉，石磴縈委，若羊腸焉。」《水經注》：按《郡國志》，常山南行唐縣，有石臼谷。

《張騫傳》：「天子案古圖書，名河所出山曰崑崙。」

漢武帝以于闐山出玉，因名河所出曰崑崙。《博雅》曰：「崑崙虛，赤水出其東南陬，河水出其東北陬，洋水出其西北陬，弱水出其西南陬。河水入東海，三水入南海。」《後漢書》注云：「崑崙山在肅州酒泉縣西南。山有崑崙之體，故名之。」朱文公曰：「二書之語，似得其實。《水經》言崑崙去嵩高五萬里，恐不能若是之遠。」《通典》：「今吐蕃中河，從西南數千里向東北流，見與積石山下河相連。聘使涉歷，無不言之。吐蕃自云崑崙山在國中西南，則河之所出也。《尚書》云：『織皮、崑崙、析支、渠搜，西戎即敘。』《後漢書》云：『西羌在漢金城郡之西南，濱于賜支。』《續漢書》：『河關縣屬金城郡，今積石軍。西可千餘里有羌，謂之賜支，蓋析支也。』然則析支在積石之西，是河之上流明矣。崑崙在吐蕃中，當亦非謬。」《楚辭》注：《爾雅》：「河出崑崙虛，色白。所渠并千七百，一川色黃。百里一小曲，千里一曲一直。」《離騷》「邅吾道夫崑崙」，《九歌》「登崑崙兮四望」。

靈帝光和六年，金城河溢。

金城郡，今蘭會西寧湟州積石軍。

歷代田制攷

秦廢井田，開阡陌。周顯王十九年。

《通典》曰：「按周制步百爲畝，畝百給一夫。商鞅佐秦，以一夫力餘，地利不盡，於是改制，二百四十步爲畝，百畝給一夫。又以秦地曠而人寡，晋地狹而人稠，誘三晋人發秦地利，優其田宅，復及子孫。而使秦人應敵於外。大率百人，則五十人爲農，五十人習戰。兵强國富，職此之由。」朱文公《開阡陌辯》曰：「説者之意，皆以『開』爲『開置』之開，言秦廢井田而始置阡陌也。按阡陌者，舊説以爲田間之道，蓋因田之疆畔，制其廣狹，辨其横從，以通人物之往來，即《周禮》所謂遂上之徑，溝上之畛，洫上之涂，澮上之道也。然《風俗通》云：『南北曰阡，東西曰陌。』又云：『河南以東西爲阡，南北爲陌。』二説不同。今以《遂人》田畝夫家之數考之，當以後説爲正。蓋陌之爲言百也，遂洫從而徑涂亦從，則遂間百畝，洫間百夫，而徑涂爲陌矣。阡之爲言千也，溝澮横而畛道亦横，則溝間千畝，澮間千夫，而畛道爲阡矣。阡陌之名，由此而得。至於萬夫有川，而川上之路，周於其外。與夫《匠人》井田之制，遂溝洫澮亦皆四周，則阡陌之名，疑亦因横從而命之也。然遂廣二尺，溝四尺，洫八尺，澮二尋，則丈有六尺矣。徑容牛馬，畛容大車，涂容乘車，一軌道，二軌路，三軌則幾二丈矣。此其水陸占地不得爲田者頗多，所以正經界，止侵争，時畜洩，備水旱，爲永久之計。商君以急刻之心，行苟且之政，但見田爲阡陌所束，而耕者限於百畝，則病其人力之不盡；但見阡陌之占地太廣，而不得爲田者多，則病其地利之有遺；又當世衰法壞之時，歸授之際，必有煩擾欺隱之姦，而阡陌之地切近民田，又必有陰據自私而税不入於公上者；是以盡開阡陌，悉除禁限，而聽民兼并買賣以盡人力，墾闢棄地悉爲田疇，不使有尺寸之遺以盡地利，使民有田即爲永業，而不復歸授，以絶煩擾欺隱之姦。使地皆爲田，田皆出税，以覈陰據自私之幸。此其爲計，正猶楊炎疾浮户之弊，破租庸以爲兩税，蓋一時之害雖除，而千古聖賢傳授精微之意，於此盡矣。故《秦紀》、《鞅傳》皆云：『爲田開阡陌封疆而賦税平。』蔡澤亦曰：『決裂阡陌，以静生民之業，而一其俗。』所謂開者，乃破壞剗削之意，而非創置建立之名。所謂阡陌，乃三代井田之舊而非秦之所置矣。所謂賦税平者，以無欺隱竊據之姦也。所謂静生民之業者，以無歸授取予之煩也。」《大事記解題》曰：「決裂云者，唐、虞、三代井田之制，分畫堅明，封表深固，非大用力以決裂之，不能遽掃滅其迹也。秦始皇三十一年，使黔首自實田。使井田不廢，何患田之不實乎？」

漢董仲舒請限民名田。

名田，占田也。各爲立限，不使富

者過制，貧弱之家可足也。武帝時，賈人有市籍及家屬，皆無得名田。胡氏曰：「限田終不能行者，以人主自爲兼并，無以使民興於廉也。」

趙過教民爲代田。

代，易也。《周官・大司徒》：不易、一易、再易之地，有三等。《公羊傳》注：司空謹別田之高下善惡，分爲三品，上田一歲一墾，中田二歲一墾，下田三歲一墾。《左傳》：「晋作爰田。」《晋語》云：「作轅田。」轅，易也。《漢・地理志》：「秦商君制轅田。」「轅」與「爰」同，易也。《食貨志》：「歲耕種者爲不易上田，休一歲者爲一易中田，休二歲者爲再易下田。三歲更耕之，自爰其處。」《鹽鐵論》御史曰：「古者制田，百步爲畝，民井田而耕，什而藉一。先帝哀憐百姓之愁苦，衣食不足，制田二百四十步而一畝，率三十而税一。」

師丹建言限名田。

王嘉奏曰：「詔書罷苑，而以賜董賢二千餘頃。均田之制，從此墮壞。」

新莽更名天下田曰王田，不得買賣。

建武十五年，詔州郡檢覈墾田户口。

《通典》曰：「自秦孝公隳經界，立阡陌，雖獲一時之利，而兼并踰僭興矣。阡陌既弊，又爲隱覈。隱覈之法憑乎簿書。簿書既廣，必藉衆功。藉衆功，則政由群吏。政由群吏，則人無所信矣。」

後魏孝文太和九年，詔均田：男夫十五以上，受露田四十畝，婦人二十畝。

劉氏恕。曰：「後魏均田制度，

似今世佃官田，及絶户田出租税，非如三代井田也。魏、齊、周、隋兵革不息，農民少而曠土多，故均田之制存。至唐承平日久，丁口滋衆，官無閑田，不復給授，故田制爲空文。《唐志》云：『口分世業之田壞而爲兼并。』似指以爲井田之比，失之遠矣。」

北齊河清三年，令民一夫受露田八十畝，婦人四十畝。

隋文帝開皇十二年，京輔三河地少人衆，發使四出，均天下之田。其狹鄉每丁纔至二十畝。

唐武德七年，初定均田。丁中之民，給田一頃。篤疾減十之六，寡妻妾減七。皆以什之二爲世業，八爲口分。

范氏曰：「唐初定均田，有給田之制，蓋由有在官之田也。其後給田之制不復見，蓋官田益少矣。」林氏勳。曰：「周制步百爲畝，百畝僅得唐之四十餘畝。唐之口分，人八十畝，幾倍於古。蓋貞觀之盛，户不及三百萬，永徽唯增十五萬。若周則王畿千里，已有三百萬家之田，列國不與焉。是以唐制受田倍於周，而地亦足以容之。狹鄉雖裁其半，猶可以當成周之制。然按一時户口，而不爲異日計，則後守法難矣。既無振貧之術，乃許之賣田，後魏以來弊法也，是以啓兼并之漸。永徽中，洛多豪右，占田踰制，賈敦頤舉没三千餘頃，賦貧民。」

開元九年，宇文融爲勸農使，括逃户及籍外田。

陸贄論兼并之家，私斂重於公税，請爲

占田條限。

後周世宗以元稹《均田圖》賜諸道，詔艾穎等分行諸州，均定田租。《會要》云：「見元稹在同州時所上《均田表》，因製素爲圖。」

今按元稹《同州奏均田》曰：「因農務稍暇，令百姓自通手實狀，又令里正書手等傍爲穩審，並不遣官吏擅到村鄉，略無欺隱。除去逃荒，其餘頃畝，取兩税元額，通計七縣沃瘠，一例作分抽税。」蘇氏曰：「三代之君，開井田，畫溝洫，謹步畝，嚴版圖，因口之衆寡以授田，因田之厚薄以制賦。經界既定，仁政自成，下及隋、唐，風流已遠。然其授民田有口分世業，皆取之於官。其斂民財有租庸調，皆計之於口。其後變爲兩税，户無主客，以見居爲簿；人無丁中，以貧富爲差。貧者急於售田，則田多而税少；富者利於避役，則田少而税多。僥倖一興，税役皆弊。嘉祐中，薛向、孫琳始議方田，量步畝，審肥瘠，以定賦税之入。熙寧中，吕惠卿復建手實，抉私隱，崇告訐，以實貧富之等。元豐中，李琮追究逃絶，均虚數，虚編户，以補失陷之税。此三者，皆爲國斂怨，所得不補所失。昔宇文融括諸道客户，州縣觀望，虚張其數，以實户爲客，雖得户八十餘萬，歲得錢數百萬，而百姓困弊，實召天寶之亂。均税之害，何以異此？」張子曰：「治天下不由井地，終無由得平，周道止是均平。」

南唐烈祖分遣使者，按行民田，以肥瘠定其税。

歷代漕運攷

漢

渭渠。

渭水，出熙州狄道縣東北，至華州華陰入河。劉仲馮曰：「今渭汭至長安，僅三百里，固無九百餘里，而云穿渠起長安，旁南山至河，中間隔灞、滻數大川，無緣山成渠之理。此説可疑，今亦無其迹。」《西都賦》：「通溝大漕，潰渭洞河。」

褒斜道，故道。

褒水通沔，在興元府褒城縣。出衙領山，至南鄭入沔。斜水通渭，在京兆府武功縣。出衙領山，北流至郿入渭。故道，今鳳州梁泉縣。

河內。懷、衛二州之地。

東冶，零陵、桂陽嶠道。

東冶，福州閩縣。零陵郡，南臨源嶺。永州。桂陽郡，臘嶺。郴州。

沮、下辨。

沮縣，漢屬武都，隋爲興州順政。沔水發源於此，一名沮水，今沔州。下辨縣，漢下辨道屬武都，西魏改同谷，唐爲成州同谷。《續志》下辨東三十餘里，有狹，❶中當水泉，生大石，障塞流水，至春夏輒溢。虞詡使人燒石，以水灌之，石皆裂，因鐫去石，遂無氾溺之患。

斜谷。

《郡國志》：「右扶風武功縣有斜谷。」注：「褒斜谷在長安西南，南口褒，北口斜，長百七十里，其水南流。」武

❶「狹」，嘉慶本、道光本作「峽」。

功，今鳳翔府郿縣。

魏

陳項、壽春。

《通典》：「潁州，魏汝陰郡，鄧艾屯田於此。」陳項，陳州宛丘、項城縣。壽春，見前。《晉志》：「脩廣淮陽、百尺二渠，上引河流，下通淮、潁。」《通典》：陳州宛丘縣有百尺堰。《隋志》：潁川郡北舞縣有百尺溝。《郡縣志》：百尺堰在潁州汝陰縣西北一百里。

晉

濦、淯水，楊口。

《漢·地理志》：濦水出魯陽縣魯山，東北至定陵入汝。魯陽，汝州魯山縣。定陵故城，在蔡州郾城縣西北。育水出酈縣西北，南入漢。酈故城，在鄧州臨湍縣。《通典》：「復州沔陽縣，漢雲杜縣。杜預爲荆州刺史，開楊口，達巴陵徑千餘里。内避長江之險，通零、桂之漕，即此也。」零陵、桂陽。

石門。

《水經注》：「滎瀆水受河水，有石門謂爲滎口石門。」

千金堨。

永嘉元年，脩千金堨於許昌，以通運。《水經注》：「河南縣城東十五里，有千金堨。《洛陽記》曰：『千金堨，舊堰穀水，魏時更修。積石爲堨，開溝渠五所，謂之五龍渠。渠上立堨，堨是都水使者陳協造。水歷堨東注，謂之千金渠。』」許昌，許州，今潁昌府許田鎮。劉曜攻石生于金墉，決千金堨以灌之。

隋

蒲，陝，衛，汴，黎陽，汾，晉。渭水，廣

通渠，大興城，潼關。

蒲州。河中府。汴州。開封府。黎陽。今濬州。汾州。唐爲慈州。晋州。平陽。京兆府萬年縣，隋改爲大興縣。廣通渠，在華州，置廣通倉。《隋紀》：幸霸水，觀漕渠。潼關，在華州華陰縣。渭水，在萬年縣北五十里，東流二百四十里，至華陰縣，東北流三十五里，自永豐倉入河，謂之渭口。

山陽瀆。

楚州山陽縣。今淮安州。

砥柱。

陝州陝石縣，今省入陝縣。有底柱山，俗名三門山，在縣東北五十里。河水分流包山，山見水中若柱然。又以禹治洪水，山陵當水者破之，三穿既決，河出其間，有似於門，故亦謂三門。

唐太宗勒銘。

通濟渠，穀、洛水，板渚，邗溝。

《通典》：「汴渠在河南府河陰縣南二百五十步，今名通濟渠。隋煬帝開導，西通河、洛，南達江、淮。」河陰後屬孟州。「汴州有通濟渠，隋煬帝開引黄河水以通江、淮漕運，兼引汴水，即浪宕與蒗蕩同。渠也。」《隋志》：在浚儀縣。《九域志》：「汴水，古通濟渠也，在開封縣。」《周語》「穀、洛鬭」，注云：「洛在王城之南，穀在王城之北，東入于瀍。至靈王時，穀水盛出於王城之西，而南流合於洛水。」《山海經》：瀾水西北流，注于穀水。《通典》：穀水本瀾水，經苑中入于洛。板渚，《水經》：「河水又東合汜水，又東逕板城北。」注云：「有津謂之板城渚口。」在孟州汜水。《左傳》：「吴城邗溝，通江、淮。」注云：「於邗江築城穿溝，東北通射陽湖，西北至末口入淮，通糧道也，今廣陵韓江是。」隋開邗溝，自山陽至揚子入江。渠廣四十步，自楚州寶應縣北流入淮。

永濟渠。

《國史志》：「大名府永濟縣有永濟渠。」今省爲鎮，入臨清縣。

東萊海口。

東萊郡萊州，西至海二十九里，北至海五十里，東南至海二百五十里。

唐

三門，河陰，柏崖，集津倉，鹽倉。含嘉倉，太原倉。

裴耀卿於三門東西置倉，開山十八里，爲陸運以避其險，卒泝河而入渭。三門山，見前砥柱。《地理志》：「河南府河陰縣，開元二十二年，置領河陰倉。會昌三年屬孟州。河清縣，咸亨四年，置柏崖縣，尋省，有柏崖倉。陝州平陸縣三門西有鹽倉，東有集津倉，陝縣有太原倉。」《六典》：「東都曰含嘉倉。自含嘉倉轉運，以實京之太倉。自洛至陝運於陸，自陝至京運於水。」楊慎名爲含嘉倉出納使。劉晏移書曰：「陝郊見三門、集津遺迹。」曾子固曰：「宋興，承周制，置集津之運，轉關中之粟，以給大梁。」李泌自集津至三門，鑿山開車道，以避底柱之險。《九域志》：陝州平陸縣三門、集津鎮。

滻水，望春樓，廣運潭。

《地理志》：「京兆府萬年縣有南望春宮，臨滻水，西岸有北望春宮，宮東有廣運潭。華州華陰縣有漕渠，自苑西引渭水，因石渠，會灞、滻，經廣運潭至縣入渭。天寶三載，韋堅開。」《會要》：自華陰永豐倉以通河渭。望春樓在禁苑東南高原之上。姚南仲曰：「王者必據高明，燭幽隱，所以因龍首而建望春。」

上津，扶風，洋川。

商州上津縣。漢長利縣。扶風郡鳳翔府。自襄陽取上津，路抵扶風，德宗治上津道置館。洋川郡洋州。泝江、漢而上至洋川。陸運至扶風。汴水堙，廢漕運，自江、漢抵梁洋。梁州，興元府。

汴水，梁公堰。

劉晏疏浚汴水，見宇文愷梁公堰。《通典》：「汴口堰，在河陰縣西二十里，又名梁公堰。隋開皇七年，使梁睿增築漢古堰，遏河入汴。」《會要》：開元二年，李傑奏汴州東有梁公堰，堰破漕梗，發汴、鄭丁夫浚之。省功速就，刻石水濱，紀其績。

甬橋，渦口，蔡水。

甬橋，在宿州符離縣。渦口，在濠州鍾離縣九十里。杜佑以漢運路出浚儀十里，入琵琶溝，絶蔡河，至陳州而合。李勉治蔡渠，引東南饋。《通典》：「汴州浚儀縣有蔡水。」《九域志》：祥符縣有蔡河。建隆元年，浚蔡河，設斗門。二年，導閔水，自新鄭與蔡水合，貫京師南，歷陳潁，達壽春，以通淮右之漕。以西南爲閔河，東南爲蔡河。開寶六年，改閔河爲惠民河。與蔡河一水。李泌曰：「江、淮漕運，自淮入汴，以甬橋爲咽喉。」

金，商運路。

《通典》：「金州，去西京九百九十一里。商州，去西京三百里。」

渭橋，東渭橋。

渭橋，《三輔故事》：「秦昭王作，長三百八十步。」《郡縣志》：「中渭橋，在咸陽縣東南二十二里。」「渭水南去縣三里。」東渭橋，在萬年縣東。《後漢》注：「渭橋，本名橫橋，在咸陽縣東南。」

揚子院，淮陰，項城，潁，溵。

揚州揚子縣，今屬真州。廣明元年，高駢奏改揚子院爲發運使。淮陰縣，楚州。項城縣，陳州。潁水出陽城縣陽乾山，東至下蔡，入淮。溵水，《唐志》：「陳州溵水縣。今改商水縣。水出潁川陽城少室山，東入潁。」

後周

汴水埇橋，見前。泗上。

《漢志》有兩泗水，其一自乘氏至睢陵入淮，又一水卞縣至方與入沛。泗上，今招信軍相對泗口也。

五丈河。

五丈河，開寶六年改爲廣濟河。自都城北歷曹、濟及鄆，其廣五丈，以通東方之漕。建隆二年，浚五丈河，命陳承昭於京城之西，夾汴河，造斗門。自滎陽鑿渠百餘里，引京、索二水通城壕，入斗門，架流于汴，東匯于五丈河，以便東北漕運。以京、索河爲源，《禹貢》之荷澤。《九域志》：在祥符縣、東明縣。

蔡水。見前。

蔡河貫京師，兼閔水、洧水、溵水以通陳、潁之漕，蓋古琵琶溝也。元祐四年，知陳州胡宗愈，議古八丈溝可開浚，分蔡河之水，自爲一支，由潁、壽入淮。楊侃《皇畿賦》：「天設二渠，曰蔡曰汴。通江會海，縈畿帶甸。千倉是興，萬庾是建。」原武。

原武縣，屬鄭州。

兩漢崇儒攷

漢高祖十二年，過魯，以太牢祠孔子。

《史記世家》：「孔子葬魯城北泗上，弟子及魯人往從冢而家者百有餘室，因命曰孔里。魯世世相傳以歲時奉祠孔子冢，而諸儒亦講禮鄉飲大射於孔子冢。孔子冢大一頃。故所居堂弟子內，後世因廟，藏孔子衣冠琴車書，至於漢二百餘年不絕。高皇帝過魯，以太牢祠焉。諸侯卿相至，常先謁然後從政。」《皇覽》曰：「孔子冢去城一里，冢塋百畝，冢南北廣十步，東西十三步，高一丈二尺。冢前以瓴甓爲祠壇，方六尺，與地平。本無祠堂，冢塋中樹以百數，皆異種，魯人世世無能名其樹者。民傳言，孔子弟子異國人，各持其方樹來種之。」《水經注》云：「《從征記》曰：『洙、泗二水，交於魯城東北十七里。闕里背洙、泗，牆南北一百二十步，東西六十步，四門各有石閫，北門去洙水百餘步。』《孔叢》曰：『夫子墓塋方一里。』」魯人藏孔子所乘車於廟中，是顏路所請者也。獻帝時，廟遇火燒之。《儒林傳》：高帝誅項籍，舉兵圍魯。魯中諸儒尚講誦，習禮樂，絃歌之音不絕。豈非聖人之道化好禮樂之國哉！

武帝建元五年，置五經博士。元朔五年，爲博士置弟子。

晉灼曰：「西京無太學。」公孫弘

曰：「請因舊官而興焉。其肄習之地，則太常也。傳授之師，則五經博士也。」《三輔黄圖》：「漢太學，在長安西北七里。」《關中記》：「在安門之東，杜門之西。」「何武歌太學下」，「王咸舉幡太學下」，則有太學矣。或曰：晋灼以漢初言，《黄圖》記武帝時。

宣帝甘露三年，詔諸儒講《五經》同異於石渠閣。

《三輔故事》：石渠閣，在未央宫殿北，藏祕書之府。《黄圖》云：「蕭何造。其下礱石爲渠以導水。所藏入關所得秦之圖籍。」

成帝綏和元年，封孔吉爲殷紹嘉侯。匡衡、梅福以爲宜封孔子世爲湯後。劉向説上宜興辟廱，設庠序。未作而罷。

平帝元始元年，封孔均爲褒成侯。

《漢表》：「殷紹嘉侯在沛郡，褒成侯在瑕丘。」今兗州瑕丘縣。《後漢·孔僖傳》：「平帝時，封孔均，追謚孔子爲褒成宣尼公。建武十三年，復封均子志爲褒成侯，子損嗣。永元四年，徙封褒亭侯。」

世祖建武五年，初起太學，帝還視之。十九年，又幸太學。中元元年，起辟廱。

明帝永平二年，臨辟雍，行大射養老禮。十五年，至魯，詣孔子宅。

章帝建初四年，詔諸儒會白虎觀，議《五經》同異。元和二年，至魯，祠孔子及七十二弟子於闕里，作六代之樂，大會孔氏男子六十二人。

安帝延光三年，祀孔子及七十二子於闕里，還幸太學。

《洛陽記》：「太學在洛陽城，故

開陽門外，去宮八里。講堂長十丈，廣三丈。」《述征記》：「在國子學東二百步。」《漢官儀》：「辟雍去明堂三百步，車駕臨辟雍，從北門入。三月、九月於中行大射禮。」永平四年、八年，和帝永元十四年，順帝陽嘉元年、二年，靈帝熹平六年，並臨辟雍。孔子宅，在兖州曲阜縣，故魯城中歸德門内，闕里之中，背洙面泗，矍相圃之東北也。梅福曰：「今仲尼之廟，不出闕里。」永平二年，郡縣學校行鄉飲，祀孔子，猶未立廟也。梁天監四年，初立孔子廟。唐武德二年，始詔國子學立廟。貞觀四年，詔州縣學皆作孔子廟。北宮白虎門，於門立觀。

順帝永建六年，脩繕太學，凡造二百四十房，千八百五十室。

《水經注》：「漢置太學於國子堂東。石經東有一碑，陽嘉八年立，文云：『建武二十七年，造太學，年積毁壞。永建六年九月，詔修太學，用作工徒十一萬二千人。陽嘉元年，作畢。』碑南面刻頌。」靈帝初平四年，❶太學行禮，幸永福城門，臨觀其儀。光和五年，幸太學。

靈帝熹平四年，詔諸儒正《五經》文字，刻石立太學門外。

《水經注》：「光和六年，刻石鏤碑，載《五經》，立於太學講堂前東側。蔡邕自書丹於碑。」《洛陽記》：「高一丈許，廣四尺。」

❶「靈帝初平四年」，考「初平」係獻帝年號，嘉慶本、道光本改「靈帝」爲「獻帝」。按下文緊接上文述「光和五年」事，而「光和」係靈帝年號，時序在獻帝之前，疑「初平」爲「熹平」之誤。

魏文帝黄初二年，封孔羡爲宗聖侯。　晋封二十三世孫震，爲奉聖亭侯。後魏延興三年，封二十七世孫乘，爲崇聖大夫。太和十九年，孝文幸魯，親祠孔子廟，改封二十八世孫珍，爲崇聖侯。北齊封三十一世孫，爲恭聖侯。周武帝改封鄒國公。隋文帝仍舊封，煬帝改封紹聖侯。唐貞觀十一年，封裔孫德倫，爲褒聖侯。開元二十七年，以孔子後爲文宣公。宋太平興國二年，孔宜襲封文宣公。至和二年，祖無擇言不可以祖謚加後嗣，詔封宗愿爲衍聖公，今世襲。後魏太和十六年，謚孔子曰文聖尼父。唐貞觀二年，升孔子爲先聖。十一年，尊爲宣父。武后封隆道公。開元二十七年，謚爲文宣王。宋祥符元年，幸曲阜，謁文宣王廟，謚玄聖文宣王。五年，改謚至聖。

困學紀聞卷之十六

困學紀聞卷之十七

浚儀　王應麟　伯厚甫

評文

汪彦章曰：「左氏、屈原，始以文章自爲一家，而稍與經分。」

《離騷》曰：「閨中既以邃遠兮，哲王又不寤。」以楚君之闇而猶曰哲王，蓋屈子以堯、舜之耿介，湯、禹之祗敬，望其君，不敢謂之不明也。太史公《列傳》曰：「王之不明，豈足福哉？」此非屈子之意。

夾漈《草木略》以蘭、蕙爲一物，皆今之零陵香也。然《離騷》「滋蘭」、「樹蕙」，《招魂》「轉蕙」、「氾蘭」，是爲二草，不可合爲一。

江離，《史記》索隱引《吴録》曰「臨海海水中生，正青，似亂髮」，《廣志》爲「赤葉紅華」。今芎藭苗曰江離，緑葉白華，又不同。《藥對》以爲麋蕪，一名江蘺。芎藭、藁本、江離、麋蕪並相似，非是一物也。《淮南子》云：「亂人者，若芎藭與藁本。」顔師古曰：「郭璞云：『江離似水薺，今無識之者，然非麋蕪也，《藥對》誤耳。』」《楚辭補注》、《集注》皆缺。《讀詩記》董氏曰：「《古今注》謂勺藥，可離。《唐本草》可離，江離。然則勺藥，江離也。」

屈原，楚人，而《涉江》曰：「哀南夷之莫吾知。」是以楚俗爲夷也。陰邪之類，讒害君子，變於夷矣。

「忠湛湛而願進兮，妬披離而鄣之」，壅蔽之患也。元帝似之，故周堪、劉更生不能決一石顯。「聲有隱而相感兮，物有純而不可爲」，偏聽之害也。德宗似之，故陸贄、陽城不能攻一延齡。

宋玉《釣賦》「宋玉與登徒子偕受釣於玄淵」，《淮南子》作蜎蠉。《七略》：蜎子名淵，楚人。唐人避諱改「淵」爲「泉」，《古文苑》又誤爲「洲」。宋玉《對問》「陽春白雪」，《集》云：「陵陽白雪。」見《文選·琴賦》注。

劉勰《辨騷》：「班固以爲羿、澆、二姚，與《左氏》不合。」洪慶善曰：「《離騷》用羿、澆等事，正與《左氏》合。孟堅所云，謂劉安説耳。」

《藝文類聚》鑒誡類，多格言法語。如曹植《矯志詩》曰：「道遠知驥，世僞知賢。」荀爽《女誡》曰：「七歲之男，王母不抱。七歲之女，王父不持。親非父母，不與同車。親非兄弟，不與同筵。非禮不動，非義不行。」程曉《女典》曰：「麗色妖容，高才美辭，此乃蘭形棘心，玉曜瓦質。」姚信《誡子》曰：「古人行善者，非名之務，非人之爲，險易不虧，終始如一。」諸葛武侯《誡子》曰：「非學無以廣才，非志無以成學。」顔延之《庭誥》曰：「性明者欲簡，嗜繁者氣昏。」卞蘭《座右銘》曰：「求高反墜，務厚更貧。閉情塞欲，老氏所珍。」周廟之銘：「仲尼是遵。無謂幽冥，處獨若群。不爲福先，不與禍鄰。」司馬德操《誡子》曰：「論德則吾薄，説居則吾貧。勿以薄而志不壯，貧而行不高。」王脩《誡子》曰：「時過不可還，若年大不可少也。言思乃出，行詳乃動。」羊祜《誡子》曰：「恭爲德首，謹爲行基。無傳不經之談，無聽毀譽之語。」徐勉《與子書》曰：「見賢思齊，不宜忽略以棄日。非徒棄日，乃是棄身。」王粲《安身論》曰：「君子不妄動也，必適於道。不徒語也，必經於理。不苟求也，必造於義。不虛行也，必由於正。憂患之接，必生於自私，而興於有欲。自私者不能成其私，有欲者不能濟其欲。」凡此，皆可爲治心齊家之法。若馬援、王昶之誡，張茂先之詩，崔子玉之銘，見於史傳、《文選》者，不復紀。

《文心雕龍》謂「英華出於情性」：「賈生俊發，則文潔而體清」；「子政簡易，則趣昭而事博」；「子雲沉寂，則志隱而味深」；「平子淹通，則慮周而藻密」。

李善注《文選》，詳且博矣，然猶有遺缺。嘗觀《楊荆州誄》「謂督勳勞」，不引《左氏》「謂督不忘」；「執友之心」，不引《曲禮》「執友稱其仁」。謂督不忘，即《微子之命》曰：「篤不忘也。」古字「督」與「篤」通用，以「督」爲「察」，非也。瓊，赤玉也。《雪賦》「林挺瓊樹」，注以爲誤。

韓文公《曹王皋碑》云：「王親教之搏力勾卒嬴越之法。」《考異》謂《秦紀》、《越語》、《世家》皆無「搏力勾卒」之文。愚按：《左傳》「哀十七年三月，越子爲左右句卒。」注云：「鉤伍相著，别爲左右屯。」此即謂勾卒也。搏力，必秦法，未見所出，《新唐書》作「團」。

「十抽一推」，或謂「推」當爲「椎」，未冠之稱。按《史記·秦始皇紀》：「王翦什推二人從軍。」索隱云：「什中推擇二人。」❶文公語出於此，不必改爲「椎」。

《原道》佛者曰：「孔子吾師之弟子也。」蓋用佛書「三聖弟子」之説，謂老子、仲尼、顔子也。《緯文瑣語》云。

曹子建《誥咎文》：「假天帝之命，以詰風伯雨師。」韓文公《訟風伯》，蓋本於此。

❶「推」，原作「唯」，據嘉慶本、道光本改。

《送窮文》「小黠大癡」，按《張敏集·奇士劉披賦》：「古語有之，小癡爲大黠，小黠爲大癡。」

《歐陽生哀辭》：「閩人舉進士繇詹始。」史因之。黄璞《閩川名士傳》：「其前有薛令之、林藻。」攷之《登科記》，信然。歐陽詹之行，獲稱於昌黎，而見毁於黄璞《太原伎》。黄介、喻良能爲文以辨。

太行之陽有盤谷，在孟州濟源縣。

韓、柳並稱而道不同。韓作《師説》，而柳不肯爲師；韓闢佛，而柳謂佛與聖人合；韓謂史有人禍天刑，而柳謂刑禍非所恐。柳以封禪爲非，而韓以封泰山、鏤玉牒勸憲宗。

柳文多有非子厚之文者：《馬退山茅亭記》，見於《獨孤及集》；《百官請復尊號表》六首，皆崔元翰作；貞元五年，子厚方十七歲。《爲裴令公舉裴冕表》，邵説作；冕，大曆四年薨。八年，子厚始生。《請聽政第三表》，《文苑英華》乃林逢；《第四表》云「兩河之寇盜雖除，百姓之瘡痍未合」，乃穆宗、敬宗時事；《代裴行立謝移鎮表》，行立移鎮在後，亦他人之文；《柳州謝上表》，其一乃李吉甫《郴州謝上表》也。《舜禹之事》、《謗譽》、《咸宜》三篇，晏元獻云：「恐是博士韋籌作。」《愈膏肓疾賦》，晏公亦云「膚淺不類柳文」。宋景文公謂《集外文》一卷，其中多後人妄取他人之文，冒柳州之名者。然非特《外集》也，劉夢得《答子厚書》曰：「獲新文二篇，且戲余曰：『將子爲巨衡，以揣其鈞石銖黍。』」此書不見於《集》。《食蝦蟇詩》，韓文公有答，今亦不傳，則遺文散軼多矣。

《答元饒州論春秋》，又《論政理》。按《鄱陽志》，元藇也。艾軒《策問》以爲元次山。次山不與子厚同時，亦未嘗爲饒州。

《平淮夷雅》「其佐多賢」，出《説苑》：「渙其群元吉者，其佐多賢矣。」

《饒娥碑》，按魏仲兕大曆間樂平令。作《饒孝女碣》，旌其里閭，不言娥死。子厚失於傳聞，而史承其誤。

《游黄溪記》，倣太史公《西南夷傳》。皇甫湜《悲汝南子桑》，倣《莊子·天運》。皆奇作也。

《王參元書》云：「家有積貨，士之好廉名者皆畏忌，不敢道足下之善。」嘗攷李商隱《樊南四六》，有《代王茂元遺表》云：「與弟季參元，俱以詞場就貢，久而不調。」茂元，栖曜之子也。商隱《誌王仲元》云：「第五兄參元教之學。」

沈亞之《送韓静略序》曰：「文之病煩久矣，聞之韓祭酒之言曰：『善藝樹者，必壅以美壤，以時沃灌。』」祭酒即文公也。白樂天《老戒詩》：「我有白頭戒，聞於韓侍郎。」皆文公緒言也。

「驢九錫封廬山公，雞九錫封浚雞山子。」《毛穎傳》本於此。

劉夢得文不及詩，《祭韓退之文》乃謂：「子長在筆，予長在論持矛舉楯，卒莫能困。」可笑不自量也。

鄭亞《會昌一品集序》云：「周勃、霍光，雖有勳伐，而不知儒術；枚皋、嚴忌，善爲文章，而不至巖廊。」歐陽公曰：「劉、柳無稱於事業，姚、宋不見於文章。」其言簡而明，非唐人所及也。

魏鄭公《砥柱銘》：「挂冠莫顧，過門不息。」《淮南子》云：「禹之趨時，冠挂而不顧，履遺而不取。」《鹽鐵論》云：「簪墮不掇，冠挂不顧。」

梁簡文《誡子當陽公書》曰：「立身之

道，與文章異。立身先須謹重，文章且須放蕩。」斯言非也。文中子謂：「文士之行可見。」放蕩其文，豈能謹重其行乎？

又《大同哀辭》曰：「陳蕃所憩之家，久記玄録之歲；華歆所聞之語，已定北陵之期。」按《搜神記》陳仲舉宿黄申家，《列異傳》華子魚宿人門外，皆因所宿之家生子，而夜有扣門者言所與歲數。

庾信《馬射賦》云：「落霞與芝蓋齊飛，楊柳共春旗一色。」王勃傚其語，江左卑弱之風也。

岑文本《擬劇秦美新》，雖不作可也。班孟堅《典引》師其意，南豐説非異師其辭。

李善精於《文選》，爲注解，因以講授，謂之文選學。少陵有詩云：「續兒誦《文選》。」又訓其子「熟精《文選》理」，蓋選學自成一家。江南進士試《天雞弄和風詩》，以《爾雅》天雞有二，問之主司。其精如此，故曰：「《文選》爛，秀才半。」熙、豐之後，士以穿鑿談經，而選學廢矣。

元次山惡圓，曰：「寧方爲皁，不圓爲卿。」范文正《靈烏賦》曰：「寧鳴而死，不默而生。」其言可以立懦。

李義山賦怪物，言佞魖、讒魗、貪魃，曲盡小人之情狀，螭魅之夏鼎也。

白樂天云：「壽於顔回，❶飽於伯夷，樂於榮啓期，健於衛叔寶。」達人之言也。

劉夢得《口兵戒》：「可以多食，勿以多言。」本《鬼谷子》：「口可以食，不可以言。」

《文選・安陸王碑》云：「弈思之微，秋、儲無以競巧。」弈秋，見《孟子》。儲字未

❶「壽於顔回」上，嘉慶本、道光本有「富於黔婁」。

詳，蓋亦善弈之人，注謂「儲蓄精思」，非也。

秦少游、張文潛學於東坡，東坡以爲秦得吾工，張得吾易。

荆公《潭州新學詩》「仲庶氏吴」，本《詩》「摯仲氏任」。吕太史《釣臺記》「姓是州曰嚴」，本柳子厚《愚溪詩序》「姓是溪曰冉溪」。子厚之語，又出於《水經注》「豫章以木氏郡」。司馬公《保業》云「懷璽未煖」，本元次山《出規》「豈無印綬，懷之未煖」。

張文潛《送李端叔序》：「梟鴟不鳴，要非祥也；豺狼不噬，要非仁也。」本於唐吕向上疏：「鴟梟不鳴，未爲瑞鳥；猛虎雖伏，豈齊仁獸？」

晁無咎《求志賦》：「訊黄石以吉凶兮，棋十二而星羅；曰由小基大兮，何有顛沛？」謂《靈棋經》也。《異苑》云：「十二棋卜，出自張文成，受法於黄石公。行師用兵，萬不失一，東方朔密以占衆事。」

荆公爲《外祖母墓表》云：「女婦居不識廳屏，笑言不聞鄰里，是職然也。」唐岐陽公主不識刺史廳屏，見杜牧之文。薛巽妻崔氏言笑不聞于鄰，見柳子厚文。荆公爲文，字字不苟如此，讀者不知其用事。

《大樂十二均圖》，楊次公作也，編於《老蘇集》。《蠶對織婦文》，宋元憲作也，編於《米元章集》。《三先生論事録序》，陳同甫作也，編於《朱文公集》。皆誤。

丘宗卿謂場屋之文，如校人之魚，與濠上之得意異矣。慈湖謂文士之文，止可謂之巧言。

景德二年，命王欽若、楊億脩歷代君臣事迹。六年上之，凡千卷，詔題曰《册府元龜》。周益公記《文苑英華》云：「太宗詔脩三大書：曰『太平御覽』，曰《册府元龜》，曰《文苑英華》，各一千卷。」今按《御覽》脩於太平興國二年，《英華》脩於七年，皆太宗時。若《元龜》乃真宗時脩，益公攷之未詳也。《太宗實録》：「雍熙三年十二月，宋白等進《文苑英華》，有表，有答詔，當載于首卷。真宗景德四年八月，詔館閣分校。又以前編次未允，令擇古賢文章，重加編録。芟繁補闕，换易之，卷數如舊。祥符二年，命覆校。」皆當備載於纂脩事始之後。太宗脩三大書，其一乃《太平廣記》五百卷。

班孟堅《兩都賦序》，迂齋謂唐説齋《中興賦序》得此意。按《中興賦序》云：「雖詞有工拙，學有博陋，氣有强弱，思有淺深，要皆變化馳騖，不失古人之法度。」蓋用「道有夷隆，學有粗密」之意，然所取乃律賦，非《兩都》比也。

澹庵云：「韓安國不能《几賦》，罰酒三升；王子敬詩不成，亦飲三觥。一詩一賦，豈足以盡豪傑之士？」

「天下不可以無此人，亦不可以無此書，而後足以當君子之論。」又曰：「天下大勢之所趨，天地鬼神不能易，而易之者人也。」此龍川科舉之文，列於古之作者而無愧。

《集古録跋》謂《樂毅論》與《文選》所載，時時不同。《文章正宗》謂崔寔《政論》列於《選》。今攷《文選》無此二篇，皆筆誤也。

誠齋爲《章燾墓銘》云：「今日士師，非禾絹士師也。」《宋明帝紀》：「胡母顥專權，奏無不可。時人語曰：『禾絹閉眼諾，胡母大張槖。』」禾絹，謂上也。蓋謂秦檜顓政，士師非主上之士師也。

南豐序《禮閣新儀》，則指新法；記襄

州長渠，則指水利；《兵間詩》，則指徐德占；《論交詩》，則指吕吉甫。此孫仲益之言也。

宋景文云：「賈生思周鬼神，不能救鄧通之譖。」攷之《漢史》，無鄧通譖賈生之事，蓋誤。景文謂：因撰《唐書》，盡見前世論著，乃悟文章之難。

張説爲《廣州宋璟頌》曰：「犦牛牲兮菌雞卜，神降福兮公壽考。」東坡《韓文公碑》用此四字。

周益公《雜誌》辨楮幣，謂俗人創二字，通上下皆用，猶紙錢也。按范淳父爲《郭子皋誌》，言交子云：「紙幣之設，本與錢相權。」元祐間已有此語矣。

東坡得文法於《檀弓》，後山得文法於《伯夷傳》。

楊植《許由廟碣》云：「堯而許之，日而月之。」獨孤及《仙掌銘》云：「月而日之，星而辰之。」同一句法。

《文心雕龍》云：「《論語》已前，經無『論』字。」晁子止云：「不知《書》有『論道經邦』。」

和凝爲文，以多爲富，有集百餘卷，自鏤板行于世。識者多非之，此顔之推所謂詅癡符也。詅，力正反。楊綰有論著，未始示人，可以爲法。《易》曰：「白賁无咎。」

崔駰《西巡頌表》曰：「唐、虞之世，樵夫牧豎，擊轅中韶，感於和也。」《班固集》：「擊轅相杵，亦足樂也。」曹子建書「擊轅之歌，有應風雅」，柳子厚云「擊轅拊缶」，宋景文云「壤翁轅童」，皆本於崔、班。

劉夢得《歎牛》云：「員能霸吴屬鏤賜，斯既帝秦五刑具。長平威振杜郵死，烖下敵禽鍾室誅。」《儆舟》云：「越子膝行吴君忽，晋宣尸居魏臣怠。白公厲劍子西哂，李園養士春申易。」文法倣《漢書》蒯通等傳贊。《唐書·姦臣傳贊》亦然。

張文潛《論文詩》曰：「文以意爲車，意以文爲馬。理强意乃勝，氣盛文如駕。理維當即止，❶妄説即虛假。氣如決江河，勢順乃傾寫。」

山谷《與王觀復書》曰：「劉勰嘗論文章之難云：『意翻空而易奇，文徵實而難工。』此語亦是沈、謝輩爲儒林宗主時，好作奇語，故後生立論如此。好作奇語，自是文章病。但當以理爲主，理得而辭順，文章自然出群拔萃。」張文潛《答李推官書》可以參觀。《文鑑》取此二書。

迂齋《太學策問》言宣和事云：「夷門之植，植於燕雲。」夷門在大梁。用《樂毅書》文法。

柳下惠見飴曰：「可以養老。」盜跖見飴曰：「可以黏牡。」見物同而用之異。出《淮南子》。牡，門户籥牡。《左氏博議》用此。《吕氏春秋》：「仁人得飴，以養疾侍老也；跖、蹻得飴，以開閉取揵也。」

司馬公序顔太初醇之文曰：「觀其《後車詩》，則不忘鑒戒矣。觀其《逸黨詩》，則禮義不壞矣。觀其《哭友人詩》，則酷吏愧心矣。觀其《同州題名記》，則守長知弊政矣。觀其《望仙驛記》，則守長不事厨傳矣。」《文鑑》唯載《逸黨》、《許希》二詩。

絜齋先生爲樓，名以「是亦」，曰：直不高大爾，是亦樓也。以至山石花木、衣服飲食、貨財隸役，亦莫不然。至於宦情亦薄，曰：「直不高顯爾，是亦仕也。凡身外

❶「理維當即止」，嘉慶本作「理當文即止」。

之物，皆可以寡求而易足。惟此身與天地並廣大高明，我固有之，朝夕磨厲，必欲追古人而與俱。若徒儕於凡庸，而曰是亦人爾，則吾所不敢也。」❶

鄧志宏《與胡丞公書》曰：「熙、豐間，如司馬温公與王荆公之所争者，曰是與非。崇寧間，陳了翁與蔡長沙之所争者，曰治與亂。靖康間，李丞相與耿門下之所争者，又不特是非、治亂、安危而已，其存亡所繫乎？」

唐五代之際，以文紀事者多用故事，而作史者因而舛誤。回鶻烏介可汗走保黑車子族，李德裕《紀聖功碑》云：「烏介并丁令以圖安，依康居而求活。」所謂康居，用《漢書》郅支事也。而《舊史》云：「烏介依康居求活。」北漢鄭珙卒于契丹，王保衡《晋陽見聞録》：「虜俗雖不飲酒，如韋曜者，亦加灌注。」韋曜，即吳孫皓時韋昭也。而路振《九國志》云：「高祖鎮河東，命韋曜北使。曜不能飲酒，虜人强之。」此殆類癡人説夢也。

困學紀聞卷之十七

❶「敢」，道光本作「取」。

困學紀聞卷之十八

浚儀　王應麟　伯厚甫

評詩

陶淵明詩：「羲農去我久，舉世少復真。汲汲魯中叟，彌縫使其淳。」又曰：「此中有真意，欲辯已忘言。」東坡云：「淵明欲仕則仕，不以求之爲嫌；欲隱則隱，不以去之爲高。飢則扣門而求食，飽則具雞黍以迎客。古今賢之，貴其真也。」葛魯卿爲贊，羅端良爲記，皆發此意。蕭統疵其《閑情》，杜子美譏其《責子》，王摩詰議其《乞食》，何傷於日月乎？《述酒》一篇之意，惟韓子蒼知之。

《詠貧士》詩云：「昔在黄子廉，彈冠佐名州。一朝辭吏歸，清貧略難儔。」愚按：《風俗通》曰：「潁川黄子廉，每飲馬輒投錢於水，其清可見矣。」《吴志·黄蓋傳》：「故南陽太守黄子廉之後。」

《古辭》：「雞鳴高樹巔，狗吠深宫中。」陶淵明《歸田園詩》二句倣此，唯改「高」爲「桑」、「宫」爲「巷」。

少陵《和嚴武軍城早秋》詩：「已收滴博雲間戍，更奪蓬婆雪外城。」的博嶺，在維州。見《韋皐傳》。蓬婆山，在柘州。見《元和郡縣志》。

《飲中八仙》，其名氏皆見于《唐史》，唯焦遂事蹟，僅見于《甘澤謡》。

《石壕吏》，蓋陝州陝縣石壕鎮也。見《九域志》、《輿地廣記》。本崤縣，唐改爲硤石，熙寧六年省爲鎮。

《新安史》「僕射如父兄」，《汝墳》之詩曰：「雖則如燬，父母孔邇。」此詩近之。山谷所謂「論詩未覺《國風》遠」。

少陵善房次律，而《悲陳陶》一詩不爲之隱；昌黎善柳子厚，而《永貞行》一詩不爲之諱。公議之不可掩也如是。

《贈嚴閣老詩》：「扈聖登黃閣，明公獨妙年。」《舊史·嚴武傳》：「遷給事中，時年三十二。」給事中屬門下省，開元曰黃門省，故云黃閣。少陵爲左拾遺，亦東省之屬，故云：「官曹可接聯。」近世用此詩爲宰輔事，誤矣。《通鑑》：「王涯謂給事中鄭肅、韓佽曰：『二閣老不用封敕。』」此唐人稱給事中爲閣老也。

《公安送李晉肅入蜀》，蓋即李賀之父。

王無功《三月三日賦》：「聚三都之麗人。」「長安水邊多麗人」語本此。

「土門壁甚堅，杏園度亦難。」土門口在鎮州獲鹿縣，即井陘關也。郭子儀自杏園渡河，圍衛州。董秦爲濮州刺史，移鎮杏園渡。地蓋在衛州汲縣，非長安曲江池之杏園也。

《杜位宅守歲》，按《李林甫傳》，杜位，林甫諸壻也。「四十明朝過」，《年譜》謂：「天寶十載，時林甫在相位，盍簪列炬之盛，其炙手之徒歟？」又《寄杜位詩》：「近聞寬法離新州，想見懷歸尚百憂。逐客雖皆萬里去，悲君已是十年流。」其流貶蓋以林甫故。

《示獠奴阿段》，《北史》獠無名字，以長幼次第呼之。丈夫稱阿謩、阿段，婦人稱阿夷、阿等之類，皆語之次第稱謂也。

李尚書之芳，攷諸《唐史》，之芳，蔣王

惲之曾孫。廣德初，詔兼御史大夫，使吐蕃，被留二歲，乃得歸。拜禮部尚書。故少陵詩有「奉使失張騫，史閣行人在」之句。

楊綰謚文正，比部郎中蘇端持異議。《雨過蘇端》，豈即斯人歟？然少陵稱其「文章有神交有道」，而端終爲憸人，豈晚謬乎？

《可歎行》云：「丈夫正色動引經，豐城客子王季友。群書萬卷常暗誦，《孝經》一通看在手。豫章太守高帝孫，引爲賓客敬頗久。」季友，肅、代間詩人也。殷璠謂其詩放蕩，愛奇務險，然而白首短褐。錢起有《贈季友赴洪州幕下詩》云：「列郡皆用武，南征所從誰？諸侯重才略，見子如瓊枝。」此即豫章賓客之事也。少陵謂「王也論道阻江湖」，期以致君堯舜。季友不但工詩而已。太守宗室。少陵謂：「邦人思之比父母。」鮑欽止云：「江西觀察使李勉，時季友兼監察御史，爲副使。」

《出瞿唐峽詩》：「五雲高太甲，六月曠摶扶。」注不解五雲之義。嘗觀王勃《益州夫子廟碑》云：「帝車南指，遁七曜於中階；華蓋西臨，藏五雲於太甲。」《酉陽雜俎》謂：「燕公讀碑，自『帝車』至『太甲』四句，悉不解。訪之一公，一公言：『北斗建午，七曜在南方。有是之祥，無位聖人當出。』『華蓋』以下，卒不可悉。」愚謂：老杜讀書破萬卷，必自有所據，或入蜀見此碑而用其語也。《晉·天文志》：「華蓋杠旁六星曰六甲，分陰陽而配節候。」太甲恐是六甲一星之名，然未有攷證。以一行之邃於星歷，張燕公、段柯古之殫見洽聞，而猶未知焉，姑闕疑以俟博識。

《贈閭丘師太常博士均之孫》謂：「鳳藏丹霄暮，龍去白水渾。」蓋稱均之文也。

攷之《舊史》，成都閭丘均，景龍中爲安樂公主所薦，起家拜太常博士。公主誅，貶循州司倉。進不以道，其文不足觀也已。

「終始任安義」之句，蕭使君之賢可見矣。少陵自注其事，足以砥薄俗，惜其名不傳也。

「陳倉石鼓又已訛」，按陳倉，在唐爲鳳翔寶雞縣。石鼓，在天興縣南，乃雍縣也。魏太武自東平趣鄒山，見始皇石刻，使人排而仆之。「嶧山之碑野火焚」，蓋此時也。

《遺興》云：「門户有旌節。」注引楊國忠以劍南旌節導駕。二字出《周禮》，少陵豈用《新唐史》語哉？

《金華山詩》：「上有蔚藍天，垂光抱瓊臺。」放翁云：「蔚藍乃隱語天名。」按《度人經》作「鬱繿」。

《成都詩》：「初月出不高，衆星尚争光。」謂肅宗初立，盜賊未息也。胡文定《通鑑舉要補遺序》「日轂冥濛，衆星争耀」，語本於此。

鮮于京兆，仲通也。張太常學士，❶均、垍也。所美非美，然昌黎之於于頔、李實類此。杜、韓二公晚節所守，如孤松勁柏，學者不必師法其少作也。

《野望詩》：「西山白雪三奇戍，南浦清江萬里橋。」按《唐・地理志》：「彭州導江縣有三奇戍。」《韋皋傳》：「遣大將陳泊等，出三奇西南。」《備邊録》所謂三奇營也。一本作「三年」，趙氏本作「三城」，當從舊本「三奇」爲是。潏水李氏云：「老杜讀書多，不曾盡見。其所讀之書，則不能盡注。其間又用方言，如『岸溉土銼』，乃黔蜀人

❶「學」，嘉慶本、道光本作「博」。

語，須是博問多讀。」

《八哀詩》，將相宗室之外，名士有三焉：蘇源明不汙僞爵，其最優乎；李邕細行弗飭，次也；鄭虔大節已虧，下矣。

「借問懸車守，何如儉德臨？」「不過行儉德，盜賊本王臣。」明皇以侈致亂，故少陵以儉爲救時之砭劑。

《別李義》詩：「丈人嗣王業。」又云：「道國繼德業，丈人領宗卿。」按《唐書·宗室表、傳》，道孝王元慶次子詢之子微，嗣王，終宗正卿。李義，蓋微之子也。

《送顧八分文學》，趙氏《金石録》以爲前太子文學、翰林院待詔顧誡奢。《醉歌行》云「東吴顧文學」，即誡奢也。注謂顧況，誤。

《李潮八分小篆歌》：「潮也奄有二子成三人。」《金石録》云：「潮書唯《慧義寺彌勒像碑》與《彭元曜誌》，其筆法亦不絶工，非韓、蔡比也。」

《鄭駙馬宅宴洞中》，今攷少陵作《皇甫德儀碑》云：「有女臨晋公主，出降代國長公子滎陽潛曜。」又云：「忝鄭莊之賓客，遊竇主之山林。」鄭潛曜，見《孝友傳》。

《橋陵詩》：「石門霧露白，玉殿莓苔青。」《舊史》鄭顥夢爲聯句，與此同。

《得房公池鵝詩》：「鳳凰池上應回首，爲報籠隨王右軍。」宋元憲以鵝贈梅聖俞，聖俞以詩謝曰：「昔居鳳池上，曾食鳳池萍。乞與江湖客，從教養素翎。」宋得詩不悦。聖俞之意，本於少陵。

陶靖節之《讀山海經》，猶屈子之賦《遠遊》也。「精衛銜微木，將以填滄海。刑天舞干戚，猛志故常在。」悲痛之深，可爲流涕。

真文忠公曰：「杜牧之、王介甫賦息嬀、留侯等作，足以訂千古是非。」

《文選》注：「五言自李陵始。」《文心雕龍》云：「《召南·行露》，始肇半章；孺子《滄浪》，亦有全曲；《暇豫》優歌，遠見春秋；《邪徑》童謡，近在成世。」則五言久矣。

《古詩十九首》，或云枚乘，疑不能明也。《驅馬上東門》、《遊戲宛與洛》，辭兼東都，非盡是乘作。《文心雕龍》云：「《孤竹》一篇，傅毅之詞。」

鶴山云：「《禮》於生子曰詩負，於祝嘏曰詩懷。詩之爲言承也，情動於中而言以承之，故曰詩。」

《列女傳》，《式微》，二人之作，聯句始此。皮日休云：「柏梁七言，聯句興焉。」《文心雕龍》云：「聯句共韻，柏梁餘製。」

《左傳》有虞殯，《莊子》有紼謳，挽歌非始于田横之客。

韋孟在鄒，詩曰：「我既僊逝，心存我舊。夢我瀆上，立于王朝。其夢如何？夢争王室。其争如何？夢王我弼。」呂成公曰：「孟既致爲臣而歸，拳拳之意猶如此。」

《吴語》越王告吴王曰：「民生於地上，寓也。」老萊子曰：「人生於天地之間，寄也。寄者固歸。」《古詩》「人生忽如寄」，本於此。

東方朔有八言、七言。攷之《風》、《雅》，「尚之以瓊華乎而」，七言也；「我不敢傚我友自逸」，八言也。

《雕龍》云：「張衡《怨篇》，清典可味。」《御覽》載衡《怨詩》曰：「秋蘭，嘉美人也。猗猗秋蘭，植彼中阿。有馥其芳，有黄其葩。雖曰幽深，厥美彌嘉。之子之遠，我勞如何？」

陳思王《靈芝篇》曰：「伯瑜年七十，綵衣以娱親。」今人但知老萊子之事，而不知伯瑜。

陸務觀云：「古詩有倡有和，有雜擬、追和之類，而無和韻者。唐始有用韻，謂同用此韻。後有依韻，然不以次。最後有次韻，自元、白至皮、陸，其體乃成。」

《詩苑類格》謂回文出於竇滔妻所作。《文心雕龍》云：「回文所興，則道原爲始。」又傅咸有回文反覆詩，温嶠有回文詩，皆在竇妻前。皮日休曰：「傅咸反覆興焉，温嶠回文興焉。」

左思《白髮賦》：「星星白髮，生於鬢垂。」詩用「星星」字，出於此。

韓子蒼曰：「柏梁作而詩之體壞，河梁作而詩之意乖。」

李義山謂昌黎文若元氣，荆公謂少陵詩與元氣侔，唯韓、杜足以當之。

山谷云：「學老杜詩，所謂刻鵠不成猶類鶩也。」後山謂山谷得法於少陵。朱文公云：「李、杜、韓、柳，初亦學《選》詩，然杜、韓變多，而柳、李變少。變不可學，而不變可學。」

朱文公編《小學》書，其《答劉子澄》謂：「《古樂府》及杜子美詩，可取者多，令其喜諷咏，易入心，最爲有益。」今本《樂府》及詩皆不取，豈修改而删之歟？子澄著《訓蒙新書》、《外書》。

韓文公《城南聯句》「禮鼠拱而立」，出《關尹子》「聖人師拱鼠，制禮」。《遠遊聯句》「開弓射鵰吺」，《古文尚書》「驩兜」字也。《管子》云「鵰然若謞之静」，即「驩」字。

又《雨中聯句》「高居限參拜」，《戰國策》頓弱曰：「臣之義不參拜。」二字本此。

《送廣帥詩》：「上日馬人來。」《唐書・環王傳》：「西屠夷，蓋馬援還，留不去者才十户，隋末孳衍至三百，皆姓馬，俗以其寓，故號馬留人，與林邑分唐南境。」《演蕃露》引《傳燈録》：「中印度，乃在西域。」其説誤矣。

《抱朴子》曰：「俗士多云：『今月不如古月之朗。』」李太白詩有《古朗月行》，又《把酒問月》云：「今人不見古時月，今月曾經照古人。」

王胄以「庭草」一句，爲隋煬所忌。《初學記》載胄《雨晴詩》：「風度蟬聲遠，雲開鴈路長。」亦佳句也。

「忍過事堪喜」，杜牧之《遣興詩》也。呂居仁《官箴》引此，誤以爲少陵。俗言「忍事敵灾星」，司空表聖詩也。

韋處厚《盛山十二詩》，韓文公爲序，今見于《唐詩紀事》。十二詩謂：《隱月岫》、《流杯渠》、《竹嵓》、《繡衣石榻》、《宿雲亭》、《梅谿》、《桃塢》、《胡盧沼》、《茶嶺》、《盤石磴》、《琵琶臺》、《上士瓶泉》也。

伊川曰：「凡人家法，須月爲一會以合族。古人有『花樹韋家宗會法』，可取也。」「宗會法」今不傳，岑參有《韋員外家花樹歌》：「君家兄弟不可當，列卿太史尚書郎。朝回花底常會客，花撲玉缸春酒香。」韋員外失其名，此詩見一門華鄂之盛。

《墨子》謂西施之沈其美也，豈亦如隋之於張麗華乎？「一舸逐鴟夷」，特見於杜牧詩，未必然也。

張碧，字太碧；黄居難，字樂地，慕太白、樂天也。亦李赤之類歟。

陸魯望《雜諷》云：「紅蠶緣枯桑，童麋來觸犀。歌鵝慘于冰，赤舌可燒城。」皆用《太玄》語。又《南征詩》「繞帳生犀一萬株」，宋元憲詩「帳犀森別校」、「犀株衛帳并兒勇」，景文詩「合宴傳飧帳繞犀」，皆用此。

毛澤民詩：「不須買絲繡平原，不用黄金鑄子期。」本李賀、貫休詩。

李義山《詠賈生》云：「可憐夜半虛前席，不問蒼生問鬼神。」馬子才《詠文帝》云：「可憐一覺登天夢，不夢商巖夢櫂郎。」雖同一律，皆有新意。

唐以詩取士，錢起之《鼓瑟》，李肱之《霓裳》是也。故詩人多。韓文公薦劉述古，謂舉於禮部者，其詩無與爲比。錢起，名在第六，《豹鳥賦》。

羅昭諫《詠松》曰：「陵遷谷變須高節，莫向人間作大夫。」其志亦可悲矣。唐六臣，彼何人哉？昭諫説錢鏐舉兵討梁，見《通鑑》，其忠義可見。視奴事朱温之杜荀鶴，猶糞土也。

《宋書·樂志·陌上桑》曰：「《楚辭鈔》以《九歌》、《山鬼》篇增損爲之。」東坡因《歸去來》爲詞，亦此類也。

詩一字至七字，張南史《花》、《竹》、《草》是也。一字至十字，文與可《竹》、《石》是也。

「一叢深色花，十户中人賦」，白樂天謂牡丹也。「豈知兩片雲，戴却數鄉税」，鄭雲叟謂珠翠也。侈靡之蠹甚矣。

韓文公詩「離家已五千」，注引沈休文《安陸王碑》「平塗不過七百」，而不知「弼成五服，至于五千」，本《書》語也。奚以汎引爲？

唐彦謙詩：「啖蟄譏《爾雅》，賣餅斥

《公羊》。」事出《晉書》、《魏志》。

白樂天《迂叟詩》：「初時被目爲迂叟，近日蒙呼作隱人。」又云：「自哂此迂叟，少迂老更迂。」則迂叟之名，不獨司馬公也。

「堯韭舜榮」，梁元帝《玄覽賦》始用之。李群玉《蒲澗寺詩》：「澗有堯時韭，山餘禹代糧。」

致堂云：「古樂府者，詩之旁行也。詞曲者，古樂府之末造也。」陸務觀云：「倚聲製詞，起於唐之季世。」

寒山子詩，如施家兩兒，事出《列子》；羊公鶴，事出《世説》。如子張、卜商，如侏儒、方朔，涉獵廣博，非但釋子語也。對偶之工者，青蠅、白鶴，黄籍、白丁，青蚨、黄絹，黄口、白頭，七札、五行，緑熊席、青鳳裘。而《楚辭》尤超出筆墨畦逕，曰：「有人兮山陘，雲卷兮霞纓。秉芳兮欲寄，路漫兮難征。心惆悵兮狐疑，蹇獨立兮忠貞。」

司空表聖云：「戴容州叔倫。謂詩家之景，如藍田日暖，良玉生煙，可望而不可置於眉睫之前也。」李義山「玉生煙」之句，蓋本於此。

《古詩》「何能待来茲」，茲，年也。《左傳》「今茲」，注云：「此歲。」《呂氏春秋》：「今茲美禾，来茲美麥。」

梁元帝《賦得蘭澤多芳草詩》。古詩爲題，見於此。

韓文公云：「六字常語一字難。」《文心雕龍》謂：「善爲文者，富於萬篇，貧於一字。」

王儉四言，頗有子建、淵明餘風。其《侍太子九日玄圃宴》云：「秋日在房，鴻雁来翔。寥寥清景，藹藹微霜。草木摇落，幽蘭獨芳。眷言淄苑，尚想濠梁。既暢旨酒，亦飽徽猷。有來斯悦，無遠不柔。」

劉苞《九日詩》：「曲終高宴罷，景落樹陰移。」陸務觀：「夕陽頻見樹陰移。」

吴會，謂吴、會稽二郡也。石湖辯之其詳。魏文帝《雜詩》：「適與飄風會。」又曰：「行行至吴會。」

應璩《百一詩》：「室廣致凝陰，臺高來積陽。」出《吕氏春秋》。

李虛己初與曾致堯倡酬，致堯謂曰：「子之詩雖工，而音韻猶啞。」虛己初未悟，既而得沈休文所謂「前有浮聲，後須切響」，遂精於格律。

「詩言志。」「秀幹終成棟，精鋼不作鈎」，包孝肅之志也。「人心正畏暑，水面獨摇風」，豐清敏之志也。

張文饒曰：「處心不可著，著則偏；作事不可盡，盡則窮。先天之學，止是此二語，天之道也。」愚謂：邵子詩「夏去休言暑，冬來始講寒」，則心不著矣。「美酒飲教微醉後，好花看到半開時」，則事不盡矣。

杜正獻公詩：「因念古聖賢，名爲千古垂。何嘗廣居室，儉爲後人師。亞聖樂簞食，寢丘無立錐。文終防勢奪，景威耻家爲。文園四壁立，鄭公小殿移。」陳正獻公詩：「遺汝子孫清白在，不須厦屋太渠渠。」二賢相之清風，可以媿木妖之習。

鴈湖注荆公詩，於《明妃曲》「漢恩自淺胡自深，人間樂在相知心」，則引范元長之語，以致其譏。《日出堂上飲》之詩「爲客當酌酒，何預主人謀」，則引鄭氏《考槃》之誤，以寓其貶。《君難托》之詩曰：「世事反覆那得知，讒言入耳須臾離」，則明君臣始終之義，以返諸正。愚按：楊元素謂介甫詩

「今人未可輕商鞅，商鞅能令政必行」，今觀其行事，已頗類之矣。言，心聲也，其可掩乎？

東坡文章好譏刺，文與可戒以詩云：「北客若來休問事，西湖雖好莫吟詩。」晚年，郭功父寄詩云：「莫向沙邊弄明月，夜深無數採珠人。」饒德操、黎介然、汪信民寓宿州，作詩有略詆及時事者，呂滎陽聞之，作《麥熟》、《繰絲》等四詩，以諷止之。自此不復有前作。

後山云：「蘇公之門有客四人：黄魯直、秦少游、晁无咎則長公之客也，張文潛則少公之客也。」魯直詩云：「晁子智囊可以括四海，張子筆端可以回萬牛。」文潛詩云：「長公波濤萬頃陂，少公巉秀千尋麓。黄郎蕭蕭日下鶴，陳子峭峭霜中竹。秦文倩麗舒桃李，晁論峥嶸走珠玉。」可以見一時文獻之盛。

「衣上六花非所好，畝間盈尺是吾心。」「何由更得齊民暖，恨不偏於宿麥深。」《雪詩》無出晏元獻、韓持國之右。

晏元獻詩：「二龍驂夏服，雙鶴記堯年。」宋元憲詩：「軒野龍催馭，堯宫鶴厭寒。」劉敬叔《異苑》：「太康二年，冬大寒，南州人見二白鶴於橋下，曰：『今兹寒，不減堯崩年。』」故山陵挽章用之。

《符瑞圖》：「日二黄人守者，外國人來降。」宋景文云：「青帝回風還習習，黄人捧日故遲遲。」翟公巽云：「青女霜如失，黄人日故遲。」

司馬公《早朝詩》「太白明如李」，出《漢・天文志》：「熒惑踰歲星，居其東北半寸所如連李。」又《即事》云：「雨不成遊布路歸。」出《左傳》：「自朝布路而罷。」今

《集》中皆注云「恐誤」，蓋未攷也。

「更無柳絮隨風起，惟有葵花向日傾」，見司馬公之心。「浮雲世事改，孤月此心明」，見東坡公之心。

東坡《次韻朱公掞初夏》詩：「《諫苑》君方續承業，《醉鄉》我欲訪無功。」隋樂運，字承業，録夏、殷以來諫争事，名《諫苑》。文帝覽而嘉焉。注謂《南史》李承業作《諫苑》，誤矣。

《答王定國》詩：「謹勿怨謗讒，乃我得道資。淤泥生蓮花，糞壤出菌芝。賴此善知識，使我枯生荑。」此尹和静所謂困窮拂鬱，能堅人之志而熟人之仁也。《詩》曰：「它山之石，可以攻玉。」

「浮雲世事改，孤月此心明」，坡公晚年所造深矣。

夏均父詩：「欒城去聲色，老坡但稱快。嗚呼二法門，近古絶倫輩。」嘗觀欒城爲《歐陽公碑》云：「公之於文，雍容俯仰，不大聲色而義理自勝。」欒城評品文章至佳者，獨云不帶聲色，蓋得於公也。歐陽公《與梅聖俞書》云：「快哉，快哉！老夫當避路，放他出一頭地。」東坡看人文字，於所酷愛者，但稱快而已，亦得於公也。

陸務觀記東坡詩「翠欲流」，謂蜀語鮮翠，猶言鮮明也。愚按：嵇叔夜《琴賦》云：「新衣翠粲。」李周翰注：「翠粲，鮮色。」李善注引《子虚賦》：「翕呷翠粲。」張揖曰：「翠粲，衣聲。」《漢書》作「萃蔡」。萃音翠。班倢伃賦「紛綷縩兮紈素聲」，其義一也。以鮮明爲翠，乃古語。

後山云：「少好詩，老而不厭。及一見黄豫章，盡焚其稿而學焉。豫章以謂譬之弈焉，弟子高師一著，僅能及之，争先則後之。」此可爲學文之法。

東坡《與歐陽晦夫》詩三首。晦夫，名闢，桂州人，梅聖俞有詩送之云：「我家無梧桐，安可久留鳳？」東坡南遷至合浦，晦夫時爲石康令，出其詩稿數十幅。事見《桂林志》。注坡詩者，以爲文忠之族，非也。

《夏小正》：「九月榮鞠。」東坡詩云：「黄花候秋節。」遠自《夏小正》，注止引《月令》，非也。司馬公《春帖子》：「候鴈来歸北，寒魚陟負冰。」亦用《夏小正》。

山谷詩，晚歲所得尤深。鶴山稱其以草木文章，發帝杼機；以花竹和氣，驗人安樂。

《題蘇若蘭回文錦詩圖》云：「亦有英靈蘇蕙手，❶只無悔過竇連波。」連波，竇滔字也。《武后記》云：「因述若蘭之多才，復美連波之悔過。」

《物理論》云：「虚無之談，無異春蛙秋蟬，聒耳而已。」山谷《演雅》「春蛙夏蜩更嘈雜」，本於此。

《題王黄州墨跡》：「掘地與斷木，智不如機舂。聖人懷餘巧，故爲萬物宗。」注不言所出，嘗觀孔融《肉刑論》云：「賢者所制，或踰聖人。水碓之巧，勝於斷木掘地。」此詩意本於此。機舂，即水碓也。

《立春詩》「看鏡道如咫」，出《汲冢周書》王子曰：「遠人來驩，視道如尺。」

《呈吉老縣丞詩》：「觟䚦今無種，蒲盧教末形。」注云：「觟䚦，此兩姓，今無人。」按《太玄·難》上九云：「角觟䚦，終以直，其有犯。」二字與「解豸」同。亦見王充《論衡》云：「一角之羊也。」注誤矣。

❶「手」，道光本作「子」。

「八百老彭嗟杖晚」，出《莊子》釋文：「彭祖至七百歲，猶曰悔不壽，恨杖晚而唾遠。」「醇朴乃器師」，二字出《荀子》。《江西道院賦》「堂密有美樅」，出《爾雅》注：「《尸子》謂松柏之鼠，不知堂密之有美樅。」

後山《挽司馬公》云：「輟耕扶日月，起廢極吹噓。」與老杜「桑麻深雨露，燕雀半生成」相似。生成、吹噓，字若輕而實重。

張文潛《詠孔光》云：「試問不言温室木，何如休望董賢車。」仲彌性《詠韋執誼不看嶺南圖》云：「政恐崖州如有北，却應未肯受讒夫。」二詩誅姦諛之蕭斧也。

朱雲爲槐里令，上書求見，而即得對。成帝時，言路猶未塞也。張文潛詩曰：「直言請劍斬安昌，勿謂朱游只素狂。君看漢家文、景業，張侯能以一言亡。」

南豐《麻姑山詩送南城羅尉》，仿《廬山高》而不逮，絶唱寡和也。

唐子西「佳月明作哲，好風聖之清」，本於李誠之「山如仁者静，風似聖之清」。朱新仲「無人馬爲二，對飲月成三」，本於秦少游「身與杖藜爲二，影將明月成三」。陸務觀「誰其云者兩黄鵠，何以報之雙玉盤」，本於新仲「何以報之青玉案，我姑酌彼黄金罍」。葉少藴「逸人舊住子午谷，詩客獨尋丁卯橋」，務觀用之。程致道「明知計出柏馬下，正擬身全木鴈中」，敖器之用之。

或問崔德符作詩之要，曰：「但多讀而勿使，斯爲善。」張芸叟云：「年踰耳順，方敢言詩。」未窺六甲，先製五言者，觀此可以戒。

曾文昭公《河間詩》云：「南北車書久混同，河間今有楚人風。獨慚太守非何武，已見州閭出兩龔。」謂彦和兄弟也。《童蒙訓》以爲曾子宣作，恐誤。

徐師川以諫議召，程致道在西垣封還除書，言與中貴人唱和「魚須」之句，爲人所傳。朱文公《語録》云：「師川游廬山，遇宦者鄭諶，與之詩。」後村謂《徐集》不載「魚須」之篇。愚攷《集》中有《次韻鄭本然居士》云：「頗知鶴脛緣詩瘦，早棄魚須伴我閒。」本然居士，豈即鄭諶歟？魚須，笏也。

朱新仲《詠顔魯公》云：「千五百年如烈日，二十四州唯一人。」又《詠昭君》云：「當時夫死若求歸，凛然義動單于府。不知出此肯隨俗，顔色如花心糞土。」

《本草》：「菊，一名傅延年。」朱新仲詩：「三徑誰從陶靖節？重陽惟有傅延年。」前未有用者。

梁文靖公克家。《梅花詩》云：「九鼎燮調終有待，百花羞澀敢言芳。」用王沂公之意，亦魁天下，位宰相。然梁公之句，失於雕琢。

誠齋始學江西，既而學五字律於後山，學七字絶句於半山，最後學絶句於唐人。

誠齋《讀貞觀政要》云：「拔士新豐逆旅中，懷賢鴨緑水波東。酒傾一斗爲肩客，醋設三杯羊鼻公。」羊鼻公，謂魏鄭公。見《龍城録》。

攻媿記張武子之語：「水禽有名信天公者。」按《晁景迂集》：「黄河有信天緣，常開口待魚。」

蘇雲卿，廣漢人，隱東湖。張魏公爲相，使帥漕挽其來。一夕遁去，不知所之。真文忠爲詩曰：「魏公孤忠如孔明，赤手能支天柱傾。蘇公高節如子陵，寸膠解使黄河清。等是世間少不得，問津耦耕各其適。後人未可輕雌黄，兩翁之心秋月白。」

南塘《挽趙忠定公》云：「空令考亭老，垂白注《離騷》。」楊楫《跋楚辭集注》云：「慶元乙卯，治黨人方急。趙公謫死于道，先生憂時之意，屢形于色。一日，示學者以所釋《楚辭》一篇。」

孫燭湖《讀通鑑詩》：「簿書流汗走君房，那得狂奴故意降？努力諸公了臺閣，不煩魚鴈到桐江。」又曰：「清濁無心陳仲弓，圓機聊救漢諸公。末流不料兒孫誤，千古黄初佐命功。」朱文公謂二絶甚佳。

平園詩「生戎馬」、「死佛貍」，荆公詩「生白」、「殺青」，皆佳對。

鶴山詩：「只期玉女是用諫，肯爲金夫不有躬。」本於「玉汝」、「金吾」之對。

林和靖詩：「怪書披月看銅牆。」放翁文有「銅牆鬼炊」之語，出東方朔《神異經》。「田園圖史分貧富，鼎鼐樓臺辨有無。」洪舜俞詩，用龐潁公、寇萊公事。

本朝絶句，有夾漈《詠漢高祖》五言，乃唐于季子詩。又荆公絶句《詠叔孫通》，亦見《宋景文公集》。

《演蕃露》云：「摶黍爲鸎，不知何出。」蓋未攷《詩·葛覃》注也。《緗素雜記》不知麥秋出《月令》，亦此類。《能改齋漫録》攷古語所出，詳且博矣。然「首如飛蓬」，見于《詩》，乃以左思賦爲始；「樹桃李者夏得休息」，見于《説苑》，乃以狄梁公事爲始。若此者非一，是以君子無輕立論。

《方言》：「斟，益也。」凡病少愈而加劇，謂之不斟，或謂之何斟。吕居仁《答曾吉父詩》「記我今年病不斟」，蓋用此，而不知者改爲「不禁」。

《韋玄成傳》「五世壙僚」，言五世無官也。吕成公銘湯烈母云：「湯世壙僚，委祉于後。」而婺本改爲「壙遼」。東坡《春帖》用「翠管銀罂」，出老杜《臘日詩》，而注者改爲「銀鈎」。此邢子才所以有「日思誤書」之語也。

吕居仁詩：「弱水不勝舟，有此積立鐵。」又云：「何知若人胸，中有積立鐵。」出老杜《鐵堂峽詩》：「壁色立積鐵。」又云：「準擬春来泰出游。」出《漢書・田叔傳》。又云：「日月已秋罷。」出《元帝紀》。

趙紫芝詩謂：「輔嗣易行無漢學，玄暉詩變有唐風。」

潘庭堅《題嶽麓寺道鄉臺》曰：「坡仙不謫黄，黄應無雪堂。道鄉不如新，此臺無道鄉。青山非其人，山靈能頡頏。一落名勝手，境與人俱香。悲吟倚空寂，臨眺生慨慷。道鄉不可作，承君不可忘。」陳樞密宗禮，景定間，持節廣東，有詩云：「山川只爲蠻煙累，姓字多因謫籍香。」御史虞虚劾之，陳坐謫。其後陳召入，虞鐫官。

吴吉甫以晚科試漕闈，《搗藥兔長生詩》云：「真水黄芽長，香風玉杵鳴。不爲三窟計，永伴一輪明。」省試《聖人之道猶日中賦》，用「闞搏之月，見沫之星」。第七聯云：「桑榆已晚，尚期一戰之收。」

湯伯紀《自儆》云：「春秋責備賢者，造物計校好人。一點莫留餘滓，十分成就全身。」此老晚節，庶幾踐斯言也。

薛士龍詩：「左角蠻攻觸，南柯檀伐槐。」的對也。

徐淵子詩：「植杞必植梓，藝蘭仍藝蓀，過庭遺訓在，鑿楹故書存。」蓋以「梓蓀」喻「子孫」也。鑿楹，出《晏子春秋》。李義山詩：「經出宣尼壁，書留晏子楹。」

任元受《七夕詩》：「切勿填河漢，須

留洗甲兵。」意亦新。

伊川先生不作詩，唯《寄王子真詩》云：「我亦有丹君信否，用時還解壽斯民。」先生入嵩山，子真已候於松下。問何以知之，曰：「去年已有消息来矣。」蓋先生前一年欲往，以事而止。子真名筌，岐下陽平人。元豐中，賜號冲熙處士。張芸叟爲《功行碑》，謂超世之資，與陳圖南侔。

建隆初，詔五代時命官，投狀叙理，復命之。郭恕先詩云：「爲逢末劫歸依佛，不就新恩叙理官。」「飛龍在天，利見大人」，而猶不屈，其志如此。

《文鑑》取蔡確《送將歸賦》，猶《楚辭後語》之取息夫躬也。

浮溪詩：「人間何事非戲劇，鶴有乘軒蛙給廩。」《水經注》引《晉中州記》：「惠帝爲太子，令曰：『若官蝦蟆，可給廩。』」《晉書》無此語。

張芸叟曰：「岐山石鼓，是《車攻》詩也。『我車既攻，我馬既同』，則所取也。『其魚維何，維魴及鱮。何以貫之，維以楊柳』，則所不取者也。先儒凡今《詩》所無者，盡目爲逸詩，誤矣。」見致堂《論語説》。

朱文公曰：「顧況詩有集，皆不及見《韋應物集》者之勝。」今按：韋集有顧況《奉同郡齋雨中宴集詩》云：「好鳥依嘉樹，飛雨灑高城。況與數君子，列座分兩楹。文雅一何麗，林堂含餘清。我公未歸朝，遊子不待晴。白雲帝鄉遠，滄江楓葉鳴。拜手欲無言，零淚如酒傾。寸心已摧折，別離方骨驚。安得凌風翰，肅肅賓天京。」

程可久沙隨先生。《自題眄怡齋》云：「乞得膠膠擾擾身，霜筠露菊便相親。勸君莫厭羹藜藿，違己由来更病人。」「六月松風萬籟寒，笙竽頻到枕屏間。夜深夢繞康盧阜，❶瀑布濺珠過藥欄。」「葵花已過菊花開，萬里西風拂面來。問字今朝幾人至，細看屐齒破蒼苔。」

朱新仲云：「唐之詩人達者，唯高適。」適位不過常侍。本朝歐、王、蘇、黄出，徐、陳、韓、吕繼之，八人，一相，三執政，三從官，何其盛也。

山谷詩云：「能與貧人共年穀，必有明月生蚌胎。」爲富不仁者可以警。

少陵詩：「東屯稻田一百頃，北有澗水通青苗。」東屯，乃公孫述留屯之所，距白帝五里，稻米爲蜀第一。郡給諸官俸廩，以高下爲差，帥漕月得九斗。王龜齡詩云：「少陵別業古東屯，一飯遺忠畎畝存。我輩月叨官九斗，須知粒粒是君恩。」東屯有青苗陂。

有問「心遠」之義於胡文定公者，公舉上蔡語曰：「莫爲嬰兒之態，而有大人之器；莫爲一身之謀，而有天下之志；莫爲終身之計，而有後世之慮。此之謂心遠。」

宋正甫詩：「三聖傳心惟主一，六經載道不言真。」

攻媿先生書桃符云：「門前莫約頻來客，坐上同觀未見書。」

葛魯卿《借書詩》：「大勝揚雄辭子駿，更殊班嗣阻君山。」

朱希真避地廣中，作《小盡行》云：「藤州三月作小盡，梧州三月作大盡。哀哉官曆今不頒，憶昔升平淚成陣。我今何異桃源人，落葉爲秋花作春。但恨未能與世

❶「康」，嘉慶本、道光本作「匡」。

隔，時聞喪亂空傷神。」唐李益《問路侍御六月大小》云：「野性迷堯曆，松窻有道經。故人爲柱史，爲我數階蓂。」

山谷詩「金石在波中，仰看萬物流」，出《孟子》注：「萬物皆流，而金石獨止。」

野處《雪詩》：「天上長留滕六住，人中會有葛三來。」葛三事，出《太平廣記》。葛仙公第三子。

王逢原詩：「退之昔裁詩，頗以豪横恃。暮年意氣得，金玉多自慰。買居紀廂榮，顧影樂冠佩。喜將閭巷好，持與妻子議。彼哉何足道，進退兹焉係？安知九列榮，顧是德所累。」謂《南内朝賀歸》及《示兒詩》也。朱子曰：「此篇所誇，乃《感二鳥》。符讀書之成效極致，而《上宰相書》所謂行道憂世者，已不復言矣。」鄧志宏亦謂愛子之情則至矣，導子之志則陋也。

致堂曰：「韓退之賦石鼓曰『孔子西行不至秦』，故不見録。孔子編《詩》，豈必身歷而後及哉？信斯言也，《車鄰》、《駟驖》，胡爲而收之也？」

荆公《傷杜醇》曰：「隱約不外求，耕桑有妻子。藜杖牧雞豚，筠筒釣魴鯉。」《弔王致》曰：「老妻稻下收遺秉，稚子松間拾墮樵。」二人，四明鄉先生也。固窮守道如此，今人知者鮮矣。利欲滔滔，廉耻寥寥，孰能景慕前脩哉！

唐子西《内前行》云：「宅家喜得調元手。」唐時宫中，謂天子爲宅家。《通鑑》：韓建發兵圍十六宅，諸王呼曰：「宅家救兒。」劉季述等至思政殿，皇后趨至拜曰：「軍容勿驚宅家。」

文宋瑞《指南録·爲或人賦》云：「悠

悠成敗百年中,笑看柯山局未終。金馬勝遊成舊雨,銅駞遺恨付西風。黑頭爾自誇江揔,冷齒人能説褚公。龍首黄扉真一夢,夢回何面見江東!」南齊樂豫謂徐孝嗣曰:「人笑褚公,至今齒冷。」謂褚淵也。

翁與可《上徐直翁詩》:「六丈謀謨同輩服,二郎官職迺翁知。」

鄭德言侃。爲國子博士,❶私試策問師道,祭酒不悦,臺評及之。李艮翁丑父。爲詩餞之曰:「諸生幸不笑韓愈,官長何因罵鄭虔?」

柳文云:「王氏子著論,非班超不能讀父兄之書,而力徼狂疾之功以爲名。」先君子嘗爲《投筆詩》,其末云:「蘭臺舊家學,胡不紹箕裘?」

鄧志宏曰:「詩有四忌:學白樂天者忌平易,學李長吉者忌奇僻,學李太白者忌怪誕,學舉子詩者忌説功名。」

困學紀聞卷之十八

❶「德」,嘉慶本、道光本作「得」。

困學紀聞卷之十九

浚儀 王應麟 伯厚甫

評文

《穀梁・隱四年傳》注云：「建儲非以私親，所以定名分。」鄧潤甫《草東宮制》云：「建儲非以私親，蓋明萬世之統；主器莫若長子，兹本百王之謀。」蓋出於此。

晏元獻《謝昇王記室表》云：「衣存缺衽，式贊於謙冲；饌去邪蒿，不忘於規諫。」《韓詩外傳》周公誡伯禽曰：「衣成則必缺衽，宫成則必缺隅。」

《九章算術》：「五雀六燕，飛集于衡，衡適平。一雀一燕，飛而易處，則雀重而燕輕。」陸農師《謝吏部尚書表》「六燕相亭，試銓平其輕重」，蓋用此。

《周書・王會》「東越海蛤」，或誤爲「侮食」，而王元長《曲水詩序》用之，其「別風淮雨」之類乎？

駱賓王云：「類同心異者，龍蹲歸而宋樹伐；質殊聲合者，魚形出而吴石鳴。」龍蹲，謂孔子。《春秋演孔圖》：「孔子坐如蹲龍，立如牽牛。」

楊盈川《叙郡守》云：「代臨本州，則元賓之父喜形于色；繼爲本守，則張翕之子迎者如雲。」《叙縣令》曰：「仁之所懷，幼童不能擊將雛之雉；明之所斷，老父不能争食粟之雞。」對的語工。

蘇許公制：「右掖司言，佇光於五字。」常衮表：「五字非工。」張南史詩：

「唯有五字表。」《魏志》：「司馬景王命中書令虞松作表，再呈輒不可意。中書侍郎鍾會取視，爲定五字，松悦服。」西掖用「五字」，本於此。

張文定慶曆中草兩制。《薦舉敕》云：「蓋舉類之來舊矣，三代之盛王，其必由之。如聞外之議云：『是且啓私謁告請之弊也。』予不以是待士大夫，何士大夫自待之淺邪？」又《察舉守令敕》云：「夫天下之大，官吏之衆，獨不聞循良尤異者之達予聽。外臺之職，豈非闕歟？抑朝廷未有以導之也。其視守令，能以仁政得民，民心愛之，如古循吏然者，宜以名上，予得以褒慰之。亦以使四方之民，知予不專寵健吏，所貴仁者爾。」尤延之謂：「二詔大哉言乎！簡而盡，直而婉，丁寧惻怛之意，見於言外。至今誦之，盎然如在春風中。豈特公之文足以導上之德意志慮，亦當時善治足以起其文也。」

文定又行《范文正公參政制》云：「大恩之下難爲報，大名之下難爲處。矧兼二者，可無勉哉！爾尚朝夕以交修，予允迪前人勤教，邦其永孚于休。」訓辭温雅，可以見太平之象。

端平元年九月，真文忠公除翰林學士，洪舜俞命詞曰：「迪惟仁祖，有若臣脩。朝京師於甲午之元，拜内相於季秋之月。」歐陽公之除，在至和元年九月，歲皆甲午。用事切當如此。

慶元初，嗣秀王辭中書令，賜贊拜不名。鄭溥之草制云：「天下之達尊三，德兼爵齒以俱茂；人臣之不名五，老與親賢而並隆。」《公羊傳》注：「禮君於臣不名者有五：諸父兄不名，上大夫不名，盛德之士不名，老臣不名。」《説苑》伊尹曰：「君之所不名臣者四：諸父臣而不名，諸兄臣而不名，先王之臣臣而不名，盛德之士臣而不名。」咸淳初，嗣榮王賜詔書不名，余草制用《説苑》事。

開禧，追貶秦檜。周南仲代草制云：「兵於五材，誰能去之？首弛邊疆之禁；臣無二心，天之制也，忍忘君父之讎。」又云：「一日縱敵，遂貽數世之憂；百年爲墟，誰任諸人之責？」《金虜南遷録》載孫大鼎疏言：「遣檜間我以就和。」檜之姦狀著矣，嘉定之牽復，幾於失刑。

韓文公《王仲舒銘》云：「敷文帝階，擢列侍從。」野處《謝敷文閣直學士表》云：「宣布中和，方歌盛德之事；擢列侍從，遽復敷文之階。」雖借用而切當。

「王輔嗣吐金聲於中朝，此子復玉振於江表。微言之緒，絶而復續，不意永嘉之末，復聞正始之音。」晋人之稱衛玠，蓋所尚者清談也。正始，魏齊王芳年號。胡武平啓，以「正始之遺音」對「奪朱之亂雅」，陸務觀嘗摘其誤。王季海行《東坡贈太師制》云：「博觀載籍之傳，幾海涵而地負；遠追正始之作，殆玉振而金聲。」恐亦襲武平之誤也。若正始之清談，非所以稱坡公。

胡文定以親辭成都學事云：「矧當喜懼之年，深計短長之日。」曾文清求歸侍云：「朝則倚門，暮則倚閭，常恐失望；父曰嗟子，母曰嗟季，曷敢弭忘？」

上官儀《册周王文》：「識表魏舟之象，詞掩漢臺之駕。」上句用曹蒼舒事，下句用《柏梁臺詩》梁王曰：「驂駕駟馬從梁來。」或以「駕」爲「卦」，引沛獻王占雨事，非也。

洪景盧《周茂振入館謝啓》，雖不若董彦遠之博，如「桃萊難悟，柳卯本同」，「幼婦外孫之義，女郎世子之名」，亦儷語之工者。

野處草《梁叔子制》云：「鼎學士之大稱。」蓋用劉禹錫《天平軍壁記》「以牙璋玉節鼎右僕射官稱」之語。又草《葉顒左相制》云：「學聖人之道，高天下以聲。」或云：「葉語音高，故以戲之。」然「矜人臣以能，高天下以聲」，《史記》謂殷紂也，不當用之王言。

徐淵子《上梁文》云：「林木翳然，便有濠濮間想；清風颯至，自謂羲皇上人。」初寮《啓》云：「得知千載，上賴古書；作吏一行，便廢此事。」皆全句。

李宗道《春秋十賦》，屬對之工，如：「越椒熊虎之狀，弗殺必滅若敖；伯石豺狼之聲，非是莫喪羊舌。」「王子爭囚，而州犁上下；伯輿合要，而范宣左右。」「魯昭之馬將爲櫝，衛懿之鶴有乘軒。」「于奚辭邑，而衛人假之器；晉侯請隧，而襄王與之田。」「星已一終，魯君之歲；亥有二首，絳老之年。」「作楚宫，見襄公之欲楚；效夷言，知衛侯之死夷。」「雞憚犧，而斷其尾；象有齒，而焚其身。」「虞不臘矣，吴其沼乎。」「好魯以弓，請謹守寶；賜鄭以金，盟無鑄兵。」「蛇出泉臺聲姜薨，鳥鳴亳社伯姬卒。」

晏元獻《進牡丹歌詩表》云：「永平神爵之頌，孝明稱美者五人；貞元重九之篇，德宗考第於三等。」按《論衡》云：「永平中，神雀群集，詔上《神雀頌》。百官上頌文比瓦石，唯班固、賈逵、傅毅、楊終、侯諷五頌金玉，孝明覽焉。」貞元事，見《劉太真傳》。

寧皇《服藥赦文》，陳正父所草也。「雖不明不敏，有辜四海望治之心；然無怠無荒，未始一毫從己之欲。」天下誦之，謂寫出寧皇心事。

盧思道《賀甘露》云：「神漿可挹，流味九户之前；天酒自零，凝照三階之下。」❶常衮《賀雪》云：「重陰益固，應水澤腹堅之時；積潤潛通，迎土膏脉起之候。」皆儷語之工者。

俗語皆有所本，如「利市」，出《易・説卦》、《左傳》。「難爲人」，出《表記》。「擔負」，出《詩・玄鳥》箋。「折閲」，出《荀子》。「生活」，出《孟子》。「家數」，出《墨子》。「服事」，出《周禮・大司徒》。「伏事」，出陸士衡詩。「分付」，出《漢・原涉傳》。「交代」，出《蓋寬饒傳》。「區處」，出《黄霸傳》。「多謝」，出《趙廣漢傳》。「丁寧」，出《詩・采薇》箋。「什物」，出《後漢・宣秉傳》。「自由」，出《五行志》。「曉示」，出《童恢傳》。「主者」，出《劉陶傳》。「意智」，出《鮮卑傳》。「卑末」，出《欒巴傳》。「告示」，出《荀子》。仁者，好告示人。「布施」，出《周語》。布施優裕。「比校」，出《齊語》。「行頭」，出《吴語》。「當日」，出《晋語》。「地主」，出《左傳》、《越語》。「相於」，出《晋・后妃傳》。「料理」，出《王徽之傳》。「長進」，出《和嶠傳》。「消息」，出《魏少帝紀》。「功夫」，出《王肅傳》。「普請」，出《吴・吕蒙傳》。「手下」，出《太史慈傳》。「牢固」，出《陸抗傳》。「鄭重」，出《王莽傳》。「分外」，出魏程曉上疏。「小却」，出《宋紀》。「間介」，出《長笛賦》。間介無蹊。「婁羅」，出《南

❶「三」，原作「玉」，據嘉慶本、道光本改。

史・顧歡傳》。「本分」，出《荀子》。見端不如見本分。「措大」，出《五代・東漢世家》。「假開」，出《王峻傳》。「本色」，出《唐・劉仁恭傳》。「古老」，出《書・無逸》注。「商量」，出《易》商兑注。「不宣備」，出楊德祖《答臨淄侯》。不能宣備。「生人婦」，出《魏・杜畿傳》。「私名」，出《列子》。「家公」，出《莊子》。主人公也。「致意」，出《晉・簡文紀》。「傳語」，出《後漢・清河王慶傳》。「收拾」，出《光武紀》。「尋思」，出《劉矩傳》。「不審」，出《韓詩外傳》。「世情」，出《纏子》。不識世情。「爾來」，出孔明《出師表》。「朅來」，出《思玄賦》。「和買」，出《左傳》正義。「阿誰」，出《蜀・龐統傳》。「罷休」，出《史記・孫武傳》。「慚愧」，出《齊語》。「安排」，出《莊子》。「比數」，出《周禮・大司馬》注。「見在」，出《稿人》注。「孩兒」，出《書・康誥》注。「老境」，出《曲禮》正義。「牽帥」，出《左傳》。「先輩」，出《詩・采薇》箋。「如今」，出《杕杜》箋。「居士」，出《玉藻》。「可人」，出《雜記》。「道人」，出《漢・京房傳》。「寄居」，出《息夫躬傳》。「某甲」，出《周禮・職内》注。「道士」，出《新序》。介子推云。「主人翁」，出《史記・范雎傳》。「小家子」，出《漢・霍光傳》。「不中用」，出《史記・外戚世家・王尊傳》。「我輩人」，出《晉・石苞傳》。「對岸」，出《樂志》。「十八九」，出《漢・丙吉傳》。至今十八九矣。「浩大」，出《後漢・馬廖傳》。「兩兩相視」，出《周嘉傳》。「年紀」，出《光武紀》。「雜碎」，出《仲長統傳》。「細碎事手下」，出《吳・呂範傳》。「合少成多」，出《中庸》注。「若干」，出《禮記・曲禮》《投壺》。「如干」，出《陳・何之元傳》。「膠加」，出《九辯》。膠，音豪。加，丘加反。「牢愁」，出《揚雄傳》。畔牢愁。《集韻》：愁，音曹。「墨㞙」，出《列子》。音眉癡。「冗長」，出陸士衡《文賦》。「無狀」，出《史記·夏本紀》。「擘畫」，出《淮南子》。「前定」，出《中庸》。「細作」，出《左傳釋文》。「叙致」，出《世説》。「留連」，出《後漢·劉陶傳》。「問息耗」，出《竇后紀》。「已分」，出魏文帝書。「物色」，出《淮南子》。「本師」，出《史記·樂毅傳》。「祖師」，出《漢·外戚·丁姬傳》。「生熟」，出《莊子》。「有瓜葛」，出《後漢·禮儀志》。「發遺」，出《陳寔傳》。「天然」，出《賈逵傳》。「新鮮」，出《太玄》。「鈍悶」，出《淮南子》。「誇張」，出《列子》。「憕懵」，出《洞簫賦》。「近局」，出陶淵明詩。「提撕」，出《詩·抑》箋。「本貫」，出晉江統論。「十字街」，出《北史·李庶傳》。「見錢」，出《漢書·王嘉傳》。

梁簡文《爲子辭封表》云：「日蝕之餘，無黄童之對；荷戟入榛，異子烏之辯。」又云：「熙祖流聰慧之稱，方建臨淮之國；元仲表岐嶷之資，❶乃啓平原之封。」荷戟入榛，揚雄童烏事。熙祖，晉太子遹字。元仲，魏明帝字。元豐末，《皇弟似封普寧郡王制》全用熙祖、元仲一聯，然熙祖非美事也。

王元之表：「風摧霜敗，芝蘭之性終香；日遠天高，葵藿之心未死。」劉元城表云：「志存許國，如萬折而必東；忠以事君，雖三已而無愠。」斯言可以立懦志。

「驢非驢，馬非馬」，《漢·西域傳》。「烏不烏，鵲不鵲」。《戰國策》。可以爲對。傅景仁云：「『烹羊炰羔』，唯『帶牛佩犢』可對。」

嘉定受寶璽，南塘賀表云：「函封遠

❶「資」，嘉慶本、道光本作「質」。

致，不知何國之白環？瑑刻孔章，咸曰寧王之大寶。」宗室人翰苑者三人：彥中、汝談、汝騰。

王岐公《答韓魏公詔》：「豈朕鬱于大道，未昭治亂之原？將卿保其成功，自潔進退之分。」崔大雅《答周益公詔》：「豈朕不德，未達好賢之誠？將卿既明，自全引退之節。」蓋倣其意。

鄭安晚再相，應之道草制云：「彥博重入中書，特令納節；王曾再登揆席，俛就集賢。」

黄伯庸爲《賀雪表》云：「招徠衆俊，無晝卧洛陽之人；獎勵三軍，有夜入蔡州之志。」語工而健。「上天同雲，平地尺雪」，范蜀公表也，周益公用之。

耿直之守京口，復陳少陽之後曰：「如可贖兮百身，猶將宥之十世。」

「億載萬年，爲父爲母；四海九州，悉主悉臣。」迂齋對。

李顯忠復節鉞，汪聖錫草制云：「念秦伯用孟明之意，與馮唐面文帝之言。」又云：「與人之周，庶幾得頗、牧而能用；共武之服，爾其繼英、衛之善兵。」

倪正父草《壽皇尊號詔》云：「率百官若帝之初，丕講非常之禮；於萬年受天之祜，聿迎滋至之休。」周益公《辭免表》云：「遜于殳斨、伯與，敢忘稽首；有若虢叔、閎夭，尚助迪威。」正父答詔云：「殳斨、伯與固可遜，未聞虞帝之必從。虢叔、閎夭雖曰賢，蓋視周公而不及。」

真文忠爲《原貸盜賊詔》云：「弄潢池之兵，諒非爾志；烈崑岡之火，亦豈予心？」又云：「自有宇宙至于今日，未聞盜賊得以全軀。」其言足以感動人心。

王卿月爲《澹庵制》云：「吾寧身蹈東

海，獨仲連不肯帝秦； 至今名重泰山，微相如何以强趙？」

盧肇《海潮賦後序》： 「馬褐牛衣。」古未有對者。

崔大雅草《史直翁制》云： 「皇祐之詔二老，設几以須； 熙寧之遇四臣，齎書而訪。尚有斯禮，勿遐爾心。」二老： 杜衍、任布。四臣： 韓、富、文、曾。

呂成公《代其父倉部自黃州易守池州啓》云： 「爰考唐朝，有杜牧把麾之舊； 其臨秋浦，亦齊安解組之餘。 雖後先遷徙之偶同，顧今昔風流之非匹。」

端平初，濟王夫人吴氏復舊封，其父與蔣右史良貴有《連良貴託先君代爲謝丞相啓》。 其末聯云： 「孤忠未泯，敢忘漆室之憂葵； 厚德難酬，願效老人之結草。」良貴稱賞。

真文忠除參政，辭以疾。 趙南塘草詔曰： 「漢御史大夫吉當封，病，上憂之。 夏侯勝謂必瘉，果然，後遂至相。 朕之賢卿，甚於宣帝之德吉也。 卿其親醫藥自厚，且先即舍拜命，少間可就車。 朕遣黃門召見卿矣。」此詔有西漢風。

鄭威愍公驤。《新除謝上章》云： 「關陝六七任，不挂權臣之横恩； 崇觀二十秋，靡沾故相之餘潤。」公之大節如此。 馮翊之死義，其處之有素矣。

傅至樂《上周益公啓》云： 「東門之柳自凋，玄都之桃何在？ 彼刀頭之舐蜜，得未錙銖； 况井眉之居瓶，恍如夢寐。」蓋指張説也。

或《上朱文公啓》云： 「行藏勳業，銷倚樓看鏡之懷； 窈窕崎嶇，寄尋壑經丘之趣。」

宋正甫詩：「三甲未全，一丁不識。」或試縣學見黜，後預鄉薦，以啓謝縣令，有不平之意。令答云：「大敵勇，小敵怯，昔固有之。今日是，前日非，吾無愧矣。」

毛憲守長沙，《謝韓平原》云：「湖南之地二千里，序詩幸託於昌黎；平原之客十九人，脱穎願同於毛遂。」

毛澤民啓云：「揚子雲貌寢官卑，經雖玄而謂白；九方堙機深識妙，馬本驪而爲黄。」李清卿啓云：「斯風未泯，則朝取温造而暮拔石洪；吾道不行，則近舍皇甫而遠求居易。」

洪舜俞薦于鄉，鞏嶸監試。後鞏爲江東憲使，舜俞分教番陽，啓云：「東坡倅錢唐，曾在門外鵠袍之列；半山憲江左，亦賞梁間燕語之詩。」

徐淵子爲越教，《答項平甫》云：「正恐異時風舞雩之流，不無或者月離畢之問。」或《答洪舜俞》云：「魯直大名，有皎潔江梅之句；少游下蔡，無丁東玉佩之詞。」

有郡守招士人教子，辭曰：「士而託於諸侯，非其義也；師不賢於弟子，將焉用之？」

張宣公《答教官》云：「識其大者，豈誦説云乎哉？何以告之？曰仁義而已矣。」

真文忠爲江東轉運，有民困於買鳩之役，来訴。公判云：「詔捕鵁鶄，若水尚還其使；歲貢蚶蛤，孔戣猶疏于朝。況爲州縣之官，可恣口腹之欲？」

攻媿《爲姜氏慶七十致語》云：「今日王孫，猶有承平之故態；舊時竹馬，得見會昌之新春。」承平、王孫，見柳文《姜嫈誌》。

衢州稽古閣書《皋陶謨》于屏，其《上梁文》云：「皋陶若稽古，事三朝稽古之君；孔子與斯文，爲萬世斯文之主。」

王相𢙢。嘉熙間，以親老辭督府辟，其書曰：「昔温太真絶衿違母，以奉廣武之檄，心雖忠而人議其失性；徐元直指心戀母，以辭豫州之命，情雖窘而人予其順天。」

吕倚《謝王岐公饋錢酒》，用白水真人、青州從事，岐公稱之。

夏文莊表云：「詩會餘蚳之文，簡凝含酖之墨。」「餘蚳」，見《詩》「貝錦」箋。「筆鋭干將，墨含淳酖」，出《文心雕龍》。

「獨孤《馴象》，世以爲工；子雲《甘泉》，晚而悔作。」晏元獻謂賦也。獨孤綬《放馴象賦》云：「返諸林邑之野，歸爾梁山之隅。時在偃兵，豈嬰乎燧尾？上惟賤賄，寧恤乎焚軀？」

唐律賦《雞鳴度關》云：「念秦關之百二，難逞狼心；笑齊客之三千，不如雞口。」

紹興中，省試《高祖能用三傑賦》第四韻，用「運籌帷帳」。考官謂《漢書》乃「帷幄」，非「帳」字，不敢取。徹棘，以語周益公。益公曰：「《史記》云『運籌帷帳之中』，非誤也。」淳熙中，省試《人主之勢重萬鈞賦》第一聯，有用「洪鐘」二字者，考官哂之。洪文敏典舉，聞之曰：「張平子《西京賦》『洪鐘萬鈞』，此必該洽之士。」遂預選。紹熙中，四明試《航琛越水詩》，有用東坡「舶趠」二字而黜者。決得失於一夫之目，其幸不幸若此。

「東都之季，清議扶之而有餘；强秦

之末，壯士守之而不足。」前輩作《風俗萬世之基》末韻。「亶聰明而有作，無作聰明；由仁義以安行，非行仁義。」舜由仁義行。

「非刀匕是共，膳宰舉席間之觶；釋椎鑿而上，輪人議堂上之書。」此《工執藝事以諫賦》聯也。

困學紀聞卷之十九

困學紀聞卷之二十

浚儀　王應麟　伯厚甫

雜識

南豐《跋西狹頌》謂：「所畫龍、鹿、承露人、嘉禾、連理之木，漢畫始見於今。」邵公濟謂：「漢李翕、王稚子、高貫方墓碑，刻山林人物，乃知顧愷之、陸探微、宗處士輩，尚有其遺法。至吴道玄絶藝入神，然始用巧思而古意少減矣。」今於盤洲所集《隸圖》見之。

曹操夫人《與楊彪夫人書》「送房子官綿百斤」，《古文苑》誤爲「官錦」，而注者妄解。按《魏都賦》：「綿纊房子。」《晉陽秋》：「有司奏調房子、睢陽綿，武帝不許。」《水經注》：「房子城西出白土，可用濯綿。」

善惡以熟言，若《孟子》「仁在乎熟」，《漢・五行志》「季氏之惡已熟」，是也。佛者曰：《成實論》。「行惡見樂，爲惡未熟。至其惡熟，自見受苦。行善見苦，爲善未熟。至其善熟，自見受樂。」其言善惡之熟，亦名言也。

仁宗摹太宗御書大相國寺額於石，即寺爲殿而藏之，御飛白名曰「寶奎殿」。紹興庚辰宏辭，以《寶奎殿太宗皇帝御書贊》命題，唐説齋中選。但云慶曆二載，而不紀月日，以《實録》考之，乃二年正月辛未也。蘇子美作《寶奎殿頌》，周益公題其後云：「上宰宗工，更爲辭章者，謂呂夷簡作記，章得象題額之類。」《實録》云：「命夷簡撰記。」而説齋謂：「焕乎堯章，親加紀述。」亦誤。

舊制麻三道以上，雙宣學士分撰。元豐末，鄧潤甫爲學士，一夕鎖麻二十二通。靖康元年，麻六道，權直院莫儔獨宿。

翰苑未嘗草追贈制。紹定六年十月，史彌遠贈中書令，追封衛王，令學士院降制。學士言非典故，詔特與降制。

太一宫四立月祝文，舊用定本，紹定二年十二月，始命學士院撰述。

親王初除，有布政牓，首云：「應某軍管内。」尾云：「牓某軍，仍散下。」管内，謂所領節鎮也。前輩制集皆可攷。淳熙十六年，皇子封嘉王，布政牓乃云「嘉州管内」，蓋草制者失之。開禧元年，皇子封榮王，牓威武軍，合舊典矣。蓋節鉞初除，以敕書示諭本鎮，亦唐朝隃領之制也。若封王，或以國如周、魯，或以州如兖、雍之類，未嘗有所領之國。咸淳二年，余草福王制，院吏欲以布政牓下福州，余引故事牓所領兩鎮。

陳自明紹熙初，宏辭已入等，同試者摘《周五射記》用「襄尺」字，以爲犯濮王諱。襄，音讓。慶元四年，從臣薦之，謂「襄」字雖同音，嫌名不當避，乃賜同進士出身。徐子儀嘉定中，試宏辭《甘石巫咸三家星圖序》，引《周禮·簭人》巫咸，本注「巫」當爲「筮」，非殷巫咸。主司黜之，而薦于朝。不數年，入館掌制。

《易·觀》初六注：「處於觀時而最遠朝美。」湯邦彦，字朝美，本此。《列子》曰：「務外游，不如務内觀。」陸游，字務觀，本此。魏傅暇，字蘭石，本《淮南子》「蘭生而芳，石生而堅」。唐皇甫湜，字持正，本《詩》「湜湜其沚」箋。黄魯直之字，本柳子《先友記》「王紓有學術魯直」。

朱文公門人晏淵，晏，音緩。晉有晏清。

西王母，《山海經》云：「狀如人，狗尾，蓬頭，戴勝，善嘯，居洵水之涯。」《穆天子傳》注云：「虎齒蓬髮。」

《漢・天文志》：「天暒而見景星。」注：「暒，精明也。」《集韻》云：「晴字。」

《易緯是類謀》曰：「民衣霧，主吸霜，間可倚杵於何藏？」《河圖挺佐輔》曰：「百世之後，地高天下；千歲之後，天可倚杵。」楊文公詩有「倚杵碧天」之句。

《士冠禮》「眉壽萬年」，古文「眉」作「麋」。《博古圖・雝公緘鼎銘》：「用乞麋壽，萬年無疆。」

《集韻》：「吴人謂赤子曰孲孖，音鴉牙。」《雜記》注：「嬰，猶鷖彌也。」《孟子音義》：「倪，謂繫。倪，小兒也。」

《周禮・輈人》注：「鰒，魚字。」以魚名爲字，亦奇語也。

《石鼓文》：「帛魚鱳鱳。」又云：「有鱄有鮊。」即白魚也。

《春秋》正義：「手五指之名曰：巨指、《儀禮・大射》、《孟子》云「巨擘」。食指、《左傳》。將指、《儀禮・大射》注。無名指、《孟子》。小指。」《儀禮》云「季指」。

《館閣書目》：「《蠶書》一卷，南唐秦處度撰。以九州蠶事，獨兖州爲最。」按《蠶書》見秦少游《淮海後集》。少游子湛，字處度。以爲南唐人，誤矣。

「水母目蝦」，見郭景純《江賦》。欒城詩云：「去住由人真水母，篳瓢粗足亦山雌。」❶

❶「亦」，道光本作「似」。

殷芸《小説》：「蔡司徒説在洛見陸機兄弟，住參佐廨中，❶三間瓦屋，士龍住東頭，士衡住西頭。」東坡詩：「自甘茆屋老三間。」簡齋詩：「士龍同此屋三間。」又云：「士衡去國三間屋。」

《唐・西域傳》末禄有軍達，泥婆羅獻波稜，皆菜名也。張文潛謂波稜自坡陵國來。

吕成公曰：「秦多良醫。醫緩、醫和，皆秦人。」《尸子》亦云：「醫竘者，秦之良醫。」

巫彭作醫。《吕氏春秋》。岐伯祖世之師曰僦貸季。《素問》。上古醫曰苗父。《説苑》。

黄石圯老教授福州，聞李葵、李柟、林之奇爲衆推服，即走其家，備禮延致。吕太史《祭林宗丞少穎文》，所謂「二李伯仲」，蓋葵之子柟、樗也。葵字襲明，子柟，字和伯；樗，字迂仲。「里居之良，若方若陸；旁郡之士，若胡若劉。」方德順、陸亦顔、胡原仲、劉致中，見吕居仁《寄和伯少穎迂仲詩》。

齊齋倪公《三戒》：「不妄出入，不妄語言，不妄憂慮。」

吕成公謂争校是非，不如斂藏持養。

李猷護陳東之喪，黄子游賙歐陽徹之葬，皆義烈士也。李，明人，黄亦寓居焉。志吾鄉人物者，宜特書之，以厲澆俗。

淳祐丙午，衢士柴望上《丙丁龜鑑》，其表云：「今来古往，治日少而亂日多；主聖臣賢，前車覆而後車誡。」

張鷟自號浮休子，李白有《贈參寥子》詩。張芸叟、僧道潛復以自號。

近世記録多誤，無垢《心傳録》以王叔文之黨「陸質」爲「陸贄」。質即陸淳，非贄也。

❶「廨」，原脱，據嘉慶本、道光本補。

《磨衲集》，王公庭秀作于紹興壬子。攷其論議，以鄭介夫爲妄言，陳少陽爲鼓變；是熙、豐之法度，非元祐之紛更；謂黨人子孫爲謬賞，謂蘇、黄文章爲末藝。甚者，擬程子之學於墨、釋氏，而以《易傳》爲謝、楊删潤成書，其反理詭道甚矣。詆趙、張二相尤力。蓋自紹聖以來，姦憸茂惡，家以荆、舒爲師，人以章、蔡爲賢，邪説詖行，沈酣入骨髓。更中天之禍，蕭艾不薅，士習孰見聞。至紹興間，邪詖猶肆行，筆之簡牘，不恥也。是故人心不正，其害烈於洪水猛獸。吁，風俗移人可畏哉！

發漢陵者，樊崇、董卓也。發唐陵者，温韜也。惡復誅臻，天道昭昭矣。

成湯、周公，皆坐以待旦。康王晚朝，宣王晏起，則《關雎》作諷，姜后請愆。況朝而受業，爲士之職。《書》曰：「夙夜浚明有家。」《孝經》言卿大夫之孝，引《詩》云：「夙夜匪懈。」言士之孝，引《詩》云：「夙興夜寐。」《讒鼎之銘》曰：「昧旦丕顯，後世猶怠。」叔向所以戒也。「三晨晏起，一朝科頭」，管幼安所以懼也。「在家常早起」，杜子美所謂質朴古人風者也。「雞鳴咸盥櫛，問訊謹暄涼」，朱子之詔童蒙也。「觀起之蚤晏，知家之興廢」，呂子之訓門人也。「起不待鳴雞」，陸務觀《示兒》之詩也。「雞鳴率家人同起，不可早晏無常」，葉少藴與子之書也。雞鳴而起，決擇於善利之間，爲舜而已矣。

晉殷仲堪父師病積年，衣不解帶，躬學醫術，究其精妙。北齊李元忠母多病，專心醫藥，研習積年，遂善方技。李密母患積年，精習經方，洞閑針藥，母疾得除。隋許智藏祖道幼，以母疾，究極醫方，誡諸子曰：「爲人子者，嘗膳視藥，不知方術，豈謂孝乎？」文中子母銅川夫人好藥，子始述方。唐王勃謂人子不可不知醫。時長安曹元有祕術，勃從之游，盡得其要。甄權以母病，與弟立言，究習方書。王燾母有疾，視絮湯劑，數從高醫游，遂窮其術。李逢吉父顔有錮疾，自料醫劑，遂通方書。杜鵬舉母疾，與崔沔同授醫蕭亮，遂窮其術。程子曰：「事親者，不可不知醫。」

康節邵子之先，世家于燕。父伊川丈人間道奔本朝，舍世禄爲窶士，乃絶口不言。伯温子溥，自禮部郎使燕，道涿州良鄉，拜墓。洪業寺石刻，蓋統和十年，伯温高大父所建。統和十年，歲在壬辰，本朝淳化三年也。至宣和六年壬辰，適百二十年，伯温記其異。今按：宣和六年，乃甲辰，非壬辰也。

蘇魏公《書帙銘》曰：「非學何立？非書何習？終以不倦，聖賢可及。」蒲傳正《戒子弟》曰：「寒可無衣，飢可無食，至於書不可一日失。」

太史公《素王妙論》曰：「諸稱富者，非貴其身得志也，乃貴恩覆子孫，澤及鄉里也。黄帝設五法，布之天下，用之無窮，蓋世有能知者，莫不尊親，如范子可謂曉之矣。管子設輕重九府，行伊尹之術，則桓公以霸。范蠡行十術之計，二十一年之間，三致千萬，再散與貧。」《史記》正義。《七略》云：「司馬遷撰。」利者，夫子所罕言。又曰：「如不可求，從吾所好。」太史公著論，以素王名而言求富之術，豈以家貧無財賂，有激而云，如《貨殖傳》之意歟？然何足以爲妙論？

先聖冕服。祥符二年，賜曲阜文宣王廟冕九旒，服九章。熙寧八年，國子監言唐開元中，尊孔子爲文宣王，内出王者衮冕之服以衣之，宜用天子之制。禮院議依官品衣服，令用九旒。崇寧二年，改用冕十二旒，服九章。

《禮記》於禮之變，皆曰「始」。孔氏之不喪出母，自子思始也。士之有誄，自此始也。邾婁復之以矢，蓋自戰於升陛始也。魯婦人之髽而弔也，自敗於臺鮐始也。帷殯非古也，自敬姜之哭穆伯始也。廟有二主，自桓公始也。喪慈母，自魯昭公始也。下殤用棺衣，自史佚始也。庭燎之百，由齊桓公始也。大夫之奏《肆夏》也，由趙文子始也。大夫彊而君殺之，義也，由三桓始也。公廟之設於私家，非禮也，由三桓始也。玄冠紫緌，自魯桓公始也。朝服之以縞也，自季康子始也。夫人之不命於天子，自魯昭公始也。宦於大夫者之爲之服也，自管仲始也。《左氏傳》：始用六佾；晉於是始墨；始厚葬；始用殉；魯於是乎始髽；魏絳於是乎始有金石之樂；始用人於亳社；魯於是始尚羔。亦記禮之始變也。孔子惡始作俑者，始之不謹，末流不勝其敝。劉懋撰器物造作之始爲《物祖》。劉孝孫、房德懋集經史爲《事始》。馮鑑《續事始》。朱繪撰《事原》，高承增益爲《事物紀原》。然所載乃事物之始，不足以垂訓戒。司馬文正公言唐始令妃主葬日，皆給鼓吹。非令典，不足法。蘇文忠公言：「《春秋》書作丘甲，用田賦，皆重其始爲民患也。《國史》記之曰青苗錢自陛下始，豈不惜哉？」皆得謹始之義。

《周易集林・雜占》曰：「占天雨否，外卦得陰爲雨，得陽不雨。其爻發變，得坎爲雨，得離不雨。巽化爲坎，先風後雨；坎化爲巽，先雨後風。」

江揔詩：「聊以著書情，暫遣他鄉日。」元城劉公歲晚閒居，或問先生何以遣日？公正色曰：「君子進德脩業，惟日不足，而可遣乎？」

陳正獻公疏曰：「懲羹者必吹於齏，傷桃者或戒於李。」《楚辭·惜誦》云：「懲熱羹而吹齏。」《北夢瑣言》：唐明宗不豫，馮道入問曰：「寢膳之間，宜思調衛。」指果實曰：「如食桃不康，他日見李思戒。」

尹和靜謂動靜一理。伊川曰：「試喻之。」適聞寺鐘聲，曰：「譬如此寺鐘，方其未撞時，聲固在也。」伊川喜曰：「且更涵養。」朱文公在同安，夜聞鐘鼓聲，聽其一聲未絶，而此心已自走作，因此警懼，乃知爲學須專心致志。先儒於鐘聲之入耳，體察如此。

東坡《策別》「均户口」曰：「當成、康刑措之後，其民極盛之時，九州之籍不過千三萬四千有餘夫。地以十倍，而民居其一。」按《晉書·地理志》：「民口千三百七十一萬四千九百二十三。蓋周之盛也。」見《帝王世紀》。

吴仁傑《鹽石新論》取《潛夫論》「洗金以鹽，攻玉以石」。

土牛之法，以歲之幹色爲首，支色爲身，納音色爲腹。以立春日幹色爲角耳尾，支色爲脛，納音色爲蹄。景祐元年，❶以《土牛經》四篇頒天下，❷丁度爲序。

《黄石公記》云：「黄石，鎮星之精也。黄者，鎮星色也。石者，星質也。」東坡以圯上老人爲隱君子。

❶「年」，原作「牛」，據嘉慶本、道光本改。

❷「牛」，原作「年」，據嘉慶本、道光本改。「頒」下，嘉慶本、道光本有「示」字。

成都石經，孟蜀所刻，於唐高祖、太宗之諱，皆缺畫。范魯公相本朝，其《誡子姪》詩曰：「堯、舜理日，深泉薄冰。」猶不忘唐也。

劉夢得曰：「於竊鈇而知心目之可亂，於掇蜂而知父子之可間，於拾煤而知聖賢之可疑。」東坡《辯策問奏劄》引之，而改「掇蜂」一句云：「於投杼而知母子之可疑，於拾煤而知聖賢之可惑。」

晁文元公平生不喜術數之説，術者嘗以三命語之。公曰：「自然之分，天命也；樂天不憂，知命也；推理安常，委命也。何必逆計未然乎？」慈湖先生謂真文忠公曰：「希元有志于學，顧未能忘富貴利達何也？」公莫知所謂，先生曰：「子嘗以命訊日者，故知之。夫必去是心，而後可以語道。」

張文潛《寓陳雜詩》言顏平原事，誤以盧杞爲元相國。

李長吉有《春歸昌谷》詩，張文潛《春游昌谷訪長吉故居》云：「惆悵錦囊生，遺居無復處。」在河南福昌縣三鄉東。

《唐六典》注：崔寔《正論》云：「熊經鳥伸，延年之術，故華佗有六禽之戲，魏文有五搥之鍛。」《後漢·華佗傳》云「五禽」。

《詩釋文》：《草木疏》云：「葑，蕪菁也。」郭璞云：「今菘菜也。」案：江南有葑，江北有蔓菁，相似而異。張文潛詩：「蕪菁至南皆變菘，菘美在上根不食。瑶簪玉笱不可見，使我每食思故國。」

司空表聖《題東漢傳後》有取於「陳太丘之容衆，郭有道之誘人」，此表聖所以自處也。

《化書》曰：「奢者富不足，儉者貧有餘。奢者心常貧，儉者心常富。」季元衡《儉說》曰：「貪饕以招辱，不若儉而守廉。干請以犯義，不若儉而全節。侵牟以聚仇，不若儉而養福。放肆以逐欲，不若儉而安性。」皆要言也。

荀悅《申鑒》曰：「覩孺子之驅雞，而見御民之術。孺子之驅雞，急則驚，緩則滯，馴則安。」許渾詩：「遡跡驅雞吏。」

司馬公時至獨樂園，危坐讀書堂，嘗云：「草妨步則薙之，木礙冠則芟之，其他任其自然，相與同生天地間，亦各欲遂其生耳。」張文潛《庭草詩》云：「人生群動中，一氣本不殊。柰何欲自私，害彼安其軀。」亦此意也。觀此，則見周子窗前草不除之意。

王涣之曰：「乘車常以顛墜處之，乘舟常以覆溺處之，仕宦常以不遇處之，無事矣。」此言近於達者。

「民不可與慮始」，商鞅之變法也。「百姓何足與議？」董卓之遷都也。咈百姓以從己欲，其效可睹矣。

後魏温子升，閶闔門上梁祝文云：「惟王建國，配彼太微。大君有命，高門啓扉。良辰是簡，枚卜無違。彫梁乃架，綺翼斯飛。八龍杳杳，九重巍巍。居宸納祐，就日垂衣。一人有慶，四海爰歸。」此上梁文之始也。兒郎偉，猶言兒郎懣。攻媿嘗辯之。

真文忠公曰：「仁義足以包寬嚴，而寬嚴不足以盡仁義。」

傅玄《席銘》，左端曰：「閒居勿極其歡。」右端曰：「寢處毋忘其患。」左後曰：「居其安，無忘其危。」右後曰：「惑生於邪色，禍成於多言。」《冠銘》曰：「居高無忘危，在上無忘敬。懼則安，敬則正。」《被銘》曰：「被雖温，無忘人之寒。無厚於己，無薄於人。」

梁元帝《孝德傳·天性讚》曰：「欲報之德，不可方思；涓塵之孝，河海之慈。」即孟東野「寸草報春」之意。

蘇子由記杉謂求之於人，蓋所謂不待文王而興者。陳同甫之言梅也亦然。

漢桓永壽二年，户一千六百七萬七千九百六十，至晉武太康元年平吴，户止二百四十五萬九千八百四十。❶ 隋文開皇中，户八百七十萬，至唐高祖武德初，户止二百餘萬，高宗永徽初，户僅及三百八十萬。玄宗天寶末，户八百九十一萬四千七百九，至肅宗乾元三年，户止一百九十三萬三千一百三十四。兵禍之慘如此。

劉夢得《何卜賦》云：「同涉于川，其時在風，沿者之吉，泝者之凶。同蓺于野，其時在澤，伊穜之利，乃稑之厄。」東坡詩「耕田欲雨刈欲晴，去得順風來者怨」，本此意。

隋煬帝謂蕭后曰：「儂不失爲長城公，卿不失爲沈后。」長城公，謂陳後主。沈后者，後主之沈后也。《通鑑》釋文以「沈」音「沉」，謂沉湎之后。誤矣。

曾旼，字彦和，爲《書》解，朱文公、吕成公皆取之。《館閣書目》：「《書講義》，博士曾肢等解。」蓋誤以「旼」爲「肢」。

「伐吴之役，利獲二俊」，張華之稱陸機、雲也。「平齊之利，唯在於爾」，周高祖之諭李德林也。機、雲於河橋之役，與王師爲敵，其不忠大矣。德林願以死奉楊堅，復

❶ 下「十」字，原脱，據嘉慶本、道光本補。

以所以事齊者事周矣。二國何利焉？是以持國必崇名節，持身必守行誼。

《録異傳》曰：「周時尹氏貴盛，五葉不別，會食數千人。遭飢荒，羅鼎作粥。」《春秋》書尹氏，譏世卿，然能與周同盛衰者，亦有家法維持之也。近世紀輿地者，謂尹吉甫蜀人，爲作清風堂，其謬妄甚矣。「物則秉彝」之詩，吉甫庶幾知道者，而不能察掇蜂之讒，能知而不能行也。

《王羲之傳論》：「師宜懸帳之奇。」以衛恒《四體書序》攷之，懸帳乃梁鵠書，非師宜官書也。

《説文》「朋」及「鵬」，皆古文「鳳」字。宋玉曰：「鳥有鳳而魚有鯤。」《莊子音義》崔譔云：「鵬，音鳳。」

王巾，字簡棲，作《頭陁寺碑》，《説文通釋》以爲「王中」。

封禪七十二家，管夷吾所記者十有二；孟獻子友五人，孟子所忘者三。記誦之學，勿强其所不知。

《集古録・李陽冰記》云：「城隍神，祀典無之，吴、越有爾。」按：北齊慕容儼鎮郢城，城中先有神祠，俗號城隍神，則唐以前已有之。

唐子西《採藤曲》：「魯人酒薄邯鄲圍，西河渡橋南越悲。」下一句未見所出。

《集古録・漢袁良碑》云：「當秦之亂，隱居河洛。高祖破項，實從其册。天下既定，還宅扶樂。」歐陽公云：「蓋不知爲何人也。」愚按：《高祖紀》三年，漢王自成皋入關收兵，欲復東。轅生説漢王曰：「漢與楚相距滎陽數歲，漢常困。願君王出武關，項王必引兵南走，王深壁，令滎陽、成皋間且得休息。使韓信等得輯河北趙地，連燕、齊，君王乃復走滎陽。如此則楚所備者多，力分，漢得休息，復與之戰，破之必矣。」漢王從其計，出軍宛、葉間。此即轅生也。「轅」與「袁」同。

《漢華山廟碑》：「武帝立，宮曰集靈，殿曰存僊，門曰望僊。」歐陽公云：「集靈宮，他書皆不見，惟見此碑。」按《漢·地理志》：「京兆華陰縣太華山，在南有祠。集靈宮，武帝起。」公偶未之攷耳。

《容齋五筆》石尤風，引陳子昂、戴叔倫、司空文明詩，意其爲「打頭逆風」也。李義山詩作「石郵」，來風貯石郵。楊文公詩亦作「石郵」。石郵風惡客心愁。

古者，有常心曰士，無常心曰民，爲己曰君子儒，爲人曰小人儒。善利之間而舜、蹠分焉，服言行而堯、桀異焉，仁義之心存與不存而人、禽別焉。懔乎其可懼也。夫尚志謂之士，行己有耻謂之士，否則何以異乎工商？特立獨行謂之儒，通天地人謂之儒，否則何以異乎老、釋？困而不學則下民爾，待文王而興則凡民爾。無其實而竊其名，可以欺其心，不可以欺其鄉。

古者，重長幼之序。齒幼位卑而名韋、楊二君，李翱所以戒朱載言也。後生不稱前輩字，劉元城所以稱馬永卿也。

李希烈之黨有韓霜露，朱泚之黨有李日月，逆儔之無天甚矣。

柳芳《論氏族》曰：「氏於事，則巫乙匠陶。」按《風俗通》「乙」當作「卜」。

明州，開元二十六年置，訖于唐末，凡五亂。寶應元年，袁鼂陷明州，一也。貞元十四年，明州將粟鍠殺其刺史盧雲以反，二也。乾符四年，王郢陷明州，三也。中和元年，鄮賊鍾季文陷明州，四也。景福元年，明州將黃晟自稱刺史，五也。

《通鑑》浙西節度使裴璩敗王郢，在乾符四年閏二月。《紀》乃謂三年七月，當從《通鑑》。璩，字挺秀，見《世系表》。

《孟子》曰：「舜、蹠之分，利與善之間也。」蕭望之曰：「堯、桀之分，在於義利而已。」

范文正公謂劉禹錫、柳宗元、吕温數人，坐王叔文黨，貶廢不用。《傳》稱叔文引禹錫等決事禁中。及議罷中人兵權，牾俱文珍輩，又絶韋皋私請，欲斬劉闢，其意非忠乎？皋銜之，揣太子意，請監國而誅叔文。《唐書》蕪駁，因其成敗而書之，無所裁正。韓退之欲作唐一經，誅姦諛於既死，發潛德之幽光，豈有意於諸君子乎？

《淮南子》：「老子學商容，見舌而知守柔。」《文子》云：「學常樅。」《淮南》誤。《説苑》亦云「常樅」。

《唐・百官志》：「守宫令，席壽三年，氈壽五年，褥壽七年。」語本《考工記》。

北齊擇盧思道之詩得八首，人稱八米盧郎。或謂「米」當爲「采」。徐鍇云：「八米，以稻喻之，若言十稻之中得八粒米也。」

《燕丹子》荆軻曰：「高欲令四三王，下欲令六五霸。」四三王、六五帝、四三墳、六五典、三二曜、六五緯，皆本於此。

《陸機傳》云：「弟雲嘗與書曰：『君苗見兄文，輒欲焚其筆硯。』」君苗，未知氏姓。攷之《雲集》，有《與平原書》云：「前登城門，意有懷，作《登臺賦》，極未能成而崔君苗作之，聊復成前意。」始知其爲崔君苗也。

《文心雕龍》云：「士衡才優而綴辭尤煩，士龍思劣而雅好清省。」今觀士龍《與兄書》曰：「往日論文，先辭而後情，尚絜而不取悦澤。兄文章高遠絶異，然猶皆欲微多，但清新相接，不以此爲病耳。若復令小省，恐其妙欲不見。雲今意視文，乃好清省。欲無以尚，意之至此，乃出自然。」

車永茂安外甥石季甫見使爲鄮令，便道之職。茂安《與陸士龍書》曰：「老人及姊自聞此問，不能復食。姊晝夜號泣，舉家慘蹙。昨全伯始有一將來，是句章人，具説此縣既有短狐之疾，又有沙⿰虫風《玉篇》：蟲穴也，房中切。害人。聞此消息，倍益憂慮。足下可具示土地之宜，企望来報。」士龍《答書》曰：「縣去郡治，不出三日，直東而出，水陸並通。西有大湖，廣縱千頃；北有名山，南有林澤；東臨巨海，往往無涯，汎船長驅，一舉千里。北接青、徐，東洞交、廣，海物惟錯，不可稱名。遏長川以爲陂，燔茂草以爲田，火耕水種，不煩人力。決泄任意，高下在心，舉鍤成雲，下鍤成雨，既浸既潤，隨時代序。官無逋滯之穀，民無飢乏之慮。衣食常充，倉庫恒實。榮辱既明，禮節甚備，爲君甚簡，爲民亦易。季冬之月，牧既畢，嚴霜隕而蒹葭萎，林鳥祭而罻羅設，因民所欲，順時遊獵。結罝繞岡，密罔彌山，放鷹走犬，弓弩亂發，鳥不得飛，獸不得逸。真光赫之觀，盤戲之至樂也。若乃斷遏海浦，隔截曲隈，隨潮進退，采蜯捕魚，鱣鮪赤尾，鯸齒比目，不可紀名。鱠鰡鰒，炙⿱制魚鯸，烝石首，臛⿱次魚⿱如魚，真東海之俊味，肴膳之至妙也。及其蜯蛤之屬，目所希見，耳所不聞，品類數百，難可盡言也。昔秦始皇至尊至貴，前臨終南，退燕阿房，離宮別館，隨意所居，沉淪涇渭，飲馬昆明，四方奇麗，天下珍玩，無所不有，猶以不如吴會也。鄉東觀滄海，遂御六軍南巡狩，登稽嶽，刻文石，身在鄮縣三十餘日。夫以帝王之尊，不憚爾行，季甫年少，受命牧民，武城之歌，足以興化，桑弧蓬矢，丈夫之志，經營四方，古人所歎，何足憂乎？且彼吏民，恭謹篤慎，敬愛官長，鞭朴不施，聲教風靡，漢、吴以來，臨此縣者，無不遷變。尊大夫、❶賢姊上下當爲喜慶，歌舞相送，勿爲慮也。」茂安又答曰：「於母前伏讀三周，舉家大小豁然忘愁。足下此書，足爲典誥，雖《山海經》、《異物志》、《二京》、《三都》殆不復過也。恐有其言能無其事耳。」愚謂：士龍之書，筆勢縱放，真奇作也，可以補四明郡乘之闕遺，故詳著之。

《荀子》曰：「正其衣冠，齊其顏色，嗛然而終日不言，是子夏氏之賤儒也。」荀卿之譏毁過矣，然因其言可以見子夏門人之氣象。

秦之破楚也，王翦至蘄南，殺其將軍項燕。楚之滅秦也，陳涉起於蘄大澤中。同此地也，出爾反爾，天道昭昭矣。

東坡《觀棋詩》「誰與棋者」，《墨君堂記》「雖微與可，天下其孰不賢之」，皆用《檀弓》文法。

《論語》「迅雷風烈必變」，錯綜成文。「春與猿吟兮，秋鶴與飛」，本於此，非始於「吉日辰良」。

徐仲車謂：「尊官重禄，人之所好也，安肯曰『吾不才』、『吾辱其位』？甚者，亡人之國，危人之天下不顧也。鄭綮可謂知其量矣。」後村詩謂：「未必朱三能跋扈，❷

❶「夫」，嘉慶本、道光本作「人」。

❷「朱」，原作「未」，據嘉慶本、道光本改。

祇因鄭五欠經綸。」朱温之篡，崔、柳諸人之罪也，於鄭綮何議焉？

寧宗閣名曰「寶章」。至和二年，五臺山真容院太宗御書閣，已曰「寶章」矣。

《水經注》：「方城西有黄城山，是長沮、桀溺耦耕之所。有東流水，則子路問津處。《尸子》曰：『楚狂接輿耕於方城。』」方城在葉縣。《郡國志》曰：「葉縣有長城曰方城，楚邑也。楚狂接輿並耕，沮、溺，荷蓧丈人一時在野之賢，萃於楚國。聖人晚年，眷眷於楚，有以也。」胡明仲曰：「沮、溺耦耕之地，史謂蔡也。」

善讀書者，或曰「此法當失」，或曰「一卷足矣，奚以多爲？」或不求甚解，或務知大義。不善讀者，蕭繹以萬卷自累，崔儦以五千卷自矜，房法乘之不治事，盧殷之資爲詩。

「廟堂」二字，見《漢・徐樂傳》，云：「脩之廟堂之上，而銷未形之患。」《梅福傳》云：「廟堂之議，非草茅所當言也」。劉向《九歎》云：「始結言於廟堂。」王逸注：「言人君爲政舉事，必告宗廟，議於明堂。」皆謂人君。今以爲宰相，誤矣。

歐陽公記醉翁亭，用「也」字；荆公誌葛源，亦終篇用「也」字，蓋本於《易》之《雜卦》。韓文公銘張徹，亦然。

東坡《鍾子翼哀詞》，以四言間七言，學《荀子・成相》。

《詩・伐檀》毛氏傳云：「風行水成文曰漣。」老泉謂「風行水上涣，此天下之至文也」，本於此。

南豐詩稱昌黎之文云：「並驅《六經》中，獨立千載後。」

周恭叔《跋秦璽文》曰：「嗚呼，斯乎！是嘗去《詩》、《書》以愚百姓者乎？

是嘗聽趙高以立胡亥者乎？是嘗殺公子扶蘇與蒙恬者乎？是嘗教其君嚴督責而安恣睢者乎？使其璽不得傳者斯人也，而其刻畫，吾忍觀之哉？」李微之曰：「秦璽者，李斯之魚蟲篆也，其圍四寸。至漢謂之傳國璽，迄于獻帝所寶用者，秦璽也，歷代皆用其名。永嘉之亂，没于劉石，永和之世，復歸江左者，晋璽也。太元之末，得自西燕，更涉六朝，至于隋代者，慕容燕璽也。隋謂之神璽。劉裕北伐，得之關中，歷晋暨陳，復爲隋有者，姚秦璽也。開運之亂，没于耶律，女真獲之以爲大寶者，石晋璽也。蓋在當時，皆誤以爲秦璽，而秦璽之亡則已久矣。」

受寶之禮，始于元符，再行于嘉定。皇帝恭膺天命之寶，至道三年，真宗即位製之。其後凡嗣位則更製。乾興元年仁宗即位，嘉祐八年英宗即位，至神、哲、徽皆製是寶。嘉定十四年，京東河北節制使賈涉，繳進皇帝恭膺天命之寶，及元符三年御命之寶，及元符三年御府寶圖一册。鎮江都統翟朝宗以玉檢來上，其文若合符契。又得受命于天、既壽永昌玉璽。於是禮官奏受寶之禮，獻之宗廟。明年正月朔旦，御大慶殿受寶，奉安天章閣。元符三年玉璽，蓋徽宗即位所製。

璽也而更爲寶，匭也而更爲檢。古者太史奉諱惡，豈有是哉？

祖宗之制，不以武人爲大帥專制一道，必以文臣爲經略以揔制之。咸淳末、德祐初，賣降恐後者，多武人也。其後文臣亦賣降矣。

後漢應劭有《漢官・鹵簿圖》，《漢官儀・鹵簿篇》。晋有《鹵簿圖》、《鹵簿儀》，齊有《鹵簿儀》，陳有《鹵簿圖》，唐有《大駕鹵簿》一卷，王象畫《鹵簿圖》。景德二年，王欽若上《鹵簿記》三卷。天聖六年，宋綬上《鹵簿記》十卷。景祐五年，綬取舊編，益新制，上《鹵簿圖記》十卷。政和七年，詔改修，宣和元年書成，三十三卷，飾以丹采，益詳備矣。

趙安仁作《戴斗懷柔録》，王晦叔作《戴斗奉使録》。戴斗，謂北方。《爾雅》：北戴斗極爲空桐。

擊壤，周處《風土記》云：「以木爲之，前廣後鋭，長尺三寸，其形如履。古童兒所戲之器，非土壤也。先側一壤於地，遥於三十四步，以手中壤擊之，中者爲上。」

象山先生曰：「古者無流品之分，而賢不肖之辨嚴。後世有流品之分，而賢不肖之辨略。」

司馬相如《諭巴蜀檄》曰：「父兄之教不先，子弟之率不謹，寡廉鮮耻而俗不長厚也。」漢時有此議論，三代之流風遺俗猶存也。

「群居終日，言不及義」，而險薄之習成焉；「飽食終日，無所用心」，而非僻之心生焉。故曰：「民勞則思，思則善心生。」「寤寐無爲」，《澤陂》之詩所以刺也。

劉之道煇。《上李肅之納拜書》曰：「古之君子，一語默而禮義明，一施設而風俗厚。如釋之進王生之韤，而漢世重名。如裴度當李愬之謁，而蔡人知禮。」

晁景迂曰：「博之以《五經》，而約之以《孝經》、《論語》；博之以太史公、歐陽公史記，而約之以《資治通鑑》。」康節先生曰：「二十歲之後，三十歲之前，朝經暮史，晝子夜集。」學者當以此爲法。

夫子雅言《詩》、《書》、執《禮》，而性與天道高第不得聞。程子教人《大學》、《中庸》，而無極、太極一語未嘗及。

「巧言」爲「辯」，「文子」爲「學」，宋景文云：「此後魏、北齊里俗僞字也。」

庾信《哀江南賦》：「章蔓支以轂走，宮之奇以族行。」《呂氏春秋》：「中山之國有夙繇者，智伯欲攻之，鑄大鐘，方車二軌以遺之。夙繇之君將迎鐘。赤章蔓枝諫，不用，斷轂而行，至衛七日，而夙繇亡。」《文苑英華》作「慢支」，《藝文類聚》作「曼友」，皆誤。

宋次道《春明退朝録》，晁子止《昭德讀書志》，攷之《東京記》：「朱雀門外天街東，第六春明坊，宋宣獻公宅，本王延德宅。宣德門前天街東，第四昭德坊，晁文元公宅。致政後闢小園，號養素園，多閱佛書，起密嚴堂。」

《呂氏春秋》：伊尹奔夏，三年，反報于亳曰：「桀迷惑於末嬉，好彼琬琰。」注云：「琬，當作婉，婉順阿意之人。或云美玉。」按《紀年》云：「桀伐岷山，得二女，曰琬，曰琰。斲其名於苕華之玉。苕是琬，華是琰。」注非。

《新序》：介子推曰：「謁而得位，道士不居也。」蓋謂有道之士。《漢・京房傳》道人，亦謂有道之人。《元和郡縣志》樓觀，本周康王大夫尹喜宅也。穆王爲召幽逸之人，置爲道士。《太霄經》以尹喜爲尹軌。又謂平王東遷洛邑，置道士七人。按《漢・郊祀志》注：漢宮閣疏云：「神明臺，高五十丈，上有九室，常置九天道士百人。」蓋自武帝始也。穆王、平王事，不可攷。

道書有「赤明上皇無極永壽」之號。後周甄鸞著《笑道論》曰：「古先帝王，立年無號，至漢武帝始建元，後王因之。上皇之號，可笑之深。」《隋志》又有「延康龍漢開皇」。

林靈素作《神霄籙》，自公卿以下，群造其廬拜受，獨李綱、傅崧卿、曾幾移疾不行。宣政間，道教興行，至有號爲女真者，當時以爲金戎猾夏之兆。

傅奕排釋氏，謂：「中國幻夫，模象莊、老，以文飾之。」宋景文作《李蔚傳贊》亦云：「華人之譎誕者，又攘莊周、列禦寇之說佐其高。」然則釋氏用老、莊之說也，非老、莊與釋氏合也。朱文公謂：「佛家竊老子好處，道家竊佛家不好處。」愚嘗觀姚崇《誡子孫》曰：「道士本以玄牝爲宗，而無識者慕僧家之有利，約佛教而爲業。」斯言當矣。致堂謂：「經論科儀依倣佛氏而不及者，自杜光庭爲之。」攷諸姚崇之言，則非始於光庭也。

《北斗經》引「居其所而衆星共之」，誤以「北辰」爲「北斗」，蓋近世依託爲之。

鶴山云：「旁行敷落之教。」旁行，見《漢·西域傳》。敷落，見《度人經》。

《漢·罽賓傳》「塞種分散」，顔師古注：「即所謂釋種。」按《增一阿含經》：「四河入海，無復河名。四姓爲沙門，皆稱釋種。」石林葉氏云：「晉、宋間，佛學初行，其徒猶未有稱僧，通曰道人。其姓皆從所授學，如支遁本姓關，學於支謙爲支。帛道猷本姓馮，學於帛尸梨密爲帛是也。至道安始言佛氏釋迦，今爲佛子宜從佛氏，乃請皆姓釋。」

《唐·回鶻傳》：「元和初，始以摩尼至。其法日晏食，飲水，茹葷，屏湩酪。可汗常與共國。」

說齋謂：「老、莊之學，盛於魏、晉，以召五胡之亂。而道、釋之徒，皆自胡人崇尚，遂盛於中國。」釋氏至姚興而盛，道家至寇謙之而盛。誠齋謂：「伊川之民，❶被髮以祭，君子已憂其戎。漢之君志荒，而妖夢是踐。吾民始夷乎言、祝乎首以爲好。此五胡耶律之先驅也。」朱黼曰：「三代以上，不過曰天而止。春秋以來，一變而爲諸侯之盟詛，再變而爲燕、秦之仙怪，三變而爲文、景之黄、老，四變而爲巫蠱，五變而爲災祥，六變而爲符讖。人心泛然，無所底止，而後西方異説，乘其虚而誘惑之。」

《晋語》：「西方之書有之曰：『懷與安，實疚大事。』」注：「《詩》云『西方之人』，謂周也。」愚謂西方之書，蓋《周志》之類。《列子·仲尼篇》「西方之人有聖者」，李知幾謂意其説佛也。《皇天大紀論》曰：「當周昭王時，西方有傑戎，窮幻駕空説。」《通曆》云：「孝王元年，佛入涅槃。」《唐六典》注謂釋迦生當周莊王九年，魯莊公七年。二説不同。

王簡棲《頭陀寺碑》：「周、魯二莊，親昭夜景之鑒。」注云：「魯莊七年，夜明，佛生之日也。《瑞應經》：四月八日夜，明星出時，佛從右脅墜地，即行七步。」按《春秋》「莊公七年，夏四月，辛卯夜，恒星不見」，正義曰：「於時周之四月，則夏之仲春。」杜氏以《長歷》校之，知辛卯是四月五日也。」以是攷之，夜明星不見，乃二月五日，非四月八日也。蓋陋儒之佞佛者，傅會爲此説。

滈水云：「梵書有修多羅讖，言釋氏之教興廢。」則讖書其来遠矣。

梁觀國有《議蘇文》五卷，駮其羽翼異端者。或問地獄之事於真文忠公，公曰：

❶「民」，原作「戎」，據嘉慶本、道光本改。

「天道至仁，必無慘酷之刑；神理至公，必無賄賂之獄。」

李壽翁曰：「性命之理，死生之故，鬼神之情狀，《易》盡之矣，曷爲求之它？」

《通典》：「唐有符祆正，謂之視流内。」祆，呼煙切，胡神也。

永嘉張淳忠甫曰：「今之仕，皆非古之道，是以雖貧而不願禄。」問其説，曰：「始至則朝拜，遇國忌則引緇黄而薦在天之靈。皆古所無也。」

道家云：「真人之心若珠在淵，衆人之心若瓢在水。」真文忠云：「此心當如明鏡止水，不可如槁木死灰。」

東魏《檄梁》曰：「毒螫滿懷，妄敦戒業；躁競盈胸，謬治清净。」可謂切中其膏肓矣。誠齋詩云：「梵王豈是無甘露？不爲君王致蜜來。」曾景建云：「此身已屬侯丞相，誰辨金錢贖帝歸？」

唐有代宗，即世宗也；本朝有真宗，即玄宗也，皆因避諱而爲此號。祥符中，以聖祖名改玄武爲真武，玄枵爲真枵。《崇文總目》謂《太玄經》曰《太真經》。若迎真、奉真、崇真之類，在祠宮者非一。其末也，目女冠爲女真，遂爲亂華之兆。

張文潛云：「嘗讀《宣律師傳》，有一天人，説周穆王時佛至中國。與《列子》所載西極化人之事略同，不知寓言耶？抑實事也。」愚謂此釋氏剽襲《列子》之言，非實事也。

「垂老抱佛脚」，孟東野《讀經》詩也。

東坡《宸奎閣碑銘》：「神耀得道，非有師傳。」出《八師子經》：❶佛在舍衛國祇

❶「八師子經」，疑爲「八師經」之誤。

樹給孤獨園，時有梵志來詣佛所，質疑曰：「佛所事者何師？」佛曰：「吾前世師，其名難數。吾今自然神耀得道，非有師也。」「惟佛與佛」，出《法華經》。

放翁載長蘆宗賾師頌云：「天生三武禍吾宗，釋子還家塔寺空。應是昔年崇奉日，不能清儉守真風。」三武，謂魏太武、周武帝、唐武宗也。愚嘗觀山谷《開先院修造記》曰：「夫沙門法者，不住資生，行乞取足。日中受供，林下託宿。故趙州以斷薪續禪牀，宴坐三十年；藥山以三篾繞腹，一日不作則不食。今也，毀中民十家之産而成一屋，奪農夫十口之飯而飯一僧，不已泰乎！夫不耕者燕居而玉食，所在常千數百，是以有會昌之籍没。窮土木之妖，龍蛇虎豹之區化爲金碧，是以有廣明之除蕩。」山谷之言至矣。宗賾以浮屠氏而能爲此言，其墨名而儒行者與？

儒之教以萬法爲實，❶釋之教以萬法爲空。

北齊文宣敕道士剃髮爲沙門，徽宗令沙門冠簪爲德士。其相反如此。

《世説》：王丞相導。拜揚州，因過胡人前，彈指云：「蘭闍，蘭闍。」此即「蘭若」也。

後周武帝廢佛、道教，其子天元復之。唐高祖廢浮屠、老子法，其子太宗復之。天元不足論也，太宗亦爲之何哉？

西山先生《題楊文公所書遺教經》曰：「學佛者不繇持戒而欲至定慧，亦猶吾儒舍離經辨志而急於大成，去洒掃應對而語性與天道之妙。」《跋普門品》曰：「此佛氏之寓言也。昔唐李文公問藥山禪師曰：『如

❶「法」，嘉慶本、道光本作「事」。

何是黑風吹船，飄落鬼國？』師曰：『李翱小子，問此何爲？』文公怫然怒形於色。師笑曰：『發此瞋恚心，便是黑風吹船，飄落鬼國也。』藥山可謂善啓發人矣。以此推之，則知利欲熾然即是火坑，貪愛沉溺便爲苦海。一念清浄，烈焰成池；一念警覺，船到彼岸。災患纏縛，隨處而安；我無怖畏，如械自脱。惡人侵凌，待以横逆；我無忿嫉，如獸自犇。讀是經者，作如是觀，則知補陀大士真實爲人，非浪語者。」

錢文季《維摩菴記》云：「維摩詰非有位者也，而能視人之病爲己之病。今吾徒奉君命，食君禄，乃不能以民病爲己責，是詰之罪人也。」

鄧志宏曰：「丹霞禦寒則燒木佛，德山説法則徹塑像，禪教之判其來已久。余謂浮屠氏之有識者，猶不以是爲事，而學校乃以土木爲先。吾儒之道其然乎？」

《通鑑考異》云：「《會要》：『元和二年，薛平奏請賜中條山蘭若額爲大和寺。』蓋官賜額者爲寺，私造者爲招提、蘭若，杜牧所謂山臺野邑是也。」《杭州南亭記》：「武宗去山臺野邑四萬所。」

困學紀聞卷之二十

十駕齋養新録

〔清〕錢大昕　撰

李光輝　校點

目録

校點説明 …… 一
十駕齋養新録序 …… 一
自序 …… 二
十駕齋養新録卷一 …… 一
易韻 …… 一
六十四卦 …… 二
六十四卦旁通圖 …… 二
六十四卦兩象易圖 …… 三
畜 …… 三
觀 …… 四
祇 …… 五
力少而任重 …… 六
傷於外者必反於家 …… 六
易簡 …… 六
河圖洛書 …… 六
八卦方位 …… 八
兑爲妾爲養 …… 九
朱文公本義 …… 一〇
説文引易 …… 一一
筮用錢 …… 一一
南訛 …… 一一
于於 …… 一二
有亂十人 …… 一二
思曰容 …… 一三
遵王之誼 …… 一三
蕢 …… 一四
耄荒 …… 一四
苗民弗用靈 …… 一五
泯泯棼棼 …… 一五
矜 …… 一五
榮懷 …… 一五
魏三體石經 …… 一六
協句即古音 …… 一六

葑……一七
揚之水……一七
陸氏釋文誶訊不辨……一七
驕……一八
曰與聿通……一九
倏倏……一九
以重言釋一言……一九
鶴鳴九皋……二〇
譖……二〇
憯慘……二〇
云何盱……二一
爰其適歸……二一
牒……二二
板……二二
造……二二
有郃家室……二二
岸……二三
壼……二三
愬風……二三
蔌……二四
降予卿士……二四
毛傳多轉音……二四
詩序……二五

十駕齋養新録卷二……二七

建栖誤作捷栖……二七
摯……二七
君之庶子……二七
朴……二八
涅……二八
紞……二九
復……二九
挈……二九
孅……二九
廾……三〇
笴當爲笱……三〇
繝……三〇
勉即俛字……三一
孺子……三一

張老善頌……三二
禮地神……三二
使子路問之……三二
祭殤不舉……三三
貸……三三
朽與香對……三三
肵……三四
厭……三四
素位……三五
鬼神……三五
的然……三五
子贛……三六
吳草廬中庸綱領……三六
親民……三六
譬……三七
貪戾……三七
修爵……三七
王者禘其祖之所自出……三八
寔來……三八
曼……三九
窩……三九
陪……三九
不闕秦焉取之……三九
羊斟不與……四〇
感即憾字……四〇
戍戌……四〇
乘……四〇
匱盟……四一
吳行人儀……四一
絳縣人七十三年……四一
蔽……四二
天厲……四二
褚……四三
徒兵……四三
向戌如陳……四三
高子容……四四
旦……四四
大人患失……四四

咋……四五
妃墻……四五
莒子狂……四五
衡流而方羊……四五
四方其順之……四六
正義刊本妄改……四六
何氏注公羊傳……四七
孔子生年月日……四八
十駕齋養新録卷三……五〇
天道……五〇
攻乎異端……五〇
又盡善也……五一
冉伯牛……五一
居下訕上……五一
斯已而已矣……五一
曾……五二
程子言性中無孝弟……五三
主一無適……五四
天即理……五五
忠恕……五五
公孫拔……五五
劉聘君……五六
朱注引石經……五六
朱子四書注避宋諱……五六
論孟集注之誤……五八
孟子章指……五八
孟子正義非孫宣公作……五九
宋高宗書孟子……五九
好名之人一節……五九
頑夫廉……六〇
袗衣……六〇
檢……六〇
齊人伐燕……六一
簿……六一
季任……六二
張氏……六二
鎡基……六二
百畝之糞……六二

樲棘……六三
窳……六三
將且……六三
女叔……六三
太歲……六四
東陵阠……六四
鉤股……六五
蠭醜螢……六五
騚……六六
王女……六六
今本爾雅誤字……六六
注疏舊本……六七
經史當得善本……六七
石經避諱改字……六八
石經俗體字……六八
陸氏釋文多俗字……六八

十駕齋養新録卷四……七〇

說文舉一反三之例……七〇
說文連上篆字爲句……七〇
說文讀若之字或取轉聲……七一
二徐私改諧聲字……七二
說文引經異文……七三
唐人引說文不皆可信……七四
說文本字俗借爲它用……七四
宋人不講六書……七五
說文校譌字……七五
瘱……七七
奪……七七
斠……七八
妟……七八
緐……七八
[illegible]……七九
娕……七九
[illegible]……七九
古音不甚拘……七九
客……八〇
僢即舛字……八〇
[illegible]……八一

畜有好音……八一
旭有好音……八一
需有耎音……八二
擕撕非一字……八三
徐仙民多古音……八三
更……八四
漸……八四
長深高廣……八四
假借　乞……八五
伐……八五
觀……八五
與……八五
錯……八六
票姚……八六
嚭……八六
蝗……八七
枇……八七
荷……八七
蔓……八七
中……八八
比……八八
繆……八八
員……八九
相……八九
馨……九〇
乘……九〇
若……九〇
條……九〇
馮……九一
空……九一
難……九一
差……九一
蜉……九二
長……九二
阿……九二
亢……九二
兼……九二
挑……九三

冐……九三
佘……九三
庫……九四
從横可讀去聲……九四
免與脱同義……九四
焉提……九五
犢鼻褌……九五
庵……九五
床……九六
斫……九六
函……九六
汜……九七
宋時俗字……九七

十駕齋養新録卷五……九九

孫炎始爲翻語……九九
紐弄……九九
聲類韻集……一〇〇
四聲始於齊梁……一〇〇
四聲圈點……一〇一
翻切古今不同……一〇二
一字兩讀……一〇三
沈休文不識雙聲……一〇五
韻書次第不同……一〇五
唐宋韻同用獨用不同……一〇六
平水韻……一〇七
雙聲疊韻……一〇七
喉舌齒脣牙聲……一〇八
字母……一〇九
西域四十七字……一一〇
字母諸家不同……一一一
古今音……一一二
古無輕脣音……一一二
舌音類隔之説不可信……一二四
聲相近而譌……一三一
元時方音……一三二

十駕齋養新録卷六……一三三

三史……一三三
十三史十史……一三三

十七史……一三四
十八史十九史……一三四
監本二十一史……一三四
史記舊本……一三五
十二諸侯年表……一三五
角里先生……一三五
司馬貞……一三六
吴楚通稱……一三七
漢書景祐本……一三八
地理志譌字……一三八
臣瓚晉灼集解……一三八
漢書注本始于東晉……一三九
後漢書注攙入正文……一三九
張堪……一四〇
章懷注多譌字……一四〇
王充……一四〇
陳蕃傳二郡字……一四一
孔融傳誤……一四一
許慎傳漏略……一四一
司馬彪續漢書志附范史以傳……一四二
安縣即婁縣之譌……一四三
平原有西平昌縣……一四三
永憙年號……一四四
三國志注誤入正文……一四四
徐詳當有傳……一四五
新晉書……一四五
晉書敘例……一四六
新舊晉書不同……一四六
晉僑置州郡無南字……一四七
晉書沿襲之誤……一四七
濟陽乃濟陰之譌……一四八
樂安國鄒縣……一四九
吴興郡脱一縣……一四九
西郡非漢置……一四九
青州脱北海郡……一四九
濟岷郡……一五〇
豫州之沛郡……一五一
幽州之燕國……一五一

内史太守互稱……一五二
沙門入藝術傳始于晉書……一五二
列女……一五三
嘉祐校七史……一五三
南齊書序録……一五三
諸史殘闕……一五四
緹裙……一五四
夷齊字誤……一五四
官名地名從省……一五五
新唐書明皇二十九女……一五六
本紀一事重書而年月違錯……一五六
宗室世系表脱漏……一五七
德王裕本名佑……一五七
彭王惕……一五七
通王滋……一五七
沂王禋……一五八
宋景文識見勝於歐公……一五八
古律有蔭减蔭贖……一五九
加役流……一五九
斷屠月禁殺日……一六〇
碑碣石獸……一六〇
居官避家諱……一六一
大太二字易混……一六一
唐書……一六一
特勤當從石刻……一六一
劉禹錫傳誤……一六二
五代史……一六三
周世宗兩符后……一六三
劉昫傳不言修唐史……一六三

十駕齋養新録卷七……一六五

宋史刻本之誤……一六五
瀛國公紀……一六五
南渡諸臣傳不備……一六五
一人重複立傳……一六六
編次前後失當……一六六
神宗謚……一六七
地理志之誤……一六八
宋史褒貶不可信……一六九

藝文志脱漏……一六九
王安石傳誤……一七〇
邵雍傳誤……一七一
劉應龍傳脱誤……一七一
折杖起於宋初……一七二
凌遲……一七二
戒石銘……一七三
宋太廟……一七三
宋人避軒轅字……一七三
宋世慶節……一七四
以年號爲州縣名……一七四
花石綱……一七五
錢文紀年號……一七五
年號連書從省……一七五
田錫謚……一七六
范祖禹謚……一七六
景定建儲更名……一七六
張載謚……一七六
王安石狂妄……一七七
明道先生……一七七
程邵之學……一七七
宋儒議論之偏……一七八
宗室入翰苑……一七八
孔子諱……一七八
避老子名字……一七九
僧道不稱寺觀主……一七九
政和禁聖天等字命名……一七九
禁人名寓意僭竊……一七九
張懷素吴儲……一八〇
李彦章言史學……一八一
張浚爲黄汪所薦……一八二
張于湖對策……一八二
史浩薦張浚……一八三
沈尤同族……一八三
周孚先……一八三
秦檜妻賜號先生……一八四
范文穆與文正不同族……一八四
蘇門四學士……一八五

李士美狀元……一八五
薛昂……一八五
李心傳……一八六
李挺之……一八六
楊大年事不足信……一八六
劉高尚……一八六

十駕齋養新録卷八……一八八
宋季恥議和……一八八
四川宣撫……一八八
四川制置……一八九
沿江制置……一九二
兩淮制置……一九四
京湖制置……一九五
京湖……一九七
利州路分東西……一九七
湖東湖西路……一九八
襄陽暫復……一九八
復襄樊年月不同……一九九
喫菜事魔……二〇〇
吴潛建儲之謗……二〇一
遼史……二〇二
壽隆年號誤……二〇三
西遼紀年……二〇三
金史衛紹王紀……二〇七
金史義例未當……二〇八
金人多二名……二〇八
地理志失載鞏昌府……二〇八
一地異文……二〇八
南遷録……二〇九

十駕齋養新録卷九……二一〇
元史……二一〇
元初世系……二一〇
太祖紀……二一二
萬奴……二一二
伐西夏事差一年……二一三
李全事誤……二一三
旭烈兀大王……二一三
罕勉力即哈密……二一四

尋思干……二一五
趙世延楊朶兒只皆色目……二一六
不只兒即布智兒……二一六
祖孫同號……二一七
延祐四年正月肆赦詔……二一七
本紀失書廷試進士兩科……二一八
三公宰相表脱一年……二一八
元史不諳地理……二一九
漢人八種……二二一
咸寧字誤……二二二
興德字誤……二二二
迦堅茶寒……二二二
太宗三萬户名不同……二二二
也可太傅……二二三
四怯薛……二二三
五部將名互異……二二四
汪世顯傳不可信……二二五
鄧州移復……二二六
胡土虎……二二七
李全字誤……二二八
月乃合……二二八
雍古……二二九
劉敏傳……二二九
元初十路……二三〇
宣聖配享……二三〇
泰定皇后……二三一
蒙古語……二三一
僧稱吉祥……二三二
道童……二三三
順帝後世次……二三三
高麗王二名……二三四
王暠傳位事不足信……二三四
高麗王大順……二三五
史臣分修志傳姓名可攷者……二三五
明史……二三六
程濟……二三六
洪武鈔……二三七
世襲五經博士始于明……二三七

元後裔……二三八
泰寧……二三九
河套……二四〇
順義王俺答……二四一
譯音無定字……二四一
十駕齋養新録卷十……二四三
三公……二四三
員缺……二四三
大尚書……二四四
大著作……二四四
五官……二四四
大學士……二四五
總督巡撫……二四六
唐人服色視散官……二四六
升朝官　京官……二四七
前行中行後行　頭司子司……二四八
吏部七司……二四九
尚左尚右侍左侍右……二四九
左右……二五〇
度支支度不同……二五〇
階官分左右……二五〇
正議大夫以上分左右……二五一
選人七資四等……二五二
帥漕憲倉……二五二
庾司……二五三
四總領……二五三
十都統……二五三
直隸……二五四
州院……二五四
宜差……二五五
建康府通判三人……二五五
官名俗省……二五五
狀元榜眼……二五六
經義破題……二五七
題目疑難處上請……二五七
塗改添注……二五七
春秋合題……二五八
銓試……二五八

科舉之弊……二五八
文文肅殿試卷……二五九
鄉試録……二五九

十駕齋養新録卷十一……二六一

江南……二六一
上江下江……二六一
三楚……二六一
三蜀……二六二
兖州……二六二
山東……二六三
湖北湖南……二六三
四川……二六三
分天下爲路……二六四
水經注難盡信……二六四
廣韻載唐州名……二六五
平州……二六六
薛……二六七
盱眙……二六七
牟婁……二六七
通州……二六八
大名府……二六八
泉州……二六九
新豐……二六九
石城……二六九
虎嘯城……二七〇
蜀四帥府……二七〇
水洛城……二七一
光化……二七一
沌口……二七一
李晏口……二七二
平水……二七三
秀水……二七三
青海……二七四
避諱改郡縣名……二七四
漢地理志縣名相同……二七八
後漢縣名相同……二七九
唐縣名相同……二八〇
宋縣名相同……二八〇

元州縣名相同……二八一
明縣名相同……二八一

十駕齋養新録卷十二……二八三

姓氏……二八三
姒……二八四
并官……二八四
郤郗二姓相溷……二八五
廣韻述氏姓……二八五
家譜不可信……二八五
郡望……二八六
杜康……二八七
鴟夷子皮……二八八
養由基……二八八
刀父……二八八
季襄……二八八
趙梁左强……二八九
莊彭祖……二八九
蔡伯偕……二八九
漢人不見於史者……二八九
徐巡……二九〇
張徹……二九〇
朱建安……二九〇
謝超宗……二九〇
王筠……二九一
漢人同姓名……二九一
異代同姓名……二九二
晉人同姓名……二九四
晉書姓名互異……二九五
張元張元之……二九六
唐人同姓名……二九六
王宰……二九七
李播……二九七
盧貞……二九七
李翺……二九七
吕太一……二九八
陳子昂……二九八
李若水……二九八
王維　王縉……二九八

王定保……二九八
韋應物……二九九
劉昚虚……三〇〇
宋人同姓名……三〇〇
古人號相同……三〇七
古人姓名割裂……三〇八

十駕齋養新録卷十三……三一〇

詩傳附録纂疏……三一〇
儀禮注小字宋本……三一〇
儀禮疏單行本……三一一
論語注疏正德本……三一一
國語……三一一
廣雅……三一二
玉篇……三一三
周成雜字……三一四
龍龕手鑑……三一四
六書正譌……三一五
文場備用排字禮部韻注……三一五
萬斯同石經攷……三一六
史記宋元本……三一七
竹書紀年……三一七
十六國春秋……三一九
吴越備史……三二〇
唐書直筆新例……三二一
薛氏宋元通鑑……三二一
唐律疏義……三二二
史通……三二三
司馬温公稽古録……三二四
黿公邁歷代紀年……三二五
胡五峰皇王大紀……三二五
東家雜記……三二六
孔氏祖庭廣記……三二六
東平王世家……三二七
聖武親征録……三二八
平宋録……三二九
祕書志……三三〇
復齋郭公言行録及敏行録……三三〇
明諸司衙門官制……三三〇

文獻通攷……三三一
永樂大典……三三二
十駕齋養新録卷十四……三三五
太平寰宇記……三三五
輿地紀勝……三三五
會稽志……三三六
會稽續志……三三七
赤城志……三三七
嚴州重修圖經……三三八
新定續志……三三九
琴川志……三三九
金陵新志……三四〇
太倉州志……三四〇
浙江通志……三四一
江西通志……三四二
風俗通義……三四二
顔氏家訓……三四三
容齋隨筆……三四四
揮麈録……三四四
履齋示兒編……三四五
史繩祖學齋佔畢……三四五
石刻鋪敘……三四六
癸辛雜識……三四七
夢粱録……三四八
輟耕録……三四八
湧幢小品……三四九
日知録……三四九
池北偶談……三五〇
天禄識餘……三五〇
洗寃録……三五一
證類本艸……三五一
星經……三五二
丹元子步天歌……三五二
數學九章……三五三
測圓海鏡細草……三五四
革象新書……三五四
賓祐會天歷……三五五
三秝撮要……三五五

太乙統宗寶鑑……三五六
梅花喜神譜……三五七
文心雕龍……三五七
文選注……三五八
文選元槧本……三五八
宋名賢五百家播芳文粹……三五九
陸宣公集……三五九
韋蘇州集……三六〇
臨川集……三六〇
查氏注蘇詩……三六一
潏水集……三六一
野處類稾……三六二
鶴山大全集……三六二
陵陽先生文集……三六三
石田集……三六三
金華黄先生集……三六四
偶桓江雨軒稾……三六四
曝書亭集……三六五
崇文總目……三六五
郡齋讀書志……三六六
趙希弁讀書附志……三六六
直齋書録解題……三六六
菉竹堂書目……三六七
元藝文志……三六八

十駕齋養新録卷十五……三七三

商己孫敦……三七三
睢陵家丞印……三七三
晉率善傸印……三七四
唐東都尚書兵部印……三七四
南漢銅鐘題字……三七四
宋金官印……三七五
日字銅牌……三七七
元常德路鑄造祭器題字……三七七
甘露寺銅鐘……三七八
豹字牌……三七八
禮器碑……三七九
析里橋郙閣頌……三七九
郃陽令曹全碑……三八〇

蜀石闕……三八〇
楊紹買地券……三八〇
馮本紀孝碑……三八一
茹守福墓誌……三八二
北嶽神廟碑……三八二
雲麾將軍李秀碑……三八三
諸暨令郭密之詩……三八三
王顔追樹十八代祖晉司空碑……三八三
楚金禪師碑……三八四
湖州府天寧寺石幢……三八五
竹林寺石幢……三八五
慈雲嶺石刻……三八六
吴越武肅王廟碑……三八七
溪州銅柱記……三八八
石刻詩經殘本……三八九
經筵薦士章稿……三九〇
趙崇雋壙誌……三九〇
永清縣宋石幢……三九一
史氏墓三碑……三九一
朝城縣令旨碑……三九二
勢都兒大王令旨碑……三九三
東鎮廟元碑……三九四

十駕齋養新録卷十六……三九五

詩句中有韻……三九五
雙聲亦韻……三九五
古人聲韻之密……三九六
雙聲……三九六
沈約韻不同于今韻……三九八
七言在五言之前……三九八
古詩律詩之别……三九九
陶靖節詩……三九九
聯句……四〇〇
詩集附它人作……四〇〇
杜少陵詩用韻……四〇〇
少陵生卒年月……四〇一
飲中八仙……四〇二
亞相……四〇二
頻煩……四〇二

友于……四〇三
分減……四〇三
少陵用薛據詩……四〇三
韋左司……四〇三
乾愁乾忙……四〇四
旬……四〇四
十字……四〇四
衛中立字退之……四〇五
苜蓿盤……四〇五
杜韋娘詩……四〇五
李正封……四〇六
借韻……四〇六
唐人辨聲韻……四〇六
金昌緒……四〇七
胡釘鉸……四〇七
李義山……四〇七
晚唐詩……四〇七
父母官……四〇八
王介甫詩……四〇八
蘇東坡詩……四〇九
蔡確車蓋亭詩……四〇九
江西派……四一〇
鼂无咎詩……四一〇
第一山詩……四一〇
詩詞蹈襲……四一〇
一集中重複句……四一一
楊陸兩公年壽……四一二
放翁論詩……四一二
百家姓……四一二
楊誠齋詩……四一三
[艹若若]苴……四一三
宋正甫……四一三
迎富……四一三
後村詩……四一四
論詩絶句……四一四
律詩失粘……四一四
水田衣……四一五
上下洄……四一五

鼲鼶……四一五
三橋……四一六
踳與踳異……四一六
辨邵堯夫水火土石……四一六
查初白……四一六
文選……四一七
御覽載孔融語……四一七
庾闡揚都賦……四一八
范縝神滅論……四一八
文筆……四一八
庾子山賦……四一九
傅奕詆浮圖法……四一九
陋室銘……四一九
宋子京喜韓柳文……四二〇
原道……四二〇
諱辨……四二一
河間傳……四二一
古人文字不宜學……四二一
文集須良友删削……四二二
曾王晚年異趣……四二二
七大家……四二二
老蘇族譜引……四二三
東坡跋語誤……四二三
喜雨亭記……四二三
東坡學韓柳……四二三
父子共一碑……四二四
歸震川……四二四
顧寧人……四二四
開化寺碑……四二四
四六……四二五
文人避家諱……四二五
題諱填諱……四二五
十駕齋養新録卷十七……四二六
圓經周率……四二六
王深寧引九章有誤……四二七
夕桀……四二七
六壬推行年……四二七
六壬十二神……四二七

太一……四二八
天一家……四二八
算盤……四二八
蓋天……四二九
九鮔……四二九
河圖闓苞受……四二九
霜月……四三〇
咸池……四三〇
太陰……四三〇
六秝……四三二
歲星超辰……四三三
置閏……四三三
二十四時……四三四
夜子時……四三五
回回算術……四三五
十干配合……四三六
刑德……四三七
河戒本河戉之譌……四三七
電父……四三八
雷公……四三八
大將軍……四三八
孤虛……四三九
歸忌……四三九
反支……四三九
奇門……四四〇
九宮之神……四四〇
六壬……四四一

十駕齋養新録卷十八……四四二

道……四四二
五倫……四四三
忠恕……四四三
言動……四四四
謙讓……四四四
義利……四四四
廉恥……四四五
方正……四四五
儉……四四五
止謗……四四六

改過……四四六
重人不重位……四四七
語録……四四七
名……四四八
功過相除……四四九
朱文公議論平實……四五〇
陳止齋不好辯……四五〇
宋儒經學……四五〇
道統……四五一
太極……四五一
六經注我……四五二
引儒入釋……四五二
知人之難……四五三
法後王……四五三
臣道……四五三
薦賢……四五四
黨籍……四五四
沈圭説……四五五
六先生……四五五
士大夫不説學……四五五
清慎勤……四五六
居官忌二事……四五六
科場……四五六
河防……四五七
通鑑多采善言……四五八
古語多有本……四五九
清談……四六〇
文字不苟作……四六〇
文人勿相輕……四六〇
文人浮薄……四六一
詩文盜竊……四六一
釋氏輪迴之説……四六二
釋道俱盛于東晉……四六二
治生……四六三
十駕齋養新録卷十九……四六四
宋槧本……四六四
借書……四六四
引書記卷數……四六五

下走……四六五
陳椽……四六六
關穿……四六六
仳脇……四六六
奥憹……四六六
佚蕩……四六六
翠……四六七
閒介……四六七
易……四六七
夫差……四六八
非三公而稱公……四六八
代友改字……四六九
宫中稱呼……四六九
婦人稱阿……四六九
婦人稱奴……四七〇
老……四七〇
小名鐵柱……四七一
五行命名……四七一
義……四七二
雨……四七二
漢唐金價……四七三
大斗大兩大尺……四七三
元寶……四七四
錠……四七四
浙東斗尺……四七四
四柱……四七五
火耗……四七五
孝弟……四七五
契姪……四七六
褒成侯未嘗徙封……四七六
嘉祥縣南武山……四七七
錢讓……四七七
錢珝……四七八
袁高題名……四七八
于頔茶山詩述……四七九
六先生……四七九
生日……四八〇
生日獻詩詞……四八一

禁見任官生日受所屬禮物……四八二
爵里刺……四八三
宋名刺……四八三
齊物……四八四
梓潼神……四八五
魁星……四八六
道人道士之別……四八六
天師……四八七
棋局……四八七
籤詩……四八八

十駕齋養新録卷二十……四八九

吴郡志沿革之誤……四八九
吴地記……四八九
姑蘇志……四九〇
長洲……四九〇
松江……四九一
沈恭子……四九一
陸德明……四九二
陸暢……四九二
徐半千……四九三
黄策……四九三
張伯顔……四九三
胡惠齋……四九四
李諒……四九五
滕甫知蘇州年月……四九六
程師孟無知蘇州事……四九六
章岵……四九七
楊景略……四九八
豐稷……四九八
岑仲翔……四九八
賀方回家藏書……四九九
程公闢……四九九
程氏蝸廬……四九九
韓世忠宅……五〇〇
范良器非翰林學士……五〇〇
惠元祐事不足信……五〇〇
富嚴墓……五〇一
蔣彝墓……五〇二

鄭絳墓……五〇二
朱耜墓……五〇三
楊懿孺墓……五〇三
趙崇雋墓……五〇四
同年醻唱詩……五〇四
吴江學宋元碑……五〇五
渡僧橋石刻……五〇五
蘇州府儒學誌……五〇六

十駕齋養新餘録

卷上……五〇七
簪當作戠……五〇七
像……五〇七
武王克殷之年……五〇七
蜀石經毛詩……五〇八
左傳服杜之學……五〇八
春秋十二公紀年……五〇九
太歲超辰立成……五一一
春秋正義宋槧本……五一二
譙周注論語……五一二
孟季子問公都子……五一三
諸經音……五一三
大題在下……五一四
昏當从唐本説文作昬……五一四
恧……五一五
古今音異……五一五
卷中……五一八
史漢目録……五一八
諸史目録皆後人增加……五一八
太史公李延壽……五一九
史記年表……五一九
漢書王子侯誤字……五二〇
蘇林音肸爲壓……五二〇
漢人異讀……五二〇
續漢書百官志注譌字……五二〇
三國志注……五二一
史傳稱人字……五二一
晉書地理志之誤……五二一
毛寶傳誤……五二五

朱序傳誤……五二五
劉逵……五二五
孟康……五二六
何法盛書……五二六
王劭齊隋二史……五二七
隋五行志多讖言……五二七
隋書經籍志遺漏……五二八
一字三字石經……五二八
謝吴……五二八
南宋事略……五二九
乣……五三〇
哀宗紀……五三〇
耿炳文……五三一
江西人……五三一
東林……五三二
齊楚浙三黨……五三三

卷下……五三五

帝王大度……五三五
白樂天文集……五三五
歐公誤用不識撐犂……五三五
東坡在元祐時已有詆誣之者……五三六
吕升卿通判海州……五三六
曾文肅帥青社……五三六
章惇事邵康節胡安國稱秦檜……五三六
程伯淳語……五三六
朱文公語……五三七
何道夫語……五三七
陸象山疑有子……五三七
吕東萊讀史多……五三七
晏元獻夫人……五三七
韓奉常妻……五三八
藏書之戹……五三八
南監板經史……五三八
南雍經史板……五三九
翻刻古書易錯……五四〇
群書治要……五四〇
石刻詛楚文……五四一
李伯時畫古器圖……五四一

元會運世……五四一
避諱改姓……五四二
姓隨音變……五四二
京房吹律定姓……五四三
陸羽從僧姓……五四三
司馬康……五四三
番陽洪氏……五四三
郭叔誼……五四四
脩容……五四四
捉筆……五四四
捕風……五四五
花木瓜……五四五
雞鴨諫議……五四五
章硬頸……五四五
笑面夜叉……五四五
金毛鼠……五四六
滿朝歡……五四六
賽仁孝……五四六

校點説明

錢大昕(一七二八—一八〇四),字曉徵、辛楣,號及之、竹汀,晚年自稱潛研老人,江蘇嘉定(今上海嘉定)人,清代史學家、漢學家。早年以詩賦聞名江南。乾隆十六年(一七五一),清高宗弘曆南巡,因獻賦獲賜舉人,官内閣中書。十九年中進士,選翰林院庶吉士,散館授編修。三十四年,入直上書房,授皇十二子書。參與編修《熱河志》,與紀昀並稱「南錢北紀」。又與修《音韻述微》、《續文獻通考》、《續通志》、《一統志》及《天球圖》諸書。後爲詹事府少詹事,先後擔任山東、湖南、浙江、河南諸省鄉試主考,提督廣東學政。四十年,居喪歸里,引疾不仕。嘉慶三年,廷臣致書勸出,皆婉言報謝。歸田三十年,潛心著述,歷主鍾山、婁東、紫陽書院,其門下弟子多至二千人。

錢大昕是乾嘉學派的重要人物。其學以「實事求是」爲宗旨,雖主張從訓詁以求義理,但不專治一經,亦不墨守漢儒家法。他主張把史學與經學置於同等重要的地位,以治經方法治史。自《史記》、《漢書》迄《金史》、《元史》,一一校勘,詳爲考證。於正史、雜史之外,兼及輿地、金石、典制、天文、曆算以及音韻等。對宋、遼、金、元四史,用功甚深,於元史尤爲專精。他曾打算重修《元史》,未成。著有《廿二史考異》、《宋學士年表》、《元史氏族表》、《補元史藝文志》、《元詩記事》、《三史拾遺》、《諸史拾遺》及《潛研堂金石文跋尾》等。除史學外,於所涉諸學,多有創獲。《三統術衍》、《宋遼金元四史朔閏考》是他研治天文曆算的代表作,深爲同時學者所推重。「古無輕唇音」、「古無舌上音」,更是他在音韻學上的卓見。錢大昕並非知古而不知今的考據學者,他往往以考史論學的形式,隱寓對清廷弊政的不滿,於所著《十駕齋養新録》、

《潛研堂文集》多有反映。

乾嘉時期，首重經學。錢大昕力倡治史，既博且精，對轉變一時學術趨向影響甚大。他學問淵博，考辨審實，造詣精深。當時人江藩稱「先生不專治一經而無經不通，不專攻一藝而無藝不精」，「若先生學究天人，博宗群籍，自開國以來，蔚然一代儒宗也」。（《漢學師承記》）近人陳寅恪稱錢大昕「洵爲清代史學家第一人矣」（《金明館叢稿二編》）。他一生著述豐富，約計四百餘萬字，後世輯爲《潛研堂全書》刊行。

《十駕齋養新録》是錢大昕的隨筆札記，成書最晚，爲其畢生精力之薈萃。全書二十卷，另有後續《餘録》三卷。其書不分門目，而編次先後，則略以類從，大旨仿顧炎武《日知録》條例。前三卷論經學，四卷、五卷論小學，六卷至九卷論史學，十卷論官制，十一卷論地理，十二卷論姓名，十三卷、十四卷論古書，十五卷論金石，十六卷論詞章，十七卷論術數，十八卷論儒術，十九卷、二十卷爲雜録考證。史學大師陳垣曾這樣評價《十駕齋養新録》：「《日知録》在清代是第一流的，但還不是第一。第一應推錢大昕的《十駕齋養新録》。」（趙光賢《回憶我的老師援庵先生》，《勵耘書屋問學記》）其考鏡源流，匡辨僞訛，索微燭幽，「皆精確中正之論」，爲後人稱賞，被學者視爲典範。

《十駕齋養新録》於清嘉慶九年（一八〇四）刊印。其他版本主要有：嘉慶十一年至十二年間的錢氏家刻《嘉定錢氏潛研堂全書》本（潛研堂本），道光二十年錢師光據潛研堂本重印，光緒二年浙江書局據潛研堂本重刻，光緒十年長沙龍氏家塾編刻的《嘉定錢氏潛研堂全書》重刊本，一九三五年商務印書館《國學基本叢書》本，一九三六年中華書局《四部備要》本，一九六四年臺灣世界書局排印本，一九七四年香港崇文書店排印本，一九九七年江蘇古籍出版社《嘉定錢大昕全集》標點本。除此之外，《皇清經解》卷四百三十九至四百四十二收録了《十駕齋養新録》中與經學有關，多屬文字、音韻方面的條目共一百七十九條。

此次校點《十駕齋養新録》，以潛研堂本爲底本。至於校本，錢師光重印本、浙江書局重刻本、《四部備要》本皆源出潛研堂本，屬於同一系統而無校勘價值，可以忽略。長沙龍氏家塾重刊本爲另行編刻，校勘精細，故列爲校本。而商務印書館《國學基本叢書》本乃斷句本，亦有參校的必要。校點時還吸收了江蘇古籍出版社標點本的研究成果。校記中長沙龍氏家塾重刊本簡稱「長沙本」，商務印書館《國學基本叢書》本簡稱「商務本」。書中的避諱字遵照底本，唯闕筆者補完。校點不當之處，希望得到專家和讀者的指正。

校點者　李光輝

十駕齋養新録序

學術盛衰，當於百年前後論升降焉。元初學者，不能學唐宋儒者之難，惟以空言高論、易立名者爲事，其流至於明初《五經大全》易極矣。中葉以後，學者漸務於難，然能者尚少。我朝開國，鴻儒碩學接踵而出，乃遠過乎千百年以前。乾隆中，學者更習而精之，可謂難矣，可謂盛矣。

國初以來，諸儒或言道德，或言經術，或言史學，或言天學，或言地理，或言文字音韻，或言金石詩文，專精者固多，兼擅者尚少，惟嘉定錢辛楣先生能兼其成。由今言之，蓋有九難。先生講學上書房，歸里甚早，人倫師表，履蹈粹然，此人所難能一也。先生深於道德性情之理，持論必執其中，實事必求其是，此人所難能二也。先生潛擘經學，傳注疏義，無不洞徹原委，此人所難能三也。先生於正史雜史，無不討尋，訂千年未正之譌，此人所難能四也。先生精通天算，三統上下，無不推而明之，此人所難能五也。先生校正地志，於天下古今沿革分合，無不考而明之，此人所難能六也。先生於六書音韻，觀其會通，得古人聲音文字之本，此人所難能七也。先生於金石，無不編録，於官制史事，攷核尤精，此人所難能八也。先生詩古文詞，及其早歲，久已主盟壇坫，冠冕館閣，此人所難能九也。合此九難，求之百載，歸於嘉定，孰不云然！元嘗服膺《曾子》十篇矣，曾子曰：「難者弗辟，易者弗從。」故聖賢所能，必爲至難。若立一説，標一旨，即名爲大儒，恐古聖賢不若是之易也。先生所著書若《廿二史攷異》、《通鑑注辯正》、《元史藝文志》、《三統術衍》、《金石跋尾》、《潛研堂文集》，久爲海内學者所讀矣。別有《十駕齋養新録》廿卷，乃隨筆扎記經史諸義之書，學者必欲得而讀之，乞刻於版。凡此所箸，皆精確中正之論，即瑣言剩義，非貫通原本者不能，譬之折杖一枝，非鄧林之大不能有也。噫嘻難矣！元於先生之學，未能少測厓岸，僅就所自見者，於百年前後，約舉九難之義，爲後之史官傳大儒者略述之。

嘉慶九年歲次甲子小雪日，揚州後學阮元謹序。

自序

「芭蕉心盡展新枝，新卷新心暗已隨；願學新心養新德，長隨新葉起新知。」張子厚詠芭蕉句也。先大父嘗取「養新」二字榜於讀書之堂，大昕兒時侍左右，嘗爲誦之，且示以「温故知新」之旨。今年逾七十，學不加進，追惟燕翼之言，泚然汗下。加以目眊耳聾，記一忘十，問字之客不來，借書之瓻久廢。偶有咫聞，隨筆記之，自慙螢爝之光，猶賢博簺之好，題曰《養新録》，不敢忘祖訓也。嘉慶四年十月，書於十駕齋。

十駕齋養新録卷一

嘉定錢大昕

易韻

《易》象傳六十四卦皆有韻，唯《革傳》「大人虎變，其文炳也」、「君子豹變，其文蔚也」、「小人革面，順以從君也」三句，以今韻求之，不合。顧氏炎武撰《易音》，遂諱而不言。予案《説文》：「虨，虎文彪也。从虍，彬聲。」與《易》義相應，則許君所見《周易》必作「虨」，不作「炳」也。「彬」、「炳」聲相近，故今本作「炳」，猶彪虨字本當作「虨」，而詞賦家多用彪炳耳。虨，正字，炳，假借字，當讀如虨，與君爲韻也。蔚从尉聲，尉本作「㷉」，《説文》：「㷉，从上案下也。从𡰥又持火以申繒也。」今吴人呼㷉斗爲運斗，是「㷉」有「運」音，則「蔚」亦可讀如「運」也。㷉斗亦謂之威斗，見《漢書·王莽傳》。《漢律》「婦告威姑」，「威姑」者，君姑也。《説文》：「君讀若威。」「威」與「君」同音，則「蔚」與「君」協韻，又何疑乎？《説文》「斐」字下引《易》「君子豹變，其文斐也」，「斐」即「蔚」之異文，「斐」與「分」聲相近，故亦可與「君」協韻也。《未濟傳》：「濡其尾，亦不知極也。」「九二貞吉，中以行正也。」朱文公疑「極」當爲「敬」。顧氏以「極」「正」非韻，亦諱而不言。予謂「極」从「亟」，「亟」、「敬」聲相近。《廣韻》：「亟，敬也。」《方言》：「自關而西，秦、晉之間，凡相敬愛謂之亟。」則朱以「極」爲「敬」甚合古音，但不必破字耳。顧氏拘於偏旁，謂一字不當有兩音，故於此等未能了了。

六十四卦

八卦皆兩兩相對。相對之例，或取交變，乾、坤、坎、離、震、巽、艮、兑是也；乾變爲坤，坎變爲離，震變爲巽，艮變爲兑，虞翻六十四卦旁通之例本此。或取反復，震、艮、巽、兑是也。今人謂之反對。乾坤、坎離反復不衰，故反復只有四卦。《説卦傳》多以雷風山澤相對，陰陽奇耦之定位也。八卦重爲六十四卦，雖有《序卦》一篇列其先後之次，要亦以相對爲義。乾、坤父母卦，爲上下經之首；坎、離得乾、坤之中爻，故居上經之終；既濟、未濟即坎、離，故居下經之終；頤、大過、中孚、小過與乾、坤、坎、離同爲反復不衰之卦，故各自爲對，列於坎離、既未濟之前；此八卦皆以旁通爲對者也。其餘五十六卦皆取反復，震、艮、巽、兑八純卦亦取反復之例，與《説卦》不同。《説卦》言天道，《彖》、《象》明人事也。

六十四卦旁通圖

乾天　坤地　　屯水雷　鼎火風　　蒙山水　革澤火　　需水天　晉火地
訟天水　明夷地火　　師地水　同人天火　　比水地　大有火天　　小畜風天　豫雷地
履天澤　謙地山　　泰地天　否天地　　隨澤雷　蠱山風　　臨地澤　遯天山
觀風地　大壯雷天　　噬嗑火雷　井水風　　賁山火　困澤水　　剥山地　夬澤天
復地雷　姤天風　　无妄天雷　升地風　　大畜山天　萃澤地　　頤山雷　大過澤風
坎水　離火　　咸澤山　損山澤　　恒雷風　益風雷　　家人風火　解雷水
睽火澤　蹇水山　　震雷　巽風　　艮山　兑澤　　漸風山　歸妹雷澤

豐雷火渙風水　旅火山節水澤　中孚風澤小過雷山　既濟水火未濟火水

乾坤、坎離、頤大過、中孚小過，爲反復不衰卦。

泰否、既濟未濟，反復兼兩象易，兼旁通。

隨蠱、漸歸妹，反復兼旁通。

六十四卦兩象易圖

虞翻説《易》有「兩象易」，後儒多不能解。今演其圖如右，乾、坤、坎、離、震、艮、巽、兑八純卦，上下兩象相同，不列。

屯水雷解雷水　蒙山水蹇水山　需水天訟天水　師地水比水地

小畜風天姤天風　履天澤夬澤天　泰地天否天地　同人天火大有火天

謙地山剥山地　豫雷地復地雷　隨澤雷歸妹雷澤　蠱山風漸風山

臨地澤萃澤地　觀風地升地風　噬嗑火雷豐雷火　賁山火旅火山

无妄天雷大壯雷天　大畜山天遯天山　頤山雷小過雷山　大過澤風中孚風澤

咸澤山損山澤　恒雷風益風雷　家人風火鼎火風　晉火地明夷地火

睽火澤革澤火　困澤水節水澤　井水風渙風水

畜

《易・小畜》《大畜》卦《釋文》云：「本又作蓄，敕六反，積也、聚也。鄭許六反，養也。」《大畜・象傳》「多識前言往行，以畜其德」，《序卦傳》「比必有所畜」、「物畜然後有禮」、「有无妄然後可畜」、「物畜然後可養」，《釋文》皆云「本又作蓄」。唯《大畜・象傳》有「能止健」之語，此言乾、艮二卦之德，非釋卦名。蓋宣尼説《易》未嘗訓畜爲止。漢儒或訓積，或訓養，皆無止義，王輔嗣注亦同。獨孔穎達《小畜》正義云：「性又和順，不能止畜在下之乾。」又云：「若陽之上升，陰能畜止。」又云：「小畜之義，唯當畜止在下三陽。」又云：「總不能畜止剛健。」又云：「不能畜止諸陽。」蓋疏家因《大畜》有「止健」之文，遂類及於「小畜」，不知巽主入不主止，大畜、艮在乾上能畜而止之，小畜、巽在乾上能畜不能止，故有「密雲不雨」之象，大畜可言止，小畜不可言止也。後儒沿《正義》之誤，遂疑畜有止義，并《孟子》「畜君何尤」句亦訓爲止矣。

經典「畜」字有三音：讀敕六切者，訓積，訓聚；讀許六切者，訓養；讀許救切者，訓六畜。此字《説文》作「嘼」。今人讀「六畜」爲敕六切，「蓄聚」爲許六切，皆非古音。

觀

古人訓詁寓於聲音，字各有義，初無虛實動靜之分，好惡異義起於葛洪《字苑》，漢以前無此分別也。「觀」有平、去兩音，亦是後人强分。《易》「觀卦」之「觀」相傳讀去聲，彖傳「大觀在上，中正以觀天下」，象傳「風行地上，觀」，並同此音，其餘皆如字，其説本於陸氏《釋文》。然陸於「觀國之光」兼收平、去兩音，於「中正以觀天下」❶云：「徐唯此一字作官音。」是「童觀」、「闚觀」、「觀我生」、「觀其生」、「觀國之光」，徐仙民並讀去聲矣。六爻皆以卦名取義，平則皆平，去則皆去，豈有兩讀之理？而學者因

❶「中正」，宋刻宋元遞修本《釋文》無此二字。

循不悟，所謂是末師而非往古者也。魏了翁《觀亭記》云：「觀卦彖、象爲『觀示』之『觀』，六爻爲『觀瞻』之『觀』，竊意未有四聲反切之前，安知不皆爲平聲乎？」斯可謂先得我心者矣。《大學》「國治」之「治」陸德明音直吏反，而「先治其國」之「治」無音，則當讀平聲，此尤可笑。夫齊家家齊、脩身身脩、正心心正、誠意意誠、格物物格，皆不聞有兩音，而獨於「治」字辨之，曾不審上下文，不幾於菽麥之罔辨乎？

祇

《説文·示部》有「祇」「祗」二字：一爲神祇字，从氏，地示提出萬物者也；一爲祗敬字，从氐，敬也。又別有「禔」字，从是，安福也，引《易》「禔既平」，今《易》亦作「祗」。《京房》作「禔」，與《説文》同。古文「氏」「是」通用，則「禔」「祗」亦可通，但相承讀爲支音，與「神祇」音小異耳。《復卦》「无祗悔」，王肅作「禔」，九家本作「多」字音「支」。案《左氏》襄廿九年傳「祗見疏也」，服虔本「祗」作「多」；《論語》「多見其不知量也」，「多」與「祗」同。疏家謂古人「多」「祗」同音，「祗」訓適。《詩》「祗攪我心」、「祗自塵兮」皆訓適。《史記·韓安國傳》「禔取辱耳」，徐廣云：「禔，一作祗。」《漢書》亦作「祗」。「禔」既訓福、訓安，安與適義亦相承，則「祗」訓適者即與禔通之祗，非別有它字矣。乃《玉篇》於《衣部》添「衹」字，讀之移切，訓爲適，此六朝俗體。《説文》但有从氏訓短衣之「衹」，初無「衹」字也。而張參《五經文字·衣部》承《玉篇》之誤，亦收此字，訓作適，且以从示爲誤，則大謬矣。唐石經「无祇悔」从示从氏,「祇既平」从衣从氏,此又承張參之誤。《玉篇·禾部》有「秖」字,竹尸切,穀始熟也。此字不載《説文》,且經典所無,或以當祇適字,非。

力少而任重

《繫辭傳》:「德薄而位尊,知小而謀大,力小而任重。」三句中用兩「小」字,似覺偏枯,當從唐石經作「力少而任重」爲正。《後漢書·朱馮虞鄭周傳贊》注引《易》,與石經同。《三國志·王脩傳》注引《魏略》「力少任重」。《漢書·王莽傳》:「自知德薄位尊,力少任大。」今本「少」作「小」。唯北宋景祐本是「少」字。

傷於外者必反於家

《序卦傳》「傷於外者必反於家」,唐石經及岳氏本並同,今本作「必反其家」。《周易本義》咸淳本亦作「於」字。

易　簡

「易簡而天下之理得矣。」四時行,百物生,天地之易簡也。無欲速,無見小利,帝王之易簡也。皋陶作歌,戒元首之叢脞。叢脞者,細碎無大略。吴季札所謂「其細已甚,民弗堪」也。易簡之道失,其弊必至於叢脞。

河圖洛書

《河圖》、《洛書》兩圖,宋朱震《周易卦圖》始首列之,謂劉牧傳于范諤昌,諤昌傳於許堅,堅傳于李溉,溉傳于种放,放傳于希夷陳摶。《河圖》戴九履一，左三右七，二四爲肩，六八爲足，縱横十有五，總四十有五。《洛書》一與五合而爲六，二與五合而爲七，三與五合而爲八，四與五合而爲九，五與五合而爲十；一六爲水，二七爲火，三八爲木，四九爲金，五十爲土，十即五五也。太元曰：「一與六共宗，二與七共朋，三與八成友，四與九同道，五與五相守。」范望云：「重言五者，十可知也。一三五七九，奇數，二十有五；二四六八十，偶數，三十。故曰：『天地之數五十有五。』數五即十也，故《河圖》之數四十有五，而五十之數具，《洛書》之數五十有五，而五十之數在焉。唯十即五也，故甲巳九，乙庚八，丙辛七，丁壬六，戊癸五，而不數十，十盈數也。」

案：漢上朱氏始列《河圖》、《洛書》於《易圖》之首，依劉牧說，以九爲《河圖》，十爲《洛書》。至朱文公用蔡元定說，以劉所傳《河圖》爲《洛書》、《洛書》爲《河圖》。又引元定說，謂《圖》、《書》之象，自漢孔安國、劉歆，魏關子明，宋康節先生邵雍皆謂如此，至劉牧始兩易其名，而諸家因之。

劉牧《易數鈎隱圖》以九爲《河圖》、十爲《洛書》，而朱文公易之。魏華甫云：「朱文公以十爲《河圖》、九爲《洛書》。」引邵子說，辨析甚精。而邵子不過曰：「圓者《河圖》之數，方者《洛書》之文。」且戴九履一之圖，其象圓，五行生成之圖，其象方，是九圓而十方也。安知邵子不以九爲《圖》十爲《書》乎？朱子雖力攻劉氏，而猶曰「易範之數誠相表裏」，爲可疑耳，又曰「安知《圖》之不爲《書》，《書》之不爲《圖》」，則朱子尚有疑於此也。

九宮之圖古矣。《大戴禮·明堂篇》：「二九四，七五三，六一八。」明堂九室之制蓋準乎此。《易乾鑿度》：「四正四維，皆合於十五。」亦謂此圖也。其原本出于《易》，與八卦方位相應，漢儒皆能言之。方士又以白黑碧緑赤黄紫記其方位，别爲太一遁甲之術以占吉凶休咎，遂爲儒者所不道。陳希夷輩依《大戴》爲《圖》，不用白黑等字，其識固高出方士一等矣，但此圖流傳已久，漢世河洛祕緯盛行，不聞指此爲《河圖》，亦不聞指爲《洛書》，未審後儒何所見而鑿鑿言之也。

盧辯注《大戴》有「法龜文」之説。辯，北齊人也。甄鸞注《數術紀遺》云：「二四爲肩，六八爲足，左三右七，戴九履一，五居中央。」亦與龜文之説暗合。鸞，後周人也。朱文公以九爲《洛書》，蓋用盧辯説，而誤以爲鄭氏注。

八卦方位

八卦方位：震東方，巽東南，離南方，乾西北，坎北方，艮東北，見於《説卦傳》。坤、兑次于離後乾前，則坤西南、兑西方可知也。伏羲始作八卦，以木德王，《傳》云「帝出乎震」，謂伏羲也。然則《説卦傳》所言方位出於伏羲所定，萬世無可變易之理，而後儒私造先天一圖託於伏羲，欲駕文王、孔子而上之，傎到甚矣。推其意，特以乾、坤父母之卦，而列於四隅，與巽、艮相對，於心有所不安，必改爲乾上坤下，乃順乎人情耳。曾不思四正、四維均在平面，本無上下之分。若以天地之形勢言之，則北高而南下；以朝廷之定分言之，則君之南面者位在北、臣之北面者位在南。乾南坤北正與高下尊卑相反，吾不知其定位何在也。《月令》以中央土列季夏之後，此坤位西南之明證，而乾位西北，其義尤非淺人所能識。蓋陰陽往來之理，驗於四時，播於十二消息卦，聖人扶陽而抑陰，故有純陽無純陰。十月純坤之卦，又當西北極陰之鄉，惟純乾可以制之，故《釋天》「十月爲陽」，而於坤之上六有「龍戰」之象，於《傳》言「戰乎乾」，又云「陰陽相薄」，相薄而陽必勝，非純乾不能，此乾位西北之義也。

宋儒所稱先天八卦方位，乾南坤北，離東坎西，震東北，巽西南，艮西北，兑東南，或謂合於虞翻納甲之義，其實則大不然。乾納甲壬，甲壬非正南也；坎納戊、離納己，戊、己非東西也；震納庚，庚非東北也；艮納丙，丙非西北也；坤納乙癸，癸固北矣，而乙非北也。是與納甲之方位大相背也。若以月行盈虧驗其方位，朔爲正北，望爲正南，則上弦當居正東，下弦當居正西，今乃以坎、離居東西，非其理矣。朱震所演納甲及天壬地癸會於北方兩圖，雖與先天方位相合，却非虞翻之旨。

兑爲妾爲養

《説卦》：「兑爲剛鹵，爲妾，爲羊。」《釋文》：「羊，虞作羔。」今李鼎祚《集解》引虞仲翔注亦作「羔」，云：「『兑爲羊』已見上文，此爲重出，非孔子意也。」武進臧鏞堂在東謂「羔」乃「養」字之誤。攷虞注「爲妾」云：「三小女位賤故爲妾。」其注「爲羔」云：「羔，女使，皆取位賤，故爲羔。」虞以「羊」爲再出，若作「羔」，爲小羊，意亦不異，故知本是「養」字，傳寫脱其下半耳。又鄭康成本作「爲陽」，注云：「此陽謂養，無家女行賃炊爨，今時有之，賤於妾也。」見《漢上易傳》。然則此字當爲「厮養」之「養」，鄭、虞兩家正合，其作「羊」作「陽」，皆「養」字聲近之誤。

朱文公本義

《賁》彖傳本義云：「先儒説『天文』上當有『剛柔交錯』四字。」不云「先儒」何人。案王輔弼注：「剛柔交錯以成文，天文也。」《釋文》、《正義》俱不言經有脱文，唯李衡《義海撮要》載徐氏説「天文也」上脱「剛柔交錯」四字。《本義》所稱「先儒」即其人也，名字未詳。或云郭京《周易舉正》先有此説。然《舉正》係宋人託名。自言曾見王輔嗣、韓康伯手寫真本，其誕妄可知。「《既濟》『亨小』當爲『小亨』」，此胡瑗説也；「『能研諸侯之慮』，『侯之』二字衍」，此朱震説也。朱引王弼《略例》「能研諸慮」句爲證。皆見《義海撮要》。

咸淳乙丑九江吴革所刻《正義》大字本極精審。《雜卦》「遘遇也」，不作「姤」，與唐石經同。案《説文》無「姤」字，徐鉉新附乃有之。古《易》卦名本作「遘」，王輔嗣始改爲「姤」。後儒皆遵王本，唯《雜卦傳》以無王注偶未及改。宋本猶存此古字，明人撰《大全》者盡改爲「姤」，自後坊本相承皆用《大全》本，村夫子不復知有文公元本矣。《大有》象傳「明辨晢也」，亦與石經同。

說文引易

《說文》「相」字下引《易》：「地可觀者，莫可觀於木。」今《易》無此語，或疑《說卦》之逸文。案《說卦》「天地定位」四章，皆以雷風相對，無取象於木者。此殆是釋觀卦名義：巽上坤下，木在地上之象，其卦爲觀，於文木旁目爲相，相亦觀也。許叔重引《虞書》「仁閔覆下，謂之旻天」，又「怨匹曰逑」，皆漢儒傳授經說，非經正文，與此條引《易》正相似。

筮用錢

《士冠禮》疏：「筮法，依七八九六之爻而記之，但古用木畫地，今則用錢。以三少爲重錢，重錢則九也；三多爲交錢，交錢則六也；兩多一少爲單錢，單錢則七也；兩少一多爲拆錢，拆錢則八也。案《少牢》云：『卦者在左坐，卦以木。』故知古者畫卦以木也。」攷賈公彥《疏》本於北齊黃慶、隋李孟悊二家，是則齊隋與唐初皆已用錢，重、交、單、拆之名與今不異。但古人先揲蓍而後以錢記之，其後術者漸趨簡易，但擲錢得數，不更揲蓍，故唐人詩有「衆中不敢分明語，暗擲金錢卜遠人」之句。

南訛

《說文》無「訛」字。《堯典》「平秩南訛」，《漢書·王莽傳》作「南僞」，《史記索隱》本作「爲」，小司馬云：「爲依字讀。春言東作，夏言南爲，皆是耕作營爲勸農之事。孔氏强讀爲『訛』字，雖則訓化，解釋亦甚紆回也。」今本《史記》皆作「譌」，蓋後人附會孔《傳》，輒加言旁，非史公之意。古書「僞」與「爲」通。《荀子·性惡篇》云：「人之性惡，其善者僞也。」又云：「不可學、不可事而在天者，謂之性；可學而能、可事而成之在人者，謂之僞。」是「僞」即「爲」字，《史》、《漢》文異而意不異也。古音「爲」如「譌」，故「僞」，孔《傳》轉作「訛」，而有訛化之訓。《周禮》馮相氏注：「仲夏辨秩南譌。」段懋堂云：「葉林宗影宋鈔本《釋文》亦作『南僞』。」

于　於

「于」「於」兩字義同而音稍異。《尚書》、《毛詩》例用「于」字，唯《金縢》「爲壇於南方北面」、「乃流言於國」、「公將不利於孺子」，《酒誥》「人無於水監，當於民監」，《邶風》「俟我於城隅」，《齊風》「俟我於著乎而」、「俟我於堂乎而」、「俟我於庭乎而」，《秦風》「於我乎夏屋渠渠」、「於我乎每食四簋」，《曹風》「於女歸處」、「於女歸息」、「於女歸説」，《豳風》「於女信處」、「於女信宿」，《大雅》「於萬斯年」，仍用「於」。《大雅》「不實于亶」，宋本閒有作「於」者，誤也。《論語》例用「於」字，唯引《詩》、《書》作「于」，而「乘桴浮于海」、「餓于首陽之下」仍用「于」。今字母家以「於」屬影母、「于」屬喻母，古音無影喻之别也。

有亂十人

「予有亂十人」，《尚書》、《論語》各一見，《春秋傳》兩見。襄廿八年、昭廿四年。唐石經皆無「臣」字，今石刻旁添「臣」字者，宋人妄作耳。陸氏《釋文》亦同，云：「本或作『亂臣十人』，非。」五代國子監校刊九經，始據誤本添入「臣」字。邢昺《論語疏》亦承監本。於是劉原父有「子無臣母」之疑，蘇子瞻《太皇太后挽詞》亦有「允矣才難十亂臣」之句。

思曰容

《洪範》一篇多韻語。「貌曰恭，言曰從，視曰明，聽曰聰，思曰容」，五句皆韻。自鄭康成破「容」爲「睿」，晚出古文因之。案《春秋繁露》述《五行五事》篇云：「思曰容，容者言無所不容。」❶又云：「容作聖，聖者設也，王者心寬大，無所不容，則聖能施設，事各得其宜也。」《漢書・五行志》引《洪範傳》云「思心之不容」，而又爲之説曰：「容，寬也。孔子曰：『居上不寬，吾何以觀之哉？』言上不寬大包容臣下，則不能居聖位。」然則古本《洪範》皆是「容」字，今《漢書》刊本作「睿」，蓋淺人所改。幸其説尚存，與董生相印證，可見西京諸儒傳授有自。許叔重《説文》「思，容也」，亦用伏、董説。

遵王之誼

鄭司農云：「古者書儀但爲義，今時所謂義爲誼。」《周禮・春官・肆師》注。《洪範》「無偏無頗，遵王之義」，本從古文作「誼」，

❶ 「所」，《春秋繁露》卷十四《五行五事》無此字。下「無所不容」之「所」同無。

開元詔書以「頗」與「誼」不協，改經文爲「陂」，曾不知「誼」从「宜」得聲，「宜」本作「宐」，又从多聲，以「誼」韻「頗」，正合古音。即使依今文作「義」，而「義」亦从「我」得聲，與「頗」初無不叶也。蓋小學之不講唐人已然。

蘉

《洛誥》「汝乃是不蘉」，孔、馬、鄭皆訓「蘉」爲「勉」，而《説文》無此字，經典亦止一見，更無它證。予攷《釋詁》「孟，勉也」，郭注云：「未聞。」古讀「孟」如「芒」，《戰國策》有「芒卯」，《淮南子》作「孟卯」，是「孟」「芒」同音。《莊子》「孟浪之言」，徐仙民音武黨、武葬二切，即「芒」之上、去音也。《釋文》：「蘉，莫剛反。」蓋馬、鄭舊音，而同訓「勉」，則「蘉」即「孟」審矣。「蘉」从侵無義，疑即「㝱」字，「孟」「夢」音相近，皆黽勉之轉聲，隸變譌爲「蘉」耳。江處士聲、邵學士晉涵皆采予説。

耄荒

《吕刑》「耄荒」，《釋文》：「耄又作薹。」此《説文》正字也。《群經音辨·禾部》云：「秏，老也，音耄。《書》『王秏荒』，鄭康成讀。」案古書無以「秏」當「耄」字者，當是「旄」字轉寫之譌。《周禮·大司寇》「掌建邦之六典」注引《書》「耄荒」，《樂記》「宮亂則荒」注引《書》「王耄荒」，《釋文》皆作「旄荒」，依《釋文》單行本，其散入注疏者今皆作「耄」矣。是鄭本作「旄」不作「秏」矣。《禮》「八十九十曰耄」，《射義》「旄期稱道不倦」，《釋文》皆用「旄」字。賈昌朝偶據誤本仞「旄」爲「秏」，非也。

苗民弗用靈

《吕刑》「苗民弗用靈」，《墨子》引作「苗民否用練」。古書「弗」與「不」同，「否」即「不」字，「靈」「練」聲相近。《緇衣》引作「匪用命」，「命」當是「令」之譌。「令」與「靈」古文多通用，「令」「靈」皆有善義，鄭康成注《禮》解爲「政令」，似遠。

泯泯棼棼

《吕刑》「泯泯棼棼」，「泯」「湎」聲相近。《漢書·敘傳》「風流民化，湎湎紛紛」，《論衡·寒温篇》「蚩尤之民，湎湎紛紛」，「湎湎」即「泯泯」也。

矜

《論衡·雷虚篇》引《尚書》曰：「予惟率夷憐爾。」今《多方篇》「夷」作「肆」、「憐」作「矜」。「矜」「憐」古今字。《論語》「則哀矜而勿喜」，《論衡》引作「憐」。

榮懷

《秦誓》以「阢隉」、「榮懷」對文。「阢隉」雙聲，皆疑母。「榮懷」亦雙聲也。今人以「榮」屬喻母、「懷」屬匣母，未合於古。

魏三體石經

段若膺云：「魏三體石經，洛陽蘇望所刻。」見於洪景伯《隸續》者，名曰《左傳》，實兼有《尚書》之文。如五、刑、惟、灋、罰、非、死、其、差、人、兩、并、寶、在、命、天，《呂刑》文也；文、侯、王、若、在、下、事、厥、辟、粤、小、女、克、昭、前、文、歸、視、乃、一、旅、荒、寧，《文侯之命》文也；大、傒、龜、粤、兹、截、翼、㠯、于、我、友、邦、君、庶、邦、于、艱、大、可、征、鰥、哀、寡、卬、自、于、卹、不、敢、替、克、綏，《大誥》文也。《呂刑》十六，《文侯之命》廿三，《大誥》卅二。

協句即古音

沈重《毛詩音》於《燕燕》首章「遠送于野」云：「協句。宜音時預反。」二章「遠送于南」云：「協句。宜乃林反。」沈重生于梁末，其時去古已遠，而韻書實始萌芽，故於今韻有不合者有協句之例，協句即古音也。自陸德明創爲古人韻緩不煩改字之説，於沈所云協句者皆如字讀，自謂通達無礙，而不知三百篇用韻諧暢明白，未嘗緩也。使沈重音尚傳，較之吴才老叶韻豈不簡易而可信乎？協句亦謂之協韻。《邶風》「寧不我顧」，《釋文》：「徐音古，此亦協韻也，後放此。」陸元朗之時已有韻書，故於今韻不收者，則謂之協韻。

葑

《方言》：「蘴蕘，蕪菁也。陳楚謂之葑。」是「葑」「蘴」同音，本非二物。《詩》「采葑采菲」，徐仙民音「葑」爲「豐」。徐氏生於晉末，其時未有韻書，無東鍾之別，自韻書出而豐入東韻、葑入鍾韻矣。言字母者又以「葑」屬非母、「蘴」屬敷母矣。岐之中又有岐，而古音遂不可復。有識者勿泥於隋唐以後之音，斯可與道古矣。

揚之水

《詩》王、鄭、唐風「揚之水」今本「揚」皆从手旁。臧鏞堂云：「洪氏《隸釋》載漢石經《唐風》第三章『揚』作『楊』。」予所見《隸釋》「既見君子，云胡其憂」，「憂」下空一格，下有「揚」字，不作木旁，當更考之。案《王風》釋文：「揚，如字，❶或作楊木之字，非。」而《太平御覽》八百十五、八百十六並引《唐》第二章「楊之水」，三百卅三引《詩序》「楊之水」，又九百五十六引《毛詩義疏》「楊之水」，皆从木旁。據此知王、鄭、唐風「揚之水」本皆作「楊」，自陸德明誤以爲非，而唐石經又定从「揚」字，今遂無作「楊」者矣。《尚書・禹貢》「揚州」，據郭忠恕《佩觿》本作「楊州」，宋本《爾雅・釋地》亦作「楊州」。

陸氏釋文誶訊不辨

「誶」訓告，「訊」訓問，兩字形聲俱別，

❶ 「字」下，宋刻宋元遞修本《釋文》下有「激揚也」三字。

無可通之理。六朝人多習艸書，以「卒」爲「卆」，遂與「卂」相似。陸元朗不能辨正，一字兩讀，沿譌至今。《詩·陳風》「歌以訊之，訊予不顧」，陸云：「本又作誶，音信，徐息悴反，告也。」《小雅》「莫肯用訊」，陸云：「音信，徐息悴反，告也。」案此兩詩本是「誶」字，王逸注《楚詞》引「誶予不顧」，其明證矣。徐仙民兩音息悴反，是徐本亦从卒也。陸氏狃于韻緩不改字之説，讀「誶」爲「信」，豈其然乎？《大雅》「執訊連連」，此正訊問字，陸音「信」是矣，而又云：「字又作訙，又作誶，並同。」《禮記·王制》「以訊馘告」，陸云：「本又作誶。」《學記》「多其訊」，陸云：「字又作誶。」則真以「訊」「誶」爲一字矣。《爾雅》「誶，告也」，陸引沈「音粹」、郭「音碎」，當矣，而又云：「本作訊，音信」，其誤亦同。今《毛詩正義》、石經皆作「訊」，又承陸氏之誤。

驕

「乘我乘駒，朝食于株。」陸氏《釋文》本「駒」作「驕」，云：「音駒。沈云：『或作駒字，是後人改之。』《皇皇者華》篇内同。」而於《皇皇者華》「我馬維駒」之「駒」則云：「音俱，本亦作驕。」當是後人依今本互易，非陸意也。《説文》：「馬高六尺爲驕。」鄭箋亦云：「馬六尺以下曰駒。」與《説文》合，明非「二歲曰駒」之「駒」矣。「驕」「駒」聲相近，故《株林》以韻「株」，《皇皇者華》以韻「濡」、「諏」，蓋讀「驕」如「駒」非，竟以「駒」代「驕」也。《説文》引《詩》「我馬維驕」，是許所見《毛詩》不作「駒」。

曰與聿通

「曰爲改歲」，《漢書・食貨志》「曰」作「聿」；「見晛曰消」，《荀子》、《漢書・劉向傳》並作「聿消」；「予曰有奔走」、「予曰有先後」，王逸《楚詞注》「曰」作「聿」；「曰喪厥國」，《韓詩》「曰」作「聿」；是「曰」與「聿」通也。《説文》「欥詮詞也」，引《詩》「欥求厥寧」，今《毛詩》作「遹」。「遹」「聿」同音「曰」，即「欥」之省文。

脩脩

「予尾翛翛」，唐石經及宋光堯御書本皆作「脩脩」，岳珂《九經三傳沿革例》云：「監本、蜀本、越本皆作『脩脩』，興國本及建寧本作『翛翛』。」是宋刻「脩」「翛」二字各本互異。朱文公閩人，所據必建寧本。自朱《傳》行，而世遂不復知有「脩脩」之本矣。《説文・羽部》無「翛」字，當以「脩」爲正。臧在東云：「《正義》本作『消消』，云定本『消消』作『脩脩』。今《正義》本改『脩』爲『翛』，唯岳氏《九經三傳沿革例》所引不誤。」

以重言釋一言

《詩》「亦汎其流」，傳云：「汎汎流貌。」「有洸有潰」，傳云：「洸洸武也，潰潰怒也。」箋云：「洸洸然，潰潰然，無溫潤之色。」「碩人其頎」，箋云：「長麗俊好頎頎然。」「咥其笑矣」，傳、箋皆云：「咥咥然笑。」「垂帶悸兮」，傳、箋皆云：「悸悸然有節度。」「條其歗矣」，傳云：「條條然歗。」「零露漙兮」，傳云：「漙漙然盛多。」「子之丰兮」，箋云：「面貌丰丰然。」「零露湑兮」，傳云：「湑湑然蕭上露貌。」「噂沓背憎」，傳云：「噂猶噂噂然，沓猶沓沓然。」「有扁斯石」，傳云：「扁扁乘石貌。」「匪風發兮，匪車偈兮」，傳：「發發飄風，非有道之風；偈偈疾驅，非有道之車。」「匪車嘌兮」，傳：「嘌嘌無節度也。」

鶴鳴九皋

臧在東云：「今本『鶴鳴于九皋』五字爲句。」案《史記·滑稽傳》、《論衡·藝增篇》、《風俗通·聲音篇》、《文選·東方曼倩答客難》、《後漢書注》五十九、《初學記》一、《白帖》一百九十四、《文選注》十三、又廿四、又四十三皆引《詩》「鶴鳴九皋」，無「于」字。賈昌朝《群經音辨》引《詩》亦無「于」字，是北宋人尚見古本也。唐石經有「于」字，今本並因之。瞿中溶云：「《說文》『鶴』字下云：『鳴九皋，聲聞于天。』似亦引《詩》，而無『于』字。」東塾云：「《蜀志·秦宓傳》引《詩》亦無『于』字。」

譖

《詩·桑柔》「朋友已譖」、《瞻卬》「譖始竟背」，兩「譖」字鄭皆訓爲「不信」，則字當从「僭」，與「讒譖」字異。

憯　慘

臧在東云：「《毛詩》凡『憯』字皆訓爲『曾』，『慘』字皆訓爲『憂戚』。如：《節南山》『憯莫懲嗟』，傳『憯，曾也』；《十月之交》『胡憯莫懲』，傳『憯，曾』；《民勞》『憯不畏明』，傳『憯，曾也』；《雲漢》『憯不知其故』，箋云『曾不知爲政所失而致此害』，是『憯』訓『曾』之證也。《月出》『勞心慘兮』，《釋文》『憂也』；《正月》『憂心慘慘』，傳『慘慘，猶戚戚也』；《抑》『我心慘慘』，傳『慘慘，憂不樂也』，是『慘』訓『憂戚』之證也。《雨無正》『憯憯日瘁』，據箋云『憯憯憂之』，則當作『慘』，今各本皆作『憯』，誤也。」攷《釋文・十月之交》云「胡憯亦作慘」，《民勞》云「慘，不本亦作憯」，則唐以前二文已混，陸氏不能定所適從，故《雨無正》「慘」誤作「憯」，《民勞》「憯」又誤爲「慘」也。

云何盱

《何人斯》「云何其盱」，唐石經無「其」字，予初疑爲脱漏，頃見臧在東云：「《卷耳》『云何盱矣』，《都人士》『云何盱矣』，文法與此同，即三字爲句未始不可。箋云：『於女亦何病乎？』既何病連文，知中無『其』字矣。」此亦當從石刻。

爰其適歸

《四月》「爰其適歸」，朱文公《集傳》依《家語》訓「奚」爲「何」，然亦未嘗輕改經文，但於本句下注云「爰，《家語》作奚」而已。今流俗本删去元注，直改經文作「奚」，此明代郵學究所爲，非朱《傳》之元本也。

腜

「周原膴膴」當從《韓詩》作「腜腜」。「膴」「腜」聲雖相近，而「腜」與「飴」、「謀」、「龜」、「止」、「時」於韻尤協也。左思《魏都賦》「腜腜坰野」，劉淵林注引《詩》「周原腜腜」。

板

「上帝板板」當從《爾雅》作「版版」。《説文》只有「版」字，無「板」字。今《毛詩》「家縮版」之「版」从片，「板板」之「板」从木，分爲兩義，失其舊矣。古音「方」「反」兩字皆重脣，故訓「方」爲「版」。《釋器》：「鉼金謂之鈑。」郭氏注引《周禮》「供其金鈑」。攷《周禮·職金》「共其金版」，注引《爾雅》亦是「版」字。魏晉儒師强立偏旁，妄生分別，故有从金从木之別。

造

「造」「次」爲雙聲，故「造」可轉爲「次」音。《詩》「小子有造」與「士」韻，「蹻蹻王之造」與「晦」、「介」、「嗣」韻，是也。《春秋傳》「使佐薳氏之簉」，❶「簉」，次室也，是「造」有「次」義。

有部家室

《生民》「即有部家室」，據《説文》宋槧

❶「佐」，《左傳》昭公十一年文作「助」。

本《邑部》「郚」字下引《詩》曰「有郚家室」，今毛本添入「即」字。《吕氏春秋・辨土篇》注引《詩》「實穎實栗，有郚家室」，皆無「即」字。

岸

《詩・皇矣》「誕先登于岸」，傳以岸爲高位，謂「先天下升於高位也」，箋云：「誕大登成岸訟也。天語文王，欲廣大德美，當先平訟正曲直也。」案訓「岸」爲「訟」，本於《小宛》「宜岸宜獄」，依此説方與下文「伐密」意相應。宋儒以爲先登道岸，未知所本，殆取佛家「彼岸」之語。惠仲儒譏其援釋入儒，非過論也。

壼

《既醉》「室家之壼」，傳訓「壼」爲「廣」。《國語》叔向引此章而云：「壼也者，廣裕民人之謂也。」是「壼」之爲「廣」自昔有此訓矣。古人先齊家而後治國，父子之恩薄，兄弟之志乖，夫婦之道苦，雖有廣厦常覺其隘矣，室家之中寬然有餘，此之謂「壼」。

愬風

《桑柔》「如彼遡風」，唐石經本作「愬」，今磨改作「遡」者，宋人爲之也。李善注《文選・月賦》引《詩》「如彼愬風」、袁宏《北征賦》「感不絶于予心，愬流風而獨寫」，正用此詩。

蔌

《韓奕》「其蔌維何，維筍及蒲」，《説文·艸部》無「蔌」字，惟《䰜部》「𩱹」或作「餗」云：「鼎實，惟葦及蒲。」蓋即《詩》之「維筍及蒲」，但「葦」與「筍」字小異耳。許君《序》云其「偁《詩》毛氏」，此文不稱《詩》，知出於三家本。又以推知許所見《詩》，其「蔌」字亦必爲「餗」也。郭景純《山海經圖讚》「赫赫三事，鑒於覆蔌」，「蔌」與「餗」同物，故許以「葦蒲」當「鼎實」。鄭注《周易》亦云：「餗，菜也。」《廣韻》分「菜茹」與「鼎實」爲兩義，蓋失之。

降予卿士

《商頌》「允也天子，降予卿士」，箋云：「天命而子之，下予之卿士，謂生賢佐也。」唐石經及岳本、南北監本、毛本、日本國本皆是「予」字，唯朱文公《集傳》本作「于」。臧在東云：「嘗見元人所刻《集傳》亦作『予』。」蓋後來刊刻之誤，非朱子之誤也。

毛傳多轉音

古人音隨義轉，故字或數音。《小旻》「謀夫孔多，是用不集」，與「猶」「咎」爲韻。《韓詩》「集」作「就」，於音爲協。毛公雖不破字，而訓「集」爲「就」，即是讀如「就」音。《書·顧命》「克達殷集大命」，漢石經「集」

作「就」。《吴越春秋》：「子不聞河上之歌乎：『同病相憐，同憂相救。驚翔之鳥，相隨而集。瀨下之水，回復俱留。』」是「集」有「就」音也。《瞻卬》「藐藐昊天，無不克鞏」，傳訓「鞏」爲「固」，即轉從「固」音，與下句「後」爲韻也。《載芟》「匪且有且」，傳訓「且」爲「此」，即轉從「此」音，與下句「兹」爲韻也。顧亭林泥於一字祇有一音，遂謂《詩》有無韻之句，是不然矣。

《溱洧》之「溱」本當作「潧」。《説文》「潧水出鄭國」，引《詩》「潧與洧，方涣涣兮」是也。今《毛詩》作「溱」者，讀「潧」如「溱」以諧韻耳，「溱」即「潧」之轉音。不可謂《詩》失韻，亦不可據《詩》以疑《説文》也。《魯頌》「烝徒增增」，傳云「增增，衆也」，本《爾雅·釋訓》文。而《小雅》「室家溱溱」，傳亦云「溱溱，衆也」。「增」「溱」聲相近，轉「增」爲「溱」亦以諧韻，與「潧洧」作「溱洧」同。《説文》「蔆」司馬相如从「遴」。

詩序

王氏《困學紀聞》引葉氏云：「漢世文章未有引《詩序》者，魏黄初四年詔云：『《曹詩》刺遠君子近小人。』蓋小序至此始行。」近儒陳啟源始非之云：「司馬相如《難蜀父老》云『王事未有不始於憂勤而終逸樂』，此《魚麗》序也；班固《東京賦》『德廣所及』，此《漢廣》序也。一當武帝時，一當明帝時，可謂非漢世耶？」吾友惠定宇亦云：「《左傳》襄廿九年『此之謂夏聲』，服虔《解誼》云：『秦仲始有車馬禮樂之好，侍御之臣，戎車四牡，田狩之事，與諸夏同風，故曰夏聲。』又蔡邕《獨斷》載《周頌》卅一章，盡録《詩序》，自《清廟》至《般》一字不異，何得云『至黄初始行于世』耶？」愚謂宋儒以《詩序》爲衛宏作，故葉石林有是言。然司馬相如、班固皆在宏之前，則《序》不出於宏已無疑義。愚又攷孟子説《北山》之詩云「勞於王事而不得養父母」，即小序説也。漢儒唯小序在孟子之前，故孟子得引之。漢儒謂子夏所作，殆非誣矣。説《詩》者不以文害辭，不以辭害志，詩人之志見乎《序》，舍《序》以言《詩》，孟子所不取，後儒去古益遠，欲以一人之私意窺測古人，亦見其惑已。

十駕齋養新録卷一終

十駕齋養新録卷二

嘉定錢大昕

建柶誤作捷柶

《士冠禮》：「筵末坐，啐醴，捷柶，興。」唐石經「捷」作「建」。案《士昏禮》亦有「坐，啐醴，建柶，興」之文，則石經是也。鄭注當云：「建柶，扱柶于醴中。」陸德明所見本「扱柶」之「扱」作「捷」，故《音義》云：「捷柶，初洽反，又作鍤，又作扱。」此爲注音，非經有「捷」字也。宋人刻《釋文》者誤疑經文作「捷柶」，并注中「建」字亦改爲「捷」，曾不一檢《士昏禮》文，沿譌數百年，賴有石經正之。此石經所以可貴也。予見小字宋本《儀禮》經注俱是「建」字。

摯

「摯」正字，「贄」俗字。《士冠》、《士昏》二篇皆用「摯」字，獨《士相見》篇皆作「贄」，蓋張淳所改。張淳《儀禮識誤》云：「此卷『贄』字經注總四十有四，皆從手。按《釋文》云：『贄，本又作摯，音同。』其從手者必非陸氏所釋本，今改從貝。」唐石經本作「摯」，北宋刊本猶然。

君之庶子

《小功章》：「大夫之妾，爲庶子適人者。」唐石經初刻「爲」下有「君之」二字，後磨改去之。予案注云：「君之庶子，女子子也。」則經文當有「君之」二字。《大功章》

「大夫之妾，爲君之庶子」，正與此文同。今本皆無此二字，蓋從唐人磨改本。予嘗謂石經初刻本有勝於改本者，惜其文多曼滅，不能一一辨仞耳。

朴

瞿中溶云：「《禮經》『朴』字《鄉射》篇凡十五見：『取朴』一，『倚朴』一，『去朴』六，『搢朴』六，『與朴』一；《大射》篇凡廿一見：『取朴』一，『去朴』七，『搢朴』九，『倚朴』三。❶石經初刻並從木，後磨改从扌，其有未經磨改而作『扑』者，皆朱梁補刻。」案古無「扑」字。《説文・木部》「朴」訓木皮。鄭注「取朴」云：「朴，所以撻犯教者。」蓋古人止用木皮撻人，以爲教學之刑，其物即名之曰「朴」，《虞書》所謂「朴作教刑」是也。後人緣「朴」有撻意，遂改从手。張參知「朴」不从手，故《五經文字・手部》不收此字。《木部》亦不收「朴」字，則其遺漏也。《九經字樣》乃收之，則此磨改之弊或即出於唐元度之手，今本皆沿其謬矣。石經《周禮・司市》「大刑朴罰」，「朴」字尚从木旁，此元刻之僅存者。

涅

《既夕記》「隷人涅廁」，注：「涅，塞也。」案《説文》：「涅，黑土在水中也。」「涅」無塞義，蓋即「敜」字。《書・費誓》「敜乃穽」，「敜」，塞也。「涅」「敜」聲相近，故借

❶《禮經》「朴」字《鄉射》篇當十八見：「楚朴」一，「取朴」一，「倚朴」一，「去朴」七，「搢朴」七，「與朴」一；《大射》篇當十八見：「取朴」一，「去朴」六，「搢朴」八，「倚朴」三。《大射》篇依作者所舉數爲廿見。

用「涅」字。

紞

《士喪禮》「緇衾，赬裏，無紞」，注：「紞，被識也。」《疏》謂：「被本無首尾，生時有紞，爲記識前後。」予謂被之有紞，若今時當頭矣。吴中方言以被識爲當頭。「紞」「當」聲相近。

復

魏鶴山云：「魂氣升于天，體魄降于地。《儀禮》、《禮記》所以有「升屋而號」、「皋某復」之别。而屈原《招魂》舉東西南北以爲文字，亦是《禮》上起義耳。牟存友向屢魘，魘必令人升屋呼之即惺，亦是此義。

挈

《周禮·草人》「騂剛用牛」，注：「故書『騂』作『挈』」，杜子春讀挈爲騂。」予謂「挈」無義，與「騂」聲不相近，當是「垟」字。《説文》：「垟，赤剛土也。」「垟」譌爲「挈」，猶「輕舁」之譌爲「舁」。

媺

《師氏》「掌以媺詔王」，「媺」古「美」字，此字不見《説文》，非漏落也。古文「微」與「尾」通，《堯典》「孳尾」，《史記》作「字微」；《論語》「微生畝」，《漢書》作「尾生晦」。「媺」从「微」，當與「娓」通。《詩》「誰侜予美」，《韓詩》「美」作「娓」。《説文·女部》有

「娓」字，則該乎「媺」矣。「帥」與「率」亦古通用字，悉蟀即悉蛩。《説文》有「蛩」無「蟀」，非謂「蛩」不可作「蟀」也。徐鉉以「蟀」爲俗，蓋未諭許君之例。

卝

《卝人》注：「卝之言礦也。」《説文・石部》：「磺，銅鐵樸石也，古文作『卝』，《周禮》有《卝人》。」康成讀「卝」爲「礦」，即「磺」字。與《説文》正合。「卝」「礦」聲相近，故古文借作「礦」字。

《禮記・内則》「濡魚卵醬，實蓼」，注：「卵讀爲鯤，鯤魚子，或作⿰扌關也。」《内則》之「卵」本是「卝」字，故又有「⿰扌關」音。《詩》「其魚魴鰥」，康成訓「鰥」爲魚子。「鰥」、「鯤」、「卝」聲皆相近。「𢇍」从「卝」聲，「關」又从「𢇍」聲，「⿰扌關」則漢時俗字，與「鰥」亦同音也。

笴當爲笱

《考工記》「妢胡之笴」，注云：「故書笴爲笱。杜子春云：『笱當爲笴，笴讀爲稾，謂箭稾。』」案《説文・竹部》無「笴」字，唐石經本作「笱」，字雖損壞而下半从「句」不从「可」，「笱」與「笴」形相似，與「稾」聲尤相近，當從石經爲正。

⿰糸閃

《矢人》「參分其長，而⿰糸閃其一」，《釋文》：「⿰糸閃，本又作殺。」案「殺」《説文》正字从「杀」、从「閃」，無意義，蓋即籀文「殺」字之譌。元和江藩字鄭堂與予説同。《周禮》多古文，故「殺」作「殺」。

勉即俛字

《矢人》「前弱則俛，後弱則翔」，唐石經「俛」作「勉」。顧寧人以石經爲誤。予謂「勉」與「俛」古人多通用。「黽勉」漢碑多作「僶俛」。陸機《文賦》「在有無而僶俛」，李善注引《詩》「何有何無，僶俛求之」。《漢書·谷永傳》「閔免遁樂」，師古注：「閔免猶黽勉也。」《表記》「俛焉日有孳孳」讀如「勉」。此經又讀「勉」爲「俛」，音同義亦同也。瞿中溶云：「古人訓故假借多取聲相近之字。」以訓故言之，孔穎達《左傳》「衮、冕」疏、賈公彦《儀禮·士冠禮》《周禮·弁師》疏，俱云「冕，俛也」。其説蓋本《白虎通》。《白虎通》云「十一月之時，陽氣冕仰，黄泉之下萬物被施，前冕而後仰，故謂之冕」是也。以假借言之，《白虎通》以冕當俛字，此經又以勉當俛字，此古兔、免同音之確據也。後世言字學者不知兔有免音，遂以增減一筆强分爲二，轉疑《説文》漏載「免」字，失之甚矣。

孺子

今人以孺子爲童穉之通稱，蓋本於《孟子》。攷諸經傳，則天子以下嫡長爲後者乃得稱孺子。《金縢》、《洛誥》「立政之孺子」，謂周成王也。《晉語》里克、先友、杜原款稱申生爲孺子，里克又稱奚齊爲孺子。晉獻公之喪，秦穆公使人弔，公子重耳稱爲孺子，而舅犯亦稱之，是時秦欲納之爲君也。孺子䵒之喪，哀公欲設撥，亦以世子待之也。齊侯荼已立爲君，而陳乞鮑牧稱爲孺子，其死也謚之曰安孺子，則孺子非卑幼之稱矣。欒盈爲晉卿，而胥午稱爲「欒孺子」。《左傳》稱孟莊子曰「孺子速」、武伯曰「孺子洩」。莊子之子秩雖不得立，猶稱孺子，是孺子貴於庶子也。齊子尾之臣稱子良曰「孺子長矣」，韓宣子稱鄭子齹曰「孺子善哉」，皆世卿而嗣立者也。《内則》：「異爲孺子室於宫中，母某敢用時日，祗見孺子。」亦貴者之稱。唯《檀弓》載有子與子游立，見孺子慕者，《弁人》有其母死而孺子泣者，此爲童子通稱，與《孟子》同。又《左傳》季桓子之妻曰南孺子，則又以爲婦人之稱。

張老善頌

《檀弓》：「美哉輪焉，美哉奂焉，歌於斯，哭於斯，聚國族於斯。」「輪」與「奂」韻，「哭」與「族」韻，此句中有韻之例。故晉人謂之善頌。

禮地神

《檀弓》：「有司以几筵舍奠於墓左，反日中而虞。」注：「舍奠墓左，爲父母形體在此，禮其神也。」《正義》云：「置於墓左，禮地神也。言以父母形體所在，故禮其地神以安之。」今世營葬必於其側立石題后土之神，臨葬設酒脯祀之，蓋古禮也。

使子路問之

「夫子式而聽之，使子路問之。」唐石經及相臺岳氏本作「子貢」。日本山井鼎亦云宋板作子貢。

祭殤不舉

《曾子問》「祭殤不舉」，今本「舉」下有「肺」字，蓋後人依鄭注羼入也。唐石經及相臺岳氏本、衛湜《集説》皆無「肺」字。嘉靖徐氏翻刻宋本亦同。

貸

《月令》「貸」字三見。陸氏《釋文》於「孟春宿離不貸」則云「吐得反，徐音二」，於「季夏無或差貸」則云「音二，又他得反」，於「仲冬毋有差貸」亦云「音二，又他得反」，皆兼存兩音，而先後微異，似「差貸」字以音「二」爲正。以予攷之，殊未然也。《説文》：「𢘓，失常也。」「忒，更也。」兩字皆他得反。「差貸」字本當从「心」作「𢘓」，經典借用从「貝」之「貸」，仍讀如「忒」，與「疑貳」之「貳」形聲俱別，六朝字體不正，或譌爲「貳」，故徐仙民有此音。陸氏不能辨正，沿譌到今。

朽與香對

《列子》稱逢氏子「有迷罔之疾，視白以爲黑，饗香以爲朽，常甘以爲苦」。古人「香」與「朽」對，取其相反，猶味有甘苦也。《月令》：「春之臭羶，夏之臭焦，中央之臭香，秋之臭腥，冬之臭朽。」《大學》：「如惡惡臭。」《論語》：「臭惡不食。」臭之惡者不食，非五臭皆不食也。《説文》：「殠，腐氣也。」「臭腐」字當用此。後人溷「臭」「殠」爲一字，乃以「臭」與「香」對，蓋始於《廣雅》。

昕

《郊特牲》「昕之爲言敬也」，《釋文》：「昕，音祈。」案《説文》無「昕」字，當與「祈」同，「祈」「敬」聲相近也。《少牢禮》「主人羞昕俎」，注：「昕，敬也。」《士虞記》「用專膚爲折俎」，注：「今文字爲『折俎』，而説以爲『昕俎』，亦甚誣矣。」據鄭所言，知當時固有作「昕」字者，許君不收「昕」字，疑亦以「折俎」當「昕俎」，但意與鄭義不同耳。「折」从斤亦當有「祈」音。《檀弓》「吉事欲其折折爾」，注引《詩》「好人提提」解之，蓋讀「折」如「提」也。古音「提」與「祈」相近，如《左傳》提彌明或作「祈彌明」也。

《周禮・肆師》「及其祈珥」，注：「故書祈爲幾，杜子春讀幾爲祈。」又《犬人》「凡幾珥沈辜」，注：「鄭司農讀幾爲衼。」引《周禮》「祭山曰庪縣」。然則「幾」、「祈」、「庪」、「衼」四字同音亦同義也。《管子》：「山高而不崩則祈羊至矣。」祈羊謂庪縣之羊。

厭

《大學》「此之謂自謙」，注：「謙，讀爲慊，慊之言厭也。」疏以「厭」爲安静之貌。案《詩》「厭厭夜飲」，毛云：「厭厭，安也。」「厭」「安」聲相近，故展轉相訓。王子淵《洞簫賦》「清静厭瘱」，《説文》：「瘱，静也。」「厭」「瘱」雙聲，故兼有静義，所謂静而后能安也。

素位

「君子素其位而行」，注：「傃皆讀爲素。」案注中「傃」「素」兩字當互易。鄭前注「素隱行怪」云：「素讀爲『攻其所傃』之『傃』。」故此處省文，但云「素皆讀爲傃」耳。前後諸「素」字，鄭皆取「傃」義，而訓爲「鄉」。《詩》「如彼遡風」，毛傳亦訓爲「鄉」。「遡」「素」同音又同義也。山井鼎所記宋板《禮記》注疏與予校正同。

鬼神

「鬼神之爲德，其盛矣乎。」鬼神謂天神地示人鬼也。有神而後有郊社，有鬼而後有宗廟。天統乎地，故言神可以該示。人死爲鬼，聖人不忍忘其親，事死如事生，故有祭祀之禮。經言鬼神，皆主祭祀而言。卜筮所以通神明，故《易傳》多言鬼神。精氣爲物，生而爲人也；游魂爲變，死而爲鬼也。聖人知鬼神之情狀而祭祀之，禮興焉。横渠張氏以鬼神爲二氣之良能，古人無此義。二氣者，陰陽也。陰陽自能消長，豈假鬼神司之？如人一呼一吸，人自爲之，豈轉有鬼神爲我呼吸乎？

的然

「小人之道的然而日亡。」「的」非古字，當作「旳」。《説文·日部》「旳，明也，从日，勺聲」，引《易》「爲旳顙」，今本《易》亦轉寫作「的」矣。又《火部》「焯，明也，从火，卓聲」，引《周書》「焯見三有俊心」，今《尚書》

「焯」作「灼」。《説文》：「灼，炙也。」與焯見義有別。《覲禮》「匹馬卓上」，注「卓猶的也，以素的一馬爲上」，即《易》之「的顙」也。《魯峻碑》「㬇矣的的」，與「逴」、「邈」、「悼」、「樂」協韻，是「的」有「卓」音，「的然」猶「焯然」也。《火部》又有「㶭」字，「望火皃，讀若『馰顙』之『馰』」。「馰顙」即「的顙」之異文。的也，㶭也，焯也，文異而音義同。

子贛

《説文》：「贛，賜也。」「貢，獻也。」兩字音同義別。子貢名賜，字當从「贛」，《論語》作「貢」，《禮記》唯《樂記》一篇稱子贛，餘與《論語》同。《左傳》定十五年、哀七年、十二年作子貢，哀十五年、十六年、廿六年、廿七年作子贛。

吴草廬中庸綱領

吴草廬《中庸綱領》一篇，分《中庸》爲三十四章，與朱文公《章句》頗有異同：「哀公問政」至「知人」、「知天」爲一章，「天下之達道五」至「可以治天下國家矣」爲一章，「凡爲天下國家有九經」四節爲一章，「凡事豫則立」以下爲一章，「唯天下至誠爲能盡其性」兩節爲一章，「誠者自成也」至「悠久無疆」爲一章，「天地之道可一言而盡」至「純亦不已」爲一章，「愚而好自用」至「蚤有譽於天下者也」爲一章。

親民

「大學之道在親民」，「民之所好好之，

民之所惡惡之，此之謂民之父母」，此親民之實也。宋儒改「親」爲「新」，特因引《康誥》「作新民」一語，而不知「如保赤子」亦《康誥》文。保民同于保赤，於親民意尤切。古聖人保民之道不外富、教二大端，而「親」字足以該之，改「親」爲「新」未免偏重教矣。「親」之義大於「新」，言「親」則物我無閒，言「新」便有以貴治賤、以賢治不肖氣象，視民如傷者似不若此。後世治道所以不如三代，正爲不求民之安而務防民之不善，於是舍德而用刑，自謂革其舊染，而本原日趨於薄矣。竊謂《大學》「親民」當仍舊文爲長。

譬

「人之其所親愛而辟焉」以下五句「辟」字，唐石經皆作「譬」，今注疏本作「辟」，而注仍用「譬」字，云：「譬，猶喻也。言適彼而以心度之，曰吾何以親愛此人，非以其有德美與？吾何以敖惰此人，非以其志行薄與？反以喻己，則身修與否可自知也。」宋儒讀「辟」爲「僻」，不如舊注之精當。

貪戾

「一人貪戾」注：「戾之言利也。」「戾」或爲「吝」，鄭義本謂「貪戾」即「貪利」耳，故下注云：「君若好貨而禁民淫于財利，不能止也。」一人貪利而一國作亂，即下章「財聚則民散」、「貨悖而入，亦悖而出」之義。

修爵

《鄉飲酒義》：「降説屨升坐，修爵無

數。」熊氏以「修爵」爲「行爵」，後儒無異説。愚案《鄉飲酒禮》云：「説屨揖讓，如初升堂，❶乃羞，無算爵。」經文本無「修」字，始悟「修」乃「羞」之誤，聲相近也。「羞」字爲句，《禮》所云「乃羞」也；「爵無數」爲句，《禮》所云「無算爵」也。

王者禘其祖之所自出

《大傳》：「王者禘其祖之所自出，以其祖配之。」《喪服小記》同。董仲舒有言：「天者，祖之所自出也。」韋元成等奏議引祭義：❷「王者禘其祖之所自出，以其祖配之，而立四廟。」《喪服小記》文。言始受命而王，祭天以其祖配，而不爲立廟，親盡也；若周之祖嚳。立親廟四，親親也。《三禮義宗》云：「夏正郊天者，王者各祭所出帝于南郊。」即《大傳》所謂「王者禘其祖之所自出，以其祖配之」也。

寔來

桓六年「春正月，寔來」，注：「寔，實也。」案《玉篇》：「寔，時弋切，是也。」「實，時質切，不空也。」兩字音義俱別。《詩·大雅》「實墉實壑，實畝實籍」，箋云：「實當作寔。趙魏之東，實寔同聲。」《正義》云：「《春秋》桓六年『州公寔來』，左氏作『實來』，由聲同故，❸字有變異也。」今本左氏亦作「寔」，與《詩·正義》所引異，蓋孔氏

❶「堂」，《十三經注疏》作「坐」。
❷「元」，避清聖祖玄燁諱，當作「玄」。以下同此者，不再一一出校。
❸「由」上，《十三經注疏》有「是」字。

所據乃服虔本，非杜本也。《覲禮》「伯父實來」，注：「今文實作寔。」是「實」即「寔」之古文。《春秋》公、穀爲今文，左氏爲古文，故二傳作「寔來」，左氏作「實來」。杜元凱改從二傳，失古文之舊矣。《詩》「寔命不同」《韓詩》作「實」。

曼

《左傳》桓五年「曼伯爲右拒」，《釋文》：「曼音萬。」隱元年「無使滋蔓」亦音「萬」。古有重脣無輕脣，故「曼」「萬」同音，今吴中方音「千萬」之「萬」如「曼」，此古音也。六朝人讀「萬」爲輕脣音，郙夫子習於所聞，并讀「曼」爲輕脣，則失之遠矣。《春秋》「戎蠻子」，公羊作「戎曼子」。

蔿

隱十一年「館于蔿氏」，《史記·魯世家》作蔿氏。「蔿」「薳」古通用。孟僖子有薳氏之簉，其即蔿氏之族乎？

陪

僖三十年「焉用亡鄭以倍鄰」，唐宋石經及岳氏本俱作「陪」，據杜注「倍，益也」，則从「自」爲正。《釋文》：「陪，蒲回反。」是陸亦作「陪」也。

不闕秦焉取之

「若不闕秦，將焉取之？」唐石經本無

「若」、「將」二字，出於後人旁添。宋高宗《御書左傳》亦無之。

羊斟不與

宣二年「宋華元殺羊食士，其御羊斟不與」，據後文「羊斟」兩見，是「羊斟」爲人姓名。案《淮南·繆稱訓》云：「魯酒薄而邯鄲圍，羊羹不斟而宋國危。」則「斟」爲「斟酌」之義，當以「羊」爲其御之名，「斟不與」三字爲句。細玩下文「其御字叔牂」，正與羊名相應，則《淮南》説亦可通。《傳》文後兩「斟」字或後人所加。

感即憾字

宣十二年「二憾往矣」，成二年「朝夕釋憾」，唐石經初刻皆作「感」，後乃加心旁，惟昭十一年「唯蔡於感」不加心旁，蓋刊改偶未及耳。《説文》無「憾」字，「感」即「憾」也。此初刻之勝于後改者。

戌戍

《春秋傳》人名皇戌、向戌、穿封戌、沈尹戌皆从「戊」从「一」，讀如「卹」，唯公叔戍从「人」从「戈」，乃「戍守」之「戍」。兩字相似，刻本往往互溷，獨唐開成石經點畫分明，石刻之可貴如此。

乘

襄十二年「吴子乘卒」，即壽夢也。服虔以「壽夢」爲發聲。「壽夢」一言也，《經》

言「乘」，《傳》言「壽夢」，欲使學者知之也。予謂「乘」「壽」皆齒音，「壽」當讀如「疇」，與「乘」爲雙聲，「夢」古音莫登切，與「乘」疊韻，併兩字爲一言，孫炎制反切蓋萌芽於此。

匱盟

成二年：「盟于蜀。卿不書，匱盟也。」《晉語》：「今陽子之貌濟，其言匱，非其實也。」韋注：「言不副貌爲匱。」「匱盟」之義當用此。

吴行人儀

《吴語》：「吴夫差既勝齊，使行人奚斯釋言于齊。」即《檀弓》之行人儀也。「奚斯」疊韻，并言之則成「儀」字。魯公子奚斯亦作公子魚，「魚」「儀」聲相近。

絳縣人七十三年

絳縣人生於文公十一年，至襄公三十年當爲七十四年，而傳稱七十三年者，古人以周一歲爲一年。絳縣人生正月甲子朔，於周正爲三月，至是年周正二月癸未，尚未及夏正月朔故也。仲尼生於襄廿一年，至哀十六年卒，亦是七十四年，而賈逵注云七十三年，正以未周歲故，與絳縣人記年一例。《史記·倉公傳》：「臣意年盡三年，年三十九歲也。」蓋倉公生於冬末。顧亭林謂古人以歲盡之日而後增年，亦無它據。

蔽

襄廿七年：「子罕曰：『以誣道蔽諸侯，罪莫大焉。』」《正義》云：「服虔曰：『蔽，踣也，一曰罷也。』則知服本作『弊』。王肅、董遇本皆作『蔽』，謂以誣人之道掩諸侯也。杜本作『蔽』，當如王、董爲蔽掩之也。」陸氏《釋文》云：「服虔、王肅、董遇並作弊。」與《正義》不同，恐陸氏誤也。案如王、董説當以「誣道」二字連文，如服説當以「道弊」連文。襄十一年：「范宣子曰：『諸侯道敝而無成，能無貳乎？』」與此《傳》同義，謂諸侯兼事晉楚，則罷於奔命也。當從服説作「弊」爲是。「弊」「敝」古通用。

天厲

襄卅一年傳：「盜賊公行，而夭厲不戒。」唐石經「夭」作「天」。攷宋毛居正《六經正誤》云：「《注疏》及臨川本作『天地』之『天』，興國及建本作『夭閼』之『夭』。案杜氏云：『癘猶灾也，言水潦無時。』據此則當作『天地』之『天』。然《傳》中有言『疫癘夭札』，則『夭』字亦不爲非。姑俟達者。」然則宋本已有互異，毛氏疑而未決，今以唐石經證之，又與杜義相協，可正向來刻本之誤。「天」「夭」二字易於相溷。昭元年「趙孟曰『夭乎』」，與上文「亡乎」相對，謂國既不亡則君當夭折也，今本譌爲「天」。

褚

襄三十年「取我衣冠而褚之」，杜注：「褚，畜也。」大昕謂古讀「畜積」之「畜」敕六切，「褚」「畜」聲相近也。歸安嚴元照云：「古『褚』『貯』兩字聲近通用。《呂氏春秋·先識覽》云：『我有衣冠而子産貯之。』《一切經音義》引《左傳》亦作『貯』。」盧抱經學士云：「《周禮·廛人》注『𧍪藏』，《釋文》云：『𧍪本或作貯，又作褚。』」

徒兵

襄廿五年「賦車兵、徒卒、甲楯之數」，唐石經「徒卒」作「徒兵」。顧氏《金石文字記》以爲石刻之誤。梁孝廉履繩云：「杜於『徒兵』下注云『步卒』，《釋文》：『卒，子忽反。』若《傳》文爲『徒卒』，則杜不須注，陸氏何不舉《傳》文而標注字邪？顧説非也。」《光堯石經》及岳氏本並作『徒兵』。」戈小蓮云：「隱四年『諸侯之師敗鄭徒兵』、襄元年『諸侯之師伐鄭，敗其徒兵于洧上』、昭二十年『太叔興徒兵以攻萑苻之盜』，《傳》文言『徒兵』者屢矣。『徒兵』與『車兵』對，今本作『徒卒』，非也。」

向戌如陳

襄廿七年：「丁卯，宋向戌如陳。」唐石經無「宋」字。案上文已書「宋向戌」，此不當更舉宋名，石經是也。驗石刻亦先有此字，後磨改去之。

高子容

襄廿九年「高子容與宋司徒見知伯」，今本「高」上有「齊」字，非也。《傳》於列國諸卿，或書國，或不書國，皆有義例，如此篇太叔文子不書衛，高子容不書齊，已見經文故也。經不書游吉，故子太叔稱鄭以別之；華定書官不書族，故稱宋以別于它國。《左氏傳》不可損益一字如此。今從唐石經本。

旦

成二年：「韓厥夢子輿謂己曰：『且辟左右。』」唐石經「且」作「旦」。凡夢必在夜，故左氏紀夢每言「旦」：庚宗之夢則云「旦召其徒」，社宫之夢則云「旦而求之曹」是也。石刻字畫分别，可證俗本之譌。顧寧人轉以石刻爲誤，傎到甚矣。昭廿五年宋公「夢太子欒即位于廟，己與平公服而相之。旦召六卿」。今本亦誤爲「且」，唯石經不誤。

大人患失

昭十八年「大人患失而惑」，「患失」即《論語》言「鄙夫其未得之也，患得之。既得之，患失之」者也。患失之人胸無定見，故易惑。杜云：「患有學而失道者以惑其意。」此説非是。

咋

定八年「桓子咋謂林楚」，唐石經本作「乍」，後人加口於左旁。案杜注：「咋，暫也。」《孟子》「今人乍見孺子」，趙岐訓「乍」爲「暫」。「乍」「暫」聲相近，疑經注皆無口旁，後人妄增，非杜氏之舊也。錢唐梁履繩云：「咋字經典罕見，《左傳》果有此字，張參《五經文字》何以不收？當從初刻。」

妃 墻

哀元年「宿有妃嬙、嬪御焉」，唐石經「嬙」作「墻」，陸氏《釋文》云：「嬙，本又作廧，或作墻。」案《説文》無「嬙」字，當依石經爲『墻』。漢隸爿旁字或變从广，「廧」「墻」實一字也。

莒 子 狂

哀十四年「莒子狂卒」，唐石經旁从王，《釋文》：「狂，其迋反。」蓋讀「狂」爲上聲。相臺岳氏本亦作「狂」，而圈上聲，與《釋文》合。今注疏本誤作「狂」，并《釋文》亦改爲「其廷反」。攷古字書無「狂」字。

衡流而方羊

哀十七年：「如魚竀尾，衡流而方羊。裔焉大國，滅之將亡。」杜氏以「裔焉」連上爲句，劉炫謂當以「方羊」爲句，其説當矣。而孔穎達曲護杜義，辨之甚力。然《毛詩正義》亦出穎達之手，而《汝墳》疏引《左傳》

「如魚赬尾，衡流而彷徉」，正與劉氏讀合，且引鄭衆注爲證，仍不取杜説。

四方其順之

哀二十六年「四方其訓之」，唐石經「訓」作「順」，岳氏本亦是「順」字。《正義》云：「四方諸侯皆順從之。」是正文作「順」無可疑者。今注疏本作「訓」，蓋後人依《詩》文輒改之耳。古書「訓」與「順」多通用，《洪範》「于帝其訓，是訓是行」，《史記·宋世家》皆作「順」。

正義刊本妄改

《春秋正義》：隱公以平王四十九年即位，是歲歲在豕韋；桓公以桓王九年即位，是歲歲在玄枵；莊公以莊王四年即位，是歲歲在鶉火；閔公以惠王十六年即位，是歲歲在大梁；僖公以惠王十八年即位，是歲歲在鶉首；文公以襄王二十六年即位，是歲歲在降婁；宣公以匡王五年即位，是歲歲在壽星；成公以定王十七年即位，是歲歲在降婁；今刊本無此六字，當是傳刻脱去。襄公以简王十四年即位，是歲歲在壽星；昭公以景王四年即位，是歲歲在大梁。定公以敬王十一年即位，脱「是歲歲在某次」句；哀公則不載《正義》本文，但于白文「疏」字下出「同上」兩字，謂「與陸氏《釋文》相同，不復重出也」。以昭三十二年歲在星紀推之，則定元年歲在玄枵，哀元年歲在大梁也。《釋文》與《正義》各自一書，宋初本皆單行，不相殽亂。南宋後乃有合《正義》於經注之本，又有合《釋文》與《正義》於經注之本，欲省學者兩讀，但既以注疏之名標于卷首，則當以《正義》爲主，即或偶爾相同，亦當並存，豈有删《正義》而就《釋文》之理？況以前十一公攷之，皆《正義》詳于《釋文》，《正義》之例每公皆引《魯世家》，皆有「以某王某年即位」之語，而《釋文》無之，獨哀公《釋文》多「敬王二十八年即位」一句，此必校書者以意竄入。謬妄相承，蔑有悟其非者，可三歎也。

何氏注公羊傳

《公羊傳》襄公二十一年：「十一月庚子，❶孔子生。」注：「時歲在乙卯。」《疏》作己卯，二文當有一誤。《疏》云：「何氏自有《長歷》，❷不得以左氏難之。」案魏晉以來推襄廿一年皆云己酉，而何氏乃云乙卯，故疏家依違其詞。謂何氏別有《長歷》亦無明文可證。今以《三統》「歲術超辰」之法計之，襄二十一年歲在實沈，太歲當是乙巳，則何注「乙卯」必「乙巳」之譌也。襄廿一年距上元十四萬二千六百七十九，滿歲數一千七百廿八去之，歲餘九百八十三，以百四十五乘之，得十四萬二千五百三十五，盈百四十四而一，得九百八十九，爲積次，滿六十去之，大餘廿九，起丙子算外，正得乙巳歲。自襄二十一年孔子生，距漢元年三百四十六歲。又自漢興距光武建武元年二百三十歲，合五百七十六算，正當超四辰。故知何所據者超辰古術，非別有《長歷》也。左氏襄二十八年歲在星紀歲，星與太歲常相應，星在星紀，則歲當在子，而今人以爲丙辰，亦差四算。然則孔子生年必爲「乙巳」，非「乙卯」無疑矣。

❶「十」下，《公羊傳》有「有」字。

❷「歷」，避清高宗弘曆諱，當作「曆」。以下同此者，不再一一出校。

襄廿八年「歲在星紀，而淫于元枵」，《正義》云：《三統》之歷以庚戌爲上元，當云「以丙子爲上元」，孔氏未曉超辰之理，誤以爲庚戌。此年距上元積十四萬二千六百八十六歲。置此歲數，以歲星歲數一千七百二十八除之，得積終八十二，去之，歲餘九百九十，以一百四十五乘歲餘，得十四萬三千五百五十，以一百四十四除之，得九百九十六。爲積次，不盡一百二十六。爲次餘，以十二今刊本作「十一」，誤。除之，除積次也。得八十三，去之，盡。是爲此年更發初在星紀也。」案古法太歲與歲星常相應。《三統》本以丙子爲上元，今欲知太歲所在，即以六十去積次，不盡三十六，爲大餘，數起丙子，是爲襄廿八年太歲在壬子也。以是上推孔子生襄二十一年，正當爲乙巳。孔沖遠不知古法太歲亦有超辰，乃用後漢太史虞恭説，謂《三統》以庚戌爲上元，失之甚矣。

自襄廿一年太歲乙巳上溯隱元年，計一百七十算，太歲當在乙卯，而《正義》云「隱元年歲在豕韋」，則是太歲在甲寅也。因莊公廿三年太歲歲星皆在超辰之限，歲星既超實沈入鶉首，則太歲亦超乙巳而至丙午，故《正義》云「閔元年歲在大梁」，知太歲在丙辰矣。

後漢人引緯書，以庚申爲西狩獲麟之歲，又以隱公元年爲己未之歲，與今人所推同。緯書出于東漢，其時太歲超辰之法已廢，自何、邵公、鄭康成諸大儒外，知之者尟矣。徐廣注《史記》以共和元年爲庚申，非太史公本文。

孔子生年月日

《左氏傳》於哀十六年書「孔子卒」，而不

書生年。《公羊》云「襄二十一年十一月庚子生」，《穀梁》云「二十年十月庚子生」，《史記》則云「二十二年孔子生」，而無月日。攷賈逵注《左傳》，於襄二十一年云：「此年仲尼生。」又昭二十四年，服虔注引賈逵説云：「仲尼時年三十五。」是漢儒皆以孔子生在襄廿一年也。是年經書「十月庚辰朔」，則十一月無庚子日。予以《三統》術推襄公廿一年十月己卯朔，其月廿二日庚子是爲宣尼生之日，年從《公羊》，月從《穀梁》，與賈、服注《左傳》亦合。是歲距上元積年十四萬二千六百七十九，滿統法去之，則入甲申統一千零九十一年也。以章月乘之，章法除之，得積月一萬三千四百九十三，閏餘十八。又以月法二千三百九十二乘積月，以日法八十一除之，得積日三十九萬八千四百五十九，小餘七十七，積日滿六十去之，得大餘五十九。是襄廿一年周正月癸未朔也。是歲閏餘十八，閏當在二月後。依術遞加，二月癸丑朔，大；閏二月癸未朔，小；三月壬子朔，大；四月壬午朔，小；五月辛亥朔，大；六月辛巳朔，小；七月庚戌朔，大；八月庚辰朔，小；九月己酉朔，大；十月己卯朔，小；十一月戊申朔，大；十二月戊寅朔，小。自襄廿一年至哀十六年實七十四算，而賈云「年七十三」者，古人以周歲始增年也。《史記》謂生於襄廿二年，年七十三，則以相距之歲計之。

《史記》不以甲子紀年。朱文公《論語序説》引《史記世家》云：「魯襄公二十二年庚戌之歲，昭公二十五年甲申，定公元年壬辰、九年庚子、十年辛丑、十二年癸卯、十四年乙巳，哀公之十一年丁巳、十四年庚申、十六年壬戌。」皆文公以意增入，非《史記》本文。

十駕齋養新録卷二 終

十駕齋養新録卷三

嘉定錢大昕

天道

《後漢書・桓譚傳》：「天道性命，聖人所難言。自子貢以下，不得而聞。」注引鄭康成《論語注》：「性謂人受血氣以生，有賢愚吉凶。天道，七政變動之占也。」古書言天道者，皆主吉凶禍福而言。《古文尚書》：「滿招損，謙受益，時乃天道。」「天道福善而禍淫。」《易傳》：「天道虧盈而益謙。」《春秋傳》：「天道多在西北。」「天道遠，人道邇，竈焉知天道？」「天道不謟。」《國語》：「天道賞善而罰淫。」「我非瞽史，焉知天道？」《老子》：「天道無親，常與善人。」皆論吉凶之數，與天命之性自是兩事。《孟子》「聖人之於天道也」，正謂虞舜井廩、文王拘幽、孔子戹困之類，故曰「命也」。

攻乎異端

「攻乎異端」，何晏訓「攻」爲「治」，朱文公因之，孫奕《示兒編》謂「『攻』如『攻人之惡』之『攻』，『已』如『末之也已』之『已』。已，止也。謂攻其異端使正道明，則異端之害人者自止，如孟子距楊墨則欲楊墨之害止，韓子闢佛老則欲佛老之害止也」。此説勝於古注，且與「鳴鼓而攻之」義亦同。然任昉撰《王文憲集序》云：「攻乎異端，歸之正義。」前人已有是言矣。

又盡善也

「子謂《韶》盡美矣，又盡善也。」按《漢書·董仲舒傳》引孔子曰「《韶》，盡美矣，又盡善矣」，又引「《武》，盡美矣，未盡善也」，上「矣」下「也」，語意不同，當是《論語》古本。今《漢書》亦改作「也」，唯宋景祐本是「矣」字，《西漢策要》與景祐本同。

冉伯牛

伯牛與仲弓並在德行之科，俱出冉氏，而族之親疎未聞。獨王充《論衡·自紀篇》云：「鯀惡禹聖，叟頑舜神。伯牛寢疾，仲弓潔全。顔路庸固，回傑超倫。」是以伯牛爲仲弓之父矣。充言多誕妄不可信。

居下訕上

「惡居下流而訕上者。」惠定宇云：「蔡邕石經無『流』字，當因《子張篇》『惡居下流』涉彼而誤。」《鹽鐵論》「文學居下而訕上」，《漢書·朱雲傳》「小臣居下訕上」，是漢以前皆無「流」字。

斯已而已矣

《論語》「莫己知也，斯已而已矣」，今人讀「斯已而已」兩「已」字皆如「以」。攷唐石經「莫己」、「斯己」皆作「人己」之「己」，「而已」作「已止」之「已」。《釋文》：「莫己音紀，下斯己同。」與石經正合。《集解》：「此硜硜者徒信己而已。」皇氏《義疏》申之云：「言孔子硜硜不宜隨世變，唯自信己而已矣。」是唐以前《論語》「斯己」字皆不作「止」解，由於經文作「己」不作「已」也。「己」與「已」絶非一字，宋儒誤讀「斯己」爲「以」，未免改經文以就己説矣。

《孟子》：《盡心》篇。「夫子之設科也，往者不追，來者不拒。苟以是心至，斯受之而已矣。」趙氏注：「孟子曰，夫我設教授之科，教人以道德也。其去者亦不追呼，來者亦不拒逆。誠以是學道之心來至，我則斯受之，亦不知其取之與否，君子不保其異心也。見館人殆非爲是來，亦云不能保知，謙以益之而已。」「夫子」以下本《孟子》之言，趙氏訓「予」爲「我」，其義極當。朱文公《章句》改「予」爲「子」，謂舊讀扶余者非，此亦改本文以就己説也。「苟以是心至，斯受之而已」，與「逃楊必歸於儒，歸斯受之而已」語意相同，此必孟子之言，或人豈能見及此。

曾

孫奕《示兒編》云：「諸經除人姓及曾孫孔安國解《詩·信南山》、郭璞注《爾雅》「曾孫」之「曾」並音「層」。之外，曾字並無音。獨《論語》『曾謂泰山不如林放乎』音則登切，『曾是以爲孝乎』音增。大昕案：陸氏《釋文》惟《孝經》「曾子」音則能反，它經「曾」姓皆無音，曾孫亦無音，未知孫氏何據。馬融曰：『承順父母顔色，乃爲孝也。』《正義》亦引是説，則是『曾』訓『乃』也。至於『曾由與求之問』雖無音，孔曰：『謂子問異事耳，則此二人之問安足大乎？』又訓『則』也。《公孫丑上》：『爾何曾比予於管仲？」又曰：『曾比予於是。』『曾』音『增』。趙云『何曾猶何乃也』，丁云『則也』，《禮部韻》亦訓『則也』，并援『曾是以爲孝乎』爲證。《檀弓》上『喪三年以爲極，亡則弗之忘矣』，鄭曰：『則之言曾也。』二説皆通。而『乃』字勝。嘗以類推之：《詩》『曾不容刀』、『曾不崇朝』、『曾是不意』、『曾莫惠我師』，《孟子》『曾不知以食牛干秦穆公之爲汙也』，《荀子·榮辱篇》『偷生淺知之屬，曾此而不知也』，揚子《問神篇》『曾范蔡之不若』，漢周勃、張相如兩人言事『曾不出口』，及近世文集中有『曾不聞』、『曾不知』之類皆作『層』字讀，更説不通，合盡讀如『曾是以爲孝乎』之『曾』。」大昕案：《廣韻》「昨棱切，經也」，《類篇》「曾，昨棱切，詞之始也」；又咨騰切，則也，又姓。是以讀如「層」爲正音、讀如「增」爲別音。朱文公《論語》三「曾」字俱無音，則并「曾謂泰山」、「曾是以爲孝乎」皆讀如「層」，與陸氏《釋文》異，而於《類篇》之例卻合。《孟子》「曾比予於管仲」、「曾比予於是」，兩「曾」字音「增」，而「曾不知以食牛」句無音，亦讀如「層」也。孫季昭欲舉經典中「曾不」、「曾莫」之類盡讀如「增」，似未喻陸氏《釋文》之旨。當從朱文公讀爲長。今郡塾師以「增」爲正音，於讀「層」之「曾」加圈，亦非。

程子言性中無孝弟

伊川説「性中只有箇仁、義、禮、智四者而已，曷嘗有孝弟來」，此語極有病。朱文公知其不可通也，故於文集中有云：「此語亦要體會得是，若差了即不成道理。蓋天下無性外之物，豈性外別有一物名孝弟乎？但方在性中，則但見仁、義、禮、智四者而已，仁便包攝了孝弟在其中，乃未發出來，未有孝弟之名耳，非孝弟與仁各是一物，性中只有孝弟也。所包攝不止孝弟，凡慈愛惻隱之心皆所包也。猶天地一元之氣，只有水、火、木、金、土，言水而不曰江、河、淮、濟，言木而不言梧、檟、樲、棘，非有彼而無此也。」

《孟子》曰：「堯舜之道，孝弟而已矣。」又曰：「仁之實，事親是也；義之實，從兄是也。」又曰：「人之所不學而能者，其良能也；所不慮而知者，其良知也。親親，仁也；敬長，義也。」與有子之言相表裏。宋儒以孝弟爲庸行粗迹，而别於空虛處求性，故其言往往有過高之弊。

主一無適

宋儒以「主一無適」解「敬」字，「主一」出於《古文尚書》「善無常主，協于克一」，又足以「無適」二字，則《文子》兩見之，其《道德》篇云：「一也者，無適之道也。」又下注云：「一者至貴，無適於天下。」《淮南·齊俗訓》亦云：「一者至貴，無適於天下。」默希子注：「一者法也，適者往也。言君致法而治，則萬物皆歸往於君，故無不適也。」古書「適」讀如「敵」，「敵」猶「對」也。一爲特，二爲對。無適者，無對也。宋儒雖用《文子》之言，實非《文子》本旨。《論語》「無適也，無莫也」，鄭康成讀「適」爲「敵」、「莫」爲「慕」。《論語》言「敬」者二十有一，皆主行事而言，曰「敬事而信」，曰「執事敬」，曰「事思敬」，曰

「事君敬其事」，敬在事不在心也。「敬」與「一」似當有別。或問：「敬何以用功？」程子曰：「莫如主一。」

《禮記・少儀》：「賓客主恭，祭祀主敬。」鄭康成云：「恭在貌也，而敬又在心。」《正義》云：「賓客輕，故主恭，祭祀重，故主敬。」敬雖在心，仍由祭祀而見，《詩》「執事有恪」是也。

天即理

宋儒謂性即理，是也；謂天即理，恐未然。「獲罪於天，無所禱」，謂禱於天也，豈禱於理乎？《詩》云：「敬天之怒，畏天之威。」理豈有怒與威乎？又云：「敬天之渝。」理不可言渝也。謂理出於天則可，謂天即理則不可。

忠恕

「中心曰忠」、「如心曰恕」，見《周禮・大司徒》疏。歐陽守道謂二語本之王安石《字説》，非六書本義。宋儒不讀注疏，其陋如此。

公孫拔

公叔文子，朱注作公孫枝，王伯厚以爲傳寫之誤。予嘗見倪士毅《四書輯釋》載朱文公《論語注》：「公叔文子，衛大夫公孫拔也。」又引吳氏程曰：「拔，皮八反。」俗本作『枝』，誤。即公叔發。」乃知今世所行《集注》本非考亭之舊，王厚齋所見亦是誤本。明人修《大全》多襲用倪氏《輯釋》之文，獨此條轉取流俗本以改倪氏，可謂不學之甚也。

劉聘君

朱文公《集注》引劉聘君説者三。聘君，謂白水劉勉之致中也。李心傳《繫年要録》：「紹興七年四月，中書舍人吕本中等奏：建州進士劉勉之學有淵源，行可師法，閩中士人無不推仰，伏望特賜録用。詔召赴行在。」故有聘君之稱。聘君避仁宗嫌名也。文公早年師事致中，且係婦翁，故不稱名氏。

朱注引石經

「三嗅而作」引晁氏云「石經『嗅』作『戛』」。按唐石經本作「臭」，後人加「口」旁於左，其跡宛然。晁氏所稱石經，殆孟蜀刻也。瞿生中溶云：「《五經文字·鼻部》『嗅』下云：『《論語》借臭字爲之。』則此口旁爲後人所加無疑。」

朱子四書注避宋諱

《論語》「管仲之器小」章注「相威公霸諸侯」；「天生德於予」章注「威魋，宋司馬向魋也，出於威公，故又稱威氏」，又「威魋其奈我何」；「管仲非仁者與」章引程子「威公，兄也」一條，「威」字六見；「禄之去公室」章注「歷悼、平、威子。三威，三家，皆威公之後」，又引蘇氏「三威以微」；「公山弗擾」章注「與陽虎共執威子」；「齊人歸女樂」章注「季威子，魯大夫」；《孟子》「齊桓、晉文之事」章注「齊威公、晉文公皆霸諸侯者」；「夫子當路於齊」章注「威公獨任管仲」；「以力假仁」章注「若齊威、晉文是也」；「或謂孔子」章注「威司馬，宋大夫向魋也」；「五霸者，三王之罪人」章注「齊威、晉文」兩見；「古之君子」章注「若孔子於季威子是也」；「爲政不難」章注「麥邱邑人祝齊威公」云云。❶ 此避欽宗諱也，見趙氏《四書纂疏》。今世俗本皆改「桓」字矣，唯《論語》「譎而不正」章、「召忽死之」章，《孟子》「敢問交際」章注於「桓」字俱未回避。蓋刊《纂疏》時校書人妄改，猶幸改有未盡耳。

《纂疏》本《大學章句》「『先謹乎德』承上文『不可不謹』而言」，「自『先謹乎德』以下至此」，此三「謹」字本皆「慎」字，避孝宗諱以「謹」代之，今本改「先謹」爲「先慎」，而於「不可不謹」之「謹」則不知改，進退皆失據矣。《論語》「慎終追遠」章注「謹終者，喪盡其禮」；「君子食無求飽」章注「謹於言者，不敢盡其所有餘也」；「子張學干禄」章注「謹言行者守之約」；「恭而無禮」章注「謹不葸，謹終追遠之意」：今注中諸「謹」字皆改爲「慎」，獨《孟子》「魯欲使慎子」章注中「慎子」四見，《纂疏》亦不回避，蓋亦刊本輒改。

《論語》「君子無所争」章注「揖遜而升者，《大射》之禮」；「能以禮讓」章注「遜者，禮之實也」，改「讓」爲「遜」，避濮安懿王諱，今本皆作「讓」字。

《孟子》「夫子當路於齊」章注「一正天下」，改「匡」爲「正」，避太祖諱也。然《論

❶ 「邱」，避孔丘諱，當作「丘」。以下同此者，不再一一出校。

語》注中「匡人」、《孟子》注中「匡章」，《纂疏》亦未改，此校書者之失，非趙氏有誤也。《孟子》「或謂孔子於衛」章注「司城正子亦宋大夫之賢者也。孔子去陳，❶主於司城正子」，改「貞」爲「正」，避仁宗諱也，今本皆作「貞」字。

論孟集注之誤

閻百詩舉《論語》《孟子》集注之誤，謂季文子始專國政，不待武子。蘧伯玉不對而出，無關寗殖。子糾兄而非弟。曾西子而非孫。武丁至紂九世非七世。「或勞心」四語皆古語，「四」當作「六」。不衣冠而處，譌《說苑》爲《家語》。農家者流，譌班固爲史遷。滅夏后相乃寒浞而非羿。去魯司寇則適衛而非齊。戟有枝兵、戈平頭戟，其器各別，不得即以戈爲戟。麋澤獸、鹿山獸，其類各別，非有大小之分。

孟子章指

趙岐注《孟子》，每章之末括其大旨，間作韻語，謂之《章指》，《文選注》所引趙岐《孟子章指》是也。南宋後僞《正義》出，託名孫奭所撰，盡删《章指》正文，仍剽掠其語散入《正義》。明國子監刊《十三經》承用此本，世遂不復見趙岐元本矣。考《崇文總目》載陸善經《注孟子》七卷，稱善經删去趙岐《章指》與其注之繁重者，復爲七篇，見《文獻通考》。是删去《章指》始於善經。邵武士人作《疏》，蓋用善經本也。

❶「去」下，《孟子集注》卷五《萬章章句上》有「至」字。

孟子正義非孫宣公作

《孟子正義》，朱文公謂邵武士人所作。卷首載孫奭《序》一篇，全録《音義序》，僅添三四語耳。其淺妄不學如此。鼂公武《讀書志》有孫奭《音義》而無《正義》，蓋其時僞書未出，至陳振孫《書録解題》始並載之。馬端臨《經籍考》并兩書爲一條，云《孟子音義正義》共十六卷，引鼂氏曰「皇朝孫奭等採唐張鎰、丁公著所撰，參附益其闕。古今注《孟子》者，趙氏之外有陸善經。奭撰《正義》以趙注爲本，其不同者時時兼取善經，如謂『子莫執中』爲『子等無執中』之類」。今考「子等無執中」之説初不載於《正義》，唯《音義》有之。馬氏既不能辨《正義》之僞託，乃改竄鼂語以實之，不知鼂《志》本無《正義》也。

宋高宗書孟子

唐國子學石經有《論語》、《孝經》、《爾雅》而無《孟子》。今杭州府學有宋高宗御書《孟子》，雖非全本，較之坊刻閒有異同，如「文王事昆夷」石刻作「混夷」，「有小人之事」石刻作「小民」，皆勝於今本。

好名之人一節

趙氏云：「好不朽之名者能讓千乘，伯夷、季札之類是也。誠非好名者争簞食豆羹變色，訟之致禍，鄭公子染指黿羹之類是也。」愚謂孔子「疾没世而名不稱」，孟子亦惡人之不好名。名，謂不朽之名也。

不好名必專於好利，雖簞食豆羹且不能讓，況千乘乎？

頑夫廉

《孟子》：「聞伯夷之風者，頑夫廉，懦夫有立志。」「廉」與「貪」對，不與「頑」對。按《論衡·率性篇》《非韓篇》、《後漢書·王暢傳》《丁鴻傳》所引皆作「貪夫廉」，然則兩漢本是「貪」字。《論衡·知實篇》引《孟子》作「頑夫廉」，此淺人妄改。

袗衣

「被袗衣」，朱氏《章句》訓「袗」爲「畫」，錢塘梁侍講同書嘗告予云：「古書『袗』訓『單』又訓『同』，皆無盛服之意。《三國志·魏文帝紀》注有云舜『承堯禪，被珍裘，妻二女，若固有之』。此必用《孟子》之文，『袗衣』當是『珍裘』也。」

檢

《孟子》「狗彘食人食而不知檢」，「檢」當依《漢書·食貨志》作「斂」。古者三年耕必有一年之食，九年耕必有三年之食。自農而外，工商賈皆不耕而食者，則必糶糴以通之。而歲有豐歉，穀有貴賤，則不能無傷農、傷末之患，於是有發斂之法：豐歲則斂之於官，凶歲則糶之於民，《記》所謂「雖遇凶旱水溢民無菜色」者，用此道也。「狗彘食人食」，猶言樂歲粒米狼戾耳。惠王不修發斂之制，豐歲任其狼戾，一遇凶歉倉廩空虛，不得已爲移民移粟之計，自以爲盡心，惑矣。

齊人伐燕

《史記》燕王噲讓國子之及齊伐燕皆在齊湣王時，獨《孟子》書以爲宣王事。司馬温公《通鑑》移湣王前十年爲宣王之年以合《孟子》，然燕人之畔終在湣王時，仍不能强合。閻百詩又議以燕噲讓國至燕昭自立事移在前十數年，以合孟子游齊之歲，益爲妄作。近寶應王予中嘗論之，謂：「《孟子》七篇所言齊王皆湣王，非宣王也。湣王初年，兵强天下，與秦爲東西帝，其所以治國者亦必有異矣。《孟子》謂『以齊王猶反手』、『王由足用爲善』，皆道其實。而『好勇』、『好貨』、『好色』不能自克，末年之禍亦基于此。後來傳《孟子》者改湣王爲宣王，爲孟子諱，其實無庸諱也。孟子去齊當在湣王之十三四年，下距湣王之亡蓋廿五六年，孟子必不及見。《公孫丑篇》稱王不稱謚，蓋其元本。《梁惠王》、《盡心》兩篇稱宣王者，後人增益之耳。」王氏此論最爲精確。前人移易宣、湣之年求合於《孟子》，終無實據，不若即就《孟子》本文斷之也。

簿

經典無「簿」字，唯《孟子》有「先簿正祭器」一語，孫奭《音義》云：「本或作『薄』。」則北宋本猶不盡作「簿」也。唐美原《神泉詩碑》篆書「主簿」字从「艸」，是唐人尚識字。

季任

「季任爲任處守」，趙注：「季任，任君季弟也。」按國君之弟以國氏，字當在國下。《春秋》桓十七年「蔡季自陳歸于蔡」，蔡侯弟也；莊二年「紀季以酅入于齊」，❶紀侯弟也。依《春秋》例，「季任」當爲「任季」，傳寫顛倒耳。

張氏

朱文公注《孟子》引諸儒説，有稱張子者，横渠先生也，或又稱子張子；見「滕文公問爲國」章吕氏説。有稱張敬夫者，南軒也；又有稱張氏者，「君仁莫不仁」章「獵較」節、「白馬之白」節。蓋張九成也。九成字子韶，號无垢居士，有《孟子解》。

鎡基

趙岐注「鎡基」：「田器，耒耜之屬。」《周禮·薙氏》注：「以兹其斫其生者。」《疏》云：「漢時兹其即今之鋤也。」《禮記·月令》注：「田器，鎡錤之屬。」《正義》引《孟子》作「鎡錤」。「兹其」也，「鎡錤」也，「鎡基」也，文異而音義不異也。

百畝之糞

「百畝之糞」，「糞」字當依《王制》作「分」。

❶ 據《左傳注疏》和《穀梁傳注疏》，事在莊三年。

樲棘

「今有場師，舍其梧檟，養其樲棘。」趙注：「樲棘，小棘，所謂酸棗也。」按《爾雅》「樲，酸棗」，不聞「樲棘」爲「小棘」。朱注改爲「小棗」亦無據。梧檟既二物，則樲棘必非一物。「樲」爲酸棗，「棘」即「荆棘」之「棘」也。

窳

《釋詁》：「愉，勞也。」注：「勞苦者多惰愉，今字或作『窳』。」按釋元應《一切經音義》引《爾雅》此文及注凡七見，皆作「窳」，無有作「愉」者，是唐以前《爾雅》郭注本作「窳」不作「愉」也。「今字或作『窳』」五字疑後人所增，非景純之舊。

將且

《釋言》：「奘，駔也。」《釋文》云：「駔，沈《集注》本作『⿱將且』，孫、樊二本並作『將且』，而無『奘駔』。」案經典不見「奘」字，當從樊、孫本。《詩》「方將萬舞」、「將恐將懼」，箋皆訓「將」爲「且」，正用此文，是鄭所見《爾雅》與孫、樊本同。

女叔

《釋親》：「夫之女弟爲女妹。」注：「今謂之女妹是也。」袁又愷引《禮記·昏義》「和於室人」注「室人謂女公、女叔諸婦也」，《正義》曰「女公謂壻之姊，女叔謂壻之妹」，證《爾雅》正文「女妹」必是「女叔」之誤。若經本作「女妹」，則此注太無謂。即以俗説證，亦但當云「今俗有此稱」，不當疊經文矣。臧在東云：「夫之兄爲公，故其姊爲女公；夫之弟爲叔，故其女弟爲女叔。」

太歲

古法太陰與太歲不同。《淮南・天文訓》：「太陰在寅，歲名曰攝提格」，「太陰在卯，歲名曰單閼」，「太陰在辰，歲名曰執徐」，「太陰在巳，歲名曰大荒落」，「太陰在午，歲名曰敦牂」，「太陰在未，歲名曰協洽」，「太陰在申，歲名曰涒灘」，「太陰在酉，歲名曰作鄂」，「太陰在戌，歲名曰閹茂」，「太陰在亥，歲名曰大淵獻」，「太陰在子，歲名曰困敦」，「太陰在丑，歲名曰赤奮若」。蓋閼逢以下十名、攝提格以下十二名皆由太陰得名，不關太歲。《史記索隱》引《爾雅》云「歲在甲曰焉逢，寅曰攝提格」，見《天官書》。無「太」字，當是古本。東漢術家不求太陰，誤仞太陰爲太歲，故《漢書・天文志》有「太歲在寅曰攝提格」之文，《太史公書》但云「攝提格歲」、「歲陰左行在寅」，初不云太歲也。今本《爾雅》「太歲在甲曰閼逢」、「太歲在寅曰攝提格」，此兩「太」字疑後人所增。

東陵阠

《釋地篇》「東陵阠」，先儒皆未詳其地。《説文》亦無「阠」字，徐氏新附乃有之，非許君意也。予按《説文・手部》：「抍，捪也，讀若『莘』。」是「莘」與「扟」通矣。《莊子·駢拇》篇：「盜跖死利於東陵。」陸氏《釋文》：「東陵，陵名，今名東平陵，屬濟南郡。」又《春秋》成二年《傳》「師從齊師于莘」，杜注但言「齊地」，今據下文華不注、華泉皆在濟南府，莘與華不注、華泉相去不遠，亦當在濟南，則《爾雅》之東陵阠疑即《左氏傳》之莘也，古本當从「手」旁，後人改从「阜」旁耳。《齊乘》：「東平陵城在濟南東七十五里。」

鉤股

《釋水》九河「鉤般」，《釋文》：「般，本又作『盤』。李本作『股』，云『水曲如鉤，折如人股，故曰鉤股』。」按漢隸从「舟」之字多作「月」，「般」與「股」二文相涉，難以辨別。李巡在郭璞之前，疏解分明，當以「股」爲正。「鉤股」雙聲與「胡蘇」疊韻正相類也。《禹貢》正義引李巡云：「鉤盤言河水曲如鉤，屈折如盤也。」蓋後儒承用郭本已久，改易李注以從之，不如陸氏《釋文》之可據。

蠭醜螸

《釋蟲》「蠭醜螸」，陸德明云：「李、孫、郭並闕讀，而謝孚逢反，施作『螽』，音終。案上有『螽醜奮』，依謝爲得。」大昕案：宋本《說文》「螸」字云：「螽醜螸，垂腴也。」正與施本相同。謝嶠、施乾同是陳時人，未必謝是而施非也。今坊本《說文》亦改「螽」爲「蠭」，世遂不知施說之有據矣。

騚

《廣韻》:「騚,馬蹄皆白也。」按《釋畜》篇「四蹄皆白首」,「首」與「歬」字形相似,(「歬」即「前」字。)疑古本作「歬」,後人加「馬」旁耳。歸安嚴元照云:「嘗見雪牕書院校刊《爾雅》郭注本作『騚』,明人刊《五雅》本亦作『騚』。」

王女

《釋艸》「蒙王女」注:「蒙即唐也,女蘿別名。」案:女蘿之大者謂之王女,猶王彗、王芻,魚有王鮪,鳥有王雎也。今本譌「王」爲「玉」,唯唐石經不誤。

今本爾雅誤字

《釋艸》「孟狼尾」,今本「孟」作「盂」;「澤烏蘮」,今本「蘮」作「蘾」。《釋鳥》「燕白脰烏」,今本「烏」作「鳥」;「鸒白鷹」今本分「鸒」爲二字;「鳶烏醜,其飛也翔」,今本「烏」作「鳥」。《釋獸》「麔大麢」,今本「麢」作「麔」。此皆轉寫之譌,唯唐石經字畫分明可信,顧寧人《金石文字記》轉据流俗本指爲石刻之誤,毋乃憒憒不分皂白乎?

《釋木》「桑辦有葚梔」,「辦」俗字,當從唐石經作「辨」。

注疏舊本

唐人撰九經疏本與注別行，故其分卷亦不與經注同。自宋以後刊本欲省兩讀，合注與《疏》爲一書，而《疏》之卷第遂不可考矣。予嘗見宋本《儀禮疏》，每葉卅行，每行廿七字，凡五十卷，唯卷卅二至卅七闕，末卷有大宋景德元年校對、同校、都校諸臣姓名及宰相吕蒙正、李（不署名，蓋李沆也。）參政、王旦、王欽若銜名。又嘗見北宋刻《爾雅疏》亦不載注文，蓋邢叔明奉詔撰疏，猶遵唐人舊式。諒《論語》《孝經疏》亦當如此，惜乎未之見也。日本人山井鼎云：「足利學所藏宋板《禮記注疏》有三山黄唐《跋》云：『本司舊刊《易》、《書》、《周禮》，正經、注、疏萃見一書，便于披繹，它經獨闕。紹興辛亥遂取《毛詩》、《禮記》疏義如前三經編彙，精加讎正。乃若《春秋》一經，顧力未暇，姑以貽同志。』」所云「本司」者不知爲何司。然即是可證北宋時《正義》未嘗合于經注，即南渡初尚有單行本，不盡合刻矣。紹興初所刻注疏初未附入陸氏《釋文》，則今所傳附釋音之注疏，大約光寧以後刊本耳。今南北監本唯《易》釋文不攙入經注內，《公羊》、《穀梁》、《論語》俱無《釋文》。

經史當得善本

經史當得善本。今通行南北監及汲古閣本，《儀禮》正文多脱簡，《穀梁》經傳文亦有溷錯，《毛詩》往往以《釋文》混入鄭箋，《周禮》、《儀禮》亦有《釋文》混入注者，《禮記》則《禮器》《坊記》《中庸》《大學疏》殘缺不可讀，《孟子》每章有趙氏《章指》諸本皆闕，《宋史·孝宗紀》闕一葉，《金史·禮志》《太宗諸子傳》各闕一葉，皆有宋元槧本可以校補。若日讀誤書妄生駮難，其不見笑於大方者鮮矣。

石經避諱改字

唐石經《毛詩》「洩洩其羽」、「桑者洩洩兮」、「無然洩洩」、「是紲袢也」、「俾民憂洩」避「世」旁，「《甿》刺時也」、「甿之蚩蚩」、「甿六章」避「民」旁。

石經俗體字

唐石經俗體字，如：「雝」作「雍」，《詩》。「櫜」作「櫜」，《周禮》、《爾雅》。「毆」作「毆」，《周禮》。「齎」作「賫」，《儀禮》。「總」作「捴」，《春秋傳》。「督」作「督」，《爾雅》。「横」作「撗」，《爾雅》。

「奕洪」之「奕」从「大」，「博弈」之「弈」从「廾」，兩字音同義别，石經《左傳》「賦《韓弈》之五章」、《爾雅》「弈洪誕戎」皆誤从「廾」。

陸氏釋文多俗字

《曲禮》「三飯」，《釋文》：「符晚反。依《字書》『食』旁作『飰』，❶扶万反，『食』旁作『反』，符晚反，二字不同，今則混之，故隨俗而音此。」按陸氏所稱《字書》，不審何人

❶「飰」，宋刻宋元遞修本《釋文》作「卞」。

作，以《爾雅》釋文證之，蓋吕忱《字林》也。又《爾雅》釋文：「飰，字又作『餅』，俗作『飯』，同符萬反。《字林》云：『飯，食也，扶晚反。』」「飯」譌爲「飰」猶「汳」譌爲「汴」，皆魏晉以後俗字。古音「反」如「變」，與「卞」相近，「飯」、「飰」非兩字兩音也。自《字林》有此字，後人乃别「飯」、「飰」爲二音。陸氏不能辨正，轉以正字爲隨俗，何哉？《廣韻》二十五願部：「飯，符万切。《周書》云：『黄帝始炊穀爲飯。』亦作『餅』，俗又作『飰』。」二十阮部：「飯，扶晚切，餐飯，《禮》云『三飯』是。」陸法言諸人不承《字書》之誤，其識高于元朗矣。

《周禮・校人》注：「校之爲言校也，主馬者必仍校視之。」《釋文》：「校，户教反，字從木，若從手旁作是比挍之字耳，今人多亂之。」按《説文・手部》無「挍」字。漢碑「木」旁字多作「手」旁，此隸體之變，非别有「挍」字。六朝俗師妄生分别，而元朗亦從而和之，傎到甚矣。《廣韻》去聲三十六效部，「校」字兩音：一胡教切，一古孝切，而於「胡教切」下云：「又音教。」不别收「挍」字，較之《釋文》實爲精當。或謂鄭注以「校」釋「校」必是異文，予謂《孟子》書「徹者徹也」、《禮記》「齊之爲言齊也」，皆以義釋名，非有異文。

十駕齋養新録卷三終

十駕齋養新録 卷四

嘉定錢大昕

説文舉一反三之例

古人著書舉一可以反三，故文簡而義無不該，姑即許氏《説文》言之。木，東方之行；金，西方之行；火，南方之行；水，北方之行；則土爲中央之行可知也。鹹，北方味也，而酸、苦、辛、甘皆不言方。䨣，水音也，而宮、商、徵、角皆不言音。青，東方色也；赤，南方色也；白，西方色也；而黑不言北方。黄，地之色也，而元不言天之色。鐘，秋分之音；鼓，春分之音；而不言二至。笙，正月之音；管，十二月之音；而不言餘月。龍，鱗蟲之長，而毛羽、介蟲之長不言。皆舉一二以見例，非有遺漏也。五藏配五行，古文説與博士説各異，唯腎爲水藏則同，《五經異義》言之詳矣。其撰《説文解字》云：「心，土藏也，博士説以爲火藏。」而脾，土藏；肝，木藏；肺，金藏；則但用博士説，不言古文異同，亦舉一反三之例。

説文連上篆字爲句

許氏《説文》唐以前本不傳，今所見者唯二徐本。而大徐本宋槧猶存，凡五百四十部，部首一字，解義即承正文之下，但以篆隸别之，蓋古本如此，大徐存以見例，其實九千餘文皆同此式也。小徐本并部首解義亦改爲分注，益非其舊，或後人轉寫以意更易故耳。許君因文解義，或當疊正文者即承上篆文連讀，如「昧爽旦明也」、「肸響布也」、「湫隘下也」、「腬嘉善肉也」、「⿱逢灬燧候表也」、「詁訓故言也」、「顡癡不聰明也」、「參商星也」、「離黄倉庚也」、「巂周燕也」，皆承篆文爲句。諸山水名云「山在某郡」、「水出某郡」者，皆當連上篆讀。《艸部》「⿱艹鼓」、「蔖」、「⿱艹固」、「⿱艹⿰𠦝余」諸字但云「艸也」，亦承上爲句，謂⿱艹鼓，即⿱艹鼓艸；蔖，即蔖艸耳，非艸之通稱也。「芺」、「葵」、「蒩」、「蒙」、「薇」、「蓶」諸字但云「菜也」，亦承上讀，謂芺，即芺菜；葵，即葵菜也。今本《説文》「莧」字下云「莧菜也」，此校書者所添，非許意也。古人著書簡而有法，好學深思之士當尋其義例所在，不可輕下雌黄。以亭林之博物，乃譏許氏訓「參」爲「商星」以爲「昧于天象」，豈其然乎？《人部》「佺」字下云：「偓佺，仙人也。」「偓」字下云：「佺也。」亦承上讀，宋槧本不疊「偓」字，汲古閣本初印猶仍其舊，而毛斧季輒增入「偓」字，雖於義未乖，而古書之真面目失矣。

《人部》「⿰亻癸」字下云：「⿰亻癸，左右兩視。」此亦承上篆文，「⿰亻癸⿰亻癸」猶「瞿瞿」也。又《叀部》「叀」字下云：「專，小謹也。」「專」當爲「叀」，亦承上篆文而疊其字，「叀叀，小謹也」，亦作「嫥嫥」，見《女部》。淺人改作「專」，而語不可通矣。

《廣韻》東部「涷」字下引《説文》「水出發鳩山，入於河」，《魚部》「⿰氵虘」字下引《説文》「水出北地直路西，東入洛」，是陸法言諸人已不審許氏讀法矣。

説文讀若之字或取轉聲

《説文》讀若之例，或取正音，或取轉

音。楈，「胥」聲，而讀若「芟刈」之「芟」。郪，「季」聲，而讀若「寧」。鞋，「蚩」聲，而讀若「騁」。庳，「卑」聲，而讀若「逋」。袢，「半」聲，而讀若「普」。訬，「少」聲，而讀若「毚」。昕，「斤」聲，而讀若「希」。霹，「鮮」聲，而讀若「斯」。寊，「真」聲，而讀若「資」。艐，「㕚」聲，而讀若「莘」。鞥，「弇」聲，而讀若「膺」。摯，「執」聲，而讀若「晉」。棳，「爰」聲，而讀若「指撝」。梢，「省」聲，而讀若「驪駕」。「驪」當讀如「灑埽」之「灑」，與「省」聲相近。倗，「朋」聲，而讀若「陪」。鄘，「崩」聲，而亦讀若「陪」。烓，「圭」聲，而讀若「回」。據宋本。豈攴，「豈」聲，而讀若「豤」。穳，「冀」聲，而讀若「靡」。耆，「占」聲，而讀若「耿介」之「耿」。《蜀志》注：簡雍本姓耿，幽州人語謂「耿」爲「簡」，故隨音變。按「耿」與「簡」近，亦與「檢」近，然則「耆」本音似「檢」，轉讀如「耿」也。皆古音相轉之例。自韻書出，分部漸密，有不及兩收者，則詑以爲異矣。

二徐私改諧聲字

《説文》九千三百五十三文，形聲相從者十有其九，或取同部之聲，今人所云疊韻也；或取相近之聲，今人所云雙聲也。二徐校刊《説文》，既不審古音之異於今音，而於相近之聲全然不曉，故於「从某某聲」之語往往妄有刊落。然小徐猶疑而未盡改，大徐則毅然去之，其誣妄較乃弟尤甚。今略舉數條言之：「元，从一兀。」小徐云：「俗本有『聲』字，人妄加之也。」按「元」、「兀」聲相近，「兀」讀若「敻」，「瓊」或作「琁」，是「敻」、「旋」同音，「兀」亦與「旋」同也；「髡」从「兀」或从「元」，「軏」《論語》作

「軏」，皆可證「元」爲「兀」聲。小徐不識古音，轉以爲俗人妄加；大徐并不載此語，則後世何知「元」之取「兀」聲乎？「普，从日，並聲。」按古音「並」如「旁」，「旁」、「薄」爲雙聲，「普」、「薄」聲亦相近，漢《中嶽泰室闕銘》「並天四海，莫不蒙恩」，「並天」即「普天」也。小徐以爲會意字，謂「聲」字傳寫誤多之，大徐遂删去「聲」字，世竟不知「普」有「並」聲矣。「朏，从月，出聲。」按「出」有去、入兩音，「朏」亦有普忽、芳尾兩切，則「朏」爲「出」聲何疑？小徐乃云「本無『聲』字，有者誤也」，而大徐亦遂去之，此何説乎？「昆，从目，比聲。」按「比」、「頻」聲相近，「玭」或作「蠙」，「昆」由「比」得聲，取相近之聲也。小徐不敢質言非聲，乃創爲「日日比之」之説，大徐采其語而去「聲」字，毋乃是今而非古乎？

説文引經異文

《説文序》云：「其偁《易》孟氏、《書》孔氏、《詩》毛氏、《春秋》左氏，皆古文也。」乃有同偁一經而文異者，如：《易》「以往吝」又作「以往遴」、「需有衣袽」又作「繻有衣」、「爲旳顙」又作「爲馰顙」、「重門擊柝」又作「重門擊㯷」，《書》「鳥獸𣰥髦」又作「鳥獸褎毛」、「方鳩僝功」又作「旁逑孱功」、「濬く巜距川」又作「睿畎澮距川」、「天用剿絶其命」又作「天用勦絶」，「[illegible]」字下。「若顛木之有甹欁」又作「若顛木之有甹枿」，《詩》「桃之枖枖」又作「桃之媄媄」、「江之永矣」又作「江之羕矣」、「江有汜」又作「江有洍」、「靜女其姝」又作「靜女其袾」、「擊鼓其鏜」又作「擊鼓其鼞」、「是褻袢也」又作「是紲袢也」、

「衣錦褧衣」又作「衣錦檾衣」、「薈兮蔚兮」又作「嬒兮蔚兮」、「赤舃掔掔」又作「赤舃己己」「巹」字下。「嘽嘽駱馬」又作「痑痑駱馬」、「不敢不蹐」又作「不敢不鬗」、「噂沓背憎」又作「僔沓背憎」、「缾之罄矣」又作「瓶之窒矣」、「無然詍詍」又作「無然呭呭」、「憬彼淮夷」又作「穬彼淮夷」，「矍」字下。《春秋傳》「忨歲而潵日」又作「翫歲而愒日」，《論語》「色孛如也」又作「色艴如也」。蓋漢儒雖同習一家，而師讀相承，文字不無互異，如《周禮》杜子春、鄭大夫、鄭司農三家，與故書讀法各異，而文字因以改變，此其證也。

唐人引説文不皆可信

《詩》「螽斯羽詵詵兮」，《釋文》：「詵，《説文》作『⿰夆辛』，今《説文》無『⿰夆辛』字。」「曾不容刀」，《正義》引《説文》作「⿰舟周」，「⿰舟周，小船也」，《釋文》亦云：「《字書》作『舠』，《説文》作『⿰周舟』。」今《説文》有「舠」無「⿰舟周」、「⿰周舟」。

《左傳》釋文引《説文》云「瘯瘰，皮肥也」，今《説文》無「瘯瘰」二字。《史記·賈誼傳》「攌若囚拘」，《索隱》引《説文》「攌，大木栅也」，今《説文》無「攌」字。《後漢·儒林傳》注引《説文》「黌，學也」，今《説文》無「黌」字。

《文選·魏都賦》注引《説文》「濤，大波也」，今《説文》無「濤」字。徐氏新附乃有之。《西都賦》注引此文作《蒼頡篇》。《長笛賦》注引《説文》「篴倅字如此」，今《説文》無「篴」字。

説文本字俗借爲它用

《説文》本有之字，世俗借爲它用者，如

「扮，握也，讀若粉」，今人讀布患切，以爲「打扮」字；「拓，拾也」，或作「摭」，今人讀如「槖」，以爲「開拓」字；「賑，富也」，今借爲「振給」字；「俺，大也」，於業切，今借爲自稱之詞；「靠，相違也」，今借爲「依倚」之義；「挨，擊背也」，今借爲「忍痛」義，又借爲「比附」義；「緞，履後帖也」，本與「鍛」同，今借爲「紬段」字；「赶，舉尾走也」，今借爲「追逐」義。

宋人不講六書

王伯厚引王去非云：「學者學乎孝，教者教乎孝，故皆從孝字。」又引慈湖、楊簡。蒙齋袁甫。說：「古孝字只是學字。」案古文「學」作「斈」，「斈」从「爻」，「孝」从「老」，判然兩字，豈可傅會爲一？宋人不講六書，故有此謬說。

說文校譌字

「褫，奪衣也，讀若池。」案《說文》無「池」字，當爲「拕」。《易》「終朝三褫之」，鄭康成本「褫」作「拕」。《淮南·人間訓》秦牛缺遇盜，「拕其衣被」，高誘注：「拕，奪也。」許君讀若之字皆經典通用字，「拕」、「奪」聲亦相近。

《艸部》兩「藍」字。前云：「染青艸也。从艸，監聲。」此正字。後云：「瓜菹也，从艸，濫聲。」此誤字，當作「蘫」，从「艸」，「濫」聲。《玉篇》載此兩字，一从「監」一从「濫」。《廣韻》「蘫，瓜葅也」，出《說文》，是《說文》有「蘫」字。

《耳部》「耿，从耳，炯省聲」，宋本「炯」

作「烓」，毛氏初印本亦是「烓」字。「烓」讀如「冋」，乃是古音。《詩》釋文引《説文》「烓，行竈也」，「吕、沈同音口潁反，何康瑩反，顧野王口井、烏攜二反」。《爾雅》釋文：「烓，《字林》口潁反，顧口井、烏攜二反。」蓋「烓」从圭聲，「圭」與「冋」聲相近，《禮記·祭義》「跬步」之「跬」讀爲「頃」，此其證也。小徐未審古音，輒改「烓」爲「炯」，而大徐本猶未誤，當依宋本改正。

《火部》「烓，讀若回，口迴切」。宋本「回」作「冋」，「迴」作「迥」。《廣韻》四十一迥部「烓，口迥切」，與《説文》合，當从宋本。説見上。古今韻書從無收「烓」入灰韻者，「口迴」之音斷不可用。

《人部》「偶，桐人也」，「桐」當作「相」。《中庸》「仁者，人也」，鄭康成讀如「相人偶」之「人」，《儀禮》注屢言「相人偶」，惠氏《九經古義》、臧氏《經義雜記》援引詳矣。此其證也。吴明經淩雲云：「舊板《玉篇》『偶，相人也』，今本『相』作『桐』，蓋好事者依今《説文》輒改。」又鮑彪注《戰國策》全據《説文》爲訓，其注《齊策》亦云「偶，相人也」，是鮑所見《説文》猶作「相」字。

《豆部》「豋，讀若鐙同」，「鐙」當作「登」。案《説文》云「讀若」者皆經典通用之字，《詩》「于豆于登」，《爾雅》「瓦豆謂之登」，本是「𢍺」字，而相承以「登陟」字代之，故許云「讀若登同」。二文皆从「豆」，「豆」、「登」聲相近，則「𢍺」亦有「登」音矣。《廣韻》有「甑」無「𢍺」，蓋即以「甑」代「𢍺」，而「甑」猶从「登」旁，知「登」與「𢍺」通未戾六書之旨。後人妄造「鐙」字，强生分別，并《説文》「讀若登」字改从「金」旁，非許君之舊矣。

瘱

《説文》：「瘱，静也。从心，疢聲。臣鉉等曰：『疢非聲，未詳。』」予謂徐氏不識古音。「夾」與「計」聲相近，故「瘞」亦从「疢」聲，「瘱」、「瘞」同音，不疑「瘞」而疑「瘱」，此徐之陋也。《文選·神女賦》「澹清静其愔嫕兮」，李善注引《説文》云「嫕，静也。《蒼頡篇》：『嫕，密也。』」五臣本「嫕」作「㥦」，「㥦」即「瘱」之譌，後人又增女旁耳。《漢書·孝平王皇后傳》「婉瘱有節操」，師古曰「瘱，静也」。《後漢書·后妃紀》「婉静有禮」，「婉静」即「婉嫕」也。今汲古閣《文選》本「嫕」又譌爲「嬺」。《後漢書·后妃傳》「梁貴人姊嫕上書陳貴人枉没之狀」，「嫕」音一計反，亦「嫕」之譌也。《洞簫賦》「其妙聲則清静厭㥦」，李善引曹大家《列女傳注》云「㥦，深邃也，音翳」，「厭㥦」猶言「愔瘱」，「厭」、「愔」聲相近，《詩》「厭厭夜飲」，《韓詩》作「愔愔」，《洞簫賦》之「厭」即「懕」字。《説文》：「懕，安也。《詩》曰『懕懕夜飲』。」予初疑《説文》無「愔」字，今乃知「懕」即「愔」也。「㥦」則「瘱」之省也。或據李善《神女賦注》欲改《説文》「瘱」爲「嫕」，云「當从心嫛省聲」，此則近於專擅。且李善注《選》引用古書，改本文以就《選》體者往往有之，未可執以爲定也。《詩》「其心塞淵」，《傳》：「塞，瘞也。」「瘞」即「瘱」之譌。

奪

《説文》：「奪，手持隹失之也」，「脱，消肉臞也」，二文皆徒活切，古書或相通用。「奪」本「脱失」之正字，後人借作「攘奪」之義，而正義轉隱矣。《後漢書・李膺傳》「豈可以漏奪名籍，苟安而已」，此「奪」字正義。而劉貢父《刊誤》云：「案文『奪』當作『脱』，『脱』作『奪』音耳，字不可通。」此以不狂爲狂也。宋景文《筆記》謂儒者讀書多隨俗呼，不從本音，讀「爛脱」音「奪」作「脱」，其一也。小宋猶識古音，勝於貢父遠矣。《檀弓》「齊莊公襲莒于奪」，注引《春秋傳》「載甲夜入且于之隧」，「隧」、「奪」聲相近，或爲「兑」。《吕刑》「奪攘矯虔」，古文「奪」作「敚」。

斠

《説文》「斠，平斗斛也，古岳切」，即《月令》「角斗甬」之「角」，鄭康成注：「角謂平之也。」《漢書・曹參傳》「蕭何爲法講若畫一」，文穎曰：「講或爲較。」《史記》作「顜」，「顜」即「斠」之異文。

叜

《説文》：「叜，从又，从灾，闕。」許君以「叜」从「灾」無義，故闕而不言。予謂「叜」蓋从「宵」省聲。《學記》「足以謏聞」注：「謏之言小也。」又「宵雅肄三」注：「宵之言小也。」「宵」、「叜」聲相近，人幼爲冥，壯爲晝，老爲宵，「叜」之言「宵」謂晦昧無所知也。

⿱緐泉

《説文》：「⿱緐泉，泉水也，讀若飯。」案「⿱緐泉」字不見於它書，予謂「飯」蓋「阪」字之譌。「黄帝戰于阪泉」，「阪」即「⿱緐泉」也。《説文》稱「讀若」者皆經典通用字。

𥃲

《説文》「𥃲,讀爲『書卷』之『卷』」。道書以「一卷」爲「一弓」,蓋即艸書「𥃲」字。凡艸書横目多作「𠃌」,文有兩目故以二代之,非「从弓从二」也。楊用脩以爲「糾」字之譌,此肊説,不足信。

娕

《説文》:「娕,謹也,讀若『謹敕數數』。」案《史記·張丞相列傳》「娖娖廉謹」。《索隱》引小顔云「持整之皃」,《説文》無「娖」字,古書「數」有「促」音,《尔疋·釋草》數節。「數數」即《史記》所云「娖娖」也。

𡘍

《説文》:「𡘍,大也,讀若『予違汝弼』。」案經典不見「𡘍」字。《詩》「佛時仔肩」,毛傳:「佛,大也。」「佛」、「𡘍」古今字。《正義》謂「佛之爲大,其義未聞」,豈孔氏未檢《説文》故耶?

古音不甚拘

郤正《釋譏》云:「夫人心不同,實若其面。子雖光麗,既美且豔。」以「豔」與「面」、「見」、「練」爲韻。又云:「方今朝士山積,髦俊成群,猶鱗介之潛乎巨海,毛羽之集乎鄧林。」以「林」與「群」、「殷」爲韻。如此類者今世必謂之失韻,然古人已有之。

古書音與義多相協。《釋詁》「林，君也」，是「林」有「君」音。《論語》「文質彬彬」字或作「份」。

皇甫謐《釋勸論》以「音」與「莘」、「濱」、「秦」、「屯」、「神」、「倫」、「伸」爲韻，以「心」、「岑」與「鱗」、「辰」、「塵」、「人」、「臣」、「倫」爲韻，以「沈」、「衾」、「岑」與「真」、「臣」、「人」、「鄰」、「貧」、「濱」爲韻。

楊戲《季漢輔臣贊》以「風」與「濱」、「真」、「文」、「身」爲韻，蓋讀「風」爲「分」也。

客

明天啓閒，客氏魏忠賢用事，當時有「茄花委鬼」之謡，蓋京都語「客」如「茄」也。《元史》怯烈氏或作克烈。英宗國語謚曰格堅皇帝，石刻有作「怯堅」者，泰安府東嶽廟《聖旨碑》。蓋亦讀「格」爲「客」，見母混入溪母。因與「怯」相近也。「客」、「怯」、「克」皆溪母，「茄」本群母，北人作溪母讀。

僢即舛字

《王制》「雕題交趾」注：「交趾，足相鄉然，浴則同川，臥則僢。」《疏》云：「臥則僢者，言首在外而足相向内也。」《春官・典瑞》「兩圭有邸」注：「僢而同邸。」《疏》引《王制》注「臥則僢」。彼「僢」謂兩足相向，此兩「圭」亦兩足同邸，是足相向之義，故以「僢」言之。案《説文》：「舛，對臥也，从夂㐄相背。」陸氏《釋文》於《禮記》音昌戀反，於《周禮》音昌絹反，皆與「舛」同音，故知「僢」即「舛」也。《説文》云「相背」，而《疏》云「相向」者，跟相向則趾必相背也。《説文》無「僢」字。

𡾟

《說文》「𡾟，崩也」，義與「毀」同。《列子・黄帝篇》：「目所偏視，晉國爵之。口所偏肥，晉國黜之。」殷敬順《釋文》：「肥，音皮美反。《說文》、《字林》並作『𡾟』，又作『圮』，皆毀也。字從其省。」《史記・三王世家》「毋作怨，毋俷德」，「俷」當是「𡾟」之譌。

畜有好音

《孟子》云：「畜君者好君也。」予弟晦之曰：古音「畜」與「好」同。《孟子》借同音之古訓以曉人，如「洚水者，洪水也」；「庠者，養也」；「校者，教也」；「序者，射也」；「徹者，徹也」；「助者，藉也」；「征之爲言，正也」：皆其例也。《祭統》「孝者畜也」，亦以聲見義。《吕氏春秋》引《周書》曰「民善之則畜也，不善則讎也」，高誘注：「畜，好也。」《文子・上仁篇》：「善即吾畜也，不善即吾讎也。」「畜」與「讎」協韻。《廣雅》：「㜅，好也。」「㜅」即「畜」字。《詩》「不我能慉，反以我爲讎」，傳云「慉，養也」，「慉」即「畜」字。「畜」、「讎」爲韻，與《吕氏春秋》同。孟康云：「北方謂媚好爲詡畜。」見《漢書・張敞傳》注。

旭有好音

《詩》「旭日始旦」，《釋文》：「旭，《說文》讀若『好』，《字林》呼老反。」《尔雅》「旭旭蹻蹻」，郭景純讀「旭」爲呼老反，《疏》引

《詩》「驕人好好」釋之，「旭旭」即「好好」也。予弟晦之曰：今本《説文》「旭，讀若勖」，疑徐鉉所改。唐以後人不復知「旭」有「好」音，故《廣韻》三十二皓不收「旭」字。曹憲《博雅》音「旭」爲「勖」，又忽老反，是隋人猶知此音。

需有耎音

《周禮·輈人》「馬不契需」，鄭司農讀爲「畏需」之「需」，《釋文》：「需，又乃亂反。」與「懦」同。《弓人》「薄其帤則需」，《釋文》：「需，人兖反。」又注「常應弦言不罷需也」，「需，人兖反」。《漢書·賈誼傳》「坐罷軟不勝任」，「罷需」即「罷軟」也。《鮑人》「欲其柔滑而腥脂之，則需」，注：「故書『需』作『⿰需刂』，鄭司農讀爲『柔需』之『需』。」《史記·律書》「選蠕觀望」、《漢書·西南夷傳》「恐議者選耎，復守和解」、《後漢書·清河王慶傳》「選懦之恩知非國典」，「蠕」、「懦」皆从「需」旁，「選蠕」、「選懦」、「選耎」文異而義同，皆取疊韻，「柔需」則雙聲也。《釋名》：「襦，耎也，言温耎也。」《詩·烝民》箋「柔猶濡毳也」，《釋文》：「濡，如朱反，一音如宛反。毳，昌鋭反，本又作『脃』，七歲反。」《説文》：「擩，染也，从手耎聲。」引《周禮》「六曰擩祭」，此《周禮·大祝》文，其字或作「㨎」，《儀禮·特牲》《少牢》作「㨎」，《公食大夫》、《士虞》作「擩」，是「㨎」、「擩」本一字。「耎」、「需」二文皆从「而」，故「㨎」、「擩」聲亦相近而互用也。杜子春讀「擩」爲「虞芮」之「芮」。後魏太武改「柔然」爲「蠕蠕」，它書或作「茹茹」，或作「芮芮」。「擩」、「㨎」、「柔」、「然」、「芮」、「茹」皆一聲之轉。

擟摲非一字

《漢書·揚雄傳》「所麾城擟邑」，注：「李奇曰：『擟，音「車轞」之「轞」。』師古曰：『擟，舉手擬之也。』」案小顔注無別音，當从李奇讀，其字从「手」旁「軒」也。監本附入宋祁曰：「韋昭曰：『并也，音芟。』蕭該案李善云：『鄭元注《禮記》曰「擟之言芟也」，《字林》曰「擟山檻反」。』吕向云：『《蒼頡篇》曰「擟指取也」。』」❶據景文所引諸説則字當从「手」旁「斬」，兩字絶不相同。《文選·長楊賦》本是「摲」字，故李善引康成注《禮器》爲證，今監本正文作「擟」，并將鄭注、《字林》、《蒼頡篇》諸「摲」字俱改作「擟」，誤亦甚矣。

徐仙民多古音

《詩》「無已大康」，徐勑佐反；「旱既大甚」，徐他佐反；《莊子》「且女亦大早計」，徐、李勑佐反。徐仙民、李軌皆晉人，勑佐、他佐二反即「泰」之轉音，讀如「唾」。今韻書更爲唐佐切，而此音遂廢。

《詩》「四牡龐龐」，徐扶公反，讀如「蓬」。此古音也。韻書以「龐」入江韻，讀爲薄江切，而此音廢。

《詩》「寧不我顧」，徐音古，此古音也。《漢書·古今人表》有「韋鼓」，即《詩》之「韋顧」，今無讀「顧」爲上聲者。

徐仙民音有不載於《釋文》者，如顔之

❶ 「指」，《文選註》卷九《長楊賦》作「拍」。

推所舉《毛詩》「反騣」爲「在遘」、《左傳》「切椽」爲「徒緣」，今陸氏《釋文》皆無之。顔、陸皆南士，而陸年輩差後，顔既詆前世反語多不切，陸即因而削之。蓋自周彦倫、沈休文之學行，南士靡然從之，争改舊音以從新切，而古音之失傳者多矣。

更

《履齋示兒編》：魏相，《漢書》無音，不可作去聲讀。劉更生，《漢書》無音，不可作平聲讀。故宋景文有詩曰：「君看青史書劉向，便是當時劉更生。」王楙《野客叢書》云：「《前漢·魏相傳》『相』字無音，人多呼爲平聲。以弱翁之字觀之，合作去聲，唐詩『身依魏相尊』可據也。」

漸

王介甫詩「想見漸臺瓦欲流」，讀「漸臺」之「漸」，平聲。

長深高廣

長、深、高、廣俱有去音。陸德明云：「凡度長短曰長，直亮反；度淺深曰深，尸鴆反；度廣狹曰廣，光曠反；度高下曰高，古到反。相承用此音，或皆依字讀。」見《周禮》釋文。又《周禮》「前期」之「前」徐音昨見反，是「前」亦有去聲也。此類皆出于六朝經師强生分别，不合于古音。

假借　乞

孔穎達《春秋正義》云：「假借同義，取者假爲上聲，借爲入聲，與者假借皆爲去聲。」又云：「『乞』之與『乞』一字也，取則入聲，與則去聲。」

伐

《公羊傳》「伐者爲客」、「伐者爲主」，何休曰：「伐人者爲客，讀伐長言之，齊人語也。」「見伐者爲主，讀伐短言之，齊人語也。」「長言」若今讀平聲，「短言」若今讀入聲。《廣韻》平聲不收「伐」字，蓋古音失傳者多矣。

觀

《漢書・高帝紀》「縱觀秦皇帝」，師古曰：「觀，工喚切。」《史記》：「縱觀，觀秦皇帝。」王介甫詩：「傳觴三鼓罷，縱觀萬人同。」「游觀」之「觀」去聲。秦觀字少游，陸游字務觀，皆去聲也。王景文詩：「直翁自了平生事，不了山陰陸務觀。」放翁見之，笑曰：「我字務觀，乃去聲，如何把做平聲押了？」

與

「容與」之「與」去聲。揚雄《河東賦》「周流容與」，師古曰：「容暇而安豫也。與，讀曰豫。」

錯

漢御史大夫鼂錯，晉灼讀爲「厝置」之「厝」。師古據《申屠嘉傳贊》「責躬請錯，匪躬之故」，❶以韻而言，則晉音爲是。潘岳《西征賦》：「成七國之稱亂，翻助逆而誅錯。恨過聽而無討，兹沮善而勸惡。」李善注：「錯，七故切，今協韻七各切。」予謂善説非也。古人讀「善惡」之「惡」亦去聲，葛洪《字苑》始有去入兩讀之例。潘安仁西晉人，讀「惡」爲去聲，正與「錯」爲韻。

票姚

《漢書》霍去病「爲票姚校尉」，服虔音飄摇，此漢讀也。《説文》：「旚，旌旗旚繇也。」「票姚」即「旚繇」，本以旌旗之飄揚得聲，小顔但據荀悦《紀》作「票鷂」字，遂謂兩字皆當讀去聲，以服音爲不當，誤矣。荀《紀》雖易「姚」爲「鷂」，並未有音，小顔謂取勁疾之貌，出於肊決。即後來「票騎」之號亦未見其必讀去聲也。庾信《詠畫屏風詩》：「寒衣須及早，將寄霍嫖姚。」杜子美詩屢用「嫖姚」字，皆從服氏音。老杜生開元、天寶之世，小顔《漢書》方盛行，而獨不用其音，可謂精于小學者矣。

嚭

吴太宰嚭，「嚭」，匹鄙切。張詠詩：

❶「贊」，《漢書》卷四十九《鼂錯傳》作「序」，「責躬」作「責通」。

「由來邪正是安危，不信忠良信伯嚭。」即「嚭」字。讀「嚭」平聲。

蝗

陸放翁《杜門詩》：「燒灰除菜蝗，送芋謝牛醫。」自注：「蝗，讀如『横』字，去聲。」

枇

「枇杷」之「杷」❶唐人或讀仄聲。白樂天詩：「深山老去惜年華，況對東谿野枇杷。」

荷

「薄荷」之「荷」，吾鄉讀如夥，去聲。陸放翁《題畫薄荷扇詩》：「薄荷花開蝶翅翻，風枝露葉弄秋妍。」又《贈貓詩》：「時時醉薄荷，夜夜占氍毹。」劉後村《失貓詩》：「籬閒薄荷堪謀醉，何必區區慕細鱗。」

蔓

「蔓菁」之「蔓」，平聲。陸放翁詩：「空憶廬山風雨夜，自炊小竈煮蔓菁。」又：

❶ 下「杷」字，據篇題《枇》當作「枇」，長沙本、商務本亦作「枇」。

「山圃萵蔓晨灌溉，地鑪芋栗夜燔煨。」

中

「中興」之「中」，去聲。杜預《春秋序》「紹開中興」，《釋文》云：「中，丁仲反。」杜子美詩「新數中興年」、「百年垂死中興時」，李義山詩「言皆在中興」，皆讀去聲。杜又有《送李判官詩》：「近賀中興主，神兵動朔方。」《哭韋大夫之晉詩》：「漢道中興盛，韋經亞相傳。」《秋日夔府書懷詩》：「側聽中興主，長吟不世賢。」《聞河北節度入朝絶句》：「神靈漢代中興主，功業汾陽異姓王。」此類俱讀平聲矣。黄滔詩：「虚左中興榜，無先北海尊。待到中興日，同看上國春。」陸務觀《歎息詩》：「國家圖録合中興，歎息吾寧粥飯僧。」亦讀平聲。

比

「比鄰」之「比」，有平仄二音。王勃詩「海内存知己，天涯若比鄰」，讀去聲。杜甫詩「暫往比鄰去，空聞二妙歸」、「休怪兒童延俗客，不將鵝鴨惱比鄰」，讀平聲。攷陸氏《釋文》「五家爲比」，比，毗志、扶二二反，無平音。《廣韻》始收入六脂部。「比鄰」亦云「鄰比」，《管輅别傳》「與鄰比兒共戲」。

繆

古書「昭穆」之「穆」與謚法之「繆」二字相亂。《禮記·大傳》「序以昭繆」，注：

「繆讀爲『穆』，聲之誤也。」《坊記》「陽侯殺繆侯而竊其夫人」，《釋文》：「繆音穆。」《公羊傳》「葬宋繆公」，《釋文》：「繆音穆。凡此後倣此。」《史記·蒙恬列傳》：「昔者秦穆公殺三良而死，罪百里奚而非其罪也，故立號曰『繆』。」然則秦繆公之謚當讀如「謬」，所謂「名與實爽曰繆」也。蒙恬，秦人，其言必有自矣。黄晉卿《雜辨》云：「秦穆之見于《詩》、《書》、《春秋傳》皆正作『穆』，未聞『穆』可讀如『謬』也。古人固有以『紕繆』之『繆』爲謚，如漢之張勃、晉之何曾者。若唐皮日休追咎秦伯舍重耳置夷吾，而作《秦穆公謚繆論》，乃後世文人出奇立説以寓褒貶云尔，非有其實也，安可遂以爲據乎？」晉卿此辨蓋未檢《蒙恬傳》之文也。

員

「伍員」之「員」音「運」，亦有讀平聲者。陸龜蒙詩：「賴有伍員騷思少，吴王纔免似荆懷。」陸務觀詩：「鑄形尊越蠡，抉眼悼荆員。」

相

「相風」之「相」，唐人有讀平聲者，吴融詩「半竿斜日下相風」是也。「相離」、「相欺」之「相」有讀仄聲者，白樂天詩「爲問長安月，誰教不相離」，自注「思必切」。杜工部詩「恰似春風相欺得」，亦讀入聲。

馨

「寧馨」之「馨」可讀仄聲，方回《聽航船歌》「五千斤蠟三千漆，寧馨時年欲夜行」是也。劉禹錫詩「幾人雄猛得寧馨」，二字俱讀平聲。張謂詩「家無阿堵物，門有寧馨兒」，「寧」讀去聲，「馨」讀平聲。

乘

王介甫《寄曾子固詩》：「脱身負米將求志，戮力乘田豈爲名。」李壁注：「『乘田』《釋文》作去聲，公作平聲用。」庾信《正旦上司憲府詩》「枚乘還起疾，貢禹遂彈冠」，李太白詩「八月枚乘筆」，皆讀「枚乘」平聲。徐寅詩「時通有詔徵枚乘，世亂無人薦禰衡」，讀「枚乘」去聲。

若

孟浩然詩：「謂予獨迷方，逢子亦在野。結交指松柏，問法尋蘭若。」李壁曰：「『蘭若』字樂天詩作尔者切押。」案上官儀《酬薛舍人萬年宫晚景寓直懷友詩》中四句云：「東望安仁省，西連子雲閣。長嘯求煙霞，高步尋蘭若。」此又作日灼切押。

條

《詩》「蠶月條桑」，《釋文》有兩音：一爲徒雕反，與「枝條」之「條」同音；一爲暢遥反，沈重讀。讀如「挑」。蘇東坡詩「我似枯桑不受條」，亦作徒雕切讀。

馮

「馮夷」字相傳皮冰切。東坡詩「河伯方夸若，靈媧自舞馮」，亦讀房戎切。馮翊之「馮」亦讀房戎切。《廣韻》一東部「馮」字注：「馮翊，郡名。」鄭谷詩「昔歲曾投贄，關河在左馮」，押入冬、鍾韻。古人「憑依」字亦讀房戎切。華嚴作《表》云：「熙光紫闥，青瑣是憑。」與「庸」、「隆」、「中」、「風」協韻。

空

「屢空」之「空」本平聲，李頎詩「數年作吏家屢空，誰道黑頭成老翁」。王介甫詩「五噫尚與時多忤，一笑兼忘我屢空」，李壁注云：「《論語》『回也其庶乎，屢空』，注：『空，匱也。』空，苦縱切，今作平聲用。」李意蓋以介甫爲誤用，其實不然也。

難

《詩》「兄弟急難」，《釋文》：「難如字，又乃旦反。」庾子山賦「本無情于急難」，杜子美詩「爲問彭州牧，何時救急難」，王介甫詩「急難兄弟想君愁」、「功名常見急難時」，陳後山詩「又爲貧賤別，更覺急難情」，皆讀平聲。

差

「吴王夫差」之「差」，宋庠音初佳切。羅虬《比紅兒詩》：「越山重疊越溪斜，西子休憐解浣紗。得似紅兒今日貌，肯教將去與夫差。」卻押入麻韻。又《漢書・陸賈傳》「吴王夫差智伯極武而亡」，師古讀「差」爲楚宜切。

蜉

《爾雅》：「蚍蜉，大螘。」《釋文》：「蜉，音浮。」蘇東坡詩「眼前擾擾黑蚍蜉，口角霏霏白唾珠」，讀「蜉」爲「敷」。

長

顧長康，世多讀「長」平聲，東坡每作上聲讀，如「仙心欲捉左元放，癡疾還同顧長康」《次韻子由贈吴子野先生絶句》。「才疏正類孔文舉，癡絶還同顧長康」《次韻韶守狄大夫見贈》。是也。陸放翁詩「嬾似嵇中散，癡如顧長康」，亦讀上聲。

阿

「阿堵」之「阿」前人有讀平聲者，洪容齋所引「語言少味無阿堵，冰雪相看有此君」、「家無阿堵物，門有寧馨兒」是也。

亢

方虚谷云：「『督亢』之『亢』作平聲。」作仄聲用亦可。錢文僖詩「金椎漫築甘泉道，匕首還隨督亢圖」。

兼

「兼」有平去二音。《舊唐書・職官

志》：「武德令，職事解散官。欠一階不至爲兼，職事卑者不解散官。貞觀令，以職事高者爲守，職事卑者爲行，仍各帶散位。其欠一階依舊爲兼，與當階者皆解散官。永徽已來，欠一階者或爲兼，或帶散官，或爲守，參而用之。其兩職事者亦爲兼，頗相錯亂。其欠一階之『兼』古念反，其兩職事之『兼』古恬反，字同音異耳。咸亨二年始一切爲守。」

挑

「挑戰」之「挑」，《左傳》、《漢書》皆音徒了反；《史記·司馬相如傳》「以琴心挑之」，《索隱》亦音徒了反；《貨殖傳》「目挑心招」，《正義》亦音田鳥反。王建詩「每日臨行空挑戰」，羅虬詩「不應琴裏挑文君」，正合古音。

冒

世讀「冒頓」之「冒」入聲，然《史記索隱》冒頓字原有兩音，未始不可讀如字，而「楚蚡冒」亦有入去兩音。《左傳》「諸侯貪冒」，《釋文》：「冒，莫報反，又亡北反。」又「侵官冒也」，徐仙民亦音莫北反。是「冒犯」、「貪冒」字俱可讀如「墨」也。

余

《廣韻》「余」姓有二：一，以諸切，「《風俗通》云：『秦由余之後。』何氏《姓苑》云：『今新安人。』」一，視遮切，「見《姓苑》『出南昌郡』」。今人妄造「佘」字，讀爲視遮切，非也。予又攷《漢書・景十三王傳》「使男子荼恬上書」，蘇林音食邪反，則「佘」姓讀如「蛇」者，即「荼」之省文尔。

庫

《後漢書・竇融傳》有金城太守庫鈞，注引《前書音義》云：「庫姓，即倉庫吏後也。今羌中有姓庫，音舍，云承鈞之後也。」據此是「庫」有「舍」音。《廣韻》別出「厙」字，云「姓也」，此亦流俗所傳無稽之字。

從横可讀去聲

《漢書・何並傳》「持吏短長，從横郡中」，師古曰：「從，音子用反；横，音胡孟反。」是二字俱讀去聲也。

免與脱同義

《論衡・道虚篇》：「所謂尸解者何等也？謂身死精神去乎？謂身不死得免去皮膚也？如謂身死精神去乎，是與死無異，人亦仙人也。如謂不死免去皮膚乎，諸學道死者骨肉具在，與恒死之尸無以異也。」兩「免」字與「脱」同義。《廣雅》：「免，脱也。」《釋詁篇》。「免，隤也。」《釋言篇》。《易》「隤然示人簡矣」，孟作「退」，陸、董、姚作「妥」。「妥」、「退」與「脱」聲相近。予嘗謂《説文》無「免」字，「兔」即「免」也。「兔善逃失」，借爲「脱免」字，有兩音而非兩字，漢隸偶省一筆，世人遂區而二之，失其義矣。「脱免」本雙聲，漢人猶知古音，故讀「免」如「兔」。

焉提

《論衡·亂龍篇》：「金翁叔，休屠王之太子也。母死，武帝圖其母於甘泉殿上，署曰『休屠王焉提』。」焉提，即閼氏也。古書「氏」「是」通用，「提」从「是」，故亦與「氏」通。

犢鼻褌

《史記·司馬相如傳》「相如自著犢鼻褌」，❶韋昭曰：「今三尺布作，形如犢鼻矣。」案《廣雅》：「⿰衤松，❷襣幝也。幝無襠者謂之⿰衤突。⿰衤突，度没反。」《説文》無「⿰衤突」字，當爲「突」，即「犢鼻」也。「突」「犢」聲相近，重言爲「犢鼻」，單言爲「突」，後人又加「衣」旁耳。《集韻》始收「⿰衤突」字。

庵

《釋名》：「草圓屋曰蒲，又謂之庵。庵，奄也，所以自覆奄也。」《後漢書》：「結庵廬而止。」《南齊書·王秀之傳》：「父卒，爲庵舍於墓下持喪。」後代唯僧尼所居謂之庵，士大夫亦或借以自號，如晦庵、牧庵之類，未必真有此室也。古人名艸圓屋爲庵，蓋取「奄覆」之義，从「广」从「艸」皆後人增加。黄魯直謂當从「艸」，取「菴間艸」爲義，此亦强作解事。「菴間」字本作「奄」，

---

❶「如」下，《史記》卷一百十七《司馬相如列傳》有「身」字。

❷「⿰衤松」上，《廣雅》卷七《釋器》有「袑」字。

《說文》元無「菴」字也。

床

《九域志》、《宋史・地理志》俱云「秦州有床穰堡」，徧撿字書皆無「床」字，莫詳其音。頃讀《一切經音義》，知《大般涅槃經》有「粟床」字，云：「字體作『糜』、『穈』二形，同忙皮反，禾穄也。關西謂之『床』，冀州謂之『穄』。」乃知隋唐以前已有此字。秦州本關西地，方俗相承，由來舊矣。

斫

斫，之若切，今世俗讀如「坎」。偶閱張文潛《明道雜志》有一條云：「世傳朱全忠作四鎮時，一日與賓佐出游，全忠忽指一方地曰：『此可建一神祠。』試召一視地工驗之，工久不至。全忠怒甚，見於詞色。左右皆恐。良久，工至。全忠指地視之，工再拜賀曰：『此所謂乾上龍尾地，建廟固宜，然非大貴人不見此地。』全忠喜，薄賜而遣之。工出，賓僚或戲之曰：『尔若非乾上龍尾，當坎下驢頭矣。』」東北人謂「斫伐」爲「坎」，乃知此音之譌由來已久矣。

函

孫季昭《示兒編》載《廬陵出三代有道之長賦》，「三」字韻或押「殽函」者，並行黜落。蓋「函」音「諴」，見二十六咸。❶ 其與

❶「六」，原誤作「七」，據《廣韻》及下文改。

「三」字同韻，乃「函人唯恐不傷人」之「函」。❶胡男切。案《廣韻》二十六咸部「函」與「咸」同音，注云：「函谷關名，又函書，又姓。」二十二覃部「函」與「含」同音，注云：「函，容也。《禮》云：『席閒函丈。』」又別出「鋡」字，注云：「鎧別名。」引《孟子》「矢人豈不仁於鋡人哉」。宋人於此字音義辨別甚嚴，今人不復講矣。

氾

「氾」「氾」兩字音聲全別，而張守節《史記正義・發字例》舉一字三四音，有云：「氾，音祀，水在成皋。又音凡，邑名，在襄城。又孚劍反，爲水，在定陶，高帝即位處也。又音夷，楚人呼土爲氾橋。」是誤合爲一字矣。其音「祀」、音「夷」者，當从「巳」旁；其音「凡」與「孚劍反」者，當从「㔾」旁。

宋時俗字

《履齋示兒編》云：「誠齋先生楊公考校湖南漕試，同寮有取《易》義爲魁，先生見卷子上書『盡』字作『尽』，必欲擯斥，考官力争不可。先生云：『明日揭榜，有喧傳以爲場屋取得箇「尺二」秀才，則吾輩將胡顏。』竟黜之。」

《龍龕手鑑》多收鄙俗之字，如⿱不夕爲多、⿱不長爲矮、甭爲棄、⿱不明爲暗、歪爲、苦乖反。❷孬爲、烏怪反。❸⿱不衣爲寬，皆妄誕可笑，大約俗僧所爲耳。

❶「函人唯恐不傷人」，見《孟子・公孫丑上》，「不」字衍。
❷「苦乖反」，據文意當爲大字。
❸「烏怪反」，據文意當爲大字。

《石林燕語》：王荆公押「石」字，初横一畫，左引脚，中爲一圈。公性急，作圈多不圓，往往窩匾，而收横畫又多帶過，常有密議公押「歹」字者。

十駕齋養新録卷四終

十駕齋養新録卷五

嘉定錢大昕

孫炎始爲翻語

《顔氏家訓》云：「鄭元注《六經》，高誘解《吕覽》、《淮南》，許慎造《説文》，劉熹製《釋名》，始有譬況假借以證音字。而古語與今殊别，其間輕重清濁猶未可曉，加以外言内言、急言徐言、讀若之類，益使人疑。孫叔然創《爾雅音義》，是漢末人獨知翻語。至於魏世，此事大行。高貴鄉公不解反語，以爲怪異。自茲厥後，音韻鋒出。」

陸德明《經典釋文》：「古人音書止爲譬況之説，孫炎始爲翻語，魏朝以降漸緐。」

張守節《史記正義》：「先儒音字比方爲音，魏祕書孫炎始作翻音。」

李肩吾云：「賈逵只有音。自元魏胡僧神珙入中國方有四聲反切。」見魏了翁《師友雅言》。此宋人疎於考證也。反切始于孫炎，乃曹魏時人，在元魏之前。神珙，唐時僧，非元魏僧。

李肩吾云：「鄭康成不曾有反切，唯王輔嗣《周易》内有反切兩箇。」李説亦誤。輔嗣注《遯卦》云「音『臧否』之『否』」，《井卦》云「音『舉上』之『上』」，正與鄭氏注《禮》同，非有反切也。

紐弄

唐沙門神珙《四聲五音九弄反紐圖序》云：「夫欲反字先須紐弄爲初，一弄不調則宫商靡次。昔有梁朝沈約創立紐字之圖。唐又有陽甯公、南陽釋處忠，此二公者又撰《元和韻譜》。」據此《序》知神珙元和以後人，其時尚未有字母也。

《封氏聞見記》：「周彦倫好爲體此字疑。語，因此字皆有紐，紐有平上去入之異。」

聲類韻集

隋潘徽爲秦王俊作《韻纂序》云：「《三蒼》、《急就》之流微存章句，《説文》、《字林》之作唯別體形，至於尋聲推韻，良爲疑混。末有李登《聲類》、呂静《韻集》，始別清濁，纔分宫羽。」《封氏聞見記》：「魏時有李登者，撰《聲類》十卷，凡一萬一千五百二十字，以五聲命字，不立諸部。」

《魏書·江式傳》：「呂忱弟静，放故左校令李登《聲類》之法，作《韻集》五卷，宫、商、録、徵、羽各爲一篇。」

漢世言小學者止於辨別文字，至魏李登、呂静始因文字類其聲音。雖其書不傳，而宫、商、角、徵、羽之分配實自二人始之。《顔氏家訓》言「《韻集》以成、仍、宏、登合成兩韻，爲、奇、益、石分作四章」。「分章」猶後人分部也。

四聲始於齊梁

《南史·庾肩吾傳》：「齊永明中，王融、謝朓、沈約文章始用四聲。」《陸厥傳》：「時盛爲文章，吴興沈約、陳郡謝朓、琅邪王融以氣類相推轂。汝南周彦倫善識聲韻。約等文皆用宫商，將平、上、去、入四聲，以此制韻，有平頭、上尾、蠭腰、鶴膝。五字之中，音韻悉異；兩句之内，角徵不同，不可增減，世呼爲『永明體』。」《周彦倫傳》：「始著《四聲切韻》，行於時。」《沈約傳》：「撰《四聲譜》。《陸厥傳》又云：「時有王斌者，不知何許人，著《四聲》行于時。」以爲『在昔詞人累千載而未悟，而獨得胸衿，窮其妙旨』。自謂入神之作。」約撰《宋書·謝靈運傳論》具言其旨云：「五色相宣，八音協暢，由乎元黄律吕，各適物宜。欲使宫羽相變，低昂舛節，若前有浮聲，則後須切響。一簡之内，音韻盡殊；兩句之中，輕重悉異。妙達此旨，始可言文。」

《南史·沈約傳》：「梁武帝問周捨曰：『何謂四聲？』捨曰：『「天子聖哲」是也。』」朱錫鬯《廣韻序》誤以爲周彦倫語。捨，彦倫子。

四聲圈點

張守節《史記正義·發字例》云：「古書字少，假借蓋多。字或數音，觀義點發，皆依平、上、去、入。若發平聲，每從寅起。寅、申、巳、亥當四維之位。平起寅，則上在巳、去在申、入在亥也。又一字三四音者，同聲異唤，一處共發，恐難辯别。故略舉四十二字，如字初音者皆爲正字，不須點發。」蓋自齊梁人分别四聲，而讀經史者因有點發之例。觀守節所言，知唐初已盛行之矣。

宋以來改點爲圈，如相臺岳氏刊五經，於一字異音皆加圈識之。

翻切古今不同

《顔氏家訓·音辭篇》：「古今言語時俗不同，著述之人楚、夏各異。《蒼頡訓詁》反稗爲逋賣，《廣韻》「稗，傍卦切」，與「逋」異母。反娃爲於乖，「娃」於佳切，與「乖」異韻。「乖」在皆韻。《戰國策》音刎爲免，當是高誘音，古無重脣。《穆天子傳》音諫爲間，二字同韻又同母，未詳。《説文》音戛爲棘，今分黠、職兩韻。讀皿爲猛，「皿」武永切，「猛」莫杏切，同韻而異切。《字林》音看爲口甘反，寒、談異韻。音伸爲辛，古無心審之別。《韻集》以成、仍、宏、登合成兩韻，今「成」在清韻，「仍」在蒸韻，「宏」在耕韻，「登」在登韻。爲、奇、益、石分作四章，今「爲」「奇」同在支韻，「益」「石」同在昔韻。李登《聲類》以系音羿，「系」古詣與「羿」異母，見疑。劉昌宗《周官》讀乘若承，「乘」食陵切，音同「繩」。「承」署陵切，音同「丞」。此牀禪之別。今江浙人讀「承」如「乘」。此例甚廣，必須考校。前世反語又多不切，顔氏以前世反語爲不切，由于未審古音。徐仙民《毛詩音》反驟爲在遘，《廣韻》「驟，鋤祐切」，在宥韻，依徐音當入候韻。《左傳音》切椽爲徒緣，《廣韻》「椽，直攣切」，古音「直」如「特」，與徒緣無二音也，今分澄、定兩母。不可依信，亦爲衆矣。今之學士語亦不正，古獨何人必應隨其譌僻乎？讀此知古音失傳壞於齊梁。顔氏習聞周沈緒言，故多是今非古。《通俗文》曰『入室求曰搜』，反爲兄侯，然則兄當爲所榮反，今北俗通行此音，亦古語之不可用者。璵璠，魯之寶玉，當音餘煩，江南皆音藩屏之藩；「煩」附袁切，「藩」甫恒切，此奉非異母。岐山當音爲奇，江南皆呼爲神祇之祇。古書「支」與「氏」通，江南音不誤。《廣韻》祇、岐同紐，正用江南音。是法言亦不盡用顔説。江陵陷没，此音被于關中，不知二者何所承案。以吾淺學，未之前聞也。」

一字兩讀

《顔氏家訓·音辭篇》：「夫物體自有精麤，精麤謂之好惡；人心自有去取，去取謂之好惡。上呼號、下烏故反。此音見於葛洪、徐邈，而河北學士讀《尚書》云『好呼號反。生惡於各反。殺』，❶是爲一論物體、一就人情，殊不通矣。」又云：「案諸字書，焉者鳥名，或云語辭，皆音於愆反。自葛洪《要用字苑》分『焉』字音訓：若訓何、訓安，當音於愆反，『於焉逍遥』、『於焉嘉客』、『焉用佞』、『焉得仁』之類是也；若送句及助詞，當音矣愆反，『故稱龍焉』、『故稱血焉』、『有民人焉』、『有社稷焉』、『託始焉爾』、『晉鄭焉依』之類是也。江南至今行此分别，昭然易曉。而河北混同一音，雖依古讀，不可行于今也。」又云：「江南學士讀《左傳》，口相傳述，自爲凡例，軍自敗曰『敗』、打破人軍曰『敗』，補敗反。諸記傳未見補敗反，徐仙民讀《左傳》，唯一處有此音，又不言『自敗』、『敗人』之别，此爲穿鑿耳。」《廣韻》十七夬部「敗」有薄邁、補邁二切，以「自破」、「破他」爲别，此之推指爲穿鑿者。依顔氏所説，是一字兩讀起于葛洪，而江左學士轉相增益，其時河北諸儒猶未深信，逮陸法言《切韻》行，遂并爲一談，牢不可破矣。

顧寧人云：「先儒兩聲各義之説不盡然。余考『惡』字，如《楚詞·離騷》有曰：『理弱而媒拙兮，恐導言之不固。時溷濁而

❶「北」，原作「比」，據長沙本、商務本改。

疾賢兮，好蔽美而稱惡。閨中既邃遠兮，哲王又不寤。懷朕情而不發兮，余焉能忍與終古。』又曰：『何所獨無芳艸兮？爾何懷乎故宇？時幽昧以眩曜兮，孰云察余之美惡？』趙幽王《友歌》：『我妃既妒兮，誣我以惡。讒女亂國兮，上曾不寤。』此皆『美惡』之『惡』而讀去聲。漢劉歆《遂初賦》：『何叔子之好直兮，爲群邪之所惡。賴祁奚之一言兮，幾不免乎徂落。』魏丁儀《厲志賦》：『嗟世俗之參差，子將未審乎好惡。咸隨情而與議兮，固真僞以紛錯。』此皆『愛惡』之『惡』而讀入聲。乃知去入分別，不過分言輕重之間，而非有此疆爾界之分也。」

予謂顧氏之説辨矣。讀《顔氏家訓》乃知「好」「惡」兩讀出於葛洪《字苑》，漢魏以前本無此分别也。陸氏《經典釋文》於《孝經》「愛親者不敢惡于人」、「行滿天下無怨惡」並云：「惡，烏路反，舊如字。」「示之以好惡而民知禁」云：「好，如字，又呼報反；惡，如字，又烏路反。」元朗本篤信《字苑》者，而於此處兼存兩讀，可見「人之好惡」、「物之好惡」義本相因，分之無可分也。又如「予」訓「我」爲平聲，訓「與」爲上聲，《廣韻》分入魚、語兩韻，然《詩》「四月維夏，六月徂暑。先祖匪人，胡寧忍予」、「將恐將懼，維予與女。將安將樂，女轉棄予」、「訊予不顧，顛倒思予」，《楚詞》「帝子降兮北渚，目眇眇兮愁予」，皆讀上聲，未嘗讀平聲也。魏鶴山云：「《詩》與《騷》中『予』字，只作與音讀，無作如音者。」

魏華父云：「《易·觀卦》彖、象爲『觀示』之『觀』，六爻爲『觀瞻』之『觀』。竊意未有四聲反切之前，安知不皆爲平聲乎？於是聞、見、視、聽、高、深、先、後、遠、近、上、下之等皆有二字，且考諸義則二字固可一，而參諸《易》、《詩》以後、東漢以前，則凡有韻之語，亦與孫炎、沈約以後必限以四聲、拘以音切，亦不可同日語。」見《觀亭記跋》。

沈休文不識雙聲

《禮記疏》：「昕，天昕，讀曰『軒』，言天北高南下，如車之軒。」是吴時姚信所説。《宋書·天文志》云：「按此説應作『軒昂』之『軒』，而作『昕』，所未詳也。」大昕案：「軒」「昕」雙聲，漢儒所謂「聲相近」也。古書聲相近之字即可假借通用，如《詩》「吉蠲爲饎」或作「吉圭」、「有覺德行」或作「有梏」，《春秋》「季孫意如」或作「隱如」、「罕虎」或作「軒虎」，此類甚多，未易更僕，「昕」之爲「軒」即同此例。休文精于四聲，而未達雙聲假借之理，故有此失。

韻書次第不同

顔元孫《干禄字書》依韻之先後爲次，而與《廣韻》頗異，如「覃」、「談」在「陽」、「唐」之前，「蒸」在「鹽」之後是也。夏竦《古文四聲韻》，其次第與《干禄字書》同。鄭樵《七音略·内外轉四十三圖》以「覃」、「談」、「咸」、「銜」、「鹽」、「添」、「嚴」、「凡」列「陽」、「唐」之前，「蒸」、「登」列「侵」之後，與《干禄字書》又小異。

徐鍇《説文篆韻譜》上平聲痕部并入魂部，下平聲一先、二仙後别出三宣一部。夏竦《古文四聲韻》亦有宣部，與徐鍇同。

魏了翁序吴彩鸞《唐韻》云：「其部敘於二十八删、二十九山之後，繼之以三十先、三十一仙。」又云：「今韻降『覃』、『談』于『侵』後，升『蒸』、『登』于『清』後，升『藥』、『鐸』于『麥』、『佰』、『麥』、『昔』之前，置『職』、『德』於『錫』、『緝』之間。」是彩鸞本亦同顔本次第也。

吴彩鸞《韻》别出「移」、「臡」二字爲一部，注云：「陸與齊同，今别。」見《鶴山集》。夏氏《古文四聲韻》亦有此部。

吴彩鸞《韻》於一東下注云：「德紅反，濁，滿口聲。自此至三十四乏皆然。」見《鶴山集》。

唐宋韻同用獨用不同

許觀《東齋紀事》：「景祐四年，詔國子監以翰林學士丁度所修《禮部韻略》頒行。其韻窄者十三處，許令附近通用。」王應麟《玉海》謂「景祐中，直講賈昌朝請修《禮部韻略》，其窄韻凡十有三，聽學者通用之。」兩書皆不言所併何部。今以《廣韻》、《集韻》目録參考，乃知昌朝所請改者：殷與文同用也，隱與吻同用也，焮與問同用也，迄與物同用也，廢與隊、代同用也，嚴與鹽、添同用也，凡與咸、銜同用也，儼與琰、忝同用也，范與豏、檻同用也，釅與豔、㮇同用也，梵與陷、鑑同用也，業與葉、帖同用也，乏與洽、狎同用也。《廣韻》殷、隱、焮、迄、廢五部皆獨用，嚴與凡同用，儼與范同用，釅與梵同用，業與乏同用，此唐時相承之韻，而昌朝輒請改之。鹽、添、咸、銜、嚴、凡本三部，而輒并爲二。上、去、入皆準此。宋韻異於唐韻蓋自此始。後來平水韻特因其同用之部而合之，非有改作也。

周益公云：「《廣韻》入聲三十一洽與

三十二狎通用，三十三業與三十四乏通用，自唐迄天禧皆然，此舊韻也。仁廟初詔丁度等撰定《集韻》，於是移業爲三十二，而以狎、乏附之，此今韻也。」

平水韻

古韻分二百六部，唐宋相承，雖先後次第及同用、獨用之注小有異同，而部分無改。元初黄公紹《古今韻會》始併爲一百七韻，蓋循用平水韻次第，後人因以併韻之咎歸之劉淵。今淵書已不傳。據黄氏《韻會凡例》稱，江南監本免解進士毛氏晃《增修禮部韻略》、江北平水劉氏淵《壬子新刊禮部韻略》互有增字，而每韻所增之字於毛云「毛氏韻」、於劉云「平水韻」，則淵不過刊是書者，非著書之人矣。予嘗于吴門黄孝廉丕烈齋見元槧本《平水韻略》，卷首有河間許古《序》，乃知爲平水書籍王文郁所撰。後題「正大六年己丑季夏中旬」，則金人，非宋人也。考己丑在壬子前廿有三年，其時金猶未亡，至淳祐壬子則金亡已久矣。意淵竊見文郁書，刊之江北而去其《序》，故公紹以爲劉氏書也。

王氏平水韻并上下平聲各爲十五、上聲廿九、去聲三十、入聲十七，皆與今韻同。文郁在劉淵之前，則謂併韻始于劉淵者，非也。論者又謂平水韻併四聲爲一百七韻，陰時夫又併上聲拯韻入迥韻。今考文郁韻，上聲拯等已併於迥韻，則亦不始於時夫矣。

雙聲疊韻

古人名多取雙聲疊韻，如《左傳》宋公

與夷、郳黎來、袁濤塗、續鞠居、提彌明、士彌牟、王孫彌牟、公孫彌牟、澹臺滅明、王孫由于、壽於姚、茀翰胡、曹翰胡，《孟子》膠鬲、離婁，皆雙聲也；《書》皋陶，《左傳》龐降，下江反。臺駘、西鉏吾、公子圍龜、鬭韋龜、公子奚斯、晉奚齊、先且居、鄭伯髡頑、鬭穀於菟、狄虒彌、樂祁黎、蒯聵、陳須無、滕子虞母、伶州鳩、叔孫州仇，皆疊韻也。秦始皇子扶蘇疊韻，胡亥雙聲。漢人尚有鄂千秋、田千秋、嚴延年、杜延年等。東京沿王莽二名之禁，遂無此風矣。

草木蟲魚之名多雙聲：蒹葭、萑葦、薢茩、芺芫、薡蕫、鴻薈、蓫薚、厥攈、荎藸、藈姑、衱袶、邛鉅、銚芅，艸之雙聲也；唐棣、柜柳、荎著、枸檵，木之雙聲也；蜘蛛、螾衙、蛣蜣、蛣蝠、蚣蝑、至掌、蠛蠓、蛈蝪、詹諸、蝤蠐、蠐螬、蟋蟀、蠨蛸、伊威、熠燿，蟲之雙聲也；鴛鴦、流離、秸鞠、夷由、鶺鴒，禽之雙聲也；騊駼、距虛，獸之雙聲也。

喉舌齒脣牙聲

東方喉聲：何、我、剛、鄂、謌、可、康、各。

西方舌聲：丁、的、定、泥、寧、亭、聽、歷。

南方齒聲：詩、失、之、食、正、示、勝、識。

北方脣聲：邦、尨、剝、雹、北、墨、朋、邈。

中央牙聲：更、硬、牙、格、行、幸、亨、客。

右《玉篇》卷末所載沙門神珙《四聲五音九弄反紐圖》，分喉、舌、齒、脣、牙五聲；

每各舉八字以見例，即字母之濫觴也。脣聲八字有重脣，無輕脣，蓋古音如此。喉、牙兩聲相出入，與後來字母不同。

《廣韻》卷末有《辨字五音法》：一脣聲，「并」、「餅」；二舌聲，「靈」、「歷」；三齒聲，「陟」、「珍」；四牙聲，「迦」、「佉」；五喉聲，「綱」、「各」。以「綱」、「各」爲喉聲，與神珙同。

神珙《辨五音法》：宫，舌居中；宫、隆、居、閭。商，開口張；書、余、商、陽。角，舌縮却；古、伍、角、岳。羽，撮口聚；羽、矩、于、俱。徵，舌柱齒，徵、里、陟、力。與今字母多異。

字母

三十六字母唐以前未有言之者。相傳出於僧守温，温亦唐末沙門也。司馬温公《切韻指掌圖》言字母詳矣，初不言出於梵學；至鄭樵作《七音略》，謂華人知四聲而不知七音，乃始尊其學爲天竺之傳。今考《華嚴經》四十二字母與三十六母多寡迥異。四十二母，梵音也；三十六母，華音也。華音疑、非、敷、奉諸母《華嚴》皆無之，而《華嚴》所謂「二合」、「三合」者又非華人所解，則謂見、溪、群、疑之譜出於《華嚴》者非也。特以其爲沙門所傳，又襲彼字母之名，夾漈好奇而無識，遂誤仞爲得自西域，後人隨聲附和，并爲一談，大可怪也。

言字母者謂牙、舌、脣之音必四，齒音必五，不知聲音有出、送、收三等。出聲一而已，送聲有清濁之岐，收聲又有内外之岐。試即牙、舌、脣之音引而伸之，曰基、欺、奇、疑、伊可也，基、欺、奇、希、奚亦可也；東、通、同、農、隆可也，幫、滂、旁、茫、房亦可也，未見其必爲四也。即齒音斂而縮之，曰昭、超、潮、饒可也，將、鏘、戕、詳亦可也，未見其必爲五也。

凡影母之字引而長之則爲喻母，曉母之字引長之稍濁則爲匣母，匣母三四等字輕讀亦有似喻母者。古人於此四母不甚區別，如「榮懷」與「杌隉」均爲雙聲，今人則有匣喻之別矣；「噫嘻」、「於戲」、「於乎」、「嗚呼」皆疊韻兼雙聲也，今則以「噫」、「於」、「嗚」屬影母，「嘻」、「戲」、「呼」屬曉母，「乎」屬匣母。又如「于」「於」同聲亦同義，今則以「于」屬喻母，「於」屬影母。此後來愈推愈密，而古書轉多難通矣。古人因雙聲疊韻而製翻切，以兩字切一音，上一字必同聲，下一字必同韻，聲同者互相切，本無子母之別。今於同聲之中偶舉一字以爲例，而尊之爲「母」，此名不正而言不順者也，故言字母不如言雙聲。知雙聲而後能爲反語，孫叔然其先覺者矣。叔然，鄭康成之徒。漢魏儒家未有讀桑門書者，謂聲音出於梵學，豈其然乎！

西域四十七字「菴」、「惡」二字不在內

《大般涅槃經·文字品》，字音十四字：哀、烏可反。阿、壹、伊、塢、烏古反。理、重。釐、力之反。黳、烏奚反。藹、污、奧、烏故反。此十四字以爲音，一聲中皆兩。兩字同，長短爲異，皆前聲短後聲長。菴、惡。此二字是前「惡」、「阿」兩字之餘音。若不餘音則盡不一切字，故復取二字以窮文字也。比聲二十五字：迦、呿、伽、咺、其柯反。俄，舌根聲；凡五字，中第四字與第三字同，而輕重微異。遮、重。車、闍、膳、時柯。若，耳賀反。舌齒聲；吒、重。咃、五加。茶、咤、佇賈。拏，上

咢聲；多、他、陀、𧉅、徒柯。那，奴賀。舌頭聲；婆、頗、婆、婆、去。摩，莫个。脣吻聲；虵、重。邏、盧舸。羅、李舸。縛、奢、沙、婆、呵，此八字超聲。此見於《一切經音義》者也，與今《華嚴經》四十二母殊不合。元應《音義》首載《華嚴經》終于五十八卷，初無字母之説。今所傳八十一卷者，乃實叉難陀所譯，元應未及見也。然《涅槃》所載比聲二十五字，與今所傳見、溪、群、疑之譜小異而大同；前所列字音十四字，即影、喻、來諸母。然則唐人所撰之三十六字母，實采《涅槃》之文，參以中華音韻而去取之，謂出于《華嚴》則妄矣。

字母諸家不同

鄭樵《七音略·内外轉圖》：首幫、滂、並、明、非、敷、奉、微，爲羽音；次端、透、定、泥、知、徹、澄、孃，爲徵音；次見、溪、群、疑，爲角音；次精、清、從、心、邪、照、穿、牀、審、禪，爲商音；次影、曉、匣、喻，爲宫音；來、日爲半徵半商，其次序與《切韻指掌圖》不同。晁氏《讀書志》載王宗道《切韻指元論》、《四聲等第圖》，字母次第與鄭樵同，唯曉、匣、影、喻之序與鄭異。黄公紹《韻會》卷首載七音三十六母：見、溪、群、疑、魚爲角，端、透、定、泥爲徵，幫、滂、並、明爲宫，非、敷、奉、微爲次宫，精、清、心、從、邪爲商，知、徹、審、澄、孃爲次商，影、曉、幺、匣、喻、合爲羽，來、日爲半徵半商。公紹所載三十六母自稱本於《禮部韻略》，其次弟亦始見終日，而分疑母之「魚」、「虞」、「危」、「元」等字，與喻母之「爲」、「帷」、「韋」、「筠」、「雲」、「員」、「王」等字别爲魚母；分影母之「伊」、

「鷖」、「因」、「煙」、「淵」、「娟」、「坳」、「鴉」、「嬰」、「縈」、「幽」、「懕」等字別爲幺母； 分匣母之「洪」、「懷」、「回」、「寒」、「桓」、「還」、「和」、「黃」、「侯」、「含」、「酣」等字，曉母之「痕」、「華」、「恒」等字別爲合母； 又併照於知，併穿於徹，併牀於澄，與諸家不同。照、穿、牀之併是也，魚、幺、合之分非也。公紹閩人，而囿于土音，讀疑母不真，妄生分別，然較周德清《中原音韻》之無知妄作，則有天淵之隔矣。

古今音

《釋名》：「古者曰『車』，聲如『居』，所以居人也，今曰『車』，聲近『舍』。」韋昭辨之云：「古皆音尺奢反，從漢以來始有『居』音。」二說正相反，韋氏誤也。 韋特見《詩》「王姬之車」、「君子之車」皆與「華」韻，而不知讀「華」爲呼瓜切，亦非古音也。古讀「華」爲「敷」，《詩》「有女同車」與「華」、「琚」、「都」爲韻，「攜手同車」與「狐」、「烏」爲韻，「車」之讀「居」又何疑焉？ 宏嗣生於漢季，稍染俗學，故於古音不甚了了。

古無輕脣音

凡輕脣之音古讀皆爲重脣。《詩》「凡民有喪，匍匐救之」，《檀弓》引《詩》作「扶服」，《家語》引作「扶伏」。 又「誕實匍匐」，《釋文》「本亦作『扶服』」。《左傳》昭十二年「奉壺飲冰以蒲伏焉」，《釋文》「本又作『匍匐』。『蒲』本亦作『扶』」。 昭二十一年「扶伏而擊之」，《釋文》「本或作『匍匐』」。《史記·蘇秦傳》「嫂委蛇蒲服」、《范雎傳》「膝行蒲服」、《淮陰侯傳》「俛出袴下蒲伏」，《漢書・霍光傳》「中孺扶服叩頭」，皆「匍匐」之異文也。

古讀「扶」如「酺」，轉爲「蟠」音。《漢書・天文志》：「晷長爲潦，短爲旱，奢爲扶。」鄭氏云：「『扶』當爲『蟠』，齊魯之間聲如『酺』。『酺』『扶』聲近。蟠，止不行也。」《史記・五帝本紀》「東至蟠木」，《吕氏春秋》「東至扶木」、又云「禹東至榑木之地」，「扶木」謂扶桑也，《説文》作「榑桑」。古音「扶」如「蟠」，故又作蟠木。《一切經音義》：「菩薩」又作「扶薛」。

「服」又轉爲「犕」音。《説文》引《易》「犕牛乘馬」，「犕牛」即「服牛」也。《左傳》「王使伯服、游孫伯」，《史記・鄭世家》「伯犕」，《後漢書・皇甫嵩傳》「義真犕未平」，注：「『犕』，古『服』字。」

「服」又轉爲「謈」音。《漢書・東方朔傳》：「舍人不勝痛，呼謈。」服虔云：「『謈』，音『暴』。」鄧展云：「『瓜瓟』之『瓟』。」師古曰：「痛切而叫呼也，與《田蚡傳》『呼服』音義皆同。」《田蚡傳》：「蚡疾，一身盡痛，若有擊者，謼服謝罪。」晉灼云：「『服』，音『瓟』。關西俗謂得杖呼及小兒啼爲『呼瓟』。」

《廣韻》：「菢，薄報切，鳥伏卵。」「伏，扶富切，鳥菢子。」「伏」「菢」互相訓，而聲亦相轉，此伏羲所以爲庖犧、伏羲氏亦稱庖犧氏。《説文》：「奰，迫也，讀若《易》虙羲氏。」《唐韻》：「奰，平祕切。」《風俗通》：「伏者，別也，變也。伏羲始別八卦以變化天下。」

「伏」又與「逼」通。《考工記》「不伏其轅，必縊其牛」，注：「故書『伏』作『偪』。」

杜子春云：『偪，當作伏。』」按「偪」、「迫」、「別」、「變」皆重脣。

「伏」又與「馮」通。皮冰切。《史記・魏世家》「中旗馮琴而對」，《春秋後語》作「伏琴」；《戰國策》「伏軾撙銜」，《漢書・王吉傳》「馮式撙銜」。

古音「負」如「背」，亦如「倍」。《史記・魯周公世家》「南面倍依」，《漢書・徐樂傳》「南面背依」，「倍」與「背」同，即負扆也。《書・禹貢》「至于陪尾」，《史記》作「負尾」，《漢書》作「倍尾」。《漢書・宣帝紀》「行幸萯陽宮」，李斐曰：「負，音倍。」《東方朔傳》「倍陽、宣曲尤幸」，師古曰：「倍陽，即萯陽也。」《釋名》：「負，背也，置項背也。」

《書》「方命圮族」，《史記》作「負命」，《正義》云：「『負』音『佩』，依《字通》，負，違也。」按：「負命」猶言「背命」。

「負」亦爲老母之稱。《漢書・高帝紀》「常從王媼、武負貰酒」，如淳曰：「俗謂老大母爲負。」❶師古曰：「劉向《列女傳》：『魏曲沃負者，魏大夫如耳之母也。』此則古語謂老母爲負耳。武負，武家之母也。」案：古稱老嫗爲「負」，若今稱「婆」，皆重脣非輕脣。

古讀「附」如「部」。《左傳》「部婁無松柏」，《說文》引作「附婁」，云：「附婁，小土山也。」今人稱培塿。《詩》「景命有僕」，傳：「僕，附也。」《廣雅》：「薄，附也。」

「苻」即「蒲」字。《左傳》「取人於萑苻之澤」，《釋文》：「苻，音蒲。」《晉書》：「蒲洪孫堅，背有草『付』字，改姓苻。」

古讀「佛」如「弼」，亦如「勃」。《詩》「佛

❶「負」上，《漢書》卷一上《高帝紀》有「阿」字。

時仔肩」，《釋文》：「佛，毛符弗反，大也。鄭音弼，輔也。」《學記》「其求之也佛」，《正義》：「佛者，佛戾也。」《釋文》：「本又作『拂』，扶弗反。」《曲禮》「獻鳥者佛其首」，注：「佛，戾也。《釋文》作『拂』，本又作『佛』，扶弗反。」《晉書》「赫連勃勃」，《宋書》作「佛佛」。乞伏氏亦作「乞佛」。古音「伏」「佛」皆重脣。「佛」亦作「奔」，《説文》：「奔，大也，讀若『予違汝弼』。」

古讀「文」如「門」。《水經注・漢水》篇：「文水即門水也。」今吴人呼蚊如「門」。《書》「岷嶓既藝」、「岷山之陽」、「岷山導江」，《史記・夏本紀》皆作汶山。《漢書・武帝紀》文山郡注：「應劭曰：『文山，今蜀郡崏山』。」《禮記》「君子貴玉而賤碈」，「碈」或作「玟」，《釋文》：「玟，武巾反，又音枚。」《漢書・高帝紀》「亡諸身帥閩中兵」，如淳曰：「閩，音緡。」應劭曰：「音『文飾』之『文』。」「文」、「閩」同音，皆重脣也。《史記・魯世家》平公子文公，世本作湣公。「湣」與「閔」同。「閔」亦从「文」聲。

古讀「弗」如「不」。《廣韻》「不」與「弗」同，分勿切。《説文》：「吴謂之『不律』，燕謂之『弗』，秦謂之『筆』，『筆』、『弗』聲相近也。」

古讀「拂」如「弼」。《孟子》：「入則無法家拂士。」《史記・夏本紀》：「女匡拂予。」

古讀「笰」如「蔽」。《詩》「翟笰以朝」，傳：「笰，蔽也。」《周禮》注引作「翟蔽以朝」。「簟笰魚服」，箋：「笰之言蔽也。」「簟笰朱鞹」，傳：「車之蔽曰『笰』。」

古讀「茀」如「孛」。《史記・天官書》「星茀于河戍」，《索隱》云：「『茀』音『佩』，即孛星也。」《漢書・谷永傳》「茀星耀光」，師古曰：「『茀』與『孛』同，音步内反。」《論語》「色勃如也」，《説文》兩引，一作「孛」，一作「艴」。《廣韻》十一没部：「艴艴然不悦，蒲没切。」此古音。又《八物部》：「艴，淺色，敷勿切。」此齊梁以後之音。

古讀「繁」如「鞶」。《左傳》成二年「曲縣繁纓以朝」，《釋文》：「繁，步干反。」「繁纓」亦作「樊纓」。《周禮》「巾車，玉路，鍚樊纓，十有再就」，注：「樊讀如『鞶帶』之『鞶』，謂今馬大帶也。」《釋文》：「樊，步干反。」《廣韻》二十六桓部有「繁」字，云：「繁纓，馬飾，薄官切。」陸元朗作步干切，是寒、桓不分也。故知寒、桓分開口合口呼亦起於法言諸人。「繁」又轉如「婆」音。《左傳》定四年「殷民七族，繁氏、錡氏」，《釋文》：「繁，步何反。」《漢書·公卿表》「李延壽爲御史大夫，一姓繁」，師古曰：「繁，音蒲元反。」《陳湯傳》「御史大夫繁延壽」，師古曰：「繁，音蒲胡反。」《蕭望之傳》師古音「婆」。《谷永傳》師古音「蒲何反」。延壽一人而小顔三易其音，要皆重脣非輕脣，則是漢人無輕脣之證也。《史記·張丞相列傳》「丞相司直繁君」，《索隱》音「繁」爲「婆」。《文選》繁休伯，吕向音步何反。《廣韻》八戈部有「繁」字，「薄波切，姓也」。則繁姓讀「婆」音爲正。

古讀「蕃」如「卞」。《漢書·成帝紀》引《書》「於蕃時雍」，「於蕃」即「於變」也，《孔宙碑》又云「於卞時雍」。「卞」、「變」、「蕃」皆同音。

古讀「藩」如「播」。《周禮·大司樂》「播之以八音」，注：「故書『播』爲『藩』。杜子春云：『播，❶當爲播，讀「后稷播百

❶「播」，《十三經注疏》作「藩」。

穀」之「播」」。」《尚書大傳》「播國率相行事」，鄭注「播」讀爲「藩」。

古讀「僨」如「奔」。《禮・射義》「賁軍之將」，注：「賁，讀爲僨，覆敗也。」《詩・行葦》傳引作「奔軍之將」。

古讀「汾」如「盆」。《莊子・逍遥游》篇「汾水之陽」，司馬彪、崔譔本皆作「盆水」。

古讀「紛」如「豳」。《周禮・司几筵》「設莞筵紛純」，鄭司農云：「紛，讀爲豳。」

古讀「甫」如「圃」。《詩》「東有甫草」，《韓詩》作「圃草」。薛君《章句》：「圃，博也，有博大茂草也。」鄭箋云：「甫草，甫田之草也。」「鄭有圃田」，《釋文》：「鄭音補。」《左傳》「及甫田之北竟」，《釋文》：「甫，布五反。本亦作『圃』。」

古音「敷」如「布」。《書・顧命》「敷重篾席」，《説文》引作「布重莫席」。《詩》「敷政優優」，《左傳》引作「布政」。《儀禮》「管人布幕于寢門外」，注：「今文『布』作『敷』。」

「敷」亦讀如「鋪」。《詩》「鋪敦淮濆」，《釋文》：「《韓詩》作『敷』。」又「敷時繹思」，《左傳》引作「鋪」。蓼蕭箋「外薄四海」，《釋文》云：「諸本作『外敷』。」注「芳夫反」，是亦讀如「鋪」也。《公羊》隱元年《釋文》：「扳，普顔反。舊，敷閒反。」是古讀「敷」如「普」。

古讀「方」如「旁」。《書》「方鳩僝功」，《説文》兩引，一作「旁逑孱功」，一作「旁救孱功」，《史記》作「方聚布功」。《書》「方施象刑惟明」，《新序》引作「旁施」。《立政》「方行天下」，亦讀爲「旁」，與《易》「旁行而不流」義同，傳云「方，四方」，非也。《書》「方告無辜于上」，《論衡》引作「旁」。《士喪禮》「牢中旁寸」，注：「今文『旁』爲『方』。」

《左傳》「衡流而方羊」，《釋文》：「方，蒲郎反。」《莊子·逍遥游》篇「彷徨乎無爲之側」，崔譔本作「方羊」。

「方」又讀如「謗」。《論語》「子貢方人」，鄭康成本作「謗人」。《廣雅》：「方，表也，邊方也。」《説文》：「方，併船也。」古人讀「方」重脣，與「邊」、「表」、「併」聲相近。《字林》：「穮，方遥反。」「襮，方沃反。」「邶，方代反。」吕忱，魏人，其時初行反語，即反語可得「方」之正音。六朝以後轉重脣爲輕脣，後世不知有正音，乃强爲類隔之説，謬矣。

古音「魴」如「鰟」。《説文》：「『魴』或作『鰟』。」《春秋》「晉侯使士魴來乞師」，《公羊》作士彭，是「魴」非輕脣也。

古音「逢」如「蓬」。《詩》「鼉鼓逢逢」，《釋文》：「逢，薄紅反，徐仙民音『豐』。」亦讀「豐」，重脣也。《爾雅》「歲在甲曰閼逢」，《淮南·天文訓》作「閼蓬」。《莊子·山木》篇「雖羿、蓬蒙不能眄睨」，今本「蓬」作「逢」，蓋淺人妄改。兹據陸氏《釋文》。即《孟子》之「逢蒙」也。後世聲韻之學行，妄生分別，以「鼓逢逢」讀重脣入東韻，「相逢」字讀輕脣入鍾韻，又別造一「逄」字，轉爲薄江切，訓人姓，改逢蒙、逢丑父之「逢」爲「逄」以實之，則真大謬矣。洪氏《隷釋》引司馬相如云：「烏獲、逢蒙之巧。」王褒云：「逢門子，彎烏號。」《藝文志》亦作逢門，即逢蒙也。《古今人表》有逢於何數人，陽朔中有太僕逢信，《左傳》有逢伯陵、逢丑父矣，漢有逢萌，《莊子》「羿、逢蒙不能睥睨」，《淮南子》「重以逢蒙門子之巧」，皆作「逢迎」之「逢」。石刻有《漢故博士趙傅逢府君神道逢童子碑》，其篆文皆从「夆」。《魏元丕碑》有逢牧，《孔宙碑》陰有逢祈，《逢盛碑》陰有逢信，亦不書作「逢」。又謂漢儒尚借「蠭」爲「逢」，則恐諸「逢」當讀爲「鼉鼓逢逢」之「逢」。洪説是也。漢魏以前未有「逢」字，其爲六朝人妄造無疑。《廣韻》江部又有「韸」字，訓鼓聲，此即「鼉鼓逢逢」之「逢」，音轉爲薄江切，俗師改从「音」旁，又改「夆」爲「夅」，皆所謂不知而作也。

古讀「封」如「邦」。《論語》「且在邦域之中矣」，《釋文》：「『邦』或作『封』。」「而謀動干戈於邦内」，《釋文》：「鄭本作『封内』。」《釋名》：「邦，封也。有功於是故封之也。」❶

「封」又讀如「窆」。《檀弓》「縣棺而封」，注：「『封』當爲『窆』，下棺也。」《春秋傳》作「堋」。《周禮·鄉師》「及窆，執斧以涖匠師」，鄭司農云：「窆謂葬下棺也。《春秋傳》曰『日中而塴』，《禮記》所謂『封』者。」《太僕》「窆亦如之」，鄭司農云：「窆謂葬下棺也。《春秋傳》所謂『日中而塴』，《禮記》謂之『封』，皆葬下棺也，音相似，『窆』讀如『慶封氾祭』之『氾』。」《左傳》「日中而塴」，《釋文》：「塴，北鄧反，下棺也。《禮》家作『窆，彼驗反』，義同。」《説文》：「堋，喪葬下土也，《禮》謂之『封』，《周官》謂之『窆』。」「封」府容切，「窆」方驗切，「堋」方鄧切，徐邈音甫鄧切。聲皆相似，故可互轉。後儒不通古音，乃有類隔之例，不知古音本無輕脣也。古人讀「封」如「邦」。先鄭云：「窆、塴、封音相似。」是東京尚無輕脣音。

古音「勿」如「没」。《爾雅》「蠠没」即

❶「有功於是故封之也」，《四庫全書》本《釋名》卷二《釋州國》作「封有功於是也」。

《詩》「密勿」也。《詩》「黽勉從事」，《劉向傳》引作「密勿從事」。《禮記・祭義》「勿勿諸其欲其饗之也」，注：「勿勿，猶勉勉。」《大戴禮・曾子立事篇》「君子終身守此勿勿」，注：「勿勿，猶勉勉。」《曲禮》「國中以策彗卹勿」，注：「卹勿，搔摩也。」古人讀「勿」重脣，故與「勉」、「摩」聲相轉。《顏氏家訓》云：「《戰國策》音『刎』爲『免』。」古音「刎」、「免」皆重脣，六朝人轉「刎」爲輕脣，故以爲異。

古讀「副」如「劈」。《説文》：「副，判也。」「判」、「副」雙聲，引《周禮》「副辜」，籀文作「疈辜」。《詩》「不坼不副」，讀孚逼反。《字林》：「副，判也，匹亦反。」《詩》釋文。

古讀「罰」如「軷」。《周禮・大馭》「犯軷」，注：「故書『軷』作『罰』。杜子春云：『「罰」當爲「軷」，「軷」讀爲「別異」之「別」。』」

古讀「非」如「頒」。《説文》：「⿱八美，賦事也，讀若『頒』，一曰讀若『非』。」《周禮・大宰》「匪頒之式」，鄭司農云：「匪，分也。」「匪」、「頒」雙聲。

古讀「匪」如「彼」。《詩》「彼交匪敖」，《春秋》襄廿七年傳引作「匪交匪敖」。《詩》「彼交匪紓」，《荀子・勸學篇》引作「匪交匪紓」。《春秋》襄八年傳引《詩》「如匪行邁謀」，注：「匪，彼也。」《廣雅》：「匪，彼也。」

「匪」又與「邲」通。《詩》「有匪君子」，《韓詩》作「邲」。

「腓」與「芘」同。《詩》「小人所腓」，箋云：「『腓』當作『芘』。」毛於此文及「牛羊腓字之」皆訓「腓」爲「辟」，蓋以聲相似取義。

古文「妃」與「配」同。《詩》「天立厥配」，《釋文》：「本亦作『妃』。」《易》「遇其配主」，鄭本作「妃」。

「剕」與「臏」通。《書》「剕罰之屬五百」，《史記・周本紀》作「臏」。

「菲」與「苞」通。《曲禮》「苞屨扱衽」，注：「『苞』或爲『菲』。」

「浘」與「浼」通。《詩》「河水浼浼」，《釋文》：「浼，每罪反，《韓詩》作『浘浘』。」

「娓」即「美」字。《詩》「誰侜予美」，《韓詩》作「娓」。《説文》：「娓，順也，讀若『媚』。」

古音「微」如「眉」。《少牢禮》「眉壽萬年」，注：「古文『眉』爲『微』。」《春秋》莊廿八年「築郿」，《公羊》作「微」。《詩》「勿士行枚」，傳：「枚，微也。」《廣韻》六脂部眉紐有「矀」、「䰨」、「𥳑」、「嶶」、「溦」、「薇」六字，皆古讀，後來別出微韻，乃成鴻溝之隔矣。

古讀「無」如「模」。《説文》：「橅或説『規模』字。」漢人「規模」字或作「橅」。《易》「莫夜有戎」，鄭讀「莫」如字，云「無也。無夜非一夜」。《詩》「德音莫違」，箋：「莫，無也。」《廣雅》：「莫，無也。」《曲禮》「毋不敬」，《釋文》云：「古文言『毋』猶今人言『莫』也。」釋氏書多用「南無」字，讀如「曩謨」。梵書入中國，繙譯多在東晉時，音猶近古，沙門守其舊音不改，所謂「禮失而求諸野」也。

「無」又轉如「毛」。《後漢書・馮衍傳》「飢者毛食」，注云：「按衍集『毛』字作『无』。」《漢書・功臣侯表序》「靡有孑遺秏矣」，注：「孟康曰：『秏，音毛。』師古曰：『今俗語猶謂無爲秏。』」大昕按：今江西、湖南方音讀「無」如「冒」，即「毛」之去聲。

「無」轉訓爲「末」。《檀弓》「末吾禁也」，注：「末，無也。」又轉訓爲「靡」，《釋言》：「靡，無也。」

古讀「蕪」與「蔓」通。《釋艸》「蔓菁」，《釋文》云：「『蔓』，音『万』，本又作『蕪』，音『無』。」

古讀「膴」如「模」。《詩》「民雖靡膴」，箋：「膴，法也。」《釋文》：「徐云：鄭音『模』，又音『武』。《韓詩》作『靡腜』。」《詩》「周原膴膴」，《文選》注引《韓詩》作「腜腜」，莫來切。「模」、「腜」聲相近。《説文》：「膴，讀若謨。」

「璑」从「無」聲。《周禮・弁師》「瑎玉三采」，注：「故書『瑎』作『璑』。」《説文》：「璑，三采玉也。」「璑」、「瑎」聲相近。

「鳳」即「朋」字。《説文》：「朋」、「鵬」皆古文「鳳」字。朋，象形，「鳳飛群鳥從以萬數，故以爲『朋黨』字。」《字林》：「鵬，朋黨也，古以爲『鳳』字。」《莊子・逍遥游》篇「其名爲鵬」，《釋文》：「崔音『鳳』，云『鵬即古鳳字，非來儀之鳳也』。」宋玉對楚王問云：「鳥有鳳而魚有鯤。鳳皇上擊九千里，絶雲霓，負蒼天，足亂浮雲，翱翔乎杳冥之上。夫蕃籬之鷃，豈能與之料天地之高哉？」與《莊子》説正同。可知「鳳」即「鵬」也。

古讀「反」如「變」。《詩》「四矢反兮」，《韓詩》作「變」。《説文》汳水即汴水。《廣韻》以「汳」、「汴」爲二字：「汳」，芳万切，在願韻；「汴」，皮變切，在線韻。由不知古無輕脣。

古讀「馥」如「苾」。《詩》「苾芬孝祀」，《韓詩》作「馥芬」。

古讀「復」如「愎」。《釋言》：「狃，復也。」孫炎云：「狃忕前事復爲也。」《春秋傳》「愎諫違卜」，謂諫不從而復爲也。《説文》無「愎」字，蓋即「狃復」字，後儒改從「心」旁耳。今人呼鰒魚曰鮑魚，此方音之存古者。

古讀「法」如「逼」。《釋名》：「法，逼也。人莫不欲從其志，逼正使有所限也。」

古音「晚」重脣，今吴音猶然。《説文》：「晚，莫也。」《詩》毛傳：「莫，晚也。」「莫」、「晚」聲相近。

古讀「馮」爲「憑」，本从「冰」得聲。《易》「用馮河」，《詩》「不敢馮河」，《論語》「暴虎馮河」，《春秋》宋公馮，皆皮冰反。吾衍謂《孟子》諸「馮」、「馮婦」之「馮」皆皮冰反。按《水經注》：「皇舅寺是太師昌黎憑晉國所造。」攷《魏書》，馮熙字晉國，文明太后兄也，封昌黎王，是魏時讀馮姓皮冰反，故或作「憑」也。

「俘」與「寶」通。《春秋》「齊人來歸衛俘」，《公穀》「俘」作「寶」。

《一切經音義》引《詔定古文官書》「枹」、「桴」二字同體，扶鳩反，是「桴」與「枹」同音。

《廣韻》十七真部府巾切有「份」、「玢」、「邠」、「攽」、「砏」，武巾切有「旻」、「旼」、「汶」、「忞」，符巾切有「穷」。二十文部無分切有「螡」、「聞」、「閩」、「閺」，符分切有「墳」、「鼖」、「轒」、「蟦」、「濆」、「燌」、「豶」、「羵」、「鷬」、「蕡」、「橨」、「賁」、「鐼」、「馩」、「轒」，府文切有「饙」、「餴」、「毴」。二十五德部蒲北切有「菔」、「踣」、「仆」、「垘」、「蝠」、「匐」、「犕」，匹北切有「覆」、「堛」、「愊」，莫北切有「万」。

十陽部輕脣武方切十二字，十一唐部重脣莫郎切十四字，其同者「芒」、「宋」、

「朚」、「邙」、「[illegible]」五字，今皆讀重脣，無讀輕脣者。并「鋩」、「硭」兩字亦皆讀重脣，吴音則「亡」、「忘」、「望」亦讀重脣，北音又轉爲喻母。

古讀「房」如「旁」。《廣韻》：「阿房，宫名，步光切。」《釋名》：「房，旁也，在堂兩旁也。」《史記·六國表》秦始皇二十八年「爲阿房宫」，二世元年「就阿房宫」，宋本皆作「旁」。「旁」、「房」古通用。

古讀「望」如「茫」。《釋名》：「望，茫也，遠視茫茫也。」《周禮·職方氏》「其澤藪曰望諸」，注：「望諸，明都也。」《疏》：「明都，即宋之孟諸。」古音「孟」如「芒」。

古讀「務」如「牟」。《荀子·成相篇》「天乙湯論舉當，身讓卞隨舉牟光」，即務光也。《左傳》莒公子務婁，徐音莫侯反。

古讀「發」如「撥」。《詩》「鱣鮪發發」，《釋文》補末反，此古音也。「一之日觱發」，《説文》作「滭泼」，此雙聲，亦當爲補末切，《釋文》云「如字」，誤矣。

《説文》：「泼，分勿切。」古讀「分」如「邠」，本重脣。

舌音類隔之説不可信

古無舌頭舌上之分。知、徹、澄三母以今音讀之，與照、穿、牀無别也，求之古音則與端、透、定無異。《説文》「沖，讀若動」；《書》「惟予沖人」，《釋文》直忠切；古讀「直」如「特」；沖子，猶童子也。字母家不識古音，讀「沖」爲「蟲」，不知古讀「蟲」亦如「同」也。《詩》「藴隆蟲蟲」，《釋文》：「直忠反。徐徒冬反。《爾雅》作『爞爞』。郭都冬反。《韓詩》作『烔』，音徒冬反。」是「蟲」與「同」音不異。《春秋》成五年「同盟于蟲牢」，杜注「陳留封邱縣北有桐牢」，是「蟲」、「桐」同音之證。

古音「中」如「得」。《周禮・師氏》「掌王中失之事」，故書「中」爲「得」。杜子春云：「當爲『得』，記君得失，若《春秋》是也。」三倉云：「中，得也。」《史記索隱》。《史記・封禪書》「康后與王不相中」，《周勃傳》「勃子勝之尚公主，不相中」，小司馬皆訓爲「得」。《吕覽》「以中帝心」，注：「中，猶得。」

古音「陟」如「得」。《周禮・太卜》「掌三夢之法。三曰咸陟」，注：「『陟』之言『得』也，讀如『王德翟人』之『德』。」《詩》「陟其高山」，箋：「陟，登也。」「登」、「得」聲相近。

古音「趙」如「𢮿」。《詩》「其鎛斯趙」，《釋文》徒了反。《周禮・考工記》注引作「其鎛斯𢮿」，大了反。《荀子》楊倞注「趙」讀爲「掉」。

古音「直」如「特」。《詩》「實惟我特」，《釋文》：「《韓詩》作『直』，云相當值也。」《孟子》「直不百步耳」，「直」，但也，「但」、「直」聲相近。《吕覽・尚廉篇》「特王子慶忌爲之賜而不殺耳」，注：「特，猶直也。」《檀弓》「行并植于晉國」，注：「『植』或爲『特』。」《王制》「天子犆礿」，注：「犆，猶一也。」《釋文》犆，音特。《玉藻》「君羔幦虎犆」，注：「犆，讀如『直道而行』之『直』。」《士相見禮》「喪俟事不犆弔」，定本作「特」。《穀梁傳》「犆言同時」，本亦作「特」。

古音「竹」如「篤」。《詩》「緑竹猗猗」，《釋文》：「《韓詩》『竹』作『䓯』，音徒沃反。」今北音定母去聲字多誤入端母，古音當不甚遠。《詩》「麟之定」、「定之方中」，皆丁佞反。與「篤」音相近，皆舌音也。「篤」、「竺」並「从竹」得聲。《論語》「君子篤於親」，《汗簡》云：「古文作『竺』。」《書》曰「篤不忘」，《釋文》云：「本又作『竺』。」《釋詁》「竺，厚也」，《釋文》云：「本又作『篤』。」按《説文》：「竺，厚也。」「篤厚」字本當作「竺」，經典多用「篤」，以其形聲同耳。《漢書・西域傳》「無雷國北與捐毒接」，師古曰：「捐毒即身毒、天毒也。」《張騫傳》「吾賈人轉市之身毒國」，鄧展曰：「毒音『督』。」李奇曰：「一名天竺。」《後漢書・杜篤傳》「摧天督」，注「即天竺國」。然則「竺」、「篤」、「毒」、「督」四文同音。

古讀「禂」如「禱」。《周禮・甸祝》「禂牲禂馬」，杜子春云「禂，禱也」，引《詩》云：「既伯既禱。」後鄭云：「禂，讀如『伏誅』之『誅』，今『侏大』字也。」按《説文》引《詩》「既禡既禱」，「禱」與「禂」文異義同。後鄭讀「禂」爲「誅」，是漢時「誅」、「侏」亦讀舌音。

古讀「豬」如「都」。《檀弓》「洿其宮而豬焉」，注：「豬，都也。南方謂『都』爲『豬』。」《書・禹貢》「大野既豬」，《史記》作「既都」。「滎波既豬」，《周禮》注作「滎播既都」。

古讀「追」如「堆」。《士冠禮》「追」，注：「追，猶堆也」。

《郊特牲》「母追」，《釋文》多雷反。枚乘《七發》「踰岸出追」，李善注：「追，古『堆』字。」《詩》「追琢其章」，傳：「追，彫也。」「彫」、「追」聲相近，故《荀子》引《詩》「彫琢其章」，《釋文》：「追，對回反。」「追琢」又作「敦琢」。《詩》「敦琢其旅」，《釋文》：「敦，都回反，徐又音『彫』。」

古讀「卓」與「的」相近。《覲禮》「匹馬卓上」，注：「卓，猶的也，以素的一馬爲上。」

古讀「倬」如「菿」。《詩》「倬彼甫田」，《韓詩》作「菿」。

古讀「棖」如「棠」。《論語》「或對曰申棖」，《釋文》：「鄭康成云：『蓋孔子弟子申續。』《史記》云：『申棠字周』，《家語》云：『申續字周也。』」王應麟云：「今《史記》以『棠』爲『黨』、以『續』爲『績』，傳寫之誤也。後漢《王政碑》『有羔羊之節，無申棠之欲』，則申棖、申棠一人耳。」大昕案：《詩》「俟我於堂兮」，箋云：「『堂』當作『棖』。」「棖」與「棠」、「堂」同音，「黨」亦音相近，非由轉寫之譌。古文「賡」、「續」同聲，《家語》「申續」蓋讀如「庚」，與「棠」音亦不遠。今本《史記》作「績」，則轉寫誤也。因「棖」有「棠」音，可悟古讀「長」丁丈切，與「黨」音相似，正是音和非類隔。

古讀「池」如「沱」。《詩》「滮池北流」，《説文》引作「滮沱」。据宋本。《周禮・職方氏》「并州，其川虖池」，《禮記》「晉人將有事於河，必先有事於惡池」，即「滹沱」之異文。

古讀「褫」如「拕」。《易》「終朝三褫之」，《釋文》：「褫，徐敕紙反，又直是反。鄭本作『拕』，徒可反。」《説文》：「褫，奪衣也，讀若『池』。」「池」即「拕」之譌，「拕」、「奪」聲相近。

古讀「沈」如「潭」。《史記・陳涉世家》「夥頤，涉之爲王沈沈者」，應劭曰：「沈沈，宮室深邃之貌。沈，音長含反。」與「潭」同音。韓退之詩「潭潭府中居」，即「沈沈」也。

古讀「壂」如「壇」。《周禮・壂人》注：「故書『壂』爲『壇』。杜子春讀『壇』爲『壂』。」《載師》「以壂里任國中之地」，注：「故書『壂』或爲『壇』，司農讀爲『壂』。」

古讀「秩」如「豒」。《書》「平秩東作」，《説文》引作「豒」，「爵之次弟也，从豊，弟聲」。「秩」又與「𢧢」通。《説文》：「𢧢，大也，讀若《詩》『𢧢𢧢大猷』。」「𢧢」「大」聲相近。「秩」又與「𧼧」通。《説文》：「𧼧，走也，讀若《詩》『威儀秩秩』。」凡从「失」之字，如「跌」、「迭」、「瓞」、「蛈」、「詄」皆讀舌音，則「秩」亦有「迭」音可信也。《詩》「胡迭而微」，《韓詩》作「𢧢」。

「姪」、「娣」本雙聲字，《公羊》釋文：「姪，大結反；娣，大計反。」此古音也。《廣韻》「姪」有徒結、直一兩切，今南北方音皆讀直一切，無有作徒結切者。古今音有變易，字母家乃謂舌頭舌上交互出切，此昧其根源而强爲之詞也。

古讀「抽」如「搯」。《詩》「左旋右抽」，《釋文》云：「抽，敕由反。《説文》作『搯』，他牢反。」

古讀「陳」如「田」。《説文》：「田，陳也。」齊陳氏後稱田氏。陸德明云：「陳完奔齊，以國爲氏。」而《史記》謂之田氏，是古「田」、「陳」聲同。《呂覽・不二篇》「陳駢貴齊」，陳駢即田駢也。

《詩》「維禹甸之」，《釋文》：「毛田見反，治也。鄭繩證反。六十四井爲乘。」《周禮・小司徒》「四邱爲甸」，注：「甸之言乘也。」「稍人掌邱乘之政令」，注：「邱乘、『四邱爲甸』讀與『維禹敶之』之『乘』同。」《禮記・郊特牲》「邱乘共粢盛」，注：「甸或謂之乘。」《左傳》「渾良夫乘衷甸兩牡」，

《釋文》：「甸，時證反，《説文》引作『中佃』。」古者「乘甸」、「陳田」聲皆相近，「乘」之轉「甸」猶「陳」之轉「田」。經典相承「陳」直覲反、「乘」繩證反，後世言等韻者以「陳」屬澄母、「甸」屬定母、「乘」屬床母，由于不明古音，徒據經典相承之反切而類之，而不知其本一音也。

《爾雅》：「堂途謂之陳。」《詩》「胡逝我陳」，傳：「堂，塗也。」「中唐有甓」，傳：「堂，塗也。」《正義》云：「《爾雅》『廟中路謂之唐，堂塗謂之陳』。」「唐」之與「陳」廟庭之異名耳，其實一也。「陳」、「田」同音，故與「唐」、「塗」聲相近。

古讀「味」如「鬬」。《詩》「不濡其味」，《釋文》：「味，陟救反。徐又都豆反。」《廣韻》五十候部有「噣」字，「或作『味』」，都豆切」，與「鬬」同音。即徐仙民音也。古「陟」、「得」同音，陟救與都豆本無二聲。唯「救」在宥部、「豆」在侯部，故別而出之。後之講字母者轉以徐音爲類隔，非音和，失之遠矣。

古讀「涿」如「獨」。《周禮・壺涿氏》注：「故書『涿』爲『獨』。杜子春云：『獨，讀爲「濁其源」之「濁」，音與「涿」相近，《書》亦或爲「濁」。』」

古人多舌音，後代多變爲齒音，不獨知、徹、澄三母爲然也。如《詩》「重穋」字《周禮》作「穜稑」，是「重」、「穜」同音。陸德明云：「『禾』邊作『重』是『重穋』之字，『禾』邊作『童』是『穜埶』之字，今人亂之已久。」予謂古人「重」、「童」同音。《嶧山碑》「動」从「童」，《説文》「董」从「童」，《左傳》「予髮如此種種」，徐仙民作「董董」。古音不獨「重穋」讀爲「穜」，即「種埶」字亦讀如「穜」也。後代讀「重」爲齒音，并从「重」之字亦改讀齒音，此齊梁人强爲分别耳，而元朗以爲相亂，誤矣。《易》「憧憧往來」，徐仙民音「童」，京房本作「憧」。

　今人以「舟」、「周」屬照母，「輈」、「啁」屬知母，謂有齒舌之分，此不識古音者也。《考工記》「玉楖雕矢磬」，注：「故書『彫』或爲『舟』。」是「舟」有「雕」音。《詩》「何以舟之」，傳云：「舟，帶也。」古讀「舟」如「雕」，故與「帶」聲相近。「彫」、「雕」、「琱」、「鵰」皆从「周」聲，「調」亦从「周」聲，是古讀「周」亦如「雕」也。《考工記》「大車車轅摯」，注：「摯，輖也。」《釋文》：「輖，音周，一音弔，或竹二反。」陸氏於「輖」字兼收三音：「弔」與「雕」有輕重之分而同爲舌音，「周」、「摯」聲相近故又轉爲竹二反。今分「周」爲照母、「竹」爲知母，非古音之正矣。

　「至」、「致」本同音，而今人强分爲二，「至」照母，「致」知母。不知古讀「至」亦爲陟利切，讀如「疐」，舌頭非舌上也。《詩》「神之弔矣」、「不弔昊天」，毛傳皆訓「弔」爲「至」，以聲相近爲義，「咥」、「耋」皆从「至」聲可證。「至」本舌音，後人轉爲齒音耳。

　古讀「支」如「鞮」。《晉語》「以鼓子苑支來」，苑支，即《左傳》之鳶鞮也。《説文》引杜林説，「芰」作「茤」。

　古讀「專」如「耑」，舌音，非齒音也。「叀」爲「專」之古文；「剸」即「斷」字，或作「剬」。

　「彖」本舌音，「椽」从「彖」聲。徐仙民《左傳音》切「椽」爲徒緣，此古音也。而顏之推以爲不可依信，後來韻書遂不收此音。

　《廣韻》每卷後附出新添類隔今更音和切：上平聲八字，卑、必移切，本府移切。陴、並之切，本符之切。眉、目悲切，本武悲切。邳、並悲切，本符悲切。悲、卜眉切，本府眉切。肧、偏杯切，本芳杯切。頻、步真切，本符真切。彬，卜巾切，本府巾切。下平聲六字，緜、名延切，本武延切。⿸厂雚、中全切，本丁全切。閍、北盲切，本甫盲切。平、僕兵切，本符兵切。凡、符芝切，本符咸切。芝，敷凡切，本匹凡切。上聲五字，否、並鄙切，本符鄙切。貯、知吕切，本丁吕切。縹、偏小切，本敷沼切。摽、頻小切，本符小切。褾，邊小切，本方小切。去聲二字，裱、賓廟切，本方廟切。窆。班驗切，本方驗切。不知何人所附。古人製反切皆取音和，如「方」、「府」、「甫」、「武」、「符」等，古人皆讀重脣，後儒不識古音，謂之「類隔」，非古人意也。依今音改用重脣字出切，意在便于初學，未爲不可，但每韻類隔之音甚多，僅改此二十餘字，其餘置之不論，既昧於古音，而於今亦無當矣。

聲相近而譌

李匡文《資暇集》：「今人謂『帽』爲『慕』、『保』爲『補』、今北人讀「堡」爲「補」，唐時蓋已然。『褒』爲『逋』、『暴』爲『步』，此由豪韻轉入模韻也。」

黄州呼「醉」爲「沮」、呼「吟」爲「垠」。逆斤切。《明道雜志》。秦聲謂「蟲」爲「程」。同上。浙之東言語「黄」、「王」不辨。《癸辛雜識》。「黄」匣母，「王」喻母。

吴中方言「鬼」如「舉」、「歸」如「居」、「跪」如「巨」、「緯」如「喻」、「虧」如「去」平聲、「逵」如「瞿」、「椅」讀于據切、「小兒毁齒」之「毁」如「許」。

江西方言「雨」如「葦」。

蘇州之葑門讀「葑」如「富」。

桐城人讀「圖」如「頭」、「對」如「帝」。

婺源人讀「命」如「慢」、「性」如「散」。

秦晉人讀「風」如「分」、「東」如「敦」、「蓬」如「彭」。

廣東人讀「四」如「細」、「七」如「察」、「九」如「苟」。

元時方音

《古今韻會舉要》謂「恤」與「肅」同、「怵」與「祝」同、「出」與「燭」同、「黜」與「觸」同、「術」與「逐」同、「律」與「六」同、「率」與「縮」同、「弗」與「福」同、「拂」與「愎」同、「佛」與「伏」同、「屈」與「曲」同、「鬱」與「彧」同、「欻」與「旭」同、「骨」與「穀」同、「窟」與「哭」同、「咄」與「篤」同、「突」與「毒」同、「朏」與「朴」同、「孛」與「僕」同、「没」與「目」同、「窣」與「速」同、「忽」與「縠」同，皆不合於古音，證之今音亦多齟齬，殆元時方音也。《輟畊録》云：「今中州之韻入聲似平，又可去聲，所以『蜀』、『術』等字皆與『魚』、『虞』相近。」

十駕齋養新録卷五終

十駕齋養新録 卷六

嘉定錢大昕

三史

《續漢書・郡國志》：「今録中興以來郡縣改異，及《春秋》、三史會同征伐地名。」三史謂《史記》、《漢書》及《東觀記》也。《吴志・吕蒙傳》注引《江表傳》：「權謂蒙曰：『孤統軍以來，省三史、諸家兵書大有益。』」又《孫峻傳》注引《吴書》「留贊好讀兵書及三史」。《晉書・傅休奕傳》：「撰論三史故事，評斷得失。」《隋書・經籍志》有《三史略》二十九卷，吴太子太傅張温撰。皆指此。自唐以來，《東觀記》失傳，乃以范蔚宗書當三史之一。

十三史十史

《宋史・藝文志・文史類》有吴武陵《十三代史駮議》十二卷，《目録類》有宗諫《注十三代史目》十卷、商仲茂《十三代史目》一卷，晁氏《讀書志》作「殷仲茂」，蓋《宋史》避諱，改「殷」爲「商」。《類事類》有《十三代史選》三十卷。吴武陵，唐人。蓋唐時以《史記》、前後《漢書》、《三國志》、《晉》、《宋》、《齊》、《梁》、《陳》、《魏》、《齊》、《周》、《隋書》爲十三代史也。又《類事類》有《十史事語》十卷、《十史事類》十二卷、李安《上十史類要》十卷。十史者，自三國至隋十代之史，馬、班、范三家不在其數。

十七史

宋人於十三史之外加以《南》《北史》及《唐》、《五代》，於是有十七史之名。《宋史·藝文志·史鈔類》有《十七史贊》、《名賢十七史確論》一百四卷，《類事類》有王先生《十七史蒙求》十六卷。陳振孫云："或曰王令也。"《通鑑長編》："大中祥符八年七月，上作《讀十九史詩》賜近臣和。"十九史之名它無所見，或即"十七"之譌。

十八史十九史

元曾先之撰《十八史略》二卷，蓋於十七史之外益以宋事也。明初臨川梁孟寅益以元事，稱《十九史略》。

監本二十一史

《日知録》："嘉靖初，南京國子監祭酒張邦奇等請校刻史書。《南雍志》：嘉靖七年，錦衣衛閒住千户沈麟奏準校勘史書。禮部議以祭酒張邦奇、司業江汝璧博學有文，才猷亦裕行文，使逐一校對修補，以備傳布。欲差官購索民間古本，部議恐滋煩擾，上命將監中十七史舊板攷對修補，仍取廣東《宋史》板付監，《遼》、《金》二史無板者，購求善本翻刻。十一年七月成，祭酒林文俊等表進。至萬曆中，北監又刻十三經、二十一史，其板視南稍工。然校勘不精，訛舛彌甚，且有不知而妄改者。"

北監本《十三經注疏》創始於萬曆十四年，至廿一年畢工。廿一史則開雕於萬曆廿四年，至卅四年竣事，板式與十三經同。

史記舊本

《史記・堯本紀》「居郁夷，曰暘谷」，《索隱》云：「《史記》舊本作『湯谷』，今並依《尚書》字。」按太史公多識古文，所引諸經與今本多異者皆出先秦古書，後人校改漸失其真。即「湯谷」一條推之，知舊本爲小司馬輩改竄者不少矣。

十二諸侯年表

《史記》諸年表皆不記干支，注干支出于徐廣。《六國表》周元王元年「徐廣曰乙丑」，《秦楚之際月表》秦二世元年「徐廣曰壬辰」是也。《十二諸侯年表》共和元年亦當有「徐廣曰庚申」字，今刊本乃於最上添一格書干支，而删去徐廣注，讀者遂疑爲史公本文，曾不檢照後二篇，亦太疏矣。攷徐注之例，唯於每王之元年記干支。此表每十年輒書「甲戌」、「甲申」、「甲午」、「甲辰」、「甲寅」、「甲子」字，不特非史公正文，并非徐氏之例，其爲後人羼入鑿鑿可據。且史公以太陰紀年，故命太初之元爲閼逢攝提格，依此上推共和必不值庚申，則庚申爲徐注又何疑焉？

角里先生

《吴郡志・人物門》云：「前漢角里先生，吴人。《史記正義》引周樹《洞歷》云：『姓周，名術，字元道，太伯之後。漢高帝時與東園公、綺里季、夏黄公俱出，定太子，號四皓。』《史記正義》：『角里先生一號霸上先生。』又云：『今太湖中洞庭山西南中有禄里村是。』」《史記正義》。今《史記》南北雍刻於《留侯世家》但載《索隱》説，以周術爲河内軹人，初不載《正義》之文，蓋《正義》之散落多矣。圈稱《陳留耆舊傳自序》：圈公爲秦博士，避地南山，惠太子以爲司徒，至稱十一世。洪氏《隸釋》有「圈公神坐」、「圈公神祚机」，此即四皓之東園公也。《會稽典録》載虞仲翔云：「鄞大里黄公潔己暴秦之世，高祖即阼不能一致；惠帝恭讓，出則濟難。」此即四皓之黄公也。稱漢人，自述其先代：仲翔生於漢末，追溯鄉哲所言，皆當不妄。而《索隱》止載東園公姓庾，夏黄公姓崔，於圈氏、虞氏説置而不取。愚謂四皓之姓名里居，太史公既無明文，安知庾、崔之必是，而圈、黄之必非乎？安知周術之必居河内而不居吴乎？《史記正義》失傳，宋人合《索隱》、《正義》兩書散入正文之下，妄加删削，使後人不得見守節真面，良可嘆也。

司馬貞

司馬貞、張守節二人新、舊《唐書》皆無傳。守節《正義序》稱「開元二十四年八月殺青斯竟」，而貞前後序不見年月。按《唐書·劉知幾傳》：「開元初，嘗議《孝經》鄭氏學非康成注，當以古文爲正；《易》無子夏傳；《老子》書無河上公注，請存王弼學。宰相宋璟等不然其論，奏與諸儒質辨。博士司馬貞等阿意，共黜其言，請二家兼行，唯子夏《易傳》請罷。詔可。」今《補史記序》自題「國子博士宏文館學士」。❶唐制宏文館皆以它官兼領，五品以上爲學士，六品以下曰直學士。國子博士係正五品上，故得學士之稱。神龍以後避孝敬皇帝諱，或稱「昭文」，或稱「修文」。開元七年仍爲「宏文」。以題銜驗之，貞除學士當在開元七年以後也。《高祖本紀》「母劉媪」，《索隱》云：「近有人云『母温氏』，貞時打得班固《泗水亭長古碑》，其字分明作『温』字，云『母温氏』，貞與賈膺復、徐彦伯、魏奉古等執對反覆沈歎。」「膺復」當是「膺福」之譌，先天二年爲右散騎常侍昭文館學士，以預太平公主逆謀誅。見《唐書·公主傳》。今河内縣有《大雲寺碑》即膺福書也。徐彦伯卒於開元二年。見《唐書》本傳。貞與賈、徐諸人談議當在中、睿之世，計其年輩蓋在張守節之前矣。《唐書·藝文志》又稱貞開元潤州別駕，蓋由文館出爲別駕，遂蹭蹬以終也。

吴楚通稱

《吴王濞列傳》：「吴太子師傅皆楚人，輕悍。」吴之師傅當是吴人，而《史》稱楚者，戰國時吴越地皆并於楚。漢初承項羽之後，吴、會稽皆項羽故地，故上文云「上患吴、會稽輕悍」，此云「楚人輕悍」，吴楚異名，其實一也。朱買臣，吴人，而《史》稱「楚士」，與此傳同。

❶「宏」，避清高宗弘曆諱，當作「弘」。以下同此者，不再一一出校。

漢書景祐本

予撰《漢書攷異》，謂《哀帝紀》「元壽二年春正月」，「元壽」二字衍文。《景武昭宣元成功臣表》「孝成五人」，「成鄉」當作「成都」，「樂成」下衍「龍」字。《百官公卿表》寧平侯張歐，「寧」當作「宣」； 俞侯樂賁，「樂」當作「欒」； 安年侯王章，「年」當作「平」； 平喜侯史中，「喜」當作「臺」； 廣漢太守孫寶，「寶」當作「竇」。《五行志》「能者養之以福」，「之以」當作「以之」。《地理志》「逢山長谷諸水所出」，「諸」當作「渚」；「博水東北至鉅定」，「博」當作「時」。《張良傳》「景駒自立爲楚假王，在陳留」，「陳」字衍。《枚乘傳》「凡可讀者，不二十篇」，「不」當作「百」。《韓安國傳》「梁，城安人也」，「城」當作「成」。《韋賢傳》「晝爲亞人」當作「亞」。《佞幸傳》「龍雒思侯夫人」，「雒」當作「額」。 頃見北宋景祐本，此十數處皆與予說合。景祐本後題「二年九月校書畢，凡增七百四十一字，損二百一十二字，改一千三百三字」。

地理志譌字

「自東井六度至亢六度，謂之壽星之次」，「東井」當作「軫」。「自危四度至斗六度，謂之析木之次」，「危」當作「尾」。

臣瓚晉灼集解

《隋書·經籍志》：「《漢書集解音義》二十四卷，應劭撰。」按顏氏《漢書敘例》云：「有臣瓚者，莫知氏族，攷其時代亦在晉初。總集諸家音義，稍以己之所見續厠其末，凡二十四卷，分爲兩帙。今之《集解音義》則是其書，而後人見者不知臣瓚所作，乃謂之應劭等《集解》。王氏《七志》、阮氏《七略》並題云然，❶斯不審耳。」依小顔説，知《隋志》所載即臣瓚所集，非出於應劭一人。《隋志》多承阮《録》舊文，則應劭下當有「等」字，殆傳寫失之也。晉灼《集解》十四卷不載於《隋志》，則師古所謂「東晉迄於梁、陳，南方學者皆未之見」，王、阮既未著録，故《隋志》亦遺之也。

漢書注本始于東晉

《漢書敘例》云：「《漢書》舊無注解，唯服虔、應劭等各爲音義，自别施行。至典午中朝，爰有晉灼集爲一部，凡十四卷，號曰《漢書集注》。屬永嘉喪亂，金行播遷，南方學者皆弗之見。有臣瓚者，莫知氏族，攷其時代，亦在晉初，又總集諸家音義，稍以己之所見續厠其末，凡二十四卷，分爲兩帙。蔡謨全取臣瓚一部散入《漢書》，自此以來始有注本。」據此知不獨服虔、應劭音義各自單行，即晉灼、臣瓚兩家亦不注于本文之下，直至蔡謨乃取臣瓚書散入《漢書》。謨固東晉人也。小顔所注蓋依蔡本，而稍采它書附益之。

後漢書注攙入正文

《郭太傳》「初太始至南州」以下七十四字，本章懷注引謝承《後漢書》之文，今誤作大字溷入正文。予嘗見南宋本及明嘉靖己

❶「略」，據《漢書敘例》當作「録」。

西福建本，皆不誤。蔚宗書避其家諱，於此傳前後皆稱林宗字，不應忽爾稱名，且其事已載《黄憲傳》，毋庸重出也。

張　堪

張衡之祖父堪，蜀郡太守，列傳第二十一卷所稱「張君爲政，樂不可支」者，即其人也。彼傳云南陽宛人，此云南陽西鄂人，縣名小異，郡望無改。何屺瞻謂别是一人，非也。

章懷注多譌字

《和帝紀》注引《説文》「肈，音大可反」，「大可」當作「直小」。

《李通傳》注引謝承《書》「安衆侯劉崇」，「崇」當作「寵」。

《馬援傳》注「父仲又嘗爲牧帥令」，「帥」當作「師」。

《馮衍傳》注「曲陽，縣名，故城在今定州故城縣西」。案：唐定州無故城縣，蓋鼓城之譌。毛本作彭城縣。「彭」與「鼓」字形相涉而譌。

《度尚傳》「椎髻鳥語之人」，注引《書》曰「島夷卉服」。「島」當作「鳥」。《禹貢》「島夷」，《漢書・地理志》作「鳥夷」，鄭康成傳《尚書》本亦是「鳥」字，故章懷引以注「鳥語之人」文。校書者誤依今《禹貢》本改之，非章懷之誤也。

王　充

《王充傳》：「充少孤，鄉里稱孝。」按

《論衡·自敘篇》云：「六歲教書，有巨人之志。父未嘗笞，母未嘗非。」不云「少孤」也。其答「或人之嘲」稱「鮌惡禹聖，叟頑舜神。顔路庸固，回傑超倫。孔墨祖愚，丘翟聖賢」，蓋自居于聖賢而訾毁其親，可謂有文無行，名教之罪人也。充而稱孝，誰則非孝？

陳蕃傳二郡字

《陳蕃傳》：「時小黄門趙津、南陽大猾張汜等奉事中官，乘埶犯法。二郡太守劉瓆、成瑨考案其罪。」史所稱「二郡」謂太原太守劉瓆案趙津、南陽太守成瑨案張汜也。據《王允傳》稱「小黄門晉陽趙津」，晉陽者，太原屬縣，故瓆得案其罪。此傳「小黄門」下無「晉陽」字，則「二郡」文不可通矣。

孔融傳誤

《孔融傳》建安五年「南陽王馮、東海王祗薨」注：「並獻帝子。」案：東海王祗乃東海王彊之元孫，非獻帝子，且立四十四年而薨，初非沖幼，此傳殆誤矣。獻帝子見於紀者有東海王敦，東海疑北海之譌，説見《攷異》。敦以建安十七年封，其時融已殁矣。蔚宗雜采它書，往往自相乖戾如此。

許慎傳漏略

《儒林·許慎傳》太疏略。敘其歷官，但云「爲郡功曹，舉孝廉，再遷除洨長，卒于家」，不言仕于何朝。今按《説文·自序》

云：「粤在永元困敦之年，孟陬之月朔日甲申」，是其著《説文》在和帝永元十二年庚子歲也。其子沖於安帝建光元年辛酉上書，稱「臣父故太尉南閣祭酒」，又云「今慎已病」，則太尉南閣祭酒乃其所終之官也。《説文》引漢人説皆直稱其名，唯賈逵稱「賈侍中」而不名。沖上書云：「慎本從逵受古學，博問通人，攷之於逵，作《説文解字》。」是慎爲賈逵弟子無疑。漢儒最重師承，而史略不及之，此其疏也。攷《賈逵傳》：永元三年爲左中郎將，八年復爲侍中騎都尉，十三年卒。是慎撰《説文》時逵尚無恙，其爲太尉南閣祭酒亦當在永元時。攷《和帝紀》：永元五年，太尉尹睦免，而張酺代之。十二年酺免，而張禹代之。延平元年，禹遷太傅，而徐防代之。是慎爲南閣祭酒時府主非張酺即張禹也。沖上書又言慎前以詔書校東觀，教小黄門孟生、李喜等，此事亦當見于傳。

司馬彪續漢書志附范史以傳

劉昭《注補後漢志》三十卷，本自單行，與章懷太子所注范《史》九十卷各别。其併於范《史》實始於宋乾興元年，蓋因孫奭之請。今北宋槧本前載乾興元年十一月十四日牒，具列奭奏，其略云：范氏作之於前，劉昭述之於後。始因亡逸，終遂補全。綴其遺文，申之奥義。蓋誤以《志》爲蔚宗作，不知昭《序》已明言司馬紹統矣。昭本注范《史》紀傳，又取司馬氏《續漢志》兼注之，以補蔚宗之闕，故於卷首特標注補明非蔚宗元文也。厥後章懷太子别注范《史》，而劉《注》遂廢。惟《志》三十卷，則章懷以非范氏書，故注不及焉，而司馬、劉二家之書幸得傳留至今。然司馬史實名《續漢書》，劉氏以補范闕，因冒《後漢》之名。今既與范《史》並列學官，謂宜改題《續漢志》，以復紹統舊名，且訂宋明刊本沿襲之失。

安縣即婁縣之譌

《續漢書・郡國志》：「吳郡有安縣。」攷前書、晉、宋《志》皆無之，此志亦不載何年置，前無所承，後無所并，疑即「婁」之壞字。因「婁」譌爲「安」，校書家不能是正，疑有脱漏，又增「婁」於無錫之後，并改十二城爲「十三」。盧熊《蘇州府志》謂「東漢省錢唐而增安縣」，又謂「建安中，孫權以安縣屬屯田典農校尉」，當在無錫以西。然沈約《志》初無以安屬屯田典農校尉之説，未審盧氏何據，大約後人臆造耳。監本無「婁」字，新刊本依宋本增之。其實宋本未必是，監本未必非也。《漢志》婁縣下云：「有南武城，闔閭所築以備越。」《續志》安縣下注：「《越絶》云：『有西岑冢，越王孫開所立，以備春申君，使其子守之。子死，遂葬城中。』」兩縣俱有備越遺迹，益信安與婁非二地矣。

平原有西平昌縣

予校《郡國志》，至樂安國下云「高帝西平昌置爲千乘」，疑「西平昌」三字爲衍文。及讀《宦者傳》「彭愷爲西平昌侯」，注云：「西平昌在平原郡。」又《晉志》平原國有西平昌縣，乃知西平昌實平原屬縣，因樂安與平原文相次，遂錯入注中，當改作大字移於平原郡諸縣之末。已載其説於《廿二史攷異》矣。今檢漢碑，又得一證：《魯峻碑》陰有「門生平原西平昌王端子行」一人，此以漢人述漢郡縣，尤可信吾言之非妄。

永憙年號

史繩祖《學齋占畢記》：淳熙二年，邛州蒲江縣上乘院僧築殿，斸地得古甕，其封石作兩闕狀，有文二十九字，云：「永憙元年二月十二日蜀郡臨邛漢安鄉安定里公乘校官掾王幽字珍儒。」繩祖之大父勤齋先生子堅跋云：永憙之號，不見于史。按：沖帝即位改元，史傳相承以爲永嘉。「憙」之與「嘉」，文字易貿亂，一年而改，見於它文者幾希，非此刻出，於今日孰知漢沖帝永嘉之爲「永憙」也？

三國志注誤入正文

《魏志・王肅傳》評末云：「劉寔以爲肅方於事上而好下佞己，此一反也。性嗜榮貴而不求苟合，此二反也。吝惜財物而治身不穢，此三反也。」陳少章謂劉寔以下當是裴氏注，《譙周傳》評後注引「張璠以爲」云云，與此正同。肅爲晉武帝外王父，史臣於本傳略無貶詞，豈應於評中更摭其短乎？予攷承祚諸評，文簡而要，從未引它人説，少章之言是也。

《蜀志・楊戲傳》載《季漢輔臣贊》，其有贊而無傳者附注爵里於下，注亦承祚本文也。最後有云：「《益部耆舊雜記》載王嗣、常播、衛繼三人，皆劉氏王蜀時人，故録于篇。」此二行及王、常、衛三傳皆裴松之注，今刊本皆升作大字，讀者亦仍爲承祚正文則大誤矣。承祚作《益部耆舊傳》見于《晉書》本傳及《隋經籍志》，若《雜記》則《隋志》無之，或云陳術撰，亦必晉人，不應承祚遽引其書。蓋裴氏於李孫德、李偉南二人注下既各引《雜記》以補本注之闕，而王嗣等三人姓名不見於承祚書，故附録以博異聞，此亦裴注之恒例。今承譌已久，特爲辨正以諗讀史者。

徐詳當有傳

《吴志》是儀、胡綜二人同傳。《綜傳》末云：「徐祥者，吴郡烏程人也，先綜死。」陳少章云：承祚書凡不立傳而附見它傳者，雖事迹可稱，評皆不及之。今綜次於儀，詳又附《綜傳》，而評云「是儀、徐詳、胡綜皆孫權時幹興事業者也」。又云「儀清恪貞素，詳數通使命，綜文采才用，各見信任」。攷詳通使曹公，唯一見《孫權傳》，如陳氏之評則固屢奉使稱旨矣。評先詳後綜，其非附見《綜傳》可知。無傳有評，似乖史例。意詳自有傳，而偶逸之。《綜傳》末數語則出自後人附益也。據《綜傳》，孫權立解煩兩部，詳領左都督。又《江表傳》，詳嘗以侍中偏將軍爲節度官，典掌軍事，亦可略見其幹略矣。

新晉書

唐太宗貞觀十八年，以前後晉史十有八家，制作雖多，未能盡善，乃勑史官更加纂録，而晉宣、武二帝紀，陸機、王羲之二傳論出太宗自撰，故卷首題「御撰」，而不列史臣之名。然當時王隱、何法盛、臧榮緒諸家之書具在，故劉知幾《史通》有《新晉書》之稱。《尚書正義》所引《晉書》，今本無之，當是臧榮緒書也。李善注《文選》備引諸家《晉書》，而不及御撰之本，迨安、史陷兩京，故籍散亡，唯存貞觀新撰書，後世遂不知有《新晉》之名矣。

晉書敘例

《晉書》紀、志、列傳、載記百三十卷之外，別有《敘例》一卷、《目録》一卷。今《目録》猶存，而敬播所撰《敘例》久不傳矣。其見于《史通》者，一云「凡天子廟號唯書于卷末」，一云「班《漢》皇后除王吕之外，不爲作傳，並編敘行事寄出《外戚篇》」，一云「坤道卑柔，中宫不可爲紀，今編同列傳以戒牝雞之晨」。

新舊晉書不同

《舊晉書》無劉伶、畢卓傳，《新書》始增之。

劉遺民、曹纘皆于檀氏《春秋》有傳，今《晉書》無其名。

晉武庫失火、漢高祖斬蛇劒穿屋而飛，本出劉敬叔《異苑》，蕭方等《三十國春秋》始采之，《新晉書》亦采焉。

劉知幾云：「晉世雜書若《語林》、《世説》、《幽明録》、《搜神記》，皇朝新撰《晉史》多采以爲書。夫以干、鄧之所糞除，王、虞之所糠粃，持爲逸史，用補前傳，雖取悦于小人，終見嗤于君子矣。」

晉僑置州郡無南字

晉南渡後，僑置徐、兖、青諸州郡於江淮閒，俱不加「南」字。劉裕滅南燕，收復青、徐故土，乃立北青、北徐州治之，而僑置之名如故。其時兖境亦收復，不別立北兖州，但以刺史治廣陵，或治淮陰，而遥領淮北實郡。義熙末，乃以兖州刺史治滑臺，而二兖始分，然僑立之州猶不稱「南」。至永初受禪以後，始詔除「北」加「南」，此詔載於《宋書》本紀，可謂信而有徵矣。《宋書·州郡志》謂晉成帝立南兖州寄治京口，時又立南青州及并州，此據後來之名追稱之，非當時已稱南兖、南青也。乃《晉書·地理志·兖州篇》謂明帝以郗鑒爲刺史，寄居廣陵，後改爲南兖州，則甚誤矣。攷東晉之世，徐、兖二州刺史或分或合，自郗鑒以後領兖州刺史者紀傳一一可攷，曷嘗有稱南兖州者乎？《徐州篇》云：元帝「以江乘置南東海、南琅邪、南東平、南蘭陵等郡，分武進，立南彭城等郡屬南徐州，又置頓邱郡屬北徐州。明帝又立南沛、南清河、南下邳、南東莞、南平昌、南濟陰、南濮陽、南太平、南泰山、南濟陽、南魯等郡以屬徐、兖二州」，此皆誤采《宋志》之文，而不知晉時本無「南」字，元帝渡江之始未嘗有北徐州也。史家昧於地理，無知妄作，未有如《晉志》之甚者。

晉書沿襲之誤

《地理志·司州篇》「僑立河東郡，統安邑、聞喜、永安、臨汾、恒農、譙、松滋、大戚八縣」。大戚者，廣戚也。據《宋書・州郡志》。《青州篇》「分城陽之黔陬、壯武、淳于、昌安、高密、平昌、營陵、安邱、大、劇、臨朐十一縣爲高密國」。大，亦縣名，即東莞之廣縣也。隋人避煬帝諱，改「廣」爲「大」，唐初史臣不能更正，遂若晉人預避隋諱，此可噴飯矣。營陵、安邱、廣、劇、臨朐五縣皆屬東莞，不屬城陽，《志》以此十一縣皆屬城陽亦誤也。《徐州篇》載明帝立南太平、南泰山等郡，攷晉時無太平郡，蓋廣平之譌。《宋志》謂「永初郡國有廣平郡，寄治丹徒，後省爲縣，屬南太山者」是也。此亦沿襲隋諱，改「廣」爲「大」，後來校書者又妄改作「太」耳。《隋書・地理志》敦煌郡有大至，即廣至也。宣城郡有大梁，即廣梁也。大德，即廣德也。

濟陽乃濟陰之譌

《地理志》：「濟陽郡，漢置，統縣九：定陶、乘氏、句陽、離狐、宛句、已氏、成武、單父、城陽。」當作「成陽」。攷漢所置郡無濟陽，蓋濟陰之譌。《宋志》：「南濟陰太守二，漢、晉屬兗州，領成武、冤句、「冤」與「宛」同。單父、城陽四縣。」永初郡國又有句陽、定陶，可證此「濟陽」爲譌字。又列傳「卞壼，濟陰冤句人」，杜元凱《左傳注》「曹國，今濟陰定陶縣」，則此九縣屬濟陰益無可疑矣。但晉時自有濟陽郡。《宋志》謂「晉惠分陳留爲濟陽國」者是也。《晉志》以《太康地志》爲斷，故不列濟陽之名。濟陽所領縣今亦無攷。要之濟陰自濟陰，濟陽自濟陽，不可混而爲一。《志》既不書惠帝分濟陽，似史臣竟誤仞濟陰爲濟陽，非由傳寫之失也。

樂安國鄒縣

《晉志》樂安國有鄒縣，當是梁鄒縣，史誤脱「梁」字。《日知録》攷之甚詳。

吴興郡脱一縣

陽羨縣，前漢屬會稽，後漢屬吴郡，吴孫皓改屬吴興。《晉志》吴興郡統縣十，不及陽羨者，漏也。後有「吴興之陽羨」語可證。《周處傳》「義興陽羨人」，義興郡因處子玘起義而立，處生前未有此郡，當書吴興爲正。

西郡非漢置

涼州有西郡，「漢置，統縣五：日勒、删丹、仙提、萬歲、蘭池。」按：司馬彪《郡國志》日勒、删丹屬張掖郡，是此郡由張掖分，而漢末不聞有西郡之名，即《總序》所述漢魏增置亦無之。

青州脱北海郡

《地理志》青州無北海郡，而有濟南郡，「統縣五：平壽、下密、膠東、即墨、祝阿。」按：漢之濟南治東平陵，領縣十四，與此所領無一同者。杜元凱《左傳集解》皆以晉郡縣證古地名，濟南有歷城、平陵、於陵、濕陰、祝阿諸縣，而平壽、即墨自屬北海，與此志相校唯有祝阿一縣相合，餘皆乖錯。又《武帝紀》，泰始元年封皇從叔父遂爲濟南王、淩爲北海王。兩郡同時建國，不聞并北海入濟南，《志》殆誤矣。《宋書·州郡志》：「濟南太守領歷城、朝陽、著、土鼓、逢陵、平陵六縣。」唯土鼓、逢陵二縣下云「晉無」，則歷城諸縣皆晉所有也。朝陽縣下云「晉曰東朝陽，《太康地志》屬樂安」，則歷城諸縣仍屬濟南也。又「北海太守領都昌、膠東、劇、即墨、下密、平壽六縣」，唯劇縣下云「晉《太康地志》屬琅邪」，今《志》屬東莞。其餘五縣不云改屬，則晉時平壽諸縣仍屬北海也。杜元凱生于晉世，沈休文去晉未遠，故當取以爲信。蓋濟南郡領歷城、著、平陵、於陵、祝阿諸縣，北海郡領平壽、下密、膠東、即墨、都昌諸縣。北海都昌縣見《左傳注》。史家不知文字爛脱，乃以北海屬縣入之濟南，後人遂謂晉以平壽爲濟南郡治，于欽引《輿地記》。豈其然乎？

濟岷郡

濟南郡下又云：「或云『魏平蜀，徙其豪將家於濟河北，故改爲濟岷郡』，而《太康地理志》無此郡名，未之詳。」予謂此條亦《晉志》之誤。攷《宋志·南兖州篇》云：「濟岷郡江左立。領營城、晉寧，江左立。凡二縣。」蒙上永初郡國之文，是濟岷郡本江左所立，而宋初尚有此郡也。又稱何《志》有平原郡，領茌平、臨菑、營城、平原四縣。《起居注》：元嘉十一年以平原之濟岷、晉寧併營城。先是省濟岷郡爲縣。是濟岷郡廢爲縣，并所領二縣改隸平原，在元嘉十一年以前也。又稱徐《志》有南東平郡，領范、朝陽、歷城、樓煩、陰觀、廣武、茌平、營城、臨菑、平原十縣，是元嘉以後又并平原郡及所領縣入南東平郡也。又稱孝武大明五年以東平併廣陵，則并南東平之名亦不存矣。濟岷一郡僑置并合之迹，《宋志》歷歷可攷，修《晉史》者采無稽之談，不一檢照正史，甚矣其無識也。濟岷郡本江左立，則《太康地志》自不應有此郡，而「徙蜀豪家」之説不辨而知其誣矣。

豫州之沛郡

《蔡謨傳》：「拜征北將軍，都督徐兖青三州、揚州之晉陵、豫州之沛郡諸軍事，領徐州刺史。」按蔡謨領徐州刺史不見于《成帝紀》。《紀》書郗鑒薨于咸康五年八月，謨爲鑒軍司，即代鑒任，必在是年秋冬間矣。《宋志》南兖州沛郡下云：「舊屬豫州，江左分配。」案：成帝咸康七年四月實編户，王公以下皆正土斷白籍。沛郡改配徐州當在咸康七年以後，故《蔡謨傳》猶繫豫州也。

幽州之燕國

《謝安傳》：「領揚州刺史，加侍中，都督揚豫徐兖青五州、幽州之燕國諸軍事。」《謝元傳》：「都督徐兖青三州、揚州之晉陵、幽州之燕國諸軍事。」江左僑置燕國唯見此二條，而《地理志》未之及焉。攷《宋書・州郡志》南徐州淮陵下云「永初郡國又有下相、廣陽二縣」，廣陽當是燕國屬縣，義熙土斷後省燕國并入淮陵郡也。

内史太守互稱

漢制，諸侯王國以相治民事，若郡之有太守也。晉則以内史行太守事，國除爲郡，則復稱太守。然二名往往混淆，史家亦互稱之。如《元帝紀》：太興元年「改丹陽内史爲丹陽尹」。攷丹陽未嘗爲王國。《地理志》：「元帝改丹陽太守爲尹。」《薛兼傳》：「拜丹陽太守，中興建轉尹。」則《元帝紀》誤矣。王曠亦丹陽太守，見《陳敏傳》。而《顧榮傳》以爲内史，其誤與《元帝紀》同。它如陸雲稱清河内史，本傳。亦稱太守；陸氏《異林》。桓彝稱宣城内史，《成帝紀》及本傳。亦稱太守；桓温、蘇峻諸傳。蘇峻稱歷陽内史，本傳。亦稱太守；《成帝紀》。孫默稱琅邪太守，《元帝紀》。亦稱内史；《石勒載記》。周廣稱豫章内史，《元帝紀》。亦稱太守；《華軼傳》。王承稱東海太守，《王湛傳》。亦稱内史：《名士傳》。此類譌混相承，史家不能釐而正之也。

沙門入藝術傳始于晉書

後漢明帝時佛法始入中國，然中國人無習之者。晉南渡後，釋氏始盛。宋文、梁武之世緇流有蒙寵幸者，然沈約、姚思廉之史不爲此輩立傳。至《晉書·藝術傳》乃有佛圖澄、僧涉、鳩摩羅什、曇霍四人，皆在僭僞之朝，與晉無涉，而采其誕妄之迹闌入正史，唐初史臣可謂無識之甚矣。

列　女

《晉書》以僭僞諸國别爲載記，前涼張氏、西涼李氏不失臣節仍歸列傳，此史例之善者也。至如劉聰妻劉、苻堅妾張、苻登妻毛、慕容垂妻段等守義不污，自當附于載記。其家既非晉臣、又非晉詔所褒，以風馬牛不相及之人與中邦巾幗同爲一科，於限斷之法何在？敬播諸人難免師心自用之譏矣。張天錫、李暠本爲晉臣，其妻妾入于晉之《列女》，是爲允當，不當與劉、苻、慕容一概而論也。

嘉祐校七史

《長編》：嘉祐六年八月庚申，詔三館祕閣校宋、齊、梁、陳、後魏、後周、北齊七史，書有不完者訪求之。今世所傳皆出于嘉祐校刊之本。《魏書》每卷末間有史臣校訂語，它史無之，蓋後來失去。

南齊書序録

《南齊書》有《序録》一篇。劉知幾云：「沈《宋》之《志序》、蕭《齊》之《序録》，雖皆以『序』爲名，其實例也。」今沈約《志序》尚存，蕭子顯之《序録》不復見矣。

《後魏》、《北齊》兩書皆有《例》。劉知幾云：「魏收作《例》，全取蔚宗。貪天之功，以爲己力。」又引百藥《齊書例》云：「人有本字行者，今並書其名。」

諸史殘闕

《宋書》闕《到彦之傳》，見《書録解題》，蓋宋本已然。

《南齊書・州郡志》、《桂陽王鑠》、《徐孝嗣》、《高麗傳》各闕一葉。

《魏書・地形志二》下卷有闕字。

《北史・魏孝文六王傳》廣平王懷全篇闕佚，僅存卅二字。汝南王悦篇亦多脱文。京兆王愉之子爲西魏文帝、清河王懌之孫爲東魏孝静帝，而《傳》末皆不見其名，知此卷文字脱漏多矣。

《邢卲傳》内自「請置學」至「累遷尚書令加侍中」，凡六百六十七字皆《李崇傳》文誤入。

緹裙

《南齊書・始安王遥光傳》：「緹裙可望，天路何階？」「裙」當作「群」。《續漢書・五行志》：「王莽末，天水童謡曰：『出吴門，望緹群，見一蹇人，言欲上天。令天可上，地上安得民？』時隗囂起兵天水，欲爲天子，遂破滅。」囂少病蹇。吴門，冀郭門名也。緹群，山名也。遥光亦病躄，故以隗囂況之。《郡國志》天水郡冀縣有緹群山。

夷齊字誤

《南史・明山賓傳》：「昭明太子贈詩曰：『平仲古稱奇，夷齊昔擅美。令則挺伊賢，東秦固多士。』」孫頤谷志祖。《讀書脞録》据《梁書》「夷齊」作「夷吾」正其誤，當矣。又謂東秦當作東齊，則誤甚。《漢書·高帝紀》：「田肎言秦得百二，齊得十二。」此東西秦也，後人因稱齊地爲東秦。

官名地名從省

六朝人稱黄門侍郎、散騎常侍爲「黄散」，《晉書·陳壽》、《王敦傳》。祕書、著作郎爲「祕著」，《南史·郭原平傳》。驍騎、游擊將軍爲「驍游」，《南史·何戢傳》。中書、祕書爲「中祕」，《北史·伊馛傳》。中軍、鎮軍、撫軍將軍爲「中鎮撫」，領軍、護軍爲「領護」，《南齊書·百官志》。此官名之割裂而無義者也。稱盧江、九江爲「盧九」，《晉書》伏滔《正淮論》、《宋書·志序》。零陵、桂陽爲「零桂」，《吴志·步騭吕蒙朱治傳》、《宋書·志序》。棘門、霸上爲「棘霸」，潘岳《西征賦》。犍爲、牂柯爲「犍牂」，左思《蜀都賦》。犍爲、廣漢爲「犍廣」，常璩《華陽國志》。建安、晉安爲「建晉」，《陳書·蕭乾傳》。會稽、山陰爲「稽陰」，《陳書·褚玠傳》。河間、東平爲「間平」，《南史·梁宗室傳論》。定襄侯祇、衡山侯恭爲「衡定」，《南史·張纘傳》。此地名之割裂而無義者也。

唐人稱拾遺、補闕曰「遺補」。《唐書·温造傳》。

宋人稱節度、觀察爲「節察」，防禦、團練爲「防團」，節度、觀察掌書記、支使爲「支掌」，《職官志》。提刑、轉運爲「提轉」。見《涑水紀聞》。

金人稱防禦、刺史爲「防刺」。《金史·宣宗紀》。

唐人稱咸陽、華原爲「咸華」。杜子美詩。

元人稱慶元、紹興爲「慶紹」。《海運圖石刻》。

新唐書明皇二十九女

《唐書・公主傳》「明皇帝二十九女」，吴氏糾其謬，謂公主數多一人，然不言所多何人。予考傳載明皇諸女中，有普康公主蚤薨，咸通九年追封。咸通，懿宗年號也，以明皇女而追封於懿宗之世，殊爲不近情理。攷懿宗八女中正有普康公主，傳不著其封年。乃悟咸通九年追封者必是懿宗女，非明皇女也。若去此一人，正合二十九之數。然史文踳駮至此，校刊諸臣固難逭其責矣。

本紀一事重書而年月違錯

《德宗紀》貞元十七年「嘉王運薨」，而《文宗紀》開成三年八月又書「嘉王運薨」。《憲宗紀》元和十年「丹王逾薨」，而《穆宗紀》元和十五年二月又書「丹王逾薨」。此兩王之薨年必有一誤，而吴氏《糾謬》不及焉。予攷宋敏求《唐大詔令》載寶歷元年正月《南郊赦文》云：「亞獻嘉王運，終獻循王遹，各賜物一百匹。」則寶歷初運尚無恙，謂卒於貞元十七年者誤矣。《丹王逾傳》稱「元和十五年薨」，與《穆宗紀》同，則《憲宗紀》書于十年者誤。

宗室世系表脱漏

《唐大詔令》載元微之撰《嗣虢王溥太僕少卿制》、錢珝撰《宗正卿嗣鄭王遜大理卿制》，此兩嗣王之名《宗室世系表》皆闕而不載。蓋唐中葉以後，宗室嗣王入仕之途益狹，譜牒散亡，史家無所徵信矣。

德王裕本名佑

吴氏譏昭宗子裕，《紀》書「祐」爲誤。按《唐大詔令·乾寧四年正月制》：「德王佑，朕之元子，可册爲皇太子，仍改名裕。」是初封德王時正名佑，《紀》本不誤，但傳失書「改名」一節耳。「祐」「佑」偏旁小異，古書本可通用，吴不攷而妄糾之。

彭王愓

憲宗子《彭王愓傳》：「乾寧中，韓建殺之石隄谷。」按愓爲憲宗子，自元和十五年庚子憲宗崩，至乾寧四年丁巳韓建殺諸王，相距七十八年，即使愓尚在，豈復能領兵乎？《昭宗紀》不書彭王名，當是愓之後嗣王者，《傳》輒以愓當被殺諸王之一，恐未可信。

通王滋

《宣宗諸子傳》：「通王滋，會昌六年始王夔。懿宗立，徙王。昭宗乾寧三年，詔滋與諸王分統安聖奉宸保寧安化軍，衛京師，爲韓建所殺。」按《懿宗紀》：「咸通四年八月，夔王滋薨。」是滋薨於懿宗之世，未嘗徙封通王也。若昭宗時領侍衛軍爲韓建所殺者乃通王滋，非夔王，兩王名偶相同，豈可傳會爲一人？予謂建所殺者當是德宗子通王諶之後嗣封者，史臣不能深攷，妄意夔王有徙封之事，失其實矣。

沂王禋

《昭宗紀》稱韓建殺通王滋、沂王禋、韶王、彭王、嗣韓王、嗣陳王、嗣覃王嗣周、嗣延王戒丕、嗣丹王允，凡九王。《宣宗諸子傳》則云十一王，謂通王滋與睦、濟、韶、彭、韓、沂、陳、覃、延、丹十王也。《紀》無濟、睦二王。諸王皆疎屬，史家失其系冑，獨沂王禋爲昭宗子，而《昭宗諸子傳》不言禋爲韓建所殺。且昭宗諸子禋次居六，其時必未典兵，何故爲建所忌？又建所殺者十六宅諸王耳，昭宗子必不在十六宅，就令有出居者，亦不應獨禋一人。《紀》書沂王禋被殺事，殊未可信。《舊史·昭宗紀》有儀王無沂王，疑沂乃儀之譌，《新紀》又妄益「禋」字耳。

宋景文識見勝於歐公

《唐書》歐陽修撰本紀、志、表，宋祁撰列傳。後世重歐陽公之名，頗惜列傳不出公手。予讀《儒學傳·啖助論》云：「啖助在唐名治《春秋》，摭詘三家，不本所承，自用名學，憑私臆決，尊之曰孔子意也，趙、陸從而唱之，遂顯于時。嗚呼，孔子没乃數千年，助所推著果其意乎？其未可必也。以未可必而必之，則固；持一己之固而倡兹世，則誣。誣與固君子所不取，助果謂可乎？ 徒令後生穿鑿詭辨，詬前人，捨成説，而自謂紛紛，助所階已。」此等議論歐陽所不能道。歐陽之時《童子問》正宋所譏「捨成説而詬前人」者也。其後王安石、鄭樵輩出，以穿鑿杜撰爲經學，詆毁先儒，肆無忌憚，景文已先見及之矣。

古律有蔭減蔭贖

唐制：　職事官三品以上、散官二品以上及爵一品者犯死罪，奏請議。此即《周禮》「議貴」之法也。其祖父母、父母、伯叔父母、姑、兄弟姊妹、妻子兄弟之子及孫犯死罪，亦得上請，其犯流罪以下減一等。文武職事五品以上、散官三品以上、勳官及爵五品以上者犯死罪，上請，其祖父母、父母、兄弟姊妹、妻子孫犯流罪以下亦減一等。七品以上官犯流罪以下減一等，其祖父母、父母、妻子孫犯流罪以下聽贖。九品以上官，本身犯流罪以下聽贖。此亦承隋舊制。《隋書·刑法志》「其在八議之科及官品第七以上犯罪，皆例減一等。其品第九以上犯者聽贖」是也。「八議」本周公之制，至是始著于律。唐宋相因，莫之或改。明《名例律》雖載「八議」之條，乃戒治獄官勿許引用，而先王忠厚之意澌滅盡矣。

加役流

唐太宗詔長孫无忌、房元齡等復定《律令》，議絞刑之屬五十，皆免死而斷右趾。其後裴洪獻又駁《律令》不便者四十餘事，遂除斷趾法爲加役流三千里居作，比古死刑殆除其半。《文獻通攷》。《唐律疏義》加役流者本是死刑，武德年中改爲斷趾，貞觀六年奉制改爲加役流。

斷屠月禁殺日

《唐律》：「諸立春以後秋分以前決死刑者，徒一年。其所犯雖不待時，若於斷屠月及禁殺日而決者，各杖六十。」《疏》云：「依《獄官令》，從立春至秋分不得奏決死刑，若犯惡逆以上及奴婢部曲殺主者，不拘此令。其大祭祀及致齋、朔望、上下弦、二十四氣、雨未晴、夜未明、斷屠月及假日並不得奏決死刑。斷屠月謂正月、五月、九月。禁殺日，謂每月十直日，月一日、八日、十四日、十五日、十八日、二十三日、二十四日、二十八日、二十九日、三十日。雖不待時，於此月日亦不得決死刑也。其正月、五月、九月有閏者各同正月，亦不得奏決死刑。」《唐會要》：「武德二年正月二十四日，詔自今以後每年正月九日及每月十齋日並不得行刑，所在公私宜斷屠釣，永爲常式。」此據《賓退録》所引。「十齋日」即《唐律疏》之「十直日」也。正月本是斷屠月，不應单舉「九日」，當是「五月九月」四字，傳寫有脱漏耳。

碑碣石獸

《唐律》：「諸毁人碑碣及石獸者，徒一年。」《疏》云：「《喪葬令》：五品以上聽立碑，七品以上立碣。」又云：「石獸，三品以上六，五品以上四。開元禮，五品以上立碑，螭首龜趺，高不過九尺；七品以上立碣，圭首方趺，趺上高四尺，其石獸等；二品當作「三品」。以上六事，五品以上四事。」

居官避家諱

《唐律·職制篇》：「諸府號官稱犯祖父名而冒榮居之者，徒一年。」《疏義》云：「府有正號，官有名稱。府號者，假若父名『衛』，不得於諸衛任官，或祖名『安』，不得任長安縣職之類。官稱者，或父名『軍』，不得作將軍，或祖名『卿』，不得居卿任之類。皆須自言，不得輒受。」

大太二字易混

唐文宗、楊溥年號皆「大和」，非「太和」也。遼道宗年號「大康」，非「太康」也。晁氏《歷代紀年》以字分類，當必不誤。今《遼史》刊本皆作「太康」，無人能正之者。

唐書

劉餗《隋唐嘉話》云：「太宗謂尉遲公曰：『朕將嫁女與卿，稱意否？』敬德謝曰：『臣婦雖鄙陋，亦不失夫妻情。臣每聞説古人語「富不易妻，仁也」，臣竊慕之，願停聖恩。』叩頭固讓，帝嘉之而止。」《資治通鑑》亦采此事，而《唐書》無之。世人每譏宋子京好采小説，而此傳不載辭尚公主事，卻有斟酌。

特勤當從石刻

《突厥傳》：「可汗者猶古之單于，其

子弟謂之特勤。」顧氏《金石文字記》歷引史傳中稱「特勤」者甚多，而涼國公《契苾明碑》「特勤」字再見，又柳公權《神策軍碑》亦云「大特勤嗢没」，斯皆書者之誤。予謂外國語言華人鮮通其義，史文轉寫或失其真，唯石刻出於當時真迹，況《契苾碑》宰相婁師德所撰，公權亦奉勅書，斷無譌舛，當據碑以訂史之誤，未可輕訾議也。《通鑑》亦作「特勤」，而《攷異》云：「諸書或作『敕勤』，今從新舊二《唐書》。」按古人讀「敕」如「忒」，「敕勤」即「特勤」。

劉禹錫傳誤

《劉禹錫傳》：「由和州刺史入爲主客郎中，復作《游元都詩》，且言始謫十年還京師，道士植桃其盛如霞，又十四年，過之，無復一存，唯兔葵燕麥動摇春風耳，以詆權近，聞者益薄其行。俄分司東都。」今以《禹錫集》攷之，《再游元都絶句》在大和二年三月，是歲歲次戊申，而自和州刺史除主客郎中分司東都則在大和元年六月，❶是分司在前，題詩在後也。以郎中分司東都，本是一事，初未到京師也。次年以裴度薦起元官，直集賢院，方得還都。《元都詩》正在此時，距元和十年乙未自朗州、被召恰十四年矣。集中又有《蒙恩轉儀曹郎依前充集賢學士舉韓湖州自代詩》，可見初入集賢猶是主客郎中，後乃轉禮部郎也。史云以薦爲禮部郎中集賢直學士，猶未甚核。至《元都詩》雖含譏刺，亦詞人感慨今昔之常情，何至遂薄

❶「主」，原誤作「庄」，據長沙本、商務本和《唐書》卷一百六十八《劉禹錫傳》改。

其行？史家不攷年月，誤仞分司與主客爲兩任，疑由題詩獲咎，遂甚其詞耳。

五代史

歐陽公《五代史》自謂「竊取《春秋》之義」，然其病正在乎學《春秋》。如《唐廢帝紀》清泰三年十一月丁酉「契丹立晉」，案：《春秋》「衛人立晉」，「晉」者，公子晉也；「立」者，立其人也。此紀石敬瑭事，當云「契丹立石敬瑭爲晉帝」方合史例，今乃襲用「立晉」之文，此《史通》所譏「貌同而心異」者也。

周世宗之才略可以混一海内，而享國短促，墳土未乾遂易它姓。洪容齋以爲失于好殺，歷舉薛史所載甚備，而歐史多芟之。容齋論史有識勝於歐陽多矣。梁起盜賊其行，事無可取，而卒以得國，容齋舉其「輕賦」一節，此憎而知其善也，誰謂小説無裨于正史哉？

周世宗兩符后

周世宗兩立皇后皆符氏。《舊五代史·后妃傳》止有宣懿皇后符氏，而於後符后則闕之。按《文獻通攷》云：「世宗後符后，宋初號周太后。太平興國中入道，號玉清仙師。未幾爲尼，賜名悟真。」此可補薛、歐二史之闕。

劉昫傳不言修唐史

予嘗疑《五代史·劉昫傳》不載修《唐書》事，後讀《義門讀書記》，謂昫在唐明宗朝爲門下侍郎，監修國史。國史即《唐書》也。義門此言，欲以彌縫歐公之闕。今攷之，殊不然。莊宗自祖父以來，附唐屬籍。滅梁之後，祀唐七廟，自稱「中興」，以《唐史》爲國史，固其宜矣。但宰相監修國史，沿唐故事，雖有監修之名，初無撰述之實。昫之監修不過宰相兼銜而已。《五代會要》：「晉天福六年二月，敕户部侍郎張昭、本名昭遠。起居郎賈緯、祕書少監趙熙、吏部郎中鄭受益、左司員外郎李爲先等修撰《唐史》，仍令宰臣趙瑩監修。其年四月緯丁憂，以吕琦爲户部侍郎，尹拙爲户部員外郎，令與張昭等同修《唐史》。開運二年，史館上新修前朝李氏書，紀、志、列傳共二百二十卷，并目録一卷。賜監修宰臣劉昫、修史官張昭、直館王申等繒綵銀幣各有差。」其云前朝李氏書者，避晉高祖嫌，名權易之耳。修《唐書》乃在後晉之世，初命趙瑩監修，瑩罷相而昫代之。何氏未攷《五代會要》，乃臆造此説耳。歐公於趙、劉二傳俱不及監修事，而於《賈緯傳》云「與修《唐書》」，蓋以監修無秉筆之職，例不當書，如《新唐書》刊修，但載歐、宋二人傳，何嘗及監修之曾公亮哉？張昭卒於宋初，不入《五代史》，故於《緯傳》見之。此史家之成例，不可議其缺漏。

十駕齋養新録卷六終

十駕齋養新録卷七

嘉定錢大昕

宋史刻本之誤

《寧宗紀》嘉定四年之後、七年之前，有三年、五年而無六年，此據武英殿刊本。竊意「三年」當是「五年」之譌，「五年」當是「六年」之譌。《宰輔表》章良能參知政事在六年，《紀》載於五年，此其一證。

瀛國公紀

《瀛國公紀》緐冗無法，蓋采訪務博而不知刪汰之失，唯《紀》末附益、衛二王事爲得之。

《瀛國公紀》：德祐元年五月，「加婺州處士何基謚文定、王柏承事郎」，此下當有「謚文憲」三字，史脱之也。兩人賜謚出于國子祭酒楊文仲之請，不應有書有不書。且《度宗紀》于景定五年曾書命何基、徐幾兼崇政殿説書矣，基雖辭不受職，亦嘗除承務郎矣。今皆不書，而但書處士，則柏亦處士也。承事之贈，當載于本傳，而傳反不書，詳略皆無當矣。若以史法言之，諸臣贈謚皆當入列傳，登諸帝紀，重複非體，且有載有不載，又難免挂一漏百之誚矣。

南渡諸臣傳不備

《宋史》述南渡七朝事叢冗無法，不如前九朝之完善，寧宗以後四朝，又不如高、孝、光三朝之詳，蓋由史臣迫於期限，草草收局，未及討論潤色之故。如《錢端禮傳》末云「孫象祖自有傳」，《王安節傳》云「節度使堅之子」，《吕文信傳》云「文德之弟」，是錢象祖、王堅、吕文德三人本擬立傳，而今皆無之，可證其潦草塞責，不全不備矣。史彌遠握權卅餘年，威燄甚於京檜，且有廢立大罪，而不預姦臣之列；鄭清之亦預廢立之謀，及端平入相，首議出師汴、洛，妄啟邊釁，遂失四蜀，宋之亡實肇於此，而本傳略不一言；至如趙范襄陽僨事、趙葵洛京覆師，傳皆諱而不書，何以彰是非褒貶之公乎？王堅守合州，蒙古傾國來攻，憲宗親臨城下，圍數月不能克，宋季武臣無出其右者，爲賈似道所忌，功大賞薄，未竟其用，而史家又不爲立傳，此可爲長太息者也。

一人重複立傳

程師孟已見列傳第九十卷，而《循吏傳》又有程師孟，兩篇無一字異。又《李光傳》末附其子孟傳事百十五言，而又别爲孟傳立傳。李熙静已見列傳第百十六，而第二百十二《忠義附傳》又有李熙靖。「靖」、「静」同音，實一人也。

編次前後失當

鄭穀、仇悆、高登、婁寅亮、宋汝爲，皆高宗朝人也，而次于光寧朝臣之後。梁汝嘉亦高宗朝人也，而與胡紘、何澹諸人同傳，且殿之卷末。權邦彦，紹興初執政也，而與趙雄、程松同卷。林勳、劉才邵，高孝時人也，而與陳仲微、梁成大、李知孝諸人同卷。皆任意編次，全無義例，不唯年代不同，抑亦賢否莫辨。予所謂南渡七朝緐冗無法者，此其一端也。

神宗謚

《宋史·神宗紀》首稱神宗紹天法古運德建功英文烈武欽仁聖孝皇帝，《東都事略·紀》首則稱體元顯道帝德王功英文烈武欽仁聖孝皇帝。黽氏《歷代紀年》同。攷《宋史·紀》：元豐八年九月，上大行皇帝謚曰「英文烈武聖孝」；紹聖二年，加謚「紹天法古運德建功英文烈武欽仁聖孝」；崇寧三年十一月，更上謚曰「體元顯道帝德王功英文烈武欽仁聖孝」；政和三年十一月，加上謚曰「體元顯道法古立憲帝德王功英文烈武欽仁聖孝」。是神宗謚凡四改。《宋史》所書者紹聖二年所上，《東都事略》、《歷代紀年》所書者崇寧三年所上也。《東都事略》則云：紹聖二年，加謚「紹天法古運德建功欽仁崇寧」；三年，加謚「紹天法古運德建功英文烈武欽仁聖孝」；政和三年，改上謚曰「體元顯道帝德王功英文烈武欽仁聖孝」，而無「法古立憲」四字。《歷代紀年》則以「體元顯道」十六字謚爲崇寧所定，而不載政和之加謚，與《宋史》皆不合。竊意太祖、太宗開創之主，謚止十六字，政和加神宗至二十字，似無此情理。王偁、黽公邁皆南宋初人，所書神宗謚亦僅十六字，則《宋史》恐未可信。且謚號當以後定者爲正，而《神宗紀》獨否，亦史例之疎也。岳珂《媿郯録》謂崇寧政和閒始用繼述、友恭之論，屢定徽稱，神宗凡一改再增，而溢於祖宗者四字，是神宗謚竟有廿字，其言與《宋史》同。

地理志之誤

建康府句容下云：「天禧四年，改名常寧。」是句容縣改名常寧也。攷《景定建康志》：句容之茅山有常寧鎮，天禧元年置。《九域志》：句容有常寧、東陽、下蜀三鎮。初不言縣有常寧之名，《志》誤。静江府義寧下云：「本義寧鎮，馬氏奏置。開寶五年，廢入廣州新會。六年復置。」《九域志》亦同。按：静江與廣州道里回遠，義寧又在静江之西北，何緣并入新會？此誤也。蓋廣州别有義寧縣，開寶五年省入新會，六年復置，太平興國元年改名信安，熙寧五年改隸新州，省入新興縣，與静江之義寧初不相涉，志家以縣名相同牽合爲一，殊可笑也。

宋南渡後與金人講和，畫淮爲界，京西路唯存襄陽、隨、金、均房、光化、信陽，秦鳳路唯存階、成、鳳、西和。即岷州。京西不復置司，但遥領於湖北路，故有「京湖」之稱。金、階、成、鳳、西和則改屬利州路。《志》但當於京西之金州，秦鳳之階、成、鳳、岷四州下各增一句云：「南渡改隸利州路。」又於岷州下增「改名西和」一句，斯明白矣。今金州已見京西南路，階、成、鳳、岷四州已見秦鳳路，而又見利州路，不唯重複，亦非史法。隨州之棗陽縣，南渡嘗升爲軍，而《志》失書。棗陽軍置于嘉定十二年，見《輿地紀勝》。

梅州本潮州程鄉縣，南漢置恭州，開寶四年改。按：《九域志》梅州僞漢敬州，與史不同，當以《九域志》爲是。宋初削平僭僞，州縣皆仍故名，此敬州當以犯廟諱特改，若本恭州則無庸改矣。史志作「恭」，乃當時史臣回避，後來失於改正耳。王象之《輿地紀勝》云：「僞漢劉氏割潮州之程鄉縣置敬州，皇朝以敬州犯翼祖諱，改名梅州。」此爲得之。

宋史褒貶不可信

《宋史》於南渡季年臣僚褒貶多不可信。如包恢知平江府，奉行公田，至以肉刑從事，見於《賈似道傳》，而本傳言其歷仕所至，破豪猾，去姦吏，政聲赫然，度宗至比恢爲程顥、程頤，此豈可信乎？劉應龍當賈似道專政時，與何夢然、孫附鳳、桂錫孫等承順風指，凡爲似道所惡者無賢否皆斥，見于《理宗紀》，而本傳言其不附似道，何其相矛盾之甚也。

藝文志脱漏

《宋史·藝文志》重複謬舛較前史爲甚，予於《廿二史攷異》言之詳矣。而宋人撰述不見於《志》者，又復不勝枚舉，姑以予淺學所曾寓目略言之。如：曾鞏《隆平集》二十卷，熊方《後漢書年表》十卷，王偁《東都事略》一百三十卷，徐夢莘《三朝北盟會編》二百五十卷，劉時舉《中興編年資治通鑑》十五卷，葉隆禮《契丹志》廿七卷，宇文懋昭《大金國志》四十卷，王明清《揮麈録》四卷、《後録》十一卷、《第三録》三卷、《餘話》二卷，王應麟《玉海》一百卷，王楙《野客叢書》廿卷，王象之《輿地紀勝》二百卷，阮閲《詩話總龜》一百卷，趙汝愚《名臣奏議》一百五十卷，洪邁《萬首唐人絶句》一百卷，袁説友《成都文類》五十卷，杜大圭《名臣琬炎集》一百七卷，劉克莊《千家詩選》廿二卷，孟元老《東京夢華録》十卷，朋九萬《烏臺詩案》一卷，倪思《經鉏堂雜志》八卷，戴埴《鼠璞》一卷，真德秀《文章正宗》二十卷，羅願《爾雅翼》三十二卷，陳思《寶刻叢編》二十卷，曾宏父《石刻鋪敘》一卷，祝穆《事文類聚前集》六十卷、《後集》五十卷、《新集》三十六卷、《別集》三十二卷、《續集》二十八卷、《外集》十五卷、《遺集》十五卷，潘自牧《紀纂淵海》一百九十五卷，陳景沂《全芳備祖前集》二十七卷、《後集》三十一卷，劉克莊《後邨居士集》五十卷、《後邨大全集》二百卷，祝穆《方輿勝覽》七十卷，張淏《會稽續志》八卷，羅濬《四明志》二十一卷，梅應發、劉錫《四明續志》十二卷，鄭珤、方仁榮《新定續志》十卷，周應合《景定建康志》五十卷，潛説友《咸淳臨安志》一百卷，史能之《咸淳毘陵志》三十卷，高似孫《剡録》十卷，鮑廉琴《川志》十五卷，凌萬頃《邊實玉峰志》□卷、《邊實玉峰續志》□卷，常棠澉《川志》八卷，魏仲舉《五百家注音辨昌黎先生集》四十卷、《五百家注音辨柳先生文集》二十一卷，王十朋《集注東坡詩》三十二卷，施元之《注東坡詩》四十二卷，李壁《注王荆公詩》五十卷，任淵《注山谷詩内集》二十卷，史容《注山谷詩外集》十七卷，史季温《注山谷詩別集》二卷，任淵《注陳後山詩》十二卷，寇宗奭《本艸衍義》二十卷，皆大部通行，閲今四五百年尚存，而元時史臣轉未著録，真可怪也。

王安石傳誤

《王安石傳》：「元祐元年卒，年六十

八。」王明清《揮麈録》言：「國朝名公，多卮於六十六，介甫亦其一也。」吴曾《漫録》謂介甫以辛酉十一月十二日生。李壁亦言介甫生於天禧五年辛酉。自天禧辛酉至元祐元年丙寅，實六十六年，非六十八也。《長編》載安石移書吕惠卿曰「毋使齊年知」，馮京與安石俱生辛酉，故稱爲「齊年」，此其明證。

邵雍傳誤

《宋史·道學傳》謂雍年七十六。按堯夫歿於熙寧十年，程伯淳志其墓云：「熙寧丁巳孟秋癸丑，堯夫先生疾終于家。先生生于祥符辛亥，至是蓋六十七年矣。」敘述年壽明白可信，史作七十六，蓋傳寫傎倒耳。魏了翁《跋康節先生答富韓公柬》云「治平元年邵子年五十四」，與《墓志》合。

劉應龍傳脱誤

《劉應龍傳》：「帝怒吴潛不已。應龍朝受命，帝夜出《象簡書疏》稿授應龍，使劾潛。」按理宗使應龍劾潛，則應龍必臺諫也。《丁大全傳》稱「監察御史劉應龍」。《傳》不言「除某官」，而遽言「朝受命」，所受者何命乎？此必有脱文矣。又云：「德祐元年，遷兵部尚書、寶章閣直學士，知贛州，兼江西兵馬鈐轄、青海軍節度使。」案：贛州守例兼江西兵馬鈐轄，若節度使，非文臣應得之官，此必有誤矣。節鎮無青海軍，當是「清海」之譌。此猶傳寫偶誤，要之應龍斷不授節度使也。

折杖起於宋初

《宋史・刑法志》：太祖受禪始定折杖之制：凡杖刑五，杖一百臀杖二十，九十臀杖十八，八十臀杖十七，七十臀杖十五，六十臀杖十三；笞刑五，笞五十臀杖十下，四十三十臀杖八下，二十一十臀杖七下。《刑統》同。

凌遲

《唐律》無凌遲之刑，雖反逆大惡罪止於斬決，不待時而已。陸游謂五季多故，以常法爲不足，於是始於法外特置凌遲一條。見《渭南文集》。宋初頒行《刑統》，重罪不過斬絞，亦無凌遲法也。真宗時内官楊守珍使陝西，督捕盜賊，「請擒獲强盜至死者付臣凌遲，用戒凶惡」。詔捕賊送所屬依法論決，毋用凌遲」。《宋史・刑法志》。仁宗天聖六年，「詔如聞荆湖殺人祭鬼，自今首謀若加功者凌持斬」。「持」與「遲」同音。先時，江淮捕盜官奏獲劫盜六人，皆凌持。朝廷以非有司所得專，因詔獲劫盜雖情巨蠹毋得擅凌持。凌持者，先斷㔁其支體，次絶其吭，國朝之極法也」。《文獻通攷》。神宗熙寧八年，沂州民朱唐首告前越州餘姚縣主簿李逢有逆謀，遣權御史推直官蹇周輔劾治，詞連右羽林大將軍秀州團練使世居、醫官劉育等，詔捕繫御史臺獄，令范百禄、徐禧雜治獄具，世居賜死，逢、育及河中府觀察推官徐革並凌遲處死，將作監簿張靖、武舉進士郝士宣皆腰斬。馬端臨謂「凌遲之法，昭陵以前雖兇强殺人之盜，亦未嘗輕用，自詔獄興，而以口語狂悖者皆麗此刑矣。詔獄盛於熙、豐之閒，蓋柄國之權臣藉此以威縉紳，非深竟黨與，不能以逞其私憾，非中以危法，不能以深竟黨與，此所以濫酷之刑至於輕施也」。徽宗崇寧四年，妖人張懷素及吳儲、吳侔、邵稟並凌遲處斬。

戒石銘

宋高宗紹興二年六月癸巳，頒黄庭堅所書太宗《御製戒石銘》於郡縣，命長吏刻之庭右，置之座石，以爲晨夕之戒。見《繫年要録》。太宗《戒石銘》實襲用孟昶語，洪容齋嘗言之矣。

宋太廟

《夢粱録》：「太廟在瑞石山。紹興閒建正殿十三室，十三室者，太祖、太宗、真宗、仁宗、英宗、神宗、哲宗、徽宗、欽宗、高宗、孝宗、光宗、寧宗，各一室也。咸淳添置一室奉理廟神主，通爲一十四室，皆正中。」蓋終宋之世未有祧廟也，前人未有論及者。《咸淳臨安志》太廟自太祖至理宗凡十四室。

宋人避軒轅字

予見宋板經籍遇「軒轅」二字輒缺筆，初未詳其説，後讀李氏《通鑑長編》載：「大中祥符五年十月戊午，九天司命上卿保生天尊降於延恩殿，自言吾人皇九人中一也，是趙之始祖，再降乃軒轅黄帝，凡世所知少典之子非也。母感電夢天人生於壽邱，後唐時七月一日下降，揔治下方，生趙氏之族，今已百年矣。閏十月己巳上天尊號曰『聖祖上靈高道九天司命保生天尊天帝』。壬申，詔『聖祖名上曰玄下曰朗，不得斥犯』，以七月一日爲先天節、十月二十四日爲降聖節。七年六月己卯朔，詔『内外文字不得斥用黄帝名號故事，其經典舊文不可避者闕之』。」乃悟「軒轅」二字闕筆之由。《宋史·真宗紀》亦載禁斥黄帝名號事，而其文不詳。

宋世慶節

宋制，諸帝生辰聖節各立嘉名：太祖曰長春，二月十六日。太宗曰乾明，十月七日。真宗曰承天，十二月二日。仁宗曰乾元，四月十四日。英宗曰壽聖，正月三日。神宗曰同天，四月十日。哲宗曰興龍，十二月八日。徽宗曰天寧，十月十日。欽宗曰乾龍，四月十三日。高宗曰天申，五月廿一日。孝宗曰會慶，十月廿二日。光宗曰重明，九月四日。寧宗曰天祐。十月十九日。又改瑞慶：理宗曰天基，正月五日。度宗曰乾會，四月九日。瀛國公曰天瑞。九月廿八日。母后臨朝，亦有立節名者：章獻劉后曰長寧，正月八日。宣仁高后曰坤成。七月十六日。此外又有天慶、正月三日。天貺、六月六日。天祺、四月一日，初名天禎，後改，皆天書降日。先天、七月一日聖祖降。降聖、十月廿四日聖祖降延恩殿。開基正月四日太祖受禪。諸節。徽宗所立天應、十一月五日。寧貺、五月十二日。真元、二月十五日。元成、八月九日。天符十月廿五日。諸節，南渡後即省。

以年號爲州縣名

吾邑本崑山縣東鄉，宋寧宗嘉定十五

年置縣，以年號爲名。攷古以年號名縣者，唐有寶應、至德、光化，五代有長興，宋有乾德、興國、淳化、咸平、祥符、崇寧、政和、慶元、寶慶。贛州之會昌縣置於宋代，非因年號得名。又有以年名府者，則唐之興元，宋之紹興、隆興、慶元、咸淳是也。蜀之嘉定府，改名在嘉定紀元之前，非因年而改名。以年名州者，則宋之太平與興國是也。

花石綱

程俱《吴江回申講求遺利狀》云：「頃年以來，綱運自浙而西以過縣境者，有曰明金生活，有曰佛道帳殿，有曰花石者。挽舟之卒，所支口劵米無慮若干千石，計工無慮若干萬夫，家粮借請之數不與焉。」俱此狀在徽宗即位之初，其時即有花石綱運，是花石綱不始於朱勔也。

錢文紀年號

宋太祖初鑄錢，文曰「宋通元寶」。太宗改元太平興國，更鑄「太平通寶」。淳化改鑄，又親書「淳化元寶」，作真、行、草三體。後改元更鑄皆曰「元寶」而冠以年號。仁宗改元寶元，特命以「皇宋通寶」爲文。慶歷以後復冠以年號如舊。崇寧改鑄當五大銅錢，以「聖宋通寶」爲文。寶慶新錢以「大宋元寶」爲文。寶祐新錢以「皇宋元寶」爲文。《宋史·食貨志》。

年號連書從省

宋人稱本朝年號，多割取一字：或舉

上一字，政宣、建紹、乾淳是也；或舉下一字，祐聖、泰禧是也；或錯舉上下各一字，熙豐是也。明代亦有洪永、化治、嘉隆、隆萬、天崇之稱，皆起于時文家。

田錫謚

端平初，游侶爲成都漕，奏言：「朝廷方用端拱、咸平之舊紀元，而臣之部内乃有端拱、咸平之直臣，宜褒表之，以示勸願。」下有司議謚，博士徐清叟議謚曰獻翼。見《直齋書録解題》。《宋史·理宗紀》、本傳俱不載，蓋史於理、度兩朝事迹多缺漏。

范祖禹謚

范祖禹謚正獻，見於《魏鶴山集》及《困學紀聞》，而《宋史》不載。據《兩朝綱目備要》在寧宗時。

景定建儲更名

王伯厚云：「景定建儲，更名乃與蜀漢後主太子同。」按《宋史》：度宗本名孟啟，淳祐十一年賜名孜，寶祐元年立爲皇子，改賜名禥，景定元年立爲皇太子，賜字長源。若蜀後主太子名璿，字文衡，與度宗名不同。厚齋仕于景定朝，不當有誤，豈《宋史》轉未足信耶？抑厚齋誤記《三國志》耶？

張載謚

橫渠之謚，史稱明公，獨趙希弁《讀書

附志》稱爲誠公，云「嘉定中有旨賜謚，禮官議謚曰『達』，或者不以爲然，改謚曰『誠』，或者又以謚法『至誠感神』爲疑，久之乃謚曰『獻』」，與它書不合。

王安石狂妄

王安石與子雱皆以經術進，當時頌美者多以爲周孔，或曰孔孟。范鏜爲太學正，獻詩云：「文章雙孔子，術業兩周公。」安石大喜曰：「此人知我父子。」見李壁注王詩。雱死，安石題其祠堂云：「斯文實有寄，天豈偶生才。一日鳳鳥去，千秋梁木摧。」是真以孔聖比其子矣。安石在相位行新法，舉朝交爭。安石有詩云：「衆人紛紛何足競，是非吾喜非吾病。頌聲交作莽豈賢，四國流言旦猶聖。唯聖人能輕重人，不能銖兩爲千鈞。乃知輕重不在彼，要之美惡由吾身。」是亦以聖自許也。《小雅》之篇曰「皇父孔聖」，又云「具曰予聖」，古來迷國罔上之臣先後一轍。安石非獨得罪於宋朝，實得罪於名教，豈可以其小有才而末減其狂惑喪心之大惡哉？

明道先生

程伯淳之歿也，文潞公題其墓曰「大宋明道先生程君之墓」。按明道，仁宗年號也，不當爲人臣之私稱，而潞公以題墓，伊川受而不辭，皆所未喻，後人亦無議及此者。

程邵之學

晁以道嘗以書問邵之學於伊川，伊川

答云：「頤與堯夫同里巷居三十餘年，世間事無所不問，惟未嘗一字及數。」明道爲堯夫志墓，稱其「闊步長趨，凌高厲空，探幽索隱，曲貫旁通」，又云「先生之道就所至而論之，可謂安且成矣，蓋未敢以聖賢之徒許之也」。至述其傳授所自，則云：「先生得之李挺之，挺之得之穆伯長。」絶不及陳希夷，亦絶不及《先天圖》一字。

宋儒議論之偏

劉後邨云：「考亭論荆公、東坡門人，寧取吕吉甫而不取秦少游輩，其説以爲吉甫猶看經書，少游翰墨而已。」見《文獻通攷》。予謂少游之翰墨猶足以潤身，吉甫附會介甫至於壞亂天下，雖看經書何益哉？朱文公意尊洛學，故於蘇氏門人有意貶抑，此門户之見，非是非之公也。

宗室入翰苑

王伯厚云：「宗室入翰苑三人：彦中、汝談、汝騰。」按：彦中在孝宗朝，汝談、汝騰在理宗朝，皆南渡以後事。予又攷元祐六年二月，左朝請大夫龍圖閣待制權禮部尚書趙彦若爲翰林學士，七月改寶文閣學士提舉萬壽觀，見《長編》。是宗室入翰苑不止三人也。

孔子諱

大觀四年避孔子諱，改瑕邱縣爲瑕縣、龔邱縣爲龔縣。《至正直記》：「『丘』字，聖人諱也。子孫讀經史，凡云孔丘者，則讀作『某』，以『丘』字朱筆圈之。凡有『丘』字，讀若『區』，至如詩以爲韻者皆讀作『休』，同義則如字。」

避老子名字

吴曾《漫録》：「政和八年八月御筆：太上混元上德皇帝名耳，字伯陽，及謚聃。見今士庶多以此爲名字，甚爲瀆侮，自今並爲禁止。」今按：南渡秦相子熺字伯陽，當時不以爲非，則政和之禁未久而即弛矣。

僧道不稱寺觀主

政和三年六月御筆：天下道士不得稱宫主、觀主，並改作知宫觀事，女冠准此。僧尼不得稱寺主、院主、庵主、供養主之類，並改院主作管幹院事，副作同，供養主作知事，庵主作住持，餘皆依此改定。

政和禁聖天等字命名

政和八年五月，户部幹當公事李寬奏：「欲望凡以聖爲名字者並行禁止。」奉聖旨依。閏九月，給事中趙野奏：「陛下恢崇妙道，寅奉高真，凡世俗以君、皇、聖三字爲名字者，悉命革而正之。然尚有以天字爲稱者，竊慮一當禁約。」依奏。《能改齋漫録》。《容齋續筆》云：「政和中，禁中外不許以龍、天、君、玉、帝、上、聖、皇等爲名字。」

禁人名寓意僭竊

政和八年七月，迪功郎饒州浮梁縣丞

陸元佐上書：「竊見吏部左選有余大明者爲曹官，有陳丕顯者爲教官。『大明』者，文王之德；『丕顯』者，文王之謨。又況『大明』者有犯神明館御殿，臣故曰有取王者之實以寓其名。竊見饒州樂平縣有名孫權者、浮梁縣有名劉項者，臣故曰有取霸者之跡以寓其名云云。昔皇祐中，御筆賜蔡襄字曰君謨，後唱進士第日有竊以爲名者，仁宗怒曰：『近臣之字，卿何得而名之。』遂令改恭覩。政和二年春賜貢士第，當時有吴定辟、魏元勳等十餘人，名意僭竊，陛下或降或革。」奉聖旨，陸元佐所言可行，下逐處并所屬令改正禁止。

張懷素吴儲

李壁注王介甫詩引《國史》：「舒州人張懷素，本百姓，自稱落魄野人，以幻術游公卿閒。於元祐六年説朝散郎吴儲云：『公福似姚興，可爲關中一國主。』儲云：『儲福弱，豈能及姚興？』懷素云：『但説有志，不説福。』紹聖四年，懷素入京，又與儲結約，儲以語侔。崇寧四年事敗獄成，懷素、吴儲、吴侔、邵稟並陵遲處斬，楊公輔、魏當、郭秉德並特處死。吴儲父安持貸命免真決，追毁出身以來文字，除名勒停，送潭州編管。吴侔母王氏係王安石女，特免遠竄，送太平州羈管。侔弟僎，道州羈管。吕惠卿子淵坐曾聞妖言不以告，削籍竄沙門島。惠卿散官，安置宣州。蔡卞降職，奉外祠。鄧洵武妻吴侔之兄，出知隨州。安惇追貶散官。初，蔡京實與懷素往來，書疏猥多，余深、林攄鞫制獄，曲爲京地，故京獨免。懷素之敗，本潤州州學内舍生湯東野將錢十千與進士范寥入京告發。獄竟，東野除宣義郎寺監主簿，范寥特除供備庫副使。東野用是積累至從官，晚年嘗見臥床有人頭無數。」此洪邁等所修《四朝國史》也，當據以補《宋史》之闕。《梁谿漫録》云：「范寥字信中，蜀人，其名字見《山谷集》。」

李彦章言史學

《能改齋漫録》：「先是崇寧以來，專意王氏之學，非《三經》、《字説》不用。至政和之初，公議不以爲是。蔡薿爲翰林學士，慕容彦逢爲吏部侍郎，宇文粹中爲給事中，張琮爲起居舍人，列奏『欲望今後時務策並隨事參以漢唐歷代事實爲問』，奉御筆：『經以載道，史以紀事。本末該貫，乃稱通儒。可依所奏，今後時務策問並參以歷代事實，庶得博習之士，不負賓興之選。』未幾，監察御史兼權殿中侍御史李彦章言：『夫《詩》、《書》、《周禮》，三代之故，而史載秦、漢、隋、唐之事。學乎《書》、《禮》者，先王之學也；習秦、漢、隋、唐之史者，流俗之學也。今近臣進思之論，不陳堯舜之道，而建漢唐之陋，不使士專經，而使習流俗之學，可乎？伏望罷前日之詔，使士一意於先王之學，而不流於世俗之習，天下幸甚。』奉御筆：『經以載道，史以紀事。本末該貫，乃爲通儒。今再思之，紀事之史士所當學，非上之所以教也，況詩賦之家皆在乎史，今罷黜詩賦而使士兼習，則士不得專心先王之學，流於俗好，恐非先帝以經術造士之志。可依前奏，前降指揮，更不施行。』時政和元年三月戊戌日也。」已上《吴録》。王安石之學，其弊至於妄誕無忌憚若此，孟子

「生於心害於政」之言豈欺我哉？

張浚爲黄汪所薦

紹興五年七月，右承直郎黄秠，令吏部差虔州録事參軍。宰相張浚言：「臣頃建炎之初擢預郎曹，實出宰相黄潛善、樞密汪伯彦之薦。潛善以謬戾得罪，死於貶所，骨骸未覆，貲産凋零。其子秠仕宦不競，殆無餬口之計。臣愚欲用初除樞密事合得有服親一名差遣恩例，陳乞秠差遣一次，上推陛下廣覆包涵之仁，下全微臣朋友故舊之分。」故有是旨。見《繫年要録》。《宋史》不載其事於潛善與浚傳，蓋史家以南軒之故曲爲浚諱。然浚早年黨於黄、汪，力攻李忠定，幾欲置之死地，此豈有是非之公者乎？晚節以不附和議，頗爲清流所許，而志廣才疎，屢致敗衄，迹其生平，瑕瑜不能相揜。自朱文公爲作《行狀》極其贊美，楊誠齋以浚不與配享力争去官，而後之稱浚者往往過其實矣。其爲黄潛善子乞恩澤一事，不失古人篤於故舊之誼，要其附和汪、黄之迹，終不能爲之諱也。

張于湖對策

《繫年録》：紹興廿四年三月，策試進士，問以師友之淵源，志念所欣慕，行何修而無僞，心何治而克誠。張孝祥策曰：「今朝廷之上，蓋有大風動地不移存趙之心，白刃在前獨奮安劉之略，忠義凜凜，易危爲安者，固已論道經邦燮和天下矣。臣輩委質事居，願視此爲標準，志念所欣慕者此也。」考官魏師遜等定秦檜孫塤爲首，孝祥次之。讀塤策，覺其所用皆檜熺語，遂進孝祥爲第一，而塤爲第三。按：于湖對策以諛秦檜得在高選。《宋史》本傳謂策問師友淵源，秦塤與曹冠皆力攻程氏專門之學，孝祥獨不攻，殊非其實。

史浩薦張浚

世皆謂史浩沮張浚，不知孝宗之召浚實浩薦之。陸游《太師魏公史公挽詞》其一篇云：「舊弼初收召，惟公力贊揚。都亭移供張，全魏徹封疆。大度寧猜沮，群言自中傷。拳拳虛左意，猶可質穹蒼。」自注云：「公初扳附，即力薦張忠獻公于壽皇，如賜館都亭驛，超封魏國公，皆公密奏。且嘗乞用張公爲首相，而已佐之。」放翁與張、史同時，其言必不妄。

沈尤同族

王審知據閩，閩人避其諱，以「沈」去「水」而爲「尤」，二姓實一姓也。《梁谿漫録》。

周孚先

朱文公《論語集注》「先行其言」章引周氏説，謂周孚先也。孚先《宋史》無傳。按李心傳《繫年要録》：「紹興五年十一月，右迪功郎監明州鶴鳴買納鹽場周孚先賜同進士出身，添差臨安府府學教授。孚先，晉陵人，嘗從程頤學，既用積舉得官。著作佐郎張九成等言其問學淵源、操履方正、久游庠序、士論推服，欲望朝廷處以師儒之職，使爲後學矜式，庶幾盡其所長，少補教化，故有是命。明年三月，特改左承事郎。」史能之《毗陵志》：「孚先，字伯忱，建中靖國初，與弟恭先從伊川先生游，與楊龜山相友善。龜山好著書，伊川每以多言害道爲戒，謂孚先兄弟『氣質淳明，可與入道』。其語邢和叔亦曰『二周與楊時似同胞』。以所疑爲書，請質於先生，輒得親筆開諭，服膺拳拳，惟以顔子爲法，該太學特恩調四明鹽場，改建德尉，皆不就。朝廷命白衣上殿，賜承事郎，改奉議勾祠。紹熙間，黄守灝奉孚先兄弟祔饗於城東書堂。」

秦檜妻賜號先生

秦丞相夫人王氏，陳乞舊所得恩數之未用者，自稱沖真先生。時王佐爲吏部員外郎，持白執政曰：「婦人安得此名？向者誤恩，有司不能執，爲失職，今當追正。然王氏封兩國夫人，蓋祖宗以寵親王之配及外家尊屬者，何可輒引？以階僭紊當併奪之。」執政不能聽，但寢其請而已。後王氏死，卒奪先生號。陸游撰《王佐墓志》。

范文穆與文正不同族

范文穆公成大世居吴郡，而與文正不同族。周益公撰《文穆神道碑》首言：「吴郡范文正，起孤童，事仁宗皇帝，當慶歷癸未入參大政，後百三十有六年，公復參孝宗皇帝政事，雖譜牒不通，俱望高平，派南陽之順陽。」是其證也。又益公《乾道壬辰南歸録》有一條云：「右通直郎范公武，文正公之後，今歲有子登科。」范氏自忠宣公皇祐中登科後，今方有人，若文穆與兄成象於紹興中先後登第，果係同族，不當作斯語矣。今吴中《范氏譜》以文穆爲文正之後，殆不可信。

蘇門四學士

黄魯直、秦少游、張文潛、晁无咎稱「蘇門四學士」。宋沿唐故事，館職皆得稱學士。魯直官著作郎祕書丞，少游官祕書省正字，文潛官著作郎，无咎官著作郎，皆館職，元豐改官制，以祕書省官爲館職。故有學士之稱，不特非翰林學士，亦非殿閣諸學士也。唯學士爲館閣通稱，故翰林學士特稱内翰以别之。

李士美狀元

《揮麈録》：「本朝狀元登庸者吕文穆、李文定、王文正、宋元憲，故詩人有云：『皇朝四十三龍首，身到黄扉止四人。』後數十年，李士美、何文縝亦以廷魁正鼎席。」案：李士美者，邦彦也；何文縝者，㮚也。馬貴與《選舉考》載宋朝省元狀元之名，李邦彦不與焉。此兩書皆不應有誤，姑書以俟攷。《宋史》李邦彦上舍及第。

薛昂

薛昂，字肇明，杭州人。吴曾《漫録》：「荆公在鍾山下棋，時薛門下與焉，賭《梅花詩》一首。薛敗而不善詩，荆公爲代作，今集中所謂薛秀才者是也。薛既宦達，出知江寧府，或者嘲以詩曰：『好笑當年薛乞兒，荆公坐上賭梅詩。而今又向江東去，奉勸先生莫下棋。』薛書名似『丐』字，故人有『乞兒』之稱。」李壁曰：「昂賦《蔡京君王慶會詩》：『逢時可謂真千載，拜賜應須更萬回。』時謂之『薛萬回』。」

李心傳

李心傳晚年寓居湖州，自號雪濱病叟，又稱秀巖。

李挺之

鼂説之撰《李挺之傳》云：「李之才，字挺之，青社人。天聖八年進士出身，師河南穆伯長受《易》。伯長之《易》受之种徵君明逸，种徵君受之希夷先生陳圖南，其源流爲最遠，究觀三才象數變化，非若晚出尚辭以自名者。世所謂康節先生之《易》者，實受之挺之。」然晁傳不言有《河圖》、《洛書》、伏羲《八卦圖》。

楊大年事不足信

孫奕《示兒編》云：「世傳北狄《來祭皇太后文》，楊大年捧讀，空紙無一字，即自撰曰：『惟靈巫山一朵雲，閬苑一團雪，桃源一枝花，秋空一輪月，豈期雲散雪消，花殘月缺，伏惟尚享。』仁皇深喜其敏速。」按：大年卒於天禧四年，其時仁宗尚未即位也，章獻太后之崩，則大年死已久矣。其文亦輕豔，不可施於母后。此委巷無稽之談，而季昭采之，毋乃見笑於大方乎。

劉高尚

劉卞功，字子民，濱州安定人。徽宗嘗

三使往聘之，辭疾不至，賜號高尚先生。嘗言世之人以嗜欲殺身，以貨財殺子孫，以政事殺人，以學問文章殺天下後世。費衮《梁谿漫録》、趙與時《賓退録》俱載其事。趙《録》謂名卞功，而吴曾《漫録》云劉皐，未詳孰是。柯維騏《宋史新編》論崔公度諸人，引高尚「毋以政事殺百姓，毋以學術殺天下後世」兩語，是誤以高尚爲人姓名矣。

十駕齋養新録卷七終

十駕齋養新録 卷八

嘉定錢大昕

宋季恥議和

宋與金讐也，義不當和，而紹興君臣主和議甚力，爲後世詬病。厥後張浚、韓侂胄志在恢復，訖無成功。及金人爲蒙古所困，真西山奏請絶其歲幣。嗣是金人索歲幣連歲犯邊。以垂斃之金與宋決戰，宋猶未能得志，其國勢積弱可知矣。然則從前之主和，以時勢論之，未爲失算也。元與宋無讐，入蔡之役，孟珙會兵，分金主函骨以歸，稍雪靖康之恥，是元且有德于宋矣，論勢當和，論理亦當和。而全子才、趙葵首倡收復三京之議，宰相鄭清之力主其説，横挑强敵，兩京卒不可復，而元兵分道來侵，蜀土失其大半，并襄陽亦棄之。宋之失計誤國未有如清之者也。史家以其召用真、魏二儒，諛之曰小元祐，而絶不言其開邊釁地之罪，可謂信史乎？賈似道援鄂，遣使蒙古，請稱臣納幣，乃得退師。既而盡諱其事，幽囚郝經等，置和議于不問，致蒙古興問罪之師，其曲在宋不在蒙古也。我弱彼强，彼又先遣使，而必不肯主和以速其亡，蓋由道學諸儒恥言和議，理、度兩朝尊崇其學，廟堂所習聞者迂濶之談，而不知理勢之不可同日語也。

四川宣撫

四川有宣撫司自張浚始，本稱川陝宣

撫司。建炎三年，浚以經略陝西駐軍秦州，及富平之敗，退屯閬中。紹興三年，浚召還，以王似盧法原爲宣撫副使。王象之云：「舊宣撫司率居綿、閬之閒。」四年，以吴玠爲川陝宣撫副使，置司河池，又以趙鼎都督川陝荆襄軍馬，不果行。九年，吴玠爲四川宣撫使，玠尋卒，以胡世將代之，仍治河池。十二年，和議成，移宣撫司于利州，以鄭剛中爲使。十七年，剛中罷，而以知成都府李璆爲四川制置使，治成都，自是不設宣撫司。三十一年，復以吴璘爲宣撫使，判興州。乾道三年四月，吴璘卒，以汪應辰主管宣撫司事，移司利州。六月，以虞允文爲宣撫使。五年，召允文還，以王炎代之，移治興元府。八年，虞允文再出爲宣撫使，仍治興元。淳熙元年，允文卒，鄭聞代之。聞召還，以沈夏代之，二年夏召還，遂罷宣撫司。開禧用兵，以程松爲宣撫使，吴曦副之。曦叛，松遁還，安丙爲宣撫，治利州。丙卒，仍省宣撫。

四川制置

宋南渡後，以四川爲上游重鎮，蜀土富實，無兵革之擾，居官者以爲樂土。自開禧吴曦叛，以西和、階、成、鳳四州賂金。安丙誅曦之後，并復四州。及嘉定十年以後，金人以絶歲幣屢犯邊，制置自成都移治利州，尋又退守劍州。時金方多事，雖得城邑，仍不能守也。寶慶三年，蒙古滅西夏，遂與宋爲鄰，制置鄭損棄三關，遂失關外四州。紹定四年，元兵破興元，出饒風關，制置桂如淵不能制，然其時元人志在吞金，假道東出，初不欲取宋州郡也。端平元年，孟珙會元兵滅金，南北可以和好，而宰相鄭清之妄啟邊釁，稱兵汴洛，敗績而返。其明年，元兵大入，取利州、潼川兩路，并破成都，諸司退保夔門，而蜀事不可問矣。其後彭大雅築重慶城爲蜀根本，制置移治重慶。寶祐六年，元兵大舉入蜀，宋之疆土益蹙，所存唯重慶合涪、瀘、夔諸州而已。今攷紹興以後任制置者先後歲月於左方，其所不知蓋闕如也。

席益紹興五年十月，除四川安撫制置大使，知成都府。

胡世將八年，任制置使。九年，遷宣撫副使。自是不設制置司。

李璆十七年七月，除四川安撫使，知成都府，兼權四川宣撫司。十八年五月，除四川制置使，罷宣撫司。

曹筠廿一年七月，除四川制置使。廿三年，罷。

蕭振廿三年五月，除四川制置使。

符行中廿四年，除四川制置使。

蕭振廿六年，再任四川制置使。廿七年，卒。

李文會廿七年，除四川制置使。廿八年，卒。

王剛中廿八年九月，除四川制置使。

汪應辰乾道三年，四川制置使。

晁公武乾道四年三月，除四川安撫制置使。六年，以與宣撫王炎不協，罷制置司歸宣撫司。

薛良朋淳熙元年，以四川安撫使兼制置使。

范成大淳熙元年十二月，除四川制置使。

胡元質淳熙四年二月，除四川安撫制置使。七年，罷。

禄東之淳熙七年，以成都路提刑權制置使。

陳峴淳熙八年，除四川制置使。

留正淳熙十二年，任知成都府制置使。十二月，以病去。

趙汝愚淳熙十二年十二月，除知成都府。

京鏜紹熙三年，四川制置使。

邱崈紹熙三年四月，除四川制置使。

趙彦逾紹熙五年十二月，除四川制置使。

程松開禧元年六月，除制置使。二年三月，進宣撫使，治興元府。以吴曦叛，松遁。三年二月，罷。

楊輔三年二月，除制置使。三月，進宣撫使。四月，召。

吴獵三年四月，除制置使，尋召。

安丙三年三月，除宣撫副使。嘉定二年四月，授制置大使，罷宣撫司。七年三月，召。

董居誼七年三月，自知成都府除制置使。十一年，自成都進治利州。十二年，金兵入武休關，居誼遁。正月，被召。

聶子述十二年正月，除制置使。五月，召。

安丙十二年五月，再除宣撫使。十四年十一月，卒。

崔與之十四年十一月，自知成都府除制置使。十七年三月，召。

鄭損十七年三月，自淮東帥除制置使。寶慶三年，棄三關遁。

桂如淵紹定元年，自湖北帥除制置使。

李𡌴四年十月，除制置使，知成都府。嘉熙元年，進宣撫使。

趙彦呐四年十月，除制置使，知興元府。

楊恢嘉熙元年，除制置使，尋改參贊宣撫司。

丁黼元年，制置使，與元兵戰敗死，見《忠義王翊傳》。

孟珙四年二月，除宣撫使。淳祐元年二月，改京湖制置大使。

彭大雅除制置使未詳年月，或在孟珙之前。

陳隆之淳祐元年，制置使。十一月，元兵破成都，死焉。

余玠二年六月，除宣諭使。十二月，除四川安撫制置使兼知重慶府。寶祐元年六月，召。

余晦元年六月，除宣諭使。八月，除四川安撫制置使兼知重慶府。二年六月，召。

李曾伯二年六月，除四川宣撫使兼荆湖制置大使。十月，詔進司重慶。

蒲擇之二年閏月，暫充制置。八月，除制置副使兼宣撫判官。四年三月，除宣撫制置使兼知重慶府。

吕文德開慶元年三月，除制置副使。十一月，改京湖安撫制置使。

俞興制置使，景定二年，罷。

劉雄飛二年十一月，除制置副使，知重慶府。四年三月，除制置使。

夏貴五年四月，除安撫制置使兼知重慶府。咸淳四年十二月，改沿江制置使。

朱禩孫咸淳六年二月，除權兵部尚書，仍四川制置使，知重慶府。據《度宗紀》有「仍」字，是夏貴移鎮後即以禩孫代之矣。八年二月，除制置安撫大使。十年，改除京湖四川宣撫使兼知江陵府。

張珏德祐元年，除制置副使。二年，除制置使。

沿江制置

自開禧用兵，而建康守臣遂有江淮制置之名。厥後兩淮別立制府，而建康帥獨兼沿江制置使。嘉定十二年嘗置制置副使于鄂州，尋省。咸淳中又有制置副使，治黄州，未幾而國亡矣。

葉適開禧二年七月，除沿江制置使。三年二月，改江淮制置使。七月，召。

徐誼開禧三年九月，除江淮制置使，尋免兼。

邱寀嘉定元年正月，除江淮制置大使。六月，召。

何澹嘉定元年八月，除江淮制置大使。二年六月，丁憂。

黄度嘉定三年正月，除江淮制置使。五年十月，除權禮部尚書。

劉榘嘉定六年正月，除江淮制置使。八年七月，除權工部尚書。尋致仕。

李大東嘉定八年十一月，除主管江淮制置司公事。九年正月，召。

李珏嘉定十年二月，除江淮制置使。十二年四月，丁母憂。

李大東嘉定十二年九月，再除沿江制置使。十五年九月，奉祠。

余嶸嘉定十五年十月，除沿江制置使。寶慶元年正月，致仕。

邱壽邁寶慶元年正月，暫權沿江制置事。三年二月，赴闕。

趙善湘寶慶三年二月，除沿江制置使。紹定三年，改江淮制置大使。六年二月，奉祠。

李壽朋紹定六年七月，除沿江制置使。十二月，召。

陳韡端平元年十月，除沿江制置使。嘉熙元年三月，兼淮西制置使。

別之傑嘉熙二年正月，除沿江制置使。三年三月，兼督府參贊軍事。四年三月，權督府職事。淳祐元年三月，兼淮西制置使。二年正月，除僉書樞密院事。

杜杲淳祐二年四月，除沿江制置使。四年三月，除刑部尚書。

董槐淳祐四年四月，除沿江制置使。五年五月，召。

趙以夫淳祐五年六月，除沿江制置使。七年四月，移知平江府。

趙葵淳祐七年六月，以樞密使督視江淮京湖軍馬兼知建康府。九年二月，進右丞相，辭不拜。

吴淵淳祐九年二月，除沿江制置使。十二年，移知福州。

王埜淳祐十二年二月，除沿江制置使。寶祐二年六月，除禮部尚書。

邱岳寶祐二年八月，除沿江制置使。三年六月，致仕。

馬光祖寶祐三年八月，除沿江制置使。六年二月，改荆湖制置使。

趙與憼寶祐六年二月，除沿江制置大使。

馬光祖開慶元年三月，除沿江制置大使。九月，詔移司江州。十一月，仍回建康。景定二年十月，召。

姚希得景定二年十月，除沿江制置使。五年三月，召。

馬光祖景定五年三月，再除沿江制置大使。咸淳五年三月，除知樞密院事。

吴革咸淳五年三月，除主管沿江制置司。六年五月，除制置使。

趙溍咸淳九年四月，除沿江制置使。

汪立信咸淳十年，除沿江制置使兼江淮招討使，尋卒。

趙溍德祐元年，沿江制置使，元兵至，棄城遁。

兩淮制置

開禧用兵，嘗以鄧友龍宣撫兩淮，未幾并江淮置一制置使，治建康。嘉定十二年以後，始有淮東制置，治楚州。王象之云：「楚州今爲淮東安撫司，兼山東制置使，後治揚州。」

賈涉嘉定十二年九月，除主管淮東制置司公事兼節制京東河北軍馬。十四年，正除制置使。十六年六月，卒。

邱壽邁暫權制司。

許國嘉定十六年十一月，除淮東制置使。寶慶元年，兵亂死。

徐晞稷寶慶元年，除淮東制置使。二年，罷。

劉琸寶慶二年，除淮東制置使，是年破逐。❶

姚翀寶慶三年正月，除淮東制置使。

以上制置皆治楚州。及姚翀敗，以帥楊紹雲兼制置，不復立閫，改楚州爲淮安軍，尋又以淮東總領岳珂攝制置事。

趙善湘紹定三年，自沿江制置使兼江淮制置大使。

趙葵紹定六年，除淮東制置使，知揚州。端平元

❶「破」，商務本作「被」。據《宋史》卷四百七十七《叛臣下》文意當作「被」。

年，改京河制置使，入洛師潰，仍爲淮東制置，移司泗州。端平三年，復除淮東制置，治揚州。淳祐二年，入知樞密院事。

李曾伯淳祐二年，除淮東制置使。

邱岳淳祐六年，除淮東制置使。八年，兼淮西制置。

賈似道淳祐十年三月，除兩淮制置大使。寶祐二年，除同知樞密事，仍舊任。十一月，除樞密使、兩淮宣撫大使。開慶元年，除京湖四川宣撫大使。

李庭芝景定元年，主管兩淮制置司公事。咸淳五年正月，除兩淮制置大使。六年正月，移京湖制置。

印應雷咸淳六年正月，除兩淮制置使。

李庭芝咸淳九年十一月，除淮東制置使。德祐二年，死難。

淮西制置司或合於沿江，或合於淮東，紀志皆無明文。今紀其所知者。王象之云：「廬州今爲淮西九郡帥府，淮西制置使，嘉定之制。」

楊恢端平三年，淮西制帥，見《齊東野語》。

陳韡嘉熙元年，以沿江制置使兼。

杜杲嘉熙二年九月，除淮西制置使，知廬州。

史嵩之嘉熙三年二月，除淮西制置使，知廬州。

別之傑淳祐元年，以沿江制置使兼，尋入執政。

邱岳淳祐八年，以淮東制置使兼。

賈似道淳祐十年，除兩淮制置大使。

夏貴咸淳九年十一月，除淮西制置使。德祐二年，以城降元。

京湖制置

南渡紹興初，岳飛收復襄陽、郢、隨諸州，始置湖北京西宣撫使，治襄陽。其後宣撫司罷，而江陵、襄陽守臣各帶安撫使。隆興初，嘗置湖北京西制置使，未幾罷。開禧間復設宣撫，尋罷，而置荊湖制置於江陵，嘉定間移治襄陽，自是始定京湖制置之名。

虞允文隆興元年七月，除湖北京西制置使。二年七月，召。

韓仲通二年，除湖北京西制置使。乾道元年六月，罷制置司。

薛叔似開禧二年四月，除京湖宣撫使。十二月，罷。

吴獵開禧二年十二月，除京湖宣撫使。

項安世以湖廣總領權宣撫事。

李大性荆湖制置使，知江陵府，當攷年月。

劉光祖嘉定五年二月，自襄陽帥爲京湖制置，見《荆門州題名石刻》。

趙方嘉定十年，京湖制置使。十四年七月，進大使。八月，卒。

陳晐嘉定、紹定間，京湖制置使。

史嵩之紹定五年正月，除京湖制置使，知襄陽府。端平元年，罷。

趙范端平元年九月，除京湖制置使。三年，以失襄陽奪官。

史嵩之嘉熙元年任。三年正月，拜右丞相，仍督視諸路軍馬。

孟珙嘉熙二年，除京湖制置副使，尋除制置使。三年，兼知鄂州。四年，除四川宣撫使，兼知夔州，仍兼京湖制置使。淳祐元年，進大使兼夔路制置大使，置司峽州。四年，兼知江陵府。六年九月，卒。

賈似道淳祐六年九月，除京湖制置使，知江陵府。九年三月，進大使。

李曾伯淳祐十年三月，除京湖制置使。十一年十一月，進大使。寶祐二年，兼四川宣撫使，其京湖職事令吕文德主之。

吴淵寶祐三年三月，除京湖制置大使。

趙葵寶祐五年七月，除京湖制置大使。

馬光祖寶祐六年二月，除京湖制置使。十二月，移司峽州。

吕文德開慶元年，除京湖制置使，兼知鄂州。咸淳五年十二月，卒。

李庭芝咸淳六年正月，除京湖制置大使。

汪立信咸淳九年四月，除京湖制置使，知江陵府。

朱禩孫咸淳十年七月，除京湖四川宣撫使，知江陵府。德祐元年四月，降元。

高達咸淳十年十二月，除湖北制置使。德祐元年四月，降元。

京湖

宋初有荆湖南、北路。南渡以後，中原盡失，唯京西路之襄陽府、隨州、棗陽、光化、信陽軍尚爲宋土，故有京湖路之稱，蓋合京西、湖北爲一路也。棗陽本隨州屬縣，南渡後升爲軍，而《地理志》不載升軍事，亦史之漏略。王象之云：「隨州舊領縣三：曰隨縣，曰唐城，曰棗陽。紹興五年，廢唐城爲鎮，隸隨縣。嘉定十二年，制置趙方奏陞棗陽爲軍，却割德安府應山縣來屬，仍以棗陽之桐柏鎮隸隨縣，卻將隨縣便近鄉村撥換，與棗陽軍對易。」

利州路分東西

王象之云：「自紹興十四年分利州爲東西路，乾道四年復合爲一，淳熙二年復分，三年復合，五年復分，紹熙五年復合，慶元二年復分，嘉定三年復合。嘉定戊寅以聶子述帥東路、丁焴帥西路而復分，今復合矣。」「初，紹興十四年，以秦鳳路階、成、西和、鳳屬利西路，與文龍共七州，後又益以天水軍爲八州，以沔州本名興州。爲帥府，以興元、利、閬、隆慶、巴、蓬、金、洋、大安九州軍爲利東路，以興元爲帥府，此其大略也。」

利東、西路分置安撫，一治興元，一治新沔。即興州也，後改沔州。自鄭損以制置使移司新沔，金人入寇，損倉皇回利州，人情震懼。高崇言：「爲今日計，宜循舊。比以二帥分治梁、沔，守衛邊埸，制置使還利，端居堂奥，委任責成，庶幾緩急不致貽輕納侮。譬諸象奕，大將不出宫不臨河也。」見魏了翁撰崇墓志，蓋在紹定初。

湖東湖西路

紹興元年，詔分鄂、岳、潭、衡、永、道、郴、桂陽八郡爲湖東路，安撫使置司于鄂州；鼎、澧、辰、沅、靖、合、邵、全、武岡九郡爲湖西路，安撫司治鼎州。

襄陽暫復

趙范失襄陽，在端平三年二月，即元太宗之十年也，而《元紀》於是年冬始書「襄陽府來附」。又攷《魏了翁集》有《奏備别之傑申到劉廷美等復襄事宜狀》云：「襄陽府自二月二十一日軍變以來，因循不守，遂爲北人所據。又據諸處探報申，北人在城内起屋造酒，以待僞酋及韃賊大隊前來度夏。行府遂委參謀官别之傑差信實幹事人賫榜劄告命，前去結約土豪，已據劉廷美等收復樊城，遂遵照便宜旨揮，特與超轉修武郎差充京西路鈐。之傑遂遣使臣鄧雲等賫上件告命及開諭軍民榜劄，前去劉廷美軍前交付。今據鄧雲等狀申，江海都統與廷美之弟廷輔商議，稱督府有告劄發下樊城，又參謀司亦已調兵應援樊城，廷輔遂即時將帶人馬錢物於四月二日起離荆門，取南漳縣老鴉山路，招集官民兵鄉農間道前去，仍約廷美大軍會合夾擊叛賊，水陸並進，已行克復襄陽城壁了當。其城内見係劉廷美兄弟看守。臣又得之傑書，稱江海聞報，遂自荆門徑趨襄陽，與劉廷美兄弟協力扞禦」云云。其事不載《宋史》。據了翁狀中雖云既失復得，别無與元兵攻戰之文，是襄陽之陷止由軍將不和，擁衆外叛，而元兵初未至，故劉廷美等得乘虚入城耳。及元兵至，而紛紛投附，其地始爲元有。《元史》繫之是年冬，得其實矣。

復襄樊年月不同

《宋史·理宗紀》：「淳祐十一年十一月，京湖制司表都統高達等復襄、樊。」按《紀》于端平三年失襄陽之後，至此始書復襄、樊，而《元史·太宗紀》乃云：「戊戌即嘉熙二年。歲，襄陽别將劉義叛，執游顯等降宋。宋兵復取襄、樊。」《孟珙傳》亦云：「嘉熙三年正月，劉全復樊城，遂復襄陽。」雖有一年之差，然較之高達復襄、樊相去至十二三年，意者嘉熙收復之後仍不能守，至高達始有之乎？元《大一統志》：「端平丙申，襄陽失守。淳祐辛亥，高達復襄。」亦不載嘉熙收復事。蓋自劉義降宋以後，元已棄襄而不有，亦不立鎮戍，至淳祐辛亥始復屯駐重兵於此，非以兵力取之。在宋雖有拓邊之勞，在元未有失地之實也。《元史·憲宗紀》不載高達取襄、樊，蓋自戊戌以後襄、樊已爲宋土矣。又攷姚燧撰《鄧州趙長官碑》云：「乙未，太子南征還。令鄧、均、唐三州民徙雒陽西三縣。明年丙申，襄、樊亦徙雒陽。」是丙申襄陽失守之時蒙古已徙其民于雒陽，區區空城本不作留戍計也。

喫菜事魔

向讀沈繼祖《劾朱文公疏》有「喫菜事魔」之語，不解所謂。頃讀李心傳《繫年要録》載：紹興四年五月，起居舍人王居正言：「伏見兩浙州縣有喫菜事魔之俗。方臘以前法禁尚寬，而事魔之俗猶未至于甚熾。方臘之後法禁愈嚴，而事魔之俗愈不可勝禁。州縣之吏，平居坐視，一切不問則已。閒有貪功或畏事者，稍蹤跡之，則一方之地流血積屍至于廬舍，積聚山林，雞犬之屬焚燒殺戮靡有孑遺。自方臘之平，至今十餘年閒，不幸而死者不知幾千萬人矣。仰惟仁聖在上視民如傷，而民愚無知蹈禍至死，竊意陛下所宜惻然動心，而思欲究其所以然之説也。臣聞事魔者，每鄉每邨有一二桀黠，謂之魔頭，盡録其鄉邨姓氏名字，相與詛盟爲魔之黨。凡事魔者不肉食，而一家有事，同黨之人皆出力以相賑卹。蓋不肉食則費省，故易足；同黨則相親，相親故親卹，而事易濟。臣以爲此先王導其民使相親、相友、相助之意，而甘淡薄、務節儉，有古淳朴之風。今民之師帥既不能以是爲政，乃爲魔頭者竊取以瞽惑其黨，使皆歸德於魔，于是從而附益之以邪僻害教之説。民愚無知，謂吾從魔之言、事魔之道，而食易足、事易濟也，故以魔頭之説爲皆可信，而爭趨歸之，此所以法禁愈嚴而愈不可勝禁。伏望陛下念民迷之日久，下哀矜之詔書，使人曉然知以爲不肉食則費省，故易足，同黨則相親，相親故相卹，而事易濟，此自然之理，非魔之力；而至于邪僻害教，如不祭其先之類，則事魔之罪也。部責監司，郡縣責守令，宣明詔旨，許以自新。又擇平昔言行爲鄉曲所信者，家至而户曉之，其閒有能至誠用心率衆歸善者，優加激賞，以勵其徒，庶幾舊染之俗聞風丕變，子子孫孫咸被聖澤，實一方生靈赤子之幸。」詔「諸路帥憲司措置，毋得搔擾生事」，乃知「喫菜事魔」即今人所謂邪教也。

陸游《條對狀》：「自古盜賊之興，若止因水旱饑饉，迫於寒餓嘯聚攻劫，則措置有方便可撫定，必不能大爲朝廷之憂。唯是妖幻邪人，平時誑惑良民結連素定，待時而發，則其爲害未易可測。伏緣此色人處處皆有，淮南謂之『二襘子』，兩浙謂之『牟尼教』，江東謂之『四果』，江西謂之『金剛禪』，福建謂之『明教』、『揭諦齋』之類，名號不一。明教尤甚，至有秀才吏人軍兵亦相傳習，其神號曰『明使』，又有肉佛、骨佛、血佛等號，白衣烏帽，所在成社，僞經妖像至于刻板流布，以祭祖考爲引鬼永絶血食，以溺爲法水用以沐浴。其他妖濫，未易概舉，更相結習，有同膠漆，萬一竊發，可爲寒心。」

吴潛建儲之謗

吴毅夫建儲之謗，《宋史》言之不詳。頃見周密《癸辛雜識》有一條云：「魏峻，字叔高，號方泉，娶趙氏，乃穆陵親姊四郡主也。理宗第六。福王第八。庚午歲得男，此「庚午」字誤，若謂嘉定庚午，則理宗尚未爲皇子；若謂咸淳庚午，則度宗已即位矣。小字關孫，自幼育於紹興之甥館，實慈憲全夫人之愛甥也。慈憲每于禁中言其可喜，且爲求官，穆陵以慈憲之故，欲一見而官之，遂俾召至皇城。法凡異姓入官門，必縣牌于腰乃可，唯宗子則免。此一時權宜，遂令假名孟關以入見焉。時度宗亦與之同入宮，欲其故，遂倡爲魏太子之説，既而外廷傳聞浸廣，于是王伯大、吴毅夫得其事，遂形奏疏，而四方遂有『魏紫姚黄』之傳，其實則不然也。關孫後溺死于榮邸瑶圃池中。當吴毅夫爲相日，穆陵欲建儲，吴不然之，欲别立汗邸承宣，□□方甫以通殷勤。❶吴以罪去國。紹陵既爲皇子，嘗遣人俟於汗邸，欲殺之，方知之，乃自後門逃去。後爲謝堂捕之，送兵馬司，自刎而死。此事福王親聞之穆陵云。」按：汗邸當是漢邸之譌。所云「漢邸承宣」，其名亦無攷。要皆出讒謗之口，不足信也。

遼史

《天祚紀》：「乾統元年初，以楊割爲生女直部節度使，其俗呼爲太師。是歲楊割死，傳於兄之子烏雅束。束死，其弟阿骨打襲。」按楊割即《金史》之盈歌追謚穆宗者也。據《金史世紀》，以癸未歲卒，即宋崇寧二年，遼乾統三年也。《紀》繫於乾統元年，誤矣。《世紀》：「康宗烏雅束乾統五年癸未襲節度使。」「五年」當是「三年」之譌。烏雅束以癸巳歲即世，據《太祖紀》。《世紀》作「癸酉」，誤。當遼天慶二年，而《遼紀》失書。遼金兩史同時刊修，而不相檢照如此。

---

❶「□□」，據《癸辛雜識·魏子之謗》當作「專任」。

壽隆年號誤

道宗初改元清寧，次咸雍，次太康，次大安，各十年，次壽隆，至七年止，此見於《遼史》者也。按洪遵《泉志》引李季興《東北諸蕃樞要》云：「契丹主天祐年號壽昌。」又引《北遼通書》云：「天祚即位壽昌七年，改元乾統。」鼂公邁《歷代紀年》：「遼道宗改元清寧、咸雍、太康、大安、壽昌。」《東都事略附録》：「紹聖三年改元壽昌。」今刊本作「昌壽」，誤。《文獻通攷》：「洪基在位四十七年，其紀元自咸熙改太康，又改大安，皆盡十年，然後爲壽昌，至七年終。」予家所藏遼石刻作「壽昌」者多矣，文字完好，灼然可信。且遼人謹於避諱，道宗爲聖宗之孫，斷無取聖宗諱紀元之理。此《遼史》之誤，不可不改正。

西遼紀年

西遼世次紀年唯見于《遼史·天祚紀》末，它書皆無之，今當以《遼史》爲正。《紀》云大石以甲辰歲自立，改元延慶，即宋宣和六年。在位二十年而殂，則宋紹興十三年癸亥也。其妻稱制，號感天太后，當是紹興十四年甲子。稱制七年而卒，則宋紹興二十年庚午也。大石子夷列嗣位，在紹興廿一年辛未。立十三年而殂，則宋隆興元年癸未也。其妹稱制，號承天太后，當在宋隆興二年甲申。稱制十四年而被殺，則宋淳熙四年丁酉也。夷列子直魯古嗣位，在宋淳熙五年戊戌。立三十四年而爲乃蠻所滅，則宋嘉定四年辛未也。《遼史》稱大石

「建號萬里之外，雖寡母弱子，更繼迭承，幾九十年」。以大石在位廿年合之二后二主年數，恰八十八年，然則延慶當有十年，併康國十年，乃合在位廿年之數。唯《遼史》於延慶三年建都之後即云「改延慶爲康國元年」，又云「康國十年殁」，似大石在位止十二年。明人續《綱目》續《通鑑》者大率因此致誤，曾不一檢照後文何也？商氏續《綱目》，薛氏、王氏續《通鑑》，所載歲月俱未足信。

《遼史》紀西遼之亡云：直魯古「在位三十四年。時秋出獵，乃蠻主屈出律以伏兵八千擒之，而據其位。襲遼衣冠，❶尊直魯古爲太上皇，朝夕問起居，以侍終。❷直魯古死，遼絶」。初不言其年何干支也，諸家編年書皆系以辛酉，當宋嘉泰元年，不知何據。予謂欲知直魯古之亡，當先究乃蠻之世系。乃蠻與蒙古接壤，數相攻擊，其事迹略見于《元史》，初不與西遼爲鄰也。屈出律者，太陽罕之子。太陽罕以甲子歲爲元太祖所殺。丙寅，元兵復征乃蠻，擒太陽罕之兄卜魯欲罕，而屈出律出奔也兒的石河上。戊辰冬，元再征屈出律，屈出律奔契丹。契丹即西遼。戊辰在辛酉後八年，其時西遼尚無恙，則謂亡於辛酉者不可信一矣。《元史》太祖四年己巳，「畏吾兒國來歸」，而《巴而朮阿而忒的斤傳》亦云：「臣于契丹歲己巳，聞太祖興朔方，遂殺契丹所置監國等官。」則己巳歲西遼尚存，謂亡于辛酉者不可信二矣。西遼與蒙古未交兵，故《元史》不載直魯古之滅。然《遼史》所述

❶「襲」上，《遼史》卷三十《天祚皇帝四》有「遂」字。
❷「終」下，《遼史》卷三十《天祚皇帝四》有「焉」字。

三主兩后在位年數分明，自甲辰至于國亡計八十八年，其干支當爲辛未，非辛酉也。辛未爲元太祖之六年，正在屈出律奔契丹之後，若辛酉歲，則屈出律之父尚在，何由奪西遼而有之？謂西遼亡于辛酉不可信三矣。《長春真人西游記》記西遼事頗詳，云：「自金師破遼，大石林牙領衆數千走西北，移徙十餘年方至此地，傳國幾百年。乃滿失國依大石，謂大石之後即直魯古也。士馬復振，盜據其土。既而算端西削其地，天兵至，乃滿尋滅，算端亦亡。」其云「乃滿」即「乃蠻」也；其云「失國依大石」，即屈出律奔契丹事；其云「士馬復振，盜據其土」，即謂直魯古被擒、屈出律襲遼衣冠而據其位也。長春西游，親到西遼舊都，距西遼之亡僅十餘歲，所言必得其實。乃蠻失國在元太祖戊辰歲，而直魯古之被擒又在其後，則謂亡于辛酉不可信四矣。《聖武親征記》：「屈出律以數人奔契丹王菊兒汗。」菊兒汗即直魯古也。《遼史》：大石以甲辰歲二月五日即位，號葛兒汗。子孫蓋世襲其號。《元史·曷思麥里傳》：「初爲西遼澗兒汗近侍。」曰「澗」曰「菊」，與「葛」音皆相近。曷思麥里亦直魯古舊臣，元太祖西征，率屬迎降，從大將哲伯爲先鋒，攻乃蠻克之，斬其主曲出律。即屈出律。蓋爲直魯古報讎，其事當在太祖庚辰歲，與戊辰屈出律奔契丹相去十有三年。或據此文疑屈出律爲元兵所斬，無奔契丹事者，非也。知菊兒汗即直魯古，則直魯古之失國必在元太祖之世，謂亡于辛酉不可信五矣。諸家編年所以誤者，由于不信大石在位有二十年，而《遼史》本有似相矛盾之處，既云「以甲辰歲即位，改元延慶」矣，又云「延慶三年，班師東歸，馬行二十日，得善地，建都城，❶號虎思斡耳朶，改延慶爲康國元年」，又云「康國十年歿」，似大石祇有十二年，與在位二十年之文不合。既滅大石之年，則直魯古之滅不得不移前數年矣。今按《西游記》云：「大石領衆走西北，移徙十餘年，方至此地。」是大石建都之前，稱尊號者已十餘年矣。因建都而改元，又十年而歿，豈非在位二十年乎？且大石之西奔，在保大三年癸卯七月，大石既自立爲王，必不承保大之號，次年甲辰二月改元延慶，固其宜也。史云「明年二月甲午，以青牛白馬祭天地、祖宗，整旅而西」，蓋即改元之日。既而兵行萬里，乃至尋思干城，與忽兒珊大戰敗之，駐軍尋思干凡九十日，回回國王來降，「又西至起兒漫，文武百官册立爲帝」，距甲辰改元之時蓋已久矣。改元在前，稱帝在後，《遼史》以改元、稱帝爲一事固非其實，諸家書移於乙巳亦出臆撰，且自乙巳至辛酉不過七十七年，與《遼史》「更繼迭承幾九十年」之語不相剌謬乎？愚謂大石官爲林牙，頗通今古，其改元也，假興復之名以號召諸部，必不遽稱帝也。延慶改元當在甲辰之春，其時猶未至西域，若稱帝，則當于延慶三年，蓋用漢昭烈、晉元帝故事，俟天祚凶問至，而後百官勸進耳。若建都改元康國則必在延慶十一年，《西游記》所謂「移徙十餘年方至此地」者也。如是，則大石即位二十年本無可疑。大石之年定，而直魯古之亡必在辛未而不在辛酉，亦決然可信。《遼史》雖有乖舛，而可信者猶大半，諸家云云則臆決附和之談，置之勿論可矣。

❶「建」上，《遼史》卷三十《天祚皇帝四》有「遂」字。

萬斯同《紀元彙攷》云：耶律大石延慶元年乙巳、康國元年丁未，大石妻咸清元年丙辰，大石子夷列紹興元年壬戌，夷列妹崇福元年甲戌，夷列子直魯古天禧元年戊子，其三十四年辛酉，爲乃蠻所擒。與續《綱目》諸書同。《遼史》但云大石在位二十年，感天太后稱制七年，夷列在位十三年，承天太后稱制十四年。據《紀年表》，則康國之十年即咸清之元年，咸清之七年即紹興之元年，紹興之十三年即崇福元年，是三世皆未踰年而改元矣。而于天禧元年書「十二月承天后被殺，夷列子直魯古立」，則是承天后稱制實十五年，與《遼史》尤不合。

金史衛紹王紀

衛紹王一朝記注亡失，今見於《紀》者，元中統三年王鶚所采摭，然亦未可盡信。如大安二年十二月辛酉朔，日有食之，即宋嘉定三年，《宋史》紀志是年六月丁巳朔日食，初無十二月日食事，《紀》不書六月之食，而書於十二月，已爲謬舛，且以次年正月乙酉朔推之，此月朔斷非辛酉也。元和李尚之疑此朔當在前一年，然《宋史》是月亦不言日食。

《齊乘》：「濟陽縣，大定六年（大定當作泰和。）避金主允濟諱改曰清陽。允濟遇弒，復舊名。」孫慶瑜《豐閏縣記》云：「大定間，改永濟務爲縣。大安初，避諱更名豐閏。」此二事皆在衛紹王朝。想濟南府亦當更名，而史失其傳矣。

所載金會州守將郭斌，即《金史·忠義傳》之郭蝦蟆也；《交聘表》所載使宋賀正旦生辰諸臣，以《宋史》本紀證之，往往姓同名異，《金表》多國語，《宋紀》則其漢名也。

地理志失載鞏昌府

《完顔仲德傳》：「正大六年，移知鞏昌府，兼行元帥府事。」鞏州升鞏昌府，《地理志》失書。

一地異文

《哀宗紀》前書「大元進兵嶢峰關」，後書「九月中徵兵會于饒豐關」，「嶢峰」、「饒豐」即一地也，《郭蝦蟆傳》作「饒風關」，與《元史》同。《完顔合達傳》作「饒峰關」。

金史義例未當

《金史》酷吏止二人，高閭山死于國事，可掩其酷刑之咎，則《酷吏傳》可不立也。宣宗以後，近侍頗干政事，然金之近侍皆世家子弟爲之，於宦者無預也。宦者亦止二人：梁珫可入《佞幸傳》，宋珪可附見《奉御綘山傳》，則《宦者傳》亦可不立也。張邦昌、王倫，《宋史》有傳，不當又入《金史》。崔立當入《叛臣傳》，不當儕于列傳。張僅言非叛黨，不當附《張覺傳》。

金人多二名

金人多二名，一從本國名，一取漢語，史家不能悉載。如：《元史·按竺邇傳》

南遷録

《金人南遷録》題云「著作郎張師顔撰」，陳直齋謂其歲月牴牾不合。今攷其所述年號事迹，如云：「興慶二年十一月，立皇太孫」，「四年正月，世宗晏駕，太孫登極。逾月改元天統」；「天統四年十一月，誅鄭王允蹈」，「五年正月，愛王據城叛」；「泰和十四年七夕，章宗爲牛刀兒所弑，頒遺詔立磁王允明爲皇太叔。七月八日，磁王即位。十五日，爲内侍趙元德等所弑。大臣議：濰王允文，世宗第六子，次當立。十八日，濰王即位，謚磁王爲明宗」；「八月，愛王自立，謚其父鄭王爲明宗」；「十一月，愛王薨，北國主立其子雄爲三大王」；「天定二年辛未。四月，策進士」；「五年甲戌。正月八日，上宴駕。百官議淄王允德世宗第八子當立。十日，即帝位」；「五月，葬德宗于福寧陵」。以《金史》紀傳校之，全不相應，大約南宋好事者妄作。

十駕齋養新録卷八終

十駕齋養新録 卷九

嘉定錢大昕

元史

《元史》纂修，始於明洪武二年，以二月丙寅開局，八月癸酉告成，計一百八十八日。其後續修順帝一朝，於洪武三年二月乙丑再開局，七月丁未書成，計一百四十三日。綜前後僅三百三十一日，古今史成之速，未有如《元史》者。而文之陋劣，亦無如《元史》者。蓋史爲傳信之書，時日促迫，則考訂必不審，有草創而無討論，雖班、馬難以見長，況宋、王詞華之士，徵辟諸子皆起自艸澤，迂腐而不諳掌故者乎！開國功臣首稱四傑，而赤老温無傳；尚主世冑不過數家，而鄆國亦無傳。丞相見於表者五十有九人，而立傳者不及其半。太祖諸弟止傳其一，諸子亦傳其一，太宗以後皇子無一人立傳者。本紀或一事而再書，列傳或一人而兩傳。《宰相表》或有姓無名，《諸王表》或有封號無人名。此義例之顯然者，且紕繆若此，固無暇論其文之工拙矣。

元初世系

《元史·太祖紀》述其先世，自孛端叉兒始。❶據《祕史》，則孛端叉兒之前尚有十一世：最初曰巴塔赤罕，二世曰塔馬察，三世曰豁里察兒蔑兒干，四世曰阿兀站孛

❶「叉」，原作「乂」，據下文《秘史》「叉」作「察」改。下同。

羅温，五世曰撒里合察兀，六世曰也客你敦，七世曰撏鎖赤，八世曰合兒出，九世曰孛兒只吉歹蔑兒干，今蒙古以博爾濟吉特爲貴族，即「孛兒只吉歹」之轉也，「蔑兒干」，華言善射也，十世曰脱羅豁勒真伯顔，十一世曰朶奔蔑兒干，史作脱奔咩哩犍。即孛端叉兒之父也。《祕史》「叉」作「察」。《宗室世系表》云：「元之世系，藏之金匱石室者，甚祕，外廷莫能知也。其在史官，固特其概，而攷諸簡牘，又未必盡得其詳。則因其所可知，而闕其不知，亦史氏法也。」史臣未見《祕史》，故於元初世系頗漏略。

孛端叉兒之孫蔑年土敦即紀表之咩麻篤敦也。生七子，其五人史闕其名。今據《祕史》：「蔑年土敦生子七人，曰哈出曲魯克，曰合臣，曰合赤兀，曰合出剌，曰合赤温，曰合闌歹，曰納臣把阿禿兒。」哈出曲魯克即《史》之既拏篤兒罕也，有子曰海都，其母曰那莫侖，史作莫拏倫。是那莫侖爲哈出曲魯之妻，而《史》以莫拏倫爲咩麻篤敦妻，其不合一也。哈赤曲魯克有子海都，爲世嫡。其餘六人亦各有子孫，別爲族姓。而《史》乃謂「押剌伊而部殺莫拏倫及其六子，滅其家，唯納真即納臣。爲贅壻，故不及難」，其不合二也。《祕史》初不言與押剌伊而部爭戰之事，本紀疑未可信。《祕史》屯必乃止一子，《世系表》以爲六子，列葛不律寒于第六，似誤以蔑年土敦之子爲屯必乃子。

《祕史》：海都生三子，曰伯升豁兒多黑申，史作拜姓忽兒。曰察剌孩領忽，曰抄真斡兒帖該。伯升豁兒多黑申生一子，曰屯必乃薛禪。史作敦必乃。屯必乃生三子，長曰合必勒合罕，史作葛不律寒。「合罕」之號自此始。合必勒有子七人，次子把兒壇把阿禿兒史作八里丹。即也速該之父也。合必勒合罕歿，遺言以從兄想昆必勒格之子俺巴孩爲合罕，史作咸補海罕。即察剌孩領忽之孫，是爲泰赤烏氏。俺巴孩與塔塔兒部結婚，親自送女，被執，獻于金，金人殺之，部人立合必勒合罕之第四子，曰忽圖剌合罕。忽圖剌歿，而太祖繼，稱成吉思合罕。蓋在王罕未敗之日，先稱合罕者，一部之長，後稱皇帝，則諸部之長矣。

太祖紀

《太祖紀》：十年，「木華黎攻北京，金元帥寅答虎烏古倫以城降」。按《東平王世家》作「烏古倫寅答虎」。「烏古倫」者，寅答虎之氏，非兩人也。史臣不辨姓名，顛倒其文，遂若别有一人。《史天祥傳》作「北京留守銀答忽、同知烏古倫」。

萬奴

《太祖紀》：十年，「金宣撫蒲鮮萬奴據遼東，僭稱天王」。十一年，「蒲鮮萬奴降」，「既而復叛，僭稱東夏」。按《東平王世家》：「癸巳，太宗五年。王與皇子貴由攻完顔萬奴于遼東，平之。完顔萬奴，金内族也，自乙亥歲聚衆據東海，號東夏，至是凡十九年而滅。」此萬奴之氏，一以爲「蒲鮮」，一以爲「完顔」，未審孰是。《木華黎傳》與《世家》同，《金史·宣宗紀》作「蒲鮮」。《太宗紀》但書「平萬奴」，而不言皇子貴由、國王塔思，當據《世家》補之。

伐西夏事差一年

《太祖紀》：十三年，「是年伐西夏，圍其王城，夏主遵頊出走西涼」。❶ 此金興定二年、宋嘉定十一年也。陳桱《通鑑續編》、薛應旂《宋元通鑑》皆在前一年。今按《金宣宗紀》：「興定二年正月，陝西行省獲歸國人，言大元兵圍夏王城，李遵頊命其子居守，而出走西涼。」夏與金相去遼遠，而金人於是年正月已傳問知之，則必是前一年事，《元紀》誤。

李全事誤

二十年，「武仙以真定叛」，「董俊判官李全亦以中山叛」。按金元之際有三李全：一爲益都行省，即璮之父也；一爲冠氏元帥，見《趙天錫傳》；本名泉，詳見後。一見《董俊傳》，云：己卯，權知中山府。金將武仙據真定，俊率衆夜入真定，逐仙走之。庚辰春，金大發兵益仙，治中李全叛，中山應之。庚辰者，元太祖十五年也。全之叛，蓋在武仙未降元以前，《紀》乃書於仙既降又叛之後，失之甚矣。

旭烈兀大王

旭烈兀大王，睿宗第六子，一作煦烈。憲宗壬子歲，受命討西域。癸丑，至木乃兮國，下其城百廿。丙辰，破乞都卜城。丁巳，破兀里兒城，乞石迷國來降，得三百餘

❶ 「主」下，《元史》卷一《太祖紀》有「李」字。

城。又西至大房，下其城百八十五。戊午，命將西渡海，收富浪，西南至石羅子、賓鐵，❶皆降之。己未，破兀林，降其城百廿。又西南，至乞里灣，降之，西域平。遣使告捷，而憲宗崩，遂留鎮其地。《至元辨僞録》云：「今㫋烈大王，皇帝親弟，鎮守西域，在尋思干西南、雪山之西，使命往還，來往不絶。」

靖遠王合贊者，旭烈兀大王之孫，至元二十七年封。黄溍撰《海運千户楊君墓誌》云：「君諱樞，大德五年，君年甫十九，致用院俾以官本船，浮海至西洋，遇親王合贊所遣使臣那懷等如京師，遂載之以來。那懷等朝貢事畢，請仍以君護送西還，丞相哈剌哈孫如其請，奏授君海運副千户，佩金符，與俱行。以八年發京師，十一年乃至，其登陸處云忽魯模思。云是役也，君往來長風巨浪中，歷五星霜，凡舟楫糗糧物器之須，一出于君，不煩有司。既又用私錢市其土物白馬、黑犬、琥珀、蒲萄酒、蕃、鹽之屬以進。」按《元史·成宗紀》：大德八年七月，「諸王合贊遣使來貢珍物」，即其事也。《地理志·西北地·附録》有云忽里模子者，即忽魯模思之轉也。

罕勉力即哈密

罕勉力即今之哈密也，亦曰哈迷里。《元典章》：「延祐六年四月，欽奉聖旨，節該如今亦都護爲頭畏吾兒，的斤帖林爲頭哈迷里，除致傷人命、姦盜公事交管民官歸問者，其餘軍帖差發，不揀甚麽，合對問公

❶ 「西」，原誤作「酉」，據《元史》卷一百四十九改。

事。有呵朶歹等都護府官人每等者，管民官休侵犯者外，據畏吾兒、哈迷里每自己其間裹公事。有呵委付來的頭目斷者，若與百姓每有相争的公事，呵委付來的頭目每與各城子裹官人每一同歸斷者，若無畏吾兒、哈迷里頭目每，呵管民官依例斷者。」《元史·巴而朮阿而忒的斤傳》，前云「征罕勉力、鎖潭、回回諸國」，後云「還鎮火州，屯于州南哈密力之地」，其實一也。的斤帖林蓋哈迷里之部長。

尋思干

尋思干本回回故地，亦作邪米思干。《長春西游記》云「邪米思干大城，大石有國時，名爲河中府」是也。《太祖紀》：十五年夏五月，「克尋思干城」。又云：十六年春，「帝攻卜哈兒、薛迷思于等城」。似乎重出。攷《西游記》言：乃滿即乃蠻。失國，依大石，士馬復振，盗據其土，繼而算端西削其地，天兵至，乃滿尋滅，算端亦亡。然則十五年所克者乃蠻主屈出律，簒西遼而據其地者也。既克之後，復背蒙古而附算端，故次年再攻之。算端即算灘，回回部長之號，亦作遜丹。元遺山《大丞相劉氏先塋碑》：「車駕征契丹餘族，是爲西遼，歷古續兒國，訛夷朶等城，戰合只，破之。遂征遜丹之斜迷思，即邪米思干。於普花見拒印度嗔木連，破其軍二十萬。」與《元紀》略同。蓋屈出律雖簒奪，猶襲遼衣冠，不改國號，故有西遼之稱。其云古續兒國，殆以西遼主世襲菊兒汗之號，「續」、「菊」音相近而訛。「夷朶」即《遼史》之「斡耳朶」乎？屈出律簒國未久，人懷反側，故取之甚易。回回則世守其地，部落衆多，非旦夕可以成功。

趙世延楊朶兒只皆色目

列傳第五卷至三十二卷皆蒙古色目人，第三十三卷至七十五卷皆漢人、南人也。趙世延，雍古部人，即按竺邇之孫，蓋色目人也，而與漢人同列，誤矣。楊朶兒只，西夏人，元時稱夏人爲唐兀氏，唐兀亦色目三十一種之一，其人各自有姓，如李恒、高智耀、來阿八赤皆列于色目，則朶兒只亦當爲色目人矣。耶律石抹、完顔、粘合、烏古論皆遼金舊族，元時謂之漢人。漢人有官至宰執者，而南人不得入臺省。順帝時稍用南人，而八參政者僅危素一人耳。漢人、南人之分，以宋、金疆域爲斷，江浙、湖廣、江西三行省爲南人，河南省唯江北淮南諸路爲南人。

不只兒即布智兒

《布智兒傳》：「憲宗以布智兒爲大都行天下諸路也可扎魯忽赤。」按《憲宗紀》：「以牙老瓦赤、不只兒等充燕京等處行尚書省事。」《世祖紀》：「憲宗令斷事官牙老瓦赤與不只兒等摠天下財賦于燕。」所云不只兒者即布智兒也，大都即燕京，扎魯忽赤即斷事官。見《職官志》。「不只」與「布智」聲相近，譯音無定字也。《昔里鈐部》、《月乃合》、《布魯海牙傳》作「卜只兒」。今本《布魯海牙傳》誤「卜」爲「十」。

祖孫同號

賽典赤，回回貴族之稱。贍思丁爲中統至元名臣，紀傳皆稱賽典赤而不名。其孫伯顔事成宗，爲平章政事。《宰相表》至元三十年至大德七年俱有平章賽典赤名，惟元貞二年平章有伯顔無賽典赤，蓋賽典赤即伯顔，非兩人也，蓋襲其祖之號。

延祐四年正月肆赦詔

延祐四年正月初十日詔：「朕仰惟太祖皇帝聖訓若曰：『應天順人，惟以至誠，保安天下，宜遵正道。』重念列聖，繼承丕祚，我世祖皇帝混一之初，顧子菲德，懼弗克荷，不遑寧處。比者忽失剌年屬幼弱，聽信憸人阿思罕等謀爲不軌，構亂我家，已爲行省行臺管軍官等將叛賊阿思罕教化、徹里哥思等斬首以徇。其同謀及脅從者，欲盡加誅，有所不忍，宜推曠蕩之恩，開以自新之路，可大赦天下：自延祐四年正月初十日昧爽以前，除殺祖父母、父母不赦外，其餘常赦所不原者，罪無輕重咸赦除之。若有避罪逃從逆黨，或竄匿民閒，及嘯聚山林者，赦書到日限一百日内許令出首，與免本罪，限外不首，復罪如初。於戲，赦過宥罪，惟期反側之安；發政施仁，聿底隆平之治。敢以赦前事相告言者，以其罪罪之。咨爾有衆，體予至懷。」此詔稱「忽失剌」者，即《元史》之「和世㻋」，明宗名也。《仁宗紀》不載此詔，蓋天歷以後史官諱而削之也。仁宗受位於其兄，乃不立兄子而立其子，固有愧宋穆公之讓，而明宗出鎮雲南，即於途中興兵犯闕，其罪尤難掩。今録《元典章》所載詔書，以補本紀之闕，《明宗紀》載同謀諸臣無徹里哥思名。且著明宗之罪。

本紀失書廷試進士兩科

延祐初始行科舉，自後廷試進士，狀元某某等若干人皆書於帝紀，唯順帝元統元年賜同同、李齊等百人，至正十七年賜倪徵、王宗嗣等五十一人，紀並失書。蓋順帝無《實録》，案牘不備，史臣又非一手，紀與志不相檢照者多矣。元時廷試例以三月七日，獨元統元年春順帝尚未即位。《選舉志》雖載同同等賜及第出身，而未詳廷試之期。予嘗得是年《進士録》讀之，乃知廷試在九月三日，此可補史文之闕。

三公宰相表脱一年

《三公》、《宰相》兩表俱脱至順三年，今以紀攷之：三公則燕鐵木兒、太師。伯答沙、太傅。伯顔太保。也。宰相則右丞相燕鐵木兒，平章政事欽察台、阿里海牙、伯撒里、秃兒哈帖木兒、撒迪，右丞闊里吉思，左丞趙世安也。又泰定帝以致和元年七月崩，其九月文宗自立于大都，改元天歷，《表》從《通鑑》例不書致和，而書天歷，尚爲有説。然九月以前三公宰輔皆朝廷所命，自當大書於《表》，今皆削而不書，毋乃獎亂而無是非之心乎？

元史不諳地理

宋時州有四等：曰節度，曰防禦，曰團練，曰刺史。亦曰軍事。節度爲三品州，防團爲四品州，軍事爲五品州。凡除節度、防禦、團練使、刺史者，皆不之任，唯差京朝官知軍州事。俱爲親民之官，而班資有崇卑，故《宋志》於每州之下繫以節度及防禦、團練、軍事之名。節度又有軍號，如大名府稱天雄軍、兖州稱泰寧軍之類，而防團則無之，故節度必繫以某軍，此係官制，無關地理。而宋時諸州又有由軍事、防禦升節度者，史家省文，或書「升某州爲某軍」，如元符三年升端州爲興慶軍、政和七年升鼎州爲常德軍之類。此由散州升爲節度州，州牧改用大僚，而州名仍如其舊，非改州爲軍也。然宋時牧守又有府、州、軍、監四等，而軍、監在州之下。守臣以知軍繫銜，如京東之淮陽軍、京西之信陽軍、淮南之盱眙軍、浙西之江陰軍，此則唐以前所未有，而《志》地理沿革者所當討論矣。元時改府州爲路，既無節度、防禦虚銜，則《志》地理述前代沿革，如升州爲節度，直可一筆勾之耳。《宋志》每州之下又有郡名，此沿《九域志》之文，不過爲王公等封爵之用，大約襲唐之舊。而五代以後增設者，舊未有郡名，政和修《九域志》又復加之，此有司文具尤無當於地理沿革之數者也。修《元史》者皆草澤腐儒，不諳掌故，一旦徵入書局，涉獵前史，茫無頭緒，隨手撏撦，無不差謬。偶舉數條以當笑柄：如滑州自唐、宋訖金、元無異名，而《志》乃云「唐改靈昌郡，宋改武成軍，元仍爲滑州」。攷《唐志》雖州郡兼稱，而改州爲郡不過天寶、至德十餘年耳，乾元以後仍爲滑州，豈可以此十數年概唐一代？且改州爲郡，十道皆同，不得謂滑改而它州不改也。「武成」爲節度軍額，而滑之升節度始于唐，本號「義成軍」，宋太宗時避諱，乃改「武成」。作《志》者并《唐方鎮表》亦未讀矣。隨州亦唐所置，而宋因之，其稱「崇信軍」者，節度軍號，非改州爲軍也。棗陽本隨州屬縣，南宋升爲棗陽軍，則與隨州各爲一郡矣，而《志》乃云「宋爲崇信軍，又爲棗陽軍」。此兩軍者一爲虚銜，一爲實土，而混而一之，既已不分皂白，且棗陽與隨各自爲郡，而强合之，又云「復因兵亂遷徙無常」，欲以彌縫其失，真癡人説夢矣。河中府自唐中葉已爲節鎮，稱護國軍，而河中府之名不改，宋、金皆因之。《志》乃云「宋爲護國軍，金復爲河中府」，不知宋、金皆稱河中府，與唐無異。護國軍之號，自唐、五代、宋、金亦未有異，宋非廢府而稱軍，金亦未嘗去護國軍之號。《志》中此類甚多，舉之不勝舉也。

宋時州有節度、防禦、團練、刺史四等，以是分州之大小，如今制州縣分繇簡耳。單本刺史州，後升爲團練，其州名仍舊也，《志》乃云「後唐改爲單州，宋升團練州」，是誤仞團練爲州名矣。史臣之不學如此，豈不貽笑千古。

《志》又云：「濟寧路，唐麟州，周於此置濟州。」按：元之濟寧路治鉅野縣，在唐則爲鄆州之鉅野縣耳。《唐志》雖云「武德四年以縣置麟州，五年州廢」，然唐有國三百年，其稱麟州者僅一年，豈可以此概一代乎？宋承後周之舊，濟州真治鉅野矣，乃置之不道，又何説也？《志》于濟州下又云：「唐以前爲濟北郡，治單父。唐初爲濟州，又爲濟陽郡，仍改濟州。周瀕濟水立濟州，宋因之。」此條尤可怪異。夫元之濟州治任城，唐之濟州則治盧，即隋之濟北郡也；元和以後省濟州，以盧縣隸鄆州，自是無濟州之稱矣，後周始于鉅野立濟州。盧與鉅野邈不相涉，豈可溷而爲一？「周瀕濟水立濟州」二句當書于濟寧路，亦不當在此條也。「唐以前濟北郡治單父」，不知何據？攷《太平寰宇記》：「單州單父縣，後魏嘗置北濟陰郡。」或因是誤仞爲濟北郡邪？

郴州之郴陽縣，《志》云：「舊爲敦化縣，至元十三年改今名。」予向頗疑之：謂湖南舊爲宋土，而「敦」字犯宋廟諱，且《宋志》郴州倚郭爲郴縣，非敦化也。頃見王象之《輿地紀勝》引《寰宇記》云：「晉天福初，避廟諱，改郴州爲敦州，改郴縣爲敦化，漢初州縣名悉復舊。」是敦化之名乃石晉所改，未幾即廢，而元史臣乃以爲至元十三年改敦化爲郴陽，真可笑也。

漢人八種

陶九成《輟耕録》載漢人八種：曰契丹，曰高麗，曰女直，曰竹因歹，曰朮里闊歹，曰竹温，曰竹亦歹，曰渤海。按遼、金、元三《史》唯見契丹、女直、高麗、渤海四國，餘未詳。攷《元史·鎮海傳》：「從攻塔塔兒、欽察、唐兀、只温、契丹、女直、河西諸國。」「只温」蓋即「竹温」之轉歟？

咸寧字誤

《地理志》興和路有咸寧縣，「元初隸宣德府，中統三年來屬」。「咸寧」當是「威寧」之譌。《金志》撫州有威寧縣，承安二年以撫州新城鎮置元之興和路，即金撫州，則「咸寧」之爲「威寧」信矣。《劉伯林傳》「金末爲威寧防城千户」，即此縣也。

興德字誤

「保安州，金爲興德府。」「興德」當作「德興」。《石高山傳》「德興府人」。《金志》本作「德興」。

迦堅茶寒

《太宗紀》：「九年丁酉春，獵于揭揭察哈之澤。」其年四月，「築埽隣作迦堅茶寒殿」。❶「揭揭察哈」即「迦堅茶寒」也，譯音無定字，史家不能攷正，後世遂以爲兩地矣。《地理志》：「迦堅茶寒殿在和林北七十餘里。」

太宗三萬户名不同

王惲撰《史忠武公家傳》云：「太宗即位，朝議方選三大帥分統漢地兵。上素聞公賢，以杖麾公及劉黑馬、蕭札剌居右，詔爲

❶「隣」下，《元史》卷二《太宗紀》有「城」字。

萬户。其居左者悉爲千户長。」姚燧撰《邸澤神道碑》云：「國初，以二萬户鎮撫中夏：右則劉伯林黑馬之父。軍秦，左則粘合重山軍燕，顧成則益太尉史忠武公天澤爲真定、河間、濟南、東平、大名五路萬户，於中。」「顧成」謂太宗也，蓋用《漢書》賈誼語。《元史·劉黑馬傳》：「太宗即位始立三萬户，以黑馬爲首，重喜、史天澤次之。」三書所述劉、史兩萬户並同。若蕭札剌爲石抹也先之子，石抹氏即蕭氏。與粘合重山初非同族。《元史·粘合重山傳》中無重喜名，史別有《重喜傳》，又不云爲萬户。王、姚二君皆習于掌故，史家爲黑馬立傳亦必本諸家狀，不知何以互異若此？《耶律秃花傳》：「統萬户札剌兒、劉黑馬、史天澤伐金。」此札剌兒即蕭札剌也。《石抹也先傳》作「查剌」，與王惲所稱三萬户正合。《劉黑馬傳》又云：「增置七萬户，仍以黑馬爲首，重喜、史大澤、嚴實等次之。」此七萬户之名史家止舉其四，餘無攷。

也可太傅

《食貨志·歲賜篇》有也可太傅。按《邪律秃花傳》：「拜太傅，總領也可那延，封濮國公。」即《志》所稱也可太傅也。蒙古語「大」爲「也可」，凡官名也可者，第一之稱。此《志》有也可怯薛，《職官志》有也可札魯忽赤，皆取第一義。

四怯薛

《兵志》：「太祖功臣博爾忽、博爾朮、木華黎、赤老温，號掇里班曲律，猶言四傑也。太祖命其世領怯薛之長。怯薛者，猶言番直宿衛也。每三日而一更：❶申、酉、戌日，博爾忽領之，爲第一怯薛，即也可怯薛。博爾忽早絶，太祖命以別速部代之，非四傑功臣之類，❷故太祖以自名領之。云也可者，❸言天子自領之也。亥、子、丑日，博爾朮領之，爲第二怯薛。寅、卯、辰日，木華黎領之，爲第三怯薛。巳、午、未日，以赤老温領之，❹爲第四怯薛。赤老温後絶，其後怯薛常以右丞相領之。」《食貨志・歲賜篇》則有也可怯薛，有忽都答兒怯薛，有帖古迭兒怯薛，有月赤察兒怯薛，此至元二十一年事。月赤察兒者，博爾忽之後，絶而又繼，然其次已在第四。忽都答兒、帖古迭兒則不知何人之後矣。

五部將名互異

《濶濶不花傳》：「歲庚寅，當是庚辰。太祖命太師木華黎伐金，分探馬赤爲五部，各置將一人，濶濶不花爲五部前鋒都元帥。」「歲丙申，太宗命五部將分鎮中原：濶濶不花鎮益都、濟南，按察兒鎮平陽、太原，孛羅鎮真定，肖乃台鎮大名，怯烈台鎮東平。」

《兵志》：中統三年三月，「詔真定、彰德、邢州、洺、磁、東平、大名、平陽、太原、衛輝、懷孟等路，各處有舊屬按札兒、孛羅、笑

❶「每」上，《元史》卷九十九《宿衛》有「凡宿衛」三字。
❷「非」上，《元史》卷九十九《宿衛》有「而」字。
❸「云」上，《元史》卷九十九《宿衛》有「其」字。
❹「以」，《元史》卷九十九《宿衛》無此字。

乃䚡、濶濶不花、不里合拔都兒等官所管探馬赤軍。」

《石高山傳》：「昔太祖皇帝所集按察兒、孛羅、窟里台、孛羅海拔都、濶濶不花五部探馬赤軍，金亡之後散居牧地，多有入民籍者。」

今按：五部將之名唯孛羅、濶濶不花二人無異文。按察兒即按札兒，肖乃台即笑乃䚡，怯烈台即窟里台，不里合拔都兒即孛羅海拔都。或有肖乃台而無不里合，或有怯烈台而無孛羅海，似當以《兵志》爲正。蓋肖乃台本秃伯怯烈氏，故又有怯烈台之稱。或稱肖乃台，或稱怯烈台，其實即一人耳。史家疑孛羅海與孛羅爲重出，故《濶濶不花傳》誤分怯烈台以當五人之數，今依《兵志》作不里合，則犂然有别矣。

汪世顯傳不可信

史家立傳往往徵采家傳碑志，事迹多文飾不可信。如《汪世顯傳》稱：「仕金屢立戰功，官至鎮遠軍節度使、鞏昌便宜總帥。金平，郡縣望風款附，世顯獨城守，及皇子濶端駐兵城下，始率衆降。皇子曰：『吾征四方，所至皆下，汝獨固守，何也？』對曰：『臣不敢背主失節耳。』」如《傳》所言，則是袁昂、馬仙琕之流也。及讀《金史·郭蝦蟆傳》，則稱「天興二年，哀宗遷蔡州，慮孤城不能保，擬遷鞏昌，以粘割完展爲鞏昌行省。三年春正月，完展聞蔡已破，欲安衆心，城守以待嗣立者。乃遣人稱使者至自蔡，有旨宣諭。綏德州帥汪世顯者，亦知蔡凶問，且嫉完展制己，欲發矯詔事，因以兵圖之。然懼蝦蟆威望，乃遣使約蝦蟆并力破鞏昌。使者至，蝦蟆謂之曰：『粘割公奉詔爲行省，號令孰敢不從？今主上受圍于蔡，擬遷鞏昌，我輩既不能致死赴援，又不能叶衆奉迎，乃欲攻粘割公，先廢遷幸之地，上至何所歸乎？汝帥若欲背國家，任自爲之，何及于我？』世顯即攻鞏昌，劫殺完展，送款于大元。復遣使者二十餘諭蝦蟆以禍福，不從。」是世顯以偏裨戕主師，背主嗜利，乃小人之尤者。且久通款于蒙古，何待濶端兵至始率衆降乎？蘇天爵《名臣事略》誤信其家傳書之，明初史臣又承天爵之誤，不加訂正。畢尚書沅《續通鑑》稿成，嘗屬予參校，因爲辨證之。

鄧州移復

趙范之失襄陽始於趙祥以鄧州叛，而《宋史》諱不書。《元史・太宗紀》：八年，命「鄧州趙祥從皇子曲出充先鋒南伐」，❶亦不詳趙祥降附本末。今據姚燧所撰《鄧州長官趙公神道碑》云：「祥字天麟，其先居代之繁畤。金末去其鄉，三徙爲蔡之平輿人。天興播蔡，倡義兵數千爲帥。甲午，金亡，將麾下步騎數千入宋。時襄陽開制閫授信效左軍統制。後制閫厭降將多叵測，謾爲受犒，欲盡阬之。大將江海諫曰：『人窮來歸，誅之不義。又吾閫所節度四十

❶「皇子」、「南」，《元史》卷二《太宗紀》無此三字。「伐」下，《元史》卷二《太宗紀》有「宋」字。

五軍半北人，今此加誅，則吾軍北人各有異心矣。漢北之州鄧爲近，去吾闔程再日耳，乘彼虚棄未戍，盍遣是衆先之。在彼有生降之德，在我有復地之利，一舉而得兩者也。』闔然之，别遣路鈐、呼延實將若干人爲監，來戍。至則與實不相得，軍士譁譟，皆言制闔不足爲盡力。明年乙未十月，大兵略地漢上，集將佐南門，公抱劍前曰：『始吾入宋，求活吾麾下數千人與若妻孥，而制闔欲以計殲之。今幸出戍，又令别將監之。一旦誣以它罪，無噍類矣。誠不忍與若膾脯寇手，心歸大朝，後應者斬。』統領徐海持不可，立斷其首，一軍皆呼抃受命，馳造實營，執以出盟，令呼宋兵投仗釋甲，具車馬歸之襄陽。乃開門迎元兵。居再月，太子南征還過，教以是城甚近襄陽，力孤不能自完，與均、唐三州民，徙洛陽之西三縣，鄧治長水，均治永寧，唐治福昌。明年丙申，襄樊亦徙洛陽。其年入覲，特賜金符錦衣，許出戰督軍入守字民。辛丑，授鄧州長官。奏以弟將州兵，是州兵民始分。後十二年癸丑，史忠武公經略河南，始屯田漢上，盡還徙鄧、均、唐、襄、樊五州民實南，公始復鄧。時宋已築襄、樊、均，皆設重兵，三州民還者無所於歸。襄、樊僑治州北，均僑治西，皆倚公爲援。丙辰，乞骸骨，不報。明年，疾卒，年六十有一。」所述背宋歸元事極分明。漢上五州移徙事，又可補《地理志》之漏略。

胡土虎

太宗六年，以胡土虎那顔爲中州斷事官。七年，遣皇子曲出及胡土虎伐宋。胡土虎又作忽都，《鐵邁赤傳》。又作忽都虎，《食貨志》。又作忽篤華。《石抹明安傳》。案《石抹明安傳》：「次子忽篤華，太宗時爲金紫光禄大夫、燕京等處行尚書省事，兼蒙古漢軍都元帥。」不云爲中州斷事官者，史之脱漏也。石抹氏自明安至咸得不相繼爲燕京行省，胡土虎蓋承其兄職，及金亡之後又令斷事中州。括中原人户，當在其時矣。《石高山傳》云：「父忽魯虎，從太祖定中原，太宗賜以東昌、廣東四十餘户。」❶而《食貨志》：忽都虎官人，「壬子年，查認過廣平等處四千户」。似即一人。豈石高山即石抹明安之後，史誤認石抹氏爲石氏耶？

李全字誤

《趙天錫傳》云：「甲申，彭義斌據大名冠氏，元帥李全降之。」又云：「李全在大名，結其帥蘇椿，納金河南從宜鄭倜。」初疑同時有兩李全，及讀元遺山《千户趙公神道碑》，乃知其人名泉，史家以音相近譌爲「全」字，遂與益都之李全相溷矣。天錫以行臺公薦，宣授行軍千户，見《遺山碑》，而本傳不載，蓋以千户爲不足書耳。不知元初萬户最爲領兵要職，嚴實雖爲行臺，亦在七萬户之列，千户佩金符，較之萬户佩金虎符者僅降一等，未可略而不書。

月乃合

《月乃合傳》但云字正卿，不言有兩名。按元好問《恒州刺史馬公碑》即慶祥。云：

❶「廣東」，《元史》卷一百六十六《石高山傳》作「廣平」。

「子男三人：長三達，次鐸剌，次福海。」不審孰爲月乃合。

雍古

《月乃合傳》：「其先屬雍古部，徙居臨洮之狄道，金略地，盡室遷遼東。」「祖把埽馬野禮屬徙静州之天山。」按元遺山有《恒州刺史馬君神道碑》，即月乃合之父昔里吉思也。其述世系云：「出于花門貴族。宣政之季，與種人居臨洮之狄道，蓋已莫知所從來矣。金兵略地陝右，盡室遷遼東，因家焉。太宗嘗出獵，恍惚閒見金人挾日而行，心悸不定，莫敢仰視，因罷獵而還，敕以所見者物色訪求。或言上所見殆佛陀變現，而遼東無塔廟，尊像不可得。唯回鶻人梵唄之所有之，因取畫像進之，真與上所見者合。上歡喜讚歎，爲作福田以應之。凡種人之在臧獲者，貰爲平民，賜錢幣，縱遣之。」然則雍古部殆回鶻之别支乎？回鶻即畏兀兒，與回回不同種。《金史·馬慶祥傳》：「先世自西域入居臨洮狄道。」似誤以回鶻爲回回矣。

劉敏傳

劉敏，字有功，宣德青魯人。按元好問《大丞相劉氏先塋神道碑》云：「世居宣德縣北鄉之青魯里。」青魯非縣名，當删。碑稱「字德柔，以小字某行」，豈有功其小字歟？抑以賜名玉出干爲小字歟？

歲壬申，太祖師次山西，敏時年十二，從父母避地德興禪房山。兵至，父母棄敏走，大將憐而收養之。碑云：「甲戌秋，師次燕西，公年甫十二，隨其家人避兵德興之禪房山，既而盡室被俘，公在一大首領麾下。一日，避役御營，犒宴之人什伍爲偶，公輒入座共食。上舉目見之，親問姓名及所以來者。公跪自陳：『主帥不見卹，無以自存，願留止營中。』上召主帥名索公，得之，隸中宮帳下。」與傳不同，當以碑爲可信。

帝征遼西諸國，碑云：「車駕征契丹餘族，是爲西遼。」遼西當爲西遼之譌。

元初十路

太宗二年，始置十路徵收課税使：燕京、宣德、西京、太原、平陽、真定、東平、北京、平州、濟南。

世祖中統元年立十路宣撫司：燕京、益都濟南、河南、北京、平陽太原、真定、東平、大名彰德、西京、京兆。

宣聖配享

元初釋奠先聖，以顔、孟配享，蓋用宋金舊制。至延祐三年，始增曾子、子思配享，則依宋咸淳三年新制也。《祭祀志》所載儀注止有詣兖國公、鄒國公神位前，不及郕、沂二公，此延祐以前之制。《禮樂志》：「大德十年，命江淮行省製造宣聖廟樂器，令翰林院新譔樂章；自《迎神》至《送神》凡九章。」是時郕、沂二公未與配享，故無《酌獻》之曲，本非欠闕，史家誤增二公《酌獻》之曲，注以爲「闕」，蓋失之不攷矣。《志》又別載《宣聖樂章》，凡十六章。今攷諸《宋史》，實皆襲用宋《大晟》舊詞，唯郕、沂二公《酌獻》之章則舊詞所未有，殆延祐以後補譔。若大德所譔，則固未嘗播之律呂也。

泰定皇后

《吴文正公年譜》：「泰定元年七月，中書會議，司天監屬訐其官長。所訐二月皇后出殯，係犯復日，又葬日正犯聖算行年，輕侮不敬，致二后同日而崩。刑部取罪狀，中書奏兩院會議，公曰云云。」此條元槧本有之，而不載文正之議，今刻《文正集・年譜》并删此事矣。攷《元史》：泰定元年三月丙午，册八八罕氏爲皇后。此正宫皇后也。此稱「皇后出殯」及「二后同日而崩」，皆不見於紀，蓋元世諸妃稱皇后者甚衆，史不能具載，而吴澄之議云何，亦無可攷矣。

蒙古語

元人以本國語命名。或取顔色，如察罕者白也，哈剌者黑也，昔剌者黄也，亦作失剌。忽蘭者紅也，孛羅者青也，亦作博羅。闊闊者亦青也。亦作擴廓。或取數目，如朶兒別者四也，亦作掇里班。塔本者五也，只兒瓦歹者六也，朶羅者七也，乃蠻者八也，也孫者九也，哈兒班答者十也，忽陳者三十也，亦作忽嗔。乃顔者八十也，亦作乃燕。明安者千也，秃滿者萬也。或取珍寶，如按彈者金也，亦作阿勒壇。速不台者珠也，亦作碎不䚟。納失失者金錦也，亦作納石失。失列門者銅也，亦作昔剌門。帖木兒者鐵也。亦作鐵木爾，又作帖睦爾。

或取形相，如你敦者眼也，赤斤者耳也。或取吉祥，如伯顔者富也，只兒哈朗者快樂也，亦作只兒哈郎。阿木忽郎者安也，賽因者好也，也克者大也，蔑兒干者多能也。一作默爾傑。或取物類，如不花者牯牛也，亦作補化。不忽者鹿也，亦作伯忽。巴而思者虎也，阿爾思蘭者師子也，脱來者兔也，亦作討來。火你者羊也，昔寶者鷹也，昂吉兒者鴛鴦也。或取部族，如蒙古台、唐兀台、遜都台、瓮吉剌歹、兀良哈歹、塔塔兒歹、亦乞列歹、散朮歹、亦作珊竹台。肅良合，亦作瑣郎哈，謂高麗人也。皆部族之名。亦有以畏吾語命名者，如也忒迷失者七十也，阿忒迷失者六十也，皆畏吾語。此外如文殊奴、普顔奴、觀音奴、佛家奴、汪家奴、衆家奴、百家奴、醜厮、醜驢、和尚、六哥、五哥、七十、八十之類，皆是俗語。或厭其鄙俚，代以同音之字，如「奴」之爲「訥」、「驢」之爲「閭」、「哥」之爲「格」，不過游戲調弄，非有别義也。

僧稱吉祥

予讀《元史·仁宗紀》，延祐六年二月，「特授僧從吉祥榮禄大夫、大司空，加榮禄大夫、大司徒，僧文吉祥開府儀同三司」。初未解「吉祥」之名。後閲《釋藏》，有《至元法寶勘同總録》十卷，奉詔編修者爲順德府開元寺佛日光教大師沙門慶吉祥、平灤路水巖寺傳法輔教大師沙門恩吉祥，執筆者爲大寶集寺傳法潮音妙辨大師沙門海吉祥、真定府興化寺傳法通元大師沙門温吉祥，校勘者爲大都大憫忠寺傳法通辨大師沙門瑞吉祥、大都大昊天寺傳法元悟大師沙門習吉祥、上都黄梅寺住持通慧大師沙門温吉祥、大都宏法寺通顯密二教演祕大師沙門瀓吉祥、大崇國寺臨壇大德圓融崇教大師沙門演吉祥、大聖壽萬安寺臨壇大德崇教大師沙門應吉祥，校證者濟寧路金山寺妙辨通義大師沙門慶吉祥，證義者大聖壽萬安寺傳大乘戒臨壇大德沙門理吉祥、宣授江淮釋教都總攝扶宗宏教大師釋行吉祥、聖壽萬安寺都總統佛覺普安大師沙門揀吉祥、宣授諸路釋教都總統道通真智大禪師昭吉祥。乃知元時以「吉祥」爲僧之美號。演吉祥名定演，趙子昂爲撰碑者也。

道童

至正中名道童而見於史者兩人：一爲高昌人，號石巖，由平江路總管累遷江西行省左丞相，謚忠烈，在列傳一百四十四卷；一爲唐兀人，字德章，自號賀蘭逸人，至正十年爲江東廉訪使。《汪澤民傳》：「至正十五年，蘄黄賊犯宣州，江東廉訪使道童雅重澤民，日就之詢守禦計，城得無恙。」此即唐兀之道童也。「其明年，城陷，澤民遇害。」史不言道童所終。予嘗見《江東憲司題名碑》，知其《氏族記》即澤民所撰，稱道童爲寧夏中大夫公。蓋元時稱西夏人曰唐兀氏，寧夏本西夏地也。

順帝後世次

元順帝以至正廿八年失大都北走，又二年殂於應昌。太子愛猷識理達臘嗣位，上廟號曰惠宗，明年改元宣光，立八年而殂。子脱古思帖木兒嗣位，上廟號曰昭宗，改元天元，立十年，爲其下也速迭兒所弑，實洪武二十一年也。又五傳至坤帖木兒，皆被弑。族人鬼力赤篡立，去國號稱可汗，從其舊俗。《明史・成祖紀》：❶永樂六年，「諭本雅失里曰：自元運既訖，順帝後愛猷識里達臘至坤帖木兒，凡六傳，瞬息之間未聞一人善終者。」蓋脱古思帖木兒之後、坤帖木兒之前尚有三四傳，其名不可攷矣。《明太祖紀》：洪武二十二年，「也速迭兒弑其主脱古思帖木兒，而立坤帖木兒」，與《成祖紀》、《外國傳》小異。

高麗王二名

元初，高麗王昛尚元公主，其子璋亦尚主，賜蒙古名曰益智禮普化。其後子孫相承皆有二名：璋子燾曰阿剌忒納失里，燾子禎曰不答失里，禎子昕曰八禿麻朵兒只，禎弟祺曰伯顔帖木兒，又名顓古。《元史・外國傳》自燾以後傳授事迹俱脱漏失書，今取《朝鮮史略》參攷得之。

王暠傳位事不足信

王璋本襲父封高麗王，至大三年改封瀋王。皇慶二年，遣璋就國，璋乃請辭位，以長子燾爲征東行省左丞相，而身留京師，又以姪延安君暠爲世子，蓋欲兼兩王，以燾承世封，以暠承瀋王封也。《外國傳》謂燾受遜位，以仁宗皇慶二年四月封高麗王，是年其弟暠立爲世子。不知暠爲燾之從弟，所受者瀋王世子，非高麗世子，此一誤也。

❶ 事見《明史》卷三百二十七《韃靼傳》，而非《成祖紀》。

《傳》又謂燾傳其弟暠。按《仁宗紀》：延祐三年，璋請傳瀋王位于世子暠，許之。而《諸王表》瀋王一條云：高麗王暠，泰定三年以駙馬襲封。二文似互異。今攷之，乃知非誤，蓋璋雖以延祐三年傳王位于暠，而瀋王之印猶在璋所，至泰定二年璋卒，暠乃襲爵受印。《表》所書者受印之歲，《紀》所書者奏請之歲也。暠受於璋，非受於燾，暠雖承瀋王之封，而燾之爲高麗王如故也。而史遽謂燾傳其弟，又誤之甚矣。據《朝鮮史》，燾嗣立後至元五年薨，子禎嗣，淫縱無檢。其臣曹頔謀廢之而立瀋王，不克，被誅，頔黨訴于朝。明年，徵禎囚刑部，久之得釋。禎猶不悛。至正三年，遣使如高麗頒詔，禎出迎，縛之，以檻車流于揭陽，未至，卒。四年，禎子昕嗣。八年，薨，無子。九年，以禎庶子眂襲。十一年，詔廢眂而立禎之母弟祺。其傳授分明如此。暠卒於至正五年，雖有奪嫡之志，終以衆議不可而止。《外國傳》所書殊不可信。

高麗王大順

《諸王表》瀋王凡三人，其一云高麗王大順，以駙馬封，列于王璋、王暠之前。按高麗王無名大順者，唯昛首尚主，《成宗紀》亦有「封昛瀋陽王」之文，「大順」二字恐誤。

史臣分修志傳姓名可攷者

《五行志》，胡翰撰，其《序論》載文集中。《外國傳》則宋禧撰，《静志居詩話》載其《寄宋學士詩》云：「修史與末役，乏才媿群賢。强述《外國傳》，荒疏僅成篇。」謂自高麗以下悉其手筆，然此數篇最爲淺率。觀其寄潛溪詩，則荒疎之病无逸固未嘗自諱也。

明史

《明史》自康熙十八年開局，纂修五十人，皆以博學宏詞薦入翰林者也。總裁官初用葉方藹、張玉書，其後湯斌、徐乾學、陳廷敬、張英、王鴻緒相繼爲總裁，久之未成。特勅廷敬任本紀，玉書任志表，鴻緒任列傳。五十三年，鴻緒列傳稿成，表上之。而本紀、志、表尚未就，鴻緒復加纂輯，雍正元年再表上之，於是《明史》始有全稿。乾隆初詔修《明史》，總裁官大學士張廷玉奏即以鴻緒稿爲本而稍增損之，九年史成，頒行天下，蓋閲六十餘年之久。議論平允，攷稽詳核，前代諸史莫能及也。其例有創前史所未有者，如《英宗實録》附景泰七年事，稱郕戾王而削其帝號，此當時史臣曲筆，今分英宗爲前後兩《紀》，而列《景帝紀》于中，斟酌最爲盡善。《表》之有「七卿」，蓋取《漢書·公卿表》之意。明時閣部並重，雖有九卿之名，而通政、大理非政本所關，則略之，南京九卿亦閑局，無庸表也。閹黨前代所無，較之姦臣、佞幸又下一格，特書以儆人臣。土司叛服不常，既不可列于《外國》，又不可厠於列傳，故皆别而出之。石砫、秦良玉以婦人而列武臣之傳，嘉其義切勤王，不以尋常土司例之也。

程濟

永樂四年二月辛巳，唐府長史程濟、韓

府長史司典簿魏居敬犯夜禁，兵馬司請送法司，特命宥之。此與世所傳建文從亡之程濟，未知即一人否？程濟事見於鄭曉遜《國臣記》。

洪武鈔

《永樂實録》：「洪武三十五年即建文四年。十一月，户部尚書夏原吉言：『寶鈔提舉司鈔板歲久篆文銷乏，且皆洪武年號，明年改元永樂，宜併更之。』上曰：『板歲久，當易則易，不必改洪武爲永樂。朕所遵用，皆太祖成憲，雖永用洪武可也。』」

世襲五經博士始于明

曲阜孔氏，正德元年授孔聞禮始，主子思子祀事。

衢州孔氏，正德元年授孔彦繩始。

顔氏，景泰三年授顔希惠始。

孟氏，景泰三年授孟希文始。

曾氏，嘉靖十八年授曾質粹始。

仲氏，崇禎十六年授仲于陛始。

周氏，景泰七年授周冕始，濂溪先生十二代孫。

程氏，景泰六年授程克仁始，伊川先生十七代孫也。明道先生後失傳。崇禎三年，復增博士一人，以伊川裔孫程接道爲之，使奉明道祀。

張氏，天啟二年授張文運始，横渠先生十四代孫也。

邵氏，崇禎三年授邵繼祖始，康節廿七代孫也。

建安朱氏，景泰六年授朱梃始，文公九

世孫也。

婺源朱氏，嘉靖二年授朱墅始，文公十一世孫。

元後裔

元順帝以至正廿八年北奔，又二年殂於應昌，傳子及孫凡十有八年，而爲其臣也速迭兒所弑。又五傳至坤帖木兒，不知于順帝何屬？自後稱元後者並言出于太祖，其世系均不可攷矣。自坤帖木兒後有鬼力赤者篡立，始去帝號，自稱可汗。永樂三年，阿魯台殺鬼力赤，迎元之後本雅失里于别失八里，立爲可汗。十年，爲瓦剌馬哈木所殺。阿魯台立阿台爲可汗，而馬哈木亦立答里巴爲可汗，自是達達有二可汗。宣德九年，瓦剌脱歡襲殺阿魯台，欲自立爲可汗，衆不可，乃立元後脱脱不花爲可汗，俾領阿魯台所部。阿台竄居亦集乃路。正統三年，阿台爲脱脱不花所殺。景泰二年，瓦剌也先弑脱脱不花。四年，自立爲可汗。六年，爲阿剌知院所殺。達達部長孛來攻阿剌，求脱脱不花子馬兒可兒立之，號「小王子」，小王子之名自此始。天順六年，麻兒可兒復與孛來相攻，麻兒可兒死，衆共立馬古可兒吉思，亦號「小王子」。成化元年，小王子與毛里孩先後入河套，未幾孛來弑馬古可兒吉思，毛里孩殺孛來，更立它可汗。有斡羅出者，亦居河套，與毛里孩相仇，殺毛里孩，遂殺其所立可汗，而逐斡羅出。八年，滿魯都一作滿都魯。入河套，自稱可汗。九年，敗走。十三年，死。亦思馬因主其兵柄，久之亦死。十九年以後入寇者，稱「迤北小王子」，而史失其名矣。宏治元年，小王子奉書自稱大元大可汗。十三年，小王子復居河套。正德中，數爲邊患。嘉靖十一年，小王子稍厭兵，乃徙幕東方，稱察罕土門汗，見《明史·張學顔傳》。聲譌爲土蠻，其稱「插漢」者即「察罕」之異文也。《李成梁傳》：插漢部長，土蠻。隆慶以後，俺答諸部皆封貢，獨土蠻屈强東北塞外，其名與傳授次序不可得聞矣。其族屬可見者，從父黑石炭，弟委正，大委正從弟煖兔拱、兔子伯言台周，從子黄台吉。見《李成梁傳》。萬歷末，察罕虎墩兔自稱林丹汗，雄長東北塞外，蓋即土蠻之族。史言其祖打來孫始駐牧宣塞外，俺答方强，懼爲所併，乃徙帳于遼，收福餘雜部，四傳至虎墩兔，豈打來孫即嘉靖徙幕之小王子乎？《趙國忠傳》：嘉靖廿一年，「再鎮遼東，小王子打來孫以數萬騎寇錦州」。是打來孫即小王子之證也。《戚繼光傳》：俺答巴通貢，「獨小王子後土蠻，徙居插漢地，控弦十餘萬，常爲薊門憂」。然則插漢者游牧之地，土門汗者其號，而打來孫者其名，以其爲元裔，故諸部尊之曰小王子。其改土門汗爲土蠻，則當時文報之詞，不欲其稱汗耳。虎墩兔又稱插漢兒王子，蓋猶襲小王子之號。合諸傳參之，土蠻與插漢本非兩部，斷可識矣。

泰寧

兀良哈三衛，洪武廿二年置，成祖割大寧地與三衛，自後雖常通貢，而叛服靡常。《明史》立《朶顔傳》，以泰寧、福餘附焉，中葉以後但述朶顔事，不及泰寧、福餘。今按《李成梁傳》有泰寧部長速把亥炒花，《李化龍傳》：「李成梁殺泰寧速把亥，其子把兔兒弟炒花據舊遼陽以北，居兩河之中，益結土蠻爲患。」《麻貴傳》：「泰寧炒花素桀驁，九子各將兵。」是泰寧之爲邊患尤甚于朶顔也。速把亥死於萬歷十年。把兔兒於二十二年入寇，後亦死。炒花則崇禎中尚存。

河套

河套者，漢朔方郡，地在延綏邊外，明初嘗設兵戍，以曠遠内徙。天順間，毛里孩等三部始入爲寇，然不敢久駐。成化五年，有阿羅出者始入居之。《外國傳》以爲天順間。六年，孛羅忽渡河與阿羅出合。七年，乩加思蘭亦來居焉。八年，滿都魯入河套，自稱可汗，以乩加思蘭爲太師。九年，王越襲滿都魯等于紅鹽池，大破之，焚其廬帳，諸部皆遁去。

宏治元年，小王子與伯顔猛可王等入貢，漸往來套中爲寇。八年，北部亦卜剌因王等入套駐牧。十三年冬，小王子復居河套。正德五年，亦卜剌與小王子相攻，不勝，竄西海。九年，小王子部長卜兒孩以内難復奔據西海。嘉靖十一年，小王子徙帳東方，而吉囊俺答遂據套内，皆小王子從父行也。二十二年，吉囊死，諸子狼台吉等散處河西，勢既分，而俺答獨盛。二十九年，俺答移駐威寧海子，而吉囊子吉能居河套如故。隆慶五年，俺答納款，吉能與其姪切盡等亦請市，封吉能都督同知。久之，吉能死，子卜失兔嗣爲都督同知，所屬四十二枝各相雄長，東有沙計，中有擺言太，西有火落赤，皆桀驁，卜失兔徒擁虚名而已。萬歷四十一年，卜失兔襲封順義王，其子主套部亦稱吉能。蓋蒙古多以號行，吉囊亦號而非名，子孫世襲其號，「囊」「能」聲相近，中國人强分之耳。

順義王俺答

俺答既移駐威寧海子，其秋遂犯京師，終嘉靖之世無歲不有邊警。隆慶四年冬，俺答之孫把漢那吉以俺答奪其妻恚而來降，總督王崇古請善遇之，令俺答縛送板升諸叛人，俺答因請封貢，詔從之。明年，封俺答爲順義王，其弟昆都力哈、即老把都。子黄台吉即辛愛。皆授都督同知，賓兔台吉等十人授指揮同知，那木兒台吉等十九人授指揮僉事，打兒漢台吉等十八人授正千户，阿拜台吉等十二人授副千户，恰台吉等二人授百户，名俺答所居城曰歸化。萬歷十年，俺答卒。十一年，子黄台吉襲王，改名乞慶哈。十三年，卒。十五年，子撦力克襲王，封其妻三娘子忠順夫人。三娘子即俺答所奪把漢妻也，歷配三王，爲中國守邊，諸部皆畏服之。三十五年，撦力克卒，未有嗣，忠順夫人率所部仍效貢。四十一年，忠順卒，封卜失兔爲順義王。《外國傳》卜失兔爲撦力克，未詳，似是吉囊之後。

譯音無定字

《王崇古傳》「把漢自聘我兒都司女」，即《外國傳》之「襖兒都司」也，北音「我」與「襖」相近。

《張學顔傳》前稱「察罕土門汗」，後稱「土蠻」，「土蠻」即「土門汗」也。《李成梁傳》前稱「大委正」，後稱「一克灰正」，亦是一人。蒙古語「大」爲「伊克」，亦曰「一克」。《元史》作「也可」，《兵志》作「也可怯薛」，謂「第一怯薛」也。《王崇古傳》：俺答妻一克哈屯，蓋其大妻也。「委」、「灰」音相似也。

《李成梁傳》有西部「叉漢」，即「插漢」也，亦即「察罕」，見《張學顔傳》。《大清一統志》作「察哈爾」。

《外國傳》有「銀定歹青」，亦作「銀定歹成」，見《蕭如薰達雲柴國柱傳》。

十駕齋養新録卷九終

十駕齋養新録卷十

嘉定錢大昕

三公

《尚書大傳》曰：「煙氛，郊社不修，山川不祝，風雨不時，霜雪不降，責於天公；臣多弑主，孽多殺宗，五品不訓，責於人公；城郭不繕，溝池不修，水泉不修，水爲民害，責於地公。王者三公，各有所主。」《論衡·明雩篇》。天公，司徒；人公，司馬；地公，司空也。

《文選》載任彦昇《竟陵文宣王行狀》、沈休文《安陸昭王碑文》，稱公不稱王者，爵列親王，不如三公之位尊也。竟陵生爲三公，安陸亦贈司徒，故得稱公。宋制，朝會，宰相班在親王之上。

員缺

顧寧人《日知録》謂「員缺之名自晉時已有之」，今攷《漢書·循吏傳》：「公卿缺，則選諸所表以次用之。」《酷吏傳》：「後左馮翊缺。」《韓安國傳》：「梁内史缺。」《翟方進傳》：❶ 杜業言，「方進爲京兆尹時，陳咸爲少府，在九卿高第，陛下所自知也。方進素與司直師丹相善，臨御史大夫缺，使丹奏咸爲姦利，請案驗，卒不能有所得，而方進果自得御史大夫」。《薛宣

❶「杜業言」云云出自《漢書》卷六十《杜周傳》，非《翟方進傳》。

傳》：「御史大夫任重職大，非庸材所能堪，今當選於群卿，以充其缺。」又云：「會司隸缺。」《佞幸傳》：「其後御史大夫缺。」則西漢已有缺稱，不始于晉也。

大尚書

予初讀《隋書・經籍志》「《四民月令》一卷，❶漢大尚書崔寔撰」，疑其有誤。後讀洪氏《隸續》載《劉寬碑》陰有「大尚書河南張祇，字子戒」一人，《洪云碑》有「大尚書張祇」，《祝睦碑》亦云「拜大尚書」。攷東京官制，唯鴻臚、司農、長秋有「大」字。尚書六人分爲六曹，初無大尚書。乃觀《祝睦後碑》但云「拜尚書、尚書僕射」，乃知「大尚書」者，以其長於諸曹，故加「大」以別之，然後向者之疑始釋。蓋當時官曹有此稱，未著於令甲也。《蜀志・衛繼傳》：「屢遷奉車都尉大尚書。」

大著作

魏太和中始置著作郎職，隸中書，晉元康初又隸祕書。著作郎一人，謂之大著作，專掌史任。又置佐著作郎八人。見《史通・史官篇》。

五官

漢有五官中郎將，比二千石；五官中郎，比六百石；五官侍郎，比四百石；五官郎中，比三百石。郡國亦有五官掾。注家不言「五官」何義。予按《淮南・兵略訓》

❶「民」，原作「人」，係唐初避李世民諱改。

云：「夫論除謹，動静時，吏卒辨，兵甲治，正行伍，連什伯，明鼓旗，此尉之官也；前後知險易，見敵知難易，發斥不忘遺，此候之官也；隘路亟，行輜治，賦丈均，處軍輯，井竈通，此司空之官也；收藏於後，遷舍不離，無淫輿，無遺輜，此輿之官也。凡此五官之於將也，猶身之有股肱手足也。」又云：「將軍不與於五官之事，而爲五官督。」五官之名或出於此。但據《淮南》所稱，有尉官，有候官，有司空官，有輿官，而尚闕其一，是必有脱文矣。

大學士

《唐書·百官志》：修文館後改昭文館。「景龍二年，始置大學士四人，以象四時；學士八人，以象八節；直學士十二人，以象十二時」。此大學士設官之始。李嶠、宗楚客、趙彦昭、韋嗣立爲大學士。李適、劉憲、崔湜、鄭愔、盧藏用、李乂、岑羲、劉子元爲學士。薛稷、馬懷素、宋之問、武平一、杜審言、沈佺期、閻朝隱爲直學士。又引徐堅、韋元旦、徐彦伯、劉允濟等備員。見《文藝傳》。李嶠、宗楚客、趙彦昭、韋嗣立皆宰相也。天寶二載，崇賢館置大學士二人，以宰相爲之。至德二年，置集賢院大學士。貞元四年，罷崇元館、集賢院大學士。崇元即崇賢也。按《張説傳》：「始帝欲授説大學士，辭曰：『學士本無「大」稱，中宗崇寵大臣乃有之，臣不敢以爲稱。』」《李泌傳》：「加集賢殿、崇文館大學士。泌建言：學士加『大』始中宗時，及張説爲之，固辭。至崔圓復爲大學士，亦引泌爲讓而止。」此《泌傳》之誤。蓋集賢之置大學士始於崔圓，正在至德二載，而貞元四年學士去「大」字則由於泌之請耳。然自元和以後，宰相兼宏文館、集賢殿大學士率以爲常，鮮有如張、李二公之能讓者矣。宋初，昭文館、集賢殿大學士皆宰相領之，蓋沿唐、五代之舊。其後置觀文殿、資政殿大學士，雖不任事，亦以前宰執充，餘官不得與焉。明代始專以殿閣大學士爲宰輔之官，然秩止五品，國朝始升爲正一品。

總督巡撫

「總督」字始見於《漢書・敘傳》，云「總督城郭三十有六」。南北朝史多用此字，如《晉書・謝玄傳》「以方平河北，幽冀宜須總督」，《魏書・任城王澄傳》「以澄總督二鎮，授之節度」，《于烈傳》「遷司衛監，總督禁旅」，《南史・柳仲禮傳》「與諸藩赴援，見推總督」，《劉之亨傳》「總督衆軍，杖鉞而西」，《吴明徹傳》「吾爲總督，必須身居其後」，《王猛傳》「總督所部赴援」，《北史・景穆十二王傳》「梁武以爲北道總督」，《齊本紀》「節閔以長孫承業爲大行臺總督焉」，《李常傳》「總督三軍，揚旌恒朔」，《李平傳》「陛下不以臣不武，委以總督之任」，《周書・文帝紀》「拜章武公導爲大將軍，總督留守諸軍」是也。「巡撫」字亦見於南北朝。《南史・袁昂傳》「帝使豫州刺史李元履巡撫東土」，《北史・趙彦深傳》「文襄慮河南有變，仍自巡撫」，《周書・武帝紀》「詔皇太子贇巡撫西土」是也。總督、巡撫之語由來已久，其定爲官名入銜則自明始。

唐人服色視散官

《野客叢書》云：「唐制，服色不視職

事官而視階官之品，至朝散大夫方换五品服色，衣銀緋。」「白樂天爲中書舍人知制誥，元簡爲京兆尹，官皆六品，謂階官也。尚猶著緑，其詩所謂『鳳閣舍人京兆尹，白頭猶未脱青衫。南宫啟請無多日，朝散何時復入銜』。劉夢得《賀給事加五品》詩曰：『八舍郎官换緑衣。』元微之作《武儒衡陞朝散大夫制》曰：『今由是級，則服色驟加，誠足貴矣。』樂天《授朝散大夫制》曰：『蔭子封妻，豈惟腰白金而已。』」

唐時臣僚章服不論職事官之崇卑，唯論散官之品秩。雖宰相之尊，而散官未及三品，猶以賜紫繫銜。《舊唐書·宣宗紀》有正議大夫、守中書侍郎、同平章事、集賢殿大學士、賜紫金魚袋馬植，有太中大夫、守中書侍郎、兼禮部尚書、同平章事、賜紫金魚袋崔慎由，有通議大夫、守中書侍郎、兼禮部尚書、同平章事、集賢殿大學士、賜紫金魚袋鄭朗，有朝散大夫、守工部尚書、同平章事、集賢殿大學士、賜紫金魚袋蕭鄴，有朝議大夫、守户部侍郎、同平章事、判度支、賜紫金魚袋劉瑑，皆見任宰相，中書侍郎、六部尚書又皆三品職事官也。而散官未到金紫銀青，則非賜不得衣紫。唐人之重散官如此。

升朝官　京官

《宋史·選舉志》：「前代朝官自一品以下皆曰常參官，其未常參者曰未常參官。」宋目常參者曰朝官，祕書郎以下未常參者曰京官。《老學庵筆記》：「國初，以常參官預朝謁，故謂之朝官，❶而未預者曰京官。元豐

❶「朝」上，《老學庵筆記》卷八有「升」字。

官制行，以通直郎以上朝預宴坐，仍謂之升朝官，而按唐制去京官之名。凡條制及吏牘，止謂之承務郎以上，然俗猶謂之京官。」案：元豐以前，祕書省著作佐郎，大理寺丞，光禄寺丞，衛尉寺丞，將作監丞、大理評事，太常寺太祝、奉禮郎，祕書省校書郎、正字，將作監主簿皆京官也，元豐改制以宣教、本宣德，政和改。宣義、承事、承奉、承務郎爲京官，京官之下則爲選人，有七資四等之差。崇寧中，改選人七階爲承直、儒林、文林、從事、通仕、登仕、將仕郎。政和以從政、修職、迪功易通仕、登仕、將仕三階。其通仕、登仕、將仕三階，係奏請未出身人。

前行中行後行　頭司子司

唐宋制，六部有前行、中行、後行三等，而廿四司有頭司、子司之稱。《唐會要》：故事以兵吏及左右司爲前行，刑户爲中行，工禮爲後行。每行各管四司，而以本行名爲頭司，餘爲子司。如吏部爲頭司，司勳、司封、考功爲子司。五部皆仿此。顯慶元年七月二十一日，改户部尚書爲度支尚書，侍郎亦准此，遂以度支爲頭司，户部爲子司。至龍朔二年二月四日，復舊次第。

《海録碎事》：「唐制，郎官前行爲要，後行爲閒。」《南部新書》：「先天中，王上客爲御史，自以才望清華當入省臺，望前行，忽除膳部員外郎，微有惋悵。吏部郎中張敬忠詠曰：『有意嫌兵部，專心望考功。誰知脚蹭蹬，卻落省墻東。』蓋膳部在省最東北隅也。」膳部爲後行，又在禮部四司之末。

吏部七司

唐制，六部各置四司。宋元豐改官制以後，分尚書左右選、侍郎左右選，各置郎官。南渡後，遂有尚左、尚右、侍左、侍右之稱，皆吏部一司所分也。并司勳、司封、考功，是爲七司。

尚左尚右侍左侍右

《文獻通考》：宋朝典選之制，自分爲四：文選二，曰審官東院，曰流内銓；武選二，曰審官西院，曰三班院。元豐定制，以審官東院爲尚書左選，審官西院爲尚書右選，流内銓爲侍郎左選，三班院爲侍郎右選。舊制，吏部除侍郎二員，分典左右選，總稱吏部侍郎。閒命官兼攝，惟稱左選侍郎或右選而已。紹熙三年，謝深甫、張叔椿兼攝，始有侍左侍郎、侍右侍郎之稱。既而林大中、沈揆擢貳尚書，則侍左、侍右徑入除目，相承不改矣。郎中，主管尚書左右選、侍郎左右選各一員。初進擬，第云吏部郎官；及擬告身細銜，始直言吏部尚書郎中或員外郎，主管尚書某選，主管侍郎某選。紹興閒，吕希常以監六部門兼權侍右郎官，李端民正除尚右郎官，既而何俌、楊倓、費行之除吏部郎官，皆有侍左、侍右、尚左、尚右之稱，自此相承不改。《宋史》，徐霖、應繇陳宗禮俱嘗任尚左郎官，范鍾、❶王萬、高斯得、吳潛、李伯玉任尚右郎官，曹彦約、王邁、徐鹿卿、楊文仲、陳仲微嘗任侍右郎官，而徐清叟、孫夢觀、家鉉翁《傳》皆有侍右

❶「鍾」，原作「鐘」，據《宋史》改。

侍郎之稱。

左右

唐宋左右僕射、左右丞相、左右丞皆以左爲上。元左右丞相、左右丞則以右爲上；科場蒙古色目人稱右榜，漢人南人稱左榜，亦右爲上也。明六部左右侍郎、左右都御史、左右給事中、左右布政使仍以左爲上。

度支支度不同

度支者，户部四司之一，唐碑結銜稱度支郎中、度支員外郎者，皆郎官也。至各道節度使有帶支度營田使者，則其屬有支度判官，此外任幕職也。宋初沿五代之制，以三司使總領天下財賦。三司者，即唐之户部、度支兩司及鹽鐵使也。三司使既總其要，又分置副使判官佐之，于是有度支副使、度支判官之名，此則三司之屬，爲京朝官差遣，與外任幕職班秩不同，一稱支度，一稱度支，其名亦不相混。校書者昧于官制，往往率意妄改，貽誤非淺。

階官分左右

元祐四年十一月，三省言承務郎以上至朝請大夫欲分左右，進士加「左」字，餘官加「右」字，從之。《昆陵志》引《哲宗舊實録》。

紹聖二年四月，詔職事官罷帶職，朝請大夫以下勿分左右。《宋史·哲宗紀》。

《揮麈前録》：「元祐閒，范忠宣當國，始帶左右。」攷忠宣以元祐四年六月罷相，而階官分左右乃在是年之冬，則非忠宣所改也。

紹興元年九月，詔文臣寄禄官依元祐法分左右，用樞密院編修官楊愿請也。《毘陵志》引《繫年録》，《宋史·宰輔表》繫於是年十二月。

淳熙元年三月，詔寄禄官及選人並去「左」「右」字。《宋史·孝宗紀》。

周必大撰《趙善俊神道碑》云：「孝宗屢欲用君。因奏進士任子自分兩途，仕州縣者不相下，蓋由階帶左右，流弊至此。頃楊時嘗論之，今華貫清流，非進士自不可至，豈在二字，宜如元豐官制。有旨從之。」

按：元祐階官分左右，自承務郎以上，則選人無左右之分也。紹興則自承直至迪功皆分左右，與元祐亦不盡同。

正議大夫以上分左右

徐度《却埽編》：「舊制，諫議大夫積十一轉而至僕射，由諫議一轉給事中，再轉後行侍郎，三轉中行侍郎，四轉前行侍郎，五轉左右丞，六部尚書遞轉，蓋十一轉而至吏部尚書也。二府乃七轉，初轉給事中，再轉工侍，三轉户侍，四轉左右丞，五轉禮書，六轉户書，七轉吏書。及官制行，太中大夫即舊諫議大夫也。七轉至特進，即僕射。而不分庶官與二府。自太中一轉通議，再轉正議，三轉光禄，四轉銀青光禄，五轉金紫光禄，六轉即特進。元祐中，始令正議光禄、銀青光禄、金紫光禄並置左右，分爲二資，於是復十一轉而至特進。紹聖以後因之不改。政和中增置通奉、正奉、宣奉三階，而罷分左右，止十轉至特進，而庶官二府並循此制。蓋祖宗以來二府不磨勘，故有優遷。紹興新書乃并二府有磨勘之法，然亦未嘗舉行也。」

特進　金紫光禄大夫　銀青光禄大夫　光禄大夫　宣奉大夫　正奉大夫　正議大夫　通奉大夫　通議大夫　太中大夫以上凡十階。

選人七資四等

留守節度觀察判官

節度觀察掌書記　支使　防禦團練判官

留守節度觀察推官　軍監判官以上兩使職官。

防禦團練軍事推官以上初等職官。

録事參軍　縣令

知録事參軍　知縣令以上令録。

軍巡判官　司理　司法　司户　簿尉以上判司簿尉。

判司簿尉七考，令録職官六考。有京官舉主，五人内一員轉運使副或提刑，並磨勘引見，轉合入京朝官。《宋史・職官志》。判司簿尉初任循一資入知令録，次任二考以上入正令録。知令録循一資入初等職官，正令録入兩使職官。初等職官循一資入兩使職官，兩資入支掌防團判官，三資入節察判官。同。《石林燕語》云：「選人寄禄官凡四等七資。」謂此也。

帥漕憲倉

《文獻通考》言唐之州縣不過一使臨之，而宋則有帥、漕、憲、倉四司，故州縣之官尤難以奉承展布。帥、漕、憲、倉蓋當時案牘之稱：帥謂安撫司，漕謂轉運司，憲謂提點刑獄司，倉謂提舉常平司。帥、憲、倉一人而已；漕則一路或有兩三人，曰轉運使，曰轉運副使，曰轉運判官，皆漕司也。

庾司

提舉常平司宋人謂之倉司，亦謂之庾司。《宋史·孫夢觀傳》：「提點廣東刑獄，改廣西，兼漕庾二司。」《黄榦傳》：「知廣州，主管廣南東路經略安撫司公事馬步軍都總管，領漕庾如故」是也。漕庾本流俗相稱，如今人稱布政、按察曰藩、臬之類。若臣僚除授，自當書轉運及提舉常平，方合史法。《宋史》於南渡諸臣傳不特敘次無法，即所書官名亦鄙俗如此。

四總領

紹興十一年，收諸帥兵以爲御前軍，屯駐之所皆置總領一人，以朝臣爲之，敘位在轉運副使之上。鎮江諸軍錢糧，淮東總領掌之；建康、池州諸軍錢糧，淮西總領掌之；鄂州、荆南、江州諸軍錢糧，湖廣總領掌之；興元、興州錢糧，四川總領掌之。四川總領初稱總領四川宣撫司錢糧。紹興十八年改四川總領。

總領財賦所，或謂之總所，亦稱餉所，又謂之餉司。《鶴山集》中往往有此名目。

十都統

紹興十一年，張俊、韓世忠、岳飛除樞

密使副八覲。俊首納所部兵，乃分命三大帥副校各統所部，自爲一軍，更其銜曰統制御前軍馬。鎮江大軍即韓世忠舊部，建康大軍即張俊舊部，鄂州大軍即岳飛舊部也，并荆南府、江州、池州皆有御前軍，凡六統制。十九年，又改漢、沔兩大將爲御前諸軍。吴璘稱利州西路駐劄御前諸軍都統制，在興州。楊政稱利州東路都統制，在興元。金州但以知州兼節制，所謂利路三大屯也，而興州之事權特重。乃吴曦叛後，改興州爲沔州，又分興州十軍爲沔、利二軍，移沔州副都統司於利州。沔州除都統制不除副，利州除副都統制不除正，天下有十都統矣。

直　隸

宋制以州領縣，而縣亦有不領於州而直隸京師者。《九域志》：「利州路有三泉縣，唐隸興元府，皇朝乾德五年以縣直隸京師，至道二年建爲大安軍，三年廢軍爲縣，而縣之直隸京師如故也。」「直隸」兩字始見於此。《寰宇記》於西縣、三泉縣並云：「皇朝平蜀後，以此縣路當要衝，申奏公事直屬朝廷。」三泉今寧羌州地。

州　院

乾隆戊戌歲，瓜洲浚河得南宋官印，文曰「宿州州院朱記」。初不解州院爲何職，後讀羅端良《新安志》，乃知每州有州院與司理院，皆刑獄之稱，州院則録事參軍主之，司理院則司理參軍主之。若州升爲府，則稱府院。《會稽志》：「録事參軍廨舍在府治之西南，府院在焉。司理參軍廨舍在府治之南，獄在焉。」

宜差

《景定建康志》卷首題「承直郎宜差充江南東路安撫使司幹辦公事周應合修纂」，蓋當時諸路帥臣多有奉敕便宜行事者，以其未奉朝旨，故謂之「宜差」，或讀爲「宣差」者，非也。金元始有宣差之名。《志》載《通判南廳壁記》，結銜有稱「宜差」者，有稱「宜特改差」者，皆在馬光祖鎮建康日，與應合同時。予又見慶元五年石刻《萬壽山修觀音祠記》，後題「宜差通判軍州兼管内勸農營田事劉震書并篆」，蓋此又在景定之前，石刻分明，可無疑矣。

建康府通判三人

《建康志》、《國明會要》：諸州置通判各一員，西京、南京、天雄、成德等府各二員。江寧府初置一員，其後視西京等例增置一員，分東西二廳，其後又添差一員，以朝士充，是爲南廳。

官名俗省

宋人文集、小説稱人官名往往割取兩字，蓋流俗相稱之詞。如云撫幹者，安撫司幹辦公事也。運幹者，轉運司幹辦公事也。提幹者，提刑司幹辦公事也。總幹者，總領所幹辦公事也。制機者，制置司主管機宜文字也。帥機者，安撫司主管機宜文字也。

帥準者，安撫司準備差遣也。

狀元榜眼

進士第一人稱狀元，起於唐，至今猶因之。予嘗讀周益公《省齋文集》，有《回姚狀元穎啟》、《回弟二人葉狀元適啟》、《回弟三人李狀元寅仲啟》。又魏了翁《鶴山集》有《回蔣狀元重珍》、《蔡狀元仲龍》、《趙狀元發》三啟，於蔡則云「擢亞倫魁」，於趙則云「名列魁三」。又嚴州淳安縣狀元坊二：一在儒學，以淳祐丁未邑人黃蛻爲大對第二建；一在邑東新橋，以邑人方逢辰爲大對第一建。見《新定續志》。是第二三人皆可稱狀元也。南宋坊刻有《陸狀元增節音注精議資治通鑑》一書，首題「會稽陸唐老集注」。攷宋時狀元無陸唐老其人，蓋亦弟二三人矣。《宋史·陳若拙傳》稱當時以弟二人及第者爲榜眼，然王元之《小畜集》有《送弟三人朱嚴先輩從事和州詩》云「榜眼科名釋褐初」，是第三人亦稱榜眼也。

朱國楨《湧幢小品》云：「元時及第第二者亦稱狀元。蓋其時第一必蒙古人，以中國人居第二，故中國自以狀元稱之。其餘進士係中國人者亦曰『某人榜進士』，皆第二也。諸公多致疑，或曰從俗，或曰訛，殆未之究耳。如李黼榜進士，黼亦第二也。」予謂朱説非是。元時鄉會及廷試皆分左右二榜，蒙古、色目人爲右榜，漢人、南人爲左榜，各有狀元，未嘗併而爲一，如泰定四年賜阿察赤、李黼等及第，阿察赤左榜第一，李黼右榜第一，故楊廉夫自稱「李黼榜進士」，黼右榜狀元，非第二也。今國子監有元至正《十一年進士題名碑》，又嘗見元統《元年題名録》，皆分左右榜，國楨臆説不可信。

經義破題

唐人應試詩賦，首二句謂之破題。韋象《畫狗馬難爲功賦》，其破題曰：「有二人於此：一則矜能於狗馬，一則誇妙于鬼神。」見《摭言》。此賦有破題也。裴令公居守東都，夜宴半酣，公索聯句，時公爲破題。亦見《摭言》。此詩有破題也。宋熙寧中以經義取士，雖變五七言之體，而士大夫習於排偶，文氣雖踈暢，其兩兩相對猶如故也。偶閲横浦《日新》云：「有一人作健而説義，破題云：『君子有勝小人之道，而無勝小人之心。』極佳。」然則宋時經義已有破題，不始於明也。宋季有魏天應《論學繩尺》一書，皆當時應舉文字，有破題、接題、小講、大講、入題、原題諸式，是論亦有破題。

題目疑難處上請

宋禮部試士，知貢舉官下簾幙出示題目，中有疑難處聽士人就簾外上請，主文於簾中詳答之。《夢粱録》。

塗改添注

鄉會試有塗改添注字數之例。洪容齋引《貽子録》云：「燭下寫試無誤筆，即題其後云『並無楷改塗乙注』，如有，即言字數。」蓋唐宋已有之。《元史·選舉志》：「塗乙注五十字以上者不考。」

春秋合題

經義唯《春秋》有合題。予嘗見《劉青田集》，載至順癸酉會試，《春秋義》以「荆人來聘」、「楚屈完來盟于師」、「楚人使宜申來獻捷」、「楚子使椒來聘」四節合爲一題。國朝沿明舊制，鄉會試《春秋》有单題有合題，其異於元者，元時合題多至五六事，今一題祇兩事耳。乾隆初始去合題。

銓試

吴自牧《夢粱録》：「每歲三月上旬，應文武官蔭授子弟。宗子蔭補者並赴銓闈，就試出官。朝廷遣監試、主文、考試等官，就禮部貢院放試。試中者三名取一名。文臣試兩場，本經及《刑統》義。第三日願試法科者，聽。武臣試七書義。三學生員入試中選者，陞内舍。如省闈年分移于八月放試，中榜者赴吏部伺候簾試過參，注差遣，武選中者就兵部右選廳銓量注授。其文武銓魁，特轉一資。恩例，銓魁仍置局，造題名集，設同年宴于西湖，帥運諸司俱有送助，以爲局費。」

科舉之弊

魏華父云：「釋老之患幾於無儒，科舉之患幾於無書。」《杜德稱墓志》。又云：「古者閭月書，族時攷，州歲比，鄉三年而賓興。衆賓之席弗屬，堂下之觀禮者弗坐，無異詞也。今易吏而主其事，糊名而察其言。望實之素著，或攻而去之；文詞之稍異，或偲而抑之。寧收卑近，無拔儁尤。其幸而得之，則又將以其取於人者取人矣。」《眉州創貢院記》。

文文肅殿試卷

文文肅公震孟天啟二年殿試卷今藏吴中袁氏，後列讀卷官：少師兼太子太師、吏部尚書、建極殿大學士葉向高，少傅兼太子太傅、吏部尚書、建極殿大學士韓爌，太子太保、禮部尚書兼文淵閣大學士朱國祚，太子太保、吏部尚書張問達，禮部尚書兼東閣大學士史繼階，兵部尚書兼東閣大學士孫承宗，户部尚書汪應蛟，刑部尚書王紀，都察院左都御史鄒元標，吏部左侍郎兼翰林院侍讀學士戚以弘，禮部右侍郎兼翰林院侍讀學士、協理詹事府事周如磐，禮部右侍郎兼翰林院侍讀學士、署掌院事錢象坤，兵部左侍郎張經世，詹事府少詹事兼翰林院侍讀學士駱從宇，詹事府少詹事兼翰林院侍讀學士周炳謨，詹事府少詹事兼翰林院侍讀學士魏廣微，通政使司左通政袁可立，大理寺左寺丞鄭尚賓，凡十有八人，皆朱字鈐印。卷中「太祖」、「成祖」、「神祖」、「列聖」字樣皆不出格，讀卷官於文之佳者以紅圈斷句，與今式異。

鄉試録

予家有康熙四十一年《江南鄉試録》。考試官吏部文選司郎中陳汝弼，山東福山人；工科給事中黄鼎楫，直隸宣化人。其《序》云：「先以御史臣朝楠貳之，繼命給事中鼎楫來代朝楠。」未詳其姓也。是科始編官卷，江南中式八十三名，官卷中者八人。第七名華亭張維煦、第十五名崑山徐駿，皆官卷也。

十駕齋養新録卷十終

十駕齋養新録卷十一

嘉定錢大昕

江南

《史記·貨殖傳》：「江南、豫章、長沙。」又言：「江南卑溼，丈夫早夭。」皆謂今湖廣、江西之地。《項羽本紀》：「江東雖小，縱江東父老憐而王我。」今人所謂江南，古之江東也。

上江下江

《漢書·王莽傳》：「南郡張霸，江夏羊牧、王匡等起雲杜緑林，號曰下江兵。」是南郡以下，皆可云下江也。李密《與王慶書》：「上江米船，皆被抄截。」《通鑑》載隋煬帝之言曰：「朕方欲歸，正爲上江米船未至。」注：「夏口以上爲上江。」是武昌以上皆可云上江也。《孤中隨筆》。又《史記正義》：「三江者在蘇州東南三十里，名三江口。一江西南上七十里至太湖，名曰松江，古笠澤江；一江東南上七十里白蜆湖，名曰上江，亦曰東江；一江東北下三百餘里入海，名曰下江，亦曰婁江。」是婁江、東江亦有上江、下江之名。

三楚

《史記·貨殖傳》：「自淮北沛、陳、汝南、南郡，此西楚也。」「彭城以東，東海、吴、廣陵，此東楚也。」「衡山、九江、江南、豫章、長沙，此南楚也。」據此文，彭城是東楚，非西楚矣。項羽都彭城，而東有吴、廣陵、會稽郡，乃以西楚霸王自號者，羽兼有梁、楚地。梁在楚西，言西楚，則梁地亦在其中也。又攷三楚之分，大率以淮爲界：淮北爲西楚，淮南爲南楚，唯東楚跨淮南北。吴、廣陵在淮南，東海在淮北，彭城亦在淮北而介乎東西之閒，故彭城以東可稱東楚，彭城以西亦可稱西楚也。又孟康《漢書注》：「舊名江陵爲南楚，吴爲東楚，彭城爲西楚。」《高帝紀》。《太平寰宇記》：「楚文王徙都于郢。故江陵是爲西楚。漢封元王交於彭城，是爲東楚。又封屬王胥于廣陵，是爲南楚。」此又一説，與《史記·貨殖傳》不合。

三蜀

左思《蜀都賦》：「三蜀之豪，時來時往。」劉逵注：「三蜀，蜀郡、廣漢、楗爲也。本一蜀國，漢高祖分置廣漢，漢武帝分置楗爲。」❶

兖州

漢之兖州刺史治鄄城，劉宋以後徙治瑕邱，相沿至今。驗其封畛，實《禹貢》徐州之域，與古兖州無涉也。

❶「楗」，當作「犍」。

山東

秦都關中，以六國爲山東。賈誼謂「秦并諸侯，山東三十餘郡」，又云：「山東豪俊並起而亡秦族矣」是也。《漢書》「山東出相，山西出將」，亦泛指函關以東，非今所稱山東也。然漢時亦有稱齊魯爲山東者。如《酷吏傳》：「御史大夫宏曰：『臣居山東爲小吏時，甯成爲濟南都尉。』」《儒林傳》：「伏生教齊魯之閒。學者由此頗能言《尚書》，山東大師亡不涉《尚書》以教。」則齊魯之號山東，非無因矣。

今山東省於唐爲河南道地，宋改爲京東路，又分東、西兩路：東路治青州，西路治兗州。而東昌、武定兩府，臨清及德州，唐宋皆別屬河北。蓋唐宋以前，大河故道皆由千乘入海。唐宋爲棣州，今武定府。鄆、今東平。曹、濮、齊、青在河南岸，澶、今開州。博、今東昌。貝、今清河縣。德、棣在河北岸。觀河南、河北分界，而河之經流了然在目矣。

湖北湖南

宋荆湖分南、北路：岳、澧、鼎、辰、沅皆屬北路，施州別屬夔路，而南路所領有全州，皆與今分界異。

四川

明四川布政司所領有遵義府、今改隸貴州。鎮雄軍民府、今爲鎮雄州，屬雲南昭通府。烏蒙軍民府、今爲昭通府，屬雲南。烏撒軍民府、今爲威寧州，屬貴州大定府。東川軍民府。今爲東川府，屬雲南。

分天下爲路

《宋史·地理志》：「至道三年，分天下爲十五路，天聖析爲十八，元豐又析爲二十三。」《志》所云路者，以轉運使所轄言之。若慶歷元年，分陜西沿邊爲秦鳳、涇原、環慶、鄜延四路。八年，河北置大名、高陽關、真定、定州四路。此特爲軍事而設。每路設安撫使兼馬步軍都部署，後避英宗諱，改稱都總管。其民事仍領於轉運司，故不在十八路、廿三路之數。初陜西祗有一轉運司，及熙寧收熙河路，乃分轉運司爲二：一治永興軍，曰永興軍路；鄜延、環慶屬焉。一治秦州，曰秦鳳路。秦鳳、涇原、熙河屬焉。《志》於陜西路敘次五路沿革不甚了了，讀史者益致茫昧矣。

水經注難盡信

《水經注》載漢時侯國難以盡信。如《河水篇》以臨羌爲孫都封國，不知孫都本封臨蔡，其地在河内不在金城也。以西平爲公孫渾邪封國，不知渾邪本封平曲，其地在高城不在金城也。《汾水篇》以河東之平陽爲范明友封國，不知明友本封平陵，其地在武當不在河東也。安成侯劉蒼，在《贛水篇》以爲長沙之安成，在《汝水篇》以爲汝南之安成。桃侯劉襄，在《沛水篇》以爲酸棗之桃虚，屬東郡。在《濁漳水篇》以爲信都之桃縣。建成侯劉拾，在《贛水篇》以爲豫章之建成，在《淮水篇》以爲沛之建成。皆彼此重複，不相檢照。又《淮水篇》云：「山陽城，即射陽縣故城也。漢世祖建武十五年，封子荆爲山陽公，治此。」攷山陽僑治射陽，乃在東晉安帝之世。漢之山陽郡自治昌邑，今金鄉縣境。以典午之僑治，當東漢之故封，豈其然乎？

《河水篇》：「河水又東北逕陽阿縣故城西。漢高帝六年，封郎中萬訢爲侯國。」《沁水篇》：「陽泉水東逕陽陵城南，陽阿縣之故城也。漢高帝七年，封卞訢爲侯國。」此二條人名與年數小異，亦重複而舛誤也。《史》、《漢》表但有陽河、齊侯、其石，此云「陽阿」，可證二表之譌。《漢志》平原鄉有阿陽縣，上黨郡有陽阿縣，與酈所見本不同。而萬訢、卞訢、其石三名互異，未審誰是。《史記·功臣侯表》：「百年之間，見侯五。」《正義》以「楊阿侯卞仁」當見侯之一。是《正義》本作卞，與酈所見本同。

《滱水篇》：「蒲水逕夏屋故城，世謂之寡婦城，賈復從光武追銅馬、五幡於北平所作也。世俗音轉，故有是名矣。」又《汝水篇》：「桓水逕賈復城北復南，擊郾所築也。俗語譌謬，謂之寡婦城，水曰寡婦水。」此兩「寡婦城」皆云「賈復」之譌，必有一誤矣。予謂夏之言假也。陳郡陽夏縣，「夏」讀如「賈」，「賈」、「寡」聲相近；北音讀「屋」如「烏」，與「婦」音亦相似；則「夏屋」之爲「寡婦」，不必因於「賈復」也。

廣韻載唐州名

《廣韻》所載州名，平聲八十九，曰同、忠、通、蓬、松、容、瀧、嬀、隋、岐、儀、伊、綏、夔、蘄、歸、舒、渠、徐、廬、滁、渝、扶、鄜、蒲、瀘、齊、西、懷、開、萊、申、陳、秦、岷、豳、均、文、汾、忻、原、丹、安、檀、蘭、燕、延、豪、曹、河、和、瓜、巴、沙、揚、洋、梁、涼、商、房、坊、襄、芳、唐、當、滄、黄、光、杭、平、荆、瀛、營、成、洺、并、青、邢、庭、靈、寧、興、登、恒、幽、金、嵐、甘、鹽。上聲十五，曰隴、汝、許、楚、武、濟、海、鄯、沔、兗、趙、夏、潁、壽、陝。去聲二十九，曰鳳、宋、雍、絳、遂、利、冀、渭、魏、豫、潞、薊、衛、貝、會、代、鄆、萬、建、汴、華、相、宕、慶、鄭、定、勝、鄧、沁。入聲二十二，曰濮、復、肅、密、蔚、滑、莫、亳、博、廓、澤、虢、易、石、壁、翼、德、隰、集、合、疊、峽。皆唐開元以前之疆域，蓋承《唐韻》舊文，孫愐《序》所謂「《輿地志》及武德已來創置，迄開元三十年並列注中」者是也。每州敘述沿革甚備，惟容、遂、建三州，但云州名，不敘沿革，則宋景德刊修時删去之矣。唐所置州尚多，乃江南、嶺南諸路，州名全闕；兩浙惟載杭州，皆宋人妄删，非孫氏之舊也。伊、涼、甘、瓜、疊、宕、庭、鄯、燕、薊、嬀、平久不在宋版圖之内。山南之通州，宋初改名達州矣。此云通州，本漢宕渠縣，則是唐之通州，非宋之通州。知實係孫愐舊文，宋人删改有未盡耳。

平州

《漢書·王莽傳》：「民棄城郭流亡爲盜賊，并州、平州尤甚。」胡三省注《通鑑》謂「此時未有平州」，疑爲字誤。予攷《路博德傳》云：「西河平州人。」平州縣名，屬西河郡，正在并州部内，故有并州、平州之稱。《地理志》無平州，而有平周。「周」、「州」古字通用，非有遺漏也。胡氏疑爲遼東之平州，故云此時未有平州，不知并州本有平州縣也。

薛

漢時魯國有薛縣，司馬彪《郡國志》「薛本國」。張守節《史記正義》云：「薛故城在今徐州滕縣南四十四里。」而菑川國亦有薛縣，《史記·平津侯列傳》稱：「齊菑川薛縣人。」《漢書》亦云「菑川薛人」是也。或據班氏《地理志》菑川無薛縣，疑本傳有誤，是大不然；本傳明云「菑川國人推舉」，與魯國無預。菑川本齊地，故汲黯以「齊人多詐」譏之也。漢初菑川與魯俱有薛縣，而菑川之薛不見于班《志》；《志》所載者，元、成以後之版籍，武帝時此縣猶未併省也。

春秋時魯有薛邑。莊公卅一年「築臺于薛」，此別是一地，非任姓之薛國。

盱眙

《漢書·地理志》「臨淮郡有盱眙縣」。應劭曰：「音吁怡。」《史記》或作「盱台」。裴駰引鄭元説「音煦怡」。《廣韻》十虞部「盱」字下注云「盱眙縣在楚州。盱眙字皆从目。」無可疑也。《類篇》於目部「眙」字下云「盱眙，地名」是矣。乃於肉部別出「肝」字云「肝胎，縣名」。此所謂北人不識「盱眙」者歟？

牟婁

《春秋》「莒人伐杞，取牟婁」。于欽曰：「安邱南有牟婁山，俗謌作朦朧山，即其地。」蓋「牟婁」、「朦朧」聲相近也。

通州

王楙《野客叢書》云：「唐時揚州爲盛，通州爲惡。」「引白樂天詩曰：『通州海内恓惶地，司馬人閒冗長官。』元微之詩曰：『折君灾難是通州。』又曰：『黄泉便是通州郡。』其不美如此。」勉夫蓋誤以微之所謫之通州即淮南之通州。揚、通同在一道，而相去霄壤，是可怪耳。予謂唐之通州隸山南道，即今達州，宋乾德三年更名。若淮南之通州，本揚州海陵縣，其置州乃在五代之世，元和閒未有此州也。

大名府

宋大名府領縣十三。今大名府領一州六縣，唯元城附郭及南樂一縣沿宋之舊，其餘無同者。成安屬廣平府。内黄屬河南之彰德府。莘、館陶、清平、冠氏今無「氏」字。屬山東之東昌府。臨清，山東直隸州，以夏律爲屬縣。朝城屬山東之曹州府。宗城，金改屬洺州，《元志》無此縣，則金季已廢矣。魏縣，國朝裁併入大名縣。今大名府所領之開州及清豐、長垣，即宋之澶州也。東明，則宋曹州之冤句縣也。宋東明縣屬開封府，今爲儀封、蘭陽二縣。

泉州

泉州之名雖同，而有隋、唐之異。《隋志》云：「隋平陳，改豐州曰泉州，後改閩州，又改福州。」此隋之泉州也。又《唐志》云：「析泉州之南安、莆田、龍溪置武榮州，治南安，後治晉江。武榮州尋廢，縣還隸泉州。又復置武榮州，更武榮州爲泉州。」《唐志》在景雲二年，《通典》以爲神龍以後初置泉州，不同。此唐之泉州也，今爲泉州。自此泉之與福，始定分爲二郡，不相溷矣。故景雲二年已前，凡曰泉州者，指今福州也。景雲二年之後，凡曰泉州者，指今泉州也。《輿地紀勝》。

新豐

丹徒縣有新豐鎮。陸游《入蜀記》：六月十六日早，發雲陽，過夾岡，「過新豐，小憩。李太白詩云：『南國新豐酒，東山小妓歌。』又唐人詩云：『再入新豐市，猶聞舊酒香。』皆謂此，非長安之新豐也。然長安之新豐亦有名酒，見王摩詰詩。」

石城

《後漢書·方術傳》：「高獲遠遁江南，卒於石城。石城人思之，共爲立祠。」章懷注：「石城在今蘇州西南。」大昕案：蘇州無石城。據《郡國志》，丹陽郡有石城縣，當是高獲所遁也。

虎嘯城

顧氏《方輿紀要》：「四川廣安州北十里有虎嘯城，建置未詳。」按《元史·楊大淵傳》：「中統三年，復於渠江濱築虎嘯城，以逼宋大良城。」宋淳祐三年，移廣安軍於大良平。寶祐六年，入于元。至元三年，宋復取大良平，改爲寧西軍。《楊文安傳》：「中統四年，進築虎嘯城，以困大良。」《趙匣剌傳》：「中統三年，守東川。四年，宋夏貴以兵侵虎嘯山寨，元帥欽察遣匣剌率兵往禦之。貴敗走，追至新明縣。新明縣，宋屬廣安軍，故城在岳池縣南二十里，縣在廣安州西六十里，西南至合州定遠縣百卅里。斬首三十餘級。至元五年，戍東安、虎嘯山兩城。宋楊立以兵護糧，送大良平。匣剌率所部兵與立戰於三重山，立敗走。」是虎嘯山爲宋、元交争之地，其築城始末，歷歷可攷。顧氏以爲建置未詳，蓋未檢《元史》耳。顧氏所載宋、金、元地名，大約本諸薛方山《通鑑》，而未讀全史，如三重山、東安城之名，皆缺而不書。

蜀四帥府

元憲宗八年，即宋寶祐六年也。宋大獲山守將楊大淵、時宋以大獲爲閬州治。運山守將張大悅、宋以運山爲蓬州治。大良平守將蒲元圭宋以大良平爲廣安軍治。皆以城降元，元即授以元帥，使守之。青居山軍人亦殺其守將出降。宋以青居爲順慶府治。明年，遣便宜都總帥汪惟正戍青居，與大獲、運山、大良平稱四帥府。

水洛城

宋慶歷所築水洛城屬秦鳳路，今甘肅静寧州西南有水洛城。元豐所築永樂城屬鄜延路，今陝西米脂縣西南永樂城。兩城皆與西夏交争之地，而相距遼遠，名目不同。今《涑水記聞》皆作「永洛」，是誤仞爲一地矣。温公留心經濟，且係目睹耳聞之事，不應舛謬乃爾。當是校書之人不諳地理，輒有改易，非温公元本也。《宰輔編年録》亦以「水洛」作「永洛」。

光化

宋京西路有兩光化縣，其一屬隨州，本蕭齊所置安化縣，隨、❶唐皆爲光化縣，而宋初因之；熙寧元年，省入隨縣。今隨州東有光化廢縣，即熙寧所廢之縣也。其一屬襄陽府，本宜城縣之陰城鎮。宜城，《九域志》作穀城。按《志》兩縣皆屬襄陽府，而穀城在州西北，宜城在州南，今光化亦在州西北，則《九域志》作穀城是也。《紀勝》亦作穀城。乾德三年，置乾德縣，爲光化軍治。熙寧五年，廢軍，改乾德爲光化縣，隸襄陽。其後復爲光化軍，今襄陽府光化縣即其地也。兩縣一省一置，俱在熙寧閒，《宋史·地理志》記載分明。或者仞爲一地，轉訾史志有誤，是不然矣。王象之云，隨州有廢光化縣，非襄陽之光化也。

沌口

由武昌至江陵，水行當泝大江；別有

❶「隨」，據文意當作「隋」。蓋涉前後「隨州」、「隨縣」而誤。

沌口者，亦水道，可避江行之險。沌，讀如篆。夏秋水漲可行，過九月則沌涸不可行，必由巴陵至荊渚矣。陸氏《入蜀記》：「八月三十日，離鄂州，沿鸚鵡洲南行，過謝家磯、金雞洑，泊通濟口。九月一日，始入沌，實江中小夾也。過新潭，有龍祠，自是無復居人，兩岸葭葦彌望，謂之百里荒。二日，至下郡，始復有挽路，登舟背望竟陵遠山，泊白臼。三日，過八疊洑口，泊歸子保。四日，過綱步，泊畢家池，蓋屬復州玉沙縣滄浪鄉云。五日，泊紫湄。六日，過東場，泊雞鳴。七日，至湛江。八日，至江陵之建寧鎮，蓋沌口也。晉王澄棄荊州，別駕郭舒不肯從澄東下，乃留屯沌口。陳侯安都討王琳至沌口，皆此地也。自是泛江入石首縣界，過公安，至沙市。」距荊州陸行十里。

李晏口

《通鑑》：周顯德二年正月，詔「浚胡盧河，築城於李晏口」。注：「冀州蓨縣東北有李晏鎮，時築城屯軍，以爲静安軍。按薛《史》，其軍南距冀州百里，北距深州三十里，夾胡盧河爲界。」❶大昕案：《舊五代史》，是年三月，以李晏口爲静安軍，與胡注合。但注云「其軍南距冀州百里」，則是在冀州之北，蓨縣又在冀州東北一百五十里，則不得以蓨縣之李晏鎮當之矣。攷《一統志》，李晏鎮在景州東北，當胡盧河南岸，此爲東李晏口。又有西李晏口，在今深州南，皆五代時置軍屯守處，是則李

❶「界」，《資治通鑑》卷二百九十二《後周紀三》作「壘」。

晏本有東、西兩口。而周所置之静安軍則在深州，不在蓨縣，胡氏殆混而一之矣。沈存中《筆談》云：「深州舊治靖安，其地鹻鹵，景德中議遷，時傅潛家在李晏，乃奏請遷州于李晏，今深州是也。」此説亦不然。深州本治陸澤，後周置静安軍於李晏口，在州南卅里。洎宋雍熙二年，静安軍廢。四年，移州治李晏，因故軍名爲静安縣，省陸澤、下博二縣入焉。此深州改治之見於《九域志》者，沈誤以爲景德中，又謂州舊治靖安，皆攷之未審也。《九域志》：冀州蓨縣有李晏鎮。此東李晏鎮。

平水

《金史·地理志》：「平陽府平陽縣有平水。」金時有毛麾者，平陽人，自號平水老人。見趙與時《賓退録》。金、元之世，平陽立經籍所，一時書坊印板咸集於此。今世所傳《政和證類本草》，即平陽張存惠所刊也。

張淏《會稽續志》：「平水市在會稽縣東二十五里。」元微之《序白氏長慶集》云：「予嘗於平水市中，見郵校諸童競習詩，召而問之，皆對曰：『先生教我樂天、微之詩。』固亦不知予之爲微之也。」自注：「平水，鏡湖旁艸市名。」此又一平水也。

秀水

朱勝非有《秀水閒居録》三卷。陳振孫云：「寓居宜春時作。秀水者，袁江水名也。」非秀州之秀水縣。

青海

青海之名，昉於後魏。《水經注·河水篇》云：「湟水又東南流逕龍夷城，故西零之地也。」《十三州志》曰：城在臨羌新縣西三百一十里。王莽納西零之獻，以爲西海郡，治此城。湟水又東南逕卑禾羌海北，有鹽池。闞駰曰：縣西有卑禾羌海者也。世謂之青海，東去西平二百五十里。按古人讀「西」如「先」，酈所云「西零」，即《漢書》之「先零」。元始四年，王莽誘塞外羌獻鮮水海、允谷鹽池，置西海郡。「先」、「鮮」音相似，鮮水者，先零水。鮮水海，即今青海矣。晉隆安二年，後涼楊軌降於禿髮烏孤，尋爲羌酋梁飢所敗，西奔傉海，襲乙弗鮮卑而據其地。「傉」即「零」之俗體，亦以先零得名也。西魏初，涼州刺史史寧與突厥分道襲吐谷渾，還會於青海。隋開皇初，遣元諧等襲吐谷渾，敗之於青海。《隋書》「青海在吐谷渾中，周回千餘里」。自唐以來，青海之名著，遂無有稱鮮水海者矣。

避諱改郡縣名

漢文帝名恒，改恒山郡曰常山。光武叔父趙王名良，改壽良縣曰壽張。殤帝名隆，改隆慮縣曰林慮。

吴大帝孫權立子和爲太子，改禾興縣曰嘉興。景帝孫休立，避諱改休陽縣曰海寧。

晉武帝父名昭，改張掖之昭武縣曰臨澤，建安之昭武曰邵武，邵陵之昭陽縣曰邵陽。愍帝名業，改建業縣曰建康，鄴縣曰臨漳。簡文帝名昱，改育陽縣曰云陽。成帝杜皇后名陵，改陵陽縣曰廣陽。簡文鄭太后名春，改富春縣曰富陽、平春縣曰平陽、蘄春縣曰蘄陽、春穀縣曰陽穀、宜春縣曰宜陽。東海王越世子名毗，改毗陵郡曰晉陵郡、縣曰晉陵縣。桓温父名彝，改平夷郡曰平蠻、夫夷縣曰扶縣、夷道縣曰西道。

後魏道武帝名珪，改上邽縣曰上封。

獻武帝諱宏，❶改宏農郡曰恒農。❷

齊文宣立子殷爲太子，改殷州曰趙州。

隋文帝父名忠，改中牟縣曰内牟、雲中縣曰雲内、中鄉縣曰真鄉。煬帝名廣，改廣州曰番州、廣潤縣曰靈武、廣威縣曰化隆、廣恩縣曰洮河、廣化縣曰河池、廣長縣曰修城、廣陽縣曰汶山、廣年縣曰左封、廣都縣曰雙流、廣漢縣曰雒、廣定縣曰蒲江、廣通縣曰通義、南廣縣曰南溪、廣武縣曰滎澤、廣寧縣曰汝北、廣福縣曰安福、廣川縣曰長河、廣宗縣曰宗城、廣平縣曰永年、廣阿縣曰象城、廣城縣曰樂壽、廣昌縣曰飛狐、易州。長廣縣曰膠水、廣饒縣曰東海、廣牧縣曰安興、廣昌縣曰棗陽、昌州。廣澤縣曰連山。

唐高祖名淵，改長淵縣曰長水、澶淵縣曰澶水。太宗名世民，改萬世縣曰萬歲、富世縣曰富義、興勢縣曰興道。明皇名隆基，改隆州曰閬州、箕州曰儀州、隆化縣曰賓化、盈隆縣曰盈川、唐隆縣曰唐安、隆山縣曰彭山、昌隆縣曰昌明、隆康縣曰普康、隆平縣曰太平、隆安縣曰崇安、隆龕縣曰崇龕、基城縣曰祐川。代宗名預，改豫州曰蔡

❶「武」，當作「文」，詳下條。

❷「宏」，本當爲「弘」字。《元和郡縣圖志》卷七：「至漢武帝元鼎四年置弘農郡。後魏以獻文帝諱弘，改爲恒農郡。」錢大昕避清高宗弘曆諱改「弘」爲「宏」。

州、宿預縣曰宿遷、樂預縣曰樂山、豫章縣曰鍾陵、豫寧縣曰武寧。德宗名适，改括州曰處州、括蒼縣曰麗水。憲宗名純，改純化縣曰慕化、純義縣曰正義，又改淳州曰鑾州，還淳縣曰青溪、淳風縣曰從化。穆宗名恒，改恒州曰鎮州、恒陽縣曰曲陽。武德初，避太子建成名，改晉城縣曰晉安、新城縣曰新政、建城縣曰高安。又唐高祖避外祖獨孤信名，改信州曰夔州。神龍初，避孝敬皇帝諱，改宏農縣曰恒農、宏静縣曰安静。垂拱初，避武氏家諱，改華州曰大州、華陰縣曰仙掌、華原縣曰永安、華容縣曰容城、江華縣曰雲溪、華亭縣曰亭川。

後梁朱全忠祖名誠，改亳城縣曰亳平、欒城縣曰欒氏、阜城縣曰漢阜、臨城縣曰房子、潞城縣曰潞子、黎城縣曰黎亭、告成縣曰陽邑、襄城縣曰苞孚、韓城縣曰韓原、《舊唐書》作「元」，誤。翼城縣曰澮川、鄆城縣曰萬安、文城縣曰屈邑、晉城縣曰高都、陽城縣曰濩澤、應城縣曰應陽、豐城縣曰吴高、朝城縣曰武陽、宗城縣曰廣宗、聊城縣曰聊邑、成安縣曰斥邱。父名信，改信都縣曰堯都。皆唐天祐中敕改。

後唐莊宗祖名國昌，改博昌縣曰博興、昌陽縣曰萊陽、孝昌縣曰孝感、義昌縣曰郴義、平昌縣曰德平、昌樂縣曰南樂。

後晉高祖名敬瑭，改竟陵曰景陵。

宋太祖之祖名敬，改敬州爲梅州、石鏡縣曰石照。父名宏殷，改宏農縣曰常農、本曰恒農，史家避真宗諱改。殷城縣曰商城、溵水縣曰商水。太祖名匡引，❶改匡城縣曰鶴邱、

❶「引」，避清世宗胤禛諱當作「胤」。以下同此者，不再一一出校。

即今長垣。引山縣曰平蜀。太宗名光義，改義陽軍曰信陽、義武軍曰定武、昭義軍曰昭德、崇義軍曰崇信、保義軍曰保平、感義軍曰感德、彰義軍曰彰化、南義州曰南儀、孝義縣曰中陽、義川縣曰宜川、義興縣曰宜興、義章縣曰宜章、郴義縣曰桂陽、通義縣曰眉山、方義縣曰小溪、義賓縣曰宜賓、義寧縣曰信安、全義縣曰興安、信義縣曰信宜、義倫縣曰宜倫、義清縣曰中盧、歸義縣曰歸信、豐義縣曰彭陽、招義縣曰招信、正義縣曰蒙山、富義監曰富順。仁宗名禎，改禎州曰惠州、永貞縣曰永昌、湞陽縣曰真陽、湞昌縣曰保昌。神宗名頊，改旭川縣曰榮德。孝宗名昚，改慎縣曰梁縣。理宗名昀，改筠州曰瑞州。大中祥符五年，避聖祖諱改元武縣曰中江、朗州曰鼎州、朗山縣曰確山、朗池縣曰營山。天聖元年，避章獻后父諱，改淮南之通州爲崇州、蜀之通州爲達州、通利軍曰安利、通化縣曰金川。大觀四年，避孔子諱，改瑕邱縣曰瑕縣、龔邱縣曰龔縣。紹興十二年，避金太祖諱，改岷州曰西和州。廿八年，避金太子光瑛名，改光州爲蔣州、光山縣曰期思。

金章宗名璟，改景州曰觀州。睿宗名宗堯，改宗州曰瑞州、宗安縣曰瑞安。衛紹王名允濟，改濟陽縣曰清陽、永濟縣曰豐閏。顯宗名允恭，改共城縣曰河平、龔縣曰寧陽、武功縣曰武亭。

明成祖名棣，改滄州之無棣曰慶雲、樂安州之無棣曰海豐。神宗名翊鈞，改鈞州曰禹州。光宗名常洛，改洛南縣曰雒南。

漢地理志縣名相同

予弟晦之言，漢縣名相同者，每加東西南北上下以别之。然攷之《地理志》，重出者正復不少。如曲陽三見，一屬九江、一屬東海、一屬交趾，作曲昜。師古曰：古「陽」字。建城三見，一屬勃海、一屬沛、侯國。一屬豫章。劇兩見，一屬北海、一屬甾川。定陶兩見，一屬濟陰、一屬定襄。西平兩見，一屬汝南、一屬臨淮。陽城兩見，一屬潁川，一屬汝南。侯國。平昌兩見，一屬平原、侯國。一屬琅邪。成陽兩見，一屬濟陰、一屬汝南。侯國。東安兩見，一屬東海、侯國。一屬城陽。新陽兩見，一屬汝南、一屬東海。侯國。鍾武兩見，一屬江夏，侯國。一屬零陵。成兩見，一屬涿、侯國。一屬泰山。新市兩見，一屬鉅鹿、侯國。一屬中山。建陽兩見，一屬九江、一屬東海。侯國。平安兩見，一屬千乘、侯國。一屬廣陵。平城兩見，一屬北海、侯國。一屬雁門。阿陽兩見，一屬平原、一屬天水。臨朐兩見。一屬東萊、一屬齊郡。莽俱改監朐。新都兩見，一屬南陽、侯國。一屬廣漢。昌陽兩見，一屬東萊、一屬臨淮。侯國。定陵兩見，一屬潁川、一屬汝南。高平兩見，一屬臨淮、侯國。一屬安定。饒兩見，一屬北海、侯國。一屬西河。高陽兩見，一屬涿郡、一屬琅邪。侯國。武城兩見，一屬左馮翊、一屬定襄。定襄之武城，《續志》作「成」。王莽改縣名桓就，是當爲「成」也。廣平兩見，一屬臨淮、侯國。一屬廣平。陰山兩見，一屬西河、一屬桂陽。樂成兩見，一屬南陽、侯國。一屬河閒。富平兩見，一屬平原、一屬北地。成安兩見，一屬陳留、一屬潁川。侯國。復陽兩見，一屬南陽、侯國。房目反。一屬清河。音「腹」。安定三見，一屬鉅鹿、侯國。一屬安定、一屬交趾。武陽兩見，一屬東海、侯國。一屬犍爲。鄭兩見，一屬京兆、一屬山陽。侯國。成鄉兩見，一屬北海、一屬高密。安陽兩見，一屬汝南、侯國。一屬漢中。陽樂兩見，一屬東萊、侯國。一屬遼西。武都兩見，一屬武都、一屬五原。歸德兩見，一屬汝南、侯國。一屬北地。東陽兩見，一屬臨淮、一屬清河。黄兩見，一屬山陽、侯國。一屬東萊。安邱兩見，一屬琅邪、一屬北海。開陽兩見，一屬東海、一屬臨淮。樂陵兩見，一屬平原、一屬臨淮。侯國。安成兩見，一屬汝南、侯國。一屬長沙。西陽兩見，一屬江夏、一屬山陽。侯國。安平兩見，一屬涿、一屬豫章。侯國。高成兩見，一屬南郡、一屬勃海。新昌兩見，一屬涿、侯國。一屬遼東。朝陽兩見，一屬南陽、一屬濟南。高陵兩見，一屬琅邪。侯國。一屬左馮翊。宜春兩見，一屬汝南、侯國。一屬豫章。石城兩見，一屬丹陽、一屬右北平。新成兩見，一屬河南、一屬北海。侯國。若沛郡之酇，音「嵯」，本是「䣜」字，與南陽之「酇」，形聲自別也。

後漢縣名相同

《續漢郡國志》縣名相同者：平都，一屬豫章郡、侯國。一屬巴郡。安城，一屬汝南、一屬長沙。高平，一屬山陽、侯國。一屬安定郡。武都，一屬武都郡、道。一屬五原郡。潞，一屬上黨郡、一屬漁陽郡。無慮，一屬遼東郡、一屬遼東屬國。《安帝紀》：元初二年，鮮卑圍無慮縣，又攻扶犂營，殺縣令。注：無慮，屬遼東郡。扶犂，縣名，屬遼東屬國。或疑遼東屬國之無盧即扶犂之譌。候城，一屬遼東郡、一屬元菟郡。曲陽，一屬下邳國、侯國。一屬交趾郡。九江之曲陽加「西」字。漢昌，一屬中山國、一屬巴郡。穀城，一屬河南尹、一屬東郡。陰平，一屬東海郡、一屬廣漢屬國都尉。陰平道。

唐縣名相同

新城 涿 杭　龍泉 綏 處　陽城 河南 澤

武寧 洪 萬　永興 新 鄂　長樂 臨 福

龍門 河中 新　永清 幽 房　壽昌 沙 睦

太平 絳 安南 宣　石泉 金 茂　安居 普 保

臨川 撫 振　大同 鎮北 襲　正平 絳 環

南昌 洪 白　新昌 涿 峰　樂平 太原 饒

梁山 萬 武 峩

宋縣名相同

洪氏《容齋五筆》云：「國朝之制，州名或同，則增一字以別之。若河北有雄州、恩州，故廣東者增『南』字。蜀有劍州，故福建者亦增『南』字。以至西和、西安州亦然。若縣邑則不問，今河南、静江府、鞏州皆有永寧縣，饒、邛、衡州皆有安仁縣，蔡、英之真陽，廬、汝之梁，光、台之仙居，臨安、建昌之新城，越、筠之新昌，婺、蜀之永康，處、吉之龍泉，嚴、池之建德，渭、秀之華亭，信、吉之永豐，郴、興國之永興，衢、嘉之龍游，施、臨江之清江，洪、萬之武寧，福、循之長樂，郴、連之桂陽，福、桂之永福是也。」予按洪氏所舉，尚遺金、綿之石泉，滁、汀之清流，潭、慶、渭之安化，鞏、道之寧遠，江、泉之德化，泰、興化之興化，荆、邵武之建寧，郴、循之興寧，平、定化之樂平，臨安、南寧之昌化，汀、寧化之寧化。唯郴之興寧置於嘉定間，洪氏所未及見，此外難免挂漏之譏矣。

元州縣名相同

保定、成都皆有安州，上都、常州皆有宜興州，淮安、大名皆有清河，保定、般陽、杭州、建昌皆有新城，建德、池州皆有建德，河南、吉安皆有永寧，吉安、信州皆有永豐，松江、平涼皆有華亭，吉安、處州皆有龍泉，衢州、嘉定皆有龍游，福州、静江皆有永福，衡州、饒州皆有安仁，安豐、重慶、威楚皆有定遠，冀寧、天臨皆有寧鄉，奉元、武昌皆有咸寧，安豐、融州皆有懷遠，汝寧、曲靖皆有羅山，杭州、南寧皆有昌化，福州、循州皆有長樂，廬州、汝州皆有梁縣，興國、郴州皆有永興，龍興、夔州皆有武寧，贛州、化州皆有石城，贛州、欽州皆有安遠，紹興、大同皆有山陰，滄州、棣州皆有無棣，永樂初改滄州之無棣曰慶雲，棣州之無棣曰海豐。鞏昌、道州皆有寧遠。

明縣名相同

明縣名相同者，如直隸、山東、江西、浙江皆有新城，直隸、河南、江西皆有永寧，南直隸、陝西皆有華亭有山陽，江西、湖廣皆有安仁，順天、湖廣、廣東皆有東安，直隸、南直隸皆有清河，山西、浙江皆有山陰，山西、江西皆有廣昌有樂平，福建、廣東皆有長樂，江西、浙江、貴州皆有龍泉，陝西、湖廣皆有咸寧，南直隸、浙江皆有建德，山西、湖廣皆有寧鄉，南直隸、山西、浙江、四川皆有太平，南直隸、四川、雲南皆有定遠，南直隸、雲南皆有太和，陝西、湖廣、貴州皆有安化，江西、浙江皆有新昌，河南、廣東皆有新安，湖廣、廣東皆有興寧，江西、福建皆有德化，山東、廣東皆有海豐，湖廣、廣東皆有會同，浙江、廣東皆有昌化，福建、廣西皆有永福，南直隸、廣西皆有懷遠，南直隸、湖廣皆有桃源，江西、廣東皆有石城，江西、廣西皆有興安，陝西、四川皆有石泉，江西、四川、廣東皆有長寧，江西、四川皆有東鄉，山西、四川皆有大寧，陝西、廣東皆有三水，而陝西之延安、鞏昌兩府皆有安定，江西之廣信、吉安兩府皆有永豐，則一省中且有同名之縣矣。

十駕齋養新録卷十一終

十駕齋養新録卷十二

嘉定錢大昕

姓氏

三代以前有天下者，皆先聖之後，封爵相承，遠有代序，衆皆知其得姓受氏之由。虞姚、夏姒、殷子、周姬，百世而婚姻不通。小史奠繫世，序昭穆，實掌其事，不可紊也。戰國分争，氏族之學久廢不講。秦滅六雄，廢封建，雖公族亦無議貴之律。匹夫編户知有氏不知有姓久矣。漢高帝起于布衣，太公以上名字且無可攷，況能知其族姓所出耶？故項伯、婁敬，賜姓劉氏。娥姁爲皇后，亦不言何姓。以氏爲姓，遂爲一代之制，而後世莫能改焉。《史記・高帝紀》書云姓劉氏，此漢制之異於三代者。後人强作解事，輒謂漢爲堯後，本祁姓，譏史公昧於姓氏之别，斯爲誕矣。漢爲堯後之説，始于向、歆父子。史公著書在武帝之世，當時本無此議。即云史公曾見左氏書，而劉夏、劉卷亦載《春秋》，安知漢劉必爲祁姓，而非姬姓乎？且漢之諸帝不聞自言祁姓，公主下嫁初不云祁，載筆之臣安得輕議國姓？宋儒好議論古人而不稽時代，致有此失。孟堅贊雖言漢出堯後，而篇首仍用史公舊文。蓋三代以前，姓與氏分，漢、魏以後，姓與氏合；終漢之世，未嘗自言姓祁。此古人慎重祖宗，不輕附會之意。宋徽宗改公主爲帝姬，其議出於秦京。京固不學，而後來議者乃謂趙本嬴姓，當稱帝嬴，其迂誕可笑如此！三王異世，不相襲禮，況遥遥華冑，影響攀附，徒供有識捧腹爾。三代以上，男子未有系姓於名者。漢武帝元鼎四年，封姬嘉爲周子南君，此男子冠姓於名之始。後代文人有姬昌、姬滿、姬旦之稱，皆因於此。好古之士當引以爲戒。近有得古戈者，其文云「芊子之艁戈」。本是「羊」字，或釋爲芊，引《左傳》楚武王「授師孑焉」爲證，誤矣。

姒

古人讀「似」、「姒」二字皆如「巳」。《詩》「於穆不已」，孟仲子作「於穆不似」。是「已」、「似」同音也。禹母吞薏苢而生，因姓姒氏。賈侍中說「巳，意巳，實也」。「意巳」即「薏苢」，是「巳」、「姒」同音也。《春秋》「葬我小君定姒」，《公羊》作「弋」，「弋」，「姒」聲相近，由於「姒」有「以」音。《詩》「美孟弋矣」，「弋」即「姒」。

并官

孔子娶并官氏，今人以爲「幵官」，其誤蓋自明始。按漢《韓敕造禮器碑》云：「并官聖妃，在安樂里。」宋祥符中，封鄆國夫人制詞亦作「并官氏」。此二碑皆在曲阜孔廟。予嘗至句容廟學，見元至順元年加封號制石刻亦作「并官」。又見宋板《東家雜記》、元板《孔庭廣記》書「并官」，字未有作「幵」者。自明人刊《家語》誤「并」爲「幵」，後來刊《宋史》者轉依誤本校改，沿譌者三百餘年，良可怪也。

郤郗二姓相溷

郤姓出濟陰、河南二望。《左傳》，晉有大夫郤獻子，綺戟切。在入聲二十陌。郗姓出高平，丑饑切。在上平聲六脂。兩字形聲俱别，本無通用之理。漢隸从谷旁，字或變作「㕁」，故「郤」亦作「郄」。後來刊《晉書》者併「郗」字亦改爲「郄」，此大誤也。郤詵，濟陰單父人，與高平郗氏不同族。陸魯望詩「一段清光染郄郎」，此用郤詵事，當爲仄聲。而黄伯思譏其誤讀，又不然矣。

廣韻述氏姓

古姓氏書，今多失傳，唯《廣韻》所采，多唐以前書。蓋取孫愐《唐韻》之舊，徵引最爲該洽，後人删去其十之八九，唯張士俊所刊，尚是元本，然其中亦有紕繆。如衛大夫免餘，本公孫氏，今以免爲姓。楚大夫涉其帑，據《左傳》本云「藍尹亹涉其帑，不與王舟」，謂藍尹亹以舟載其妻子，而不肯與王耳。乃以「涉其」爲複姓，可乎？又央部「璯」字云「姓也。晉有璯錢」。按《晉書》有錢璯，吴興人，非姓「璯」也。鐸部「拓」字，引《周書》「王秉、王興並賜姓拓王氏」。按《周書》有王盟，賜姓拓王氏，未見王秉、王興賜姓也。以賁、育爲一人，則王深寧已譏之。

家譜不可信

顔師古云：「私譜之文出于閭巷，家自爲説，事非經典，苟引先賢，妄相假托，無所取信，寧足據乎？」《漢書・眭孟傳》注。其注《蕭望之傳》云：「近代譜諜妄相託附，乃云望之蕭何之後，追次昭穆，流俗學者共祖述焉。但酇侯漢室宗臣，功高位重，子孫嗣緒具詳表、傳。長倩鉅儒達學，名節並隆，博覽古今，能言其祖。市朝未變，年載非遙，長老所傳，耳目相接，若其實承何後，史傳寧得弗詳？《漢書》既不敘論，後人焉所取信？不然之事，斷可識矣。」蓋《南齊書》本紀敘述先世，以望之爲何六世孫，譏其附會不可信耳。師古精于史學，於私譜雜志不敢輕信，識見非後人所及。《唐書・宰相世系表》雖詳贍可喜，然紀近事則有徵，溯遠冑則多舛，由於信譜牒而無實事求是之識也。

郡望

自魏、晉以門第取士，單寒之家屏棄不齒，而士大夫始以郡望自矜。唐、宋重進士科，士皆投牒就試，無流品之分。而唐世猶尚氏族，奉勑第其甲乙，勒爲成書。五季之亂，譜牒散失。至宋而私譜盛行，朝廷不復過而問焉。士既貴顯，多寄居它鄉，不知有郡望者蓋五六百年矣。唯民間嫁娶，名帖偶一用之，言王必琅邪、言李必隴西、言張必清河、言劉必彭城、言周必汝南、言顧必武陵、言朱必沛國，其所祖何人，遷徙何自，概置弗問。此習俗之甚可笑者也。

朱、張、顧、陸號吴中四姓。朱有沛國、義陽、吴郡、河南四望，而今人但稱沛國。沛之顯者在漢爲朱浮，今朱氏不皆祖浮也。

予謂三吴之朱當稱吴郡，若徽文公之後，則依文公自稱新安可也。張有清河、南陽、吴郡、安定、燉煌、武威、范陽、犍爲、沛國、梁國、中山、汲郡、河内、高平十四望，而今人但稱清河。予謂張之顯者多矣，當視其所祖何人。如季鷹、思曼之裔則當云吴郡，茂先、道濟之裔當云范陽，西平、公軌之後當云安定，平子之裔當云南陽，不應概稱清河也。《廣韻》顧姓出吴郡，不聞有它望。今顧氏所祖不曰雍、曰榮，則曰野王、曰況，皆吴人也，而改稱武陵，謬矣。陸有吴郡、河南二望。河南之陸出自鮮卑，本步陸孤氏，魏孝文時改爲陸氏。今陸氏皆宗績、續、遜、抗，則爲吴郡之陸審矣，而轉有取于代北之陸何哉？閒有不稱河南而稱平原者，未審其故。若以士衡爲平原内史而稱之，則吾未聞以所歷之官爲郡望者也。

今人姓金者多稱其望曰彭城，此承吴越避諱，改劉爲金，姓改而族望未改。如仁山之後稱彭城，是爲當矣。日磾本匈奴渾邪王子，厥後封侯，累世久居三輔，不應冒彭城之望也。

《廣韻》「汪姓，汪芒氏之裔」。《姓苑》云：「新安人，今汪氏皆祖越國公華。華故籍新安，乃不稱新安而平陽，非也。」

杜康

《説文》：「古者少康初作箕帚秫酒。少康，杜康也。葬長垣。」見《巾部》「帚」字下。李善注《文選》初未之引。

鴟夷子皮

《淮南子·氾論訓》：「昔者，齊簡公釋其國家之柄，而專任大臣將相，攝威擅勢，私門成黨，而公道不行，故使陳成田常、鴟夷子皮得成其難。」以鴟夷子皮爲田常之黨，它書所未見。按田常弑君之年，越未滅吴，范蠡何由入齊？此《淮南》之誤也。

養由基

《論衡·儒增篇》：「養由基從軍，射晉侯，中其目。」按《左氏傳》「養由基射吕錡中項」，未嘗射晉侯也。吕錡射楚共王中目。王充誤記，不足信。

刀父

《荀子》佹詩：「閭娵、子奢，莫之媒也。嫫母刀父，是之喜也。」朱文公云：「刀父未詳。」竊疑即齊之竪刀，亦作貂。「刀」有「貂」音，後人别「刀」、「刁」爲二字。

季襄

《淮南·氾論訓》：「季襄、陳仲子立節抗行，不入洿君之朝，不食亂世之食，遂餓而死。」高誘注：「季襄，魯人，孔子弟子。」朱錫鬯撰《孔子弟子攷》，采摭群書，得九十八人，以補《史記》、《家語》之闕，獨不及季襄，何也？

趙梁左强

《史記·龜策列傳》：「桀有諛臣，名曰趙梁；紂有諛臣，名曰左强。」《淮南·覽冥訓》：「紂爲無道，左强在側。」高誘注：「左强，紂之諛臣。」《古今人表》無趙、左二人。

莊彭祖

《儒林傳》：《春秋公羊》有嚴彭祖、顔安樂二家，彭祖本莊氏，史家避明帝諱追改。《公羊疏》引《六藝論》云：「眭孟弟子莊彭祖及顔安樂。」

蔡伯偕

《論衡·别通篇》：「扶風蔡伯偕、鬱林太守張孟嘗、東萊太守李季公之徒，心自通明，覽達古今，故其敬通人也如見大賓。」此蔡伯偕未詳其名，非陳留蔡邕也。

漢人不見於史者

《論衡·案書篇》：「東番鄒伯奇，臨淮袁太伯、袁文術，會稽吴君高、周長生之輩，位雖不至公卿，誠能知之囊橐，文雅之英雄也。觀伯奇之《元思》，太伯之《易章句》，文術之《咸銘》，君高之《越紐録》，長生之《洞歷》，劉子政、楊子雲不能過也。」又《對作篇》引鄒伯奇《檢論》。周長生名樹，見《謝承書》。《北堂書鈔》引之。《太平御覽》引鄒子曰：「朱買臣孜孜修學，不知雨之流麥。」伯奇豈即鄒子之字耶？

服虔注《左傳》，引彭仲博説；虞翻注《易》，引蔡景君説：皆漢人也。

徐巡

《説文》有「徐巡説」。案《後漢書·儒林傳》：「濟南徐巡師事衛宏，後從杜林受學，亦以儒顯。」

張徹

《説文》引「張徹説」一條。案：漢人不當以武帝諱爲名，疑是張敞。

朱建安

《南史·劉杳傳》：「沈約云：『何承天《纂文》奇博，其書載長頸王事，此何所出？』杳曰：『《長頸是毗騫王，朱建安《扶南以南記》云：「古來至今不死。」』」案：《隋書·經籍志》有「《扶南異物志》一卷，朱應撰」。應當是建安名也。

謝超宗

《金樓子》載謝超宗子今刊本「子」誤作「字」。幾卿，中拜率更令。騶人姓謝，亦名超宗，亦便自稱姓名云「超宗蟲蟻」，就官乞睞。幾卿既不容酬此言，騶人謂爲不許，而言之不已。幾卿又走。

王　筠

梁有廣晉令王筠，見《南史・陸襄傳》。與琅邪王元禮同時、同姓名。

漢人同姓名

孫季昭《示兒編》記古人同姓名，如漢兩韓信、兩王吉、兩王霸，唐兩李益、兩韓翃之類，然所舉多有未備。今即班、范二史言之：西京有兩王莽、兩嚴延年、兩趙堯、兩貢禹、兩王崇、兩王立、兩劉澤、兩蘇建、兩京房、兩劉歆、兩陳咸、一見《後漢・陳寵傳》。兩陳欽，一見《後漢・陳元傳》，一見《後漢・陳寵傳》。東京有兩杜喬、一見《杜林傳》。兩鄭衆、兩王渙、兩王隆、一見《張輔傳》。兩王元、一公孫述將，一烏桓校尉。兩陳元、一見《循吏傳》。兩馬成、一見《虞延傳》。兩張超、一在《文苑傳》，一太守。兩陳紀、一丹陽人，九江太守。兩趙典、一見《黨錮傳》。兩張陵、兩劉方。一司空，一山陽太守。兼兩漢計之，則有四王成、一《前漢・循吏》，一後漢宦者，一見《逸民傳》，一見《李固傳》。三王商、一丞相，一大將軍，一見《後漢・王堂傳》。兩張禹、兩張猛、一見《張奂傳》。兩張敞、一見《竇武傳》。兩張武、一見《文帝紀》，一見《獨行傳》。兩張霸、一見《前漢・儒林傳》。兩任安、一見《後漢・儒林傳》。兩王嘉。一在《獨行傳》。若西京之兩杜子夏、兩陳孟公，則又同時同姓字，而非同名也。後漢張堪，南陽宛人，嘗爲蜀郡太守。而《張衡傳》云：「祖父堪，蜀郡太守。」計其年代，相去不甚遠，而衡亦南陽西鄂人，雖縣名小異，而郡望未改，官職又同，是即一人矣。或疑別一張堪，非是。

異代同姓名

異代而姓名相同者，難以悉數。今就兩漢而下訖于宋、元，略舉記憶所及者書之。如漢有張華，晉亦有張華。漢有賈逵，魏亦有賈逵。漢有王肅，曹魏、元魏皆有王肅。漢有李廣，魏亦有李廣。見《晉書・文帝紀》。漢有黄忠，見《申屠蟠傳》。蜀亦有黄忠。漢有王育，《説文》。晉亦有王育。《忠義傳》。漢有劉陶，魏、晉皆有劉陶。漢有郭憲，魏亦有郭憲。字幼簡。漢有張邈，魏亦有張邈。漢有王卓，見《順帝紀》。晉亦有王卓。見《王濟傳》。漢有孔安國，晉亦有孔安國。漢有劉琨，《論衡・初稟篇》，即劉昆也。晉亦有劉琨。漢有李暠，《蘇不韋傳》。晉亦有李暠。漢有李充，晉亦有李充。漢有謝安，見《滕撫傳》。晉亦有謝安。漢有劉毅，晉亦有劉毅。漢有孟觀，《論衡・超奇篇》。晉亦有孟觀。漢有王商，蜀亦有王商。見《秦宓傳》。漢有張陵，魏亦有張陵。《魏志・張範傳》。唐亦有張陵。見《唐詩紀事》。漢有王甫，蜀亦有王甫。漢有張昭，見《魏志・張範傳》。吴亦有張昭。漢有陳午，晉亦有陳午。見《石勒載記》。漢有王暢，晉亦有王暢。見《王濬傳》。漢有張衡，晉亦有張衡，見《趙王倫傳》。隋亦有張衡。漢有馬武，晉亦有馬武。見《戴洋傳》。漢有馬融，晉亦有馬融。見《陶黄傳》。漢有胡廣，晉亦有胡廣。見《胡奮傳》。漢有徐幹，見《班超傳》。魏亦有徐幹，晉亦有徐幹。見《王長文傳》。漢有張綱，晉亦有張綱。漢有江革，南齊亦有江革。漢有董仲舒，梁亦有董仲舒。漢有朱買臣，梁亦有朱買臣。漢有李膺，梁亦有李膺。漢有王琳，見《趙孝傳》。梁亦有王琳。漢有樊毅，陳亦有樊毅。漢有劉向，北齊亦有劉向。見《文宣帝紀》。漢有李善，唐亦有李善。漢有李延壽，即繁延壽。唐亦有李延壽。漢有李郃，唐亦有李郃。見《藝文志》。漢有王逸，唐亦有王逸。見《宰相世系表》。漢有李封，見《儒林傳》。唐亦有李封。見《杜子美詩》。漢有周興，見《周榮傳》。唐亦有周興。漢有李益，見《李膺傳》。唐亦有李益。漢有劉平，宋亦有劉平。漢有朱震，宋亦有朱震。漢有楊震，宋亦有楊震。漢有張俊，宋亦有張俊。漢有劉豫，見《第五倫傳》。宋亦有劉豫。漢有張林，見《鄭巨君傳》。宋亦有張林。漢有趙禹，宋亦有趙禹。徐州推官，見《東坡集·陳公弼傳》。魏有張融，南齊亦有張融。魏有王修，晉亦有王修。魏有王基，晉亦有王基。見《王敦傳》。蜀有兩劉巴，一有傳，一見《李嚴傳注》。晉亦有劉巴。見《石勒載記》。蜀有李嚴，晉亦有李嚴。見《趙王倫傳》。蜀有李福，唐亦有李福，宋亦有李福。仁宗朝武臣，見《長編》。蜀有張裕，劉宋亦有張裕。吴有徐陵，陳亦有徐陵。吴有嚴武，唐亦有嚴武。吴有桓彝，晉亦有桓彝。晉有袁粲，宋亦有袁粲。晉有賀循，陳亦有賀循。晉有劉穆之，唐亦有劉穆之。見《寶刻類編》。晉有王戎，唐亦有王戎。見《林士宏傳》。晉有王恭，唐亦有王恭。見《儒學傳》。晉有王珣，唐亦有王珣。見《宰相世系表》。晉有王旦，見《石勒載記》。宋亦有王旦。晉有吴曾，見《周延傳》。宋亦有吴曾。見《藝文志》。晉有葛洪，宋亦有葛洪。晉有王濬，宋亦有王濬。見王安石詩。苻秦有王猛，陳亦有王猛。劉宋有蔡興宗，趙宋亦有蔡興宗。《編注杜詩》。南齊有王儉，唐亦有王儉。見《宰相世系表》。北魏有崔鴻，唐亦有崔鴻。貝州刺史，見白居易制。唐有李沆，見《宰相世系表》。宋亦有李沆。唐有張齊賢，見《儒學傳》。宋亦有張齊賢。唐有韓琦，見《宰相世系表》。宋亦有韓琦。唐有王曾，著作郎，見《金石録》。宋亦有王曾。唐有李石，宋亦有李石，字知幾，見《二百家名賢文粹》。金亦有李石。唐有王珪，宋、元皆有王珪。元王珪見《孝友傳》。唐有張錫，宋亦有張錫。唐有李綱，宋亦有李綱。唐有蔡京，宋亦有蔡京。唐有張説，宋亦有張説。唐有劉晏，宋亦有劉晏。見《忠義傳》。唐有蘇轍，見《宋史・孝友・姚宗明傳》。宋亦有蘇轍。唐有高適，宋亦有高適。知越州，見《會稽志》。唐有郭京，撰《周易舉正》。宋亦有郭京。唐有陳夷行，宋亦有陳夷行。公輔子。唐有李侗，衡州刺史，見《廣川書跋》。宋亦有李侗。唐有鄭樵，見《藝文志》。宋亦有鄭樵。唐有李若水，見《宰相世系表》。宋亦有李若水。唐有張公謹，宋亦有張公謹。政和中知龍岡縣。唐有張行成，宋亦有張行成。紹興中進士，號觀物先生。唐有王建，五代亦有王建，宋亦有王建。婺源進士。唐有王佖，宋亦有王佖。東陽人，撰《朱子語後録》。唐有王起，宋亦有王起。文彦博幕客，撰《甘陵伐叛録》。唐有王質，文中子五世孫。宋亦有王質。唐有常建，宋亦有常建。括蒼人，知台、常二州。唐有李頎，宋亦有李頎。見《東坡集》，善畫。唐有李珏，宋亦有李珏。景定二年省元。唐有朱長文，見《唐詩紀事》。宋亦有朱長文。後唐有李鄴，亳州刺史，見《北夢瑣言》。宋亦有李鄴。紹興時人。宋有崔立，《循吏傳》。金亦有崔立。宋有吴澄，淮東提刑司檢法，見《理宗紀》。元亦有吴澄。

晉人同姓名

史繩祖《學齋佔畢》言「古今同姓名者多矣，至晉尤甚。如兩劉毅、兩周撫、兩孫秀、兩解系、兩周訪、兩王愷、兩王渾、兩王澄」是也。予攷《晉書》，又有兩衛瓘，一有傳；　一陳留人，爲《三都賦略解》，見《文苑傳》。兩王沉，一有傳；　一字彦伯，見《文苑傳》。兩李密，一在《孝友傳》；　一犍爲太守，見《惠帝紀》。兩張茂，一襲涼州牧；　一吳郡太守，見《列女傳》。兩張駿，一襲涼州牧；　一姚襄將，見《哀帝紀》。兩韓壽，一見《賈充傳》；　一爲慕容皝司馬，見《載記》。兩王敦，一有傳；　一益州牙門將，見《李特載記》。兩孫登，一見《隱逸傳》；　一附見《孫楚傳》。兩徐邈，一有傳；　一見《王彌傳》及《石勒載記》。兩王洽，一爲丞相導子；　一見《劉隗傳》。兩李矩，一有傳；　一江州刺史，見《李充傳》。兩王祥，一有傳；　一爲吕光僕射，見《郭麘傳》。兩劉邁，一爲琨之祖；　一爲毅之弟。兩裴頠，一有傳；　一爲東海王越將，見《懷帝紀》。按《周馥傳》有淮南太守裴碩，疑《懷帝紀》「頠」字乃「碩」之譌。皆學齋所未及。

晉書姓名互異

《穆帝紀》：「永和五年，褚裒便部將王龕北伐。」《褚裒傳》作「徐龕」。按：《元帝紀》有太山太守徐龕，爲石勒所執，死已久矣。當從紀。

《祖約傳》：「其時牽滕率衆出降。」《成帝紀》、《戴洋傳》並作牽騰。

《安帝紀》：「隆安三年，吳國内史桓謙、義興太守魏隱並委官，吳興太守謝邈、永嘉太守司馬逸皆遇害。」《孫恩傳》，桓謙作桓謹，魏隱作魏傿，「隱」、「傿」聲相近。司馬逸作謝逸。《南史·孝義傳》作「司馬逸之」，當是《恩傳》誤。《謝瑗度傳》有義興太守魏鄢，又「儁」之異文。

《段匹磾傳》：「從弟末杯。」《劉琨盧諶傳》作「末波」。「波」、「杯」聲相近也。亦作「末柸」，見《邵續傳》。《王浚傳》亦作「末杯」。

張元張元之

《謝安傳》：苻堅率衆次淮肥。兄子元「入問計，安夷然無懼色，答曰：『已別有旨。』既而寂然。元不敢復言，乃令張元重請」。其下即述「命駕出山墅，親朋畢集，方與元圍棋賭別墅」事。安所與賭墅者，即兄子元也，而張元竟無下落，亦不知其爵里何許也。《列女·謝道韞傳》：「初，同郡張元妹亦有才質，適于顧氏，元嘗稱之，❶以敵道韞。」似即其人矣，而「同郡」二字難曉。道韞爲王凝之妻，不識張元者與謝同郡乎？抑與王同郡乎？《謝元傳》：「授左將軍、會稽内史。時吴興太守晉寧侯張元之亦以才學顯，自吏部尚書與元同年之郡，而元之名亞于元，時人稱爲『南北二元』。」此與前兩傳之張元同時、同姓，同爲謝幼度親舊，唯名多一「之」字，豈即一人而傳聞異詞乎？元之在吴興撰《山墟名》，樂史《寰宇記》屢引之。

唐人同姓名

唐人同時同姓名，如《文藝傳》所載兩李益、兩韓翃，其最著矣。武后時幸臣有張昌宗，而張昌齡之兄亦名昌宗，見《文藝

❶ 「嘗」，《晉書》卷九十六《列女》作「每」。

傳》，冀州南宮人。

王宰

王宰，武宗朝節度使，附其父《智興傳》。明皇時又有善畫王宰，杜子美詩所謂「五日畫一水，十日畫一石」者也。

李播

李淳風父名播，作《天象賦》，見《唐志》。此唐初人也。又元和間詩人李播，起家進士，官郎中、蘄州刺史。見《唐詩紀事》。

盧貞

盧貞字子蒙，會昌五年爲河南尹。白樂天九老會，貞年未七十，亦預焉。時又有内供奉盧貞。見《唐詩紀事》。

李翺

李翺字習之，《唐書》有傳。《唐詩紀事》云：「鄭州嘗掘地，得刺史李翺《戲贈詩》。此自一李翺，非習之也。《唐書》習之傳亦不記爲鄭州。王深甫編次習之集，乃收入此詩。」

呂太一

唐有兩呂太一。《魏知古傳》所「薦洹水令呂太一」，後有聞於時。又《韋倫傳》：「宦者呂太一反嶺南。」此別是一人。杜子美詩「自平宫中呂太一」，即《韋倫傳》之太一。

陳子昂

陳子昂字伯玉，仕武后時，《唐書》有傳。又大歷中有畫人陳子昂，見段成式《京洛寺塔記》。

李若水

唐《宗室世系表》有兩李若水，一淄川郡王孝同之曾孫，一太宗五世孫。

王維 王縉

唐太原王維、王縉兄弟，一爲右丞，一爲宰相。而琅邪王方則之孫維與縉，亦兄弟也。又王智興之父亦名縉。

王定保

《唐摭言》十五卷，題云「光化進士琅邪王定保撰」。書中稱王方慶爲「七世伯祖」。今檢《唐書·宰相世系表》，琅邪王氏未有名定保者。唯太原王氏有定保，字翊聖，乃起之曾孫、蕘之子。今書中於起直書其姓名，於蕘字亦不回避，則別是一人，非太原之定保矣。唐有兩王定保，而史僅載其一，此《表》之脱漏也。其書有云「從翁丞相溥」。攷昭宗時宰相有王摶，字昭逸，出自琅邪。有王溥，字德潤，出自太原。定保既出琅邪，則「溥」當爲「摶」之譌。但依《表》所列，摶爲方慶八世孫，而定保稱方慶七世伯祖，則於摶不當有「從翁」之稱，是亦可疑也。

韋應物

韋應物，貞元二年，由左司郎中出爲蘇州刺史，而《劉禹錫集》中有大和六年《除蘇州舉韋應物自代狀》。宋葉少蘊、胡元任已疑其非一人，而沈作喆撰《韋傳》，合而一之，篇末雖亦有疑詞，而終未敢決。近世陳少章景雲據白樂天於元和中謫江州後貽書元微之，於文盛稱韋蘇州詩；又言「當蘇州在，時人亦未甚愛重，必待身後人始貴之」。則是時蘇州已殁，而劉狀又在此書十年以後，則其所舉必別是一人矣。樂天守蘇日，夢得以詩酬之云：「蘇州刺史例能詩，西掖今來替左司。」言白之詩名足繼左司耳，非謂實代其任也。《沈傳》謂「貞元二年補外，得蘇州刺史。久之，白居易自中書舍人出守吴門。應物罷郡，寓郡之永定佛寺」。則誤甚矣。白公出守在長慶間，距貞元初垂四十年，豈有與韋交代之理乎？大昕案：樂天刺蘇州在寶歷元年，陳以爲在長慶間，亦誤。

劉昚虛

殷璠《河岳英靈集》録劉昚虛詩謂：「頃東南高唱者十數人，然聲律婉然，❶無出其右。惜其不永天年，隕碎國寶。」昚虛未詳何許人，意其爲南士也。李華《三賢論》謂劉昚虛「名儒史官之家，兄弟以學著，《五説》條貫源流，備古今之變。在京嘗疾，太尉房公臨扶風，聞之曰：『挺卿日若不起，無復有神道。殷直清有識，尚恨言理少對，常想見其面。』後避地逝於安慶」。當作「康」，安康郡即金州也。《唐書·劉迅傳》作「康」。此昚虛即劉知幾之子迅，《唐書》附《知幾傳》，不言其能詩。或仞爲一人，似不然。孟浩然有《九日於龍沙寄劉大昚虛詩》，而新、舊《書》敘知幾六子，迅次在五，是行第不同也。王昌齡有《送劉昚虛歸取宏詞解詩》，而唐史不言登宏詞科，是出身不同也。一工於詩，一善著書，是趣向不同也。兩劉生雖同時，並有才不遇，而一名一號，似同實異，恐難溷而一之。

宋人同姓名

曹輔，一南劍州人，字載德，有傳；一海陵人，字子方，與蘇子瞻唱和。

王存，一字正仲，丹陽人，有傳；一紹興中神勇軍統制，見《繫年録》。

吴革，一開封人，見《忠義傳》；一九江人，仕淳祐間，嘗刻朱文公《周易本義》；一紹興初江西運副，見《繫年録》。

❶「然」，《河岳英靈集》卷上《劉昚虛》作「態」。

王襄，一鄧州人，見《孝義傳》；　一南陽人，靖康中西道都總管，有傳。

劉通，一并州人，章獻皇后之父，見《外戚傳》；　一紹興中知天長軍，見《繫年録》。

王淮，一齊州人，沔之弟；　一金華人，字季海，有傳。

王著，一單父人，字成象，有傳；　一成都人，字知微，翰林侍書，附《吕文仲傳》；　一紹興中通判温州，見《繫年録》。

王明，一大名人，字如誨，有傳；　一承奉郎，與金人戰死，見《繫年録》；　一涪州將，見《元史·世祖紀》。

王貴，一并州人，附《楊業傳》；　一岳飛部將。

安守忠，一晉陽人，贈太尉，有傳；　一捧日左廂都指揮使、欽州團練使，見《長編》。

李維，一洺州人，沆之弟；　一昭武人，綱之弟。

李若谷，一徐州人，字子淵，有傳；　一若水之兄，南渡參知政事。

蘇紳，一晉江人，字儀甫，有傳；　一紹興中江東兵馬都監。

黄震，一浦城人，字伯起，有傳；　一慈溪人，字東發，見《儒林傳》；　一臨海人，字子聞，乾道進士，知瑞安縣，見《赤城志》；　又有琴師黄震，後改名振，見《四朝聞見録》。

王珪，一成都人，字禹玉，有傳；　一紹興中太常少卿，見《繫年録》；　一開封人，與任福死事，附《福傳》。

王琪，一字君玉，珪之從兄，有傳；　一南渡武臣，德之子。

王鞏，一字定國，旦之孫，附《王素

傳》；　一紹興中知仁和縣；　一端平丙申死蜀難，見《理宗紀》。

田敏，一鄒平人，見《儒林傳》；　一易州人，真宗時武臣，有傳。

王雱，一字元澤，安石之子，附《安石傳》；　一澤州人，雲之弟，官右奉議郎，見《繫年録》。

陳升之，一熙寧宰相，有傳。　一淳熙中保義郎。

蔡抗，一宋城人，字子直附其弟《挺傳》；　一建安人，字仲節，元定之孫，有傳。其名本是「杬」字，史誤从手旁，見《長編》。

趙鼎，一治平中侍御史，嘗奉使契丹，《外國傳》「熙寧中提刑趙鼎」，❶當即一人；一聞喜人，字元鎮，有傳。

李浩，一西河人，東都武臣，有傳；　一臨川人，字德遠，仕孝宗朝，有傳。

王質，一大名人，旦之兄子，見《涑水記聞》；　一字景文，興國人，附《王阮傳》。

王彦昇，一字光烈，建隆功臣，有傳；一南渡閤門祇候，見《繫年録》。

王佐，一山陰人，字宣子，紹興十八年狀元；　一紹興間中軍第四將，見《繫年録》；　一寶祐間長寧守將，見《忠義傳》。

孫奕，一廬陵人，字季昭，撰《示兒編》；　一元豐中都官員外郎，陳襄薦士三十三人之一也。

楊朴，一真宗朝隱士；　一資陽人，紹興左宣教郎；　一黄巖人，字文之，淳熙特科，官承奉郎。

史炤，一眉山人，字見可，撰《通鑑釋文》者；　一潁昌人，文彦博嘗從受學，嘉祐

❶ 文見於《宋史》卷四百九十三《蠻夷傳》，非《外國傳》。

中提舉常平史炤、熙寧四年「前知襄州史炤言『開修古淳河一百六里，灌田六千六百餘頃』」，當即潁昌之史炤也； 一咸淳中利路統制，見《度宗紀》。

王堯臣，一應天府人，字伯庸，有傳； 一汾州人，嗣宗之子。

張觀，一常州人，有傳； 一絳州人，字思正，有傳。

胡銓，一廬陵人，字邦衡，有傳； 一婺源人，字仲平，政和二年進士，見《新安志》。

張震，一□□人，有傳； 一歙人，乾道五年進士，見《新安志》。

郭京，一陳州人，仁宗朝以布衣授大理評事； 一靖康時自言能用神兵者。

劉藻，一福州人，字昭信，紹興末祠部員外郎； 一嶺南人，知梅州。二人同時、同姓名，見周必大《龍飛録》。

張琬，一韓城人，樞密使昇之子，崇寧間爲轉運副使。《會稽志》：「元符三年六月，張琬以朝散大夫權發遣越州。十二月，移陜西提點刑獄。」此韓城人。 一鄱陽人，治平二年登第，見施元之《注蘇詩》。

李常，一字公擇，建昌人； 一登州人，東坡爲作《遺直坊詩》。于欽《齊乘人物篇》誤仞兩人爲一。 一度宗朝吏部侍郎。

王安國，一臨川人，安石之弟； 一理宗朝守棗陽軍。

張林，一游奕軍統領，見《楊巨源傳》。《寧宗紀》： 嘉定二年，沔州統制張林等謀作亂，事覺，貸死除名。與《巨源傳》之張林，未審即一人否？ 一京東安撫使，本金降將。 一咸淳二年死難武臣，見《本紀》。 一德祐池州都統制，降元。

張維，一湖州人，官衛尉寺丞，子野之

父，《齊東野語》云：「卒於慶歷丙戌。」一熙寧中官臨涇縣令，見《長編》。又東坡《南行集》有《次韻答荆門張都官維見和惠泉詩》，似又是一人。

李定，《揮塵前録》李定同時有三人，其一字仲求，洪州人，晏元獻之甥，欲預賽神會，蘇子美以其任子拒之，致興大獄者；又李定，字資深，元豐中御史中丞，揚州人； 又李定，嘉祐治平以來，以風采聞，徧歷諸路計度轉運使，官制未行，蓋濟南人也。世多指而爲一，不可不辯。《宋史》有傳者，唯資深一人，即劾東坡詩案者。坡《集》有《壽州李定少卿出餞城東龍潭上詩》，蓋濟南人也。

張永德，一并州人，有傳； 一幽州人，暉之孫，見《暉傳》； 一開封人，忠之子，見《忠傳》。

張昭遠，一濮州人，即張昭也，有傳； 一滄州人，凝之子，有傳。

張燾，一臨濮人，字景元，有傳； 一饒州人，字子公，南渡執政，有傳。

王應麟，一慶元人，字伯厚，有傳； 一晉江人，知南海縣，見《石刻》，與伯厚同時。

李祥，一無錫人，字元德，有傳； 一開封人，見《宦者傳》。

王杲，一齊州人，咸平五年卒，有傳； 一京兆人，朔州防禦使，雍熙四年卒，見《太宗實録》，此兩人同姓名又同時。

張廷翰，一澤州人，侍衛馬步軍都虞候； 一冀州人，團練使，兩人皆仕太祖朝，皆有傳。

王延德，一東明人，有傳； 一大名人，亦太宗晉邸舊人，附見《延德傳》。

徐自明，一永嘉人，字誠甫，撰《宰輔編

年録》； 一金華人，嘗知蘇州之嘉定縣，見《練川圖經》。

陳均，一□□人，❶字平甫，撰《九朝編年備要》； 一永嘉人，知平江府，見《吴郡志》。

楊萬里，一廬陵人，字廷秀，有傳； 一錢塘人，知嘉定縣，見《練川圖經》。

王倫，一仁宗時虎翼卒，以反逆誅，見《長編》； 一大名人，紹興奉使，死於金國，有傳。

葉適，一熙寧中光禄寺丞，見《涑水記聞》； 一永嘉人，字正則，有傳。

王化基，一真定人，真宗朝參政，有傳； 一元祐内臣，入黨籍。

張奎，一臨濮人，有傳； 一天聖中保章正，見《長編》。

章甫，一字端叔，浦城人，熙寧三年進士，都官郎中； 一字冠之，鄱陽人，自號易足居士，張端義《貴耳録》稱爲張冠之者也。

何逢原，一字希深，與王十朋同時； 一字文瀾，分水人，咸淳間官中書舍人，入元累徵不起。

朱申，一字繼宣，江西人，太學生； 一新安人，淳祐十一年以朝散大夫知江州。

李珏，一嘉定十年江淮制置使； 一德祐朝臣。

張順，一成都馬步軍總管，咸淳元年以死事贈衈，見《度宗紀》； 一襄陽民兵都統，見《忠義傳》。兩人同時。

張忠，一字聖毗，開封人，有傳； 一失其字，亦開封人，有傳。

鄭湜，一德安人，見《王介甫集》； 一

❶「□□」，據《九朝編年備要・序》，當作「莆田」。

字溥之，寧宗朝直學士院。

王洙，一字原叔，有傳；　一字原父，南渡人，見《攻媿集》。

王綯，一字唐公，南渡執政；　一字敏功，安陽人，紹興初知興國軍，樞密使炎之父也，見《周益公集》。

王古，《元祐黨籍碑》有兩王古：　一字敏仲，官户部尚書，文正公旦之曾孫，在曾任待制以上官；　一在餘官。

黄裳，一字冕仲，延平人，元豐狀元；　一字文叔，劍門人，南渡有傳；　又有政和中福州知州黄裳，見《渭南文集》，恐别是一人，非元豐狀元也。

黄定，一字致一，崇寧上舍第；　一乾道八年狀元。

彭乘，一爲華陽人，有傳；　一爲高安人，撰《墨客揮犀》。

張體仁，一紹興初左奉議郎、江東宣撫司幕官，見《繫年録》；　一即詹體仁也，《宋史》有傳，而不著改姓。

徐奭，一建安人，大中祥符五年狀元，官至翰林學士；　一杭州人，賜號沖悔先生，見《夢粱録》。

王炎，一安陽人，南渡樞密使，有傳；　一字晦叔，婺源人，乾道五年進士，見《新安志》。

吕好問，一建炎執政，有傳；　一理宗朝淮西總領兼江東運判，見《景定建康志》。

陳造，一字唐卿，高郵人，號江湖長翁；　一字周士，吴興人，直齋之子，通判嘉興府。

王汾，一字彦祖，禹偁孫，官兵部侍郎，見《東坡集》；　一金華人，南渡師心子，見《王忠文公集》。

王逵，一濮陽人，天禧三年進士，官刑部郎中，《包拯集》中有《劾淮南轉運使疏》，當即其人也；　一淄州人，當南宋時。

崇寧二年十二月丁巳，詔臣僚姓名有與姦黨人同者，並令改名。時改名者五人，朱紱、李積中、王公彦、江潮、張鐸。朱謂舊名紱，改名後官至執政。

古人號相同明以後不録

白樂天自號醉吟先生，而皮日休、郭祥正亦號醉吟先生。樂天又號迂叟，而司馬温公亦以自稱。邵堯夫、程正叔俱號伊川先生。黄伯思號雲林子，而貢奎、倪瓚俱號雲林。邵博、字公濟，康節孫。蔡元定、真德秀俱號西山先生。鄭伯英字景元，永嘉人，伯熊其兄也。號歸愚翁，而葛立方亦號歸愚。韓駒、牟巘俱號陵陽先生。郭雍、許謙俱號白雲先生。蘇元老、蔡沈俱號九峰先生。郭忠孝、黄裳俱號兼山先生。胡宏、李孝光俱號五峰。王十朋、史達祖俱號梅谿。洪邁、徐子方俱號容齋。王柏、許衡俱號魯齋。劉子翬、李之純俱號屏山。吕南公、計有功俱號灌園先生。錢文子號白石居士，姜夔號白石道人。楊繪、元素。楊傑次公。皆號無爲子。魏掞之、謝諤皆號艮齋先生。劉清之號静春先生，劉黻字季文，號静春；見《四朝聞見録》。元表易亦有《静春堂集》。林之奇、王寂俱號拙齋。馮椅、王應麟俱號厚齋。王厚之、趙彦肅俱號復齋。張行成號觀物先生，祝泌亦號觀物老人。陳去非、翁應龍俱號簡齋。薛紹彭號清閟居士，而倪瓚亦有清閟閣。

古人姓名割裂

漢、魏以降，文尚駢儷，詩嚴聲病，所引用古人姓名任意割省，當時不以爲非。如皇甫謐《釋勸》「榮期以三樂感尼父」，庾信詩「唯有丘明恥，無復榮期樂」，白樂天詩「天教榮啟樂，人恕接輿狂」，謂榮啟期也。費鳳《別碑》「司馬慕藺相，南容復白珪」，謂藺相如也。楊巨源詩「不同蘧玉學知非」，謂蘧伯玉也。朱君山《墓誌》「魚山本志，門豹遺風」，謂西門豹也。《抱朴子・外篇》「秦西以過厚見親」，謂秦西巴也。《晉書・孫惠傳》「竊慕墨翟、申包之誠」，庾信詩「始知千載内，無復有申包」，謂申包胥也。庾信詩「學異南宮敬，貧同北郭騷」，謂南宮敬叔也。白樂天詩「君看齊鼎中，燋爛者鄘其」，謂鄘食其也。庾信《銘》「年消張辟」，謂張辟彊也。白樂天詩「宏恭陷蕭望」，謂蕭望之也。李商隱詩「梓潼不見馬相如」，謂司馬相如也。《蜀志・秦宓傳》「仲尼、嚴平，會聚衆書，以成《春秋指歸》之文」，謂嚴君平也。皇甫謐《釋勸》「鄭真躬耕以致譽」，謂鄭子真也。陸厥詩「如姬寢臥内，班婕坐同車」，謂班婕好也。陳師道詩「馬游從昔哀吾老」，謂馬少游也。盧照鄰詩「孫賓遥見待」，謂孫賓碩也。《晉書・王羲之傳論》「師宜懸帳之奇」，謂師宜官也。劉孝倬《贈美人詩》「幸非使君問，莫作秦羅辭」，謂秦羅敷也。《晉書・王濬傳》「世祖旌賢，建葛亮之嗣」，謂諸葛亮也。潘岳《關中詩》「紛紜齊万，亦孔之醜」，謂齊万年也。李商隱詩「曾不問潘安」，又云「潘仁豈是才」，王瑳詩「潘仁載果來」，謂潘安仁也。杜子美詩「顧愷丹青重」，謂顧愷之也。李邕《東林寺碑》「殷堪摳衣而每談」，謂殷仲堪也。杜子美詩「劉牢出外甥」，謂劉牢之也。李商隱詩「從事人人庾杲蓮」，謂庾杲之也。白樂天《七德舞詩》「張謹哀聞人日哭」，謂張公謹也。韋嗣立《授黃門侍郎制》「芝蘭並秀，見謝石之階庭；騏驥並驅，有劉山之昆季」，謂謝安石、劉公山也。褚載牋「曹興之圖畫雖精，終慚誤筆」，謂曹不興也。

十駕齋養新録卷十二 終

十駕齋養新録卷十三

嘉定錢大昕

詩傳附録纂疏

寶山朱寄園家藏元儒雙湖胡氏《詩傳附録纂疏》二十卷,泰定丁卯建安劉君佐翠巖精舍刊本,有盱江揭祐民序。其書前有《綱領》,後有《詩序辨説》,一遵朱文公元本。如《定之方中》「終然允藏」、《竹竿》「遠兄弟父母」、《君子于役》「羊牛下括」、《皇矣》「以篤于周祜」,皆與唐石經同,與今通行本異。蓋今本沿明板之譌,即經文亦有改竄,非考亭之舊矣。「家伯維宰」,「維」作「爲」,此以音相近而譌,今本作「冢宰」,必非考亭意也。《小雅》「爰其適歸」,「爰」下注「《家語》作『奚』」。《周頌》「假以溢我」,「假」下注「《春秋傳》作『何』」、「溢」下注「《春秋傳》作『恤』」。文公雖采它書而用其義,然未敢輕改經文。今本删去「《家語》作『奚』」句,直改爲「奚」,大非文公説經謹慎之意。「假以溢我」句,删去《春秋傳》云云,則注中「『假』之爲『何』」、「『溢』之爲『恤』」云云,令人不解何謂矣。讀是書,知元儒尚守家法,不似明人之鹵莽妄作。朱錫鬯《經義考》雖載此書,誤作八卷,注云「未見」,是誠世間難得之本矣。

儀禮注小字宋本

吴門黄蕘圃所藏,每葉廿八行行廿四字,每卷末記經注字數,末卷又總計經注字數。《士冠禮》「建柶」，今本誤「建」爲「捷」，此本經注皆不誤。

儀禮疏單行本

《儀禮疏》五十卷，亦黄蕘圃所藏，自卷廿二至卷廿七皆闕，每葉卅行行廿七字，末卷有大宋景德元年校對、同校、都校諸臣姓名，及宰相吕蒙正、李沆，參政王旦、王欽若銜名，真北宋板也。唐人撰《九經正義》，宋初邢昺撰《論語》《孝經》《爾雅疏》，皆自爲一書，不與經注合并。南宋初乃有併經注、正義合刻者，士子喜其便于誦習，争相放效。其後又有併陸氏《釋文》附入經注之下者。陸氏所定經文與正義本偶異，則改竄《釋文》以合之，而《釋文》亦失陸氏之舊矣。予三十年來所見疏與注别行者，唯有《儀禮》、《爾雅》兩經，皆人世希有之物也。

論語注疏正德本

《論語注疏》，每葉廿行每行廿餘字，首卷標題「注疏」下多「解經」二字。首葉板心有正德某年刊字。但遇宋諱，旁加圈識之，❶疑本元人翻宋板，中有避諱不全之字，識出令其補完耳。若明刻前代書籍，則未見此式，必是修補元板也。

國語

《國語》傳於今者，以宋明道二年槧本

❶「加」，原作「如」，今據長沙本改。

爲最古。錢曾《讀書敏求記》舉《周語》「昔我先王世后稷」及「左右皆免胄而下拜」二條，證今本之漏，是固然矣。予於錢所舉之外，復得六事。《周語》「瞽獻曲」，注：「曲，樂曲也。」今本「曲」皆作「典」。「高位實疾顛」，今本「顛」作「債」。予謂「債」蓋「傎」之譌，古書「傎」與「顛」通。《魯語》「笑吾子之大也」，今本「大」下有「滿」字。古書「大」與「泰」通，「泰」即「汰」也。《檀弓》「汰哉叔氏」。《齊語》「鹿皮四分」，注：「分，散也。」今本「分」皆作「个」、《管子》書亦作四分。「散」作「枚」。《鄭語》「依、⿰目柔、歷、華」，今本「華」作「莘」。《吳語》「王孫雒」，今本「雒」作「雄」。《越絶書》、《吳越春秋》皆作「王孫駱」。「駱」、「雒」同音。《後漢書·列女傳》「孝女叔先雄」，「雄」亦「雒」之譌。皆當以明道本爲正。《楚語》「王孫圍聘于晉」，今本「圍」作「圉」，則未詳孰是。牟巘《申省乞祠狀》「深恐疾顛，有辜隆使」，「疾顛」二字用《國語》。

廣雅

《釋訓》：「管管，浴也。」浴字未詳其義。按：《詩》「靡聖管管」，傳云：「管管，無所依繫。」箋云：「管管然以心自恣。」蓋自恣之人不肯遵聖人法度，所爲皆無所依傍，毛、鄭兩義，本相承也。「浴」當爲「恣」之譌。

《釋言》：「⿰貝突，貰也。」按《廣韻》下平聲侵部：「⿰貝突，賫也。」「貰」當是「賫」之譌。

「疊，懷也。」「懷」或是「慴」之譌。

「酲，長也。」王石臞謂「酲與長，義不相近。」予謂「呈」、「長」聲相近。

「蓋，黨也。」「黨」讀如「儻」。「蓋」、

「儻」皆疑詞。

「脰，饌也。」「脰，錯也。」此二「脰」字當爲「俎豆」之「豆」。或漢隸「俎豆」字有从肉旁者。

「免，隤也。」古「免」、「免」同文。「免」與「妥」聲相近。《易・繫辭》「夫坤，隤然示人簡矣」，孟喜作「退」，陸績、董遇、姚信俱作「妥」。是「免」與「隤」、「退」聲亦相近也。

「子巳，似也。」「巳」當即十二支「巳午」之「巳」，以音相近取義。《詩》「似續妣祖」，鄭箋「讀爲巳午之巳」。鄭氏《詩譜》謂：「子思論《詩》『於穆不已』，孟仲子曰『於穆不似』。」

「位、莅，禄也。」古文「位」與「立」同。「立」、「禄」聲相近。

「酌，漱也。」「酌」當作「酌」。

「牒，宺也。」「宺」當即「疏」之異文。

玉篇

《玉篇・玉部》「琖」字引《說文》云：「玉爵也。夏曰琖、殷曰斝、周曰爵。」又《人部》「侲」字引《說文》云：「僮子也。」按《說文》無「琖」、「侲」二字。此所引者，徐鉉等新附注也。予嘗謂今本《玉篇》不但非顧野王元本，并非孫强廣益之本。以此二條證之，益信。

《說文解字》凡五百四十部，《玉篇》刪併哭、延、教、眉、白、與自同。䀠、飮、后、六、弦十部，而別增父、云、喿、冘、處、兆、磬、索、牀、弋、單、丈十二部，共五百四十二部。又《說文》「書」字在聿部，今改爲部首而併畫部入焉：此部分之不合于《說文》

者也。

周成雜字

周成《雜字》一書，玄應《一切經音義》、李善《文選注》屢引之。攷《隋書·經籍志·小學類》有：「《雜字解詁》四卷，魏掖庭右丞周氏撰。」又云：「梁有《解文字》七卷，周成撰。亡。」似周氏與周成非即一人。《唐書·藝文志》有「周成《解文字》七卷」，而無周氏書。且兩《志》所載周成書俱無「雜字」之名，未知即此書否。掖庭左右丞，漢制皆宦者爲之。魏承漢制，則周氏亦必宦者。如注《爾雅》之李巡，亦中黄門也。

龍龕手鑑

契丹僧行均《龍龕手鑑》四卷，予所見者影宋鈔本，前有燕臺憫忠寺沙門智光字法炬序，題云「統和十五年丁酉七月」，即宋太宗至道三年也。書中於「完」字闕末一筆，知是南宋所鈔。晁氏、馬氏載此書本名《龍龕手鏡》，今改「鏡」爲「鑑」，蓋宋人避庿諱嫌字，如石鏡縣改曰石照矣。注中所引有《舊藏》、《新藏》、《隨文》、《隨函》、《江西隨函》、《西川隨函》諸名。又引應法師音、郭迻音、或作郭氏。琳法師説。予攷之《宋·藝文志》，有可洪《藏經音義隨函》三十卷，未知其爲江西與西川也。僧元應有《一切經音義》十五卷，其即應法師乎？

六書正譌

周伯琦《六書正譌》多采戴侗説以訾議許氏，又妄增《説文》所無之字。如「嗇」爲「稼穡」字，「罯」爲「器皿」字，「笶」爲「矢鏃」字，「肕」爲「堅韌」字。「牮」爲「觝觸」之「觸」，「岚」爲「山嵐」之「嵐」，「尞」爲「庭燎」之「燎」，「㨾」爲「式樣」之「樣」。「淫」本从「壬」，而改从「王」。❶「堂」本从「止」，而改从「牙」。「卬」本从「巴」，而改爲二人相向。「㪚」、「敘」皆从「攴」，而改从「文」。「妾」本从「辛」，而改从「立」。「賣」、「賣」本兩字，而妄合之。「扁」从「尸」，尸即屋也，而改从「广」。甚至以「戊」爲「戈矛」之「戈」，「庚」爲「鍾虡」之「虡」，誕謾叵信，視同戲劇。此六書之異端，而自稱「正譌」，果誰正而誰譌乎？

文場備用排字禮部韻注

此至正壬辰徐氏一山書堂刊本。前有記一方云「皇朝科試，舉子所將一禮韻耳。然惟張禮部敬夫定本最善，今復以諸韻參校，一韻爲增數字，凡增三千餘字。釋焉而詳，擇焉而精，敬用梓行，爲文場寸晷之助云」。第一卷首題云《文場備用排字禮部韻注》，它卷皆題《善本排字通併禮部韻略》，前後殊未畫一。前載科舉條例甚詳，所列廟諱止於英宗，而今上皇帝不名，似是泰定初刻，後來翻本，未及增添耳。上下平聲各

❶「王」，原誤作「壬」，據商務本和《六書正譌》卷二《十二王部》改。

十五、上聲廿九、去聲卅、入聲十七，與今韻同。而每韻下「與某同用」云云，尚沿《禮部》舊式，但未知張禮部何時人耳。

萬斯同石經攷

石經一字、三字之分，紀載各殊。趙明誠、洪景伯諸人攷定以一字者爲漢刻，三字者爲魏刻，既確不可易矣。季野執《後漢書·儒林傳·序》「爲古文、篆、隸三體書法以相參校」一語欲翻此案，❶謂蔚宗得于目睹必不誣。甚矣，季野之惑也！蔚宗著書在宋文帝之世，其時洛陽已非宋土，何由得石經而睹之？若云目睹在義熙、永初之閒，則蔚宗未嘗官洛陽。晉時膏粱公子豈肯無故而跳身邊徼，更無此情理矣。衛恒，晉初人，其撰《四體書勢》則云「正始中立《三字石經》」矣。酈道元生長洛都，其注《水經》則云「《漢碑五經》立于太學講堂前，悉在東側。碑上悉刻蔡邕等名。魏正始中，又立古、篆、隸《三字石經》樹之堂西」矣。兩人真目睹《石經》者，並以三字爲魏正始刻，則一字爲漢刻何疑？一字者，别于三字言之。漢人必無一字之目，但言「魏立三字」，則漢刻祇有隸書，不待言也。《靈帝紀》、《蔡邕》、《張馴》、《李巡》諸傳俱不云有三體，唯《儒林傳·序》有之。蓋蔚宗習聞太學有三體石經，誤仞爲漢熹平所刻，遂增此語。後來又承蔚宗之誤，不能訂正，季野以史學自負，何亦憒憒若此？

❶「校」，《後漢書》卷一百九上《儒林傳》作「檢」。

史記宋元本

予所見《史記》宋槧本，吳門顧抱沖所藏，澄江耿秉刊於廣德郡齋者，紙墨最精善，此淳熙辛丑官本也。黄蕘圃所藏三山蔡夢弼刊本亦在淳熙間。海寧吳槎客所藏元中統刊本，計其時在南宋之季。此三本皆有《索隱》而無《正義》。明嘉靖四年莆田柯維熊校本金臺汪諒刻。始合《索隱》、《正義》爲一書，前有費懋中序，稱陝西翻宋本無《正義》，江西白鹿本有《正義》，是柯本出于白鹿本矣。同時震澤王氏亦有翻宋本，大約與柯本不異。《史記索隱》、《正義》皆各自爲書，不與本書比附。宋南渡後始有合《索隱》於《史記》者，創自蜀本，繼有桐川、三山兩本，皆在淳熙以前，其時《正義》猶單行也。白鹿本未審刻于何年，以意揆之，必在淳熙以後，蓋以《索隱》爲主，而《正義》輔之，凡《正義》之文與《索隱》同者悉從删汰，自是《正義》無單行本，而守節之元文不可攷矣。

竹書紀年

《晉書·束皙傳》稱《竹書》之異云「益干天位，❶啟殺之」。《史通》引《竹書》云「益爲后，啟所誅」。見《疑古》、《雜説》等篇。今本《竹書》云「夏啟二年，費侯伯益出就國。六年，伯益薨」。與束皙、劉知幾所引全别。然則今之《竹書》乃宋以後人僞託，非晉時所得之本也。

❶「天」，《晉書》卷五十一《束皙傳》作「啟」。

《水經注》引《竹書紀年》之文，其於春秋時，皆紀晉君之年；三家分晉以後，則紀魏君之年，未有用周王年者。蓋古者列國各有史官，紀年之體，各用其國之年，孔子修《春秋》亦用其法。今俗本《紀年》改用周王之年，分注晉、魏於下，此例起於紫陽《綱目》，唐以前無此式也，況在秦、漢以上乎！《紀年》出於魏、晉，固未可深信，要必不如俗本之妄；唯明代人空疎無學，而好講書法，乃有此等迂謬之識。故愚以爲是書必明人所葺，宋鼂氏、陳氏、馬氏書目皆無此書，知非宋人僞撰也。

此書蓋采摭諸書所引，補湊成之。如顯王十六年，「秦伐韓閼與，惠成王使趙□破之」，❶注云「不知是何年」。又三十一年，「秦蘇胡帥師伐鄭，敗蘇胡于酸水」，注云「不知是何年，附此」。《水經注》所引無年。又三十五年，「楚得吾帥師伐鄭，圍綸氏」，注云「不知何年，附此」。《水經注》引此條無年月。赧王七年，「翟章救鄭，次于南屈」，注云「此年未的」。此《漢書》臣瓚注所引，無年月。如係古本如此，則紀年歷歷，何云「未的」，又云「不知何年」耶？

裴駰《史記集解》於《夏本紀》引《汲冢紀年》云：「有王與無王，用歲四百七十一年矣。」於《殷本紀》引《汲冢紀年》云：「湯滅夏以至於受二十九王，用歲四百九十六年也。」此二條今本《紀年》俱在附注中，相傳附注出於梁沈約，而《梁書》、《南史》約傳俱不言曾注《紀年》，《隋·經籍》、《唐·藝文志》載《紀年》亦不言沈約有附注，則流傳

❶「□」，上海古籍出版社《古本竹書紀年輯證》作「靈」。

之説不足據也。裴氏生於休文之前，其注《史記》已引此文，則此語不出於休文明矣。裴氏不云《紀年》有注，則此兩條者實《紀年》正文，未嘗別有注也。附注多采《宋書・符瑞志》，《宋書》約所撰，故注亦託名休文，作僞者之用心如此。

《晉書・束晳傳》云：「《紀年》十三篇，記夏以來至周幽王爲犬戎所滅，以晉事接之；今本脱「晉」字。三家分，仍述魏事至安釐王之二十年。」據此知《紀年》實始夏后，今本乃始於黄帝，亦後人僞託之一證也。

《史記正義》引《括地志》云：「故堯城在濮州鄄城縣東北十五里。《竹書》云昔堯德衰，爲舜所囚也。又有偃朱故城，在縣西北十五里。《竹書》云舜囚堯，復偃塞丹朱，使不與父相見也。」今《竹書紀年》乃宋以後人所撰，故不取囚堯偃朱之説。

十六國春秋

今世所傳《十六國春秋》凡兩本：其一見於何鏜等所刊《漢魏叢書》，僅十六卷，寥寥數簡，殆出後人依託；其一明萬曆中嘉興屠喬孫、項琳之所刊，前有朱國祚序，凡百卷，蓋鈔撮《晉書・載記》，參以它書，附合成之，其實亦贋本也。攷《宋史・藝文志》、《崇文總目》，晁、陳、馬三家書目，不載崔鴻《十六國春秋》，則鴻書失傳已久。襲穎《運歷圖》載前涼張寔以下皆改元，晁氏謂不知所據，或云出崔鴻《十六國春秋》，鴻書久不傳于世，莫得而攷焉。是宋人已無見此書者。明人好作僞書，自具眼者觀之不直一哂耳。又攷《北史・崔鴻傳》，鴻既爲《春秋》百篇，別作《序例》一卷、《年表》一卷，今本無《序例》、《年表》。又鴻子子元奏稱「亡考刊著趙、燕、秦、夏、西涼、乞伏、西蜀等遺載，爲之贊序，褒貶評論」。今本有敘事而無贊論，此其罅漏之顯然者。

吴越備史

《吴越備史》，卷首題武勝軍節度掌書記范坰、武勝軍節度巡官林禹撰。陳振孫謂錢儼所作，託名林、范。《宋史·藝文志》霸史類載此書，十五卷，亦云錢儼撰，託名范坰、林禹撰。又別有錢儼《備史遺事》五卷。《世善堂書目》作九卷。今世所傳乃明錢德洪刻本。前五卷，唐、五代及宋開寶戊辰；後一卷，始開寶己巳，訖端拱戊子，與史志卷數不合。五卷之末題云：「大宋嘉祐元年丙申歲正月七日，朝奉郎、守尚書刑部郎中、集賢殿修撰、知梓州軍州事兼管内橋道使、提舉戎瀘等七州賊盜甲兵、專句當納溪夷人公事、上護軍賜紫金魚袋四代孫中孚寫。」攷程俱《北山小集》，中孚實中吴軍節度使元璙之曾孫，於武肅爲四代孫也。錢岱序謂范、林二記室撰《備史》五卷，至十九世孫緒山公命門人馬藎臣補忠懿遺事，合六卷，刻之姑蘇。今攷藎臣所撰，唯《吴越世家疑辨》一卷，德洪序中初不言補遺出其手，岱蓋攷之未審矣。錢遵王記其家藏舊本止四卷，又稱忠懿爲今元帥，吴越國王，自乾祐戊申至端拱戊子，終始歷然，何緣更有補遺？顯係明人妄改。惜不得遵王本一讀之。

唐書直筆新例

《唐書直筆新例》一卷，宋吕夏卿撰。夏卿於仁宗朝預修《唐書》，故作此例。今以《新書》攷之，殊不相應。如書母、書内禪、書立皇太子、書立皇后、書命將征伐諸條，按之《本紀》，無一同者。又謂僕固懷恩不當立傳，宜見于《鐵勒傳》；李白、杜甫同傳，不入《文苑》；李適之當附《恒山王傳》，今本皆不爾。是夏卿雖有此議，而歐、宋兩公未之許也。歐公《本紀》頗慕《春秋》褒貶之法，而其病即在此。夏卿《新例》益復煩碎非體。史家紀事唯在不虚美，不隱惡，據事直書，是非自見。若各出新意，掉弄一兩字以爲褒貶，是治絲而棼之也。

薛氏宋元通鑑

薛方山《宋元通鑑》意在推崇道學，而敘事多疎漏，其年月率不可信。如崇寧四年四月，以綦崇禮權直學士院。崇禮求便郡，拜徽猷閣學士知漳州。攷崇禮本傳云「登重和元年上舍第」，而崇寧四年乃在重和前十有四年，崇禮尚未登科，安得遽登内翰乎？崇禮由翰林出知漳州，據李心傳《繫年録》，乃高宗建炎四年十月事，而誤書於徽宗崇寧之年，此甚可笑。徽猷閣藏哲宗御集，建於大觀二年，在崇寧之後，不得先有學士也。

元祐二年，書召陳師道爲祕書省正字，適預郊祀云云，遂以寒疾卒。按是年四月，書以徐州布衣陳師道爲本州教授，此見於

《長編》可信者也。其後改潁州教授，時蘇軾爲知州，則是元祐六年事矣。魏衍撰《彭城陳先生集記》稱「元符三年除棣州教授，隨除正字，歿于建中靖國元年十二月廿九日」。今繫之元祐二年，其爲疏謬甚矣。

唐律疏義

《唐律疏義》三十卷，太尉、揚州都督、監修國史、上柱國、趙國公長孫無忌等撰，永徽四年十一月十九日進。其分門十二：曰《名例》、曰《衛禁》、曰《職制》、曰《户婚》、曰《廄庫》、曰《擅興》、曰《賊盜》、曰《鬭訟》、曰《詐僞》、曰《雜律》、曰《捕亡》、曰《斷獄》。今所傳者元泰定四年江西刊本，每卷末附以王元亮釋文。

唐高祖武德四年，「詔僕射裴寂等十五人撰《律令》，大略以《開皇》爲準」。太宗即位，「二年，詔長孫無忌、房元齡等復定《律令》，議絞刑之屬五十，皆免死而斷右趾。其後蜀王府法曹參軍裴宏獻又駁《律令》不便者四十餘事，遂除斷趾法爲加役流，比古死刑，殆除其半。據有司定律五百條，分爲十二卷」。此據《文獻通攷》。「二年」上似當有「貞觀」字。今攷《疏義》云：「加役流者，舊是死刑；武德年中改爲斷趾，貞觀六年奉制改爲加役流。」是則改絞刑爲斷趾即在太宗即位之歲，故猶稱武德也。

魏李悝始造《法經》六篇，曰《盜法》、《賊法》、《囚法》、《捕法》、《雜法》、《具法》。漢丞相蕭何益以《户》、《興》、《廄》三篇，是爲九章之律。魏明帝更定新律十八篇，以《刑名》冠於律首，又分立《劫掠律》、《詐律》、《毀亡律》、《告劾律》、《繫訊律》、《斷獄律》、《請賕律》、《興擅律》、《留律》、《警事律》、《償贓律》、《免坐律》，其《盜》、《賊》、《囚》、《捕》、《雜》、《户》猶仍舊名。晉泰始四年頒新律，因漢《九章》，增《刑名》、《法例》、《告劾》、《繫訊》、《斷獄》、《請賕》、《詐僞》、《水火》、《毀亡》、《宫衛》、《諸侯》十一篇，合二十篇。梁武帝天監初，頒律二十篇，曰《刑名》、《法例》、《盜劫》、《賊叛》、《詐僞》、《受賕》、《告劾》、《討捕》、《繫訊》、《斷獄》、《雜户》、《擅興》、《毀亡》、《衛宫》、《水火》、《倉庫》、《廐》、《關》、《市》、《違制》。北齊河清三年，制《齊律》十二篇，曰《名例》、《禁衛》、《户婚》、《擅興》、《違制》、《詐欺》、《鬭訟》、《賊盜》、《捕斷》、《毀損》、《廐牧》、《雜律》。後周武帝改新律爲二十五篇，曰《刑名》、《法制》、《祀享》、《朝會》、《婚姻》、《户禁》、《水火》、《興擅》、《衛宫》、《市鄽》、《鬭競》、《劫盜》、《賊叛》、《毀亡》、《違制》、《關津》、《諸侯》、《廐牧》、《雜犯》、《詐僞》、《請求》、《告言》、《逃亡》、《繫訊》、《斷獄》。隋文帝開皇初定新律，一《名例》、二《衛禁》、三《職制》、四《户婚》、五《廄庫》、六《擅興》、七《賊盜》、八《鬭訟》、九《詐僞》、十《雜律》、十一《捕亡》、十二《斷獄》。此《唐律》所因也。

史通

劉知幾沈潛諸史，用功數十年；及武后、中宗之世，三爲史官，再入東觀，思舉其職，既沮抑于監修，又見嫉于同列，議論鑿柄，不克施行，感憤作《史通》内、外篇。當時史局遵守者不過貞觀所修《晉》、《梁》、《陳》、《齊》、《周》、《隋》六史之例，故其書指斥尤多。但以祖宗敕撰之本，輒加彈射，又恐讒謗取禍，遂於遷、固已降，肆意觝排，無所顧忌。甚至疑古惑經，誹議上聖，陽爲狂易侮聖之詞，以掩詆毀先朝之跡。恥巽辭以諛今，假大言以蔑古，實諸《外篇》，竊取莊生《盜跖》之義。後人大聲疾呼，目爲名教罪人，自是百世公論。要之蚍蜉撼樹，言匪由衷，柳翳隱形，志在避禍，千載之下，必有心知其意而莫逆者。不然，六經三史，模楷万世，夫豈不知叔孫之毁，無傷日月也哉！然劉氏用功既深，遂言立而不朽，歐、宋《新唐》往往采其緒論。如受禪之詔策不書，代言之制誥不録，五行災變，不言占驗，諸臣籍貫，不取舊望，有韻之贊全删，儷語之論都改，宰相世系，與志氏族何殊，地理述土貢，與志土物不異。叢亭之説，一時雖未施行，後代奉爲科律，誰謂著書無益哉！

司馬温公稽古録

陳少章云：温公是書，於古人姓名犯國諱者，往往易以它字。如王匡作王輔、石朗作石明、敬翔作恭翔之類是也。或二名減一，如尹元慶作尹慶、張元遇作張遇、崔元暐作崔暐、張敬達作張達、錢宏佐作錢佐、劉彦貞作劉彦之類是也。或以字易名，如秦朗作秦元明、謝元作謝幼度、王殷作王允中之類是也。然其中如劉宏、桓元、徐圓朗、許敬宗、敬暉、馬殷、朱守殷、李匡威、樂彦貞之類，又直書不避。而李敬元作李敬貞，於聖祖、翼祖諱一避一否，尤不可曉。殆編纂匆遽，或點竄未至耶？末卷書仁宗建儲事，於英宗廟諱皆稱諱，而卷中陳曙一人凡三見，恐出後人擅易，非本文矣。

鼂公邁歷代紀年

鼂公邁《歷代紀年》凡十卷，有淳熙乙未七月鼂子綺後序，及紹熙壬子季春包履常跋。公邁字伯咎，號傳密居士，官右朝散郎、提舉廣東常平。據子綺序稱「族父下世後二十有四載，當紹興之辛巳，予在廣州，見公邁題名」云。紹興九年，歲在己未，二月初吉，當即以其年卒，距辛巳祇廿三載耳。予所見係南宋槧本，闕第一卷，以包跋證之，蓋唐虞三代至兩漢也。子綺字仲皓。

胡五峰皇王大紀

《太史公書》述《五帝本紀》始于黃帝。班固《古今人表》、《律歷志》依《易・繫詞》，首太昊伏犧氏、炎帝神農氏，又依《左氏傳》，列少昊金天氏於黃帝之後，於是三皇五帝之目，五德代嬗之序，昭然其不可易矣。宋劉恕《通鑑外紀》、司馬光《稽古録》、蘇轍《古史》皆上溯伏羲。獨胡宏《皇王大紀》以盤古、天皇、地皇、人皇、有巢、燧人爲《三皇紀》，伏羲至堯、舜爲《五帝紀》，夏、商、周爲《三王紀》。編年之書，追述上古始盤古氏蓋起於此，而陳桱續編因之。然陳氏《書録解題》譏宏誤取「《莊子》寓言，及敘邃古之初，無徵不信」，則當時有識者早議其後矣。羅泌《路史》在胡宏之後，徵引益爲奧博。自後儒生侈談邃古，而荒唐之詞流爲丹青，蓋好奇而不學之弊。

東家雜記

《東家雜記》二卷，孔子四十七代孫右朝議大夫、知撫州軍州事傳所撰，有紹興甲寅三月自序。傳於宣和六年嘗撰《祖庭雜記》，其書雖不傳，猶略見于孔元措《祖庭廣記》中。此則從思陵南渡以後，別爲編輯，改「祖庭」爲「東家」者，殆痛祖庭之淪陷，而不忍質言之乎？攷四十九代孫玠，襲封衍聖公，其時傳已稱本家尊長，而卷中所述孔氏世系，訖于五十三代孫洙，計其時代，當在南宋之季，蓋後來別有增入矣。卷首《杏壇圖說》，與錢遵王所記正同。又有《北山移文》、《擊蛇笏銘》、《元祐黨籍》三篇，恐皆後人妄增，非傳意也。卷中「管勾」之「勾」皆作「勹」，避思陵嫌名。閒有不缺筆者，元初修改之葉，辨宋板者當以此決之。傳字世文，初名若古，元祐四年除仙源縣主簿，改今名。政和五年，以朝奉郎任京東轉運司管勾文字。宣和六年，以朝散大夫知邠州。

孔氏祖庭廣記

《孔氏祖庭廣記》十二卷，先聖五十一代孫襲封衍聖公元措夢得所編。前載元豐八年四十六代孫朝議大夫知洪州軍州事宗翰《家譜》舊引、宣和六年四十七代孫朝散大夫知邠州軍州事傳《祖庭雜記》舊序。《家譜》、《雜記》本各自爲書，元措始合爲一，復增益編次，冠以圖象，并載舊碑全文，因「祖庭」之名而更稱「廣記」，蓋仙源之文獻至是始備。書成于金正大四年。前尚書左丞致仕張行信爲之序。此本最後有五行云：「大蒙古國領中書省耶律楚材奏准皇帝聖旨，於南京特取襲封孔元措，令赴闕里奉祀。來時不能挈負《祖庭廣記》印板，今謹增補校正，重開以廣其傳。壬寅年五月望日。」壬寅者，元太宗六皇后稱制之年，距金亡已十年。蒙古未有年號，當宋淳祐二年也。金以開封府爲南京，元初尚沿其名，後乃改爲汴梁路。此書初刻於開封，再刻于曲阜。今何夢華所藏，紙墨古雅，的爲初印本。予嘗據漢、宋、元諸石刻證聖妃當爲并官氏，今檢《東家雜記》及此書，并官氏屢見，無有作「亓」字者，乃知宋、元刻本之可寶。自明人刻《家語》，妄改爲「亓」，沿譌三百餘載，良可喟也！

東平王世家

元永貞《東平王世家》卷首一葉，載延祐四年九月初四日，拜住怯薛。第二日，嘉禧殿裏有時分拜住司徒、潤潤觧平章，將元永貞所撰《東平王世家》三卷進上。奉聖旨交元復初作，趙子昂寫了刊行，者麽道聖旨了也。第一卷爲孔温窟哇、太師、國王、都行省木華黎事，第二卷爲國王孛魯、國王塔思事，第三卷爲太師、東平武靖王霸突魯，丞相、東平忠憲王安童，大司徒、東平忠簡王兀都台，大司徒、太常禮儀使拜住事。是時拜住尚未官丞相也。扎剌爾氏自木華黎以後世襲國王，此書專爲安童一支而作，故于塔思之下注云：「自王至今國王朶羅觧凡十二世，别有世系譜牒，此下不復具載。」

今《元史》於塔思下襲國王者，並闕而不書。據此《世家》，知延祐之世襲王者爲朶羅觧也。史於木華黎、孛魯、塔思、霸都魯、安童傳多采此文。蓋其書以刊刻得傳，它貴族譜牒，兵亂皆付之煨燼矣。仁宗於元明善、趙孟頫字而不名，其優禮儒臣，良可稱道。此書前有元明善序，即奉敕所作。後有王頤跋，自署夷門，則是汴梁人也。

聖武親征録

《皇元聖武親征録》一卷，紀太祖、太宗事，不著撰人姓名。其書載烈祖神元皇帝、太祖聖武皇帝謚。攷《元史》，烈祖、太祖謚皆在世祖至元三年，則至元以後人所撰，故於睿宗有太上皇之稱。然紀太宗事而加「太上」之稱於其弟，所謂名不正而言不順者矣。所紀多開國時事，而於平金取夏頗略。《元史·察罕傳》：「仁宗命譯《脱必赤顔》名曰《聖武開天記》。」其書今不傳，未識與此録有異同否。雖不如《祕史》之完善，而元初事迹亦可藉以攷證。其譯語之異者，如王孤部即汪古也，博羅渾那顔即博爾忽也，闊拜即沈白也，暗都剌蠻即奥魯合剌合蠻也，兀相撒兀即吾圖撒合里耶律楚材賜名。也。

孔温窟哇子五人：忽魯虎兒、期里窟爾、木華黎、不花、帶孫。木華黎子孛魯。嗣國王。孛魯子七人：塔思、亦稱查剌温，嗣國王。速渾察、襲國王。霸突魯、伯亦難、野蔑乾、野卜乾、阿里乞失。霸突魯子四人：安童、定童、霸虎帶、和童。襲國王。安童子兀都台。兀都台一子拜住。此《世家》所述世次也。予向據元明善《東平忠憲王碑》，稱霸都魯爲塔思第二子，疑《元史·木華黎傳》以霸都魯爲孛魯子爲誤。今《世家》所載正與《元史》同。《世家》係拜住門客所編，又係進呈本，當必不誤矣。元明善既奉詔爲《世家》作序，當悉其昭穆之詳，而其撰《安童碑》，乃復與此牴牾，何耶？黄溍撰《鄆文忠王拜住碑》，稱高祖孛魯，曾祖霸都魯，正與《世家》合。此書撰于延祐四年，云傳國者一百年，稱孤者十五世。今按木華黎之後襲國王者，孛魯也，塔思也，速渾察也，忽林池也，速渾察子，見《元史》。和童也，忽速忽爾也，見《元史·乃蠻台傳》，阿里乞失之子。朶羅觧也。中間尚有七人，今無可攷矣。朶羅觧即忽速忽爾之子，天歷初從上都舉兵見殺，以脱脱之子朶兒只襲國王。後至元三年，以朶羅觧之弟乃蠻台襲，至正八年卒。

平宋録

《平宋録》二卷，《丞相賀平宋表》、《太師淮安忠武王贈謚制》、《淮安忠武王廟碑》，劉敏中撰并書。《淮安忠武王碑》，元明善撰。《丞相淮王畫像贊》，蘇天爵撰。以上上卷。世祖至元元年入覲，至英宗敕立碑，至正三年正月跋。失末頁。《丞相伯顔公勳德碑》，史周卿撰，至元十三年建，卅一年重立，寇元德跋。《至正四年追封淮王制》、《淮忠武王廟碑》，王沂撰，揭徯斯書。至正四年渡江官員。以上下卷。按：至元十三年，詔修《平宋録》十卷。相傳劉敏中所修，與此卷數不合，且當時雖以伯顔爲大將，而同事尚有阿朮、阿里海涯諸人，不應專記伯顔一人。若至正四年追封淮王，更在敏中既没之後，此録必非敏中所修之本。

《四庫簡明目》有《平宋録》三卷，云劉敏中撰，舊題平慶安者，誤也。記至元十三年，巴顔下臨安及宋幼主北遷之事。所載《封瀛國公詔》、《巴顔賀表》，及《追贈河南路統軍鄭江》事，皆《元史》所遺。

祕書志

元《祕書志》四册，承務郎祕書監著作郎王士點、承事郎祕書監著作佐郎商企翁編次，凡十一卷，分門十九，曰《職制》、曰《禄秩》、曰《印章》、曰《廨宇》、曰《公移》、曰《分監》、曰《十物》、曰《紙劄》、曰《食本》、曰《公使》、曰《守兵》、曰《工匠》、曰《雜録》、曰《纂修》、曰《祕書庫》、曰《司天監》、曰《興文署》、曰《進賀》、曰《題名》。前有至正二年五月公文一道，計二百六十五葉。

復齋郭公言行録及敏行録

黄蕘圃買得《運使復齋郭公言行録》及《編類運使復齋郭公敏行録》各一册。郭公名郁，字文卿，汴之封邱人，金末避兵遷大名，由江淮樞密院令史歷官福建都轉運鹽使。《言行録》者，福州路教授徐東所編，《敏行録》則一時投贈詩文碑記也。兩《録》皆有黄文仲、林興祖序。黄序題「至順二年辛未」。自來搜輯元代藝文者皆未之及，爰表而出之。

明諸司衙門官制

《明諸司衙門官制》三册，不分卷，其目

録稱天下各布政司、按察司、府、州、縣等衙門一千七百二十二處：布政司十三處，按察司十三處，府一百卅九處，州二百廿五處，縣一千一百八處，鹽運司七處，提舉司十一處，軍民府十一處，宣慰司十二處，宣撫司八處，安撫司廿一處，招討司一處，長官司一百五十三處。不載編次年月。據末册武職衙門所列諸陵衛名，孝陵而外唯有長陵、景陵、獻陵、裕陵，則是成化時刊本，故蘇州府無太倉州，松江府無青浦縣也。

文獻通攷

予讀唐、宋史《藝文志》，往往一書而重見，以爲史局不出一手之弊。若馬貴與《經籍攷》係一人所編輯，所采者不過晁、陳兩家之説，乃亦有重出者。如陸德明《經典釋文》三十卷，見卷百八十五《經解類》，又見卷百九十《小學類》。宋敏求《春明退朝録》五卷，見卷二百一《故事類》，又見卷二百十六《小説類》。《小説類》作三卷。郭茂倩《樂府詩集》一百卷，見卷百八十六《樂類》，又見卷二百四十八《總集類》。李匡文《資暇集》三卷，見卷二百十四《雜家類》，而卷二百十五又有李匡義《資暇》三卷，不知「義」與「文」乃字形相涉而譌也。❶ 唐慎微《大觀本草》與《證類本草》即一書，而誤分爲二。蓋著作之家多不免此弊，彼此相笑，自昔然矣。

杜君卿《通典》志州郡避唐諱，改豫州爲荆河州。馬氏《輿地攷》雖承杜《典》舊文，而改荆河爲豫，得其當矣。乃於《古揚

❶「文」，當作「乂」，然《文獻通攷》即誤作「文」。

州篇》云「分置南兗州、南荆河州」，又於壽州下云「荆河州刺史祖約」，云「齊因之，兼置荆河州」，云「梁置南荆河州」，云「尋改爲南荆河州」。此數處猶沿杜本之舊，殆由卷帙重大，一時失於檢照故耳。

永樂大典

《明實録》永樂元年七月，諭翰林侍讀學士解縉等曰：「天下古今事物散載諸書，篇帙浩穰，不易檢閲。朕欲悉采各書所載事物類聚之，而統之以韻，庶幾攷索之便，如探囊取物爾。嘗觀《韻府》、《回溪》二書，事雖有統而採摘不廣，紀載太略。爾等其如朕意：凡書契以來經史子集百家之書，至於天文、地志、陰陽、醫卜、僧道、技藝之言，備輯爲一書，毋厭浩緐。」

二年十一月，翰林院學士兼右春坊大學士解縉等進所纂録韻書，賜名《文獻大成》。賜縉等百四十七人鈔有差，錫宴於禮部。既而上覽所進書尚多未備，遂命重修。而敕太子少師姚廣孝、刑部侍郎劉季篪及縉總之。命翰林學士王景、侍讀學士王達、國子祭酒胡儼、司經局洗馬楊溥、儒士陳濟爲總裁。翰林院侍講鄒緝，修撰王褒、梁潛、吴溥、李貫、楊覯、曾棨，編修朱紘，檢討王洪、蔣驥、潘畿、王偁、蘇伯厚、張伯穎，典籍梁用行，庶吉士楊相，左春坊左中允尹昌隆，宗人府經歷高得暘，吏部郎中葉砥，山東按察僉事晏璧爲副總裁。命禮部簡中外官及四方宿學老儒有文學者充纂修，簡國子監及在外郡縣學能書生員繕寫。開館於文淵閣，命光禄寺給朝暮膳。五年十一月，太子少師姚廣孝等進《重修文獻大成》，書凡二萬二千二百一十一卷，一萬一千九十五本，更賜名《永樂大典》。上親製序以冠之，其文曰：「昔者聖王之治天下也，盡開物成務之道，極裁成輔相之宜，修禮樂而明教化，闡至理而宣人文。粤自伏羲氏始畫八卦，通神明之德，類萬物之情，造書契以易結繩之治。神農氏爲耒耜之利，以教天下。黄帝、堯、舜氏作，通其變，使民不倦，神而化之，使民宜之，垂衣裳而天下治。禹敘《九疇》，湯修人紀之數。聖人繼天之極，皆作者之君，所謂制法興王之道，非有述於人者。暨乎文、武相繼，父作子述，監于二代，郁郁乎文。孔子生周之末，有其德而無其位，承乎數聖人之後，而制作已備，乃贊《易》、序《書》、修《春秋》，集群聖之大成，語事功則有賢於作者。周衰，接乎戰國，縱横捭闔之言興，家異道而人異論，王者之迹熄矣。迄秦有焚禁之禍，而斯道中絶。漢興，六藝之教漸傳，而典籍之存可攷。由漢而唐，由唐而宋，其制作沿襲，蓋有足徵。然三代而後，聲明文物所可稱述者，無非曰漢、唐、宋而已。洪惟我太祖高皇帝，膺受天命，混一輿圖，以神聖之姿，廣述作之奧，興造禮樂制度，文爲博大悠遠，同乎聖帝明王之道。朕嗣承洪基，勔思纘述，尚惟有大混一之時，必有一統之制作，所以齊政事而同風俗，序百王之傳，摠歷代之典。世遠祀綿，簡編緐夥，恒慨其難一。至於攷一事之微，汎覽莫周；求一物之實，窮力莫究：譬之淘金於沙，探珠於海，戛戛乎其不可易得也。乃命文學之臣，纂集四庫之書，及購募天下遺籍，上自古初，迄於當世，旁搜博采，彙聚群分，著爲奥典。以氣者天地之始也，有氣斯有聲，有聲斯有字，故用韻以統字，用字以繫事，揭其綱而目必張，振其始而末具舉，包括宇宙之廣大，統會古今之異同，巨細精粗，粲然明備。其餘雜家之言，亦皆得以附見。蓋網羅無遺，以存攷索，使觀者因韻以求字，因字以攷事，自源徂流，如射中鵠，開卷而無所隱。始於元年之秋，而成於五年之冬，總二萬二千九百三十七卷，名之曰《永樂大典》。臣下請序其首。蓋嘗論之，未有聖人，道在天地；未有六經，道在聖人。六經作而聖人之道著。所謂道者，彌綸乎天地，貫通乎古今，統之則爲一理，散之則爲萬事，支流蔓衍，其緒紛紜，不有以統之，則無以一之。聚其散而兼摠其條貫，於以見斯道之大，而無物不賅也。朕深潛聖道，志在斯文，蓋嘗討論其指矣。然万幾浩繇，實資玩覽，姑述其概，以冠諸篇，將以垂示無窮，庶幾或有裨於万一云爾。」賜廣孝等二千一百六十九人鈔有差。

朱國禎曰：「《永樂大典》乃文皇命儒臣解縉等粹祕閣書，分韻類載，以備檢攷，賜名《文獻大成》。復以未備，命姚廣孝等再修，供事編輯者凡三千餘人。二萬二千九百三十七卷，一萬一千九十本，目録九百本，貯之文樓。世廟甚愛之，凡有疑，按韻索覽。三殿災，命左右趣登文樓出之，夜中傳諭三四次，遂得不毁。又明年，重録一部，貯它所。」國禎所謂重録本，即翰林院所貯。乃不言翰林而言它所，是初寫時本藏大内，國朝乃移于翰林也，今移貯於文華殿。

十駕齋養新録卷十三終

十駕齋養新録卷十四

嘉定錢大昕

太平寰宇記

予所藏《太平寰宇記》，寶山朱寄園所贈，其闕卷與曝書亭藏本同。其書成于太平興國中，尚無十五路之分，故仍唐十道名目。幽、涿、雲、朔諸州雖未入版圖，猶著於録，亦見當日君臣志未嘗忘山前後也。是書體例雖因李吉甫，而援引更爲詳審，閒采稗官小説，亦唯信而有徵者取之。有宋一代志輿地者，當以樂氏爲巨擘。竹垞有意貶抑，謂不若《九域志》、《輿地記》之簡要，豈其然乎？

輿地紀勝

王象之《輿地紀勝》二百卷，予求之四十年未得，近始于錢唐何夢華齋中見影宋鈔本，亟假歸，讀兩月而終篇。每府州、軍監分子目十二：曰《府州沿革》、若有監司軍將駐節者，别敘沿革於州沿革之後。曰《縣沿革》、曰《風俗形勝》、曰《景物上》、曰《景物下》、曰《古迹》、曰《官吏》、曰《人物》、曰《仙釋》、曰《碑記》、曰《詩》、曰《四六》。今世所傳《輿地碑記目》者蓋其一門，不知何人鈔出，想是明時金石家爲之也。此書所載皆南宋疆域，非汴京一統之舊。然史志於南渡事多闕略，此所載寶慶以前沿革詳贍分明，裨益於史事者不少。前有嘉定辛巳孟夏自序，及寶慶丁亥季秋李𡌴序及曾□鳳劄子。象之字儀父，金華人，嘗知江寧縣，不審終於何官。其自序云：「少侍先君宦游四方，江、淮、荆、閩，靡國不到。」又云：「仲兄行父，西至錦城。叔兄中甫，北趨武興，南渡渝瀘。」而陳直齋亦稱其兄觀之爲夔路漕，則中甫疑即觀之字。予又記一書，稱王益之字行甫，金華人，蓋即儀父之仲兄；而其父之名，則無從攷矣。此書體裁勝於祝氏《方輿勝覽》，而流傳極少，又失三十二卷，想海内不復有完本也。

會稽志

《會稽志》二十卷，前有嘉泰元年十二月陸游序，其略云：「直龍圖閣沈公作賓爲守，通判府事施君宿首發其端，撫幹李君兼、韓君茂卿爲之助，郡士馮景中、陸子虡、王度、朱鼎、永嘉邵持正相與參正，累月乃成。沈公去爲轉運副使，猶經營此書不已。華文閣待制趙公不迹、寶文閣學士袁公説友繼爲守，亦力成之。而始終其事者施君也。既成，屬游參訂其概，且爲之序。」是務觀但預參訂，而《宋史·藝文志》既載沈作賓、趙不迹《會稽志》，又載陸游《會稽志》，重複互異，可謂不考之甚也。攷作賓以慶元五年由淮東總領除越守。六年除兩浙轉運副使，而不迹代之。嘉泰元年改知潭州，而説友代之。《志》蓋創始於慶元庚申，而蕆事於嘉泰壬戌，前後凡閲三守，而通判尚未改秩，則宿於此志誠有功矣。作賓，吴興人，淳熙十六年以承議郎知台州，有政聲。罷時，民擁其轍不得行，且請留于朝。事見《赤城志》。

會稽續志

《會稽續志》八卷，梁國張淏撰，有寶慶元年三月自序。其《提刑》、《提舉》、《進士題名》皆前志所未有；而《人物》一門，亦多補前志之闕漏。吴越錢氏嘗稱越州爲會稽府，前志不載，獨見於此書，可見其留心掌故矣。《志》成於寶慶初而《題名》訖於景定，蓋後來次弟續添也。淏作《志》當汪綱爲守之日，故所紀綱政迹爲詳。末卷載餘姚孫因《越問》一篇，亦多贊誦汪守之語。

赤城志

《赤城志》四十卷，陳耆卿壽老撰。有嘉定癸未十一月自序，稱：「前守黄嵤命余偕陳維等纂輯，會黄去，匆匆僅就未備，束其藁十年矣。今青社齊公碩復以命余，於是郡博士姜君容總榷之，邑大夫蔡君範以下分訂之，又再屬陳維及林表民等採益之。」又云：「意所未解者恃故老，故老所不能言者恃碑刻，碑刻所不能判者恃載籍，載籍之内有漫漶不白者則斷之以理，而折之於人情。」洵得著書之體，而可爲後代法者矣。其《辨誤門》有一條云：「台州天慶觀有唐開元《真容應見碑》，蓋開元二十九年立也。後題朝散大夫、使持節臨海郡諸軍事守臨海郡太守。及《桐柏觀碑》，天寶元年立，則作朝請大夫、使持節諸軍事守台州刺史、上柱國賈長源，此一人耳，所載官稱及郡號不同如此。攷唐天寶元年改台州爲臨海郡，至乾元元年復爲台州，不應開元二十九年便稱臨海郡，天寶元年却稱台州。

又唐武德元年改郡爲州，太守爲刺史，至天寶元年復改刺史爲太守，不應開元二十九年已稱臨海郡太守，而天寶元年既改太守復號刺史，非二碑有誤則史之誤也。」予謂壽老之辨當矣，然以情理度之，不特史文無誤，即碑刻亦未嘗誤。蓋天寶改元即在開元二十九年之次年，而改州爲郡在是歲二月，則二月以前尚稱台州刺史也。《真容應見勑》雖在開元二十九年，而台州距長安遼遠，守臣承詔刊石，不妨遲至次年，則此刻必在《桐柏觀碑》之後。其稱臨海太守亦非誤也。耆卿臨海人，嘉定七年進士，《宋史》不爲立傳。攷《中興館閣續録》稱寶慶二年正月召試館職，除祕書省正字，十一月轉校書郎。紹定元年十二月除祕書郎，三年十二月除著作佐郎，六年十月除著作郎。端平元年二月兼國史院編修官，是月除將作少監。《赤城新志》言其官至國子司業，但不云卒於何年，亦未審壽若干也。此書經明人重刻，如第卅三卷載杜範爲史嵩之所鴆、第四十卷載蔡家橋事，皆明人竄入，殊非陳氏之舊，安得宋槧本而刊正之乎！

嚴州重修圖經

《嚴州圖經》，予所見者淳熙重刻本，僅存首三卷。前有紹興己未正月知軍州事董弅序，及淳熙丙午正月州學教授劉文富序。文富蓋承郡守陳公亮之命訂正是書者也。卷首載建隆元年，太宗皇帝初領防禦使詔；宣和三年，太上皇帝初授節度使制，及《勑書》、《榜文》二道。蓋淳熙丙午之歲，高宗尚在德壽宮，故有「太上」之稱。攷董弅初創此志，本題《嚴州圖經》，陳公亮重修，亦仍其名，而王氏《輿地紀勝》、陳氏《直齋書録》、馬氏《文獻通考》皆作《新定志》。蓋宋人州志多用郡名標題，續志載書籍，亦但有《新定志》，初無《圖經》之目，名目雖異，實非有兩本也。

新定續志

《新定續志》十卷，前有景定壬戌方逢辰序。編纂者浙漕進士州學學録方仁榮、迪功郎差充嚴州州學教授兼釣臺書院山長鄭珤。郡守則天台錢可則也。可則字正己，景定元年以直寶章閣知嚴州。三年升直寶文閣任滿，四月升直敷文閣知嘉興府。五月除尚左郎官，尋除直徽猷閣浙東提舉。《志》稱「五王之胄，相國之孫」。相國謂象祖也。此《志》成於可則莅郡之日，而卷首載咸淳元年升建德府省劄，其知州題名則可則。後續列郭自中等八人，蓋後來續有增入，宋時志乘大率如此。

琴川志

《琴川志》，自宋慶元初，縣令孫應時創始編葺。其書久失傳。淳祐十二年，龍泉鮑廉知縣事，屬邑士鍾秀實、胡淳討論裒輯，列爲十門：曰《叙縣》、《叙官》、《叙山》、《叙水》、《叙賦》、《叙兵》、《叙人》、《叙産》、《叙祠》、《叙文》。每門又有子目。題云《重修琴川志》。有寶祐甲寅中元日朐山邱岳序。元至正末，知州盧鎮購得舊本刊行之，題其後云：「其成書後，凡所未載，各附卷末。」今世所傳者僅汲古毛氏重刊本。攷各卷末別無附見之文，則亦非鎮之舊矣。鎮又有《續志》，紀元時事，今並湮没無存，獨鮑氏書尚完好可讀。予所見宋縣志，若高似孫之《剡録》，楊潛之《雲間志》，淩萬頃、邊實之《玉峰志》，并此而四。然敘述有法，繇簡適中，當以此《志》爲最善也。《宋史新編》：德祐元年二月，元兵入臨江，知軍鮑廉死之。五月贈華文閣，官其一子。是亦節義之士。常熟東鄉地，明宏治十年割入太倉，州志所載雙鳳鄉、許浦鎮、塗菘鎮、支塘市、甘草市、直塘市、穿山、七浦、沙頭邨皆今太倉境。

金陵新志

張鉉《金陵新志》十五卷，有至正三年南臺御史索元岱序。鉉字用鼎，關中學古書院山長。前載文移稱浮光張鉉，則光州人也。此書本續《景定建康志》而作，前志所有者不具載，其於江南行御史臺建置本末及御史大夫以下題名最詳備。

太倉州志

《太倉州志》十五卷，明崇禎十五年，知州錢肅樂虞孫延邑士前臨川縣知縣張采受先刊修。分《封域》、《營建》、《官師》、《學較》、《風土》、《選舉》、《水利》、《賦役》、《海運》、《兵防》、《海事》、《名宦》、《人物》、《藝文》、《瑣綴》十五門，每門各有子目。受先復社名士，於地方利病剴切言之，洵非率爾操觚。其書「常」作「嘗」、「由」作「繇」、「校」作「較」、「檢」作「簡」，則避明諱也。予昔游四明，於范氏天一閣見張寅《太倉州志》，乃嘉靖丁未刻本。頃館婁東，訪藏書家求嘉靖《志》竟不可得。即此《志》亦曼患缺損，非復初印面目矣。

吴越有國時，嘗以蘇州爲中吴府，正史郡志皆失載。此《志》敘沿革云「五代屬錢氏中吴府」，勝於郡志多矣。

《志》又云：「宋爲崑山之域，政和中陞州，屬平江府，後爲姑蘇郡。」此則大誤。政和中升蘇州爲平江府，其所屬五縣如故，蘇州故有吴郡之稱。南渡後范石湖修志尚稱吴郡，初無改名姑蘇事。如《志》所言，似政和升崑山爲州，其後又改州爲姑蘇郡矣，豈不大可笑乎？

元末遂昌鄭元祐僑居蘇州，所著有《僑吴集》。明德即元祐字也。吴仲超謂鄉賢祠鄭公明德是何許人？在州志三大疑之一。受先《志》仍收入《文藝傳》，竟不知明德之爲元祐。明人好談名節，而於紀載多失討論，如此者蓋不少矣。

浙江通志

《浙江通志·人物傳》：「趙孟堅字子固，海鹽人，系出安定郡王。初以父蔭入仕，後登進士第，歷官集英殿修撰、知嚴州，遷翰林學士承旨。年九十七，謚文簡。」厲太鴻《宋詩紀事》亦云：「景定初遷翰林學士。」今攷周公謹《齊東野語》，謂其終提轄左帑，身後有嚴陵之命。是嚴州亦未到任，況入翰林乎？南宋入翰林者但稱直院，真除學士者已不多見，若承旨則必老成久次如牟子才者始得之。更非其實矣。朱存理《鐵綱珊瑚》載子固《梅竹譜》，有葉隆禮跋云：「子固晚年工梅竹，步驟逃禪。予自江右歸，將與之是正，而子固死矣。」末題「咸淳丁卯」，是子固之卒在丁卯以前，宋猶未亡。而姚桐壽《樂郊私語》乃謂「子固入元，不樂仕進。從弟孟頫來訪，既退，使人濯其坐具」。此委巷無稽之談，庸足信乎！

江西通志

《江西通志·選舉門》載元時《進士題名》，皆誕妄不足信。予嘗見元統元年《進士題名録》，以此志校之。《志》載是年登科十五人，有兩陳植：一貫寧州、一貫永豐。據《録》止有王充耘、李炳、李毅在二甲，陳植、徐邦憲、朱彬在三甲，其餘皆無之。植貫永豐，未嘗有寧州之陳植也。而三甲第廿六名艾雲中、第廿八名熊爟並籍龍興路，此灼然可信者，而《志》反遺之。蓋《志》所采者多出於家乘墓誌，凡曾應鄉舉者皆冒進士之名，而修《志》者不能別擇也。且如元之設科始於延祐二年，而《志》乃有至元丙子鄉試、大德戊戌進士、大德鄉試諸人，是并《元史》全未寓目矣。又有因涉獵史傳而轉誤者。《人物門》於瑞州收元之劉秉忠，此舊志所無，采《元史》補入，自謂淹博，而不知其大不通也。江西之瑞州本名筠州，至理宗朝始避諱更名。若劉秉忠久居邢臺，其先世居瑞州而仕于遼、金，則是遼、金之瑞州，非宋之瑞州矣。志家不諳地理，不校時代，乃引藏春居士之先世冒籍江右，豈不令人噴飯滿案乎！

風俗通義

應氏《風俗通義》，《隋書·經籍志》稱三十一卷、《録》一卷。馬總《意林》亦云三十一卷。而新、舊《唐志》俱作三十卷。《宋史》及晁氏、陳氏書目皆云十卷，則已失其三之二矣。今世所傳唯元大德刊本，前有行都水監李果序，後載宋嘉定十三年丁黼跋。知其書在南宋時已難得。又言：「譌舛已甚。得館中本及孔寺丞本，互相參校，始可句讀，今刻之夔子。好古者或得善本，從而增改，是所望云。」則其譌謬相承非一日矣。盧學士召弓嘗寓書問：《徭禮篇》載徐孺子「負筃岕涉齎一盤醊」，「筃岕」二字何義？予答云：此必「算」字之譌。《史記·鄭當時傳》「其餽遺人，不過算器食」。徐廣云：「算，竹器也。」「算」與「匴」同。《説文》：「匴，淥米籔也。」《士冠禮》：「爵弁、皮弁、緇布冠各一匴。」注：「匴，竹器名。」本「算」字，誤分爲兩字，遂不可識矣。予又嘗采輯應氏逸文一册，學士見而喜之，爲刊入《群書拾補》中。頃歲讀馬總《意林》、僧元應《一切經音義》等書，續有所得，惜學士已逝，不及增入矣。

顔氏家訓

《顔氏家訓》七卷，前有序一篇，不題姓名，當是唐人手筆。後有淳熙七年二月沈揆跋。又有《攷證》一卷，後列「朝奉郎權知台州軍州事沈揆、朝請郎通判軍州事管鈗、承議郎添差通判軍州事樓鑰、迪功郎州學教授史昌祖同校」，又有「監刊」、「同校」諸人銜，皆以左爲上，蓋台州公庫本也。淳熙中，高宗尚在德壽宫，故卷中「構」字皆注「太上御名」，而闕其文。前序後有墨長記云「廉臺田家印」。宋時未有廉訪司，元制乃有之；意者，元人取淳熙本印行，閒有修改之葉，則于宋諱不避矣。

容齋隨筆

洪氏《容齋隨筆》《續筆》《三筆》《四筆》各十六卷，卷首皆有自序；唯《五筆》僅十卷，而無序，蓋猶未成之本也。《隨筆》初刻於婺州。至嘉定壬申，從孫伋由贛州守擢江西提刑，合《五筆》刻之章貢，有何異及邱橚前後兩序。又十年，伋守建寧，再刻于郡齋，伋自爲跋，稱「從孫朝議大夫、直華文閣知建寧軍府事、新除知隆興府江西安撫使」，則嘉定十六年八月也。最後有紹定改元臨川周謹跋，稱贛本漫不可辨，以建本參攷鋟梓，則第三刻矣。今世所傳者，明季吾邑馬元調刻本，唯存何異一序，餘皆削之。此明宏治八年活字印本，板心有「會通館活字銅板印」兩行八字，前有錫山華煜序，正文皆作夾注，不依元刻，不如馬本之精，而序跋俱完好，勝于馬本。

揮麈録

王明清《揮麈録》四卷、《後録》十一卷、《第三録》三卷、《餘話》二卷。世所傳者，常熟毛氏《津逮祕書》本。予嘗見宋刻殘本，僅《後録》首兩卷及《第三録》三卷耳。卷首題「朝請大夫、主管台州崇道觀王明清」姓名。又有慶元元年實録院《移泰州牒》二道，並云「訪聞泰州通判王明清有《揮麈前後録》，而不及《第三録》者。據明清自述，《前録》乾道丙戌奉親會稽日作，《後録》紹熙癸丑官都下作，《第三録》慶元改元，吴陵官舍作。吴陵即泰州也。甫經脱稿，尚未流傳都下，故公牒未之及耳。《前録》言紹興丙辰，明清甫十歲，計其生年，當在建炎元年丁未，至慶元乙卯倅泰州，年已六十九矣。朝請大夫，蓋其所終之官。享年若干，則無從攷也。仲言習于掌故，所記載有裨正史者甚多。予嘗采宋次道及仲言所述謚彙爲一編，淳熙以後則取正史，參以它書補之，較之王圻《謚法攷》所得多矣。《説文》無「揔」字，總管、總領之「總」皆當从「糸」旁。前史多作「揔」、或作「惣」，此隸體之譌變。治平改「都部署」爲「都總管」，其文从「糸」不从「手」，是爲復古，仲言轉以稽攷不審訾之，此以不狂爲狂也。

履齋示兒編

《履齋示兒編》廿三卷，宋廬陵孫奕季昭撰。顧千里云：嘗見影宋鈔本，首題廬陵禮津孫奕季昭，有開禧元祀九月上浣自序。《宋史》無傳，不得其出處本末。予嘗見蘇州府學石刻陳襄《經筵薦士章疏》，稱「尚書都官員外郎、監泗州河南轉般倉孫奕，士行著於鄉閭，節義信于朋友，所至以善政聞」。攷襄《薦士疏》在熙寧十年，與開禧遠不相及，蓋别是一人，非季昭也。頃又見婺州題名有孫奕，嘉祐五年四月，以駕部員外郎知婺州，在任改虞部郎中。嘉祐與熙寧相去不遠，未審即襄所薦否。

史繩祖學齋佔畢

史繩祖《學齋佔畢》四卷，前有自序，題「淳祐庚戌吉月眉山史繩祖慶長書於梓漕極堂」。後有景定壬戌冬至鄱陽郭囦跋。

繩祖之大父武陽府君字子堅，精於篆隸，嘗集《隸格》一册，以補洪景伯《漢隸》之缺。其書今不傳。所載石室壁間刻古聖賢、義夫節婦及車馬人物，即武梁祠石象也。頃錢唐黄小松郡丞於嘉祥縣之紫雲山搜得之。而繩祖謂此碑在資州宅博雅堂下，制梱又輦運寘之明新。二字疑有譌脱。是蜀中又有翻刻本亦異聞也。史氏以梁高行至范且爲第一碑，伏羲至樊於其頭爲第二碑，使者長婦兒至縣功曹爲第三碑。

石刻鋪敘

《石刻鋪敘》二卷，廬陵曾宏父所作。首列紹興《御書石經》、《益部石經》，次《鍾鼎彝器款識帖》、《祕閣前帖》、即《淳化帖》。《絳帖》、长沙廬陵清江武岡諸帖，元祐《祕閣前帖》、《汝帖》、《武陵帖》，淳熙《祕閣前帖》、《續帖》、《群玉堂帖》，而終以《鳳墅前帖》、《畫帖》、《續帖》。鳳墅者，宏父所居，故自題鳳墅逸客。云《前帖》二十册、《畫帖》二册、《續帖》二十册，皆宏父裒集宋朝名人真蹟，刻寘廬陵鳳山别墅者。宏父之父三復，字無玷，官至刑部侍郎，《宋史》有傳，而不見宏父名。此書又不載于《蓺文志》。唯秀水朱錫鬯《曝書亭題跋》有之，而誤仞宏父爲南豐曾惇之字，不知其歲月不相應也。宋時江西有三曾，皆衣冠之族。樓大防《送無玷寺丞知池州》詩云：「我朝衣冠盛，名家數三曾；南豐暨贛川，後起參温陵。邇來螺川族，駸駸皆簪纓。」南豐之曾顯於東都，至子固兄弟名益盛，子宣遂至宰相。贛川之曾則茶山與其兄開，皆南渡侍從。廬陵之曾則三復、三聘，《宋史》皆有傳，所謂螺川族也。温陵謂公亮，宋時曾氏宰相自公亮始，故樓詩牽連及之。公亮閩人，非江西人也。竹垞所舉名惇字宏父者，王明清之外祖，《揮麈録》屢見其名，實子宣之孫，仕紹興朝。而此宏父著書在理宗淳祐之世，相距百餘年，其非一人無疑。

癸辛雜識

周公謹《癸辛雜識》，今世流傳有二本：一爲商氏《稗海》所刻，闕落非足本；一爲毛氏汲古閣本，《前集》、《後集》各一卷，《續集》、《別集》各二卷，最爲完善。而魯魚亥豕之譌，難以枚舉。其最可笑者，《別集》上卷「兀朮石蝟修四朝國史，其贊史浩略云」，云「兀朮石蝟」四字乃「尤木石焴」之譌。尤焴，理宗朝史官，木石蓋其號。《別集》載蔡杬事，此西山之孫，九峰之子。《宋史》本紀、表、傳並作蔡抗。予曾見石刻題名乃是「杭」字。《雜識》固誤，《宋史》亦未可據。公謹自言：「先君子於紹定四年辛卯出宰富春，九月到任。壬辰歲，予實生于郡齋。」則宋亡之歲公謹僅四十有五，而書中載大德改元事，其年歲在丁酉，是六十六歲尚無恙也。戴表元序《齊東野語》，述公謹之言云：「我家中丞，自齊遷吴，及今四世。」又云：「大父侍郎公，踐歷六曹，外大父參預文莊章公，出入兩制。」以《湖州府志》攷之，章文莊者，良能也。中丞名祕，公謹之曾祖。至所謂「大父侍郎」者，志亦未之及也。

夢粱録

《夢粱録》二十卷，錢塘吴自牧撰。有自序。後題「甲戌歲中秋日」，蓋元順帝元統二年也；若前六十年，則爲宋咸淳十年，宋祚未亡，不當有滄桑之感矣。自牧事迹無可攷，但其人既目覩臨安緐華之盛，而書成於元順帝之初，則必隱遁而享高壽者矣。

輟耕録

元人説部，莫善于《南邨輟耕録》，然亦有傳聞失真者。如第一卷載：「世皇取江南，大軍次黄河，苦乏舟楫。夜夢一老叟曰：『陛下欲渡河，當隨我來。』引至一所曰：『此即是已。』帝遂以物標識之，乃覺，歷歷可記。明日，循行河滸，尋夢中所見處，果是。方驚顧間，忽有人進曰：『此間水淺可渡。』帝因謂曰：『汝能涉否？』其人乃行，大軍自後從之，無一不濟。帝欲重旌其功，對曰：『富與貴悉非所願，但得自在足矣。』遂封爲答剌罕，與五品印，撥三百户以食之。此楊太史瑀所云也。」予謂世祖取江南，初未親在行間。其時河南久入版圖，何至濟軍無舟？時勢絶不相應。此必太宗壬辰春由河清縣白坡渡河事，而誤以爲世祖也。《金史·烏林答胡土傳》：「正大九年正月戊子，北兵以河中一軍由洛陽東四十里白坡渡河。白坡故河清縣，河有石底，歲旱水不能尋丈。國初以三千騎由此路趨汴，是後縣廢爲鎮。宣宗南遷，河防上下千里，常以此路爲憂。河中破，有言此路可徒涉者，已而果然。」

湧幢小品

朱國禎《湧幢小品》三十二卷，好談掌故，品題人物，不爲刻深之論，蓋明季説部之佳者。至于援引古書，多有差誤。如張彪稱其妻爲「鄉里」，見《南史》，而誤以爲楊彪。王文公父名益，而誤以爲蓋。「止謗莫如自修」，魏司空王昶語，見《三國志》，而誤以爲《文中子》。宋置顯謨閣藏神宗御集，寶謨閣藏光宗御集，見《宋史・職官志》，而誤仞寶謨爲神宗閣名。元進士分左右兩榜，蒙古、色目人爲左，漢人、南人爲右，今元統癸酉、至正辛卯兩科題名具在，左右榜各分三甲，犂然不紊。乃謂漢人不得居榜首，以第二爲狀元，則紕謬之甚矣！彼特見《元・本紀》及《選舉志》，例書廷試進士賜某某等及第出身有差，漢人必在第二，故創爲此説，而不悟其爲史家省文。且左右榜之分，《選舉志》有明文，朱亦未能細檢也。

日知録

顧氏《日知録》辨《吕氏春秋》晉文公師咎犯隨會，謂隨會不與文公同時。攷《左氏傳》城濮之役，舟之僑先歸，士會攝右。士會即隨會也，正是晉文公時。

《通鑑》載李景伯《迴波詞》云：「迴波爾時酒巵，微臣職在箴規。侍飲已過三爵，喧譁竊恐非儀。」本是六言絶句。攷孟啟《本事詩》載沈佺期云：「迴波爾時佺期，流向嶺外生歸。」又載優人詞云：「迴波爾時栲栳，怕婦也是大好。」俱以「迴波爾時」

四字開端，與景伯詞同，蓋《迴波》之體如此。《大唐新語》載景伯詩，作「迴波詞持酒卮」，當是傳寫之誤。顧氏轉引以爲據，且謂其體首二句三言，下三句六言，翻疑《通鑑》有誤，豈其然乎。

謝肇淛云：「宋真宗名恒，而朱子於書中『恒』字獨不諱。」顧氏引以爲祧廟不諱之證，謂當寧宗之世，真宗已祧。此亦非是。朱文公注《論語》、《孟子》，正文遇廟諱則缺筆而不改字，注則無不避者，其注《易》亦然，見於趙順孫《四書纂疏》及吴革所刊《易本義》，班班可攷。謝在杭未見真宋本，故有此言，豈可依據？攷宋寧宗之世，太廟自太祖至光宗九世十二室，未嘗祧真廟，顧氏偶未審爾。

池北偶談

王阮亭《池北偶談》謂東坡詩「司馬相如」，「如」作上聲。攷東坡《和陶雜詩》「昆蟲正相齧，迺比藺相如」，「如」讀去聲，與去、慮、住爲韻，非讀司馬相如爲上聲也。

天禄識餘

《天禄識餘》，詹事平湖高士奇所撰。有一條云：《周禮》「漏下三刻爲商」，「商」音「滴」。按《儀禮·士昏禮》注：「日入三商爲昏。」《疏》云：「商，謂商量，是漏刻之名。」既以商量爲義，則讀如「參商」之「商」明矣。「商」、「商」二字形聲俱别，豈可讀

「三商」爲「漏滴」之「滴」？❶且其文出《儀禮》鄭注，乃誤作《周禮》；又妄改爲「漏下三刻」，是并《周禮》亦未嘗讀也。邵長蘅《古今韻略》十二錫部「商」字下，亦引「日入三商爲昏」，其誤與高氏同。兩君皆有文名，而不讀書，故涉筆便誤。

洗冤録

《洗冤集録》五卷，朝散大夫、新除直祕閣、湖南提刑充大使行府參議官宋慈惠父編。前有淳祐丁未嘉平節前二日自序，蓋宋槧本。却有聖朝頒降新例數葉，列于首卷之前，皆至元、大德、延祐間文移，則元人增入也。慈不知何郡人，其書不載于《宋史·藝文志》，而至今官司檢驗，奉爲金科玉律。但屢經後人增改，失其本來面目，唯初刻爲可貴耳。《輟耕録》記勘釘事以爲創聞，然此録已先有之矣。

證類本艸

此書有兩本。其一題云：《經史證類大觀本草》三十一卷，目録一卷。前有大觀二年十月朔，通仕郎行杭州仁和縣尉管句學事艾晟序。序後有一方記云「大德壬寅孟春宗文刊行」。後題「春穀王秋捐資，命男大獻、大成仝校録」。殆明人翻元刻也。其一題云：《經史證類政和本草》。前載政和六年，康州防禦使入内醫官曹孝忠序云：「蜀人唐慎微因《本草》舊經衍以《證類》。臣親奉玉音，謂此書實可垂濟，乃詔

❶「三商」，據文意當作「三商」。

節使臣楊戩總工刊寫，又命臣校正而潤色之。謹奉明詔，删緐緝紊，務底厥理，凡六十餘言，請目以《政和新修經史證類備用本草》云。」是書初刊于杭州漕司。艾晟序謂慎微不知何許人，其云《大觀本草》者，因校刊之年題之也。其後曹孝忠被旨校刊，乃系以政和之名。若慎微著書，實在元祐之世，不特非政和，亦非大觀也。其書本名《經史證類備急本草》，大觀、政和皆後來所題。而政和之名出于朝旨，則當以政和爲正。然南宋人多稱《大觀本草》者，政和新修之本經汴京淪喪，不及流播東南。陳直齋所收，亦祇浙漕司本，故未暇訂正耳。今所傳政和本，乃元初平陽張存惠重刻，增入寇宗奭《本草衍義》，亦非孝忠之舊。《題記》云「泰和甲子下己酉冬」，實元定宗后稱制之年，距金亡已十有六載矣，而存惠猶以「泰和甲子下」統之，隱寓不忘故國之思。或以爲金泰和刻，則誤矣。

星經

今世俗所傳《甘石星經》，不知何人僞撰，大約采晉、隋二《志》成之。《續漢書·天文志》注引《星經》五六百言，今本皆無之，是劉昭所見之《星經》久失其傳矣。

丹元子步天歌

《丹元子步天歌》不著撰人姓名，相傳以爲唐王希明所撰。鄭樵獨非之，以爲丹元子，隋之隱者，與希明各是一人。然歌詞淺陋，不似隋人文字；《隋書·經籍志》亦無此書，其非隋人明矣。古天文家未有以太微、天市配紫宫爲三垣者。《太史公書》太微屬南宫，❶天市屬東宫。晉、隋二《志》則分中外宫與二十八宿爲三列，而太微、天市雜敘于中宫之次。使丹元果隋人，則唐初李淳風修《隋志》，何不一述三垣之説乎？漁仲好異而無識，欲取俚鄙之歌，駕乎前志之上，所謂「棄周鼎而寶康瓠」者也。

數學九章

秦九韶《數學九章》十八卷，其目曰《大衍》、曰《天時》、曰《田域》、曰《測望》、曰《賦役》、曰《錢穀》、曰《營處》、曰《軍旅》、曰《市易》，蓋自出新意，不循《古九章》之舊。有淳祐七年九月自序。攷《直齋書録》有「《數術大略》九卷，魯郡秦九韶道古撰。前二卷《大衍》、《天時》二類，於治歷測天爲詳」。《癸辛雜識》又作「《數學大略》」，蓋即此書而異其名耳。《直齋》所録《崇天》、《紀元》二歷云：「近得之蜀人秦九韶道古。」然則九韶先世蓋魯人，而家於蜀者也。《李梅亭集》有《回秦縣尉九韶謝差校正啟》云：「善繼人志，當爲黄素之校讐；肯從吾游，小試丹鉛之點勘。」秦少游元祐中嘗校對黄本書籍，九韶豈其苗裔耶？李梅亭嘗爲成都漕，九韶差校正當在其時，其任何縣尉則無可攷矣。嘉熙以後，蜀土陷没，寄居東南，故得與直齋往還也。予又攷《景定建康志》得二事：其一通判題名有秦九韶，淳祐四年八月以通直郎到任，十一月丁母憂

❶「宫」，原誤作「官」，據商務本和《史記》卷二十七《天官書》、《晉書》卷十一《天文志》、《隋書》卷十九《天文志》改。下三「宫」字同。

解官離任；其一制幕題名寶祐閒九韶，爲沿江制置司參議官。又《癸辛雜識》稱「九韶秦鳳閒人，與吴履齊交尤稔。嘗知瓊州，數月罷歸，晚竄梅州以卒」。合此數書觀之，九韶生平仕宦蹤跡略可見矣。

測圓海鏡細草

元欒城李冶仁卿《測圓海鏡》十二卷，設問百有四十，有問有答，有法有草，皆用立天元一布算。自序謂「得《洞淵九容》之説而衍之」。今《洞淵》書久失傳，不知何人所作矣。書成于戊申九月，其時蒙古未有年號，洎至元二十四年，其子克修刊刻。王德淵撰後序云：先生病且革，語其子：「吾平生著述可盡燔去，獨此書雖小數，吾嘗致力，後世必有知者。」其矜重如此。郭守敬撰《授時術》，求周天弧度，立天元一爲半徑，即李氏法也。明儒無通算術者，長興顧應祥得其書，謂立天元無下手處，別用句股帶縱求之，而盡削其細草。此鄭人之買櫝還珠也。

革象新書

趙緣督先生《革象新書》，元槧本，門人三衢章濬纂輯，不分卷，每葉廿六行，行廿四字。明初，義烏王禕有删本，其篇目前後與此互異。王序謂「其書有《推步》、《立成》諸篇，皆載占驗之術」。今檢此本初無之，豈王所見別有一本耶？邵康節元會運世之數，後儒尊信，莫敢有異議者，獨緣督譏其不可準，謂「以諸家術求皇極之元，不特七政無揔會之事，抑且散亂無倫」。此真通人之論，非精于推步者不能知，非胸有定見者不能言也。

寶祐會天歷

宋《寶祐會天歷》，予訪之五十年，今春始於姑蘇吴氏得見之。朱錫鬯跋引農家諺，以元日立春爲百年罕遇。予攷元世祖至元三十一年甲午歲，正月一日立春，見於周密《癸辛雜識》、陶九成《輟耕録》。距宋理宗寶祐四年丙辰，僅卅有八年耳。夫元日立春，猶之天正朔旦冬至也；以古法十九年一章之率推之，本非罕覯之事。田家不諳推步，故有此諺，未可信以爲實也。分卦直日，以坎、离、震、兑各六爻主二十四氣，及五日一候，皆唐《大衍術》，而宋因之。元《授時》以後，始不立求卦氣七十二候諸術。今疇人子弟，遂不知六日七分爲何語矣。崑山徐相國家宋槧本今已不存，此從竹垞影鈔本展轉摹寫，不無脱漏譌舛，要是世閒希有之物。其書「元鳥」爲「鳦鳥」、「姤」爲「遇」、❶「恒」爲「常」，皆避宋諱。若八月三日下「大夫登」三字，當爲「禾乃登」之譌。

三秝撮要

吴門黄氏有宋槧《三秝撮要》凡五十七葉，不題撰人姓名，又無刊印年月，而紙墨極精。攷《直齋書録解題》載此書一卷。又一本名《擇日撮要秝》，大略皆同。建安徐

❶「遇」，長沙本同，商務本作「遘」，當作「構」，避宋高宗趙構諱。以下同此者，不再一一出校。

清叟云，其尊人尚書公應龍所輯，不欲著名，即是書也。其書每月注天德、月德、月合、月空所在，次列嫁娶、求婚、送禮、出行、行船、上官、起造、架屋、動土、入宅、安葬、掛服、除服、詞訟、開店庫、造酒麴醬醋、市賈、安床、裁衣、入學、祈禱、耕種吉日，凡廿二條。蓋司天監用以注朔日者。其所引有《萬通秝》、《百忌秝》、《萬年具注秝》、《萬年集聖秝》、《會要秝》、《會同秝》、《廣聖秝》，大率皆選擇家言也。鄭樵《藝文略》有《太史百忌秝圖》一卷、《太史百忌》一卷、《廣濟陰陽百忌秝》一卷、呂才撰。《廣聖秝》一卷，晉苗鋭集。《萬年秝》十七卷，楊惟德撰。《集聖秝》四卷，楊可撰。今皆不傳。此書又引劉德成、方操仲、汪德昭、倪和父諸人説，蓋皆術數之士，今無有舉其姓名者矣。

太乙統宗寶鑑

《太乙統宗寶鑑》二十卷，前有大德癸卯曉山老人序。其求太乙積年術，日法一萬五百，歲實三百八十三萬五千零四十八分二十五秒。予嘗詢之元和李尚之。尚之曰：宋同州王湜《易學》曰：每年於三百六十五日二千四百四十分之外，有終於五分者，有終於六分者，有終於五六分之閒者。終於五分，五代王朴《欽天秝》是也，以七千二百爲日法。終於六分者，近年《萬分秝》是也，以一萬分爲日法。終於五六分之閒者，《景祐秝法》載於《太一遁甲》中者是也。以一萬五百分爲日法者，此暗用《授時》法也。試以日法爲一率，歲實爲二率，《授時》日法一萬爲三率，推四率，得三百六十五萬二千四百二十五分，即《授時》之歲實也。其氣、朔二策，竟用《授時》數，則仍以一萬爲日法，不以一萬五百爲日法，所謂欲蓋彌章者也。王肯堂《筆麈》載此書。上元甲子，距元大德七年癸卯，歲積一千一十五萬五千二百一十九年。予所見本，積年至明正德十二年，蓋後人增改，非復大德舊本矣。

梅花喜神譜

宋伯仁《梅花譜》，《宋史·藝文志》及諸家書目皆不及載，唯錢遵王《述古堂書目》曾列其目。今吴中黄氏有此書，分上下二卷。上卷爲蓓蕾四枝、小蕊十六枝、大蕊八枝、欲開八枝、大開十四枝；下卷爛熳十八枝、欲謝十六枝、就實六枝。凡百圖，每圖各有標目，各綴五言一絶句，題云「喜神」者，宋時俗語以畫像爲喜神也。前有伯仁自序，後有向士璧、葉紹翁序跋。蓋初刻于嘉熙戊戌，此則景定辛酉，金華雙桂堂重鋟本也。伯仁字器之，湖州人，自號雪巖耕田夫，詩載《江湖小集》。昔侍沈歸愚尚書，每言「爛熳」之「熳」不當从火旁，古人只用「漫」。攷字書實無「熳」字，疑始於明代。今見南宋鋟本已作「爛熳」，乃知此字沿譌有自，要不得以是藉口，致貽通人之誚也。

文心雕龍

《文心雕龍·議對篇》「《春秋》釋宋，魯桓務議」二句，注家皆未詳。惠學士士奇云：案文當云「魯僖預議」。《公羊經》僖二十一年，「釋宋公」。傳云：「執未有言釋之者，此其言釋之何？公與爲爾也。公與爲爾奈何？公與議爾也。」「預」與「與」同，轉寫譌爲「務」耳。

文選注

潘岳《閒居賦注》引安革猛詩「祁祁我徒」。予向疑安革猛不知何人，詢之海寧陳仲魚鱣，乃知「革猛」爲「韋孟」之譌，「安」乃衍字也。檢《漢書・韋賢傳》，果如仲魚言。

《甘泉賦注》引桓譚《新論》云：「雄作《甘泉賦》一首，始成，夢腸出，收而内之，明日遂卒。」《文賦注》引《新論》云：「成帝祠甘泉，詔雄作賦。思精苦，困倦小臥，夢五藏出外，以手收而内之。及覺，病喘悸少氣。」二注不同，當以後注爲正。蓋子雲因作賦而病，未嘗因病而卒也。前注「明日遂卒」，「卒」字殆傳寫之誤，不特非《新論》本文，并非李善注之舊也。何義門謂《新論》出于妄人附益者，蓋未檢《文賦注》之故。或据此注謂子雲卒于成帝之世，未嘗仕莽，何異癡人説夢邪！

文選元槧本

《文選》李善注元槧本，每卷首題「奉政大夫同知池州路總管府事張伯顔助率重刊」，有前海北海南道肅政廉訪使余璉序，稱伯顔字曰正卿，而未詳其籍貫。頃讀鄭元祐《僑吴集》，有《平江路總管致仕張公壙誌》，蓋代其子都中作。文稱張氏長洲之相城人。公諱世昌，字正卿。以謹飭小心仕于朝，僾直殿廬，成宗賜名伯顔。由將作院判官累任慶元路同知。延祐七年，陞奉政大夫池州路同知。泰定五年，改福寧州尹，後遷漳州路總管。告老，以平江路總管致仕。乃知伯顔爲吾吴人，宜其文雅好事，異於俗吏矣。

宋名賢五百家播芳文粹

《聖宋名賢五百家播芳大全文粹》一百卷，衢山精舍葉菜子實編，富學堂魏齊賢仲賢校正。每卷或析爲上下，或上中下。以前所列目計之，實不止五百人，舉其大數耳。竹垞所見崑山徐氏宋槧本，稱二百卷。今吴興劉氏藏本祇百卷，豈竹垞併所析之卷計之耶？《四庫全書》云「今鈔本一百十卷」，亦不甚合。

陸宣公集

《陸宣公集》廿二卷，《制誥》十、《奏草》六、《中書奏議》六，前有權德輿序，後載元祐八年五月七日蘇軾等《劄子》。其書遇「構」字小書「太上御名」，「慎」字小書「御名」，若先代諱但缺筆而已，蓋乾道、淳熙閒槧本。錢遵王所見大字本即此也。權序所述三項名目，與此刻同；惟《奏草》、《中書奏議》皆作七卷，疑轉寫譌「六」爲「七」耳。《唐書·藝文志》所載《翰苑集》十卷，即《制誥》。其云《議論表疏集》十二卷，即《奏草》與《中書奏議》。驗其目録，無不脗合。若晁氏所載《奏議》十二卷，則元祐經進之本止取後十二卷，不及《制誥》也。權序雖標《翰苑》之名，而《中書奏議》實非翰苑之作，則此題宣公集者爲得之。權公序文絶不云《翰苑集》，殆刊書者録權序於《翰苑集》之首，後來併爲一集，沿此名而不悟其非，故略爲辨正之。此書向爲徐氏傳是樓物。頃歲鮑以文得之，以贈嚴久能。今久能又以遺予，子孫其善守之。

韋蘇州集

《韋蘇州集》十卷，前有嘉祐元年王欽臣序，後附沈作喆所撰《補傳》，最後有《拾遺》三葉。其目云：熙寧丙辰校本添四首，紹興壬子校本添三首，乾道辛卯校本添一首。驗其款式，當即是乾道槧本。而於宋諱初不回避，蓋經元人修改，失其真矣。劉禹錫大和六年除蘇州刺史，有《舉韋應物自代狀》，與左司同姓名，而實非一人。作喆作傳，聯合爲一篇，終雖有疑詞，然失史家矜慎之義矣。

臨川集

陳少章書《臨川集》後云：《臨川集》一百卷，宋紹興中知撫州詹大和校刊，黄次山爲序。序言此集向流布閩、浙。詹子自言所校，悉仍其故，先後失次，譌舛尚多。今按集中七十六卷《謝張學士書》，即七十八卷《與孟逸祕校手書》之五文重出而題互異。又九十九卷《金太君徐氏墓誌》，自「夫人天性篤於孝謹」上凡脱一百七十六字，後卷又有《仁壽縣太君徐氏墓誌銘》一篇，具載全文。則先後失次，譌舛尚多，誠如詹守之言。它若第九卷《詠叔孫通》詩，載《宋景文集》卅卷。《春江》詩乃方子通作。《詠叔孫通》詩，吴曾《漫録》已辨之。蔡絛《西清詩話》謂「春殘密葉花枝少」云云，皆王元之詩。《金陵獨酌寄劉原甫》皆王君玉詩。「臨津豔豔花千樹」云云，皆王平甫詩。七十卷《相鶴經》一條，本浮邱舊文，皆荆公偶書寘方册間，而亦誤編入集。此見於《困學紀聞》、《中吴紀聞》、《廣川書跋》者也。據葉少藴《詩話》，《荆公集》乃宣和中薛肇明奉敕編成。肇明名屢見公詩，則其人素出入門下，宜所編皆精審，不應有如上所疏諸條之失。或肇明所編別是一本，與閩、浙刊布者異耶？馬氏《經籍攷》載《臨川集》百卅卷，與此本卷數不同，則當時有二本明矣。大昕案：少章所舉詹本之失信矣。薛肇明即薛昂，徽宗時以迎合蔡京執政，此小人而無學者，雖出入介甫門下，其編次庸有當乎？

查氏注蘇詩

查慎行注東坡《和陳述古拒霜花詩》，引《古靈先生行狀》。公名襄，字述古，文惠公堯佐長子。按古靈，福州侯官人，而堯佐閬州閬中人。堯佐子名述古，而古靈字述古，兩人並非同族，豈可溷而爲一？若非行狀差舛，則查所引誤矣。

濡水集

嘉慶壬戌重陽後三日，訪佺山大令於雉城官署。信宿東齋，於架上得此集，披閲再三，歎其學有本原，非蹈空逞辯者可比。而《宋史》不爲立傳，其事迹遂無可攷。今據集中可見者略言之。蓋以元豐二年登進士歸里，五年攝夏陽令，又嘗爲耀州教授。元祐、紹聖間官於潞州。元符二年，以朝散郎管勾熙河路經略安撫司機宜文字。崇寧初，累遷直祕閣熙河轉運使。三年改知鄭州，又改陳州。四年移冀州，其秋除河東轉運副使。其後嘗爲刑部郎官奉祠。又嘗知夔州，再任提點雲臺觀，終于集賢殿修撰。其撰《范恭人墓誌》云：「熙寧二年，予生十八。」計其生年當在壬辰。而集中又有《賀皇太子登寶位表》，則靖康丙午歲履中尚無恙，其壽已七十有五，不知終于何年也。履中家於長安，而自題趙郡，蓋舉郡望而言。又或自題東蒙，則未詳其故矣。

野處類稾

洪文敏《野處類稾》二卷，吴門徐淡如鈔以見贈。頃見戈小蓮家藏本，前有自序一篇，因鈔于簡端。序稱「甲戌之春，家居臥病」。甲戌者，紹興二十四年也。然細讀此集，似不出文敏之手。如庚戌正月《謁普照塔》云：「重來得寓目，歸枕尾殘汴。」當謂泗州大聖塔也。公生于宣和癸卯，至庚戌僅八歲，即早慧能詩，不應有「重來寓目」之句。又有《呈元聲如愚起莘三兄及懷舍弟逢年時歸婺源詩》，與文敏兩兄字全別，益可疑矣。

鶴山大全集

鶴山先生《大全集》，宋槧本，黄孝廉蕘圃所藏。有吴淵序，吴潛後序，又有跋一篇，末題「開慶改元夏五月甲子諸生朝請大夫成都府路提點刑獄公」，其下殘闕，姓名不可攷矣。細繹其文，蓋亦蜀人，登寶慶元年進士，嘗通判靖州者。此集先有姑蘇、温溪兩刻本，皆止百卷，至是始合《周禮折衷》、《師友雅言》，并它文增入爲百有十卷，故有「大全集」之稱。所憾闕失十有二卷，即存者亦不無魯魚亥豕之譌，又有合兩卷聯爲一卷者，然世間恐無第二本矣。

《師友雅言》第三卷有一條云：「自成都僉判主文眉山。鶴山年二十四。」攷文靖生於淳熙戊戌，嘉定元年登第，年三十一，次年除成都僉判。其主文眉州，年三十四，非二十四也。

陵陽先生文集

牟巘《陵陽先生文集》二十四卷，次子應復所編，蓋非生前手定之本。應復跋稱「悉心裒輯，十未及一」。即所知如《閻平章先世墓銘》、《程承旨藏書樓記》、《雪樓記》、《張左丞共山書院記》、《三省堂記》，皆未得本，則其散失多矣。予家有趙子昂書《松江寶雲寺記》，亦巘之作，今不載集中，此可補應復之闕者也。跋稱：「至元丙子，即杜門隱居，凡三十六年，年八十五以終。」是巘之卒於元至大四年辛亥，當生于宋寶慶三年丁亥矣。

石田集

《石田先生文集》十五卷，元槧本。凡詩、賦五卷，文十卷，俱完好。集中有《寄猺子山詩》，即《元史》之巙巙，本康里氏，子山，其字也。「巙」與「猱」同乃高切，「猱」、「猺」音亦相似，譯語無定字耳。監本「巙」

誤作「巙」，乃傳寫之譌，證以《石田集》，益信。

金華黃先生集

予初見《黃文獻公集》十卷，乃明嘉靖辛卯仙居張儉所刻。以意删削，《春風亭筆記》本别爲一編，雜入文集，次第紊亂，尤爲可憎。頃在吴門，聞黃蕘圃收得元槧本，假讀之。雖不標日損齋之名，而合前後集數之，與行狀卷數恰合，蓋文獻手定本，以齋名爲集名。厥後門弟子校刊，改題金華黃先生，以示尊崇之意，非有兩本也。

偶桓江雨軒藁

《江雨軒藁》八卷，自題「義易偶桓武孟」。按《太倉志》，偶桓字武孟，少嘗接識楊維楨、倪瓚，瓚亟稱之。洪武二十四年應秀才舉，爲崇安從事，授廣西桂林河泊大使，終荆門州吏目。致仕歸，遇淮南故人蔣文用，即隨入京，僑居建安坊下。放情觴詠，久之乃還。卒年八十二。家桃源涇，築江雨軒。每自題瞎牛，又號海翁。志所云桃源涇者，即茜涇也。明初茜涇尚屬崑山縣，故黃容敘其集稱爲崑山偶武孟也。其《辛卯立春日試筆詩》云「野老行年七十三」，是武孟生于元順帝至元五年己卯。其卒當在明永樂十八年庚子矣。武孟有《自題桃花書屋詩卷》，詩云：「野翁家住桃源曲，手種桃花結書屋。太平老作葛天民，自喜無榮亦無辱。」又有《元夕寫興寄茜上諸友詩》。予所藏乃葉文莊菉竹堂鈔本，前有巡撫宣府關防印。

曝書亭集

朱竹垞博極群書，題跋皆不苟下筆，百餘年來，人無間言。然涉獵既多，未免千慮一失。如《石刻鋪敘》，本廬陵曾宏父撰，與南豐曾惇字宏父者絶不相涉，而誤以爲一人。曩歲李南澗刊此書，予始爲攷正，今《四庫全書目》即采予説也。其跋宋本《晞范子脉訣集解》云：「咸淳二年，臨川李駉子野撰。自號晞范子。其書引證周洽，當時板行，必多傳習者，而《宋·藝文志》不載何歟？」其跋《濟生拔萃方》，具列元時醫家，則李希范居其一。攷咸淳二年丙寅，距德祐丙子，宋亡僅十載耳，希范與晞范子明是一人，而朱別而爲二，不加訂正，亦所謂明察秋毫不見目睫者矣。

崇文總目

《崇文總目》一册，予友汪炤少山游浙東，從范氏天一閣鈔得之。其書有目而無敘釋，每書之下，多注闕字，陳直齋所見，蓋即此本。題云「紹興改定」。今不復見題字，或後人傳鈔去之耳。朱錫鬯跋是書，謂因鄭漁仲之言，紹興中從而去其注釋。今攷《續宋會要》，載紹興十二年十二月，權發遣盱眙軍向子堅言「乞下本省，以《唐·藝文志》及《崇文總目》所闕之書，注闕字於其下，付諸州軍照應搜訪」。是今所傳者，即紹興中頒下諸州軍搜訪之本。有目無釋，取其便於尋檢耳，豈因漁仲之言而有意删之哉！且漁仲以薦入官在紹興之末，未登館閣，旋即物故，名位卑下，未能傾動一時。

若紹興十二年，漁仲一閩中布衣耳，誰復傳其言者！朱氏一時揣度，未及研究歲月，聊爲辨正，以解後來之惑。

郡齋讀書志

鼂公武《郡齋讀書志》，宋時有兩本。袁州本僅四卷，淳祐庚戌，番陽黎安朝知袁州刊之郡齋。又取趙希弁家藏書續之，謂之《附志》。衢州本二十卷，則晁之門人姚應績所編，淳祐己酉南充游鈞知衢州所刊。兩書卷數不同，所收書則衢本幾倍之。其後希弁得衢本，參校爲後志二卷，以補其闕。其與希弁同者，不復重列，蓋已非完書矣。馬氏《經籍攷》所引晁説，皆據衢本不用袁本，是當時兩本並行，而優劣自判。今世通行本皆依袁本翻刻。予壻瞿生中溶購得鈔白衢本，惜無好事者刊行之。

趙希弁讀書附志

趙希弁《讀書附志》，不載於《宋史・藝文志》。攷《宗室世系表》，燕王德昭子魏王惟正，惟正子馮翊侯從讜，從讜子馮翊侯世潭，世潭子正議大夫令誠，令誠子右奉議郎子孟，子孟子伯崟，伯崟子師向，師向子希弁。希弁實太祖九世孫。此書稱「生父師回，紹定戊子，爲衡山令」，則是本師回子而爲世父後者也。其自署銜云「江西漕貢進士祕書省校勘書籍」，殆家於江西者。

直齋書録解題

陳振孫《宋史》無傳。《癸辛雜識・別

集》載：「徐元杰暴亡，或以爲史嵩之毒之而死，其妻申省，乞朝廷與之伸冤。侍御鄭寀率臺諫共爲一疏，少司成陳振孫、察官江萬里並有疏。遂將醫官、人從、厨子置獄，令鄭寀督之，竟不得其情，止以十數輩斷遣而已。」是振孫於淳祐四年官國子司業也。厲鶚《宋詩紀事》稱「端平中仕爲浙西提舉，改知嘉興府」。攷《會稽續志》浙東提舉題名有陳振孫。端平三年二月初六日，以朝散大夫知台州兼權，八月正除，十月二十六日到任。嘉熙元年五月，改知嘉興府。是振孫由浙東提舉改知嘉興府，非浙西也。今《四庫全書總目》又引《癸辛雜識·莆田陽氏子婦》一條，稱陳伯玉振孫時以倅攝郡。又《陳周士》一條，稱周士，直齋侍郎振孫之長子。謂振孫始仕州郡，終官侍郎，不止浙西提舉。予檢汲古閣毛氏所刊《癸辛雜識》，無此兩條，不知《總目》所據何本也？

此書有隨齋批注，不著姓名。攷元時有楊益，字友直，洛陽人，官至撫州路摠管，所著有《隨齋詩集》，或即其人乎？

菉竹堂書目

《菉竹堂書目》者，明崑山葉文莊公所藏書也。今所傳者，其五世孫恭焕所録，云得之周玉庵家。以文莊自序證之，殊不合。序稱書目六卷，敘列本鄱陽馬氏。其不同者，首《聖制》，而終以葉氏書爲《後録》。此目不分卷第，自《聖制》而下，初不依馬氏之次，亦不載葉氏書，則非文莊手定之本也。據其六世孫國華跋云：嘗見文莊手筆艸稿，前載此序，而卷分爲六。先《聖制》，終葉氏書。每部册若干，每册卷若干。今此目有册數無卷數，蓋文莊本意欲依《文獻通攷》之例，每書記其卷數，而以葉氏書爲《後録》。既未克成，而序幸傳文集中。今所傳之目，則平時簿録所藏書，麤分門類，將有事於刊正，而未定之本也。文莊既没，好事者從其家得此稿傳之，故與序不相應。而國華謂此目依鄱陽馬氏者，尤爲失攷矣。

吴自牧《夢粱録》，一見《子雜》、一見《通志》；以王氏《困學紀聞》入《文集類》，以《金石録》、《夷堅志》、《書録解題》入《類書類》。其一書而本類中兩三見者，不可勝數。

元藝文志

予補撰《元藝文志》，所見元、明諸家文集、志乘、小説，無慮數百種；而於焦氏《經籍志》、黄氏《千頃堂書目》、倪氏《補金元藝文》、陸氏《續經籍攷》、朱氏《經義考》采獲頗多。其中亦多譌踳不可據者，略舉數事，以例其餘，非敢指前人之瑕疵，或者别裁苦心，偶有一得耳。

郝經《玉衡貞觀》，黄、倪兩家俱入《故事類》。此書有自序，見《陵川集》。《山西通志》列于《天文類》，今從之。

祝君澤《古賦辨體》十卷，錢遵王以爲宋人。按祝堯字君澤，延祐五年進士，官無錫州同知，其爲元人無疑。

王圻《續文獻通攷》以石一鰲《五言總論》入《集類》。攷《黄文獻公集》有《石先生墓表》云：「晚而覃思于《易》，著《互言總論》十卷。」朱錫鬯亦收入《經義攷·易類》。王誤「互」爲「五」，非也。

鄭起潛《聲律關鍵》八卷，黄、倪俱以爲元人。按起潛南宋人，淳祐中直學士院，不當在元人之列。

倪氏多以宋賢誤列元人。如計有功仕于紹興朝，其所撰《唐詩紀事》刻於嘉定中，今汲古閣重刊本前載舊序甚明。趙順孫，宋季執政，未仕元而卒。《黄溍集》有《格齋先生阡表》，稱「卒於至元十三年」，實宋少主德祐二年，即宋亡之歲。晉卿元臣，不敢用宋紀年耳。倪氏俱以爲元人，誤矣。王厚之宋孝宗時人，葉隆禮宋理宗時人，倪皆誤仞爲元人。

倪《志・醫方類》有《竇默瘡瘍經驗全書》十二卷，又有《竇漢卿瘡瘍經驗全書》十二卷。漢卿即默字，倪不攷而兩收之。或以漢卿爲宋人，亦誤。

王元杰《春秋讞義》十二卷，前有千文傳序。元杰，吴江人，與文傳同郡。黄氏於《春秋類》別有千文傳《春秋讞義》十二卷，顯係重出。《蘇州府志・藝文》亦承黄氏之誤。

胡天游《傲軒吟稿》，天游本貫岳州之平江，而《蘇州府志・藝文門》亦收之。此以地名偶同而誤者也。

俞遠《學詩管見》一卷，《江南通志》一入《經部》，一入《小説部》。此書今已失傳，姑列之《文史》，當攷。朱氏《經義攷》亦云未見。

程魚門家藏程復心《孔子論語年譜》、《孟子年譜》各一卷，不見於前人著録，或是好事僞託，今不收。

《來鶴亭詩》、《既白軒稿》、《竹洲歸田稿》，皆吕誠作。今《蘇州府志》誤以爲吴肅。

胡方平《易學啟蒙通釋》二卷，前載淳熙十三年序，乃朱文公《啟蒙》之序也。《經義攷》誤仞爲方平自序而載之，則方平爲淳熙中人矣。攷《元史·儒學傳》，饒州沈貴寶受《易》于董夢程，夢程受朱熹之《易》于黄榦，而方平及從貴寶、夢程學，則方平爲考亭三傳弟子。

焦竑《志》以移剌楚材與耶律楚材爲二人，周權與周衡亦爲二人，揭傒斯與揭曼碩亦重出。

倪《志》之重出者，如滕賓《萬邦一覽集》見《史鈔類》，又見《地理類》。而張宗説《紀古滇説集》一卷見《霸史類》，張宗道《紀古滇説集》一卷又見《地理類》。其人實名道宗，不特非宗説，亦非宗道也。

李延興字繼本，亦分爲二人。吕誠一名肅，亦誤分爲二。

錢遵王《敏求記》有《天文主管釋義》，以爲李泰所葺，未審泰何時人。今據鄭明德《僑吴集》，定爲岳熙載撰。遵王所見，或别是一書。

焦、黄皆以趙孟堅入元人，蓋傳聞子固有譏松雪事，而不知非其真也。子固實卒於宋世，與元代無涉。今不取。

倪《志·小學類》有程端蒙《大爾雅》。按端蒙與朱文公同時，不當在元人之列。又《易類》有林光世《水村易鏡》一卷，《春秋類》有章樵《補春秋緐露》，《編年類》有劉時舉《續宋中興編年》，光世、樵、時舉俱宋人。

黄、倪二目於《醫類》載《聖濟總録》二百卷，此宋政和中太醫局所修書也。元大德四年，嘗命集賢學士焦惠等校刊，遂誤仞爲元人撰。今不取。

朱氏《經義攷》有何夢中等《周禮義》一卷，引王圻説，謂元東陽内舍生何夢中與弟參知政事夢然所作。按三舍法行于宋世，元時未之有也。夢然參知政事在宋景定二年，亦非元所授官。此王氏《續通攷》之誤，竹垞未及辨正耳。宋以《周禮》試士，此必弟兄科舉之文，不當溷入經義也。

黄氏、倪氏《史類》有尹起莘《綱目發明》五十卷。按趙希弁《讀書附志》載此書云「建康布衣尹起莘所著。別之傑帥金陵，進其書于朝。魏了翁爲之序」，則非元人矣。趙《志》云「建康布衣」，而黄以爲遂安人，當攷。

倪《志》有孔元祚《孔氏續録》五册，注云「孔子五十一代孫」。予嘗見元初刻本，名《孔庭廣記》十二卷，乃孔子五十一代襲封衍聖公元措所撰，蓋即是書。改「措」爲「祚」，音之譌耳。其書實五册。

王鶚《汝南遺事》，雜史也，而倪《志》列于地理。

曾堅《詩疑大鳴集》，黄目列于明人。云：「吴江人，仕元爲禮部員外郎。徐達克元都，堅出降，仍原官。宣德初，歷官雲南左布政使。」此大誤也。按《四朝詩》，堅字子白，臨川人。至正甲午進士，官至翰林直學士。元以經疑取士，此云《詩疑大鳴》者，當是科舉所用。黄以吴江同姓名者當之，失之遠矣。

朱氏《經義攷·禮類》有葉起《喪禮會記》，又有《喪禮會經》，蓋一書而重出也。據虞伯生序，當作「記」，今删其一。

黄、倪二家《制舉類》有陳悦道《書義斷法》六卷。按其書首帙自題鄒次陳悦道。鄒其姓，次陳其名，悦道則其字也。次陳，宜黄人，其字悦道，見於《吴草廬集》，證據分明。今乃以陳爲姓，悦道爲名，豈其然乎？次陳一字周弼，有《史抄》十卷，[1]見倪《志·史鈔類》。又有《遺安集》十八卷，見《草廬序》。

尤侗撰《明史·藝文志稿》，收朱公遷、史伯璿、程端禮、王惲、楊允孚、王楨、張養浩、李治、范梈、周伯琦、陸輔之、李存、吴海，皆以爲明人。潘昂霄《河源志》，誤作潘昂。

十駕齋養新録卷十四終

[1]「抄」，商務本作「鈔」。

十駕齋養新録卷十五

嘉定錢大昕

商己孫敦

海鹽張徵君燕昌以所藏商敦出示，蓋與器各有文，其蓋文云「己孫丁」，其器文云「孫己丁」。攷薛氏《鐘鼎款識》第五卷載商器有己孫敦，上爲「己孫」，下爲「孫己」，南豐曾氏所藏也。又有己丁敦，蓋曰「孫己丁」，器曰「己孫丁」，不言何人所藏。此敦文上「己孫」、下「孫己」，正與曾氏己孫敦同。而曾本少丁字，或南豐摹此銘時偶失之耳。其所云己丁敦銘六字，與此敦恰同，而上下文互易。竊意薛氏所載二敦本即一器，曾所摹偶失丁字，而别本所記蓋器之文倒易，或轉寫之誤歟？薛氏謂商之君有以己爲號者，有以丁爲號者，然不應併銘其器，則己丁者當是其享祀之日。予謂《少牢饋食禮》「日用丁、己」，則丁爲祭日無疑。「己」或在「孫」上，或在「孫」下，當是其孫之號。薛氏所言固先得我心，而己言其人，丁言其日，恐宜分别觀之。

睢陵家丞印

翁氏《兩漢金石記》載此印。文云「睢陵家丞」，無「印」字。《漢·郡國志》睢陵不言侯國，翁亦疑而未決。予攷《晉書》，王祥封睢陵公，公國有家丞一人，則此印必是晉時物。

晉率善倓印

海鹽黄錫蕃椒升得古銅印，駝鈕，文曰「晉率善倓伯長」。訪諸摹印家，莫知「倓」爲何義。昨訪予吴門，以此印出示。予謂倓必南蠻部族之稱。攷《後漢書・板楯蠻傳》「殺人者得以倓錢贖之」，❶章懷注引何承天《纂文》云：「倓，蠻夷贖罪貨也。」予謂錢已是貨，何必更言倓？據下文云「七姓，不輸租賦，餘户歲入賨錢，口四十」。則賨與倓皆蠻部落之號，徵賨錢以代租賦，徵倓錢以贖罪，其義一也。章懷以倓爲贖貨之名，蓋失其旨，得此印證之，益明白矣。

唐東都尚書兵部印

魏華父《跋游景仁所藏裴紹業告》云：「所用印以『東都尚書兵部之印』爲文，印文自『尚』、『之』二字外，率於篆法不合。」

南漢銅鐘題字

南康謝藴山巡撫廣西，好搜訪金石文字，撰《粤西金石略》十五卷，刻甫成而殁于官舍，故流傳頗少。所載南漢銅鐘款識二通，皆完好可喜。一在蒼梧縣光孝寺，其文云：「維大漢乾和十六年太歲戊午，閏六月庚辰朔十六日乙未，弟子萬華宫使、桂州

❶ 「之」，《後漢書》卷一百十六《南蠻傳》作「死」。

管内招討使、特進行内侍、上柱國吴懷恩鑄造鴻鐘一口，重五百觔，置於梧州雲蓋山感報寺，永充供養，上資當今皇帝龍圖永固，聖壽萬春。謹記。」一在賀縣三乘寺，其文云：「維大漢大寶四年歲次辛酉，九月辛酉朔二十五日乙酉，鑄造銅鐘一口，重一千五百觔，於乾亨寺，永充供養。」四面列名者凡數百人，文多不載。攷乾和爲南漢主劉晟之紀年。晟以十六年八月殂，而子鋹嗣之，改元大寶，即戊午歲也。自戊午至辛酉恰四年，與鐘文合。藴山云：「戊午歲爲周世宗顯德五年，薛史及《通鑑》是年閏七月，而此云閏六月，是置閏差一月也。辛酉歲爲宋太祖建隆二年，其九月壬戌朔，而此云辛酉，是朔亦差一日也。」

宋金官印

汪秀峰收得宋、金官印各一，摹其文貽予。其一曰：「恩州饒陽鎮酒税務記，大觀三年二月少府監鑄。」攷《宋史·百官志》，❶少府監掌鑄牌印諸記，❷其屬有鑄印篆文官二人，是鑄印爲少府專職。《元豐九域志》恩州武城縣有饒陽鎮。宋時州縣酒税務，或置於城内，或置鄉鎮，設監税務官一人主之，所謂監當官也。其一曰：「提控所菜字印，興定元年九月行宫禮部造。」興定者，金宣宗年號。其時中都陷没，南遷於汴，故有行宫禮部之稱。《金史·百官

❶「百」，《宋史》卷一百六十五《職官志》作「職」。
❷「諸」，《宋史》卷一百六十五《職官志》作「朱」。

志》屢見「提控」字，却未有以「提控所」爲專署者。「菜」字亦不知何義，當取周興嗣《千字文》編號耳。

海寧吴槎客得宋印，長二寸三分、廣二寸二分、厚六分，柱紐高一寸一分，重十二兩。其文云「拱聖下十都虞候朱記」凡九字，紐之左右刻「端拱二年四月鑄」凡七字。按《宋史·兵志》，拱聖指揮二十一。乾德中，選諸州騎兵送闕下，立爲驍雄，後改驍猛，雍熙四年又改拱辰，未幾改今名。蓋拱聖爲殿前司所屬禁軍之一。《志》云「指揮二十一」，此稱「拱聖下十都虞候」，豈每指揮下皆有都虞候，而此印爲第十指揮下之都虞候所用乎？

大興翁宜泉得宋印，文云：「壯勇第一指揮第五都朱記，淳化四年九月鑄。」其書「壯」作「[illegible]」，不合六書正體。予壻瞿鏡濤以《宋志》攷之云：「壯勇，宋初禁軍，隸侍衛司，以招獲群盜配近京徒役者拔立。咸平以後，遞有增補。舊止三指揮，至熙寧中始增至七。此印鑄於淳化四年，蓋禁軍壯勇營第一指揮下之第五都也。宋軍制以五百人爲一營，每營設指揮使一員。其下别爲五都，每都馬軍設軍使一員、副兵馬使一員，步軍設都頭一員、副都頭一員。此朱記殆軍使、都頭所用歟？」

翁宜泉有舊印一，篆文不甚可辨，似是「旁差官印」四字。背文無年月，但云「宣差襄陽唐鄧軍稞税所成造」。左側有「土字號」三字。案宋官名有「宜差」無「宣差」，金、元皆有「宣差」，但金印當有年號，而此無之，是必元初物矣。

日字銅牌

仁和姜怡亭寧示予銅牌拓本，長五寸許、寬不及二寸，上有穿。其一面文云「左右宿直將軍司」。下有印篆文，文云「左右宿直將軍司印」。其一面中刻「奉御」二字，左刻「得入第壹重門」六字，右刻「日字第三十二號」七字，字較小。最下刻「從人牌子」四字，二行。予審定以爲金時物。金之「奉御」皆世家子弟爲之，出入禁省，號爲近侍。此牌則奉御之從人所帶，僅得入第壹重門而已。《金史·百官志》「左右宿直將軍從五品，掌總領親軍，凡宮城諸門衛禁，并行從宿衛之事」。又云「奉御十六人，舊名入寢殿小底。奉職三十人，舊名不入寢殿小底，又名外帳小底，皆大定十二年更」。然則此牌當給於大定以後也。

元常德路鑄造祭器題字

元常德路鑄造祭器題字，正書四行，其文云：「常德路達魯花赤哈珊黑黑鑄造祭器壹伯貳拾玖件，奉王命也。永昌路西涼州儒學永寶之。泰定甲子四月吉日誌。」按《元史·地理志》，永昌路，唐涼州。宋初爲西涼府，景德中，陷入西夏。元初，仍爲西涼府。至元十五年，以永昌王宮殿所在，立永昌路，降西涼府爲州，隸焉。永昌路屬甘肅行省，而常德路屬湖廣行省，本不相統。此西涼州之祭器，乃常德守臣奉永昌王命鑄造，非常例也。《諸王表》不載永昌王名號，唯《世祖紀》：「至元九年十一月，諸王只必帖木兒築新城成，賜名永昌府。」然則

《志》所云永昌王者，只必帖木兒也。只必帖木兒爲太宗第二子闊端太子之子，見於《宗室世系表》。然自至元九年壬申，至泰定甲子，相距已五十二載，其時嗣永昌王者不知何人，史家漏略，無它文可證矣。《食貨志》：「闊端太子位，至元十八年，分撥江南户鈔常德路四萬七千七百餘户。」是常德爲永昌王分地，故有奉王命鑄祭器之事。

甘露寺銅鐘

北固山甘露寺有銅鐘一口，元至正九年所鑄，周遭刻《心經》一部，下方列鎮江路達魯花赤馬速忽、鎮江路總管李世安、鎮江路上萬户府達魯花赤永安名。攷《鎮江府志》題名，失書馬速忽、永安二人。又誤以世安爲達魯花赤，不知世安漢人，不當爲達魯花赤也。

豹字牌

瞿子鏡濤於元妙觀市得銅牌，上有穿，兩面有文。正面隱起作豹像，横刻「豹字捌伯肆拾柒號」凡八字。背面文六行云：「隨駕養豹官軍勇士，懸帶此牌，無牌者依律論罪，借者及借與者罪同。」不署年月。予按《明仁宗實録》：永樂二十二年十一月，命工部凡内府守衛軍所懸木牌更造以銅。其文一面二十四字：「凡守衛官軍，懸帶此牌，無牌者依律論罪，借者及借與者罪同。」一面「守衛」二字。與此牌文字大略相同。則知此牌亦明時物。蓋正德閒創立豹房，守衛軍士所帶耳。海寧吴騫槎客亦得一枚，其面文云「豹字陸伯拾號」，背文形制並同。

禮器碑

漢韓敕《造禮器碑》「顔育空桑」，洪氏《隸釋》引「伊尹生空桑」，以爲不經之甚。予謂空桑者窮桑也。《左氏》昭廿九年傳「遂濟窮桑」，注「窮桑，少皞之號也。窮桑地在魯北」。定四年「封於少皞之虚」，注「少皞虚，曲阜也，在魯城内」。顔母生于曲阜，即少昊之虚，故稱空桑。「空」、「窮」古書通用，洪譏其不經，殆未攷《左傳》耳。

析里橋郙閣頌

《析里橋郙閣頌》，洪氏、婁氏俱言碑在興州，即今漢中府之略陽縣也。漢之略陽縣屬天水郡，今縣則南宋開禧三年改順政置，相去幾及千里，名雖同而地則異矣。歐陽棐《集古録目》以爲仇紼書。紼字子長，墨丁人。趙崡《石墨鐫華》謂是蔡邕書，特以字體與《夏承碑》相似妄意之。然《夏碑》之出中郎手亦無確據。

《廣川書跋》云：「《郙閣頌》『醳散關之⿰山朝漯，從朝陽之平燯』。『漯』當作『濕』、『燯』當作『燥』、『醳』當作『易』。」楊用修取「濕燥」之説，更以「⿰山朝」爲「潮」、以「醳」爲「釋」。顧氏《金石文字記》亦取楊説。予謂「醳」之爲「釋」，以《司隸楊孟》文及《繇陽令楊君碑》證之，固可信矣。洪氏《隸釋》載此碑，本作「嶃漯」，無「⿰山朝」字。今略陽縣有此碑，雖是重刊之本，而此二語點畫分明，是「嶃」非「⿰山朝」。唯歐陽《集古録》誤讀爲「⿰山朝」。用修未見石本，故承其誤耳。嶃與平對、漯與燥對，於義亦無可疑。下句「徙朝陽之平燥」，「徙」亦誤字，石本作「從」。

郃陽令曹全碑

碑有「收養季祖母」之語。或云：「季祖母即庶祖母。」竊謂古人稱父之少弟曰季父，則祖之少弟亦可云季祖矣。季祖母，猶今人稱叔祖母歟？《漢書·地理志》：巴郡有朐忍縣。師古音「朐」爲「劬」。而《廣韻》謂「漢朐䏰，縣名，在巴東郡。地下濕，多朐䏰蟲，音蠢閏」。徐氏校《説文》，亦取其説于《肉部》附「朐䏰」二文。此碑出於後漢，文云「高祖父敏，巴郡昫忍令」，❶字畫分明。「朐䏰蟲」亦不載于《爾雅》，則知無稽之談，不可信矣。

蜀石闕

《蜀侍中楊公闕》，見于牛運震《金石圖》，云在梓潼縣，隸體，頗似漢人。予謂是褚峻僞作。蓋昭烈父子建號成都，稱漢不稱蜀。即李氏據蜀，前稱成，後稱漢，亦未以蜀爲國號。唯唐末王建、孟知祥始自稱蜀耳。此闕既不似唐以後款式，何得有蜀之名乎？作僞心勞，自露破綻，不必論書法之工拙也。

楊紹買地券

周密《癸辛雜識》云：「今人造墓，必

❶「昫」，據文意當作「朐」。

用買地券，以梓木爲之，朱書云『用錢九萬九千九百九十九文，買到某地』云云。此村巫風俗如此，殊爲可笑。及觀元遺山《續夷堅志》，載曲陽燕川青陽埧有人起墓，得鐵券刻金字，云：『敕葬忠臣王處存，賜錢九萬九千九百九十九貫九百九十九文。』此唐哀宗之時，然則此事由來久矣。」頃歲山陰童二如游洛陽，得石刻一方，其文云：「大男楊紹從土公買冢地一邱，東極闞澤，西極黃滕，南極山背，北極於湖，直錢四百萬，即日交畢，日月爲證，四時爲任。太康五年九月廿九日，對共破莂，民有私約如律即「律」字。令。」蓋晉時所刻。乃知人家營葬，向土公買地，其說相承已久，不始於唐世。惜乎遺山、草窗兩公未得此異聞也。

馮本紀孝碑

高陵縣有《唐馮府君碑》，題云：「大唐故亳州録事參軍、上騎都尉馮府君紀孝之碑，正議大夫□□□書少□□□朝隱撰，嗣子銀青光禄大夫、留直昭文館上柱國長樂縣開國男敦直書。」府君諱本，字□□，長樂信都人也。以咸亨四年卒，先天元年樹碑。碑已中斷，損五十餘字。顧氏《金石文字記》前載亳州録事參軍殘碑，後載馮本殘碑，分系于咸亨、先天之世，蓋得兩段拓本，而不悟其爲一石也。《唐書·文藝傳》有閻朝隱，先天中爲祕書少監。此碑結銜有「書少」二字可辨，「祕」字亦存其半，知爲閻朝隱撰矣。

茹守福墓誌

茹姓始見于南北朝，不知其氏族所出。今紹興多茹氏。予同年三樵郡丞名敦和，績學能古文。予嘗問其族氏，答云未詳，恐即「如」之别體。魏有如淳，注《漢書》，而未有它證也。頃見唐人墓誌題云：《大唐故朝散大夫宫苑總監上柱國茹府君墓誌》，文稱君諱守福，京兆人也。蓋周之遺苗，鄭之遠裔也。昔六國分峙，茹姬爲魏后之妃；七雄並争，茹耳爲韓王之相。乃信「茹」、「如」果一字。碑立于開元十一年。唐人多明譜學，良足徵信。惜乎三樵已逝，未得相與論定也。《左氏傳》鄭有公子班，字子如。見成十年。鄭公族多以王父字爲氏，故知如姓出於鄭。《廣韻》如姓但舉馮翊如淳，而不云出自姬姓。「茹」字下但舉虜複姓普陋茹，不及漢姓，斯爲闕漏矣。守福卒于開元十一年八月，誌云「享年三百三甲子四旬有二日」。蓋用絳縣紀年之法，其壽當不盈五十也。

北嶽神廟碑

崔鐶書《北嶽神廟碑》，《金石文字記》不得其年月。乾隆庚戌秋，予游曲陽，謁嶽廟，摩挲碑陰，後題「大唐□□□三年，歲次乙亥閏十一月壬午朔廿二日癸卯」，蓋開元廿三年也。又王知新書《修北嶽廟碑》，《金石文字記》亦無年月。此碑上截已斷，題額無存，而末行「歲在丙子十月癸亥朔」數字尚可辨，其時唐亡已十年矣。王處直爲易定節度使，與河東爲脣齒，當仍稱天祐十三年矣。亭林嘗親到碑所，自言「倉卒求梯不得，止就下方讀之」。宜不及細審也。

雲麾將軍李秀碑

李北海書《雲麾將軍李秀碑》，世所傳者唯順天府學文信國祠斷石二片。孫承澤言：萬歷初，宛平令李蔭署中，掘地得六礎，洗視乃此碑，存者百八十餘字，碑首存「唐故雲」三字。因築室砌之壁閒，名曰古墨齋。後移少京兆署中，止二礎。其四礎相傳萬歷末王京兆惟儉攜之大梁。今文信國祠中石即少京兆署之二礎也。嘉慶元年，予從吴縣蔣上舍元城齋假得未斷本兩册，尚存八百餘字，神采焕然，洵希世之珍。但經裝界之後，顛倒錯亂，不能尋其句讀。而碑首「唐故雲麾將軍左豹韜衛翊府中郎將遼」十六字、後題「天寶元載歲在壬午正月丁未朔」，字尚完好。

諸暨令郭密之詩

郭密之五言詩二篇，一題《□使永嘉經謝公石門山作》，天寶八載冬仲月勒。一題《永嘉懷古》，不見年月，皆刻于青田之石門洞崖壁，前人録金石者皆未之及。今芸臺中丞《兩浙金石記》始著之。詩古淡近《選》體。石門尚有徐嶠、張愿詩刻，皆開元、天寶閒人。崖石鑱損，唯姓名厪存，詩句莫能辨識矣。

王顔追樹十八代祖晉司空碑

予向得此碑，攷《晉書》紀傳無司空王

卓名，斷爲碑誤。頃讀《後漢書・順帝紀》「陽嘉三年十一月，光禄勳河東王卓爲司空」。章懷太子注：「卓字仲遼，河東解人。」乃知顔所稱十八代祖者蓋即其人。然後漢之司空非晉之司空也。唐人重氏族之學，而敘述先世昧於朝代猶若此。❶晉亦有王卓，襲祖爵京陵公，官止給事中，未嘗任三公，其祖父名亦與碑不同。

楚金禪師碑

楚《金禪師碑》，前題「紫閣山草堂寺沙門飛錫撰，正議大夫行中書舍人、翰林學士、上柱國、東海男賜紫金魚袋吴通微書」。按：唐初以中書舍人掌制命，無内外制之分。明皇始置翰林學士掌内制，而中書舍人但掌外制。《文苑英華》以中書外制、翰林内制分爲二門。此唐、宋兩制故事也。論委任之清切，則内制優於外制。而攷之史傳，往往有由學士遷舍人者，初亦不解其故，後讀洪氏《翰苑群書》所載唐人題名，始豁然省悟。蓋學士一官本無品秩，常以它官供職。自京縣尉以及常參官、諸曹郎中、員外郎並可充選。即遞遷至侍郎、左右丞、尚書其内直如故。故有内相之稱，而即爲入相之階。其掌外制者亦多用它官兼攝，謂之知制誥。其真除舍人者蓋寥寥矣。舍人爲五品清要官，故常爲翰林序遷之階。由學士遷舍人仍掌内制，非兼掌内外制，亦非左遷外制也。《唐書・通微傳》：「自壽安縣令入爲金部員外郎，召入翰林學士。尋改職方郎中，知制誥。改禮部郎中，尋改

❶「昧」，長沙本、商務本作「眛」，當是。

中書舍人。」蓋通微以金部員外郎入院，三遷至舍人，而學士之職如故。觀此碑結銜，則知通微官爲舍人，職仍學士，非與本傳相牴牾也。

湖州府天寧寺石幢

湖州府天寧寺石幢，竹垞先生僅見其八。予嘗屬沈學士咸熙盡拓其文見詒，較竹垞所得，又益其二，今著其目。一爲會昌元年十一月胡季良書，後題幢主姚仲文等造。一爲會昌三年十月僧令洪書，大中元年十一月重建，後列湖州刺史令狐綯等名。一爲大中二年八月曹巨川書，後題湖州刺史蘇特名。一爲大中十一年四月凌渭書，後列功德主王用爲亡妣沈氏夫人建。其一亦凌渭書，年月並同，而所書者乃《大佛頂首楞嚴經》也。一爲咸通十年六月馮卯書。一爲咸通十一年三月建，不見書人姓名，後列軍事押衙陳珏等名。一爲乾符五年□月立，後題弟子范信爲亡妻韓氏卅二娘子建，亦無書人姓名。又二幢皆不見年月，一爲周德書，後題徐師範及母王氏名。其一殘缺，有處士胡季良姓名，疑即季良書也。諸幢皆書《尊勝陀羅尼經》，唯凌渭第二幢乃《大佛頂首楞嚴經》。曹巨川所書乃《六種真言》。竹垞概以《尊勝經》題之，亦未核。

竹林寺石幢

臨安縣西三里有海會寺，吴越之竹林寺也。寺有石幢二，其一刻《佛説守護國界主陁羅尼經》，其一刻《佛説千手千眼觀世音菩薩廣大圓滿無礙大悲心陁羅尼經》，經後皆有記，末云「時寶大元年歲次甲申五月一日」。最後題「天下都元帥吴越國王鏐建」十一字，特大。蓋雖自立年號而不改國王之稱，亦不以吴越加于年號之上，示不敢當尊也。其後文穆嗣位，承遺命用中朝年號，然年號上亦不加大唐、大晉、大漢、大周字。予所見蕭山化度寺石幢題「長興四年三月」，無「唐」字。杭州《下天竺開路記》題「天福四年五月」、天台高明寺石幢題「天福二年七月」、杭州虎跑寺石幢題「天福八年」、《水樂洞淨化禪院記》題「開運三年二月」，皆無「晉」字。虎跑寺石幢題「乾祐二年七月」、石屋洞《石觀音像讚》題「乾祐二年九月」，皆無「漢」字。飛來峰滕紹宗造像題「廣順元年四月」、蘇州虎邱山石幢題「顯德五載」，又皆無「周」字。唯《文穆王神道碑》爲朝廷宣賜，宰相和凝奉敕撰文，故碑首題「大晉」云云。若尋常文字，不繫彼國，示非所屬也。南唐《龍光寺碑》題開寶紀年而不稱宋，亦此意。

慈雲嶺石刻

杭州慈雲嶺石壁，有吴越鐫字八行，文云：「梁單閼之歲，興建龍山，至涒灘之年，開慈雲嶺，便建西關城宇、臺殿水閣。今勒貞珉，用紀年月，甲申歲六月十五日。吴越國王記。」凡四十九字，小篆極端整。按甲申爲後唐同光二年，梁末帝已於前一年自焚死矣。梁有國一十七載，兩值卯年，一爲開平丁卯，一爲貞明己卯。以下文甲申推之，則龍山興建必在貞明五年也。武肅於戊辰歲建元天寶，甲申歲改元寶大，此刻不用紀年，亦當不書中朝國號，且唐已滅梁，舍新興之唐號，而記已廢之梁年，其故殊難解。

吴越武肅王廟碑

《會稽志》，吴越武肅王廟在府南四里三百二十六步，有巨碑，舊在廡下，今乃立荒園中，皮光業之詞也。具載唐長興七年，吴越王棄宫館；後二年，嗣王建廟於越。按長興，後唐明宗年號，止於四年而崩，歷閔帝、清泰帝凡三年。而晉高祖即位，改元天福。若不數閔帝、清泰，則七年乃天福元年。劉恕《吴越紀年》稱「天福元年七月乙卯，立武肅王廟於東府」。今攷之碑，與《紀年》雖不同，其實皆歲丁酉。清泰廢閔帝爲鄂王，晉祖追貶清泰爲庶人，皆削其年號。而天福改元，以其年十一月，則十一月以前，皆長興七年矣。漢高祖削晉出帝開運之號，稱天福十二年，亦用此比也。然武肅王實以壬辰歲薨，文穆王襲位。壬辰蓋長興三年，不得云「長興七年，吴越王棄宫館；後二年，嗣王建廟於越」也。按《五代史》及劉恕《紀年》、《開皇紀》、《吴越備史》，皆言武肅王以三年薨，則碑爲誤。然碑當時立，光業爲其國丞相，亦不應誤繆至此，蓋皆不可知。予讀此志，蓄疑有年。近錢唐何夢華游武康，得風山《靈德王廟碑》寄示。後題「寶正六年重光單閼歲」，乃始豁然有悟。蓋武肅本以寶正七年壬辰薨，實後唐長興三年，光業以吴越國相，製碑刻石，其必稱寶正，不稱長興，無可疑者。厥後忠懿入朝，諱言改元事，乃磨去寶正，易以長興，非復元刻之舊矣。長興紀號，止于四年，其所以得有七年者，則《會稽志》已詳言之。蓋石敬塘起兵并州，尚未建元，又不可用清泰之號，當時必仍用長興，如梁元帝稱太清故事。而吴越因借以掩其改元之僭，一時塗飾耳目，不暇計其事迹之不合耳。予又記王象之《輿地碑目》，有吴越會同十年石刻，此契丹年號，本晉開運四年。晉亡而漢尚未興，其時吴越又不改元，不得不用契丹之元矣。《遼史》稱太宗入汴，改會同十年爲大同元年。今據王象之所録，兩浙、福建皆有會同十年石刻，未有稱大同者，則是契丹入汴後，頒詔天下，實用會同十年之號也。其後草草北還，旋即殂殞，雖有改元，亦無承用者。薛、歐二史，所以没而不書歟？

溪州銅柱記

《溪州銅柱記》，馬希範據湖南時所立。其誓文首云「天福五年正月十九日」而不題大晉。其誓詞云「蒙王庭發軍收討」，又云「歸明王化」，又云「凡是王庭差綱收買溪貨，并都幕採伐土産，不許輒有庇占」，蓋其時知有藩鎮不知有朝廷久矣。記後列銜名，吴氏《十國春秋》并不載，吾友武虚谷《授堂題跋》始具録之。記文空處，多攙入宋人題名，字迹較劣。而知州、通判、都監、鈐轄皆宋時官名，斷非天福元刻，虚谷未及别白也。《宋史·西南溪峒諸蠻傳》：「彭氏有文綰者，知中彭州，即忠順州也。」石刻有「知忠彭軍州事彭文綰」，蓋即其人。傳稱「中」、「忠」字互異，當依石刻爲正。傳稱：

「文縮以景德二年知忠彭州。天聖三年爲彭儒猛所殺。」則題名當在天聖以前也。吴志伊未見石刻，所載記文多誤，又不録誓文。予所藏本，乃畢尚書總制楚中時所貽。此柱今在永順府境，人跡罕至，椎拓頗不易。

石刻詩經殘本

後蜀石刻《詩經》殘本，起《召南·鵲巢》，至《邶風·二子乘舟》止，經、注皆完好。經文之異于今本者，《江有汜》「之子歸」，「歸」上有「于」字；三章皆同。「迨其今兮」，「其」作「及」；「不我能慉」，「不」下有「以」字；「昔育恐鞫」無下「育」字；「泄泄其羽」，「泄」作「洩」，則承開成石經之舊，爲唐諱也。經、注中「淵」字、「民」字亦缺筆。孟氏雖竊帝號，猶爲唐高祖、太宗避諱，可見武德、貞觀之澤久而未亡，而孟氏父子居心忠厚，亦有君人之量焉。碑於「察」字皆作「𥫗」，蓋避知祥祖諱，而于「知」字却不避，當依古人二名不偏諱，❶唯避下一字耳。歐公《五代史》云「知祥父名道」。《蜀檮杌》則云「名𡾋」。此刻「道」字屢見，皆不缺筆，似歐《史》誤也。册尾有《廣仁義學圖記》，蓋錢唐黄松石家所藏，厲太鴻賦詩，即是此本，流轉它姓，今爲吴中黄蕘圃所得。惜《周南》十一篇及《鵲巢序》遺失不可問矣。蜀石經刻於開成石經之後，南宋之世，完好無恙。而元、明儒從未有寓目者，殆由宋季失蜀之後，兵燹塗炭，靡有孑遺。予訪求五十年，不得隻字。昨歲始見《左傳》殘本僅字，今復見此刻經、注萬有餘

❶「偏」，據文意，當作「徧」。

言,真衰年樂事也。

經筵薦士章稿

陳襄《經筵薦士章稿》,淳祐元年,其五世從孫塏刻石於平江憲治,不知何時移置蘇州府學。襄所薦三十三人,《宋史》無傳者唯虞太熙、吴賁、吴恕、劉載、林英、孫奕、鄒何七人。虞太熙,宜興人,皇祐二年進士,官至侍講,見《咸淳毘陵志》。林英,元豐二年爲淮南東路提點刑獄。元祐五年五月,衛尉少卿林英提舉集禧觀,英以疾自請也。見李氏《通鑑長編》。孫奕名亦見《毘陵志》,云「慶歷二年楊寘榜進士」,而事迹闕如,未審即襄所薦否? 又婺州《題名碑》有孫奕,嘉祐五年以駕部員外郎知婺州,改虞部郎中。攷襄薦士在熙寧中,嘉祐在熙寧前十有餘載,其時階已至前行郎中,而此奏云都官員外郎監泗州、河南轉般倉,資歷久而班秩轉下,疑非一人。

趙崇雋壙誌

嘉慶丁巳八月二十八日,予在吴門游法螺庵,見壁間倚一石,覆視之,其額篆書横列「宋故通判趙公壙誌」凡八字。文云:「先兄通判諱崇雋,字彦伯,隸漢邸裔孫秉義郎累贈奉直大夫不迷之曾孫、左朝散大夫累贈銀青光禄大夫善良之孫、朝議大夫試太府卿淮西總領通誼大夫汝誼之長子。卒於嘉定甲申三月五日,葬於吴縣至德鄉茶塢山之原。」末題「孝弟通直郎、新知湖州烏程縣主管勸農營田公事、賜緋魚袋崇修拉淚拜書」。今以《宋史·宗室世系表》攷之,蓋太宗子漢王元佐生密國公允言，允言生南康郡王宗立，宗立生仲琳，仲琳生士顆，士顆生不迷。崇雋爲不迷曾孫，實太宗九世孫也。系出漢王房，故云「隸漢邸」。善良以下三世，名皆與表合，而表不書其官，蓋表所載諸人官爵至不字輩而止。此外如汝愚、崇憲、必愿等，勛名顯達，皆僅書名，表例如此，然亦難逃「點鬼簿」之誚矣。相傳崇雋爲宦光之先世，今無可攷，特書以補郡志冢墓之闕。

永清縣宋石幢

永清縣南辛溜村大佛寺有石幢，周遭鐫《智炬如來心破地獄真言》。其末云：「大宋燕山府永清縣景隆鄉新留里王士宗奉，爲亡考特建頂幢一□，亡耶耶王安、娘娘劉氏，亡父文清、母梁氏，亡伯文佐，亡叔文思。男六人：士宗，妻劉氏；士言，妻郝氏；士英，妻楊氏；士廉，妻孫氏；僧恒企；士忠，妻寇氏。女楊郎婦。維宣和七年十一月戊辰朔五日壬申日丙時建。」按：宋石刻所在多有，唯燕山一路不在宋疆域之内，宣和暫復，不旋踵失之。今京城内外絶無宋片碣。而此幢巋然於小邑荒邨，朱氏《日下舊聞》亦未采入，故表而出之。辛溜即新留，士人相沿譌變，而音不異。其稱大父耶耶，則北人猶有此稱。大母曰娘娘，則未之聞也。又縣南信安鎮龍泉寺有金大定三年碑，其文亦有「王孝子耶耶」之文，當亦謂其大父耳。僧恒企一人列於六子之數，蓋出家爲僧者。

史氏墓三碑

《元史》：史天倪、天澤，大都永清人。

今縣之焦堡邨，史氏墓在焉。有三碑，一爲史氏慶源之碑，前北京路行尚書六部郎中崔鉉撰，宣差五路萬户府詳議官趙安世篆額，平元書丹。碑末題「歲在庚子九月丙戌十七日戊寅，前行北京等路六部尚書史秉直立石，前義州節度使行北京都元帥史進道同立」。一爲大朝故北京路行六部尚書史公神道碑，雲中劉祁撰，燕然平元書，齊西趙安世篆額。碑末題「歲乙巳九月四日，宣差真定等五路萬户男天澤同立，宣權真定等五路萬户男天安立石」。一爲義州節度使行北京路兵馬都元帥史公神道碑，陳臺段紹先撰，燕然平元書丹，詳議官趙安世篆額。碑末題「乙巳年五月日宣差真定、河閒、大名、濟南、東平五路萬户姪史天澤同立，宣權真定等五路萬户兼知中山府事姪史天安立石」。其云北京路行六部尚書者，秉直也。其云北京路兵馬都元帥者，秉直之弟進道也。秉直事《元史》附見於其子《天倪傳》。而進道不見其名，且職任亦不卑，可以補正史之闕。慶源碑載其三世子女嫁娶最詳，秉直長女爲太師國王夫人，其事不見於它書。史氏父子兄弟各以功名自立，要亦連姻貴族所致，論史者不可不知也。

朝城縣令旨碑

朝城縣興國寺有《令旨碑》，一爲合剌查太子令旨，猴兒年三月初七日，和林城子寺裏寫來。一爲皇子忽察大王令旨，乙巳年九月初三日，合剌腦兒寫來。一爲蜜里吃臺太子令旨，不見年月，皆刻于一碑。合剌查者，太宗第四子哈剌察兒也。忽察者，定宗長子忽察大王也。密里吃臺者，濶端太子之子滅里吉歹王，本太宗之孫，當時亦通稱太子也。第三道旨云「據公主百户駙馬會都地面裏朝城縣」。按《食貨志》，鄆國公主位，丙申年分撥濮州三萬户。朝城爲濮州屬縣，即其分地。又《公主表》有瓮吉八忽公主，適赤窟孫懷都駙馬。「懷都」即碑所稱「會都」，聲相近也。其云「道與□囉歹嚴相公」者，東平行臺嚴實子忠濟也。其稱匣合皇帝，在成吉思皇帝之後，□□皇帝之前，則太宗也。元初風俗質朴，太祖成吉思之號生前所上，太宗而下，皆以名稱。太宗之名，史作窩濶台，《祕史》作斡歌歹，予所見元《聖旨碑》，或作月古台，此又作匣合。譯音初無定字，當時不以爲嫌也。乙巳爲太宗六皇后稱制之第四年，定宗尚未立，而其子已稱皇子，蓋人心推戴非一日矣。猴兒年當是太宗八年丙申。而末一道亦必在定宗后稱制時，蓋憲宗時太宗子孫皆擯斥不復用事矣。

勢都兒大王令旨碑

《勢都兒大王令旨碑》，首云「皇帝福廕裏勢都兒大王令旨，今有本投下分撥到萊州神山長生萬壽宫石真人，依舊加九陽保德純化真人」。末云「至元十六年七月十三日察罕惱兒有時行」。按《宗室世系表》，勢都兒者，太祖弟搠只哈撒兒之孫，而移相哥大王之子也。此碑在掖縣城東三十里道士石之温墓上。掖爲萊州倚郭縣，而州又隸于般陽府路。元初以般陽路爲哈撒兒王分地，故有「本投下」之稱。此與《朝城令旨碑》皆錢唐朱文藻朗齋所貽。

東鎮廟元碑

錢唐何元錫夢華言嘗見東鎮廟《時享記》云：「至正八年正月，遣翰林學士承旨臣咬住、翰林待制臣遠者圖以二月初有六日，至于岱宗。以初有七日，至于東海，咸致享焉。所□非有先後之殊，蓋從驛傳便也。越十有四日，至于東鎮沂山元德東安王廟廷。其儀則香一銀盒，幣二錦旛、寶楮伍百兩。有司具牲酒庶品以薦。」案《祭祀志》，嶽鎮海瀆代祀，自中統二年始，凡十九處，分五道。後分爲東、南、西三道；既而以驛道迂遠復爲五道。東嶽、東海、東鎮爲東道也。其禮物則每處歲祀銀香盒一、重二十五兩，五鎮銷金旛二、鈔二百五十貫。較之石刻「寶楮五十兩」，❶僅得其半。豈史所載爲初制，其後倍增之歟？《順帝紀》至正八年不載此事，蓋史之闕也。予攷古人紀日，於一日至十日，未有加初字者。宋、金石刻題名始有初一、初二之稱。此刻云初有六日、初有七日，尤複沓可笑矣。《王介甫集》中，唯《高陽郡君齊氏墓志》有云「五月初三日」、「十月初八日」，餘篇無此例。蓋刊校者妄益之耳。

十駕齋養新録卷十五終

❶「十」，商務本作「百」。

十駕齋養新録 卷十六

嘉定錢大昕

詩句中有韻

《詩》三百篇，往往句中有韻，韻不必在句尾也。《周南》「于嗟麟兮」句似無韻，實與章首「麟之趾」相應，以兩「麟」字爲韻也。《召南》「于嗟乎騶虞」，「乎」與「虞」韻。《秦風》「于嗟乎不承權輿」，「乎」與「輿」韻。《鄘風》「期我乎桑中」、「要我乎上宮」，「中」與「宮」韻，「桑」與「上」亦韻也。《邶風》「有瀰濟盈，有鷕雉鳴」，「盈」與「鳴」韻，「瀰」與「鷕」亦韻也。《唐風》「角枕粲兮，錦衾爛兮」，「粲」與「爛」韻，「枕」與「衾」亦韻也。《大雅》「文王曰咨，咨女殷商」二句似無韻，而「王」與「商」、「文」與「殷」皆韻，「咨」、「咨」亦韻，韻不必在句尾也。《魏風》「父曰嗟予子行役」、「母曰嗟予季行役」、「兄曰嗟予弟行役」，「子」與「已」、「止」韻，「季」與「寐」、「棄」韻，「弟」與「偕」、「死」韻。此韻不在句尾之證也。

雙聲亦韻

雙聲亦可爲韻。《小雅》「決拾既佽，弓矢既調。射夫既同，助我舉柴」。「佽」「柴」固韻，「調」「同」雙聲，亦韻也。

自有文字，即有聲韻。虞廷賡歌「股肱」、「叢脞」，即雙聲之權輿。皮襲美《雜體詩序》以「蝃蝀在東」、「鴛鴦在梁」爲雙聲始興，何所見之不廣也！

古人聲韻之密

《史記・淳于髡傳》「甌窶滿篝，污邪滿車，五穀蕃熟，穰穰滿家」四句，不獨「車」與「家」韻也，「甌」「窶」與「篝」韻，「污」「邪」與「車」韻，「穀」與「熟」韻，「蕃」與「滿」韻，「穰穰」重文，亦韻，「五」與「車」「家」亦韻，蓋無一字虚設矣。《左傳》讒鼎之銘曰：「昧旦丕顯，後世猶怠」，「昧」與「丕」、「旦」與「顯」、「後」與「猶」、「世」與「怠」皆韻也。

雙聲

六朝人重雙聲，雖婦人女子皆能辨之。自明以來，士大夫談詩，各立門户，聚訟緐興，而於雙聲之顯然者，日習焉而不知。蓋八股取士所得，皆束書不觀，游談無根之子，衣鉢相承，轉以讀古書爲務外，能辨平側者少矣，況能究喉舌脣齒之清濁乎？

《南史》：「羊戎好爲雙聲。江夏王義恭嘗設齋，使戎布牀。須臾，王出，以牀狹，乃自開牀。戎曰：『官家恨狹，更廣八分。』文帝好與元保戎之父。弈，嘗中使至，元保曰：『今日上何召我耶？』戎曰：『金溝清泚，銅池摇颺，既佳光景，當得劇棋。』」

王融詩：「園蘅眩紅蘤，湖荇燡黄花；迴鶴横淮翰，遠越合雲霞。」雙聲之體始于此。

《北史・魏收傳》：「博陵崔巖嘗以雙聲嘲收曰：『愚魏衰收。』汲古閣本作「遇魏收衰」，下又有「曰愚魏」三字。魏答曰：『顏巖腥瘦，是誰所生，羊頤狗頰，頭團鼻平，飯房笭籠，著孔嘲玎。』」「孔」當作「札」。

《洛陽伽藍記》，隴西李元謙能雙聲語，嘗經郭文遠宅，問曰：「是誰宅第？」婢春風曰：「郭冠軍家。」元謙曰：「此婢雙聲。」春風曰：「儜奴慢駡。」

皮日休《雙聲溪上思》云：「疎杉低通灘，冷鷺立亂浪。艸彩欲夷猶，雲容空淡蕩。」《唐詩紀事》。

温庭筠有《李先生別墅望僧舍寶刹作雙聲》詩：「栖息消心象，簷楹溢豔陽。簾櫳蘭露落，鄰里柳林涼。高閣過空谷，孤竿隔古岡。潭庭同淡蕩，❶髣髴復芬芳。」

東坡《戲作切語竹詩》：「隱約安幽奥，蕭騷雪藪西。交加工結構，茂密渺冥迷。引葉油雲遠，攢叢聚族齊。奔鞭迸壁背，脱籜吐天梯。煙篠散孫息，高竿栱桷枅。漏闌零露落，庭度獨蜩啼。掃洗修纖筍，窺看詰曲溪。玲瓏緑醽醴，邂逅盍閒攜。」

又《戲和正甫一字韻詩》：「故居劍閣隔錦官，柑果薑蕨交荆菅。奇孤甘挂汲古綆，僥覬敢揭鉤金竿。已歸耕稼供藁秸，公貴幹蠱高巾冠。改更句格各蹇吃，姑固狡獪加閒關。」

又《西山戲題武昌王居士》：「江干高居堅關扃，犍耕躬稼角挂經。篙竿繫舸菰茭隔，笳鼓過軍雞狗驚。解襟顧景各箕踞，擊劍賡歌幾舉觥。荆笄供膾愧攪聒，乾鍋更戛甘瓜羹。」

又《江行見月四言詩》：「吟哦傲岸，仰晤巉月。遇巘迎崖，銀剜玉齕。黿魚噞喁，雁鵝嶕屼。臥玩我語，聱牙岌嶪。」

❶「庭」，《全唐詩》卷五百八十一《温庭筠》作「廬」。

姚合《洞庭葡萄架詩》：「萄藤洞庭頭，引葉漾盈摇。皎潔鉤高掛，玲瓏影落寮。陰煙壓幽屋，濛密夢冥苗。清秋青且翠，冬到凍都凋。」第四句「影」字非雙聲，恐誤。

沈約韻不同于今韻

唐人韻以庚、耕、清同用，青獨用，相沿至今，千有餘年矣。然「青」之與「清」，實無分别。世謂今韻權輿于周、沈，而休文《郊居賦》以星、平、形、經、成、坰、縈、青爲一韻，則休文初未析清、青爲二也。

七言在五言之前

《楚詞·招魂》《大招》多四言，去「些」、「只」助語，合兩句讀之，即成七言。荀子《成相》、荆軻《送别》，其七言之始乎？至漢而《大風》、《瓠子》，見于帝製；《柏梁》聯句，一時稱盛。而五言靡聞。其載於班史者，唯《邪徑敗良田》童謡，出于成帝之世耳。劉彦和謂西京「詞人遺翰，莫見五言，所以李陵、班婕妤見疑于後代」。又謂「古詩佳麗，或稱枚叔」，則彦和亦未敢質言也。鍾嶸《詩品》云：「《古詩》，其體源出于《國風》。《去者日已疎》四十五首，疑是建安中陳王所製。」《文選》所録《古詩》十九首，未審即在鍾氏四十五篇之數否。要之，此體之興，必不在景、武之世。觀《漢書·李陵傳》，❶置酒起舞作歌，初非五言，則知河梁唱和出于後人依託，不待「盈觴」之語觸犯漢諱，始決其作僞也。枚叔又在蘇、李之

❶「李陵傳」，當作「蘇武傳」。

前，班史不言有五言詩，其爲臆説，毋庸置辨矣。虞姬歌不見于《史》、《漢》，諒亦出於依託。《白頭吟》見沈休文《宋書》，但云古辭，不言何人作。唯《西京雜記》有卓文君作「《白頭吟》自絶」之語，亦不載其詞。且《雜記》出吴均之手，豈足信乎？

古詩律詩之别

唐人詩自開元、天寶以前，未有古、律之分。大歷、貞元，詞句漸趨穩順。白樂天自言「新舊詩各以類分，有諷諭詩、有閒適詩、有感傷詩，又有五言、七言、長句、絶句，自一百韻至兩韻者四百餘首，謂之雜律詩」，是絶句亦律詩之一體，未嘗别而異之也。元微之詩亦以類相從，分爲十體：曰古諷、曰樂諷、曰古體、曰新題樂府、曰悼亡、曰豔詩、曰古豔；其聲勢沿順、屬對穩切者爲律詩，仍以七言、五言爲兩體；其中有稍存寄興與諷爲流者爲律諷。古、律之别，其在元和之世乎？李漢編次《昌黎集》，亦分古詩、聯句、律詩爲三體。韓與元、白同時。

陶靖節詩

陶淵明《贈羊長史詩序》云：「左軍羊長史，銜使秦川，作此與之。」羊名松齡，不見《晉》、《宋》二史。其詩云：「九域甫已一，逝將理舟輿。」當在義熙十四年滅姚泓後。羊爲左軍長史，必朱齡石之長史矣；唯史稱齡石以右將軍領雍州刺史，而此云左軍，小異。攷《宋書·齡石傳》，義熙十二年已遷左將軍矣。左右將軍品秩雖同，而左常居右上，齡石之鎮雍州，必仍本號，不應轉改爲右，則此云左軍者爲可信。

聯句

七言聯句，人各一韻，韻必七字，漢武《柏梁》，濫觴于始。厥後謝太傅之《詠雪》，殷仲堪之危語、了語，流播人口。五言聯句，陶靖節始有之。人各兩韻，所與聯者，愔之、循之，其姓與爵里不可攷。謝元暉《阻雪》一篇，與江秀才革、王丞融、王蘭陵僧孺、謝洗馬昊、謝中郎緩、沈右率約聯句。又有聯句六篇，蓋在宣城作，故署「府君」而不名。其與聯者，何從事、吴郎、陳郎、曹丞、齊舉郎，惟紀功曹晏稱名。唐中宗降誕日，内殿宴群臣聯句，帝首作「潤色鴻業寄賢才」句。宰相李嶠以下至上官婕妤凡十四人繼之，用柏梁故事。嗣後御大明殿觀吐蕃騎馬戲，重爲《柏梁》體聯句，則韋后、長寧、安樂、太平公主皆預焉。

詩集附它人作

《謝宣城集》附王融、沈約、虞炎、柳惲詩，皆同詠一題。《杜工部集》附李邕、賈至、嚴武、高適、郭受、韋迢諸人，皆酬贈之作。唯元次山《春陵行》、《賊退示官吏》兩篇，重其詩因重其人，故特録之。此又一例也。

杜少陵詩用韻

杜子美《石壕吏》詩：「暮投石壕村，有吏夜捉人；老翁踰墻走，老婦出門看。」

顧寧人謂下二句無韻，非也。寒、桓與魂、痕，古韻本相通。

《雨晴》詩：「天際秋雲薄，從西萬里風。今朝好晴景，久雨不妨農。塞柳行疎翠，山梨結小紅。胡笳樓上發，一雁入高空。」按《廣韻》一東部無「農」字。乃張仲素《穠如雲賦》，官限「農」字，賦中押同、功、終字，全入東韻，正與杜《雨晴》詩同。蓋唐時東、冬兩部皆有「農」字，後來删去其一耳。

「西川有杜鵑，東川無杜鵑，涪萬無杜鵑，雲安有杜鵑」，此用《古樂府》「魚戲蓮葉東，魚戲蓮葉西，魚戲蓮葉南，魚戲蓮葉北」體也。《湯盤銘》三句皆用「日新」，古人已開其先，後人詫爲異事矣。

少陵生卒年月

元微之誌子美墓云「享年五十九」，而不言卒于何年。《舊唐書》云：「永泰二年卒。」永泰二年即大歷之元年，是歲丙午則當生于景龍二年戊申矣。按子美《追酬故高蜀州人日見寄詩序》云「大歷五年正月二十一日」，則大歷庚戌春尚无恙。謂「卒于永泰二年」者誤也。《唐詩紀事》謂「先天元年癸丑生，大歷五年辛亥卒」似矣。而干支却差一歲，蓋先天改元實壬午，大歷五年實庚戌也。吴曾《漫録》引鮑彪《杜詩譜》云「大歷四年己酉，年五十八」。干支雖合，却非卒年。

飲中八仙

范傳正撰《李太白墓碑》云：「時人以公及賀監、汝陽王、崔宗之、裴周南等八人爲酒中八仙。」按子美《飲中八仙歌》無周南名，蓋傳聞異詞。《唐書·李白傳》載「酒八仙人」姓名，與杜詩同。

亞相

少陵《哭韋大夫之晋》詩：「漢道中興盛，韋經亞相傳。」漢以御史大夫爲亞相。之晋官湖南觀察使兼御史大夫，故以亞相目之。傳經雖韋氏故事，然賢與元成兩世丞相，非終于御史大夫也。

頻煩

「頻煩」，漢人語。《蜀志·費禕傳》「以奉使稱旨，頻煩至吴」是也。《晋書·紀瞻傳》：「頻煩饕竊。」《庾亮傳》：「沐浴芳風，頻煩省闥。」《周書·太祖紀》：「頻煩請謁，至于再三。」劉知幾《史通·書志篇》「頻煩互出」、《雜説篇》「詔策頻煩」，皆取頻仍之義。亦作「頻緐」。《晋書·王濬傳》：「蒙國厚恩，頻緐寵擢。」緐、煩同音，亦同義也。杜詩「三顧頻煩天下計」，正用《蜀志》。《漢書·王莽傳》：「非皇天所以鄭重降符命之意。」師古注：「鄭重，猶頻煩也。」古人以鄭重爲重疊之義。鄭重、頻煩，皆雙聲。

友于

「一重一掩吾肺腑，山鳥山花吾友于。」或疑「友于」歇後語，不可以偶「肺腑」。予謂唐人精于聲律，「肺腑」、「友于」雖虛實不同，而皆爲雙聲，故可屬對。猶王子安《滕王閣詩序》，以「邱墟」對「已矣」也。予聞之大父云。

分減

杜子美《秋野》詩：「盤飧老夫食，分減及溪魚。」梁侍御曰：「緝謂『分減』二字見《華嚴經》。」王阮亭、汪鈍庵兩公極稱之，以爲注家所未及。吾友惠徵士松厓云：「《東觀漢記》：『孔奮篤骨肉，弟奇在洛陽，每有所食甘美，輒分減以遺奇。』見《御覽》四百十七卷。此『分減』二字所本。《華嚴》唐人所譯，未可以注杜詩也。」大昕按：《陳書·姚察傳》「常以己分減推諸弟妹」，分當讀去聲。

少陵用薛據詩

《唐詩紀事》「省署開文苑，滄浪學釣翁」，薛據詩也。子美懷據詩乃云：「獨當省署開文苑，兼泛滄浪學釣翁。」

韋左司

韋應物詩：「持索捕風幾時得，將刀斫水幾時斷。」裴度記毛仙翁事亦云：「先儒以爲繫風捕影。」施肩吾詩：「落盡萬株紅，無人解繫風。」又孜牟融《理惑論》云：

「神仙之書，聽之則洋洋盈耳，求其效猶握風而捕影。」是漢人已有斯語。

乾愁乾忙

《南史·范蔚宗傳》有「乾笑」字。韓退之詩：「乾愁漫解坐自累，與衆異趣寧相親。」王介甫詩：「賴付乾愁酒一樽。」謂空愁而無益也。偶桓詩：「白首乾忙度歲時。」又云：「乾忙雖是紅塵冷，須聽幽禽快活吟。」亦謂空忙而無用也。

旬

古人以十日爲旬，故旬字从日。漢魏六朝人文字從無稱十年爲旬者。唯白樂天《偶吟自慰兼呈夢得》詩有「且喜同年滿七旬」之句。自注：「予與夢得甲子同辰，俱得七十。」則其誤始于唐中葉也。夢得會昌二年卒，樂天會昌六年卒。

十字

白樂天詩：「十字津頭一字行。」「十」字，即古人所云「午貫」也。《晉書·何曾傳》：「蒸餅非裂成十字者不食。」《北史·李庶傳》：「劉家在七帝坊十字街南。」《水經注·濟水》《渠水》篇並有「十字溝」。《顔魯公家廟碑》陰額云：「殷夫人居十字街西北壁第一宅。」劉禹錫詩：「十字清波遶宅墻。」

衛中立字退之

白樂天詩：「退之服硫黄，一病訖不痊。」後人因以爲昌黎晚年惑金石藥之證。頃閲洪慶善《韓子年譜》，有方崧卿辯證一條云：《衛府君墓誌》，今本作衛之元，其實中立也。衛晏三子，長之元，字造微；次中立，字退之；次中行，字大受。誌首云兄弟三人，後只云「與弟中行别」，則其爲中立誌無疑。中立餌奇藥求不死，而卒死。近樂天詩謂「退之服硫黄」者，乃中立也。近世李季可謂公長慶三年作《李干墓誌》，❶力詆「六七公皆以藥敗」，明年則公卒，豈咫尺之間，身試其禍哉！

苜蓿盤

薛令之爲右庶子。開元中，東宫官僚清淡，令之題詩自悼云：「朝日上團團，照見先生盤。盤中何所有，苜蓿長闌干。飯澀匙難綰，羹稀筯易寬。無以謀朝夕，何由保歲寒。」今人用「苜蓿盤」以爲州縣教職故事，非也。

杜韋娘詩

劉夢得與杜鴻漸不同時。世傳「司空見慣渾閑事，斷盡蘇州刺史腸」詩，爲楊州

❶ 「干」，《五百家注昌黎文集》卷三十四《故太學博士李君墓誌》作「于」。

大司馬杜公鴻漸開宴作者，傳聞之妄也。

李正封

今人以李正封《詠牡丹詩》爲唐明皇時。攷《唐詩紀事》云：「唐明皇好詩，大和中，賞牡丹。上謂程修己曰：『今京邑人傳牡丹詩，誰爲首出？』對曰：『中書舍人李正封詩：「天香夜染衣，國色朝酣酒。」』時楊妃侍，上曰：『妝臺前宜飲以一紫金盞酒，則正封之詩見矣。』」大和者，文宗年號。文宗時亦有楊妃，非天寶之楊太真也。後人因明皇有沈香亭賞牡丹事，誤改爲明皇，而不知年號之不合。又正封與韓文公《鄖城夜會聯句》在元和十二年，與明皇時代隔遠，其爲文宗非明皇審矣。計氏《紀事》編次目録，列于元和、長慶諸家之後，本無舛譌，校刊者以意妄改耳。

借韻

五七言近體第一句借用旁韻，謂之借韻。唐詩「犬吠水聲中，桃花帶雨濃」、「錦幃初卷衛夫人，繡被猶堆越鄂君」，始啟其端。至皮、陸《松陵集》則舉之不勝舉矣。宋人借韻尤多。近代名家以此爲戒，此後生之勝于前賢者。

唐人辨聲韻

唐人喜辨聲韻，雖尋常言語亦不苟。胡曾《戲妻族語不正》詩：「呼十却爲石，喚針將作真；忽然雲雨至，總道是天因。」陰如因也。

金昌緒

金昌緒《春怨詩》：「打却黄鸎兒，莫教枝上啼；幾回驚妾夢，不得到遼西。」昌緒，餘杭人。一作蓋嘉運《伊州歌》者，非也。然此詩爲嘉運所進，編入《樂府》，後乃誤爲嘉運作耳。《唐詩紀事》。

胡釘鉸

胡令能，莆田隱者，少爲負局鎪釘之業。以所居列子之里，家貧，遇茶果必祭列子，以求聰明。或夢人剖其腹，以一卷書内之，遂能吟詠，世謂胡釘鉸者。貞元、元和間人。《唐詩紀事》。

李義山

《唐詩紀事》「李商隱卒于工部侍郎」。按新、舊史，商隱未嘗爲此官，不知《紀事》何据。

晚唐詩

唐末詩人多以綺麗纖巧爲工，所謂「桑間濮上亡國之音」也。而昧者轉以爲唐人正聲，謬矣。若司空圖之「解吟僧亦俗，愛舞鶴終卑」、曹松之「憑君莫話封侯事，一將功成萬骨枯」、聶夷中之「二月賣新絲，五月糶新穀；醫得眼前瘡，剜却心頭肉」、曹鄴之「難將一人手，掩得天下目」、趙牧之「菖蒲花開魚尾定，金丹始可延君命」，語近情深，有三百篇之遺意。

計敏夫云：「唐詩自咸通而下，不足觀矣。氣喪而語偷，聲煩而調急，甚者忿目褊吻，如戟手交罵。大抵王化習俗，上下俱喪，而心聲隨之，不獨士子之罪也，其來有源矣。」

父母官

王禹偁《謫居感事》詩：「萬家呼父母，百里撫惸嫠。」自注：「民間呼令爲父母官。」又《贈浚儀朱博士》詩：❶「西垣久望神仙侣，北部休誇父母官。」父母官之稱，自宋初已有之矣。雖然天下無不愛子之父母，而却有不愛百姓之官，甚至假其勢以恣其殘暴。苟有人心者，能毋顧名而慚且悔乎？唐吕温《守衡州送毛令絶句》云：「布帛精麤任土宜，疲人識信每先期。今朝臨別無它祝，❷雖是蒲鞭也莫施。」此仁人之言，當官者宜日三省也。

王介甫詩

王介甫《仁宗皇帝挽詞》：「厭代人間世，收神天上遊。」厭代，即厭世。《莊子·天地篇》「千歲厭世，去而上仙」是也。一句之中，世代重出，謂介甫精于小學，吾不信也。

介甫詩：「北風吹人不可出，清坐且可與君棋。明朝投局日未晚，從此亦復不

❶「博」，據《小畜集》卷十一當作「學」。

❷「今朝臨別無它祝」，《吕衡州集》卷一《道州將赴衡州酬別江華毛令》作「明朝別後無他囑」。

吟詩。」李雁湖注本凡再見，一在第四卷《古詩類》，一在第四十八卷《絶句類》。《臨川集》止於第三卷一見。

蘇東坡詩

東坡《戲作賈梁道詩》：「嵇紹似康爲有子，郗超叛鑒是無孫。而今更恨賈梁道，不殺公閭殺子元。」予弱冠讀《晉書·宣帝紀》，即疑此詩之誤。蓋王凌爲司馬懿所殺，非司馬師也。懿字仲達，師字子元，東坡誤記此爲司馬師事耳。後廿餘年，讀查初白《補注蘇詩》，已先我言之矣。生平攷辨，往往有闇合前人者，皆已削稿，恐貽雷同之誚。今老矣，偶記此事，私喜小時妄下雌黄，亦有一得，故特存之。

薛士龍有「左角蠻攻觸，南柯檀伐槐」之句，王伯厚以爲的對。然「左角」「南柯」始于東坡。

「馬上續殘夢」，唐人劉駕句也。東坡亦用之。坡非肯蹈襲者，蓋闇合耳。

蔡確車蓋亭詩

蔡確固是憸人，但以《題車蓋亭詩》文致其罪，與李定之陷東坡何異？此事起于吳處厚。處厚亦終不得志，此等人天所不祐也。以文字罪人，始于元豐。宣仁臨朝，悉改熙、豐弊政，而於蔡確事不免過當，其後卒啟同文之獄。蓋去姦亦須顧大體，不可快心一時。范忠宣以諫此事罷相，其識高于人遠矣。

江西派

吕本中《江西詩派圖》意在尊黄涪翁，并列陳後山於諸人中。後山與黄同在蘇門，詩格亦與涪翁不相似，乃抑之入江西派，誕甚矣。元遺山云：「論詩寧下涪翁拜，未作江西社裏人。」又云：「北人不拾江西唾，未要曾郎借齒牙。」遺山固薄黄體而不爲，亦由此輩尊之過當，故有此論。

鼂无咎詩

鼂无咎《酬李唐臣贈山水短軸詩》：「大山宫，小山霍，欲識山高觀石脚。大波爲瀾，小波爲淪，欲知水深觀水津。」按《爾雅》本以「大山宫小山」五字爲句，「霍」一字爲句，无咎誤仞爲三字句。

第一山詩

盱眙縣玻瓈泉有米元章書「第一山」三大字，傍題絶句云：「京洛風塵千里還，船頭出汴翠屏間。莫論衡霍撞星斗，且是東南第一山。」此初刻也。厥後好事者鈎摹三大字刻之它所，世遂不知此山之在盱眙矣。

詩詞蹈襲

「兩三條電欲爲雨，七八箇星猶在天」，唐人袁郊詩也。元詩載文宗皇帝自集慶路入正大統，途中偶吟，亦有「二三點露滴如雨，六七個星猶在天」之句。此好事者偷竊古人句假託爲之。

樂天《長相思》詞：「深畫眉，淺畫眉，蟬鬢鬅鬙雲滿衣。陽臺行雨迴。巫山高，巫山低，暮雨蕭蕭郎不歸。空房獨守時。」《歐陽公集》亦載此詞。吴融有詩云：「楚王臺上一神仙，眼色相看意已傳；見了又休還似夢，坐來雖近遠于天。隴禽有恨猶能説，江月無情也解圓；更被春風送惆悵，落花飛絮雨翩翩。」《歐陽集》亦有之，題爲《瑞鷓鴣詞》。歐公非竊人句爲己作者，偶寫古人句，編次公集者誤以爲公作，而收入之。

党懷英詩：「雲山聊欲追聱叟，風腋何妨借玉川。」劉迎集中亦有此兩句，元遺山《中州集》並選之。

一集中重複句

「名登郤詵第，身著老萊衣」，岑參《送薛彦偉擢第東歸》詩也，又見《送蒲秀才擢第歸蜀》詩。「一樽酒盡青山暮，千里書迴碧樹秋」，許渾《京口閒居寄兩都親友》詩也，又見《秋日寄故人》詩。「看盡好花春臥穩，醉殘紅日夜吟多」，譚用之《幽居》詩也，又見《山中春晚寄賈員外》詩。「春愁寂寞天應老，夜色朦朧月亦香」，高啟《詠梅》詩也，又見《和西園公》詩。「春後春前曾獨采，江南江北每相思」，高啟《和西園公咏梅》詩也，又見《和衍師詩》。「細雨春歸雁，深山日暮鐘」，朱彝尊《登觀山》詩也，又見《青浦道中》詩。前賢得意之句，不嫌重用。

楊陸兩公年壽

楊廷秀、陸務觀詩爲宋南渡名家，名位相若，而皆壽考。放翁以嘉定二年卒，年八十五，此見于《宋史》本傳者也。而《直齋書録解題》云：「嘉定庚午，年八十六而終。」庚午則嘉定三年也，與本傳殊不合。攷《劍南詩集》有絶句云：「嘉定三年正月後，不知更醉幾春風。」則庚午春放翁尚無恙，當以直齋爲正矣。

誠齋以開禧二年卒，年八十三，亦見《宋史》本傳。據開禧二年，歲在丙寅，則當以宣和六年甲辰生矣。而周益公《題三老圖詩》自注：「乘成兄生于乙巳，予丙午，誠齋丁未。」見孫奕《示兒編》。與傳不合，當更攷之。

放翁論詩

陸務觀云：「詩欲工，而工亦非詩之極也。鍛鍊之久，乃失本指；斲削之甚，反傷正義。纖麗足以移人，夸大足以蓋衆；故論久而後公，名久而後定。」《何君墓表》。

百家姓

陸放翁詩：「兒童冬學鬧比鄰，據案愚儒却自珍。授罷村書閉門睡，終年不著面看人。」自注：「農家十月乃遣子入學，謂之冬學。所讀《雜字》、《百家姓》之類，謂之村書。」今鄉村小兒所習《百家姓》一書，蓋猶宋人所習，以趙爲首，尊國姓也。

楊誠齋詩

轎子始于宋時，而詩家罕用。此字楊誠齋獨喜用之。如「行到深郵麦更深，放低小轎過桑陰」、「詩卷且留燈下看，轎中只好看春光」、「總將枝上雨，灑入轎門衣」、「曉過新橋啟轎牕，要看春水弄春光」、「行到箯橋中半處，鍾山飛入轎牕羅」、「暖轎行春底見春，遮攔春色不教親」、「急呼青轍小凉轎，又被春光著莫人」。

⿱若⿰若若苴

楊誠齋《野薔薇》詩：「紅殘緑暗已多時，路上山花也則稀。⿱若⿰若若苴餘春還子細，燕脂濃抹野薔薇。」按《廣韻》引《玉篇》云：「⿱若⿰若若苴，泥不熟皃。⿱若⿰若若，盧下切。」湯若士《還魂記》有「春色⿱若⿰若若苴」句，蓋用誠齋詩。

宋正甫

王伯厚記宋正甫詩：「三聖傳心唯主一，六經載道不言真。」正甫爵里未詳。按虞伯生《鶴山書院記》序其大父講學諸人，有唐安宋正仲德之，未審即正甫否？當攷。

迎富

今人但知送窮，不知迎富亦有故事。魏華父有《二月二日遂寧北郭迎富故事》詩云：「才過結柳送貧日，又見簪花迎富時。誰爲貧驅竟難逐，素爲富逼豈容辭。貧如易去人所欲，富若可求吾亦爲。里俗相傳今已久，謾隨人意看兒嬉。」此蜀中舊俗，不知今尚行之否？

後村詩

詩家詠古，但取對偶精工，不計事迹之然否。如後邨詩：「未必朱三能跋扈，秖因鄭五欠經綸。」真耳食之論也。朱温之跋扈久矣。昭宗始立，頗有削平方鎮之志，乃誤用張濬爲相，欲倚汴以圖并。及濬出師挫衂，温竟未遣一卒。唐之亡，濬之罪也。鄭綮之相，在乾寧元年，其時國事已不可爲，「尋即辭疾去官，綮於出處無玷矣。「歇後作相，時事可知」，乃綮自謙之詞。平情論之，則昭宗一朝相臣無出其右者。後邨道聽塗説，豈真有論世之識哉！

論詩絶句

元遺山《論詩絶句》，效少陵「庾信文章老更成」諸篇而作也。王貽上仿其體，一時争效之。厥後宋牧仲、朱錫鬯之論畫，厲太鴻之論詞、論印，遞相祖述，而七絶中又别啟一户牖矣。

律詩失粘

王阮亭「斑管題詩吴祭酒，紅顔顧曲袁荆州」，人多笑其失粘，然亦有所本。楊誠齋《送何一之右司出守平江》詩「人物只今何水部，風流不減韋蘇州」一篇八句，獨此句拗，阮亭蓋用其體。前輩一時失檢，即爲後人文過把柄。如陸放翁字務觀，觀本讀去聲，而當時即有押入平聲，爲放翁所譏者。朱錫鬯詩「石湖居士范成大，鑑曲詩人陸務觀」，正用此事。所謂明知故犯，欲自矜其奧博也。

水田衣

釋子以袈裟爲水田衣。今杭州神尼塔下有唐杭州刺史盧元輔磨厓刻七言詩，首句云「水田十里學袈裟」。阮亭「水田一帶學僧衣」之句，蓋本於此。

上下洄

《水經注》：「蔡洲大岸西有洄湖，停水數十畝，長數里，廣減百步，水色常淥。楊儀居上洄，楊禺居下洄。」朱錫鬯詩「屧滿西南户，堂臨上下洄」，蓋用此事。近人注《曝書亭詩》者，引《爾雅》「逆流而上曰泝洄，順流而下曰泝游」實之，失其旨矣。

鼰䶓

《廣韻》：「鼰䶓，斑鼠也。」兩字皆在十九青部。《玉篇》：「鼰，公熒切，斑鼠也。䶓，力令切，鼰屬。」鼰亦作⿰鼠迥。白香山《游悟真寺》詩「⿰鼠迥䶓上不得，豈我能攀援」是也。古人以鼠鬚製筆，故筆有鼰䶓之稱，或作⿰虫冋蛉。然字書本無⿰虫冋字也。朱錫鬯作《曹侍郎挽詩》云「硯憐鸜鵒潤，筆肯⿰虫冋蛉拋」，誤「鼰」爲「⿰虫冋」。「⿰虫冋」即「蠁」字。《説文》「知聲蟲也」。恐無與「鼰」通用之理。

三橋

朱錫鬯《風懷詩》：「路豈三橋阻，屏還六扇偕。」上句用李商隱《明日詩》「誰言整雙履，便是隔三橋」也。注家不能引。

踳與踳異

《説文》：「舛，或作踳。踳从春。」春、舛聲相近，故有舛音。古書舛駁字多作踳。又《廣韻》三鍾部有「踳」字：「蹋也，書容切。」踳从舂，踳从春，音義迥殊。朱錫鬯《齋中讀書》詩：「漢士守一經，其義或駮踳。真儒起北海，卓哉鄭司農。」似誤仞爲一字。

辨邵堯夫水火土石

沈作喆《寓簡》謂「五行者經世之用，紀歲時，行氣運，不可闕一」。邵堯夫《皇極經世》用揚雄之四數，加以本無之一，而去其本有之二，爲不合于古。朱錫鬯《齋中讀書》詩第四首云：「奈何洛下儒，侮聖不知懼；用三去其二，變一成百牾。」蓋用沈氏説，注家未有引此者。

查初白

查初白《贈湯西厓》詩：「敢擬微之並樂天，才名官職兩殊懸；只餘一事差相似，恰比先生老七年。」自注謂「樂天長于微之七歲」。按《唐詩紀事》云：樂天生于代宗大歷七年壬子，微之生于德宗建中元年庚申，少樂天八歲，非七歲也。

文選

李陵《答蘇武書》，東坡譏爲齊、梁人作。然劉知幾已言其文體不類西漢人，殆後來所爲，假稱陵作矣。予謂魏、晉人喜僞造文字，如王肅之《家語》、梅賾之《古文尚書》、汲郡之《紀年》，不一而足。此書當是魏、晉初高手爲之，齊、梁人不能辨也。太史公《報任安書》，不敢言漢待功臣之薄。此篇於韓、彭、周、魏、李廣諸人之枉，痛切言之，示誡後代。昭明采而録之，非無謂也。

梁世崇尚浮屠，一時名流詩文大半佞佛之作，昭明一概不取，唯録王簡栖《頭陀寺》一篇，以備斯體。簡栖名位素卑，不爲當時所重，而特取之，明非勝流所措意也。此等識見，遠出後世詞人之上。

御覽載孔融語

孔融爲北海相，告高密縣爲鄭康成特立一鄉，名鄭公鄉，其推許甚至。而《太平御覽》載融《與諸卿書》云：「鄭康成多臆説，人見其名學，爲有所出也。證案大較要在五經四部書，如非此文，近爲妄矣。若子所執，以爲郊天之鼓，必當麒麟之皮也。寫《孝經》本當曾子家策乎？」見《御覽》卷六百八。予謂此必非孔文舉之言，殆魏、晉以後習王肅學者僞託耳。晉荀勗《中經薄》始有四部之分，文舉漢人，安得稱四部書？且鄭君注三《禮》，初無麒麟皮冒鼓之説也。范蔚宗書及章懷注皆無此語，不可執無稽之談以誣盛德。

庾闡揚都賦

庾闡字仲初，晉給事中、領著作。作《揚都賦》，爲世所重，見《晉書·文苑傳》。張守節《史記正義》説三江，❶引庾仲初《揚都賦》注，蓋賦成又自爲注。謝康樂《山居賦》有注，殆取仲初之例乎？蔡仲默《書集傳》仞「庾」爲「唐」，又以「揚都」爲「吴都」，固失之不攷。胡朏明以「庾杲之」當之，亦未讀《晉書》矣。

范縝神滅論

齊、梁文人多好佛。劉彦和序《文心雕龍》，自言「夢見宣尼」。而晚節出家，名慧地，可謂咄咄怪事。顔之推累世儒家，而《家訓·歸心》一篇，見譏後代。范子真《神滅論》，其中流之砥柱乎！

文　筆

劉彦和云：「今之常言『有文有筆』，以爲無韻者筆也，有韻者文也。」《文心雕龍·總術篇》。按《南史·顔延之傳》，宋文帝問延之諸子才能，「延之曰：『竣得臣筆，測得臣文。』」《任昉傳》：「尤長載筆，王公表奏無不請焉。」「既以文才見知，時人云『沈詩任筆』。」殷璠云：「歷代詞人，詩筆雙美者鮮矣。」杜牧之詩：「杜詩韓筆愁來讀，似

❶「張守節史記正義」，按實見酈道元《水經注》。

倩麻姑癢處抓。」

庾子山賦

古人文字不以重複爲嫌。庾信《哀江南賦》，杜元凱兩見，陸士衡一見，陸機兩見，班超兩見，白馬三見，西河兩見，驪山兩見，七葉兩見，暮齒兩見，秦庭、金陵、南陽、釣臺、七澤、全節、諸侯、荒谷皆兩見。

「未深思于五難」、「本無情於急難」，一段之中，重押「難」字。

「過漂渚而寄食，託蘆中而度水。」上句用韓信事，下句用伍子胥事。顧亭林謂「漂當作溧，溧渚即瀨渚，亦用子胥事。」予謂子山由金陵赴楚，溧水非經過之地，不應連用子胥事。且漂母進食，具有典故；「寄食」二字，亦見《淮陰侯傳》，無庸破「漂」爲「溧」也。

傅奕詆浮圖法

唐傅奕上疏詆浮圖云：「五帝三王，未有佛法，君明臣忠，年祚長久。至漢明帝始立胡祠，然惟西域沙門自傳其教。西晉以上，不許中國髡髮事華。❶及弛厥禁，主庸臣佞，政虐祚短。梁武、齊襄尤足爲戒。」此韓退之《佛骨表》之藍本也。

陋室銘

崔沔嘗作《陋室銘》，在劉禹錫之前。李德裕有《秋聲賦》，在歐陽公之前。梁元

❶「華」，《新唐書》卷一百七《傅呂陳傳》作「胡」。

帝《金樓子》有一條云：桓譚有《新論》，華譚又有《新論》。揚雄有《太玄經》，楊泉又有《太元經》。談者多誤，動形言色。或云桓譚有《新論》，何處復有華譚？揚子有《太元經》，何處復有《太元經》？此皆由不學使之然也。

宋子京喜韓柳文

宋子京好韓退之、柳子厚文。其修《唐書》，於《韓傳》載《進學解》、《佛骨表》、《潮州謝上表》、《祭鱷魚文》四篇。《藩鎮傳》載《平淮西碑》。《陳京傳》載《禘祫議》。《孝友傳》載《復讎議》。《許遠傳》載《張中丞傳後序》。《李渤傳》載愈所與書。《張籍傳》載愈答書。《甄濟傳》載愈《答元微之書》。《韋丹石洪傳》亦皆取愈所撰墓誌也。於《柳傳》載《與蕭翰林俛》、《許京兆孟容書》、《貞符》、《懲咎賦》四篇。《孝友傳》載《駁復讎議》、《孝門銘》。《宗室傳》載《封建論》。《貞行傳》載《與何蕃傳》。❶《段秀實傳》亦采宗元《逸事狀》增益之。《趙宏智傳》附矜事，亦采宗元所撰墓誌也。

原　道

「原道」二字，出《淮南·原道訓》。劉氏《文心雕龍》亦有《原道篇》。

老氏云：「失道而後德，失德而後仁，失仁而後義。」又云：「大道廢，有仁義。」所謂「去仁與義」言之也。孟子曰：「堯、舜之道，孝弟而已矣。」「仁之實，事親是

❶「貞」，《新唐書》卷一百九十四作「卓」。

也；義之實，從兄是也。」「道在邇而求諸遠，事在易而求諸難：人人親其親、長其長，而天下平。」所謂「合仁與義」言之也。退之《原道》一篇，與孟子言仁義同功。「仁與義，爲定名；道與德，爲虚位。」二語勝于宋儒。

諱辨

《諱辨》一篇，引二名、嫌名，《律》最明白，而《舊唐書》譏之。然細讀此文，亦多可議。吕后名雉，雉在上聲旨部，不與治同音。治有兩讀，一平聲，直之切；一去聲，直吏切。非上聲也。且其字爲高宗諱，即云元和之世，親盡不避，於義終未安。曾子之父名點，不名晳。杜操字伯度，後人避魏武諱追改。見《資暇集》。杜與度亦不同音。

河間傳

《漢書》原涉曰：「子獨不見家人寡婦邪？始自約敕之時，意乃慕宋伯姬及陳孝婦，不幸壹爲盜賊所汙，遂行淫失，知其非禮，然不能自還。吾猶此矣！」柳子厚《河間傳》蓋本於此，而詞太穢褻。此等文不作可也。

古人文字不宜學

李翺述其大父事狀，題云《皇祖實録》，當時不以爲怪，若施之後代，則犯大不韙矣。唐、宋人碑誌，稱其父曰「皇考」，歐陽公《瀧岡阡表》亦稱其父皇考。宋徽宗始禁止之，南宋以後遂無敢用者。好古之士當隨時變通，所謂禮從宜也。

文集須良友删削

白樂天云：「凡人爲文，私於自是，不忍于割截，或失于繁多。其間妍媸，益又自惑。必待交友有公鑒無姑息者，討論而削奪之，然後繁簡當否，得其中矣。」

曾王晚年異趣

王安石《韓子詩》：「紛紛易盡百年身，舉世何人識道真。力去陳言誇末俗，可憐無補費精神。」李壁注云：「觀公此詩，尚謂退之未識道真也。予在臨川，聞之曾氏子弟載南豐語云：『介甫非前人盡，獨黄帝、老子未見非耳。』譏其非人太多也。」如李季章説，是南豐亦不滿于安石也。安石與子固交最厚；及居相位，未嘗引居要職，知其晚年異趣矣。大抵好詆毁人者，必非忠信篤敬之士；於古人且不能容，況能容同時之善士乎？安石心術不正，即在好非議古人。子固窺破此等伎倆，故始密而終疎。

七　大　家

李紹《序蘇文忠公集》云：「古今文章作者非一人，其以之名天下者，唯唐昌黎韓氏、河東柳氏、宋廬陵歐陽氏、眉山二蘇氏及南豐曾氏、臨川王氏七大家。」明成化四年，江西吉安府重刊《大蘇七集》，紹爲之序。紹，廬陵人，官禮部侍郎。

老蘇族譜引

蘇明允《族譜引》：唐神堯初，長史味道刺眉州，卒于官。一子留于眉，眉之有蘇氏自此始。神堯者高祖謚也，而味道非高祖朝臣。《唐書·味道傳》「貶眉州刺史」在中宗之世，則「神堯」殆「神龍」之誤歟？老蘇以古文名家，自述先世不應差誤，或傳刻失之也。味道相武后，有「模棱」之譏。然劉夢得言，宋廣平在下僚，以《梅花賦》投蘇，蘇盛稱之，自是方列于聞人之目。其推獎後進有過人者，宜其後裔多文人也。

東坡跋語誤

東坡《跋晉桓温書》云：「『蜀平，天下大慶，東兵安其理，當早一報此。桓元子書。』『蜀平』，蓋討譙縱時也。僕喜臨之，人間當有數百本也。」按：桓温所云「蜀平」，謂滅李勢也。譙縱之平，在安帝義熙中，不與桓温同時。此東坡記憶之誤。

喜雨亭記

《喜雨亭記》末皆韻語：「太守不有，歸之天子。」「子」與「有」韻，從古音也。「天子曰不，歸之造物。」「物」與「不」韻。讀「不」爲「弗」，從《廣韻》也。俗本「不」下多「然」字，蓋淺人妄增。

東坡學韓柳

《表忠觀碑》，仿子厚《義門銘》也。《萬

石君羅文傳》，仿退之《毛穎傳》也。蓋《公堂記》，用子厚《郭橐駝傳》之意而變其面目。

父子共一碑

石元懿公熙載，與其子文定公中立同一碑，其文蘇魏公所爲也。陸務觀撰《詹朝奉靖之墓表》，兼述其子長民事，蓋用石家故事。

歸震川

《歸震川文集》後，附王文肅錫爵所撰墓誌。予初讀之，歎其波瀾意度，頗與熙甫相近。後讀《唐叔達集》有此文，知爲叔達代作。叔達父名欽堯，震川高弟，其淵源有自矣。

顧寧人

《顧寧人文集》初印本有《讀隋書》一篇，本馬貴與之説，載在《文獻通考》。寧人手鈔之，意欲采入《日知録》。潘次耕誤仞爲顧作，乃以《讀隋書》爲題收入集中。今本無此篇，以它文易之，則次耕已覺其謬矣。

開化寺碑

朱錫鬯《開化寺碑》，一刻于《竹垞文類》，再刻于《曝書亭集》；而陸清獻《三魚堂集》亦載此文。蓋清獻愛其文，鈔置篋笥，其後門下士編次文集，誤仞爲清獻作。

四六

駢儷之文，宋人或謂之四六，謝伋字景思。《四六談麈》、王銍字性之。《四六話》是也。攷《文心雕龍·章句篇》有云：「筆句無常，而字有常數。四字密而不促，六字格而非緩。或變之以三五，蓋應機之權節也。」則梁時文筆已多用四字六字矣。

文人避家諱

古人重家諱。太史公父名談，故改「談」爲「同」，取其聲相近也。司馬温公父諱池，每與韓持國書，改「持」爲「秉」，取其義相近。然禮不諱嫌名。池，直離切。持，直之切。又非同部，雖不避無妨也。眉山蘇氏諱「序」，故明允文改「序」爲「引」。東坡不爲人作序，或改用「敘」字。

題諱填諱

《彭王傳徐浩碑》，浩次子峴所書。碑末有「表姪河南府參軍張平叔題諱」十二字。題諱，即今人所云填諱也。周益公《跋初寮王左丞贈曾祖》詩，末題「通直郎田椽填諱」，是宋人已稱填諱矣。元刻《麻衣子神字銘》「孛述魯翀撰，二子孛述魯遠書，南陽貢士李珩填諱」，正用徐峴之例。孛术魯三字，姓也。石刻「术」作「述」，譯音無定字。

十駕齋養新録卷十六終

十駕齋養新録 卷十七

嘉定錢大昕

圓經周率

古之九數，圓周率三，圓徑率一，其術疏舛。自劉歆、張衡、劉徽、王蕃、皮延宗之徒各設新率，未臻折衷。宋末南徐州從事史祖沖之更開密率，以圓徑一億爲一丈，圓周盈數三刻本作二，誤。丈一尺四寸一分五釐九毫二秒七忽，朒數三丈一尺四寸一分五釐九毫二秒六忽，正數在盈朒二限之間。密率圓徑一百一十三，圓周三百五十五。約率圓徑七，周二十二。又設開差冪、開差立，兼以正圓參之。指要精密，算氏之最者也。《隋書・律秝志》。西洋人割圓六宗三要之説，窮極幼眇，所得徑一周三一四一五九二六五，正在沖之所定盈朒二數之閒。世閲古今，地分中外，而布算若合符節，用以步天，宜若確乎不可易矣。予族子江寧教授唐號溉亭。獨疑之，謂圓周曲線也，圓徑直線也，以各等邊線用句股法取其弦遞析之，愈析愈細，終無合爲一線之理，則所謂密率者猶未密也。今試以木製大圓輪，其徑一丈，以長竹篾刻尺寸分秒度之，得實周三丈一尺六寸有奇，乃知沖之密率猶失之弱。蓋以直求曲，勢必不能密合，非算之不精，於理有未盡也。昨元和李生鋭字尚之。告予云：秦九韶《數學九章》卷三，環田三積問術，以圓徑自乘，進位爲實，開平方得周。設徑一億，依術推之，得周三億一千六百二十二萬七千七百六十六奇，與溉亭之説合，則古人已有先覺者。

王深寧引九章有誤

王深寧引《九章算術》：「五雀六燕，飛集于衡，衡適平；一雀一燕，飛而易處，則雀重而燕輕。」見《困學紀聞》卷十九。按《九章·方程》篇云：「今有五雀六燕，集稱之衡，雀俱重，燕俱輕；一雀一燕交而處，衡適平。」王氏所引，不特文句有異，以算求之亦不合。

夕桀

《周禮·保氏》「九數」，鄭司農云：「今有重差、夕桀、句股。」《釋文》謂「夕桀二字非鄭注」，後人附益也。夕桀未詳何義，疑是互乘之譌。

六壬推行年

六壬起行年法。男子從寅順行，女子從申逆行。按《説文》元氣始於子。子，人所生也。男左行三十，女右行二十，俱立於巳，爲夫婦。裹妊于巳，巳爲子，十月而生。男起巳至寅，女起巳至申，故男年始寅，女年始申也。則行年之説由來古矣。

六壬十二神

《論衡·難歲篇》：「或上十二神登明、從魁之輩，工伎家謂之皆天神也，常立子丑之位，俱有衝抵之氣。」案此十二神，六壬家所用。《論衡》雖引其説，而未悉數其名。登明、亥也，從魁、酉也。寅爲功曹，亦見《論衡・遭虎篇》。

六壬家又有貴人、螣虵、朱雀、六合、句陳、青龍、天空、白虎、太常、元武、太陰、天后十二神，分布十二方位。攷《論衡・解除篇》云：「宅中主神有十二焉，青龍、白虎列十二位。」雖不詳列十二之名，當與六壬家不異。

太一

《後漢書・高彪傳》：「天有太一，五將三門。」注：《太一式》：「凡舉事皆欲發三門，順五將。」三門者，開門、休門、生門。五將者，天目、文昌等。

天一家

褚先生云：「孝武帝時，聚會占家問之，某日可取婦乎？五行家曰可，堪輿家曰不可，建除家曰不吉，叢辰家曰大凶，歷家曰小凶，天人家曰小吉，太乙家曰大吉。辯訟不決，以狀聞。制曰：『避諸死忌，以五行爲主。』」按天人家不見于《漢・藝文志》，當是「天一」之譌。《漢志》五行三十一家，《天一》六卷，蓋其一也。

算盤

古人布算以籌。今用算盤，以木爲珠，不知何人所造，亦未審起于何代。案：陶南村《輟畊録》有走盤珠、算盤珠之喻，則元代已有之矣。

蓋天

古之言天者有蓋天、宣夜、渾天三家。宣夜之學，久失其傳。《周髀》則蓋天之術也。其書出於周公，商高所授，乃算術之最古者。自楊子雲著論，抑蓋申渾，其後蔡邕、葛洪之徒咸宗其説，而蓋天之義久置不講。近世歐邏巴人入中國，製器有渾、蓋、通、憲之名，而後步天家知蓋之不殊於渾；而平儀之用，視渾儀尤簡而易曉。然攷之梁代崔靈恩已有渾、蓋合一之論。北齊信都芳亦云：「渾天覆觀，以靈憲爲文；蓋天仰觀，以周髀爲法。覆仰雖殊，大歸是一。」則古之人早有先覺者矣。

九䰢

劉向《九歎》：「訊九䰢與六神。」注：「九䰢，謂北斗九星也。」按《説文》無「䰢」字，當爲魁之譌。古書斗爲𠦃，與斤相似，因誤爲䰢，并讀如祈音，失其義矣。北斗九星，魁居其首，故有九魁之稱。

河圖闓苞受

《續漢書·天文志》云：「黄帝始受《河圖鬭苞授》，規日月星辰之象。」王伯厚謂「鬭苞似是人名氏」。案《文選》李善注引《河圖闓苞受》曰：「苐感苗裔出應期。」《闓苞受》蓋《河圖》篇名。《漢志》誤「闓」爲「鬭」，非人名也。「授」與「受」通。

霜月

《韓勑造禮器碑》云：「青龍在涒歎，霜月之靈，皇極之日。」説金石者不曉「霜月」爲何語。予謂霜月者，相月也。《爾雅·釋天》篇：「七月爲相。」

咸池

《西嶽華山亭碑》：「光和元年，歲在戊午，名曰咸池。」按《淮南·天文訓》：「咸池爲大歲，二月建卯，月從右行四仲，終而復始。」歲在子、卯、午、酉，則歲所直之月，正當咸池之位，如卯年卯月，咸池在卯。午年午月，咸池在午。酉年酉月，咸池在酉。子年子月，咸池在子。故名曰咸池也。咸池大歲，與斗杓小歲相對。洪氏《隸釋》引作「太歲」，誤也。洪氏又引《天官書》：「西宮咸池，曰天五潢。」奎、婁、胃、昴、畢、觜、參居之。敦牂歲，歲星以五月與胃、昴、畢晨出東方。蓋三宿在西宮之中，而歲星以午年舍其分，故以咸池爲名。此則誤會《史記》之意。《史記》所謂「歲陰在午，星居酉者」，謂太陰在午，非太歲在午也。若太歲在午，則歲星當以五月與東井、輿鬼晨出東方，與咸池無涉矣。

太陰

漢初多以太陰紀歲。《淮南·天文訓》「太陰在寅，歲名曰攝提格」、「太陰在卯，歲名曰單閼」之類，皆謂太陰，非太歲也。《淮南》又云：「太陰在四仲，則歲星行三宿；

太陰在四鉤，則歲星行二宿。二八十六，三四十二，故十二歲而行二十八宿。」四仲，謂子、午、卯、酉也。四鉤，謂丑寅、辰巳、未申、戌亥也。太陰在卯，歲星舍須女、虚、危；太陰在午，歲星舍胃、昴、畢；太陰在酉，歲星舍柳、七星張；太陰在子，歲星舍氐、房、心：是爲四仲行三宿。太陰在寅，歲星舍斗、牽牛；太陰在辰，歲星舍營室、東壁；太陰在巳，歲星舍奎、婁；太陰在未，歲星舍觜觽、參；太陰在申，歲星舍東井、輿鬼；太陰在戌，歲星舍翼、軫；太陰在亥，歲星舍角、亢；太陰在丑，歲星舍尾、箕：是爲四鉤行二宿。此在《淮南書》，信而有徵者也。《漢書·天文志》晉灼注云：「太歲在四仲，則歲星行三宿；太歲在四孟、四季，則歲星行二宿。」《史記正義》引晉灼説亦同。本據《淮南》之文，而改太陰爲太歲，則失《淮南》之旨。蓋古法太陰與太歲不同，太歲與歲星左右行不同，而常相應。如歲星在星紀，則太歲必在子；歲星在元枵，則太歲必在丑，推之十二辰皆然也。今云歲星舍斗、牽牛，是星紀之次也，太歲當在子，而却云在寅。歲星舍須女、虚、危，是元枵之次也，太歲當在丑，而却云在卯。是《淮南》所云太陰，非即太歲矣。如果太歲在寅，則歲星當舍營室、東壁，不當在斗、牽牛；果太歲在卯，則歲星當舍奎、婁，不當在須女、虚、危也。《淮南》雖不言太歲，而即歲星以見太歲，此古人舉一反三之例也。太史公《天官書》多承《淮南》之文，唯改太陰爲歲陰，其説歲星晨出之月，與《淮南》常差兩月，一舉夏正，一用天正，似異而實同。太史公亦以歲陰紀年，如太初元年閼逢攝提格，其明證矣。自太初改憲以後，劉子駿《三統術》但有推太歲所在法，别無言太陰者，蓋疇人子弟失其傳已非一日。班氏《天文志》雖承史公之文，而改歲陰爲太歲，不復言太陰，是東漢人已不知太陰、太歲之有别矣。晋灼晋人，宜其仞太陰爲太歲也。

《漢志》言歲星晨出東方之宿，兼取石氏、甘氏、《太初》三家。其云石氏者，大約與史公同，而與《太初》常差兩次。甘、石以太陰紀年，《太初》以太歲紀年，兩家本不能强合；班氏昧于太陰、太歲之别，乃謂甘氏、《太初》所以不同者，以星贏縮在前，各據後所見也。不知歲星每一年而行一次，即有贏縮，斷無差至兩次之理。甘、石之不同，可以贏縮解之，豈可例諸《太初》乎？

六　秝

古秝存於漢者有六家，黄帝、顓頊、夏、殷、周、魯是也。祖沖之言：「古之六秝，❶並同《四分》，《四分》之法，久則後天。以食檢之，經三百年，輒差一日。古秝課今，其甚疏者，朔後天過二日有餘。以是推之，古秝之作皆在漢周末，❷理不得遠。且却較《春秋》，朝並先天，❸則非三代以前明矣。」❹《書》正義：「古時真秝，遭戰國及秦而亡。

❶「秝」，《宋書》卷十三《推五星術》作「術」。下「秝」字同。

❷「漢」下，《宋書》卷十三《推五星術》有「初」字。

❸「朝」，《宋書》卷十三《推五星術》作「朔」。

❹「則非三代以前明矣」，《宋書》卷十三《推五星術》作「此則非三代以前之明徵矣」。

漢存六秝，雖于五紀之論，皆秦、漢之際假託爲之。」《詩》正義云：「今世有《周秝》、《魯秝》，蓋漢初爲之，其交無遲速盈縮，攷日食之法，而年月往往參差。」

歲星超辰

古法歲星百四十四年而行百四十五次，是爲超辰之率。漢以後歲星之行漸速。如《王莽傳》：「建國五年，歲在壽星，倉龍癸酉。始建國八年，即天鳳三年。歲躔星紀。天鳳七年，即地皇元年。歲在大梁，倉龍庚辰。厥明年，歲在實沈，倉龍辛巳。」此《漢史》所記也。《三國志注》載博士蘇林、董巴上表，稱：「光和七年，歲在大梁，武王始受命，爲將討黃巾。是歲改年爲中平元年。建安元年，歲復在大梁，始拜大將軍。十三年，復在大梁，始拜丞相。今二十五年，歲復在大梁。」攷地皇元年庚辰，至建安五年庚辰，僅一百八十年。以古超辰率計之，建安元年丙子，歲星但當在元枵耳，今乃越諏訾、降婁而至大梁，則是百八十年之閒，歲星已超三辰也。歲星之行，不能與太歲相應，而太歲亦無超辰之率，蓋起于東漢，至今因之。

置閏

古法用平朔，率三十二月而一閏，閒有相距三十三月者。唐、宋以來，皆用定朔，則或相距至三十四月。如宋祥符乙卯歲閏六月，至天禧戊午閏四月是也。今時憲書用定氣，每氣修短，四時不等，由是置閏近者，相距或二十八月，如乾隆丙寅閏三月，戊辰閏七月。遠者相距或三十五月，如雍正甲辰閏四月，丁未閏三月。而正月、十一月、十二月亦從未置閏。以乾隆戊戌年時憲書攷之，此六十年中，閏四月者四，閏五月者四，閏六月者四，閏七月者三，閏九月者二，閏十月者一，閏二月者一。

二十四時

一日分十二時，每時又分爲二，曰初、曰正，是爲二十四小時。而選擇家以子初爲壬時，丑初爲癸時，寅初爲艮時，卯初爲甲時，辰初爲乙時，巳初爲巽時，午初爲丙時，未初爲丁時，申初爲坤時，酉初爲庚時，戌初爲辛時，亥初爲乾時。今時憲書寅申巳亥月，宜用甲丙庚壬時；卯酉子午月，宜用艮巽坤乾時；辰戌丑未月，宜用癸乙丁辛時是也。予在都門游法源寺，見遼《舍利函記》，後題甲時。又於戒壇寺見遼《法均禪師碑》，後題乾時。又遼石幢二，其一題庚時，一題坤時。潭柘寺見金《了公禪師塔銘》，亦題庚時。蓋遼、金石刻，多用斯語。武虚谷撰《授堂題跋》，載西嶽題名，有天禧四年某月日巳後午前丙時竪立，又北嶽廟有大中祥符五年題名云「閏十月二十五日卯後四剋乙時」，是宋石刻亦有之。後讀《舊唐書·吕才傳》言「若依葬書，多用乾、艮二時」，則隋、唐以前已有此稱。又攷《晉書》載魏太史令許光議：❶「黄初二年六月加時未日蝕，黄初以爲加辛强。又二年七月日加壬月景蝕。」「景」即「丙」字，避唐諱改。是以千命時之證也。又云：「三年正月加時申北日蝕。十一月加時西南維日蝕。」言

❶「許光議」，《晉書》卷十七《律曆志》作「徐岳議」。

「申北」，言「西南維」，而不言「坤」，則知以乾、坤、艮、巽代四維，魏、晉以前，未有此稱矣。

夜子時

宋紹熙二年正月三日壬子，其夜子時立春。洪文敏以《劄子白廟堂》云：日辰自古以子時爲首，今既子時立春，則當是四日癸丑，謂太史之誤。見《賓退録》。《宋史·歷志》不載其事。是文敏有此議，而廟堂未之行也。頃見寶祐四年《會天歷》，是歲立夏四月三日甲子，其夜子初二刻。則子初系前一日，終宋世未嘗改易。元、明至今，猶承其舊。洪氏於推步本非專門，輒譏太史爲誤，非也。

回回算術

《明史》載《回回歷法》：「天周度三百六十。每度六十分，每分六十秒。宮十二。每宮三十度。日周分一千四百四十，❶每時六十分。刻九十六。」每刻十五分。其法不用閏月，以三百六十五日爲一歲，歲十二宮，宮有閏日，凡百二十八年而宮閏三十一日。戴東原曰：「百二十八年閏三十一日，是每歲三百六十五日之外，又餘百二十八分日之三十一也。以萬萬乘三十一，滿百二十八而一，得二千四百二十一萬八千七百五十。」此是回回舊法。明季西洋人弟谷測春分時刻，定歲實

❶「十」下，《明史》卷三十七《回回曆法》有「時二十四」四字。

三百六十五日二十三刻三分四十五秒。以十五通二十三刻，納三分，再以六十通之，納四十九秒，共二萬九百二十五秒，是爲八萬六千四百分日之二萬九百二十五也。以萬萬平之，亦得二千四百二十一萬八千七百五十。乃知弟谷所定歲實，雖云測驗得之，實暗用回回法耳。

國朝時憲書初用歲實三百六十五日二四二一八七五，與弟谷所定同。乾隆間，更定歲實三百六十五日二四二三三四四二，比前率稍强。

《回回歷》又以三百五十四日爲一周，所謂太陰年也。周十二月。月有閏日，凡三十年月閏十一日。凡月分一月大，二月小，三月大，四月小，以次相間。月大三十日，月小二十九日，凡三百五十四日。遇月分有閏之年，於第十二月增一日，凡三百五十五日。按月周一大一小相間，又三十年而閏十一日，是每月二十九日有半又贏三百六十分之十一也。

十干配合

十干配合之説，本於《易·繫辭》及《春秋左氏傳》，而《漢書·五行志》衍其義尤詳。云「天以一生水，地以二生火，天以三生木，地以四生金，天以五生土。五位皆以五而合，而陰陽易位。然則水之大數六，火七，木八，金九，土十。故水以天一爲地二牡，❶木以天三爲土十牡，土以天五爲水六牡，火以天七爲金四牡，金以天九爲木八牡。陽奇爲牡，陰耦爲妃。故曰『水，火之

❶「地」，《漢書》卷二十七上《五行志》作「火」。

牡也；火，水妃也』」。《左氏》昭八年傳文。今按水一爲火二牡者，壬與丁合也；天一壬水，地二丁火。木三爲土十牡者，甲與己合也；天三甲木，地十己土。土五爲水六牡者，戊與癸合也；天五戊土，地六癸水。火七爲金四牡者，丙與辛合也；天七丙火，地四辛金。金九爲木八牡者，庚與乙合也。天九庚金，地八乙木。

刑德

翼氏《風角》云「木落歸本，水流歸末」，故木刑在亥，水刑在辰。今本《漢書·翼奉傳》注兩「刑」字皆作「利」，傳寫之譌也。「金剛火彊，各歸其鄉」，故火刑於午，金刑於酉。按亥、辰、午、酉，今人所謂自刑也。木生亥，壯于卯，窮于未；木落歸本，故木刑于亥。水生於申，壯于子，窮于辰；水流歸末，故水刑于辰。火生于寅，壯于午，窮于戌；金生于巳，壯于酉，窮于丑；故火刑于午，金刑于酉也。古法巳、亥、寅、申爲四孟，亥爲自刑，則寅巳申相刑，故曰寅刑巳，巳刑申，申刑寅也。子、午、卯、酉爲四仲，午酉皆爲自刑，則子卯相刑，故曰子刑卯，卯刑子也。辰、戌、丑、未爲四季，辰爲自刑，則丑戌未相刑，故曰丑刑戌，戌刑未，未刑丑也。

河戒本河戍之譌

《史記·天官書》：「東井，西曲星曰鉞。鉞北，北河；南，南河。」《漢書·天文志》「鉞」作「戉」。今刊本作「戌」，誤。《志》又云：「元封中，星孛于河戍。占曰：『南戍爲越門，北戍爲胡門。』」今本「戍」作「戌」，亦轉寫之譌。蓋戍星在南、北河之間，故曰河戍。

南戉即南河，北戉即北河也。《天官書》：「星茀于河戒」，「戒」亦「戉」之譌。小司馬引《漢志》：「星孛于河戒，其占曰『南戒爲越門，北戒爲胡門』。」則并《漢志》「戉」亦誤改爲「戒」矣。唐一行《大衍術議》謂「天下山河之象，存乎兩戒」，蓋由誤讀《史》、《漢》。後人又承一行之誤，而南北戒之説，牢不可破，真所謂郢書燕説也。小司馬氏、張氏皆與一行同時，習聞其説，故《索隱》、《正義》多用戒字。

電父

今人稱電神曰電母，古人則稱電父。《管輅別傳》云：「天昨檄召五星，宣布星符，刺下東井，告命南箕，使召雷公、電父，風伯、雨師。」

雷公

《論衡·雷虚篇》：「圖畫之工，圖雷之狀，纍纍如連鼓之形。又圖一人，若力士之容，謂之雷公，使之左手引連鼓，右手推椎，若擊之狀。」王逸注《招魂》云：「欲涉流沙，則回入雷公之室。」

大將軍

隋李康《清德頌》後題「歲在辛亥，大將軍在酉」。歐陽公謂「大將軍之説出於陰陽家，前史不載，而此碑見之」。吴仁傑以爲即張晏所謂「歲後二辰爲太陰」者。《抱朴書》有「諸皋，太陰將軍」之稱，碑用其説。見《兩漢刊誤補遺》。予謂仁傑强作解事，於方術本未究心，其言絶無根據。案堪輿家，大將軍居子卯午酉四正方，三年一徙，十二年而一周。亥子丑歲在酉，寅卯辰歲在子，巳午未歲在卯，申酉戌歲在午，與太陰之順行十二辰者迥不相合；唯寅申巳亥四年，偶與太陰相值。吴氏欲以附會太陰將軍之名，甚不然矣。周公謹亦主太陰將軍之説，與吴仁傑同。

孤虚

《史記》：「日辰不全，故有孤虚。」《龜策傳》。裴駰云：「甲乙謂之日，子丑謂之辰。《六甲孤虚法》：『甲子旬中無戌亥，戌亥即爲孤，辰巳即爲虚。甲戌旬中無申酉，申酉爲孤，寅卯爲虚。甲申旬中無午未，午未爲孤，子丑爲虚。甲午旬中無辰巳，辰巳爲孤，戌亥爲虚。甲辰旬中無寅卯，寅卯爲孤，申酉爲虚。甲寅旬中無子丑，子丑爲孤，午未爲虚。』劉歆《七略》有《風后孤虚》二十卷。」《吴越春秋》計硯曰：「孤虚，謂天門地户也。」與裴説似異。

歸忌

《陰陽書秝法》曰：「歸忌日，四孟在丑，四仲在寅，四季在子，其日不可遠行歸家及徙也。」《後漢書·郭躬傳》注。

反支

凡反支日，用月朔爲正。戌、亥朔一日反支，申、酉朔二日反支，午、未朔三日反支，辰、巳朔四日反支，寅、卯朔五日反支，子、丑朔六日反支。見《陰陽書》也。《後漢書·王符傳》注。

奇門

奇門之式，古人謂之遁甲，即《易》八卦方位，加以中央，與《乾鑿度》太一下行九宫之法相合。《史記·龜策傳》載宋元王召博士衛平語所夢。「衛平乃援式而起，仰天而視月之光，觀斗所指，定日處鄉。規矩爲輔，副以權衡。四維已定，八卦相望。視其吉凶，介蟲先見。乃對元王曰：『今昔壬子，宿在牽牛』」云云。此遁甲式也。日在牽牛，冬至之候。蓋冬至後壬子日，庚子時，子爲夜半。陽遁第一局。甲午爲旬首，在巽宫，杜門爲直使，時加子，子爲玄武，故云「介蟲先見」也。規矩、權衡，謂坎、離、震、兑四正之位。《漢書·魏相傳》「東方之神執規司春，南方之神執衡司夏，西方之神執矩司秋，北方之神執權司冬」是其義也。加以四維，故云「八卦相望」也。

九宫之神

九宫之神，一天蓬、二天芮、三天衝、四天輔、五天禽、六天心、七天柱、八天任、九天英。按《素問·刺法論》岐伯曰：「木欲升而天柱窒抑之，火欲升而天蓬窒抑之，土欲升而天衝窒抑之，金欲升而天英窒抑之，水欲升而天内窒抑之。」注云：「天柱，金正之宫。天蓬，水正之宫。天衝，木正之宫。天英，火正之宫。天内，土神之應宫也。」《抱朴子内篇》引《遁甲中經》云：「欲求道，以天内日天内時；劾鬼魅，施符書，以天禽日天禽時。」天內，即天芮也。然則九星之名，由來古矣。

六壬

六壬之占，載於正史者，《晉書・戴洋傳》。咸康五年，傳賊當來攻城。洋曰：「十月丁亥夜半時得賊問，干爲君，支爲臣，丁爲征西府，亥爲邾城，功曹爲賊神，加子時十月水王木相，王相氣合，賊必來。寅數七，子數九，賊高可九千人，下可七千人。從魁爲貴人加丁，下剋上，有空亡之象，❶不敢進武昌也。」案六壬式以月將加所得時，視干支所加神，以決休咎。十月月將在寅，日躔之次，謂之月將。十月建亥，日躔析木，爲寅位也。寅爲功曹。夜半爲子時，以寅加子，故以寅子決賊之衆寡。於占例，甲己子午數九，乙庚丑未數八，丙辛寅申數七，丁壬卯酉數六，戊癸辰戌數五，巳亥數四，故云「寅數七，子數九」。《隋書》庾季才稱「甲數九，子數又九」。十干寄位於支，未爲丁寄位，酉爲從魁，加於丁，丁火剋酉金，故云「下剋上」。甲申旬空午未，丁亥在甲申旬中。丁在未位，故云有「空亡之事」也。古法有日辰四課，而無三傳。史但云「洋善風角」，亦不稱六壬。

天乙酉丁　戌天后　亥太陰　子玄武　丑太常

太陰亥酉　酉天乙　寅白虎

太常丑亥　申螣蛇　卯天空

天空卯丑　未朱雀　午六合　巳句陳　辰青龍

《隋書・經籍志・五行類》有《六壬式經雜占》九卷、梁有《六壬式經》三卷，亡。《六壬釋兆》六卷。「六壬」之名始見於此。

十駕齋養新録卷十七 終

❶「象」，《晉書》卷九十五《戴洋傳》作「事」。

十駕齋養新録 卷十八

嘉定錢大昕

道

《中庸》，言道之書也。曰：「天命之謂性，率性之謂道。」是道本于天也。又曰：「天下之達道五：君臣也，父子也，夫婦也，昆弟也，朋友之交也。」是道不外乎五倫也。唯道不外乎五倫，故曰「道不遠人」，又曰「道也者，不可須臾離也」。道不虚行，有天地而後有天地之道，有聖人而後有聖人之道。學聖人者，爲君子之道；反是，則小人之道，非吾所爲道矣。孟子曰：「夫道若大路然，豈有索之虚无以爲道者哉！」唯《老氏》五千言始尊道于天地之上，其言曰：「有物渾成，先天地生。吾不知其名，强名之曰道。人法天，天法道，道法自然。」于是求道於窈冥怳忽，不可名象之中。與孔、孟之言道，枘鑿不相入矣。

張無垢曰：「道非虚無也，日用而已矣。以虚無爲道，足以亡國；以日用爲道，則堯、舜、三代之勳業也。」

韓康伯注《易》「一陰一陽之謂道」云：「道者何？无之稱也。」其注《太極》云：「夫有必生于无，故太極生兩儀也。」《正義》申之云：「太極，謂天地未分之前，元氣混而爲一，即是太初、太一也。《老子》云『道生一』，即此太極也。混混既分，[1]即有天地，故曰『太極生兩儀』，即《老子》云『一生

[1]「混混」，《周易註疏》卷十一作「混元」。

二』也。」晉人以《老》、《莊》説《易》，後儒知其非，而終不脱此窠臼，所謂「道在邇，而求諸遠也」。

五倫

人之所以異于禽獸者，以其有五倫也。唯人皆有孝弟之心，故其性無不善。堯、舜使契爲司徒，教以人倫，欲其自别于禽獸也。《孟子》曰：「孩提之童，無不知愛其親也；及其長也，無不知敬其兄也。」此之謂良知良能，此之謂性善。釋氏棄其父母昆弟而不知養，雖日談心性何益？

忠恕

有諸己，而後求諸人；無諸己，而後非諸人：帝王之忠恕也。躬自厚而薄責于人，聖賢之忠恕也。離恕而言仁，則爲煦煦之仁；舍忠而言信，則爲硜硜之信。故曰：「夫子之道，忠恕而已矣。」又曰：「有一言而可以終身行之者，其恕乎！」

《孟子》曰：「自反而仁矣，自反而有禮矣，其横逆猶是也，君子必自反也，我必不忠。」是忠爲仁禮之本也。《春秋傳》曰：「上思利民，忠也。」《論語》曰：「言思忠。」又曰：「主忠信。」子張問政，則曰：「行之以忠。」子貢問友，則曰：「忠告而善道之。」曾子曰：「吾日三省吾身，爲人謀而不忠乎？」蓋自天子以至庶人，未有舍忠而能行者。後人但以忠爲臣道，又以捐軀徇國者爲忠，而忠之義隘矣。

言動

衣冠中，動作慎，不苟呰，不苟笑，非禮勿言，非禮勿動，儒者之事也。「言輕則招憂，行輕則招辜，貌輕則招辱，好輕則招淫。」出《法言》。何晏粉白不去手，行步顧影，終以亡身。王安石囚首喪面而談《詩》、《書》，亦足以禍國。

謙讓

《孟子》曰：「無辭讓之心，非人也。」又曰：「辭讓之心，禮之端也。」「恭敬之心，禮也。」恭敬、辭讓，本非兩事。舍讓而言敬，則空虛無所著，雖日言敬，而去禮愈遠矣。禮者，自卑而尊人，人與己相接而不知退讓，則横逆及之矣。天道虧盈而益謙，鬼神害盈而福謙。孔子至聖，賢於堯、舜，而自言「竊比老彭」，謙之至，讓之至也。有禮者敬人，敬人而人恒敬之，舍謙讓何以哉！

義利

古之士無恒産而有恒心，今之士即有恒産，猶不能保其有恒心也，况無恒産乎？臨財苟得，臨難苟免，好利而不好名，雖在庠序，其志趣與市井胥徒何以異哉！

王伯厚云：「尚志謂之士，行己有恥謂之士，否則何以異乎工商？特立獨行謂之儒，通天地人謂之儒，否則何以異乎老、釋？無其實而竊其名，可以欺其心，不可以欺其鄉。」

廉恥

「禮、義、廉、恥，謂之四維」，此言出於《管子》，而賈生亟稱之。獨柳子厚著《四維論》，謂廉恥即義，不當列爲四。此非知道之言也。孔子論成人，則取「公綽之不欲」。論士，則云「行己有恥」。廉恥與禮義本同一源，而必別而言之者，以行事驗之，而決其有不同也。知禮則不妄動，知義則不妄交，知廉則不妄取，知恥則不妄爲。古人尚實事，而不尚空言，故覘國者以四維爲先。「人有土田，女反有之」，是不廉也。「巧言如簧，顔之厚矣」，是無恥也。觀二《雅》之所刺，知《管子》之言，必有中矣。

宋鄧綰以頌王安石得官，謂其鄉人曰：「笑罵從汝，好官須我爲之。」綰雖無恥，猶知人笑罵也。章惇召入相，人問「當國何先」，曰：「司馬光姦邪，所當先辨。」小人無忌憚，曾綰之不若矣。

方正

王義方《彈李義府疏》：「昔事馬周，分桃見寵；後交劉洎，割袖承恩。」義府小人，固不足責，馬、劉貞觀名臣，乃亦有比匪之傷乎？

儉

嗇于己不嗇于人，謂之儉。嗇于人不嗇于己，謂之吝。嗇于人并嗇于己，謂之愛。儉者，君子之德也。愛與吝，小人之事也。《晏子春秋》。

奢者富不足，儉者貧有餘；奢者心常貧，儉者心常富。譚子《化書》。李元衡《儉説》云：「貪饕以招辱，不若儉而守廉；干請以犯義，不若儉而全節；侵牟以聚仇，不若儉而養福；放肆以逐欲，不若儉而安性。」

止謗

「止謗莫如自修」，王文舒之言也。「何以止謗？曰無辨。」文中子之言也。謗之無實者，付之勿辨可矣。謗之有因者，非自修弗能止。

改過

過者，聖賢所不能無也。自以爲無過，而過乃大矣。自以爲有過，而過自寡矣。孔子曰：「五十以學《易》，可以無大過矣。」言大過而不言小過，是聖人猶未敢言小過之必無也。顔氏之子「有不善未嘗不知，知之未嘗復行」，故能不貳過，而入聖域。仲由喜聞過，令名無窮焉。聖賢之學，教人改過遷善而已矣。後之君子，高語性天而恥言改過，有過且不自知，與聖賢克己之功遠矣。

《易傳》曰：「无咎者，善補過也。」君子改過，以全其名；小人文過，以益其恥。

陸宣公上疏，言「聖賢以改過爲能，不以無過爲貴。陛下若納諫不違，傳之適足增美；若違諫不納，又安能禁之勿傳」。

重人不重位

《晉書・蔡謨傳》：「陳留時爲大郡，號稱多士，王澄行經其界，太守呂豫遣吏迎之。澄入境，問吏曰：『此郡人士爲誰？』吏曰：『有蔡子尼、江應元。』是時郡人多居大位者，澄以其姓名問曰：『甲乙等，非君郡人邪？』吏曰：『是也。』曰：『然則何以但稱此二人？』吏曰：『向謂君侯問人，不謂問位。』」

公慙卿，卿慙長，子孫雖達，士論不可欺也。第五之名，何減驃騎？弟兄殊趣，物議不少貶也。謝、何皆希高隱，謝出何不出，而何優于謝矣。元、白均稱才子，元相白不相，而元劣于白矣。

語録

佛書初入中國，曰經、曰律、曰論，無所謂語録也。達磨西來，自稱教外別傳，直指心印。數傳以後，其徒日衆，而語録興焉。支離鄙俚之言，奉爲鴻寶；併佛所説之經典，亦束之高閣矣。甚者訶佛罵祖，略無忌憚，而世之言佛者，反尊尚之，以爲勝於教律僧。甚矣，人之好怪也！

釋子之語録，始於唐；儒家之語録，始于宋。儒其行而釋其言，非所以垂教也。君子之「出辭氣，必遠鄙倍」。語録行，而儒家有鄙倍之詞矣。有德者，必有言；語録行，則有有德而不必有言者矣。

名

孔子贊《易》曰：「善不積，不足以成名。」於《孝經》曰：「立身行道，揚名於後世。」於《論語》曰：「君子去仁，惡乎成名？」又曰：「君子疾没世而名不稱焉。」聖人以名立教，未嘗惡人之名也。孟子云：「令聞廣譽施於身，所以不願人之文繡也。」「令聞廣譽」，非名而何？唯聲聞過情，斯君子恥之耳。趙岐注「好名之人章」云：「好不朽之名者，能讓千乘，伯夷、季札是也。誠非好名者，爭簞食豆羹變色，訟之致禍，鄭公子染指黿羹之類是也。」朱文公不用趙注，乃取蘇子瞻「人能破千金之璧，而不能無失聲于瓦缶」爲説，恐非《孟子》本旨。上云好名之人，下云苟非其人，則其人即好名之人無疑矣。且自古斷無能讓千乘之國而猶變色於簞豆者。稽之於古，既無其人，度之於情，恐無其事。陳義雖高，不如古注之似淺而實當也。

道家以無爲宗，故曰：「聖人無名。」又曰：「無智名，無勇功。」又以伯夷死名與盜跖死利並言，此悖道傷教之言，儒者所弗道也。

荀卿儒家，乃云：「盜名不如盜貨，田仲、史鰌不如盜也。」斯言過矣！儒而未醇，未免雜以老、莊之旨。

范文正公曰：「士不愛名，則聖人之權去矣。」

鼂氏《客語》云：「名利皆不可好也。然好名者比之好利差勝：好名則有所不爲，好利則無所不爲也。」

薛季宣上孝宗言：「近或以好名棄士

大夫，夫好名特爲臣子學問之累。人主爲社稷計，唯恐士不好名，誠人人好名畏義，何鄉不立？」

陳塤言：「好名，孟子所不取。然求士於三代之前，惟恐其好名；求士於三代之下，惟恐其不好名耳。」

魏了翁奏議：「好名之説，此乃隋煬帝、唐德宗以來，爲是以拒諫。今正患士大夫之不恤公議，而非好名之當慮也。」

顧寧人曰：「昔人之言曰名教、曰名節、曰功名，不能使天下之人以義爲利，而使之以名爲利。雖非純王之風，亦可以救積洿之俗。」

功過相除

鄭康成云：「士有百行，可以功過相除。」見《詩·氓》箋。《正義》云：「士有大功，則掩小過，故云可以功過相除。」

《公羊傳》云：春秋責賢者備。以其爲賢者，故責之，責之雖備，而其賢自在，所以爲忠厚也。管仲器小，不害其爲仁。臧武要君，不害其爲知。孟公綽不可爲滕薛大夫，不害其爲廉。宰我、冉有，《論語》屢責之，不害其爲十哲。聖人議論之公，而度量之大如此。王者知此道，則可無乏才之嘆；儒者知此道，則必無門户之争矣。

忠臣不事二君，而不事二君者未必皆忠；烈女不更二夫，而不更二夫者未必皆烈。逢君以危社稷，雖捐軀不爲忠也；制夫以絶似續，雖守寡不爲烈也。

朱文公議論平實

朱文公云：「近日學者，病在好高。《論語》未問『學而時習』，便説『一貫』；《孟子》未言『梁惠王問利』，便説『盡心』；《易》未看六十四卦，便讀《繫辭》：此皆躐等之病。」又云：「聖賢議論，本是平易；今推之使高，鑿之使深。」

朱文公謂「六朝人多精於禮，當時專門名家有此學，朝廷有禮事，用此等人議之」。嘗與人言：「讀書玩理外，攷證別是一種工夫，某向來不曾做。」文公窮理精而好學篤，故不爲過高之論。若金谿諸子，則以爲支離而不足學矣。

陳止齋不好辯

《四朝聞見録》：「考考先生晚注《毛詩》，盡去《序》文，以彤管爲淫奔之具，以城闕爲偷期之所。止齋得其説而病之，謂『以千七百年女史之彤管，與三代之學校，爲淫奔之具、偷期之所，私竊有所未安』。獨藏其説，不與考亭辯。考亭微知其然，嘗移書求其《詩説》。止齋答以『公近與陸子静鬬辯無極，又與陳同父争論王霸矣。且某未嘗注《詩》，所以説《詩》者，不過與門人學子講義，今皆毁棄之矣』。蓋不欲佐陸、陳之辯也。」

宋儒經學

王伯厚曰：「自漢儒至于慶歷間，談

經者守訓故而不鑿。《七經小傳》出，而稍尚新奇矣。至《三經義》行，視漢儒之學若土梗。古之講經者，執卷而口授，未嘗有講義也。元豐間，陸農師在經筵，始進講義。自時厥後，上而經筵，下而學校，皆爲支離曼衍之詞，説者徒以資口耳，聽者不復相問難，道愈散而習愈薄矣。」予嘗見《景定建康志》，有明道《書院講義》一卷，皆王氏所謂支離曼衍之詞也。

宋初儒者，皆遵守古訓，不敢妄作聰明。宋景文《唐書·儒學傳》於《啖助贊》深致貶斥。蓋其時孫復、石介輩已有此等議論，而歐陽公頗好之，故於此傳微示異趣，以防蔑古之漸。其後王安石以意説經，詆毁先儒，略無忌憚。而輕薄之徒，聞風效尤，競爲詭異之解。如孫奕説《詩》「黽勉」，以「黽」爲「蛙」。説《論語》「老彭」，以「彭」爲「旁」。《示兒編》。羅璧謂公羊、穀梁皆姜姓，《識遺》。真可入笑林矣。

道統

「道統」二字，始見於李元綱《聖門事業圖》。其第一圖曰《傳道正統》，以明道、伊川承孟子。其書成於乾道壬辰，與朱文公同時。

太極

《易·上繫》云：「易有太極，是生兩儀。」有易而後有太極，非太極在天地之先也。韓康伯謂「有必生於无，故太極生兩儀」。「有生於无」，語出《老子》。康伯以《老》、《莊》説《易》，故云爾也。濂溪言「無極而太極」，又言「太極本無極」，蓋用韓康伯義。「無極」二字，亦見《老子》，「復歸于无極」。六經初未之有也。陸子静疑《太極圖説》非濂溪作。又謂「極」訓「中」，不訓「至」，合于漢儒古義，較朱文公似勝之。

六經注我

林艾軒云：「日用是根株，文字是注脚。」此爲無實而好著書者言之，其語本無病也。陸子静云：「六經皆我注脚。」又云：「六經注我，我注六經。」則誕而妄矣。仲尼大聖，猶云「好古敏以求之」，子静何人？敢以六經爲我注脚乎？尊心而廢學，其弊必至於此。

引儒入釋

朱文公《答孫敬甫書》：「少時喜讀禪學文字，見杲老《與張侍郎書》云：『左右既得此欛柄入手，便可改頭换面。』却用儒家言語説向士夫，接引後來學者。」

黄勉齋云：「近世求道而過者，病傳注誦習之煩。以爲不立文字，可以識心見性；不假修爲，可以造道入德。守虚靈之識，而昧天理之真；借儒者之言，以文佛、老之説。學者利其簡便，詆訾聖賢，捐棄經典，猖狂叫呼，側僻固陋，自以爲悟。」

道術之分久矣，自西晉以來，於吾道之外，别爲二氏。自南宋以來，於吾道之中，自分兩岐。又其後則取釋氏之精藴，而陰附于吾道之内。又其後則尊釋氏之名法，而顯出於吾道之外。馮琦奏疏。

知人之難

人不易知，知人亦未易。荀卿門人有李斯，程氏門人有邢恕，章惇從學于邵堯夫，秦檜見稱于游定夫，大姦若忠，君子不能保其終也。鄭漁仲爲秦熺所薦，吳康侯爲石亨所薦，當辭而不辭，於出處之義有遺憾矣。

法後王

荀卿「法後王」之説，王伯厚深詆之。愚以爲王氏似未達荀子之意也。孔子曰：「吾學周禮，今用之，吾從周。」孟、荀生于衰周之季，閔戰國之暴，欲以王道救之。孟言「先王」，與荀所言「後王」，皆謂周王，與孔子「從周」之義不異也。荀卿豈逆料李斯之仕秦，而令其用秦法哉。七國僭號，名雖王，實諸侯也，孰可以當後王之名，而荀子乃肯法之耶？方是時老、莊之言盛行，皆妄託于三皇，故特稱後王，以鍼砭荒唐謬悠之談，非謂三代不足法也。王安石以本朝制度爲流俗，謂「祖宗之法不足守」，口談堯、舜，躬行商、韓，此宋之所以亡也。後儒好爲大言，不揆時勢，輒謂井田封建可行於後代，徒爲世主輕儒者藉口，是不如「法後王」之説爲無弊矣，要非荀卿立言之本旨。

臣道

人臣以責難於君爲恭，陳善閉邪爲敬。故汲黯之戇，勝于張湯之從臾；朱雲之狂，賢于孔光之謹慎。

大臣不親細務，錢穀刑名自有主者，非宰相職也。陳平好陰謀，非以儒進，而去古未遠，尚識大體。自王安石以新法致宰相，專以理財用刑熒惑人主，甚且謂「天變不足畏」，而燮理陰陽之職置勿講矣。

東坡云：「古之君子，必憂治世而危明主。明主有絶人之資，而治世無可畏之防。夫有絶人之資，必輕其臣；無可畏之防，必易其民：此君子之所甚懼也。」《田表聖奏議序》。漢文帝、唐太宗可謂明主矣，而賈誼、魏徵上書多憂危之言，所以爲良臣。

薦賢

司馬温公有《薦士録》，自至和逮熙寧，凡百有六人，皆公手録。其外題曰《舉賢能》，亦公所作隸古也。前輩薦賢報國，誠篤懇切如此。見牟巘《陵陽居士集》。近世大臣有終身不薦一人，而轉得公正之譽者，豈古今時勢不同歟？身家之念重，而忠愛之意薄也。

黨籍

元祐黨籍三百九人，不皆粹然正人也，而至今與馬、吕並傳者，蔡京擠毁以成其名也。建文姦黨諸人，非皆凜然忠臣也，而至今與方、練俱傳者，成祖肆刑以成其名也。姦臣暴君，快意于一時，而被其毒者，流芳於百世。心愈狠而計愈拙，當時無惻隱羞惡之心，後世豈無是非之心哉！徐健庵云：「做官時少，做人時多；做人時少，做鬼時多。」此輩惜未聞斯語。

沈圭説

「婦人以不嫁爲節，不若嫁之以全其節；兄弟以不分爲義，不若分之以全其義。」此《至正直記》所述沈教授圭之言也。沈云聞諸傳記，未暇攷其詳。雖爲下等人説，然却是救時名論。

六先生

《琴川志》：「端平初，元令王爚于縣學東建六先生祠。」濂溪、横渠、明道、伊川、晦庵、南軒。

《玉峰續志》：淳祐辛丑朝旨，州縣學各建六先生祠。崑學正繪濂溪、伊川、明道、晦翁、横渠、南軒之像於從祀壁間。己酉，權令吴堅始建祠。咸淳丁卯，增祀康節、涑水、東萊共爲九人。

《至元嘉禾志》：尊經閣之下，奉安《先聖燕居像》，兩旁則祠十先生焉，謂濂溪、康節、涑水、明道、伊川、横渠、晦庵、南軒、上蔡、東萊也。

《宋史・禮志》：淳祐元年正月，以周敦頤、張載、程顥、程頤、朱熹從祀。景定二年，以張栻、吕祖謙從祀。咸淳三年，以邵雍、司馬光從祀。

士大夫不説學

士大夫不可以無學。不殖將落，原氏所以先亡；數典忘祖，籍父所以無後。董昭言：「當今年少，不復以學問爲本，專以交游爲業。」曹魏所以不永也。史洪肇言：「但事長槍大劍，安用毛錐？」乾祐所以失國也，蔡京禁人讀史，以《通鑑》爲元祐學術，宣和所以速禍也。

清慎勤

王隱《晉書》載李秉《家誡》云：「昔侍坐於先帝，時有三長吏俱見。臨辭出，上曰：『爲官長當清，當慎，當勤，修此三者，何患不治？』」見《魏志·李通傳》注。秉所稱先帝者，司馬昭也。昭雖篡弑之賊，其言不可以人廢。今人謂「清慎勤」三字出于吕氏《官箴》，由未讀裴松之《三國志注》也。

居官忌二事

施彦執云：有官君子最忌二事：在己則貪，在公家則聚斂。它罪猶可免，犯此二者，終身不可齒士大夫之列。今人或有處身最廉，然掊克百姓，上以媚朝廷，下以諂權貴，輒得美官，雖不入己，其入己莫甚焉！暗中伸手，此小偷也；公然聚斂，以期貴顯，真劫盗也。《北窗炙輠》。

科場

科場之法，欲其難不欲其易。使更其法而予之以難，則覬倖之人少。少一覬倖之人，則少一營求患得之人，而士類可漸以清。抑士子知其難也，而攻苦之日多。多一攻苦之人，則少一群居終日、言不及義之人，而士習可漸以正矣。《日知録》。

鄉會試雖分三場，實止一場。士子所誦習，主司所鑑別，不過四書文而已。四書文行之四百餘年，場屋可出之題，士子早已預擬。每一榜出，鈔録舊作，幸而得售者，蓋不少矣。今欲革其弊，易以詩賦論策，則議者必譁然沮之，以爲聖賢之言，不可不尊，士子所習，難以驟改。其説必不行，其弊終難革也。竊謂宜以五經文爲第一場，四書文爲第二場。五經卷帙既富，題目難以預擬；均爲八股之文，不得諉爲未習。如此則研經者漸多，而勦襲雷同之弊庶幾稍息乎？

河防

禹之治水也，使由地中行，無所謂防也。言防而勞費無已，遂爲國家之大患矣。河爲北條之川，由絳水、大陸，播九河，同爲逆河，以入海者。禹之故迹，今運道臨清至天津者是也。東漢以後，河由千乘入海，即今之大清河也。千乘郡，今武定府。自唐至宋、金，皆由此道。金、元之間，河漸南決，始合汴、泗、淮以入于海，與禹河入海之口，相去幾二千里，而北條之水改爲南條矣。其兩岸之隄，歲增月益，高於民田廬舍，且與城平矣。水之性就下，不使由地中，而使出地上，欲其無決溢之害，不亦難乎！今之言河防者，以潘季馴爲師。季馴治河之法，不過曰「清水可蓄不可洩，黄河宜合不宜分」而已。夫清水之當蓄，固不待言。黄河之宜合，則季馴一人言之，非古有是言也。禹之治河，釃爲二渠，疏爲九道，順其性而導之注海，何嘗不可分乎？塞其支流，束之使歸於一，欲藉河水之力，以刷海口之沙，其計固已左矣。古人云：「川壅而潰，傷人必多。」謂河不宜分而增隄以禦之，一朝潰溢隄不能禦，又縻國帑以塞之，僥倖成功，而官吏轉受重賞，此國之巨蠹也。季馴之法，守之百五十年，而其效如此，謂之習知河務，吾不信也。

顧寧人曰：「天啟以前，無人不利于河決者。侵尅金錢，則自總河以至于閘官，無所不利。支領工食，則自執事以至于游閒無食之人，無所不利。」《日知録》。今之官吏，其好利猶昔也。隄防日增，決溢屢告，竭海内之膏脂，飽若輩之囊橐，賞重罰輕，有損無益，其何能淑載胥及溺，深可慮也。

通鑑多采善言

司馬温公《通鑑目録》極簡括，而多采君臣善言。如「明主愛一嚬一笑」，韓昭侯。「無德而富貴，謂之不幸」，班固。「治亂民猶治亂絲，不可急也」，龔遂。「明主可爲忠言」，趙充國。「動民以行不以言，應天以實不以文」，王嘉。「忠臣不和，和臣不忠」，任延。「文吏習爲欺謾，廉吏清在一己，皆無益百姓」，宗均。「以身教者從，以言教者訟」，第五倫。「遣將帥不如任州郡」，李固。「刑罰者治亂之藥石，德教者興平之粱肉」，崔寔。「物速成，則疾亡；晚就，則善終。救寒莫如重裘，止謗莫如自修」，王昶。「人非堯舜，何得每事盡善」，王述。「史不書「便宜者，便於公宜于民也」，顧憲之。「朝堂非殺人之所，殿廷非決罰之地」，高熲。「人主兼聽則明，偏聽則暗」，魏徵。「循正而行，自與志會」，唐太宗。「執政不能受諫，安能諫人；人臣納諫，與冒白刃何異」，仝。「明主貴忤以收忠賢，惡順以去佞邪。法貴簡而能禁，刑貴輕而必行」，楊相如。「天下本無事，但庸人擾之」，陸象先。「士名重于利，吏利重于名」，劉晏。「論大計者不可惜小費」，仝。「六經言禍福由人，不言盛衰有命。實事未必知，知事未必實。天不以地有惡木而廢發生，天子不以時有小人而廢聽納。諫者有爵賞之利，君亦有理安之利。諫者得獻替之名，君亦得采納之名。諫者當論理之是非，豈論事之大小。帝王之道，寧人負我，無我負人。有責怒而無猜嫌，有懲沮而無怨忌。財匱于兵衆，力分于將多。怨生于不均，機失于遥制」，皆陸贄。「萬國耳目，豈可以機數欺之」，韓偓。皆古今不易之論。以「資治」名其書，斯無媿矣。

古語多有本

朱新仲云：「鷙鳥累百，不如一鶚。」人知爲禰衡，不知本鄒陽書也。予謂「豺狼當道，安問狐狸」？人知爲張綱語，不知本於《孫寶傳》。「拜爵公朝，謝恩私室。」人知爲羊祜語，不知本於《王莽傳》。「後之視今，亦猶今之視昔。」人知爲王羲之《蘭亭序》，不知本於《京房傳》。房云「今之視前」。「膽欲大，心欲小，智欲圓，行欲方。」人知爲孫思邈語，不知本于《文子》。《文子》云「心欲小，志欲大」。「孔席不暇煖，墨突不得黔。」人知出韓愈《争臣論》，不知亦本《文子》。孔子無黔突，墨子無暖席。「求忠臣必于孝子之門。」人知爲韋彪語，不知本于《孝經緯》。「非澹泊無以明志，非寧静無以致遠。」人知爲諸葛亮語，不知本于《淮南子》。《淮南》「志」作「德」。

「安身莫若無競，修己莫若自保。守道則福至，求禄則辱來。」《宋史》以爲李孟傳語，不知本於王輔嗣注《易》。「獨行不愧影，獨寢不愧衾。」《宋史》以爲蔡元定語，不知本于《劉子》。劉云「獨立不慚影，獨寢不愧衾」。

清談

魏、晉人言老、莊，清談也；宋、明人言心性，亦清談也。孔子言「吾道一以貫之，忠恕而已矣」。孟子言「良知良能，孝弟而已矣」，故曰「道不遠人」。後之言道者，以孝弟忠信爲淺近，而馳心於空虛窈遠之地，與晉人清談奚以異哉？顧寧人云「昔之清談談老、莊，今之清談談孔、孟」。王安石之《新經義》，亦清談也。神京陸沈，其禍與晉等。趙鼎言「安石以虛無之學敗壞人才。今人但知新法之害百姓，不知經義取士之害士習」。

文字不苟作

顧寧人曰：「文須有益于天下後世。若怪力亂神之事，無稽之言，勦襲之説，諛佞之文，有損于己，無益于人，多一篇多一篇之損矣。」

處患難者，勿爲怨天尤人之言；處貴顯者，勿爲矜己傲物之言；論學術勿爲非聖悖道之言；評人物勿爲黨同醜正之言。

文人勿相輕

杜子美詩所以高出千古者，「不薄今人愛古人」也。王、楊、盧、駱之體，子美能爲而不屑爲；然猶護惜之，不欲人呰議。且曰：「汝曹身與名俱滅，不廢江河萬古流。」其推挹如此。以視「詩未有劉長卿一句，已呼阮籍爲老兵；語未有駱賓王一字，已罵宋玉爲罪人者」，猶鵾鵬之與蚍蜉矣。

薛能小有才，而妄自稱詡。其論詩有「李白終無取」之句。又云：「我生若在開元日，不遣名爲李翰林。」真令人絶倒矣。能從事蜀川日，每短諸葛功業。有詩云：「陣圖誰許可，廟貌我揶揄。」又云：「焚却《蜀書》宜不讀，武侯無可律吾身。」其狂惑喪心如此，宜乎不令終也。

杜牧之著論，言「近有元、白者，喜爲淫言媟語，鼓扇浮囂。吾恨方在下位，未能以法治之」。牧之可謂失言矣。元、白《諷諭詩》意存讜直，豈皆淫媟之詞！若反脣相稽，牧之獨無媟語乎？無諸己而後非諸人，立言者其戒之。

文人浮薄

唐士大夫多浮蒲輕佻，所作小説，無非奇詭妖豔之事，任意編造，誑惑後輩。而牛僧孺《周秦行紀》，尤爲狂誕。至稱德宗爲「沈婆兒」，則幾于大不敬矣。李衛公《窮愁志》載其文，意在族滅其家而始快；雖怨毒之詞，未免過當。而僧孺之妄談，實有以招之也。或云僧孺本無此記，衛公門客僞造耳。宋、元以後，士之能自立者，皆恥而不爲矣。而市井無賴，别有説書一家，演義盲詞，日增月益，誨淫勸殺，爲風俗人心之害，較之唐人小説，殆有甚焉。

詩文盜竊

皎然《詩式》著偷語、偷義、偷勢之例。

三者雖巧拙攸分，其爲偷一也。後代詩文家能免於三偷者寡矣。

向秀注《莊子》，郭象竊之。郗紹著《晉中興書》，何法盛竊之。姚察撰《漢書訓纂》，後之注《漢書》者隱没名字，將爲己説。顧寧人謂有明一代之人所著書無非盗竊，語雖太過，實切中隱微深痼之病。

唐張懷慶好偷竊名士文章，時人爲之語曰：「活剥張昌齡，生吞郭正一。」今之舉業文字，大率生吞活剥，其詞必己出者百無一二。士習之不端，於作文見之矣。

釋氏輪迴之説

《列子·天瑞篇》：「林類曰：『死之與生，一往一反，故死於是者，安知不生於彼？』」釋氏輪迴之説，蓋出於此。《列子》書晉時始行，恐即晉人依託。

釋道俱盛于東晉

《晉書·何充傳》：「性好釋典，崇修佛寺，供給沙門以百數，糜費巨億而不吝也。親友至于貧乏，無所施遺，以此獲譏于世。」「于時郗愔及弟曇奉天師道，而充與弟準崇信釋氏，謝萬譏之云：『二郗諂于道，二何佞于佛。』」「王坦之與沙門竺法師甚厚，每共論幽明報應，便要先死者當報其事。後經年，師忽來云：『貧道已死，罪福皆不虛。惟當勤修道德，以升濟神明耳。』言訖不見。坦之尋亦卒。」《坦之傳》。「殷仲堪少奉天師道，又精心事神，不吝財賄，而怠行仁義，嗇于周急，及桓元來攻，猶勤請禱。」《仲堪傳》。「王氏世事張氏五斗米道，凝之彌篤。孫恩之攻會稽，寮佐請爲之備。凝之不從，方入靖室請禱，出語諸將曰：『吾已請大道鬼兵相助，賊自破矣。』既不設備，遂爲孫恩所害。」《王羲之傳》。「郗愔事天師道，子超奉佛。」《郗超傳》。「杜子恭世傳五斗米道。」《南史・杜京産傳》。當時士大夫好尚迂怪如此，此晉之所以日衰也。王導江左夷吾，而《世説》載其拜揚州刺史，過胡人前，彈指云：「蘭闍！蘭闍！」導之孫珣、珉以法護、僧彌爲小字，珣又捨宅爲寺，則王氏亦好佛矣。

治生

《清波雜志》云：「頃侍鉅公，語及常產。公云：『人生不可無田，有則仕宦自如，可以行志；不仕則仰事俛育，麤了伏臘，不致喪失氣節。有田方爲福，蓋福字從田、從衣。』」大昕案：福从示，不从衣。宋人不講小學，故多誤解。

許魯齋言：「爲學者治生最爲先，苟生理不足，則于爲學之道有所妨。彼旁求妄進，及作官嗜利者，殆亦窘于生理之所致也。諸葛孔明身都將相，死之日廩無餘粟，庫無餘財，其廉至于如此者，以成都桑土，子孫衣食自有餘饒耳。」

與其不治生產而乞不義之財，毋寧求田問舍而却非禮之饋。故井上之李，甘于彈鋏之魚；五侯之鯖，劣于墻東之儈。

十駕齋養新録卷十八終

十駕齋養新録 卷十九

嘉定錢大昕

宋槧本

今人重宋槧本書，謂必無差誤，却不盡然。陸放翁《跋歷代陵名》云：「近世士大夫所至喜刻書版，而略不校讎。錯本書散滿天下，更誤學者，不如不刻之愈也。」是南宋初刻本已不能無誤矣。張淳《儀禮識誤》、岳珂《九經三傳沿革例》所舉各本異同甚多，善讀者當擇而取之。若偶據一本，信以爲必不可易，此書估之議論，轉爲大方所笑者也。

蘇子瞻云：「近世人輕以意改書，鄙淺之人，好惡多同，故從而和之者衆。自予少時見前輩皆不敢輕改書，故蜀本大字書皆善本。」

予向見宋槧本，有避「亶」字，注「从亩从旦於下」，未審其故。頃見岳倦翁《愧郯録》有一條云：「紹興文書令廟諱、舊諱正字皆避之。」故哲宗、孝宗之舊諱單字者三，皆著令改避。唯欽宗舊諱二字，一則從六從回從旦，一則從火從亘，今皆用之不疑。乃知亶字迴避，由于欽宗舊諱。但倦翁著此書在嘉定甲寅，其時尚未避「亶」、「烜」二字，不知何時著令，何人陳奏也。

借書

許慈與胡潛並爲博士，「更相克伐，謗讟忿争，書籍有無，不相通借」，遂以「矜己妒彼」見譏于世。《蜀志》。崔慰祖「聚書至萬卷。鄰里年少好事來從假借，日數十袠。慰祖親自取與，未嘗爲辭」。《南史》。劉峻「苦所見不博，聞有異書，必往祈借。清河崔慰祖謂之『書淫』」。同上。裴漢「借異書，躬自録本」。《北史》。蘇東坡在黄州，有岐亭監酒胡定之載書萬卷隨行，喜借人看。見《與秦太虚書》。

「唐杜暹家書，末自題云：『清俸買來手自校，子孫讀之知聖道，鬻及借人爲不孝。』鬻爲不孝，可也；借爲不孝，過矣。」《清波雜志》。然世固有三等人不可借：不還，一也；污損，二也；妄改，三也。守先人之手澤，擇其人而借之，則賢子孫之事也。

引書記卷數

余蕭客仲林云：「引書注某卷，向謂始於遼僧行均《龍龕手鑑》、宋程大昌《演緐露》兩書，然亦偶有一二條耳。後讀江少虞《事實類苑》，竟體注卷，在程大昌前。頃閲《道藏》，見王懸河《三洞珠囊》，每卷稱某書某卷。懸河，唐人，又在江少虞之前矣。」《四庫全書總目》謂李匡乂《資暇集》引《通典》多注出某卷。匡乂亦唐人。

下走

鄭朋奏記蕭望之，自稱「下走」。應劭曰：「下走，僕也。」師古曰：「下走者，自謙言趨走之役也。」司馬遷《與任安書》稱

「太史公牛馬走」。「牛馬走」即「下走」也。上稱官名，下則自謙之詞。或解爲太史公之牛馬走，則迂而鑿矣。

陳椽

《史記·貨殖傳》：「故楊、平陽陳椽其閒，得所欲。」小司馬以「陳椽」爲經營馳逐之意。予謂《史記》多古語，陳椽猶馳逐，皆雙聲。

闗穿

《論衡·程材篇》：「《春秋》、五經，義相闗穿。」闗穿，猶言貫穿也。

仳脇

《論衡·骨相篇》：「晉公子重耳仳脇，爲諸侯霸。張儀仳脇，亦相秦、魏。」仳脇即駢脅也，「仳」、「駢」聲相近。

奥憹

《南史·王敬則傳》有「懊憹」字。《一切經音義》：「懊憹今皆作惱，同奴道反。懊憹，憂痛也。」予謂「農」、「惱」聲相近。《詩》「遭我乎猺之閒」。《漢書》猺作嶩。

佚蕩

《揚雄傳》：「爲人簡易佚蕩。」張晏

曰：「佚音鐵。蕩音讜。」晉灼曰：「佚蕩，緩也。」宋祁校本云：「蕭該《音義》：『蕩，亦作傷。韋佚爲替。傷、蕩爲黨。晉音鐵儻。』」《司馬遷傳》：「倜儻非常之人」，與晉音亦相近。《説文》：「跌，踼也。」亦佚蕩之異文。

翠

陸務觀記東坡詩「翠欲流」，謂「蜀語鮮翠猶言鮮明也」。案《説文》：「滜，新也。」七罪反。與翠同音。故謂鮮新爲鮮翠。

閒介

「閒介」雙聲字，出《孟子》「山徑之蹊閒介」。馬融《長笛賦》「閒介無蹊」，李善注引《孟子》證之。朱文公《章句》始以「山徑之蹊閒」爲句，「介」字屬下句。王伯厚謂「閒介出《長笛賦》」，是數典而忘祖也。

易

予向謂漢儒讀經，字有異義，無異音，今又得一證。《易鑿度》云：「《易》一名而含三義，所謂易也、變易也、不易也。」鄭康成作《易贊》及《易論》，申其義云：「易簡，一也；變易，二也；不易，三也。」是鄭讀易簡與變易、不易初無兩音。晉、宋以後，分去、入兩讀。而周簡子名宏正。遂不用易簡義，謂：「易者易也，音易。有无相代，彼此相易，皆是易義。」若然則易與變易更何分別？不應列爲三義矣。自一字分數音，而經學益多穿鑿之解。葛稚川諸人，不得不任其咎也。

賈誼《書》引顓頊曰：「『功莫美于去惡而爲善，罪莫大于去善而爲惡。』故非吾善善而已也，善緣善也；非惡惡而已也，惡緣惡也。」今人讀善惡各分兩音，苟知緣善而善，緣惡而惡之義，則分之無可分矣。

夫差

前卷言「吴王夫差」之「差」可押麻韻，引羅虬《比紅兒》詩。按宋之問《浣紗篇》：「越女顔如花，越王問浣紗。❶國微不自寵，獻作吴宫娃。山藪半潛匿，苧羅更蒙遮。一行霸句踐，再笑傾夫差。豔色奪人目，效矉亦相誇。」是唐初人已讀此音。

非三公而稱公

史家之例，非三公不稱公，顧氏《日知録》言之詳矣。晉、宋以後，即有不盡然者。《南史·謝朓傳》：「臨終謂門賓曰：『寄語沈公，君方爲三代史，亦不得見没。』」朓死於齊代，休文未嘗位三公也。《虞愿傳》：「王秀之與朝士書曰：『此郡承虞公之後，善政猶存。』」《虞寄傳》：「或謂陳寶應曰：『虞公病篤，言多錯謬。』及寶應敗走，謂其子曰：『早從虞公計，不至今日。』」《丘靈鞠傳》：「王儉謂人曰：『丘公仕宦不進，才亦退矣。』」

❶ 「問」，《全唐詩》卷五十一《浣紗篇贈陸上人》作「聞」。

代友改字

范淳父之母夢鄧禹來而生淳父，故名祖禹，字夢得。司馬温公與之帖云：「按《鄧仲華傳》：仲華内文明，篤行淳備，輒欲更表德曰淳備。既協吉夢，又可正諱，且與令德相應。未審可否？」次日，范復一帖云：「昨夕再思，淳備字太顯而盡，不若單字『淳』，臨時配以甫子而稱之。五十則稱伯仲，亦猶子路或稱季路，如何如何。」見《梁谿漫志》。按夢得字與劉賓客同，而名又有「禹」字，當時必有以爲慕劉者，故温公帖有「正諱」之語。

宫中稱呼

宋太祖稱杜太后爲娘娘。見《鐵圍山叢談》。高宗稱徽宗爲爹爹，稱韋太后爲大姐姐。太后稱帝爲哥，内禪後稱孝宗爲大哥。見《四朝聞見録》。

婦人稱阿

漢魏婦女有稱阿者，如陳皇后小字阿嬌。及寡婦左阿君，見於《游俠傳》。荀攸妾阿鶩，見《魏志·朱建平傳》。六朝多以阿系姓，如《晉書》中。晉室中興，乳母阿蘇有保元帝之功，賜號保聖君。《舊唐書》。周盤龍愛妾杜氏，上送金釵鑷二十枚，手敕曰：「餉周公阿杜。」《南齊書》。隋獨孤后謂雲昭訓爲阿雲。唐蕭淑妃謂武后爲阿武。韋后降爲庶人，稱阿韋。劉從諫妻裴氏稱阿裴。吴湘娶顔悦女，其母焦氏，稱阿顔、阿焦。《唐書・安樂公主傳》：「阿武子尚爲天子。」洪景伯云：「今閭巷之婦，以阿挈其姓。」則南宋猶然。今則公私俱無此語矣。

《北史・隋房陵王勇傳》：昭訓雲嬖幸，皇后忿怒曰：「睍地伐專寵阿雲，有如許豚犬。」「至尊千秋萬歲後，遣汝等兄弟向阿雲兒前再拜問訊，此是幾許苦痛邪！」

婦人稱奴

婦人自稱奴，蓋始於宋時。嘗見《猗覺寮雜記》云：「男曰奴，女曰婢；故耕當問奴，織當問婢。今則奴爲婦人之美稱。貴近之家，其女其婦，則又自稱曰奴。」是宋時婦女以奴爲美稱。宋季二王航海，楊大后垂簾，對群臣猶稱奴。此其證矣。予按六朝人多自稱儂。蘇東坡詩：「它年一舸鴟夷去，應記儂家舊姓西。」儂家猶奴家也。奴即儂之轉聲。《唐詩紀事》載昭宗《菩薩蠻詞》：「何處是英雄，迎奴歸故宮。」則天子亦以此自稱矣。或云「安得有英雄，迎歸大內中」。蓋後人嫌其俚，改之。

老

今世友朋相狎，呼其姓加以「老」字，亦有本。白樂天詩「每被老元偷格律」，謂微之；「試覓老劉看」，謂夢得。《北史》：「石曜持絹一匹謂斛律武都曰：『此是老石機杼，聊以奉贈。』」是北齊人嘗以老石自稱矣。若老杜、老蘇別於小杜、大蘇言之，非當時相稱。

又有稱其人字者。蘇東坡詩：「老可能爲竹寫真」，謂文與可也。今人多稱其上一字，僧亦稱下一字。東坡詩：「不知老奘幾時歸」，謂元奘。

小名鐵柱

北方小兒乳名多稱柱兒，或稱鐵柱兒。予讀辛稼軒《清平樂詞》「爲兒鐵柱作也」。其詞云：「靈皇醮罷，福祿都來也。試引鶴雛花樹下，斷了驚驚怕怕。從今日日聰明，更宜潭妹嵩兄。看取辛家鐵柱，無災無難公卿。」則鐵柱之名，宋時已有之矣。

五行命名

今人好以五行偏旁命名，遞及子孫，取相生之義，蓋盛於宋時。尹源弟洙、源子林、林子焞、洙子構。秦檜兄梓，弟棣，檜子熺，孫塤、堪，曾孫鉅，元孫浚、濯。朱松子熹，孫塾、埜、在，曾孫鉅、鈞、鑑、鐸、銓，元孫淵、洽、潛、濟、濬、澄。李燾子垕、垩、塾、垈、壁、臯，孫鍠、錫、鑑、錄、錟、鋂、鑣、銓。陳源子櫟，孫照、勳，曾孫埜、圻、基，元孫鎜是也。予讀《昌黎集》，有《王屋縣尉畢坰墓誌》，其大父名構、父名炕、弟名增。子四人：鎬、鈃、錄、鋭。則唐人已有之。今東雅堂本「炕」作「杭」，注云：「杭，本作炕。」攷《唐書・畢構傳》亦作「炕」，則「杭」本是也。又唐史崔鉉子沆，裴均子鍔，高釴弟銖、鍇，鈛子湜，鍇子湘、涣，皇甫湜子松，當亦取此義。

義

《會稽志》：義井在府東二里下，爲大井，袤丈，上設三井口以受汲。覆以大亭，遇旱歲不減，尤宜染練。義者，蓋以衆所共汲爲名。今世俗置産以給族人曰義莊；置學以教鄉曲子弟曰義學；設漿於道，以飲行旅曰義漿；闢地爲叢冢，以藏暴骨曰義冢。東坡先生謫黄州，取諸郡所餉酒置一器中以觴客曰義樽。近時州縣衆力共給役曰義役，皆與衆同之意。又俚俗有義父母、義子孫、義兄弟。衣加襴曰義欄，以髮作髻加首曰義髻，此又不可曉也。大昕案：《魏志·張魯傳》：「以鬼道教民，自號『師君』。其來學道者，初皆名『鬼卒』。受本道已信，號『祭酒』。諸祭酒皆作義舍，如今之亭傳。又置義米肉，懸於義舍，行路者量腹取足。」則義米、義舍之名，自漢已有之。朱新仲云：外來之物曰「義」，如「義兒」是也。

雨

《一切經音義》云：「臘，歲終祭神之名。經中言臘，諸經律中或言歲。今比邱或言臘，或云夏，或言雨，皆取一終之義。案天竺多雨，名雨安居，從五月十五日至八月十五日也。土火羅諸國至十二月安居，今言臘者，亦近是也。此方言夏安居，各就其事制名也。」卷十四。杜子美「舊雨來，今雨不來」之語，蓋取諸此。

漢唐金價

《履齋示兒編》云：《公羊傳》隱五年曰：「百金之魚。」注云：「百金，猶百萬也。古者以金重一斤，若今萬錢矣。」《漢・食貨志》亦云：「黄金一斤直萬錢。」則知文帝言「百金，中人十家之産」，即是金百斤爲錢百萬也。高祖善家令之言，賜金五百斤。命陳平爲反間，捐金四萬斤。使漢金不賤，何以至此！如唐時必貴，太宗以于志寧、孔穎達能諫太子，賜金一斤而已。非貴則不如是之少也。《野客叢書》云：《緗素雜記》引一金萬錢，以證晉王導所市練布之價。則是一金萬錢，不但秦、漢爲然，自三代至晉，莫不皆然。

《日知録》云：「洪武八年，金一兩當銀四兩。十八年，一兩當銀五兩。永樂中，一兩當銀十兩。幼時見萬歷中赤金止七八換，崇禎中十換，江左至十三換矣。」

大斗大兩大尺

《唐律疏義》引《雜令》：「量，以北方秬黍中者，容一千二百爲龠，十龠爲合，十合爲升，十升爲斗，三斗爲大斗一斗，十斗爲斛。稱權衡，以秬黍中者百黍之重爲銖，二十四銖爲兩，三兩爲大兩一兩，十六兩爲斤。度，以秬黍中者一黍之廣爲分，十分爲寸，十寸爲尺，一尺二寸爲大尺一尺，十尺爲丈。」《唐六典》與《雜令》同。又云：凡積秬黍爲度量權衡者，調鍾律、測晷景、合湯藥及冠冕之制則用之。内外官司悉用大者。據《隋書・律秝志》：「開皇以古斗三升爲一升。」古稱三斤爲一斤，則大斗大兩始于隋開皇閒，唐初沿而不改耳。

元寶

《輟耕録》：「銀錠上字號，揚州元寶，乃至元十三年大兵平宋，回至揚州，丞相伯顔號令搜檢將士行李，所得撒花銀子，銷鑄作錠，每重五十兩，歸朝獻納。世祖大會皇子、王孫、駙馬、國戚，從而頒賜。或用貨買，❶所以民閒有此錠也。後朝廷亦自鑄，至元十四年者重四十九兩，十五年者重四十八兩。遼陽元寶，乃至元二十三年、二十四年征遼東所得銀子而鑄者。」是元寶重五十兩起于元世也。

《金史・食貨志》：「舊例銀每鋌五十兩，其直百貫，民閒或有截鑿之者，其價亦隨低昂，遂改鑄銀名『承安寶貨』，一兩至十兩分五等，每兩折錢二貫，公私同見錢用。」是金時銀鋌已有重五十兩者，但當時無元寶之名。

錠

古人稱金銀曰鋌，今用錠字。按《廣韻》錠有兩音：一丁定切。豆有足曰錠，無足曰鐙。一徒徑切。錫屬。俱與銀鋌義不協。元時行鈔法，以一貫爲定。後移其名于銀，又加金旁。

浙東斗尺

《至正直記》：浙東斗尺，皆存故宋遺

❶「買」，《輟耕録》卷三十《銀錠字號》作「賣」。

製，斗謂之百合，足比今之官數八升也。謂官數百三十合。尺謂之百分，比今之官數八寸。吾鄉絶無此様，皆用官様，至宜興則間有之。杭城又有七升斗七寸尺者，謂之小百合、小百分也。鄞俗則有二様，二斗五升者曰料，五斗曰冓。料音勞去聲。

四柱

今官司錢糧交代，必造《四柱册》。四柱者，舊管、新收、開除、實在也。《至正直記》云：「人家出納財貨者，謂之掌事。計算私籍，其式有四：一曰舊管，二曰新收，三曰開除，四曰見在。」則元時已有此名目。

火耗

《元史・刑法志》：諸産金之地，有司歲徵金課。其有巧立名色，廣取用錢，及多稱金數，尅除火耗，爲民害者，從監察御史廉訪司糾之。「火耗」兩字，見於史始此。

孝弟

古人惟子孫稱孝。《詩》「綏予孝子」、「孝孫徂位」，皆廟中之稱。後代以弟承兄，則有稱孝弟者。《續通鑑長編》載嘉祐八年孫抃等議云「太祖之廟，太宗稱孝弟，真宗稱孝子，大行皇帝稱孝孫」是也。俚俗之稱，更有可笑者。蘇州府圓妙觀前甎塔近年傾圮，土人拾得一甎，其文云：「條坊巷街，北而南居，清信崇奉三寶女弟子，孝妻傅氏妙喜，同孝男虞宗臣、宗禧、宗孟等。」蓋宋時所刻。又盤門内西泮環巷石井闌上，有「孝夫某爲亡妻何氏四乙娘」字，嘉泰元年正月刻。又府前西米巷石井闌，有「孝夫某爲亡前妻黄氏十四娘」字，嘉定十七年十二月刻。是宋時有孝夫、孝妻之稱。

契　姪

《陸子静集》有《楊承奉墓碣》，末題「契姪臨川陸某撰并書」。

褒成侯未嘗徙封

《後漢書·孔僖傳》：「建武十三年，世祖封孔志爲褒成侯。志卒，子損嗣。永元四年，徙封褒亭侯。損卒，子曜嗣。曜卒，子完嗣。世世相傳，至獻帝初，國絶。」是永元以後孔氏嗣侯者，皆當稱褒亭，不當云褒成矣。乃《安帝紀》「延光三年，賜褒成侯帛」。而曲阜孔廟《孔龢碑》載「元嘉三年，司徒雄等奏稱，褒成侯四時來祠」。又《韓敕碑》立于永壽二年，其陰有「褒成侯孔建壽」名，皆在永元之後，而稱褒成侯如故。洪氏《隸釋》以爲「損未嘗徙封」，固信而有徵矣。後漢侯爵，有縣侯、都鄉侯、鄉侯、都亭侯、亭侯五等，而褒成侯國不見于《郡國志》，則褒成殆亭侯而非縣侯，依史例當云褒成亭侯。舊史偶脱「成」字，蔚宗遂誤仞爲徙封耳。攷魏黄初二年詔，亦稱「褒成之後，絶而莫繼」，可證漢世無徙封褒亭之事也。

嘉祥縣南武山

《日知録》：「成化中，或言嘉祥之南武山有曾子墓。有漁者陷入其穴，得石碣，而封志之。疑周世未有石碣，科斗古文亦非今人所識。」予謂嘉祥，漢任城縣地。南武山當因武氏所居得名，漁者所見，殆即漢武氏石室也。

錢　讓

錢讓事不見於史册，《湖州府》、《長興縣志》皆列入人物，所載事迹未可盡信，如「征東大將軍」，漢時未有此官。又云：「天子臨喪哀慟，給兵吏，加威儀，還葬故鄉。」恐亦非實。漢世天子臨大臣喪，事不恒有。讓位非三公，世非外戚，何緣邀此異數？藉令有之，何以史不一見其名乎？唯爲郡將訴冤一事最可稱，而《吴郡志·牧守》未見薛固名，不知《志》何所據也。錢氏舊譜又載「九江寇周生、范容擾淮、泗、徐、揚間，詔拜讓廣陵太守、征東大將軍、都督江左六州諸軍事，斬賊帥徐鳳、謝安于陣，而范容、周生等自縛款首。桓帝旌其功，封富春侯」。以范史證之，俱無影響，大率後人附會之詞。攷鄭樵《氏族略》云：「漢哀、平間，錢遜爲廣陵太守。避王莽亂，徙居烏程。」而讓亦官廣陵太守，意者讓、遜本即一人。夾漈避宋濮安懿王諱，改「讓」爲「遜」乎？

錢珝

《唐詩紀事》以錢珝爲吏部尚書徽之子。攷《唐書・徽傳》，徽子可復、方義，方義之下乃云子珝，是珝爲方義之子，非徽子矣。珝以宰相王摶薦知制誥，進中書舍人。摶得罪，珝貶撫州司馬。攷王摶罷相，在昭宗乾寧三年丙辰，珝之貶斥，當在此時。而韓文公《薦錢徽自代狀》稱其「年輩皆在臣前」。文公生于大歷戊申，至乾寧丙辰，已百二十九年矣。而徽又長于文公，其子恐無逮事昭宗者。計有功殆誤會《唐書》之文也。《唐書》珝字瑞文，與名相應，而《紀事》作端文，亦誤。

袁高題名

《唐詩紀事》載袁高《茶山詩》，又云：「唐制，湖州造貢茶最多，謂之顧渚貢焙，歲造一萬八千四百斤，大歷後始有進奉。建中二年，高刺郡，進三千六百串，并此詩一章，刻石在貢焙院。」是詩爲建中二年所作矣。頃得高題名於長興之小石山，即顧渚支峰。其文云：「大唐州刺史臣袁高，奉詔修茶□訖，至□山最高堂，賦《茶山詩》。興元甲子歲三春十日。」則是賦詩在興元元年，非建中二年也。其詩云：「皇帝尚巡狩，東郊路多堙。周迴遶天涯，所獻愈艱勤。」蓋興元春朱泚竊號長安，德宗西幸奉天，故有此語。若在建中二年，則不得云「皇帝尚巡狩」矣。《唐史・袁高傳》失載刺湖州事。李吉甫《茶山詩述碑陰記》述高所歷官云：「德宗嗣位，累遷尚書金部員外郎右司郎中，權御史中丞。爲杞所忌，貶韶州長史，尋刺湖州。收復之歲，徵拜給事中，以卒。」則高之徵拜給事中，即在興元甲子冬也。

于頔茶山詩述

《金石録》第一千六百十六「唐《茶山詩》并《詩述》。詩，袁高撰；詩述，于頔撰，徐璹正書」。第一千六百十七「《唐詩述碑陰記》，李吉甫撰，徐璹正書。貞元十年正月」。此碑久亡，而于頔題名尚存，在長興縣小石山。正書十五行，文云：「使持節湖州諸軍事刺史臣于頔，遵奉詔命，詣顧渚茶院修貢畢，登西顧山最高堂，汲巖泉□□□似是茶字。□□□似是觀字。前刺史□□□袁公留題□□似是刻字。《茶山詩》于石。大唐貞元八年，歲在壬申春三月。」蓋《茶山詩述》之刻即在是年。又逾二載，而吉甫爲文記之，則袁高已卒矣。《唐詩紀事》謂高卒于憲宗時，亦非也。《唐書·高傳》云：「憲宗時，李吉甫言其忠謇，贈禮部尚書。」非謂卒于憲宗時。

瞿鏡濤云：「袁高、于頔兩題名，『茶』字凡五見，皆作『荼』。唐人精于六書，不肯輕作俗字如此。」

六先生

朱文公有《六先生贊》，謂濂溪、明道、伊川、横渠、康節、涑水也。端平初，常熟令王爚于縣學建六先生祠，祀濂溪、横渠、明道、伊川、晦庵、南軒。淳祐辛丑，令州、縣學各建六先生祠。其後有稱九先生者，則於六人之外增康節、涑水、東萊也。又有稱十先生者，則於九人之外增上蔡一人也。

生日

古有上壽之禮，無慶生日之禮。《漢書》「盧綰與高帝同日生，里中以羊酒賀兩家」。祇是贺生子，非賀生日也。唐中宗景龍三年十一月十五日，帝誕辰，内殿宴群臣聯句。《册府元龜》載：「唐開元十七年八月癸亥，以降誕之日，大置酒張樂，宴百寮於花萼樓下。終宴，尚書左丞相源乾曜、右丞相張説率文武百官上表，請以八月五日爲千秋節，著之甲令，布于天下，咸令宴樂休假三日。群臣以是日獻甘露醇酎，上萬歲壽酒。」此帝王生日上壽之始也。《宋史·禮志》：「大中祥符五年十一月，以宰相王旦生日，詔賜羊三十口，酒五十壺，米麵各二十斛，令諸司供帳，京府具衙前樂，許宴其親友。且遂會近列及丞郎、❶給諫、修史屬官。俄又賜樞密使副、參知政事羊三十口，酒三十壺，米麪各二十斛。其後，以廢務非便，奏罷會，而賜如故。」此大臣生日宴會之始也。攷《容齋三筆》載「馮道在晉天福中爲上相，詔賜生辰器幣。道以幼屬流離，早喪父母，不記生日，懇辭不受」。則宰相生日有賜，不始於宋矣。王明清《揮麈録》：「賜生辰器幣，起於唐，以寵藩鎮。五代至遣使命。周世宗眷遇魏宣懿，始以賜，自是執政爲例。」《禮志》載：「紹興十

❶「且」，《宋史》卷二百十九《禮二十二》作「旦」。

三年十二月二十三日，賜宰臣秦檜『辭免生日賜宴詔』。」是南渡復有生日賜宴之例也。

東坡《内制集》具載賜生日詔。自宰相執政而外，又有《賜皇叔祖安康郡王宗隱生日禮物口宣》，《賜皇叔祖華原郡王宗愈生日禮物口宣》，《賜皇叔祖漢東郡王宗瑗生日禮物口宣》，《賜皇伯祖高密郡王宗晟生日禮物口宣》，《賜皇叔揚王顥生日禮物口宣》，《賜皇弟大寧郡王佖生日禮物口宣》，《賜皇弟祚國公偲生日禮物口宣》，❶《賜皇弟咸寧郡王俣生日禮物口宣》，《賜建安郡王宗綽生日禮物口宣》，《賜皇叔荊王頵生日禮物口宣》，《賜嗣濮王宗暉生日禮物口宣》，《賜皇弟遂寧郡王佶生日禮物口宣》，《賜皇弟普寧郡王似生日禮物口宣》，《賜濟陽郡王曹佾生日禮物口宣》。是宋時親王等生日，均有賜禮物之例，不特宰相也。

生日獻詩詞

《西清詩話》謂「公卿誕日，以詩爲壽，見於唐末」。

《履齋示兒編》云：「魏仲先《壽萊公詩》云：『何時生上相，明日是中元。』」

《明道雜志》：「潞公以太尉鎮洛師，遇生日，僚吏皆獻詩。」孔毅夫《野史》：「文潞公守太原，辟司馬温公爲通判。夫人生日，温公獻小詞，爲都漕唐子方峻責。」此事雖未可信，然生日獻詩詞，蓋盛於北宋時矣。

《東坡集》有《生日王郎以詩見慶次其韻》詩，有《生日劉景文以古畫松鶴爲壽且

❶「祚」，《東坡全集》卷一百十一《内制口宣》作「祁」。

既佳篇次韻爲謝》詩，有《子由生日以檀香觀音像及新合印香銀篆盤爲壽》詩，有《以黄子木柱杖爲子由生日之壽》詩，又有《表弟程德孺生日》詩，《趙倅成伯母生日口號》，《樂全先生生日以鐵拄杖爲壽》詩。

吴曾《漫録》：「秦益公生日，四方賀詩尤多，嘗取其三聯云：『朝回不入歌姬院，夜半猶看寒士文』；『虜人争問年今幾，天子恨無官可酬』；『建鄴三公今始有，靖康一節古來無』，蓋取其親切耳。蜀人李善詩：『無窮基有無窮聞，第一人爲第一官。』其後言者以爲過，有時禁之，❶仍著令。然前輩類多有之，如荆公、東坡，皆有曾魯公、張文定生日詩。」

朱彧《可談》云：「近世長吏生日，寮佐畫壽星爲獻，例只受文字，其畫却回，但爲禮數而已。王安禮自執政出知舒州，生日屬吏爲壽。或無壽星畫者，但有它畫軸，❷紅繡囊緘之，謂必退回。王忽令盡啟封，掛畫于廳事，標所獻人名銜于其下。良久，引客爇香，共相瞻禮。其間無壽星者，或用佛像，或神鬼。唯一兵官乃崔白畫二猫，既至前，漸懼失措。」

禁見任官生日受所屬禮物

紹興二十六年閏十月壬寅，詔内外見任官，因生日受所屬慶賀之禮，及與之者，各徒三年；贓重者，依本法。自秦檜擅權，四方皆以其生日致饋，其後州郡監司率

❶「時」，《能改齋漫録》卷十一《秦益公賞孫仲鼇詩》作「旨」。

❷「有」，《萍洲可談》卷三作「用」。

受此禮，極其僭侈。太學録范成象面對以爲言，故立法。見《繫年要録》。

魏華父云：「人主生日爲樂始于唐。士大夫生日之盛，則始於近世。故前輩詩集，唯少陵示宗武生日，與東坡爲同氣之親或知己偶有所賦，而它集罕有。若用之公卿貴人則無之。直自京、檜以來，此風日甚。」

爵里刺

《釋名》：「爵里刺，書其官爵及郡縣鄉里也。」《世語》：「夏侯榮七歲誦書日千言，經目輒記。文帝聞而請焉。賓客百餘人，人一奏刺，悉書其鄉邑名氏，世所謂爵里刺也，客示之，一寓目，使之徧談，不誤一人。」❶《三國志注》。《後漢書·禰衡傳》：「建安初，來游許下。始達潁川，乃陰懷一刺，既而無所之適，至於刺字漫滅。」《井丹傳》：「未嘗修刺候人。」《仇覽傳》：「齎刺就房謁之。」《童恢傳》：「掾屬悉投刺去。」皆在東漢之世。而王充《論衡》稱韓生「通刺倪寬，結膠漆之交」，則西京已有之。

宋名刺

張世南《游宦紀聞》云：「士大夫謁見刺字，古制莫詳。世南家藏石本元祐十六君子墨迹，其閒有：『觀敬賀子允學士尊兄。正旦，高郵秦觀手狀。』『庭堅奉謝子允學士同舍。正月　日，江南黄庭堅手狀。』

❶「誤」，《通志》卷一百十四《夏侯淵傳》作「謬」。

『耒謹候謝子允學士兄。二月　日，著作郎兼國史院檢討張耒狀。』『補之謹謁謝子允校書同舍尊兄。正月　日，昭德晁補之狀。』『汝礪參候子允校書同舍。』以次凡十六人，皆元祐四年時。惟彭公爲中書舍人，餘皆館職也。」刺字或書官職，或書郡里，或稱姓名，或只稱名，既手書之，又稱主人字，且有「同舍」「尊兄」之目，風流氣味，將之以誠，今人觀之，宜泚顙矣。

周煇《清波雜志》云：「大父有手札藥方，乃用舊門狀爲策禮。見元祐間，雖僧道謁刺，亦大書『謹祗候起居某官，伏聽處分』。或云『謹狀』，官稱不過呼。紹興初，士大夫猶有以手狀通名，止用小竹紙親書，往還多以書簡，莫非親筆，小官於上位亦然。自行劄子，禮雖至矣，情則反疏。」

齊物

王伯厚謂《莊子》「《齊物論》，非欲齊物也，蓋謂物論之難齊也。是非毁譽，一付於物，而我無與焉，則物論齊矣。邵子詩『齊物到頭争』，恐誤。」按左思《魏都賦》「萬物可齊于一朝」，劉淵林注云：「《莊子》有《齊物》之論。」劉琨《答盧諶書》云：「遠慕老、莊之齊物，近嘉阮生之放曠。」《文心雕龍·論説篇》云：「莊周《齊物》，以論爲名。」是六朝人已誤以「齊物」兩字連讀。唐人多取「齊物」兩字爲名，其誤不始康節也。

梓潼神

梓潼之神，相傳晉時張惡子。唐天寶十年，監察御史王岳靈撰《張惡子廟碑》，見《唐詩紀事》。李商隱《題張惡子廟詩》：「下馬捧椒漿，迎神白玉堂。如何鐵如意，獨自與姚萇。」

王鐸《謁梓潼張惡子廟》詩：「盛唐聖主解青萍，欲振新封濟順名。夜雨龍抛三尺匣，青雲鳳入九重城。❶劒門喜氣隨雷動，玉壘韶光待賊平。唯報關東諸將相，柱天功業賴陰兵。」判度支蕭遇和云：「青骨祀吴誰讓德，紫華居越亦知名。未聞一劒傳唐主，長擁千山護蜀城。斬馬威稜應埽蕩，截蛟鋒刃俟昇平。鄭侯爲國親簫鼓，堂上神籌更布兵。」時僖宗解劒贈神，故二公賦詩。

吴自牧《夢粱録》：「梓潼帝君在吴山承天觀，此蜀中神，專掌注禄籍，凡四方士子求名赴選者悉禱之，封王爵曰忠文英武孝德仁聖王。」❷是南宋行都已立此祠也。《新定續志》載葉夢鼎《梓潼真君祠記》云：「世言帝命司桂籍，主人間科級。」是南宋之季，外府州亦立此祠矣。

虞集《廣州路右文成化廟記》：「《天官書》以『斗魁戴匡六星爲文昌之宫』，徵文治者占焉。或曰降靈吾蜀之梓潼者，則其神也。是以縉紳大夫士多信禮之。而文昌之祠，遂徧郡邑。皇元延祐中，書詔

❶「青」，《全唐詩》卷五百五十七作「春」。

❷「忠文英武」，《夢粱録》卷十四《外郡行祠》作「惠文忠武」。

加封，號其祠曰右文成化，贊詞具在。而朝廷設進士科以取士，文風大行，人謂神實主之。」

魁星

學校祀魁星，於古未之聞也。按《新定續志・學校門》云：「魁星樓爲一學偉觀，前知州吴槃既勤樸斲，今侯錢可則始丹堊其上，以奉魁星。郡人方逢辰書其扁。」是南宋已有之矣。顧氏《日知録》謂「奎爲文章之府，故立廟祀之。而改奎爲魁」，又謂「魁非佳語」，皆非也。北斗以魁爲首，故有九魁之稱。而凡物之首、人之帥，皆以魁名之。斗魁戴筐六星曰文昌，魁下六星，兩兩相比，曰三台。揚雄《甘泉賦》「冠倫魁能」。能，古台字。「魁能」即「魁台」也。杜子美詩「君家最近魁三象，時論同歸尺五天」，謂其爲宰相之門也。而「魁士名人」之語，見于《吕氏春秋》。而《史記》云「狀貌魁梧奇偉」，皆非不美之詞。宋人稱狀元爲廷魁，見《石刻鋪敘》。上舍第一人爲上舍魁，見《文獻通考》。由來已久，無可置議。《天官書》「奎爲封豕、爲溝」，不云文章之府。宋初五星聚奎，説者謂孔子魯人，奎婁爲魯分野，儒教當興之象，特史官傅會之詞。學校祀魁星，雖非古禮，證之《新定志》，則爲斗魁，非奎宿明矣。奎爲西方之宿，而顧以爲北方元武之宿，亦誤。

道人道士之别

六朝以道人爲沙門之稱，不通於羽

士。《南齊書・顧歡傳》：「道士與道人戰儒墨，道人與道士辯是非。」《南史・陶貞白傳》：「道人道士並在門中，道人左，道士右。」是道人與道士較然有別矣。《南史・宋宗室傳》，前稱慧琳道人，後稱沙門慧琳，是道人即沙門。

天師

天師之稱，始見于《莊子》，特一時尊敬之詞，非以爲號也。後漢張陵始以「五斗道」誑惑漢、沔間。其孫魯據有漢中，魏武授以侯爵。後來習其教者，妄稱陵爲天師。《水經注・沔水篇》云：「瀘水又南逕張魯治東，水西山上有張天師堂，於今民事之。」又《江水篇》云：「平都縣有天師治。」皆謂張陵也。晉南渡後，士大夫多有奉五斗米道者，或謂之天師道。《晉書・何充傳》：「時郗愔及弟曇，奉天師道。」《殷仲堪傳》：「少奉天師道。」《王恭傳》：「淮陵內史虞珧子妻裴氏有服食之術，常衣黃衣，狀如天師。」由是妖妄之稱始登正史。《魏書・釋老志》載寇謙之「遇大神，稱太上老君。謂自天師張陵去世已來，地上曠誠，❶修善之人，無所師授，故來授汝天師之位」云云，益誕謾可笑矣。

棋局

韋昭《博弈論》：「枯棋三百，孰與萬人之將。」李善注引邯鄲淳《藝經》：「棋局，縱橫各十七道，合二百八十九道。白黑

❶「誠」，《廣弘明集》卷二作「職」。

棋子各一百五十枚。」沈存中云：「弈棋古局用十七道，合二百八十九道，與後世法不同。今世棋局縱横各十九道，未詳何人所加。」予嘗見李逸民《忘憂清樂集》，棋譜也。首載孫策賜吕範、晉武帝賜王武子兩局，皆十九道。疑後人假託也。

籤詩

今神廟皆有籤詩，占者以決休咎，其來久矣。《祠山事要》云：「祠山籤語一百二十八首。紹興十一年，郡人勇樞經從毗陵之無錫，遥見山顛有祠宇甚麗，指問路人，云張王廟。勇因致敬，得此籤語。已而下山，回顧即無所有。既歸，寫置祠山。此祠山張王之籤也。」《老學庵筆記》云：「遺僧則肇乞籤於射洪白厓陸使君祠。❶使君以杜詩爲籤，得「全家隱鹿門」之篇。❷此射洪神之籤也。皆在南宋初。周密《癸辛雜識》載：「太學忠文廟祠銀瓶娘子，其籤文與天竺一同。」

十駕齋養新録卷十九終

❶「肇」，《老學庵筆記》卷二作「華」。

❷「全」，《老學庵筆記》卷二、《全唐詩》卷二百十八杜甫《遣興五首》作「舉」。

十駕齋養新録卷二十

嘉定錢大昕

吴郡志沿革之誤

范石湖《吴郡志》云："項羽封英布爲九江王。漢改九江爲淮南，即以封布。十一年布誅，立皇子長爲淮南王。後封兄子濞爲吴王。以上三國盡得揚州之地，吴與會稽皆在封域中。"大昕案：志所云"三國"者，謂九江、淮南、吴也。今攷之，殊不然。項羽封"英布爲九江王，都六"。布所得者僅壽春以西耳。若彭城、廣陵以南，至吴、會稽皆屬項羽，在梁、楚九郡之内。漢滅項氏，封韓信爲楚王，其時吴、會稽蓋屬楚。及韓信廢，分其地爲荆、楚兩國，始改屬荆王劉賈。賈爲英布所殺，改封兄子濞爲吴王，始屬吴。然則吴、會稽之地，漢初屬楚，繼屬荆，繼屬吴，史文班班可攷，與九江、淮南了不相涉。英布雖曾殺賈，不旋踵爲漢所誅，初不能有其地。《吴郡志》舍荆、楚而繫之淮南，可謂謬之甚也。

吴地記

陸廣微事迹無可攷，所撰《吴地記》云"自周敬王六年，至今唐乾符三年"，則是唐僖宗朝人。而《唐·藝文志》不載此書，至《宋志》始著于録。吴江一縣，吴越有國日始置，而卷内有"續添吴江縣"云云，殆後人羼入。

姑蘇志

王文恪撰《姑蘇志》成，楊南峰詆爲不通，謂當稱《蘇州府志》，不可用古地名，又不可以一地該一郡。此語流傳到今，僉以爲不可易矣。予謂南峰知其一未知其二。昔梁克家撰《三山志》矣，不云《福州志》也。陳耆卿撰《赤城志》矣，不云《台州志》也。文恪亦行古之道耳，志蘇州而名以姑蘇，豈遂爲大失哉！

長洲

王伯厚謂長洲名縣，始于唐武后時。《漢郡國志》：「廣陵郡東陽縣有長洲澤，吴王濞太倉在此。」東陽，今盱眙縣。枚乘説吴王云「長洲之苑」，謂廣陵之吴，非今長洲縣。其説信矣。然吴自有長洲。盧熊《蘇州府志》引《越絶書》：「闔閭走犬長洲。」《西漢書》：「王莽始建國四年，臨淮民田儀等爲盜賊，依阻會稽長洲。」又魏武帝對吴使徐詳云：「孤願越横江之津，與將軍游姑蘇之上，獵長洲之苑。」左思賦云：「佩長洲之茂苑。」《元和郡縣志》：「長洲縣取長洲苑爲名，在縣西南七十里。或云在太湖北岸，闔閭游獵處。」《圖經》亦云：「吴縣西南七十里有長洲鄉。」則吴之有長洲舊矣。左太沖所賦蓋孫吴之都，其時廣陵不在吴境，則今人稱長洲爲茂苑，未可厚非也。

松江

唐人詩文稱松江者，即今吴江縣地，非今松江府也。松江首受太湖，經吴江、崑山、嘉定、青浦至上海縣，合黄浦入海。亦名吴松江。唐時未有吴江縣，則松江上流爲吴縣南境。士大夫游宦，自蘇至湖、杭二州，皆取道焉。《吴地記》：松江一名松陵，又名笠澤。張翰在京師，思松江鱸魚鱠。張志和《漁父詞》「松江蟹舍主人歡」，陸龜蒙《松江蟹舍賦》、杜牧《松江夜泊詩》「震澤平蕪岸，松江落葉波」，皆謂吴江也。韓退之撰《王仲舒碑文》云：「在蘇州隄松江路，害絶阻滯。」蓋爲隄於吴江，非華亭也。元升華亭縣爲松江府，自是松江之名移於華亭，世遂不知吴江之爲松江矣。今之吴江縣，吴越錢氏時謂之南北兩城防遏所。見《北山小集》。

沈恭子

顔魯公書《清遠道士同沈恭子游虎丘》詩，本刻于虎丘山巖，今不復存矣。皮、陸《松陵集》有《補沈恭子詩》，不知恭子何人。予按《南史》：「沈炯字初明，吴興武康人，仕梁爲尚書左户侍郎吴令、御史中丞。陳受禪，加通直散騎常侍郎、加明威將軍。遣還鄉里，以疾卒于吴中，贈侍中，謚恭子。」六朝文臣無封爵而得謚者，例稱「子」。如任昉稱敬子、周宏正稱簡子之類，不一而足。則沈恭子必初明無疑矣。《南史·儒林傳》：顧越「棲隱于虎丘山，與吴興沈炯、同郡張種、會稽孔奂等，每爲文會」，則虎丘固恭子觴詠之地。其字初明或作禮明，未審孰是。

陸德明

陸德明《經典釋文》自序：「粵以癸卯之歲承乏上庠。」或謂癸卯爲唐太宗貞觀十七年。今攷《唐書》本傳，但云：「高祖釋奠，賜帛五十匹。遷國子博士，封吴縣男。卒。」又云：「後太宗閱其書，嘉德明博辯，以布帛二百段賜其家。」是元朗卒高祖朝，不及事太宗也。元朗嘗從學於周宏正。宏正卒于陳高宗太建六年甲午，至後主至德元年癸卯，相距十載，元朗年當在三十左右，若貞觀癸卯尚存，則耄耋頽齡，恐不能著書矣。又此書所録注解傳述人多是南士，沈重晚雖仕周，其書久行江左，此外北方學者絶不齒及，可證元朗著此書在陳而不在隋唐也。

陸暢

陸暢字達夫，吴郡人。入蜀謁韋皋，作《蜀道易》詩云：「蜀道易，易于履平地。」皋大喜。皋薨，朝廷欲繩其既往之事，復閱先進兵器上皆刻「定秦」二字，不相與者，因造成罪名。暢上疏理之曰：「臣在蜀日，見造所進兵器。定秦者，匠名也。」由此得釋。初娶董溪女，每旦婢進澡豆，暢輒沃服之。或曰：「君爲貴門女壻，幾多樂事？」陸曰：「貴門多禮法，俾予食辣麨，殆不可過。」張籍贈暢詩：「共踏長安街裏塵，吴洲獨作未歸身；胥門舊宅今誰住，君過西塘與問人。」

徐半千

《宋太宗實録》：雍熙四年九月壬戌，賜殿前承旨徐半千同進士出身，仍賜緑袍及錢十萬，以其上章言時政也。端拱元年三月，先是蘇州人徐半千詣闕上書言事。上召見與語，頗奇之，因賜名「巖叟」，擢爲陳州户曹掾。巖叟請告歸鄉里迎妻子，因恐喝州郡，恣爲不法事，本路轉運使以聞，上怒，杖巖叟，流海島。巖叟事不見《宋史》，而郡志亦不載入，今舉以補備鄉邦舊聞。

黄策

紹興元年七月壬戌，宣教郎新通判嚴州黄策直祕閣。策，吴縣人。元符末，以上書入籍坐廢。久之上方録用黨人，策因上疏，言昭慈獻烈皇后既過瑶華泰陵，嘗有悔意，以蔡京所録上皇聖語親札上之，故有是命。二年四月，直祕閣通判嚴州黄策罷。先是桐廬、淳安二縣令以贓爲漕臣所劾，而策庇之，械繫其告者。漕臣徐康國等言于朝，命按其事。既而策亦以贓廢。《繫年要録》。

張伯顔

《文選》李善注六十卷，元同知池州路事張伯顔所刊。伯顔未詳其籍貫。頃讀鄭元祐《僑吴集》，有《平江路總管致仕張公壙誌》，蓋代其子都中作。文稱「張氏長洲之相城人，公諱世昌，字正卿。以謹飭小心仕於朝，儤直殿廬，成宗賜名伯顔。大德五年，授將作院判官。十年冬，出爲泉州路治中。至大初，陞邵武路同知。明年，改兩浙都運鹽使司同知。丁内艱，服闋。延祐元年，除慶元路同知。七年，陞奉政大夫池州路同知。泰定五年，進階朝散大夫福寧州尹。至順二年，超遷大中大夫漳州路總管。至元二年，年六十有五，告老於朝，乃以正議大夫平江路總管致仕。三年六月十四日，卒於相城私第，葬同邑益地鄉謝澤原清河侯之兆」。乃知伯顔爲吾吴人。宜其文雅好事，異於俗吏也。伯顔父顯，官至江淮財賦副總管，追封清河郡伯。伯顔所授平江路總管，乃是致仕所加虚銜，不當列於郡守題名表。至其父子葬地，當見於《冢墓門》，而府志俱闕之。

胡惠齋

黄由淳熙八年狀元。妻平江胡氏，號惠齋，給事胡公女也。胡名晉臣，見《游宦紀聞》。能艸書，今西山玉隆宫有題詩一首。世又有艸書《禊序》四幅，字雖未合法，然大書横放，亦婦人所難。見董史《書録》。又云：黄子由尚書帥蜀中，夫人胡氏偕行。過黄州雪堂，胡氏行書《赤壁賦》於壁間。劉改之題《沁園春》一闋于後云：「按轡徐驅，兒童聚觀，神仙畫圖。正芹塘雨過，泥香路輭，金蓮自拆，小小籃輿。傍柳題詩，穿花覓句，䰀蕊扳條得自如。經行處，有蒼松夾道，不用傳呼。清泉怪石盤紆，信風景江淮各異殊。想東坡賦就，紗籠素壁，西山句好，簾卷晴珠。白玉堂深，黄金印大，無此文君載後車。揮毫處，看淋漓雪壁，真艸行書。」相傳惠齋嘗因几上凝塵，戲畫梅一枝，仍題《百字令》其上云：「小齋幽僻，久無人到此，滿地狼籍。几案塵生多少憾，把玉指親傳蹤跡。畫出南枝，正開側面，花蕊俱端的。可憐風韻，故人難寄消息。非共雪月交光，這般造化，豈費東君力。只欠清香來撲鼻，亦有天然標格。不上寒窗，不隨流水，應不鈿宮額。不愁三弄，只愁羅袖輕拂。」

李諒

唐長慶四年，李諒爲蘇州刺史，《元日郡齋感懷寄越州元相公杭州白舍人》詩有「首開三百六旬秝，新知四十九年非。當官補拙猶勤慮，游宦量才已息機」之句。白樂天答詩云：「領郡慙當潦倒年，鄰州喜得平生友。」又云：「憑鶯傳語與李六，❶倩雁將書寄元九。❷莫歎一日日催人，❸且喜一年年入手。」❹微之和韻云：「自驚身上添年紀，休繫心中小是非。貴富祝來何所遂，❺聰明鞭得轉無機。」自注：祝富貴，鞭聰明，皆正旦童稚故事。❻諒字復言，嘗官中丞。白樂

❶「與」，《全唐詩》卷四百四十六《輙依來篇七言八韻走筆奉答兼呈微之》作「報」。

❷「寄」，《全唐詩》卷四百四十六《輙依來篇七言八韻走筆奉答兼呈微之》作「與」。

❸「歎」，《全唐詩》卷四百四十六《輙依來篇七言八韻走筆奉答兼呈微之》作「嗟」。

❹「喜」，《全唐詩》卷四百四十六《輙依來篇七言八韻走筆奉答兼呈微之》作「貴」。

❺「貴富」，《全唐詩》卷四百十七《酬復言長慶四年元日郡齋感懷見寄》作「富貴」。

❻「故事」，《全唐詩》卷四百十七《酬復言長慶四年元日郡齋感懷見寄》作「俗法」。

天以是年罷杭州，以太子左庶子分司東都。明年改元寶歷，三月，除守蘇州，當即與李交代也。劉夢得以大和六年守蘇州，與樂天相去六七年矣。

滕甫知蘇州年月

《吴郡志·牧守題名》：「滕甫，龍圖閣學士、右光禄大夫。在治平間。」據本傳，甫於英宗朝未嘗授外任。且右光禄大夫亦是元豐以後官，不應治平中有之。其説固未可信。今《府志》則云：「熙寧八年，以翰林侍讀學士知潮州改任。十一月，改知揚州。」以本傳攷之，甫「以翰林侍讀學士出知鄆州，歷青州、應天府齊、鄧二州」，此是熙寧間事，蓋未嘗除揚州也。其後「黜爲池州，改安州，又貶居筠州。上章自訟，神宗覽之惻然，即以爲湖州。哲宗登位，徙蘇、揚二州」。攷哲宗以元豐八年即位，則甫之除蘇州當在元豐八年，必非熙寧矣。「潮」亦必「湖」字之誤。《東坡集》載《滕公墓誌》，正作湖州。案《續通鑑長編》：熙寧八年二月，知青州、翰林侍讀學士滕甫，移知齊州。尋命甫知鄧州。閏四月，知鄧州滕甫移知潤州。甫遭父喪，不果赴。是月壬子，詔前翰林侍讀學士、禮部侍郎滕甫落職，候服闋與知州。是熙寧八年十一月，乃甫持服家居之日，安得有自蘇移揚之事乎？

程師孟無知蘇州事

《吴郡志·牧守題名》，有程師孟，熙寧中任。按《宋史·師孟傳》但云知南康軍、楚州、洪州、福州、廣州、越州、青州，未嘗有知蘇州事。朱長文《吴郡圖經續記》臚舉牧鄉郡者，亦不及師孟名。蓋石湖修志時，唯

《南渡牧守題名》碑石具在，其餘皆爲兵火所燬，雖廣爲采訪，固不能無舛譌矣。或係之熙寧六年，攷其時師孟正在廣州。予家藏《諫議程公禱雨記》石刻，年月分明，無緣至蘇也。

章岵

《吴郡志》章岵事凡三見。第二卷《風俗門》，記元豐間章岵守郡，與郡之長老爲十老會。十老會中有程師孟。師孟以元豐四年方致仕，熙寧中尚未歸田也。米黻爲之序云：「中散大夫河間公静鎮吴國，四周星紀。」第十一卷《牧守門》云：「章岵，元豐中以朝議大夫守郡，剛介不可屈，人目之曰『章硬頸』。」又《題名門》云：「章岵，朝議大夫。元豐五年。」據此三條，岵守郡實在元豐間。其寄禄官或云朝議大夫，或云中散大夫，蓋由朝議轉中散也。今《府志·題名》前云：「章岵，熙寧五年以中散大夫知軍州事。」中間隔程師孟、王誨、胡宗愈三人。又云：「章岵，熙寧七年再任。八年八月提舉崇禧觀。」則大誤矣。據《續通鑑長編》，章岵以熙寧八年十月二十六日除兩浙轉運，則未嘗奉祠也。朝議、中散皆元豐改官制以後之稱，若岵果以熙寧中莅郡，當以卿監繫銜，不當云中散也。宋制，知州三年爲一任，任滿受代去。亦有再留一任者。據米黻序有「四周星紀」之語，則岵任滿之後又復留任，非去而復來也。《府志》誤以元豐爲熙寧，又無處安、王誨等，乃分爲前後兩任，此誣妄之甚者也。朱長文《吴郡圖經續記序》云：「今太守朝議大夫武寧章公，治郡三年，以政最被命再任。」序末題「元豐七年」，計其初任必元豐四年也。楊景略當即代章岵者，滕甫想即在景略之後。

楊景略

《吴郡志·郡守題名》，楊景略繫於元豐朝。今《府志》云：「熙寧八年十一月，以朝散郎龍圖閣學士知揚州改任。元祐元年五月，仍改知揚州。」此亦誤以元豐爲熙寧也。按：《蘇子容集》有《楊景略墓志》，云：「元豐七年，避親嫌知揚州，移蘇州，復徙維揚。元祐元年八月卒。」是景略守蘇在元豐七年以後之明證。宋制郡守三年一代，豈有熙寧八年乙卯至元祐元年丙寅中，隔十餘年不易任之理乎？《新志》亦疑其誤而不能質言，今當據墓誌改正。

豐稷

《吴郡志·牧守題名》有豐稷，云「樞密直學士，建中靖國元年十一月到。崇寧元年二月知越州」。此據《壁記》所載，年月分明。今《府志》削而不書，殆以《宋史》本傳但云知越，不言知蘇，故略之歟？然所帶樞密直學士之職，與史未嘗不合，蓋先除蘇而後改越耳。史傳於本人歷任偶有遺漏，正當據碑刻以補之。況豐清敏元祐正人，莅任已三四月，前志所有，後人輒以意去之，非也。

岑仲翔

唐岑羲，字伯華，爲金壇令。弟仲翔，

長洲令；仲休，溧水令。宗楚客語本道巡察御史曰：「毋遺江東三岑。」

賀方回家藏書

紹興二年正月甲子，詔平江府守臣市賀鑄家所鬻書以實三館。二月戊午，將仕郎賀廩獻書五千卷。詔吏部添差廩監平江府糧料院，仍官其家一人。廩，鑄子也。《繫年要録》。方回，本越人，徙居吴之醋坊橋。

程公闢

程師孟字公闢，吴郡人。見《宋史·循吏傳》。王介甫有《送程公闢得謝還姑蘇》詩，云：「東歸行路歎賢哉，碧落新除寵上才。白傅林塘傳畫去，吴王花艸入詩來。❶唱酬自有微之在，談笑應容逸少陪。除此兩翁相見外，不知三徑爲誰開。」自注云：「少保元絳謝事居姑蘇，王中甫善歌詞，與相唱酬。」案：中甫者，王介也。微之、逸少，皆取古人同姓者相況。公闢自知青州告老，以正議大夫致仕，時元豐四年也。正議視六曹侍郎，故用「碧落」字。

程氏蝸廬

程俱葺蝸廬吴下，用葉翰林見寄詩韻作：「四海無廬置此翁，故營松竹儘囊空。明知計出柏馬下，正擬身全木雁中。東郭易成生艸舍，南村先怯卷茅風。向來豪氣

❶「艸」，《宋詩鈔》卷十九《送程公闢得謝歸姑蘇》作「鳥」。

今如此，敢與元龍較長雄。」自注云：「張志和結廬東郭，茨以生艸。予結廬皆竹椽松柱，故有『松竹』之句。小齋曰勝義。」

建中靖國元年，以修奉景靈西宮，下吴興、吴郡採太湖石四千六百枚，而吴郡實採於包山。程俱有《採石賦》，頗寓諷諫之旨。

韓世忠宅

紹興四年二月，淮南東路宣撫使韓世忠乞承買平江府朱勔南園，及請佃陳滿塘官地一千二百畝。詔以園地賜世忠。《繫年録》。

范良器非翰林學士

翰林學士范良器墓在楞伽山。案：良器名不見史傳。據樓鑰《義莊記》，知爲文正長子監簿五世孫，又知其爲之柔之兄，又知其有興復義莊之功。然樓記但云良器一布衣，安得有翰林學士之稱？宋制翰林又不爲贈官，蓋《舊志》所書官名誤也。

惠元祐事不足信

文淵閣學士鄧州總管惠元祐墓。按：元祐不見於《舊志》，唯《新志·冢墓門》附載王居正所撰傳云：「元祐字吉甫，扶風人。元符詔求直言，元祐表陳治亂安危所係事宜十條。帝善之，❶授國子監直講，加文林閣學士。淵聖即位，晉文淵閣學士，兼領鄧州路。斡离不圍京師，守帥大戰於幕

❶「善」，商務本作「喜」。

天坡，元祐爲左翼，命神臂弓射却之，一軍獨全。睿聖即位揚州，金人大舉入寇，元祐與内侍鄺詢翼帝出至瓜洲，遇小舟得渡。繾綣從王，忠勞備著。卒葬平江堵城。元祐少好孫吴學。及居洛陽，與尹焞遊，更向儒術。崇寧初，以劾朱勔忤蔡京意，削籍歸紹興。初秦檜用事，元祐乞身居湖州大全港，絶口不言國事。少識岳飛於微賤，約爲死友。靖康初，睿聖次湘州，「湘」當作「相」。薦飛於王。後聞飛死，不食數日而卒。」此傳未審出自何書，要是誕妄不足信，略舉數端證之。如文林閣學士、文淵閣學士，宋時無此官名，亦不聞建此閣。其不足信一也。宋世文武各有流品，不相雜用。元祐既少習孫吴，及聞尹和靖之學，改就儒術，官至國子直講，則是文資，何緣却爲鄧州總管？其不足信二也。朱勔以花石得幸，在政和、宣和之世。若崇寧初，勔猶未列仕路，何得有劾勔之事？其不足信三也。《宋史·岳飛傳》「康王至相，飛因劉浩見」，不聞又有元祐薦之。其不足信四也。當姑存「鄧州總管」職名，而删「文淵閣學士」五字。

富嚴墓

富氏世家河南。司空嚴，嘉祐中以祕書監守蘇州，秩滿上章告老。既得請，將歸河南，吴人争挽留。父老前曰：「公之惠愛在此邦，邦人懷思將無窮，願毋去我。百歲後吴人謹烝嘗，護松櫝，當世世如桐鄉朱仲卿也。」公平時固已樂吴中風物之美，因留居不去。没葬吴縣之寶華山。子孫遂爲吴郡人。《北山小集·富延年墓誌》。

蔣彝墓

朝散郎直祕閣贈徽猷閣待制蔣彝墓，在吴縣至德鄉報恩山之原。程俱撰誌銘。見《北山小集》。

彝字子有，禮部侍郎堂之子。父長源，朝奉大夫，彝以父遺表恩調秀州崇德令。政和二年，蔡京復當國，令權提轄陝西坑冶，❶催促鑄錢事，累遷至承議郎。六年，權發遣提舉兩浙常平事。是冬除代赴闕未行，詔復留。八年，移永興軍路未行，改直祕閣、權兩浙路計度轉運副使，累遷朝散郎。二浙户繇，率隱丁口避更賦丁，簿不得實。前使者鈎括釐正，追償所失丁錢，別儲爲羡餘，遠或至數十年，編户氓鮮獲免者，錮繫相屬，或破産失業。公至，具奏二浙比歲不登，今所追久遠不勝治，又多貧下户，急之必且逃徙，願一切蠲之。而名籍丁錢，斷自今始，已追錢歸之有司充歲用。奏聞報可，吴人德之。發運司以逋滯劾，詔免所官，落職予筦庫。已而御筆除直祕閣管句亳州明道宫，累遷朝奉大夫。宣和四年，起知明州，卒於官。明年，特贈徽猷閣待制。

鄭絳墓

吏部員外郎鄭絳墓，在吴縣長洲鄉龍館山之原。其妻安人錢氏合葬。程俱撰誌銘。《北山小集》。

安人錢氏。吴越武肅王之子曰廣陵

❶「令」，原作「今」，據商務本改。

王元璙，爲中吴軍節度使。死葬吴，因家焉。其孫喆，太子左贊善大夫，贈太常少卿。有子曰中孚，以集賢殿修撰爲梓州路計度轉運使，贈中散大夫。中散子承，爲通州軍事判官。安人，通州之仲女也。年十八，歸同鄉鄭公絳。仕至尚書吏部員外郎，封夫人桃源縣君，改封安人。靖康元年六月卒。男曰作肅，奉議郎，前鎮江府府學教授。曰作乂，從政郎，光州定城縣令。曰知章，蚤卒。孫男曰烈、曰勳、曰然、曰熊、曰照、曰庶。作肅登進士第，作乂預薦書，皆好學自持。

朱耜墓

宣義郎知江陰縣朱耜墓，在吴縣至德鄉南峰山龍池之西。程俱撰誌銘。《北山小集》。

耜字元益，吴人。曾大父億，内殿崇班閤門祗候，知邕州，贈刑部尚書。大父公綽，光禄卿，贈特進。父長文，祕書省正字，博學篤行，以道出處，爲時老儒。吴人尊之，號樂圃先生。元益以大父任補太廟齋郎，調婺州東陽主簿。丁父憂。終喪，爲杭州鹽官尉，坐蝗蝻生境内免。再調鄂州江夏尉，以捕盜功遷宣義郎。丁母憂。終喪，爲太原府司録，不行，改知常州江陰縣事。秩滿代還。卒京師實政和七年四月四日，宣和元年二月葬。其弟通直郎宗，子學、録、發以狀請銘。

楊懿孺墓

承奉郎楊懿孺墓，在長洲縣武邱鄉祖興墩之原。程俱撰誌銘。其略云：懿孺，字彝父，世爲建州浦城人。曾祖有證，贈太僕少卿。祖伉，贈光禄卿。父諱，尚書屯田員外郎。屯田始葬常州無錫縣，諸孤因家長洲，遂爲吴郡人。三預鄉貢，五試禮部，卒不第。崇寧二年，特奏名始授簡州文學，監杭州富陽縣茶場。遇郊恩，以將仕郎權亳州城父縣主簿。八寶汎恩，遷登仕郎，調洪州南昌縣主簿。居一年，忽載妻子歸吴下，且告老，以承奉郎致仕。又七年，乃卒，年七十有六。宣和四年九月辛酉葬。《北山小集》。

程北山云：吴郡有二老焉，或仕或不仕，皆隱者也。居城之東北，曰方公惟深；居城之東南，曰楊公懿孺。余少壯客吴下，獲交焉。宣和四年春，二老相繼殁，皆誌其墓。

趙崇雋墓

通判趙崇雋墓，在吴縣至德鄉茶塢山。弟崇修撰文并書誌石，今在法螺庵。

同年醻唱詩

府學儀門有石刻《同年醻唱詩》。宋紹熙元年，提刑建陽袁説友起巖、提舉常平建陽張體仁元善，招集同年之在吴者於姑蘇之臺。起巖首賦唐律一章，而元善依韻和之。同作者成欽亮仲鄰、章澥仲濟、唐子壽致遠、王藝文卿、陳德明光宗、周承勛晞稷、胡元功國敏、趙彦衛景安、趙彦真從簡、舊名彦能。趙彦瓔中玉。章題浦城、陳題三山、周題桐川。三趙皆宗室，題浚儀。至成、王、胡皆題胥臺，則吴人也。唯子壽不署里居。以《吴郡志》證之，亦是吴人。序之者，石湖居士范成大。書之者，歷陽龔頤正，亦家於吴者也。《宋史》列傳有詹體仁，即碑之張體仁。葉水心爲體仁誌墓，述其改姓事。史家失書，攷古者必疑其非一人也。説友官至執政，其帥蜀時，嘗撰《成都文類》，亦風雅好事者。攷吴郡《進士題名》，章、胡、唐、王、成五人，皆隆興元年本待問榜登第。

吴江學宋元碑

吴江縣學有宋淳熙五年《重修縣學記》，趙孟覞書。撰人姓名，以石斷裂不可見，其官則權知饒州也。又嘉定八年正月《重修大成殿記》，寶謨閣學士、提舉玉隆萬壽宫黄由撰，權刑部尚書兼侍讀范之柔正書。又元碑二通：一爲至正十一年五月，吴江州《興修儒學記》，陸居仁爲文，朱庭珪正書。一爲至正十三年十月吴江州《儒學大成樂記》，許從宣撰，林鏞正書。

渡僧橋石刻

閶門外渡僧橋，當水陸之衝，予往來者數矣。曩王西沚語予，曾見宋碑，訪之廿年未得。瞿壻鏡濤於吴市買得一紙，蓋咸淳十年十月僧元愷等《募緣重修記》。首云：「渡僧橋建在至道年間。緣起得名，具載《舊記》。」所謂《舊記》者久已湮没，即此石亦不知所在矣。其云「判府提舉節制閣學潛尚書」者，潛説友君高也。「前判府倪侍郎」者，倪普君澤也。記文與書俱不甚佳。

然郡橋梁既不詳，言金石者亦未之及，故識其略云。

蘇州府儒學誌

蔡昂《蘇州府儒學誌》四卷，前有徐源、吴寬、王鏊、沈杰、林庭㭿諸序，刻成于正德癸酉，有祝允明跋。昂字惟中，吴縣人，由歲貢官九江府推官，書成時已踰七望八矣。誌頗載石刻。黄山谷《食時五觀帖》，慶元三年，趙彦逾摹刻於建康之玉麟堂。次年，虞儔又刻于浙西憲司之明清堂。蘇州即浙憲治所也。明正德中，此碑尚在郡學。今訪之，不可得矣。

先大父生平著述，久已風行海内。是書刻成于乙丑歲，未及十年，而刷印日繁，閒有磨滅數十條，不能辨字。雨窗長夏，並取舊本及《金石跋尾》中漫漶者，付之梓人，悉加補葺，庶爲完善。嘉慶十六年五月六日。孫男師康百拜謹記。

十駕齋養新録卷二十終

十駕齋養新餘録 卷上

嘉定錢大昕

簪當作戠

「朋盍簪」，古文簪作貸。京作撍，馬作臧，荀作宗，虞作戠。戠，叢合也。予謂三代以前無簪、笄字，當以「戠」爲正，與上「大有得」句協韻。撍、臧、宗、簪皆聲之轉。唯古文貸無義，當是轉寫誤耳。戠與埴同。《禹貢》：「厥土赤埴墳。」孔傳：「土黏曰埴。」鄭康成本作戠。徐、鄭、王皆讀曰熾。《攷工記》：「摶埴之工。」鄭亦訓埴爲黏土。是戠、埴同物，皆取黏義。黏與合，義相成也。

像

「象也者，像此者也」、「象也者，像也」。兩像字唐石經初刻皆作「象」，此古本也。後人添人旁，當以初本爲善。古人以義訓名，不嫌同文。如《孟子》「徹者，徹也」，上下兩徹，無異形亦無異讀也。

武王克殷之年

武王克殷，《國語》以爲歲在鶉火。古法歲星與太歲恒相應，星在鶉火，則太歲必在未。孔穎達《詩正義》謂是歲辛未，此用古法超辰之率定之。後世不用超辰，則斷以爲己卯。干支雖有不同，於積算元無多少，似異而實非異也。《竹書》：「周武王十二年辛卯伐紂，十七年陟。」皇甫謐云：「武王定位元年歲在乙酉，六年庚寅崩。」見《史記集解》。唐一行以康王十一年歲在甲申，上溯武王克商之歲當在壬辰。《唐書·歷志》。三說皆非是。

自武王克商至魯隱公之元四百年，春秋二百四十二年，春秋後又二百二十五年而爲秦所滅：凡八百六十七年。太史公《年表》始于共和，共和以前周諸王之歷年蓋已難攷。班孟堅《漢書》載劉歆《三統術》，依魯歷及《世家》，推得周初以來紀年敘而次之。夏、殷以前經典無明文，子長、孟堅所不論。後儒妄說，皆未可信。

蜀石經毛詩

《江有汜》三章，皆有「之子歸」句。蜀石經「歸」上並有「于」字。予攷三百篇中云「之子于歸」者不少矣。「之子于征」、「之子于苗」、「之子于狩」、「之子于釣」皆四字句，此篇亦當依蜀本有「于」字。

「昔育恐育鞫蜀」，石經無下「育」字，以四字成句，亦視它本爲勝。

左傳服杜之學

《南史·儒林·崔靈恩傳》：「靈恩先習《左傳》服解，不爲江東所行，乃改説杜義。每文句常申服以難杜，遂著《左氏條義》以明之。時助教虞僧誕又精杜學，因作《申杜難服》以答靈恩，世並傳焉。」《王元規傳》：❶「自梁代諸儒相傳爲左氏學者，皆

❶「元」，原誤作「文」，據《南史》改。

以賈逵、服虔之義難駁杜預，凡一百八十條。元規引證條析，無復疑滯。」

春秋十二公紀年

《春秋正義》於十二公之首必云「是歲歲在某次」，因此可知太歲所在。此必先儒相承之舊文，非孔沖遠所能及也。

隱公元年，歲在豕韋，太歲當在甲寅。今曰己未。

桓公元年，歲在元枵，太歲當在乙丑。今曰庚午。

莊公元年，歲在鶉火，太歲當在癸未。今曰戊子。

案：莊公即位卅二年，以常率計之，其末年太歲當在甲寅，歲星應在豕韋。而《正義》云「閔公元年歲在大梁」者，依《三統術》。莊廿三年入歲星歲數，正在超辰之限。太歲超乙巳入丙午，歲星亦超實沈入鶉首矣。依此算到莊公末年，星已至降婁，則閔公初年，正在大梁也。此非精于算術者不能知。孔氏於《三統》元起丙子之故全然未曉，轉信虞、恭諸人説，以庚戌爲上元。《詩疏》所引《三統術》，率與本術不合，安能精思及此。

閔公元年，歲在大梁，太歲當在丙辰。今曰庚申。

僖公元年，歲在鶉首，太歲當在戊午。今曰壬戌。

文公元年，歲在降婁，太歲當在辛卯。今曰乙未。

宣公元年，歲在壽星，太歲在己酉。今曰癸丑。

成公元年，歲在降婁，太歲在丁卯。今

曰辛未。

襄公元年，歲在壽星，太歲在乙酉。今曰己丑。

昭公元年，歲在大梁，太歲當在丙辰。今曰庚申。

昭十五年，距莊廿三年，滿百四十四歲，又值超辰之限，歲星超鶉首入鶉火，太歲超庚午入辛未。服子慎所謂「有事于武宫之歲，龍度天門」是也。自此年歲在鶉火，算至卅二年，正在星紀，故有「越得歲而吴伐之」之占。歲星超辰，在左氏固有明文矣。

定公元年，歲在玄枵，太歲當在己丑。今曰壬辰。

哀公元年，歲在大梁，太歲當在甲辰。今曰丁未。

春秋十二公，二百四十二年，太歲干支，與今人所推不同，前後亦分三段。自莊廿三年以前，相差五辰。如隱元年本甲寅，而今人以爲己未是也。昭十五年以前，相差四辰。如襄廿一年本乙巳，而今人以爲己酉是也。昭十五年以後，相差三辰。如哀十六年本己未，而今人以爲壬戌是也。

王伯厚曰：嘗攷《通鑑》、《皇極經世》，秦始皇八年，歲在壬戌。而《吕氏春秋》云：「維秦八年，歲在涒灘。」申。有二年之差。予謂吕不韋以秦相國紀秦年，所用即《秦歷》也。而以今法上推，有兩辰之差者，古術太歲與歲星皆百四十四年而超一辰，自周訖秦漢皆然。東漢始不用此法，故太初元年，太歲在丙子，而後人以爲丁丑，已差一算。秦始皇在太初前百三十餘年，固宜差二算矣。溯而上之，春秋二百四十二年閒，或差三算，或差四算五算。又溯而上之，至周武王伐紂本辛未，而後人以爲己卯，則差八算矣。世愈遠則差愈多，皆由超辰使然。要于積年元無增減，似異而實同也。閻若璩不知古有超辰法，遂謂《吕書》「涒灘」當爲「淹茂」，失之甚矣。

太歲超辰立成

《三統術》，太歲與歲星恒相應。歲星起星紀，百四十四年而超一次；太歲起丙子，亦百四十四年而超一辰。凡千七百二十八年，而周十二辰，是爲歲星歲數。孔穎達《春秋正義》云：「《三統》以庚戌之歲爲太極上元。」則已昧其根本。唯歲星超辰不能不用服虔「龍度天門」之説者，以昭十三年「歲在大梁」，與卅二年「越得歲」二文，非用超辰，便多齟齬耳。今以歲數分爲十二篇，俾言太歲者有所折衷焉。

丙子篇第一

滿百四十四歲爲一篇。

辛丑篇第二

此第百四十五年也。太歲超庚子入辛丑，歲星超星紀入玄枵。

丙寅篇第三

此二百八十九年也。太歲超乙丑入丙寅，歲星超玄枵入豕韋。

辛卯篇第四

此四百三十三年也。太歲超庚寅入辛卯，歲星超豕韋入降婁。魯公伯禽五年，入辛卯篇。

丙辰篇第五

此五百七十七年也。太歲超乙卯入丙辰，歲星超降婁入大梁。魯微公廿六年，入丙辰篇。

辛巳篇第六

此七百二十一年也。太歲超庚辰入辛巳，歲星超大梁入實沈。魯懿公元年，入辛巳篇。

丙午篇第七

此八百六十五年也。太歲超乙巳入丙午，歲星超實沈入鶉首。《春秋》莊公廿三年，入丙午篇。

辛未篇第八

此一千零九年也。太歲超庚午入辛未，歲星超鶉首入鶉火。魯昭公十五年，入辛未篇。

丙申篇第九

此一千一百五十三年也。太歲超乙未入丙申，歲星超鶉火入鶉尾。魯穆公廿七年，周安王十九年，入丙申篇。

辛酉篇第十

此一千二百九十七年也。太歲超庚申入辛酉，歲星超鶉尾入壽星。秦始皇八年，入辛酉篇。

丙戌篇第十一

此一千四百四十一年也。太歲超乙酉入丙戌，歲星超壽星入大火。

辛亥篇第十二

此一千五百八十五年也。太歲超庚戌入辛亥，歲星超大火入析木。

春秋正義宋槧本

吴門朱文游家藏宋槧《春秋正義》三十六卷，云宋淳化元年本，實則慶元六年重刊本也。每葉前後各八行，行十六字。卷末有馮嗣祖、趙彥穛等校勘字。今通行本哀公卷首《正義》全闕，獨此本有之。文游嘗許予借校，會予北上未果。今文游久逝，此書不知轉徙何氏矣。

譙周注論語

譙周《論語注》十卷，梁時尚存。劉昭注《續漢書》曾一引之。「鄉人儺」注：「儺，卻之也，以葦矢射之。」

孟季子問公都子

告子「以義爲外」，病在「以長爲義」。孟季子習聞其説，故亦以義爲外。公都子雖以「行吾敬」曉之，但以伯兄之親，而仍爲鄉人之長所奪，是敬不敵長矣。敬即在内，長實在外。即曰「斯須之敬」，而此敬終從彼長而起，安得云在内？此公都子所以不能答也。及孟子有敬叔父與敬弟之難。叔父之敬，以分不以年。而弟則幼于我者，弟非長而亦有當敬之時，則義在敬不在長；而彼長而我長之之説，不攻自破矣。厥後季子再難，不能更執長字，方知孟子立言之妙。

「酌則誰先？」曰：「先酌鄉人。」此鄉飲正齒位之禮。其時鄉人、伯兄咸在賓位，當以齒序，所謂鄉黨莫如齒也。若伯兄宴客，而弟爲行酒，則不論年紀長幼，總當先客，豈有先酌伯兄之理，何必計其長一歲否邪？

諸經音

陸德明云：爲《易》音者三人，王肅、李軌、徐邈。爲《尚書》音者四人，孔安國、鄭元、李軌、徐邈。陸云：漢人不作音，後人所託。爲《詩》音者九人，鄭元、徐邈、蔡氏、孔氏、阮侃、王肅、江惇、干寶、李軌。近有沈重，亦撰《詩》音。爲《禮》音者，鄭元、王肅、李軌、劉昌宗、徐邈、射慈、謝楨、孫毓、❶曹耽、尹毅、蔡謨、范宣、徐爰、射慈以下音《禮記》。王曉。音《周禮》。

❶「毓」下，《經典釋文》有「繆炳」二字。

近有戚衮作《周禮音》，沈重撰《周禮》、《禮記音》。《春秋左氏》音，則服虔、高貴鄉公、嵇康、杜預、李軌、荀訥、徐邈。王元規又撰《春秋音》。《公羊》音有李軌、江惇。《論語》有徐邈音。《老子》有戴逵音。《莊子》有李軌、徐邈音。《爾雅》則陳施乾、謝嶠、顧野王並撰音。

大題在下

古書多大題在下。陸氏《經典釋文》云：「《毛詩》，故大題在下。案馬融、盧植、鄭元注《禮記》，❶並大題在下。班固《漢書》、陳壽《三國志》亦然。」❷予案：唐刻石經皆大題在下。如《詩經》卷首，《周南·詁訓傳第一》列于上，「《毛詩》」兩字列于此行之下，所謂大題在下也。宋、元以來刻本，皆移大題於上，而古式遂亡，今讀者且不知何語矣。予曾見《史記》宋大字本，亦大題在下。淮南轉運司監雕本。

昏當从唐本説文作昬

《説文》：「昏，日冥也。从日，氏省。氏者，下也。一曰民聲。」案：氏與民音義俱别，依許祭酒例，當重出昬，云「或作昬，民聲」。今附于昏下，疑非許氏本文。頃讀戴侗《六書故》云：唐本《説文》从民省。徐本从氏省。又引鼂説之云：因唐諱「民」，改爲氏也。然則《説文》元是昬字，从日，民聲。唐本以避諱減一筆，故云「从民省」，徐氏誤仞爲氏省。「氏，下」之訓，亦徐

❶「禮記」，《經典釋文》作「三禮」。

❷「志」下，《經典釋文》有「題」字。

所附益又不敢輒增昏字，仍附民聲于下。其非許元文信矣。案：漢隸字原昏皆从民，婚亦从昬。民者，冥也，與日冥之訓相協。唐石經遇「民」字皆作「巳」，而偏傍从民者，盡易爲氏。如岷作岻、泯作汦、緡作緍、痻作痻、碈作碈、暋作暋、愍作愍、蟁作蟁之類，不一而足。則昏之爲避諱省筆無疑。謂从氏省者，淺人穿鑿傅會之説耳。

忈

《論語》、《釋文》於《泰伯》、《先進》兩篇俱有「忈」字，云「古臣字」。案：一忠爲臣，其義淺鄙。當因艸書「臣」作丞，與一忠相似，俗生附會成之。陸德明著書在隋季，已有此字，蓋出六朝人妄作。陸氏仞爲古文，由於不精小學故也。《戰國策》亦有「埊」「忈」字，姚宏校本以武后所造深疑之。予謂武后頒行十二字亦有所本，非盡出肊造。要是魏、晉以後增加之字，若仞作秦、漢古文，則惑矣。

古今音異

聲音與時變易，未易更僕數，略舉一二言之。古讀富如備。《廣韻》以富入宥韻，蓋齊、梁以後之音，轉重脣爲輕脣也。宋元以來，讀富如傅，南北無異音，不復知其在宥韻矣。古讀不如丕，轉音「跗萼」之「跗」。《春秋傳》「三周華不注」、《詩》「鄂不韡韡」，鄭箋亦用此義也。《廣韻》兩收于平聲、尤韻，入聲物韻，一讀如浮，一讀如弗，已非三代、秦、漢之音矣。黄公紹《韻會》又收於入聲屋韻，讀不爲卜，與《廣韻》兩音復不同。

今南人多讀不如鉢，與弗亦有重脣、輕脣之別。唐、宋人應試詩賦，官韻有「不」字者，必押入尤韻。今人則押入物韻。

論古音四聲者，以緝、合、盍、葉、怗、洽、狎、業、乏爲侵、覃、談、鹽、添、咸、銜、嚴、凡之入聲。今以古音求之，亦有未甚協者。答，對也。《詩·雨無正》篇「譖言則答」，與退、遂、醉、誶爲韻。蓋在泰部，从盍聲，古書多以盍、蓋通用。《檀弓》以蓋爲盍。今吴中方音讀蓋如敢，聲相近而譌，非三代、秦、漢之音。磕又入曷韻。立，古位字。《春秋》「公即位」，古文作立。位當从立得聲。納，内聲。古書「出納」字或作内，内亦當从入聲。《詩·小戎》以軜與合、邑韻。而内在隊韻，訥在没韻，豽在黠韻。介，甲也。古「甲胄」字或作介。籋，爾聲。瘞、瘱，皆㾜聲。急與亟通。《易·井》九三：汲與食、惻、福韻。蟄即摯字，摯、蟄皆執聲。法，去聲。劫、怯亦去聲。枼，世聲。渫从枼。《井》渫，息列反，徐食列反。《禮》葱渫，以制反。渫、紲皆在薛韻。又从枼之字或入葉，或入辥。《易傳》多以業與德韻。隲，陟聲，而在質部。屑部有苶字，與涅同音。「邯鄲」之「邯」音寒。邯，甘聲。忝，天聲。三百篇雖有「忝」字，然不以協韻，未可以隋、唐之音遽仞爲古音。侵部無入聲，針、砧、枮皆俗字。即，在職部。節，在屑部。楖、櫛，在櫛部，楖，又入質。堲、蝍，又在質部。至，在至部。室，在質、屑二部。吉、佶、姞在質部。黠、劼、秸在黠部。結、拮、袺、襭、頡、擷在屑部。樂在覺部，又在鐸部，又在效部。而藥、鑠、爍另爲部。轢有歷、洛、剌三音，分入三部。軏、駌、訐、钀皆在月部。没部有殟、嗢、兀。曷部有怛、妲、頞、閼、囋、頊、箃。末部有鉢、鬠、斡、睕、䀹、揞。黠部有鬜、隌、䁆。鎋部有咀、齾、纂、劗。屑部有飻、餮、𦔮、紨、粏、咽。薛部有讞、钀、䡾、龘、揳、準、焆、哨、纂、闑、劗。

緝非侵之入聲。《詩》以輯與洽韻，緝與蟄韻。合非覃之入聲。《詩》以集與猶、咎爲韻，答與退韻，納、軜皆内聲。罨、罯皆俗字。盍非談之入聲。譫，章盍切，非古音。葉、怗爲鹽、添之入聲。然鹽、兼、纖、僉諸字無入聲。葉、鼠、楫、楫當在緝韻。涉亦無平聲。唯占在鹽部，而怗、帖皆占聲。厭有平上去入四音。寁，疌聲，而在感部。歛，念聲，與涅相近。洽、狎與咸、銜偏旁俱不相近。咸與覃，洽與合，皆一類也。甲與介聲近，介在怪韻。業與嚴偏旁無相从者。乏爲凡之入聲。泛，乏聲。貶亦乏聲，而即在檢部。齊、梁人制此韻以當輕脣之一，未必合于古音。

古音有入聲，唯支、脂、之、微、齊、佳、皆、灰、咍、魚、虞、模、蕭、宵、爻、豪、麻、尤、侯、幽。此外旦、泛、厭、奄、兼、占等字，偶有入聲。

十駕齋養新餘録卷上終

十駕齋養新餘録卷中

嘉定錢大昕

史漢目録

古人書目録，皆在篇末。太史公之《自序》、班孟堅之《敘傳》，即目録也。今《史》、《漢》目録，出於後人增加。攷《隋書·經籍志》，《史記》一百三十卷之下注云：「《目録》一卷。」則《史記》之有《目録》，隋時已然。

《史通·題目》篇云：「蔚宗舉例，始全録姓名，歷短行於卷中，叢細字於標外，其子孫附出者，注于祖先之下，乃類俗之文案孔目、藥艸經方，煩碎之至，孰過於此？」是則范氏《後漢書》始有《目録》也。於《因習》篇又云：「蔚既移題目于傳首，❶列姓名于卷中，而猶於列傳之下，注爲《列女》、《高隱》等目。」范史本題《逸民》，此云《高隱》者，避唐諱，非誤記也。

諸史目録皆後人增加

曾子固《陳書目録序》云：「其書祕府所藏，往往脱誤。嘉祐六年八月，有詔校讐，使可鏤板行之天下。而臣等言：『梁、陳等書缺，獨館閣所藏，恐不足以定著。願詔京師及州縣藏書之家，使悉上之。』至七年冬，稍稍始集，臣等以相校。至八年七月，《陳書》三十六篇者始校定，可傳之學

❶ 「蔚」下，當脱「宗」字，《史通》卷五《因習》作「范曄」。

者。其疑者亦不敢損益，特各疏於篇末。其書舊無目，列傳名氏多闕謬，因別爲《目録》一篇。」予案：子固所謂「各疏篇末」者，今亦未見，蓋後來重刊失之矣。

太史公李延壽

太史公作十二《本紀》，以秦、項列于周、漢之閒。後人於秦始皇無異言，而於《項羽本紀》則怪之。劉知幾謂「羽僭盜，不當稱王」。此未達乎史公之旨者也。秦以暴并天下，雖自稱帝，非人心所歸向。史公初不欲以秦承周，以漢承秦。特以六國既滅，秦主命者十有餘年。秦既滅，項氏主命，又四五年。沛公之爲漢王，亦項羽所立也。秦、項雖非共主，而業爲天下主命，不得不紀其興廢之迹。秦之稱帝，與項之稱霸王，均不得與五德之數。黜秦所以尊漢也，於何見之？於《表》見之。三代之後，繼以十二諸侯，繼以六國。始皇雖并天下，仍附之《六國表》。及陳涉起事，即稱秦、楚之際。秦、楚皆周舊國，是秦未嘗有天下也。班氏《漢書》始降陳勝、項籍爲傳。孟堅漢臣，故有意抑項，然較之史公之直筆，則相去遠矣。隋亦以不仁得天下，雖兼并江南，而李延壽猶列之《北史》，不少分別，其義例正大，有太史公之風焉。後儒尊紫陽《綱目》，然於秦、隋猶以正統予之。若太史公、李延壽之例，較之《綱目》，實勝一籌。

史記年表

《十二諸侯年表》，徐廣曰：「共和元年，歲在庚申，訖周敬王四十三年，凡三百六十五年。共和在春秋前一百十九年。」

《六國表》起周元王，訖二世，凡二百七十年。元王元年乙丑，至赧王五十九年乙巳，凡二百廿一年。依《史記·年表》，共和至赧王入秦，凡五百八十六年。

周武王十三年辛未克殷，又七年戊寅崩。周公攝政七年，始己卯，盡乙酉。成王親政五年，即伯禽之五年。太歲超庚寅入辛卯，歲星超娵訾入降婁。

漢書王子侯誤字

《史記·王子侯年表》有「石洛侯劉敬」。《漢表》作「原洛侯敢」。頃歲，諸城李仁煜書山於縣南鄉得古印一，文曰「石洛侯印」。以《太史公書》攷之，知爲城陽頃王子。諸城與城陽國不遠，或石洛侯封即在其境邪？《漢書》「原」字必是轉寫之譌。

蘇林音肸爲墍

《漢書·禮樂志》：「鸞路龍鱗，罔不肸飾。」蘇林曰：「肸音『墍涂』之『墍』。」

漢人異讀

《漢書·李廣利傳》：「宛貴人昧蔡。」服虔曰：「蔡音楚言蔡。」

續漢書百官志注譌字

予初讀《後漢書·獻帝紀》：「建安二十二年，丞相軍師華歆爲御史大夫。」引劉昭注《百官志》：「御史大夫郗慮免，不得補。」證華歆爲魏國御史大夫，非漢之御史大夫，不當載於《獻帝紀》。已於《攷異》詳言之矣。頃讀《宋書·百官志》：「獻帝十三年，罷司空置御史大夫。御史大夫郗慮免，不復補。」乃知劉氏注本於《宋·百官志》。又知今本劉注「得」字當爲「復」之譌。

三國志注

「予有亂十人。」《論語》、《春秋》、《古文尚書》皆同。陸氏《釋文》謂本或有「臣」字，非。《三國志注》引《劉廙別傳》云：「昔者周有亂臣十人。」又《魏略》載文帝詔云：「周武稱予有亂臣十人。」此類皆後來校刊依今本增入，非裴氏元文。

史傳稱人字

《晉書·郗超傳》：「謝安嘗與王文度共詣超，日旰未得前，文度便欲去。」文度者，坦之字也。《隱逸·范喬傳》：「濟陰劉公榮有知人之鑒。」公榮名昶，見《王戎傳》。《武陔傳》：「同郡劉公榮有知人之鑒。」似即一人。但陔爲沛國竹邑人，傳稱爲「同郡」，則公榮亦沛國人矣。而彼傳云「濟陰」，豈同時有兩公榮乎？《王弥傳》：「隱者董仲道見。」而謂之仲道，亦稱字也。

晉書地理志之誤

晉自永嘉之亂，中原淪陷，元帝稱制建康，僑置徐、兖、青、豫諸州郡于揚州之域，以處中華流人。初無實土，及桓温當國，始有土斷之令。然自元帝至孝武百有餘年，僑州僑郡未有加「南」字者。安帝義熙之世，劉裕滅南燕，收復徐、兖、青故土，於是有北徐、北青、北兖之名。而僑置之名，猶如故也。《宋書・武帝紀》：「永初元年八月辛酉，諸舊郡縣以北爲名者悉除；寓立于南者，聽以南爲號。」是郡縣去北加南，始於宋受禪以後，而晉朝無此名也。不獨郡縣，即州名亦從而改易。試即《宋書・武帝紀》一篇言之，初云：「推高祖爲使持節，都督揚、徐、兖、豫、青、冀、幽、并八州諸軍事、徐州刺史。」義熙元年云：「使持節，都督揚、徐、兖、豫、青、冀、幽、并、江九州諸軍事，鎮軍將軍，徐、青二州刺史。」又云：「改授都督荆、司、梁、益、寧、雍、涼七州，并前十六州諸軍事。」又云：「解青州，加領兖州刺史。」四年，「授揚州刺史，徐、兖二州刺史如故。表解兖州」。此皆在南燕未滅之前，固無南北之分也。五年，「詔加公北青、冀二州刺史」。於是始有北青州矣。九年，公表請「依界土斷，唯徐、兖、青三州居晉陵者，不在斷例」。此徐、兖、青蓋僑立之州，而不加「南」字。至十二年，「加領兖州刺史。增都督南秦，凡二十二州」。此二十二州之名，紀文不具。蓋于前十六州之内去涼州，又增督北徐、北青、北兖、交、廣、湘、南秦七州也。是年十月，「以徐州之彭城、沛、蘭陵、下邳、淮陽、山陽、廣陵，兖州之高平、魯、泰山十郡，封公爲宋公」。十三年，「進宋公爵爲王，以徐州之海陵、東安、北琅邪、北東莞、北東海、北譙、北梁，豫州之汝南、北潁川、北南頓十郡，益宋國」。十四年，「固讓進爵」。元熙元年正月，「又申前命，以徐州之海陵、東海、北譙、北梁，豫州之新蔡，兖州之北陳留，司州之陳郡、汝南、潁川、滎陽十郡，益宋國」。此二十郡之中，所云彭城、沛、蘭陵、下邳、高平、魯、泰山者皆僑置之郡，而不繫「南」字。即徐州、兖州亦南渡僑立之州，而俱無「南」字。然則東晉之世，僑立州郡無「南」字，斷可識矣，唐人修《晉書》，於《地理志》述南渡僑立州郡多謬妄。如《徐州篇》云：「元帝以江乘置南東海、南琅邪、南東平、南蘭陵等郡，分武進立臨淮、淮陵、南彭城等郡，屬南徐州，又置頓邱郡屬北徐州。明帝又立南沛、南清河、南下邳、南東莞、南平昌、南濟陰、南濮陽、南太平、南泰山、南濟陽、南魯等郡，以屬徐、兖二州。穆帝時，移南東海七縣出居京口。」不知元帝時安有南、北徐之分？而成、穆以前郡名本無「南」字。此誤據《宋書·州郡志》，而不察其爲宋史臣之詞也。《兖州篇》云：「明帝以郗鑒爲刺史，寄居廣陵，置濮陽、濟陰、高平、泰山等郡。後改爲南兖州。」此所舉濮陽諸郡，即《徐州篇》之南濮陽諸郡，而不繫以南，是爲允當。唯云「又改爲南兖州」則誤與徐州同。試檢南渡諸帝紀，除授徐、兖二州刺史者歷歷可數，曾有稱南徐、南兖者乎？諸臣傳中，除僑立郡國守相者多矣，亦曾有稱南東海太守、南琅邪内史者乎？即一部《晉書》論之，紀傳之文，無有與志相應者。以矛刺盾，當不待鳴鼓之攻矣。而千二百年來，曾無一人悟其失者。甚矣，史學之不講也！

《宋書·州郡志·南徐州篇》云：「晉永嘉大亂，幽、冀、青、并、兖州及徐州之淮北流民，相率過淮，亦有過江在晉陵郡界者。晉成帝咸和四年，司空郗鑒又徙流民之在淮南者于晉陵諸縣，其徙過江南及留在江北者，並立僑郡縣以司牧之。徐、兖二州或治江北，江北又僑立幽、冀、青、并四州。安帝義熙七年，始分淮北爲北徐，淮南猶爲徐州。後又以幽、冀合徐，青、并合兖。武帝永初二年，加徐州曰南徐，而淮北但曰徐。」此條述晉僑立徐州事最分明。首云南徐州刺史者，據宋制而言，而晉時初無南徐之名也。《南兖州篇》云：「中原亂，北州流民多南渡，晉成帝立南兖州寄治京口，時又立南青州及并州，武帝永初元年，省并併南兖。」此條云「晉成帝立南兖州寄治京口，又立南青州」，似東晉時兖、青已有「南」字。其實出于史臣追稱，欲示别於淮北之兖、青，初非當時本稱。《冀州篇》云：「江左立南冀州，後省。」《青州篇》云：「江左僑立，治廣陵。安帝義熙五年，平廣固，北青州治東陽城，而僑立南青州如故。後省南青州，而北青州直曰青州。」此二條「南冀」字一見，「南青」字再見，皆史家變文示别，非當時有此稱也。唐人修《晉史》，因此致誤。要非《宋志》之失，唐人讀史不審耳。

《晉志》之最謬者，《徐州篇》云：「元帝渡江之後，徐州所得惟半，乃僑置淮陽、陽平、濟陰、北濟陰四郡。」此四郡在《宋志》皆繫之徐州矣。然《宋志》於北濟陰云：「孝武孝建元年立。」則是宋之孝武，與晉邈不相涉也。淮陽則云：「安帝義熙中土斷立。」非元帝也。陽平則云：「流寓來配。」雖不言何時立，據「來配」之文，亦當在義熙土斷時，不在元帝時也。況宋武分兩徐州，本畫淮南、北爲界，而元帝渡江之始，所得徐州之半，不過淮南數郡耳，即有僑立郡縣，亦當在淮南，不在淮北，而《宋志》所列徐州之境，則皆淮北也。豈可執義熙分配之制，誤仞爲元帝所置乎！史家志地理，當知限斷，淮陽屬豫州，陽平屬司州，濟陰屬兖州，皆非徐土也。在徐言徐可矣，何暇及它郡乎！

毛寶傳誤

《毛寶傳》：「庾亮西鎮，請爲輔國將軍。又進南中郎，隨亮討郭默。默平。」案：討郭默者陶侃，非庾亮也。

朱序傳誤

《朱序傳》：「太和末，❶遷兖州刺史。時長城人錢宏聚黨百餘人，藏匿原鄉山。以序爲中軍司馬、吴興太守。序至都討擒之。❷事訖還兖州。寧康初，拜使持節、監沔中諸軍事、南中郎將、梁州刺史，鎮襄陽。是歲，苻堅遣其將苻丕等率衆圍序，序固守，賊糧盡行退。」「督護李伯護密與賊相應，襄陽遂没，序陷于苻堅。」今以《孝武紀》攷之，朱序討平錢步射、錢宏等，在寧康二年十一月，非太和也。序自兖州還梁州鎮襄陽，在太元二年三月，苻丕陷襄陽，在三年二月，非寧康也。序在襄陽逾年而始陷，亦非即在是歲。傳所書皆誤。

劉逵

左思《三都賦》，爲之注者劉逵、張載

❶「末」，《晉書》卷八十一《朱序傳》作「中」。
❷「都」，《晉書》卷八十一《朱序傳》作「郡」。

也。《趙王倫傳》有「黄門侍郎劉逵」，未審即其人否？

孟康

《晉書·王濬傳》：「博士秦秀、太子洗馬孟康、前温令李密等並表訟濬之屈。」此別一孟康，非注《漢書》之孟康也。顔師古《敘例》云：「孟康字公休，安平廣宗人。魏散騎侍郎、恒農太守，領典農校尉、勃海太守、給事中、散騎常侍、中書令，後轉爲監，封廣陵亭侯。」不聞其仕晉也。

何法盛書

何法盛《晉中興書》，名目與諸史異：本紀曰典、表曰注、志曰説、列傳曰録、論曰述。並見劉氏《史通》。

李善注《文選》，引何法盛《琅邪王録》、《陳郡謝録》、《濟陰卞録》，此類甚多，即《晉中興書》中之一篇也。李延壽《南北史》以祖孫父子族屬合爲一篇，蓋取法盛例矣。

《史通·書事》篇云：「王隱、何法盛撰《晉史》，專訪州閭細事，委巷瑣言，聚而編之，目爲《鬼神傳録》，其事非要，其言不經。」是《鬼神録》亦法盛書之一篇也。又《斷限》篇：「江左既承正朔，故氏、羌有録。」《氏羌録》當亦法盛書篇名。

劉知幾云：「東晉之史，作者多門，何氏《中興》，實居其最。而爲晉學者，曾未之知，儻湮没不行，❶良可惜也。」

❶「没」，《史通》卷十七《諸晉史》作「滅」。

王劭齊隋二史

《北史・王劭傳》論：「久在史官，既撰《齊書》，兼修隋典，好詭怪之説，尚委曲之譚，文詞鄙穢，體統煩雜，直愧南、董，才無遷、固，徒煩翰墨，不足觀采。」

王劭《齊》、《隋》二史，最爲劉知幾所稱。於《載言》篇云：❶「王邵撰《齊》、《隋》二史，其所取也，文皆詣實，理多可信，至于悠悠飾詞，皆不之取。」於《言語》篇云：「王、宋著書，宋孝王撰《關東風俗傳》。敘元、高時事，抗詞正筆，務存直道，方言世語，由此畢彰。而今之學者，皆尤二子以言多滓穢，語傷淺俗。夫本質如此，而推過史臣，猶鑑者見嫫姆多嗤，而歸罪于明鏡也。」於《敘事》篇云，王邵《齊志》，「長于敘事」，短于□人。❷唯《齊志》正文之外，別有子注，則知幾譏其「鄙碎」。見《補注》篇。

隋五行志多讖言

予最喜《五行志》，多得古人懲惡勸善之義。如云齊武成帝時，左僕射和士開言於帝曰：「自古帝王，盡爲灰土，堯、舜、桀、紂，竟亦何異。陛下宜及少壯，恣意歡樂，一日可以當千年，無爲自勤約也。」人言隋煬帝自負才學，謂侍臣曰：「天下當謂朕承籍餘緒而有四海邪？設令朕與士大夫高選，亦當爲天子矣。」又嘗從容謂祕書郎虞世南曰：「我性不欲人諫。若位望通

❶「言」，《史通》卷五作「文」。

❷「□」，商務本作「論」。

顯而來諫我，以求當世之名者，彌所不耐。至於卑賤之士，雖少寬假，然卒不置之於地。汝其知之！」此三事皆以爲言不從之罰，史家才識如此，視《左氏内外傳》何多讓焉！

隋書經籍志遺漏

晉灼《漢書集解》十四卷。宋孝王《關東風俗傳》。

一字三字石經

《經籍志》稱一字石經者，《周易》、《尚書》、《魯詩》、《儀禮》、《春秋》、《公羊傳》、《論語》凡七部。稱三字石經者，《尚書》二部、《春秋》一部。其編次一字在三字之前，是一字爲漢刻，三字爲魏刻也。其序説云：「後漢鐫刻七經，著于石碑，皆蔡邕所書。魏正始中，又立一字石經，相承以爲七經正字。」此「一字」當爲「三字」之誤。蓋蔡中郎所書，祇有隸體，魏刻乃有古文、篆、隸三體。漢刻本無「一字」之名，魏、晉而下，稱漢刻爲「一字」，取別于魏之「三字」耳。其誤始于范蔚宗，而《隋志》因之。

謝　吴

《隋·經籍志》：「梁書四十九卷，梁中書郎謝吴撰。」本一百卷。在《正史類》。「《梁皇帝實録》五卷，梁中書郎謝吴撰。記元帝事。」在《雜史類》。劉知幾《史通·史官》篇云：「齊、梁二代又置修史學士，陳氏因循，無所變革，若劉陟、謝吴、顧野王、許善心之類是也。」又《正史》篇云：「《梁史》，武帝時沈約與給事中周興嗣、步兵校尉鮑行卿、祕書監謝昊相承撰録。」「昊」與「吴」字形相涉，未知孰是。

《謝宣城集》有與謝洸馬吴聯句。

南宋事略

餘姚邵二雲晉涵。精于史學，嘗有志改修《宋史》。予謂當自南渡始。二雲欣然擬作《南宋事略》，以續王偁《東都事略》，篇目悉依王氏之例，請予酌定《儒學》、《文藝》、《隱逸》三傳目録寄之。今二雲没矣，索其家遺藁，無有存者。癸亥閏月，予於小唐廎故篋中得所寄目録藁，恨其志不克，遂姑録其目，以待後賢。

儒學一

楊　時　尹　焞　胡安國寅、宏、寧。　朱　震

范　沖　羅從彦　李　侗　朱　熹

黃　榦　李　燔　張　洽　陳　淳

李方子　黃　顥　蔡元定沈。　張　栻

吕祖謙　真德秀　魏了翁

儒學二

邵伯温　喻　樗　洪興祖　高　閌

林之奇　林光朝　楊萬里　陸九齡九韶、九淵。

陳溥良　薛季宣　葉　適　戴　溪

楊　簡　袁　燮甫。　李舜臣道傳、心傳、性傳。

蔡幼學　楊泰之　程　迥　劉清之

廖德明　湯　漢　何　基　王　柏

葉味道　王應麟　黃　震

文藝

汪藻　陳與義　葉夢得　程俱
曾幾　張嵲　韓駒　朱敦儒
徐俯　葛勝仲　熊克　陸游
范成大　鄭樵　尤袤　陳亮
徐夢莘　劉克莊　張即之

隱逸

徐庭筠　蘇雲卿　譙定　王忠民
劉勉之　胡憲　郭雍　劉愚
魏掞之　安世通

乣

字書無「乣」字，始見于《遼史·百官志》，有十二行乣軍、各宫分乣軍、遥輦乣軍、各部族乣軍、群牧二乣軍。又《國語解》：「乣轄：乣，軍名；轄者，管束之義。」《金史·百官志》：「諸乣詳穩一員，掌守禦邊堡。」有咩乣、唐古乣、移剌乣、木典乣、骨典乣、失魯乣。又有慈謨典乣、胡都乣、霞馬乣。《地理志》載詳穩九處，曰咩乣、木典乣、骨典乣、唐古乣、邪剌乣、❶移典乣、蘇木典乣、胡都乣、霞馬乣，與《百官志》略同。邪剌即移剌、蘇木典即慈謨典。「慈」恐即「蘇」之譌。唯《百官志》無失魯、有移典耳。

哀宗紀

《金史·哀宗紀》：「正大四年二月，蒲阿、牙吾塔復平陽，執知府李七斤。」李七

❶「剌」下，《金史》卷二十四《地理志》有「都」字。

斤即《元史·忠義傳》之李守忠也。

天興元年七月，書「參知政事完顏思烈、恒山公武仙、鞏昌總帥完顏忽斜虎率諸將兵自汝州入援」。八月又書「前儀封令魏璠上言，鞏昌帥完顏仲德沈毅有遠謀，臣請奉命往召。不報」。仲德即忽斜虎也。十二月又書「鞏昌元帥完顏忽斜虎至自金昌」。則七月入援者祇完顏思烈、武仙二人。「鞏昌總帥」以下九字皆衍。

耿炳文

《明史·耿炳文傳》：「建文元年，燕王兵起，命炳文爲大將軍，次真定，與燕軍戰敗。帝遣李景隆往代，炳文歸。燕王稱帝之明年，刑部尚書鄭賜、都御史陳瑛劾炳文衣服器皿有龍鳳飾，玉帶用紅鞓，僭妄不道。炳文懼，自殺。」《功臣表》亦云：「永樂二年，以嫌自殺，除。」《成祖紀》：「永樂二年十月，籍長興侯耿炳文家，炳文自殺。」此本諸《永樂實録》，自必可信。而顧應祥《長興縣志》謂「洪武末鎮守遼東，以兵入援真定，陣亡」，不知何據。予嘗見朱竹垞《與馬寒中帖》，其一云：「《劉三吾集》，乞覓便借愚一讀。記有爲耿炳文墓碑，乃卒于洪武二十七年。今正史、野録俱載建文命帥師討燕，此大可疑事。蓋《實録》爲西楊改削，文獻無徵，不可不爲辨明，恐貽誤國史，所關非小耳。」《三吾集》予訪之未得，姑記竹垞説，俟異日攷論之。

江西人

《明史·李孜省傳》云：「假扶鸞術

言江西人赤心報國，于是致仕副都御史劉敷、禮部郎中黄景、南京兵部侍郎尹直、工部尚書李裕、禮部侍郎謝一夔，皆因之以進。」《焦芳傳》：「江西萬安人蕭明舉下所司勘奏，芳即署其尾曰：『江西土俗，故多玩法，如彭華、尹直、徐瓊、李孜省、黄景等，多被物議。宜裁減解額五十名，通籍者勿選京職，著爲令。』且言：『王安石禍宋，吴澂仕元，宜榜其罪，俾它日毋得濫用江西人。』楊廷和解之曰：『以一盜故，禍連一方，至裁解額矣。宋、元人物，亦欲并案邪？』乃止。」夫一省之人多矣，賢愚優劣，何可概論！忽以爲赤心報國，忽以爲俗多玩法，朝廷議論，妄誕如此，豈不貽笑千古！

東林

顧憲成建東林書院，在萬歷三十二年。憲成即于四十年卒。至魏忠賢用事，借東林名目，傾陷諸賢，距憲成之卒，已十餘年矣。《明史·孫丕揚傳》：「先是，南北言官群擊李三才、王元翰，連及里居顧憲成，謂之東林黨。而祭酒湯賓尹、諭德顧天埈各收召朋徒，干預時政，謂之宣黨、崑黨；以賓尹宣城人，天埈崑山人也。御史徐兆魁、喬應甲、劉國縉、鄭繼芳、劉光復、房壯麗，給事中王紹徽、朱一桂、姚宗文、徐紹吉、周永春輩，則力排東林，與賓尹、天埈聲勢相倚，大臣多畏避之。」此段在三十九年京察以前。案科道攻李三才者，御史徐兆魁，南京給事中劉時俊，御史劉國縉、喬應甲，給事中王紹徽、徐紹吉、周永春、姚宗文、朱一桂、李瑾，南京御史張邦俊、王萬祚，而三才遂去官，當在卅七八年閒。四十二年，再攻三才，則御史劉光復，而給事中劉文炳、御史李徵儀、劉廷元等繼之。奉詔往勘者，則給事中吳亮嗣也。攻王元翰者，御史鄭繼芳，而劉文炳、王紹徽、劉國縉等繼之。其事在三才前，以《葉向高傳》證之，可無疑也。辛亥京察，國縉挂察典，應甲亦以年例出外，而臺諫與東林遂成不解之讐。

顧憲成以萬歷三十二年立東林書院。四十年五月卒，年六十三。

齊楚浙三黨

《明史·夏嘉遇傳》：「帝神宗也。久倦勤，方從哲獨柄國。碌碌充位，中外章奏悉留中。唯言路一攻，則其人自去，不待詔旨。臺諫之勢積重，有齊、楚、浙三方鼎峙之名。齊則給事中亓詩教、周永春，御史韓浚。楚則給事中官應震、吳亮嗣。浙則給事中姚宗文、御史劉廷元。而湯賓尹輩陰爲之主。其黨給事中趙興邦、張延登、徐紹言、❶商周祚，御史駱駸曾、過庭訓、房壯麗、牟志夔、唐世濟、金汝諧、彭宗孟、田生金、李徵儀、董元儒、李嵩輩與相倡和，務以攻東林排異己爲事。」《方從哲傳》：「齊、楚、浙三黨鼎立，務搏擊清流。齊人亓詩教，從哲門生，勢尤張。」《鄭繼之傳》：「四十一年，吏部尚書趙焕罷。明年二月，召繼之代焕。是時言路持權，齊、楚、浙三黨尤横，大僚進退惟其喜怒。繼之故楚産，習楚人議

❶「言」，《明史》卷二百三十六《夏嘉遇傳》作「吉」。

論，且年八十餘，耄而憒，遂一聽黨人意指。縉雲李鋕以刑部尚書署都察院，亦浙黨所推轂。四十五年大計京官，繼之與鋕司其事，考功郎中趙士諤、給事中徐紹吉、御史韓浚佐之。所去留悉出紹吉等意，繼之受成而已。一時與黨人異趣者，貶斥殆盡，大僚則中以拾遺，善類爲空。」《趙焕傳》：「四十六年，吏部尚書鄭繼之去國。時黨人勢成，清流斥逐已盡。齊黨亓詩教勢尤張。以焕爲鄉人，老而易制，力引焕代繼之。比至，一聽詩教指揮，不敢異同，由是素望益損。」

十駕齋養新餘録卷中終

十駕齋養新餘録 卷下

嘉定錢大昕

帝王大度

唐宣宗時，裴悼進詩賀聖政，有「太康」字。帝怒曰：「太康失邦，乃以比我！」户部韋澳奏云：「晉武平吴改號太康，雖有失邦之言，乃見歸美之義。」上曰：「天子大須博覽，不然幾錯罪悼。」宣宗雖中主，乃能因澳之言，自悟其錯，賢於梁武之護前多矣。

唐文宗對翰林諸學士因論前代文章，裴舍人素數道陳拾遺名。柳舍人璟目之，裴不覺。上顧柳曰：「它字伯玉，亦應呼陳伯玉。」《因話録》。文宗御名昂，裴於御前直稱陳子昂名，宜觸帝怒。而文宗之言如此，其度量殆不可及。

白樂天文集

白樂天以寶歷元年到蘇州刺史任。晚年録文集三本，置其一於南禪院千佛堂。

歐公誤用不識撐犂

《緗素雜記》：歐陽永叔《代王狀元謝啟》：「陸機閲史，尚靡識於撐犂。」陸機事不知載何書。王勉夫云：此見《元晏春秋》，云：「予讀《匈奴傳》，不識撐犂孤塗之事。有胡奴執燭，顧而問之。奴曰：『撐犂，天子也。匈奴號撐犂，猶漢人稱天子也。』」其事亦著《藝文類聚》、《類要》諸書。然則「不識撐犂」者乃皇甫謐，非陸機也。

東坡在元祐時已有詆誣之者

《揮麈餘話》：東坡先生雖竄斥於紹聖、元符，然元祐中，黄慶基、趙君錫、賈易之徒已摘取其所行制詞中語，以爲詆誣。後來施行，蓋權輿於此。

吕升卿通判海州

東坡《外制》有《吕升卿通判海州》詞，蓋在元祐元年。

曾文肅帥青社

《揮麈後録》：「曾文肅自高陽帥易青社。」

章惇事邵康節胡安國稱秦檜

章惇嘗事邵康節。見《宋史・邵伯温傳》。胡安國初問人材於游酢，酢以秦檜爲言，且比之荀。故安國力稱檜賢。見《宋史・安國傳》。

程伯淳語

《能改齋漫録》：吕正獻公嘗薦常夷甫秩。後差改節，吕對程伯淳有悔薦之意。伯淳曰：「願侍郎寧可受人欺，不可使好賢之心少替。」

朱文公語

朱文公與陳同父書云：「欲賢者百尺竿頭進取一步，不作三代以下人物，省得氣力爲漢、唐分疏，即更脱灑磊落。」

何道夫語

《梁谿漫録》：何道夫畊。云：「官不必高，但願衣冠不絶而常爲士類；家不必富，但願衣食麤足而可以及人。」

陸象山疑有子

陸象山云：「初讀《論語》，即疑有子之言支離。」

呂東萊讀史多

朱子《語録》云：「東萊聰明，看文理卻不仔細，緣它先讀史多，所以看麤著眼。」

晏元獻夫人

《揮麈録》：「晏元獻夫人王氏，國初勳臣超之女，樞密使德用之妹也。元獻壻，富鄭公也。鄭公壻馮文簡。文簡孫壻蔡彦清、朱聖予。大昕案：朱諤字聖予。聖予女適滕子濟。俱爲執政。元獻有古硯一，奇甚，王氏舊物也。諸女相授，號『傳壻硯』。今藏滕氏。朱之孫女適洪景嚴，近又登二府，亦盛事也。」

韓奉常妻

《揮麈録》：韓循之奉常治之妻魯國太夫人文氏，潞公之孫，魏公之孫婦，儀公之冢婦，吕惠穆之外孫，魯簡肅之外曾孫，吕文靖之曾外孫。身見其子肖冑爲樞密、壻鄭億年爲資政殿大學士，儀同執政，它子與孫俱被飾擢，壽踰八秩，婦人中罕有。

藏書之戹

魏華父言：「藏書之盛鮮有久而弗戹者。」孫長孺自唐僖宗時爲榜「書樓」二字，國朝之藏書者莫先焉三百年間，再燬于火。江元叔合江南吴、越之藏凡數萬卷，爲藏僕竊去，市人裂之以籍物。其入于安陸張氏者，傳之未幾，一篋之富，僅供一炊。王文康、李文正、廬山劉壯輿、南陽井氏皆以藏書名，未久而失之。宋宣獻兼有畢文簡、楊文莊二家之書，不減中祕，而元符中蕩爲煙埃。晁文元累世所藏，自中原無事時已有火厄，至政和甲午之灾尺素不存。《跋尤氏遂初堂藏書目録序》：尤氏書，寶慶初亦厄于火。

南監板經史

《南雍志》云：《金陵新志》所載集慶路儒學史書梓數，正與今同。則本監所藏諸梓，多自舊國子學而來也明矣。自後四方多以書板送入。洪武、永樂時，兩經欽依修補，然板既叢亂，每爲刷印匠竊去，刻它書以取利，故旋補旋亡。成化初，祭酒王俱會計諸書亡數，已逾二萬篇。時巡視京畿、南京、河南道御史上海董綸，乃以贓犯贖金送充修補之費。《文獻通攷》補完者幾二千葉焉。宏治初，始作庫樓貯之。嘉靖七年，錦衣衛閒住千户沈麟奏准校勘史書，禮部議以祭酒張邦奇、司業江汝璧博學有文，才猷亦裕，行文使逐一攷對修補，以備傳布。其廣東布政司原刻《宋史》，差人取付該監，一體校補。《遼》、《金》二史原無板者，購求善本翻刻，以成全史。於是邦奇等奏稱《史記》、前、後《漢書》殘缺模糊，原板脆薄，剜補隨即脱落，莫若重刊。又于吴下購得《遼》、《金》二史，亦行刊刻。已而邦奇、汝璧陞遷去任，祭酒林文俊、司業張星繼之，乃克進呈。

《宋史》四百九十一卷，成化中，巡撫兩廣都御史朱英刻于廣州。

南雍經史板

《南雍志》：《周易注疏》一十三卷、《尚書注疏》二十卷、《毛詩注疏》二十卷、《春秋正義》三十六卷、《公羊疏》三十卷、《穀梁疏》十二卷、《儀禮注疏》五十卷。舊板壞失，止殘板五面。新刻《儀禮注疏》十七卷、《孝經注疏》一卷、《論語注疏》十五卷，皆殘闕。《爾雅注疏》十卷，則見子類。《周禮》、《禮記》、《孟子注疏》，南監初未有板也。《志》又云：《十三經注疏》刻于閩者，獨缺《儀禮》，以楊復《圖説》補之。嘉靖五年，巡撫都御史陳鳳梧刻于山東，以板送監，是南監《儀禮注疏》雖刻于嘉靖初，乃在張邦奇之前，邦奇等所刊補者唯二十一史耳。

嘉靖七年所刻唯《史記》、兩《漢書》、《遼》、《金》二史五部。其後續刻於萬歷二十四年者，則有《史記》、《梁書》、《五代史》，祭酒余有丁、司業周子義所校也。

翻刻古書易錯

《湧幢小品》：「翻刻古書甚害事，刻一番，錯一番；以後者爲是，則必以前者爲非。」

群書治要

日本人刻《群書治要》五十卷，每卷首題「祕書監鉅鹿男臣魏徵等奉敕撰」。一《周易》，二《尚書》，三《毛詩》，四至六《春秋左氏傳》，七《禮記》，八《周禮》、《周書》、《國語》、《韓詩外傳》，九《孝經》、《論語》，十《孔氏家語》，十一至十二《史記》，十三至二十《漢書》，二十一至二十四《後漢書》，二十五至二十八《三國志》，二十九至三十《晉書》，三十一《六韜陰謀》、《鬻子》，三十二《管子》，三十三《晏子》、《司馬法》，三十四《老子》、《鶡冠子》、《列子》、《墨子》，三十五《文子》、《曾子》，三十六《吴子》、《商君子》、《尸子》、《申子》，三十七《孟子》、《慎子》、《尹文子》、《莊子》、《尉繚子》，三十八《孫卿子》，三十九《吕氏春秋》，四十《韓子》、《賈子》，四十一《淮南子》，四十二《鹽鐵論》、《新序》，四十三《説苑》，四十四《桓子新論》、《潛夫論》，四十五《崔寔正論》、《昌言》，四十六《申鑒》、《中論》、《典論》，四十七《劉廙政論》、《蔣子政要論》，四十八《體論》、《典語》，四十九《傅子》，五十《袁子正書》、《抱朴子》。前有尾張國校、督學臣細井德民序。題云「天明五年乙巳春二月」，未知當中國何年也。

石刻詛楚文

《新定續志》云：「嚴州有石刻《詛楚亞駝》文，在郡廨清風堂廊廡間。」

李伯時畫古器圖

《揮麈餘話》：李伯時自畫其所蓄古器爲一圖，極其精妙。舊在上蔡畢少董良史處。少董嘗從先人求識于後。少董死，乃歸秦伯陽熺。其後流轉於其壻林子長桷，今爲王順伯厚之所得。真一時之奇物也。

元會運世

《朱子語類》：「問：天開於子，地闢於丑，人生於寅，是如何？曰：此是邵子《皇極經世》中說，今不可知。他只以數推得是如此。他說寅上生物，是到寅上方有人物也。有三元、十二會、三十運、十二世。十二萬九千六百年爲一元，歲月日時元會運世，皆自十二而三十，自三十而十二。至堯時會已在巳午之間，今則及未至酉，上說閉物到那裏，則不復有人物矣。」

《道學名臣言行録》，蔡元定論《經世書》云：元會運世之數，大而不可見；分釐絲豪之數，小而不可察；所可得而數者，即歲月日辰而知之也。一世有三十歲，一歲有十二月，一月有三十日，一日有十二辰，故日與辰之數十二。自歲月日辰之數推而上之，得元會運世之數；推而下之，得分釐絲豪之數。三十與十二反覆相乘，得三百六十；以三百六十乘六十，爲十二萬九千六百。故元有十二萬九千六百歲，會有十二萬九千六百月，運有十二萬九千六百日，世有十二萬九千六百辰，歲有十二萬九千六百分，月有十二萬九千六百釐，日有十二萬九千六百豪，辰有十二萬九千六百絲，大昕案：一萬八百年當有十三萬三千五百七十九月弱，三百六十年當有十三萬一千四百九十日。皆天地之自然，非假智營力索。而天地之運，日月之行，氣朔之盈虚，五星之伏見，朓朒屈伸，交闕淺深之數，莫不由此。

避諱改姓

賀氏本姓慶，避漢安帝父名改賀氏。唐憲宗名淳，改淳于氏爲于氏。陶穀本姓唐，詩人彦謙之孫，避石晉諱改陶氏。湯悦本姓殷，名崇義，初仕南唐，入宋避諱，改今姓名。金履祥先世姓劉，避吴越諱爲金氏。

姓隨音變

韓滅子孫分散，江淮閒音以韓爲何，字隨音變，遂爲何氏。簡雍本姓耿，幽州人語謂耿爲簡，故隨音變。

京房吹律定姓

京房本姓李，吹律自定爲京氏。

陸羽從僧姓

陸羽無姓氏，初生棄隄上，僧姓陸者收育之，因從僧姓。

司馬康

蘇子瞻爲《司馬温公行狀》云：「子三人，童、唐皆蚤亡，康今爲祕書省校書郎。」《東都事略》、《宋史》本傳俱不言温公無子。而邵伯温《聞見前録》稱「温公無子，以族人之子康字公休爲後」，與《行狀》不同，是可疑也。伯温又言「公休子植蚤死，無後，温公之世遂絶」。據《行狀》：「孫二人，植、桓皆承務郎」，則不獨一植也。

南渡後以温公無後，以其族人伋爲温公曾孫。伋字季思，官至吏部侍郎、龍圖閣待制史。不爲立傳。伋子遵官通直郎權發遣信州。見《渭南集》。

番陽洪氏

洪氏五季時由歙徙饒之樂平，又七世徙番陽，至給事中彦昇以進士起家，洪氏益大。給事之弟彦先，右通直郎太師鄭國公，是生魏國忠宣公。

文惠之仲子秘，字必之，以廕累官知山陰縣、桂陽軍簽判、通判郢州、差知武岡軍，甚有政聲。改知南劒州不赴，自請奉祠，以主管武夷山沖祐觀，里居。年七十一卒。官奉直大夫，爵番陽縣男。子三人：某，朝散大夫、前知容州；偲，承議郎、權發遣嘉定府；儋、蚤世。孫四人：藺、荀、萬皆將仕郎，芮。魏了翁爲墓志。

郭叔誼

郭叔誼，字幼才，蜀之廣都人，官朝奉大夫，自號肖舟老人。有《續通鑑長編增添綱目》二十卷、《温公通鑑評》三卷。見魏鶴山所撰墓志。

脩容

《檀弓》：「曾子與子貢入於其廄而脩容焉。」古人謂儀爲容；脩容，猶言習儀也。《玉藻》：「將適公所，既服，習容觀、玉聲，乃出。」《大戴禮》：「火滅修容。」《周書·大聚解》：「立鄉社以修容。」《荀子·大略篇》：「君子聽律習容而後士。」修與習，其義一也。注以爲「更莊飾」，似未盡□。❶古者女子將嫁，教以婦德、婦言、婦容、婦功。容者，儀也。

捉筆

王裒云：「吾不捉筆已四十年。」見王隱《晉書》及《魏志·王脩傳》注。

❶「□」，商務本作「然」。

捕風

韋應物詩：「持索捕風幾時得，將刀斫水幾時斷。」《東坡集》亦有「繫風捕影」語。

花木瓜

周必大《游山録》：汪彦章與王甫即黼字。太學同舍。甫貌美中空，彦章戲之爲花木瓜。及彦章罷符寶郎，甫正當國，以宣倅處之。宣州産花木瓜故也。

雞鴨諫議

《繫年要録》：紹興五年，詔禁屠以禱晴，而併及雞鴨。右諫議大夫趙霈奏疏稱誦上德，以爲「齊宣王不忍一牛」之比。中書舍人胡寅讀疏笑曰：「諫職乃及此乎！聞女直統兵有號龍虎大王者，或入犯，當以鷄鴨諫議拒之。」

章硬頸

章岵守蘇州，人目為「章硬頸」。見《吴郡圖經續記》。

笑面夜叉

蔡卞，時人目爲「笑面夜叉」。見《能改齋漫録》。

金毛鼠

馮當世，人目爲「金毛鼠」，以其外文采而中實貪猥也。亦見《能改齋漫録》。

滿朝歡

章鑑號「滿朝歡」。見《宋史》。

賽仁孝

劉整號「賽仁孝」。見《元史》。

先君子畢生著述，咸賴友朋門弟子傳寫刊行。《養新録》二十卷成書最後。甫脱稾，即爲阮中丞芸臺先生攜去，醵金開雕。以後續有所得，别記一編，名曰《養新餘録》。逮甲子冬捐館，共得若干條。不肖兄弟謹謹藏弆篋中，未忍輕啟。今夏，偕妹倩瞿君鏡濤校修先君子詩文集告成。適嘉興李許齋太守書來，索《經典文字攷異》、《唐五代學士年表》、《王深寧年譜》、《三史諸史拾遺》等遺稾，將代謀剞劂。因啟舊笥檢尋，念及《養新餘録》未刊，終爲全書缺事。爰取手稾繕録清本，分爲三卷，以授梓人。俾四方好學之士喜讀我先人書者，無或有遺珠之憾焉。嘉慶丙寅冬十月既望。男東塾百拜謹識。

十駕齋養新餘録卷下終

鳴謝

《儒藏》精華編惠蒙善助，共襄斯文；謹列如左，用伸謝忱。

本焕法師　壹佰萬元

北京大學《儒藏》編纂中心

本册审稿人　馬秀娟　陳新　何英芳

本册責任編委　李暢然

圖書在版編目(CIP)數據

儒藏．精華編．一百九十九/北京大學《儒藏》編纂中心編．—北京：北京大學出版社，2009.6

ISBN 978-7-301-11917-4

Ⅰ．儒… Ⅱ．北… Ⅲ．儒家 Ⅳ．B222

中國版本圖書館 CIP 數據核字(2007)第 024129 號

書　　　名：儒藏(精華編一百九十九)
著作責任者：北京大學《儒藏》編纂中心　編
責 任 編 輯：肖瀟雨
標 準 書 號：ISBN 978-7-301-11917-4/B・0603
出 版 發 行：北京大學出版社
地　　　址：北京市海淀區成府路 205 號　100871
網　　　址：http：//www. pup. cn
電 子 信 箱：dianjiwenhua@163. com
電　　　話：郵購部 62752015　發行部 62750672　編輯部 62756694
出版部 62754962
印　刷　者：北京中科印刷有限公司
經　銷　者：新華書店
787 毫米×1092 毫米　16 開本　65.5 印張　635 千字
2009 年 6 月第 1 版　2015 年 11 月第 2 次印刷
定　　　價：1200.00 元

未經許可，不得以任何方式複製或抄襲本書之部分或全部內容。

版權所有，侵權必究

舉報電話：(010)62752024　電子信箱：fd@pup. pku. edu. cn

ISBN 978-7-301-11917-4
02 >
9 787301 119174
定價：1200.00元